CLARKE'S GROSSES LEXIKON DER REBSORTEN

Oz Clarke
& Margaret Rand

Clarke's Grosses Lexikon der Rebsorten

Originaltitel: Grapes and Wines
Originalverlag: Websters, Little, Brown
and Company, London
Aus dem Englischen von Bernhard Abend

Besuchen Sie uns im Internet:
www.droemer-weltbild.de

Copyright © 2001 by Websters
International Publishers Ltd
Text © 2001 by Oz Clarke and Websters
International Publishers Ltd
Maps and artwork © 2001 by Websters
International Publishers Ltd

Translated from the book originally created and
designed by Websters International Publishers Ltd,
Axe & Bottle Court, 70 Newcomen Street,
London SE1 1YT

Copyright © 2001 Droemersche Verlagsanstalt
Th. Knaur Nachf. GmbH & Co, München
Alle Rechte vorbehalten. Das Werk darf – auch
teilweise – nur mit Genehmigung des Verlages
wiedergegeben werden.
Illustrationen: Lizzie Riches
Fotos: Stephen Marwood, Mick Rock,
Cephas Picture Library
Karten: Andrew Thompson
Umschlaggestaltung: ZERO Werbeagentur,
München
Umschlagfoto: StockFood, München
Satz: Setzerei Vornehm GmbH, München
Druck und Bindung: Star Standard Industries
(PTE), Singapore
Printed in Singapore
ISBN 3-426-27239-3

Seite 1: *Im zeitigen Frühjahr aufbrechende Knospen.*
Seite 2: *Reife Merlot-Reben am Osthang des Sonoma Valley in Kalifornien.*
Seite 4: *Ein 60 Jahre alter Rebstock der Sorte Tinto Fino – besser bekannt als Tempranillo – auf dem Dominio del Pingus im spanischen Bereich Ribera del Duero.*

INHALT

Alles über Rebsorten 6	Rebsorten von A bis Z 32
Einführung 6	Große Rebsorten im Bild 296
Die Geschichte des Rebstocks 8	Welche Rebsorte, welcher Wein 298
Rebsorten heute 10	Glossar 304
Das globale Bild 12	Rebsortenregister 308
Wo Reben wachsen 14	Allgemeines Register 311
Die Rebe im Weinberg 18	Literaturverzeichnis 320
Die Traube im Keller 28	Danksagung 320

Große Rebsorten

Cabernet Sauvignon 46   Muscat 144   Sémillon 230

Chardonnay 62   Nebbiolo 154   Syrah/Shiraz 244

Chenin Blanc 74   Pinot Noir 174   Tempranillo 256

Garnacha Tinta/Grenache Noir 92   Riesling 190   Viognier 274

Gewürztraminer 102   Sangiovese 208   Zinfandel 286

Merlot 126   Sauvignon Blanc 218

Weitere bedeutende Rebsorten

Albariño 36	Dolcetto 86	Mourvèdre 140	Roussanne 204
Barbera 40	Malbec 118	Pinot Blanc 170	Silvaner 242
Cabernet Franc 44	Malvasia 120	Pinot Gris 172	Touriga Nacional 268
Carmenère 60	Marsanne 124	Pinotage 186	

EINFÜHRUNG

Was ist das, eine Traube? Ihre Beeren – und auf die kommt's an – bestehen aus Fruchtfleisch und Saft. Dazu kommen die Schale (oder Haut), die Kerne und auch noch die Stiele. Und was noch? Alles Weitere kommt erst danach.

Wer sich für den Wein und seinen Geschmack wirklich interessiert, muss sein Interesse auf die Rebsorte richten. Wenn wir wissen wollen, wie ein Wein reift und sich mit dem Alter verändert, müssen wir die Eigenschaften der jeweiligen Sorte kennen. Wenn wir uns fragen, was für ein Wein gemacht werden sollte, ein trockener oder süßer, ein stiller Tischwein oder ein Schaumwein, sind die besonderen Anlagen der Traubensorte entscheidend. Mögen wir den Geschmack von im Eichenfass gereiftem Wein? Manche Sorten verbinden sich gut mit Eiche, manche überhaupt nicht – es ist unabdingbar zu wissen, welche von der Eiche geküsst werden wollen und welche ihre heiße Umarmung verabscheuen. Sind wir fasziniert davon, wie sich Weine aus verschiedenen Ländern und Regionen unterscheiden? Ohne den grundlegenden, identifizierbaren Charakter einer Rebsorte als Basis wäre ein Vergleich verschiedener Orte nicht möglich oder sinnlos. Wie sehr wir uns auch immer in die Dinge vertiefen, die den Geschmack eines Weins bestimmen, es läuft immer auf die Eigenschaften der Traube hinaus.

Und da das so ist, erschien es mir höchste Zeit für ein Buch, das die Welt der Rebsorten genau unter die Lupe nimmt, das untersucht, welche Weine und welche Geschmacksdimensionen sie hervorbringen. Ein Buch, das die jeweils verwendete Traube als den entscheidenden Faktor für den Geschmack eines Weins herausstellt.

Denken Sie mal darüber nach. Ich gebe Ihnen ein Glas mit einem hellen, gelbgrünen Wein. Sein wunderbar pikanter Duft erinnert an Stachelbeere, Passionsfrucht und Limette. Sie versuchen ihn; seine Säure prickelt an den Zähnen, eine fröhliche Attacke von Zitrusfrüchten erfrischt Ihren Gaumen und macht Ihnen Appetit auf etwas zu essen. Wer hat den Wein gemacht? Keine Ahnung. Wo kommt er her? Es könnte das Loire-Tal in Frankreich sein, aber auch Südafrika oder Chile, Spanien oder Norditalien. Und natürlich auch Neuseeland. Aus allen Ecken der Welt also. Doch die Traubensorte? Wenn der Wein so riecht und schmeckt, dann wissen Sie, es ist Sauvignon Blanc. Der einzigartige, so schön erkennbare Charakter des Weins beruht vor allem anderen auf der Rebsorte, Sauvignon Blanc. Er wird je nach dem Talent und den Vorstellungen der Männer und Frauen, die die Rebe kultivieren und den Wein herstellen, differenziert und verfeinert. Er wird auch je nach den örtlichen Bedingungen, unter denen die Rebe wächst, modifiziert. Aber der Kern seines Geschmacks kommt von der Traube.

Sauvignon Blanc ist nun eine sehr theatralisch auftretende Sorte. Ähnlich geartet sind Viognier mit seinem kräftigen Duft nach Aprikosen und Maiglöckchen, Gewürztraminer mit seinem explosiven Rosen- und Litschiaroma, Muscat mit seinem überwältigenden Duft nach süßen, von der Sonne aufgeheizten Trauben. Riesling ist subtiler, die unverwechselbare Balance von intensiver Säure und blumigen, zitronigen Aromen ist aber ebenso einzigartig. Die nussige, an Getreide erinnernde Rundheit des Chardonnay wird mit Hilfe des Eichenfasses erzielt, aber keine andere Sorte ergibt diesen besonderen Geschmack, auch wenn Sie sie genauso behandeln und am selben Ort kultivieren.

Rotweinsorten haben meist einen weniger ausgeprägten Charakter, zudem ist die gegenwärtige Obsession, für den Ausbau der Weine Eichenholz zu eifrig einzusetzen, dazu angetan, die individuellen Eigenschaften einer Traube zu zerstören – gute Sorten setzen sich aber trotzdem durch. Kräftige Tannine und ein deutlicher Geschmack nach Schwarzen Johannisbeeren kennzeichnen den Cabernet Sauvignon auf eine Art, die keine andere Sorte nachahmen kann. Der ätherische Duft und Geschmack von Erdbeere und Kirsche bei Pinot Noir, der Duft nach Damaszenerpflaume und Veilchen bei Malbec, die raue, krautige Art und der Geschmack nach Sauerkirsche bei Sangiovese, Aromen von Schokolade und rauchigen, dunklen Pflaumen bei Shiraz – solche Eindrücke und viele mehr sind vor allem anderen Ausdruck der besonderen Traubensorte.

Natürlich muss jedes Weinbuch in einem bestimmten Ausmaß auch über die Rebsorten sprechen. Bemerkenswert ist jedoch, wie im Laufe der Jahre die Traube, trotz ihrer so offensichtlichen großen Bedeutung, in eine untergeordnete Rolle gedrängt wurde. Einer der Gründe dafür muss wohl sein, dass bis zur Entwicklung der »Neue Welt«-Weinbereitungsmethoden, die es erlauben, das mögliche Aromenspektrum einer Traube zu bestimmen und optimal zu nützen, vermutlich nur wenige Men-

Chardonnay und Pinot Noir sind zwei der bedeutendsten Rebsorten der Welt. Beide stammen aus Burgund und sind dort für große Weine verantwortlich, Pinot Noir für ihren beeindruckenden, sinnlichen Rotwein und Chardonnay für ihren üppigen, runden, buttrig-nussigen Weißwein. Und dennoch verkündet seltsamerweise weder roter noch weißer Burgunder seine Rebsorte auf dem Etikett.

Rechts: *Doppelmagnum-Flaschen im Keller von Château Canon-la-Gaffelière in St-Émilion.*

schen – Produzenten, Journalisten und Weintrinker in gleicher Weise – eine genaue Vorstellung davon hatten, wie ein Wein aus einer bestimmten Sorte schmecken sollte. Es war leichter zu sagen, dass er seinen Geschmack durch den Ort erhielt, an dem die Reben wachsen, durch das also, was die Franzosen *terroir* nennen. In der Tat weisen viele Weine ein mineralisches, erdiges oder kräuteriges Aroma auf, das mehr auf den Weinberg und altmodische Formen der Weinbereitung zurückgeht als auf die Traubensorte. Jedenfalls waren bis in jüngste Zeit viele Fachleute eher von den Details des Geburtsorts eines Weins besessen als von seinem Lieferanten der jeweiligen Traube.

Doch als sich die Weinmacher der Neuen Welt frech ihren Weg in unser Bild vom Wein bahnten, wurde alles anders. Die Australier und die Kalifornier, die Neuseeländer, Südafrikaner und Chilenen hatten nicht viel zu erzählen, wenn es um die Traditionen und die historische Bedeutung ihrer Weinberge ging – viele waren eben erst angelegt worden. Die einzige Geschichte, die sie erzählen konnten und die ihnen die hypermoderne Kellertechnik ermöglichte, war die der Traubensorte selbst und des Geschmacks, den sie dem Wein verleiht.

Und diese Geschichte möchte ich hier gern erzählen. Die Verbreitung des Verfahrens, Weine in erster Linie nach der Rebsorte zu »taufen« – also die Sorte auf dem Etikett herauszustellen –, hat sehr dazu beigetragen, die Welt des Weins einfacher zu machen; es ist leichter geworden, seine Wahl begründet zu treffen. Doch es hat noch mehr geleistet. Je mehr wir über Wein wissen, desto wichtiger wird uns die Rebsorte. Die Nennung der Sorte macht es leichter, Wissen und Erfahrung auszuweiten. Natürlich können wir bei unseren bevorzugten Ländern und Anbaugebieten bleiben, bei den bevorzugten Erzeugern und Jahrgängen, doch weist die Traubensorte den Weg: Alles Weitere folgt.

Und so tut es auch dieses Buch. Wir sehen uns die Rebsorten der Welt sehr genau an, vieles war bisher nirgendwo zu lesen. Wir sehen uns aber auch die Geschichte an, die Orte, die Menschen, die Weintypen und den Geschmack. Die ganze Welt des Weins mit der Traube in ihrem Zentrum, davon handelt dieses Buch.

Als ich dieses Projekt plante, wurde mir klar, dass ich es nicht allein zuwege bringen könnte. Ich wusste, ich brauche die Unterstützung durch einen beschlagenen Weinfachmann, der den Großteil der Recherchen schultern kann, der die aktuellen, detaillierten Daten, die wir aus den bedeutenden Anbaugebieten der Welt bekommen würden, penibel auswertet und die Massen von recht unverdaulichem Quellenmaterial in eine leicht lesbare Form gießt. Margaret Rand war es, die mit mir dieses Buch schuf. Ohne ihr Talent und ihr Engagement wäre es nie zustande gekommen.

Die Geschichte des Rebstocks

Niemand hat die ersten Rebstöcke gepflanzt, ebenso wie niemand mit Wissen und Absicht den ersten Wein kelterte – das beruhte auf einem Fehler bei der Aufbewahrung getrockneter Weinbeeren, die zu gären begannen. Die Reben wachsen wild, seit jeher. Und es ist sehr lange her, dass die Menschen damit anfingen, ihre Früchte zu essen.

Ein erstes Zeugnis für den Weinbau stellt eine Amphore von 3500 v. Chr. dar, in der Reste von Wein erhalten bleiben. Kerne von den vielleicht frühesten kultivierten Reben – 7000 bis 8000 Jahre alt – fand man in Georgien. Wie und wann der Schritt vom Sammeln wild gewachsener Weinbeeren zum Anbau von Reben gemacht wurde, ist nicht bekannt; wahrscheinlich fand er gleichzeitig an verschiedenen Orten statt, wahrscheinlich benötigte er eine große Zeitspanne. Um 3000 v. Chr. war der Weinbau in Ägypten schon weit entwickelt, Kenner trafen qualitative Unterscheidungen zwischen Trauben in derselben Art wie heute.

Der große biologische Unterschied zwischen wilden Reben und kultivierten Reben ist, dass Erstere männliche und weibliche Individuen haben, während Letztere Zwitter sind. Man kann annehmen, dass beim Anbau zwittrige Reben am besten Frucht trugen und sich so im Laufe vieler Jahre durchsetzten. In archäologischen Funden kann man Kerne wilder Reben anhand ihrer Form von Kernen kultivierter Reben unterscheiden.

Wilde Reben sind keineswegs ausgestorben. Die Gattung *Vitis* ist äußerst vielfältig und weit verbreitet, und als die ersten Siedler an der Ostküste Nordamerikas landeten, fanden sie wilde Reben vor. Wildreben gibt es dort immer noch, ebenso wie in Asien und Europa. Sogar amerikanische Reben sind da und dort in Europa zu finden, da sie im späten 19. Jahrhundert – nachdem die Reblaus die meisten europäischen Rebstöcke zerstört hatte – als Wurzelunterlagen importiert wurden und sich manchmal wild verbreiteten. Man weiß, dass verwilderte amerikanische Reben an der Rhône und im Südwesten an der Garonne zu finden sind, auch im Baskenland.

Die europäischen wilden Reben sind weitgehend verschwunden, ihre Gene leben aber in den domestizierten Abkömmlingen weiter.
Der unersättlich neugierige Weinmacher Warren Winiarski vom kalifornischen Gut Stag's Leap Wine Cellars brachte von einer Pakistanreise Ableger wilder Reben aus dem Karakorum mit, durch den die Seidenstraße verlief, eine der großen Handelsrouten der Alten Welt. Wein von solchen Reben ist wahrscheinlich so nah an dem dran, was unsere Vorfahren getrunken haben könnten, wie es irgend geht.

Vitis vinifera und Wein

Alle Reben gehören zur Gattung (Genus) *Vitis,* die wiederum zur Familie der Vitaceae gehört (früher Ampelidaceae; siehe Übersicht rechts). Die Gattung *Vitis* umfasst etwa 60 Arten (Spezies) und wird meist in zwei Gruppen geteilt, die Untergattungen *Vites* (früher *Euvites*) – die fast alle europäischen, amerikanischen und asiatischen Arten umfasst, inklusive der europäischen Weinrebe *Vitis vinifera* – und *Muscadiniae,* die teils als eigene Gattung betrachtet wird.

Dieses Buch befasst sich eingehend mit der *Vitis vinifera;* andere Gattungen, wie *Vitis labrusca, Vitis riparia* oder *Vitis berlandieri,* sind allerdings für den Weinbau ebenfalls wichtig, da sie als Unterlagsreben dienen, auf die *Vitis-vinifera*-Reiser gepfropft werden (siehe S. 18), oder mit *Vinifera*-Reben zu Hybriden gekreuzt werden.

Hybridreben haben Reben zu Eltern, die zu verschiedenen Gattungen gehören; einfache Kreuzungen dagegen stammen von verschiedenen Spezies derselben Gattung ab. Mit der Züchtung von Hybriden möchte man die genetischen Vorzüge einer *Labrusca*- oder *Rupes-*

Dieses Wandgemälde im Grab von Chaemwese im ägyptischen Theben (ca. 1450 v. Chr.) ist sowohl eine Art Gebrauchsanweisung, damit der Tote auch im Jenseits mit Wein wohl versorgt sein würde, als auch der Ausdruck der Freude an den verschiedenen Tätigkeiten im Weinberg und im Weinkeller. Für uns ist dieser Fries ein unschätzbares Dokument, wie in einer frühen, dennoch höchst entwickelten Zivilisation Reben gezogen und Wein gemacht wurde. Die hier gezeigten Techniken sind alles andere als primitiv, wenn auch das Produkt vielleicht nicht unserem Geschmack entsprach.

tris-Rebe mit den besseren Aromen der *Vinifera*-Trauben verbinden. Nicht-*Vinifera*-Arten ergeben Weine mit einem hervorstechenden eigenartigen Geschmack, den man als »fuchsig« bezeichnet; vergleichen könnte man ihn am ehesten mit Nagellack oder Weißdorn. Wahrscheinlich war dies auch ein Grund, warum der Weinbau bei den frühen amerikanischen Siedlern lange Zeit nicht in Fahrt kam. Amerikanische Reben sind jedoch in besonderem Maße krankheits- und kälteresistent; Hybriden aus amerikanischen und *Vinifera*-Reben sind daher in vielen nordamerikanischen Landstrichen gepflanzt, wo reine *Vinifera*-Sorten dem Winter nicht standhalten würden. Seyval Blanc, eine so genannte französische Hybride (eine Gruppe von Hybridreben, die Ende des 19. Jahrhunderts, Anfang des 20. Jahrhunderts in Frankreich gezüchtet wurden, um dem Reblausproblem zu begegnen), ist in England in großen Mengen gepflanzt.

Hybridzüchtungen werden immer differenzierter und trickreicher. Gegenwärtig entstehen in Deutschland Sorten, deren Wein von dem bestimmter *Vinifera*-Sorten nicht zu unterscheiden ist.

Die neuesten Züchtungen stellen nicht einfache Kreuzungen amerikanischer mit *Vinifera*-Reben dar, sondern sind vielfach rückgekreuzt, um den europäischen Charakter zu stabilisieren. Eine Sorte zum Beispiel soll geschmacklich dem Pinot Blanc sehr nahe kommen, obwohl sie keine Pinot-Blanc-Gene enthält; eine weitere soll von Riesling nicht zu unterscheiden sein, wobei sie irgendwo im Stammbaum auch Riesling hat.

Hybridreben sind in den Ländern der Europäischen Union zur Produktion von Qualitätsweinen nicht zugelassen. Doch ist die europäische Weinbürokratie notorisch konservativ und unbeweglich; diese Position wird sich vermutlich auch nicht so bald ändern. Zum Glück hat der Rest der Welt diese Probleme nicht. Ich habe in Ländern wie Australien und Argentinien faszinierende Weine von Sorten gekostet, die noch nicht einmal einen Namen hatten.

Man kann sich natürlich fragen, ob die Welt denn wirklich neue Geschmackserlebnisse braucht. Haben wir denn nicht eine fantastische Zahl von Reben, die fast überall wachsen, wo die Sonne scheint, und uns eine ebenso fantastische Palette unterschiedlichster Aromen bieten? In der Tat, ja. Doch was ist, wenn eine Hybridrebe den allerbesten Wein ergibt, den die Erde je sah? Dann möchte ich ihn genießen, Sie etwa nicht?

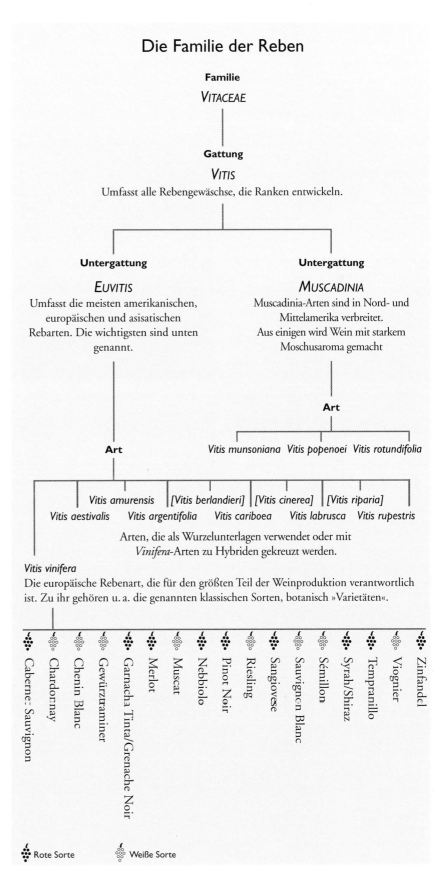

Reben heute

Man spricht heute von etwa 8000 Rebsorten – wilden Rebsorten, solchen, die für Tafeltrauben oder für Rosinen verwendet werden, sowie solchen für Weintrauben: Nun, das sind 8000, von denen wir wissen. Ständig tauchen neue Sorten auf, und eine ganze Menge haben wir im Lauf der Zeit verloren. Warum gibt es so viele?

Die Rebe, Vitis – vinifera oder welche auch immer –, lebt schon lange, sehr lange auf diesem Planeten. Sie hatte viel Zeit, sich zu kreuzen. Sie mutiert ständig und in unvorhersehbarer Weise, wobei einige »Familien« (etwa die Pinots) sich weit mutationsfreudiger zeigen als andere. In dieser Hinsicht schlägt die *Vitis vinifera* viele Feldfrüchte; ihre heterozygote, d. h. mischerbige Natur (was bedeutet, dass sie über eine komplexe Genstruktur verfügt, die leicht veränderbar ist) befähigt sie, sich rasch neuen Umweltbedingungen anzupassen.

Ab wann nun betrachtet man die Variation einer existierenden Sorte als eigenständige Varietät? Dies ist eine komplizierte Frage, und der Winzer beantwortet sie anders als ein Rebenkundler oder ein Genetiker.

Für einen Winzer unterscheiden sich die Rebsorten zunächst im Aussehen. Wichtige Punkte sind die Form und die Eigenschaften des Blatts – etwa die Tiefe der Zähnung, die Form der Blattadern –, Behaarung der Triebspitzen, Form und Kompaktheit der Trauben, Farbe der Beeren, Gestalt der Triebe, Knospen, Blüten und Samen. Für einen Winzer sind Pinot Noir und Pinot Gris daher verschiedene Sorten.

Für einen Rebengenetiker wie Dr. Carole Meredith von der University of California in Davis (UCD) sind Pinot Noir und Pinot Gris jedoch nur Farbvarianten derselben Varietät. Sie haben dieselbe DNA, also sind sie ein und dieselbe Rebe. »In genetischer Hinsicht«, sagt Dr. Meredith, »stammt jede Varietät von einem einzigen Sämling ab. Alle Rebstöcke dieser Varietät können zu dem originalen Sämling zurückverfolgt werden, der über Augen oder Reiser vervielfältigt wurde.«

Pinot Noir ist berüchtigt für seine Variabilität. Einige Abarten wachsen aufrecht und bilden große, lockere Trauben, andere tun das Gegenteil. Sie können sich im Aussehen so sehr unterscheiden, und ihr Wein kann in Qualität und Geschmack so unterschiedlich sein, dass wir als Weintrinker uns mit Recht wundern, dass all diese unterschiedlichen Abarten denselben Namen tragen. Das müssen sie, sagt Dr. Meredith. Ihre DNA ist identisch. Um eine neue Varietät zu erhalten, muss ein Sämling produziert werden. Dazu kann man zwei verschiedene Varietäten kreuzen, aber auch ein

Für Sie, für mich und die meisten Erzeuger – und natürlich für jeden Bürokraten – sind Pinot Noir (links) und Pinot Gris (rechts) verschiedene Sorten. Schreiben Sie »Pinot Noir« aufs Etikett, wenn Sie Pinot Gris verwenden, werden Sie schnell eines Besseren belehrt werden. Doch für den Genetiker sind sie identisch, da sie über dieselbe DNA verfügen.

Sämling aus einer Varietät wird seiner Elternrebe wahrscheinlich nicht ähneln. Die Neigung der *Vitis vinifera*, Sämlinge zu liefern, die sich von der Elternrebe unterscheiden, ist auch der Grund dafür, warum Reben vegetativ vermehrt werden. Reben können verschiedene Formen ausbilden, die sich anders verhalten, dennoch gehören sie derselben Varietät an. Diese Fähigkeit zur Mutation ist der Grund dafür, warum eine Sorte in verschiedenen Umweltbedingungen gedeihen kann, und die Basis für die Klonenselektion.

Was ist ein Klon?

Eine gute Frage, dieses Wort wird in diesem Buch oft auftauchen. Das altgriechische Wort *klon* bedeutet »Zweig, Reis«, und somit ist (im engeren Sinn) jede Pflanze, die vegetativ aus einer anderen entsteht – sei es eine Weinrebe oder eine Pelargonie –, ein Klon. Die entstehenden Pflanzen sind mit der ersten genetisch identisch. Nun wird jeder sorgfältige Weinbauer feststellen, welche Stöcke in seinem Weinberg sich auszeichnen: durch Krankheitsresistenz, besonders frühe oder späte Reifung, besonders gute Aromen. Und wenn man dann von diesen Stöcken Reiser schneidet und vervielfältigt, praktiziert man eine Form von Klonenselektion.

Massen- und Klonenselektion

Diese »hausgemachte« Selektion wird genauer als Massenselektion bezeichnet, ein etwas unhandlicher Begriff für das, was die Winzer seit Jahrhunderten tun. Die eigentliche Klonenselektion geht in ihrer Genauigkeit viel weiter und wird üblicherweise in Forschungsinstituten betrieben. Auch hier ist die Auswahl von in bestimmter Weise hervorragenden Stöcken die Basis; aber hier sollen nicht nur besondere Eigenschaften reproduziert, sondern auch Viruskrankheiten ausgeschaltet werden.

Einige Viren können den Weinstock töten, andere schwächen ihn auf Dauer. Wenn einmal ein Weinberg infiziert ist, gibt es keine Möglichkeit mehr, ihn wirklich virusfrei zu bekommen. Die Viren leben in den Wurzeln und werden von Nematoden (Fadenwürmern) verbreitet. Indem man Stecklinge bei hohen Temperaturen (ca. 38 °C) wachsen lässt und dann die äußerste Spitze des Triebs abschneidet, kann man – da die Ausbreitung der Viren in einem Steckling immer ein wenig hinter dem Wachstum zurückbleibt – ein virusfreies Stück Rebe gewinnen, und daraus werden dann neue Reben gezogen. (Es ist allerdings nicht geklärt, wie weit die Klonenvariation selbst ein Resultat von Virenbefall ist.)

Ein neuer Klon braucht sehr lange, oft um die

15 Jahre, bis er den Winzern käuflich zur Verfügung steht. Die Pflanzen müssen über mehrere Generationen hinweg selektiert werden, um die Stabilität ihrer Eigenschaften zu sichern. Ihre Resistenz gegen Krankheiten und ungünstiges Wetter, ihre Eignung für diverse Wurzelunterlagen und Bodentypen müssen getestet werden, und – am wichtigsten – ihr Wein muss geprüft werden. Viele Klone der 1970er Jahre liefern große Erträge, aber schlechte Weine, und viel Forschungsarbeit wird gegenwärtig geleistet, um diese Fehler zu korrigieren.

Genmanipulation: eine Perspektive für die Zukunft?

Genetisch veränderte Reben gibt es bereits. Ist das gut oder schlecht? Das hängt zunächst von Ihrer Meinung zur Genmanipulation generell ab. Da Weintrauben in weit geringerem Maß als etwa Weizen, Mais und Soja ein Wirtschaftsprodukt sind, sind die großen Firmen der Agrarchemie (Gott sei Dank) wenig an ihnen interessiert. Einmal gepflanzt, bleiben die Rebstöcke 30 Jahre und länger stehen, anders als Feldfrüchte, die Jahr für Jahr neu ausgesät werden müssen. Bei Mais und Soja hat man den doppelten Profit, indem man jedes Jahr das genetisch veränderte Saatgut verkaufen kann, das für ein bestimmtes Unkrautvernichtungsmittel unempfindlich ist, und ebendieses Herbizid gleich dazu. Beim Wein ist das anders. Hier zielt die Forschung auf Resistenz gegen Viren und Pilze. In Zusammenarbeit mit dem Institut für Rebenzüchtung Geilweilerhof in Siebeldingen hat die Bayerische Landesanstalt für Weinbau in Veitshöchheim 1999 am Würzburger Pfaffenberg ein Versuchsfeld mit genmanipuliertem Riesling angelegt, der gegen Pilze unempfindlich sein soll. Die genetische Komplexität der *Vitis vinifera* macht die Manipulation schwieriger als bei anderen Pflanzen; allein für die Resistenz gegen Mehltau sind mehrere Gene verantwortlich, und nicht alle sind bisher bestimmt. Einige Vitis-Arten wie *Vitis riparia* und *Vitis amurensis* verfügen über eine genetisch bedingte Winterhärte, andere haben Gene, die sie vor Rebläusen oder Nematoden schützen. Die Rebenzüchtung zielt auch darauf ab, diese natürlichen Vorzüge in Sorten zu vereinen, die sowohl resistent sind als auch gute Weine liefern. Einige moderne Kreuzungen sind ohne Zweifel sehr gut; Scheurebe ergibt einen umwerfenden Wein, und Pinotage, eine echte südafrikanische Erfindung von 1926, ist ein faszinierendes Original. Die meisten sind jedoch nicht sehr angesehen, und viele sind inzwischen ausgeschieden. Die 1882 gezüchtete Müller-Thurgau ist immer noch sehr weit verbreitet, aber auch in Deutschland gibt es Erzeuger, die sie gering schätzen.

Auch genetisch veränderte Hefen existieren bereits; bisher werden sie hauptsächlich von der Brau- und Spirituosenindustrie verwendet. Solche Hefen sollen den Zucker effektiver zu Alkohol umsetzen und teils auch eine antimikrobielle Funktion eingebaut haben. Doch das Weinmachen verlangt mehr von der Hefe, und wenn Winzer ihre Hefe wählen (die auf natürliche Art in Weinberg und Keller vorkommt oder im Labor gezüchtet ist), spielen subtile Fragen des Geschmacks eine große Rolle.

Wer bin ich?

Die Identifizierung von Reben ist eine faszinierende Mischung von Wissenschaft und Zufall. Während ihrer ganzen Geschichte hat die Menschheit Handel getrieben, sind Menschen durch weite Räume gezogen, und sie hatten Reben im Gepäck. Manchmal brachte man den angestammten Namen mit, viele erhielten neue Namen. So ist ein und dieselbe Sorte in verschiedenen Ländern unter verschiedenen Namen bekannt, und umgekehrt werden verschiedene Sorten – sogar in derselben Region – mit demselben Namen bezeichnet. Das Resultat für den Rebenkundler ist ein reich gefüllter, kunterbunter, ja chaotischer Korb, dem man allmählich einige klare Fakten entlockt. Anfang der 1990er Jahre entdeckte man zum Beispiel, dass viele der chilenischen Sauvignon-Blanc-Stöcke in Wirklichkeit Sauvignonasse (Sauvignon Vert) waren, ein paar Jahre später identifizierten Rebenexperten einen großen Teil des chilenischen Merlots als Carménère, eine Sorte, die vor der Reblauskrise im Bordelais sehr verbreitet war. War sie gut? Die chilenischen Beispiele bejahen das. In Italien wird erst seit 1978 offiziell zwischen Pinot Blanc und Chardonnay unterschieden, und deren Ähnlichkeit spiegelt sich auch in einem der alten französischen Namen der Chardonnay: Pinot Chardonnay. Und es gibt viele derartige Beispiele.

So gehen Rebenbabys in die Welt hinaus. Jedes ist ein Steckling von einer Elternrebe, somit genetisch mit dieser sowie mit seinen Brüdern identisch. Dennoch verhalten sich alle ein wenig anders, wenn sie in verschiedenen Böden und Umweltbedingungen gepflanzt werden. Die Verwendung von labortechnisch erzeugten Klonen ist ein Weg, um schlechte Unterarten einer Sorte auszumerzen, muss aber nicht zu stereotypen Weinen führen.

Das globale Bild

Verschaffen wir uns erst einmal einen geografischen Überblick. Diese Karte zeigt, wo der Wein überall wächst: zwischen 32° und 51° nördlicher Breite und etwa 28° und 42° südlicher Breite. Wenn Sie Wein machen wollen, müssen Sie sich also dort umsehen. Im Weiteren werden die Dinge dann etwas komplizierter.

Die Weinberge der nördlichen Hemisphäre liegen, wie diese Zahlen zeigen, in höheren Breiten als die der südlichen Hemisphäre. Zum Teil hat das den einfachen Grund, dass die meisten Landmassen der Südhalbkugel nicht sehr weit nach Süden reichen, nur der Schweif Südamerikas reicht über die 50°-Linie hinaus. Dass Südafrika nicht weiter nach Süden reicht, ist sicher eine Quelle der Frustration für die Erzeuger, die Schwierigkeiten haben, ausreichend kühle Lagen für einige Sorten wie Pinot Noir zu finden.

Doch die Frage der Breite ist nicht nur eine nach den Temperaturen. Auf derselben Breite ist es auf der Nordhalbkugel generell wärmer als in der Südhemisphäre, sowohl in der Vegetationsperiode als auch übers ganze Jahr. Dies ist teils der Effekt der größeren Landmassen, teils (soweit es um Europa geht) das Resultat des wärmenden Golfstroms. Deshalb ist eine schlichte Gleichsetzung nördlicher und südlicher Breitengrade irreführend. Wenn in Südengland eine Sorte so eben noch reifen kann, heißt das nicht, dass sie auf der entsprechenden Breite in Chile oder Argentinien reifen würde.

Die Auswirkungen des Breitengrads auf den Wein sind enorm. In niedrigen Breiten beginnt der Frühling früh und endet der Herbst spät, was für eine (bei den Winzern in aller Welt begehrte) lange Vegetations- und Reifungsperiode sorgt. Trauben, die lange am Stock reifen können, haben Zeit, um viel Aroma und Zucker zu entwickeln. Auf der anderen Seite aber verfügen niedrige Breiten über hohe Temperaturen, weshalb die Trauben sehr schnell viel Zucker entwickeln und Säure verlieren, das Gegenteil von dem, was die Winzer wollen.

Hohe Breiten dagegen haben kürzere, kühlere Sommer, aber mehr Sonnenscheinstunden pro Tag. Weniger intensive Sonneneinstrahlung, die über mehr Stunden pro Tag verfügbar ist, bedeutet effizientere Fotosynthese, bessere Bewahrung der Säure und eine bessere Entwicklung von Duft und Geschmack. In höheren Breiten reifen die Trauben schneller – im Bordelais rechnet man etwa 100 Tage zwischen

■ Hauptweinbaugebiete

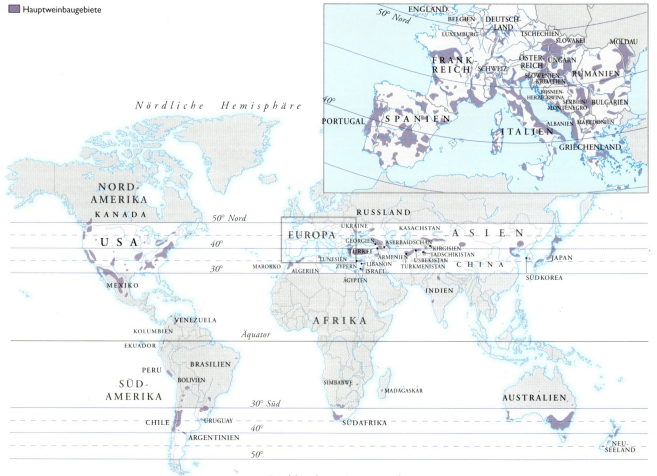

Blüte und Lese, in der kalifornischen Central Coast liegt die Zahl eher bei 150 –, aber wenn die Temperaturen zu niedrig sind, besteht die Gefahr, dass die Trauben nicht voll ausreifen. Den Idealfall haben wir dann, wenn hohe Breiten durch ein warmes Klima ausgeglichen werden und umgekehrt. Das Klima sehen wir uns auf S. 14ff. an. Der dritte Faktor in der Gleichung, der zwischen den beiden anderen vermitteln muss, ist die Rebsorte.

Was wächst wo?

Anders als man vermuten möchte, ist die Gesamtanbaufläche in den letzten 50 Jahren kleiner geworden. Im Jahr 1951 zählte man in der Welt 8 845 130 ha, im Jahr 1998 (aktuellere Zahlen sind nicht vorhanden) waren es 7 799 000 ha. In den späten 1970er Jahren erreichte man mit 10 213 000 ha einen Höhepunkt, dann sorgten die staatlich unterstützten Rodungskampagnen für eine Trendwende. In der EG wollte man den Weinsee verkleinern, in der UdSSR den Alkoholmissbrauch bekämpfen. 1998 waren beide Maßnahmen abgeschlossen; zumindest die europäische hatte ihr Ziel erreicht.

Doch sind in diesen Zahlen die regionalen Entwicklungen nicht zu erkennen. In Südafrika wurden 1997/1998 3000 ha neu bepflanzt, während in Algerien die Rodungen der vorangegangenen Jahre in geringerem Ausmaß weiterliefen. In denselben zwölf Monaten kamen in den USA 9000 ha hinzu, in Chile 12 000 ha; China pflanzte 22 000 ha und brachte damit seine Anbaufläche auf 149 000 ha (allerdings werden weit überwiegend Tafeltrauben und Rosinen produziert). In dieser Zeit schrumpften die europäischen Weinberge um 47 800 ha: 16 000 ha wurden in Aserbaidschan, 14 000 in Moldau und 13 600 in der Ukraine gerodet. In den 15 Ländern der EU wuchs die Fläche hingegen leicht um insgesamt 2100 ha. Die Weinberge Europas bedecken immer noch 5 041 000 ha, was es zur weitaus bedeutendsten Weinbauregion der Welt macht. Zum Vergleich: 1999 hatte Australien 122 915 ha bestockt, im Languedoc-Roussillon allein waren es dagegen schon 250 000 ha.

Rotwein statt Weißwein

Die Welt ist wild nach Rotwein. Die Erzeuger kommen mit der Anpflanzung roter Sorten kaum nach. In Australien wuchs die Produktion von Chardonnay zwischen 1996 und 1999 zwar um 55 %, Neupflanzungen finden aber außer in Spitzenlagen kaum mehr statt. Die Rotweinproduktion wird sich in den nächsten fünf Jahren verdoppeln, die von Weißwein nur um 5 % steigen. In Italien wurde 1995 genauso viel Rot- wie Weißwein hergestellt, zwei Jahre später war der Anteil von Rotwein schon 65 %.

Zunahme des Anteils roter Sorten an der Anbaufläche

Südafrika	Kalifornien (USA)	Australien	Chile
26,1% (1999)	54,4% (1999)	55,26% (1999)	65,83% (1999)
15,7% (1990)	46,4% (1990)	32,25% (1990)	62,85% (1990)

Auf der Südhalbkugel reichen die Weinberge kaum in noch höhere Breiten: Central Otago liegt auf 44° 42' südlicher Breite, und gemäß der Klimastatistik sollte es hier unmöglich sein, Reben anzubauen. Doch die extrem lange Sonnenscheindauer und das fast völlige Fehlen von Wolken im Sommer erzeugen zusammen mit günstigen Lokalklimaten Bedingungen, die für Chardonnay und Pinot Noir gut geeignet sind.

Wo Reben wachsen

Wenn nur die Breite und das Klima bestimmen würden, wo Reben gedeihen, wäre alles viel einfacher. Man würde einfach fragen: Wie viel Sonne? Welche Temperaturen? Wie viel Regen? Gibt es Frost? Und man wüsste, was man wo anpflanzt. Und immer gäb's guten Wein. Doch unglücklicherweise ist dem nicht so. Das Wetter ist nur ein Faktor, der Art und Qualität des Weins bestimmt. Man sollte sich auch daran erinnern, dass europäische Weinberge selten nach einer genauen Analyse von Wetter und Boden angelegt wurden. Wenn sich herausstellte, dass sie Gutes leisteten, dann erst fragte man sich, warum. Es war ein langer Erfahrungsprozess, der noch nicht beendet ist.

Weinmacher studieren die burgundische Côte d'Or seit vielen Jahren, und doch wissen wir noch nicht genau, warum dieser kleine Landstrich so vorzügliche Pinots Noirs und Chardonnays liefert. Und wenn sich die Leute schon in dieser Frage nicht einig sind, um wie viel weniger dann darin, welche Eigenschaften der Côte d'Or zu beachten wären, wenn man anderswo großen Pinot Noir machen will. Soll man ein Klima suchen, das dem burgundischen gleichkommt? Oder ist dieses Klima eher hinderlich? Wenn ja, sollte man etwas Wärmeres und Trockeneres nehmen. Sollte man den Boden als Maßstab nehmen? Und wenn ja, ist seine Struktur ausschlaggebend, der Mineraliengehalt oder was sonst?

Die Ansichten darüber haben sich in verschiedenen Gegenden unterschiedlich entwickelt. Neue-Welt-Erzeuger haben sich traditionell auf das Klima als bestimmenden Faktor konzentriert, die in der Alten Welt beriefen sich auf das, was ihre Vorväter schon beschworen hatten: das Terroir.

Das Terroir

Dieser Begriff ist noch nicht in allen Einzelheiten geklärt, auf jeden Fall aber muss man wissen, dass »Terroir« nicht mit »Boden« identisch ist. Das Terroir eines Weinbergs ist die Summe der Umweltbedingungen: Geologie, Klima, Topologie. Zum Beispiel die Wasserspeicherfähigkeit des Bodens oder die Sonnenscheindauer. Der Boden – Unterboden und Oberboden – ist wichtig, sein Mineraliengehalt, seine Fruchtbarkeit, seine Tiefe und Struktur, seine Fähigkeit, Wasser abzuleiten. Die Höhe über dem Meer, die Hangneigung und die Sonnenexposition sind ebenso von Bedeutung wie das Mesoklima oder gar das Kleinklima am Rebstock. Aus französischer Sicht (es handelt sich in erster Linie um eine französische Vorstellung) macht das Terroir jeden Weinberg anders. Das Terroir ist die Basis für das System der Appellation Contrôlée, nicht zuletzt deswegen, weil es sich als der grundlegende Faktor für die Art und die Qualität im Wein spiegelt, egal wer ihn gemacht

Gäbe es hier kein Wasser, würden hier keine Reben stehen. Die Finger Lakes im US-Staat New York sind relativ klein, aber sehr tief und frieren sehr selten zu. Sie stellen damit einen effizienten Wärmespeicher dar. Die Weinberge an seinen Ufern sind vor extremen Wintertemperaturen und Spätfrösten geschützt und erfreuen sich milder Herbste.

hat und wie er ihn gemacht hat. Die Winzer kommen und gehen, das Terroir bleibt.

Gute Techniken in Weinbau und Weinbereitung können aber den Ausdruck des Terroirs zulassen oder fördern, während schlechte ihn verhindern. Da es zum Beispiel keineswegs ehrenrührig ist, Dränagerohre zu verlegen oder den Wein zu chaptalisieren (das heißt dem Most vor der Gärung Zucker zuzusetzen, siehe S. 29), sind die Erzeuger in der Praxis keine absoluten Sklaven der Umweltbedingungen. Immer mehr französische Winzer verändern, wie ich feststelle, die Vorstellung von Terroir und schließen auch die menschlichen Eingriffe mit ein. Viele französische Weinmacher sprechen aber immer noch geschmackliche Eigenschaften ihrer Weine dem Terroir zu, die andere Nationen auf andere Faktoren zurückführen. Elsässische Winzer sprechen gerne davon, dass ihre Weine in der Jugend das Aroma der Traube aufweisen, später aber den Charakter des Terroirs erkennen lassen. Für andere ist Letzteres der Geschmack, der sich mit der Flaschenreifung einstellt. Und ganz kluge Exponenten der Weinwirtschaft sind immer noch imstande, Weine, die schlecht gemacht sind und nach Schwefelverbindungen nur so stinken, über den grünen Klee zu loben, weil sie »Terroir zeigen«.

Das Klima

Es verwundert nicht, dass so viele Weinbauern mehr auf das Klima achten als auf alle anderen Faktoren. Seine Auswirkungen sind offensichtlich und nicht wegzudiskutieren. Selbst der eingefleischteste »Terroirist« wird auf das

Wetter schimpfen, wenn seine Reben vom Spätfrost betroffen werden (wiewohl diejenigen, deren Reben nicht im Kältesee stehen, ihr Terroir loben, wenn sie dem Frost entgehen). Regen oder starker Wind während der Blüte; Trockenheit im Spätsommer, die die Fotosynthese und damit die Reifung behindert; Sommerregen, der die Feuchtigkeit bringt, in der die Trauben später faulen; Regen während der Lese, der den Saft verwässert; Hagel zu jeder Zeit: Der Gefahren des Wetters, denen der Winzer ausgesetzt ist, sind unzählige. In Europa sind die Erzeuger weitgehend an die existierenden Appellationen und deren Wetterbedingungen gebunden, in der Neuen Welt kann man pflanzen, wo man will – was, da es den schlechthin perfekten Weinberg nicht gibt, in der Praxis bedeutet, seine Probleme selbst zu wählen, anstatt sie zu erben.

Das Wetter während der Vegetationsperiode wirkt sich auf die Qualität des Jahrgangs wenig aus, bis der Beginn der Traubenreifung *(véraison)* erreicht ist, wenn die harten grünen Beeren weich werden und die Farbe der reifen anzunehmen beginnen. Frühjahrsfröste und großer Wassermangel können die Menge verringern, in puncto Qualität sind es die letzten Monate vor der Reife, die wirklich von Bedeutung sind. Der Sommer des Jahres 2000 zum Beispiel war im Bordelais bis zur *véraison* bemerkenswert nass und kalt, dann riss der Himmel auf, die Sonne schien, und der Wein galt als der beste der letzten Dekade.

Kalt oder warm?

Es gibt keine absolut gültige Definition dessen, was ein für den Weinbau kühles, warmes oder heißes Klima ist. Was für einen Erzeuger im kalifornischen Napa Valley kühl erscheint, kann für einen Winzer an der Saar schon warm sein. Als kühles Klima gilt eines, in dem nur früh reifende Sorten wie Pinot Noir, Riesling, Chardonnay und Gewürztraminer reif werden. Ein mittleres Klima lässt später reifende Sorten wie Merlot, Cabernet Sauvignon und Syrah reif werden, und warme Klimate sind für sehr spät reifende Sorten wie Mourvèdre, Grenache und Touriga Nacional geeignet, aber auch früher reifende Trauben wie Muscat, die zu süßen gespriteten Weinen verarbeitet werden. Carneros in Kalifornien, die Südinsel Neuseelands, Burgund und Deutschland fallen unter kühle Klimabereiche, Bordeaux, die Toskana, das Napa Valley, Maipo in Chile und Coonawarra in Australien unter die mittleren; der Süden Frankreichs, das Douro-Tal in Portugal und das McLaren Vale in Australien sind warme Bereiche. In heißen Klimazonen werden meist Tafeltrauben und Rosinen produziert; in Südamerika und in Afrika werden aber auch in tropischem Klima einige Weine gemacht.

Mediterran oder kontinental?

Ein mediterranes Klima hat die milden, feuchten Winter und langen, trockenen Sommer, die es rund ums Mittelmeer gibt. Ein kontinentales Klima hat stark ausgeprägte Extreme, also kalte Winter und heiße (manchmal kurze) Sommer. Ein typisch kontinentales Klima ist in Europa etwa in Ungarn zu finden. Gegenden nahe dem Meer, etwa das Bordelais am Atlantik, verfügen über ein maritimes Klima; die Nähe eines großen Wasserkörpers dämpft die Extreme, bedeutet aber auch Gefahren durch viel Regen und starken Wind.

Eine Wasserfläche in der Nähe eines Weinbergs kann in marginalen Klimaten überlebenswichtig sein. (Ein marginales Klima ist eines, in dem Trauben gerade noch reif werden können; es liefert mit die elegantesten, komplexesten Weine – in Jahren mit genug Sonne. Die Kehrseite der Medaille sind grüne, rohe Weine, wenn es zu wenig Sonne gibt.) Ein breiter Strom oder ein großer See wirken als Wärmespeicher und heben die Durchschnittstemperatur um ein, zwei entscheidende Grad an. Das ist einer der Gründe dafür, dass Riesling auf süd-, ost- und westweisenden Hängen an der Mosel reif wird, aber nicht mehr in einiger Entfernung vom Fluss.

Die Bestimmung der Reife

Was genau ist Reife? Das erscheint zunächst als dumme Frage. Wir alle kennen den Unterschied zwischen einer reifen und einer unreifen Pflaume. Aber nehmen wir mal eine Banane. Für manche ist sie reif, wenn die Schale insgesamt gelb ist. Für andere muss eine reife Banane kleine dunkelbraune Flecken haben. Beim Wein gilt eine Traube, die in der Champagne als reif betrachtet wird, im Napa Valley als unreif. Die »Reife« mit wenig Zucker und viel Säure ist entscheidend für lebhafte, harmonische Schaumweine, würde aber grauenhaft saure Tischweine ergeben; die sonnenverwöhnten Trauben des Napa Valley hingegen würden ein breites, labbrig-süßes Sprudelwasser liefern.

Für sich allein ist hoher Zuckergehalt kein Maß für die Reife. Eine reife Traube hat braune Kerne, keine grünen, und der Stiel ist bis zum Ansatz der Traube verholzt. Wenn Sie eine rote Weinbeere kosten (alle guten Winzer prüfen die Reife erst durch Schmecken, dann durch Analyse), sollte sie keinen vegetabilen, an grüne Bohnen oder Paprika erinnernden Geschmack aufweisen, und die Bitterstoffe der Schale sollten weich und samtig wirken. Mit anderen Worten ist das Ziel die physiologische Reife, die in warmen Klimaten bei höherem Zuckergehalt erreicht wird als in kühlem Klima. Daher ergeben reife Trauben im australischen Barossa Valley alkoholreichere Weine als Trauben gleicher physiologischer Reife im Bordelais. Der Kampf in warmen Regionen geht darum, volle physiologische Reife ohne einen erschlagenden Alkohollevel zu erhalten. Wenn man das nicht auf einen Nenner bringt, hat man am Ende 14 % Alkohol und unreife Aromen.

Dennoch schreiten viele Winzer zu früh zur Lese; sie sind oft nervös, weil sich der Herbstregen ankündigt, und in kühlen Bereichen kann

---

Das Temperatursummenverfahren von Winkler und Amerine

Das Temperatursummenverfahren von Winkler und Amerine hat die Strategien im Weinbau Kaliforniens seit den 1940er Jahren in großem Ausmaß bestimmt. Julius Winkler (1894–1989) war Wissenschaftler an der University of California in Davis (UCD), dem führenden Weinbauforschungsinstitut der USA und gleichzeitig der bedeutendsten Ausbildungsstätte. Zusammen mit Maynard Amerine (1911–1998), der ebenfalls an der UCD tätig war, entwickelte er ein System zur Klassifizierung von Anbauregionen nach »Temperatursummen«. Dazu legten sie eine Vegetationszeit von 1. April bis 31. Oktober zugrunde und berechneten die in dieser Zeit für die Rebe zur Verfügung stehende durchschnittliche Gesamttemperatur. Die niedrigste Temperatur, bei der die Rebe »arbeitet«, ist 50 °Fahrenheit (10 °C); also nahmen sie die mittlere Tagestemperatur in der Vegetationszeit, zogen 50 °F ab und multiplizierten den Wert mit der Anzahl der Tage. So erhielten sie in Kalifornien fünf Regionen, von Region I mit 2500 °F bis zu Region V mit über 4000 °F, und empfahlen für jede Region bestimmte Rebsorten.

In Kalifornien sind die Temperaturen tatsächlich ein guter Indikator für die klimatischen Bedingungen insgesamt. In anderen Anbaugebieten funktioniert das System nicht so gut; in Australien würde es die Möglichkeit, im Hunter Valley guten Semillon zu machen, ausschließen, und dennoch ist der Hunter Semillon einer der australischen Klassiker.

In sehr heißen Ländern muss man schon sehr hoch hinaufgehen, um für Reben geeignete klimatische Bedingungen zu finden. In Catamarca in Argentinien hat Michel Torino Stöcke in 2400 Metern Höhe stehen – die Anden geben die Möglichkeit dazu.

ein schlechter Sommer oder Herbst bedeuten, dass die Trauben nicht reif werden. Bei weißen Trauben führt das zu hohen Anteilen scharfer Apfelsäure; lässt man die Trauben länger hängen, sinkt der Gehalt an Apfelsäure, und der Gehalt an der weicheren Weinsäure steigt.

Bei roten Trauben ist außerdem das Tannin zu beachten. Das Modewort unter Rotweinerzeugern ist gegenwärtig »Textur«: Wenn ein Rotwein dem Zeitgeist entsprechen will, braucht er weiche Tannine, die im Mund samtig wirken, ohne jede harte Note. Sehr reife Tannine erhält man, indem man die Trauben so lang wie möglich am Stock lässt; und dafür braucht man ein relativ kühles Klima, das die Zuckerentwicklung bremst und verhindert, dass die Trauben zu Rosinen eintrocknen.

Klima und Fotosynthese

Reben produzieren Zucker mit Hilfe der Fotosynthese, die mit Sonnenlicht als Energiequelle Wasser mit Kohlendioxid zu Zucker und Sauerstoff umsetzt. Bei niedrigen Temperaturen hört die Fotosynthese und damit der Reifungsprozess auf. Das geschieht aber auch bei hohen Temperaturen und bei Wassermangel. Bei Hitze und Trockenheit schrumpfen die Beeren, reifen aber nicht.

Fotosynthese ist einer der wichtigsten Punkte, an denen der Unterschied der Ideologien der Alten und der Neuen Welt festgemacht werden kann. Alle Winzer wissen natürlich, dass sie für die Reifung unerlässlich ist. Doch wo die Alte Welt die Ausbildung der Aromen dem Terroir zuschreibt, konzentriert sich die Neue Welt auf die Fotosynthese als Quelle aller Geschmackskomponenten. Aus dieser Sicht sind Klima, Schnitt und Erziehung der Reben (die »Laubdachgestaltung«, siehe S. 24) nur insofern wichtig, als sie die Fotosynthese beeinflussen.

Höhen und Hänge

Es tut gut, einmal zu einem wenig umstrittenen Thema zu kommen. Eine der wenigen unumstößlichen Feststellungen in Bezug auf Weinberge ist, dass höhere Lagen kühler sind. Für Kalifornien hat man berechnet, dass die Temperatur im Schnitt auf 300 Meter Höhendifferenz um 2 °C sinkt. Dies zeigt vor allem: Will man die längeren Sommer der niedrigen Breiten nützen, kann man sich ein kühles Klima – mit der Möglichkeit langer Hängezeit, die Reife und Geschmack fördert – in den Bergen suchen. Ich erinnere daran, dass sich die Weinpioniere im Kalifornien des 19. Jahrhunderts die Hügellagen auswählten, nicht die Talebenen.

In zu großer Höhe reifen die Trauben natürlich nicht mehr. In der Côte d'Or und im ungarischen Tokaj sind es die mittleren Hangteile, die die besten, reifsten Trauben liefern. In Portugal, im Douro-Tal, werden die Trauben in den höchsten Lagen zwei bis drei Wochen später reif als die unten am Fluss, und es kann dort für Portwein schon zu kühl sein. Diese Lagen sind aber für nicht gespritete Tischweine sehr gut geeignet, die weniger Zucker und mehr Säure brauchen.

Hänge haben einen weiteren wichtigen Vorzug: Sie bekommen mehr Sonnenschein. Auch das bedeutet bessere Reifung. Darüber hinaus haben sie meist dünnere, ärmere, weniger fruchtbare Böden mit gutem Wasserabzug, was als natürliche Bremse der Wuchskraft der Rebe wirkt; dies trägt dazu bei, die Menge der Trauben zu reduzieren und kräftigere Aromen auszubilden.

Die Talebenen sind sicher dann vorteilhaft zu nutzen, wenn man große Mengen billigen Weins produzieren will. In Chile sind die meisten Reben in der Ebene des Großen Längstals gepflanzt, und ein Erzeuger, der Rebberge an Hängen – und seien es sehr sanfte – anlegt, hat dasselbe Gefühl wie jemand, der schwimmen lernt und zum ersten Mal die Füße vom Boden nimmt. Eine qualitätsorientierte Firma (Valdivieso) verbrachte vier Jahre mit ängstlichen Diskussionen, bis sie den Sprung wagte. Damit soll nicht gesagt werden, dass ausschließlich Hanglagen gut sind. Das kiesreiche Médoc macht einen bemerkenswert flachen Eindruck, und die steinigen Rebflächen von Marlborough in Neuseeland – die vorzüglichen Sauvignon Blanc liefern – sind schlicht topfeben. Auch die Talsohle des Napa Valley ist für guten Wein keineswegs ungeeignet.

Noch einmal der Boden

Wenn ein kalifornischer Winzer beim Gespräch über Chardonnay sagt: »Wir wissen, dass Kalkstein einen großen Effekt hat, aber wir wissen nicht, warum. Aber man kann ihn schmecken, riechen, fühlen«, dann ist er weit über die traditionelle Sicht der Neuen Welt hinaus, dass der Boden nur dazu dient, der Rebe Halt zu geben. Ein Winzer im Moseltal wird auf das besondere rauchige Aroma seines Rieslings verweisen, das dieser auf dem Schiefer bekommt. Ein führender Erzeuger Neuseelands ist überzeugt, dass Tonboden seinen Weinen Körper und Textur gibt, dass der hohe Kalkgehalt nervige Art und Langlebigkeit vermittelt und dass Silizium die Aromen intensiviert.

Sind das alles Halluzinationen? Bekommt Wein bestimmte Aromen und Eigenschaften aus dem Boden? (Der französische Begriff *goût de terroir* umfasst, anders als das schwäbische »Bodagfährtle«, mehr als den Boden; siehe S. 14.) Der renommierte Winzer Richard Smart gehört dem anderen Lager an. Er glaubt, dass die Wirkungen des Bodens auf die Qualität, schon gar auf den Geschmack allenfalls indirekt sind, insofern als die Tiefe und die Verteilung der Wurzeln – und damit der Zugang der Rebe zu Wasser und Nährstoffen – durch die Bodenstruktur beeinflusst wird. Aber Geschmack aus dem Boden? Nicht nach Smarts Ansicht.

Die wichtigsten physikalischen Merkmale des Bodens sind, wie gut er Wasser speichert und wie leicht die Rebe Zugang zum Wasser hat. Reben mögen am liebsten Böden mit guter Dränage, die dennoch genügend, aber nicht zu viel Wasser bereitstellen. Die Kreide der Champagne ist ein gutes Beispiel: Kreide bietet sehr guten Wasserabzug, sorgt aber auch für einen hohen Grundwasserspiegel. Im Gegensatz dazu dränieren Tonböden schlecht, und sie können so dicht sein, dass ihr großer Wasservorrat für die Wurzeln der Rebe fast unzugänglich ist.

Feuchte Böden sind kalte Böden, gut dränierte sind warm. Letztere unterstützen einen frühen Austrieb ebenso wie die Reifung; in marginalen Klimaten können sie daher für spät reifende Sorten von Bedeutung sein. Ein kalter Boden ist eher für früh reifende Trauben geeignet; im Bordelais zum Beispiel gedeiht Merlot auf den Tonböden von Pomerol besser als die spät reifende Cabernet Sauvignon. Cabernet benötigt die wärmeren Kiesböden des Médoc mit ihrem guten Wasserabzug. Auch sind dunkle Böden wärmer als helle. Sehr steinige Böden leiten und speichern Wärme gut, was der Reifung nützt. Die in Teilen von Châteauneuf-du-Pape vorhandenen Steine fungieren als natürlicher Wärmespeicher.

Einige Aspekte der Bodenchemie sind hingegen gut bekannt und stimmen mit den Verhältnissen bei anderen Früchten überein. Es gibt eine direkte Beziehung zwischen zu viel Stickstoff und zu großem Wachstum; Reben, die zu viel Stickstoff erhalten, produzieren riesige Mengen von Blättern, was der Frucht die Nahrung nimmt und außerdem zu viel Schatten führt. Zu viel Kalium im Boden reduziert die Säure im Wein (Kali-Dünger waren in den 1970er Jahren sehr populär, heute sind sie aus dem Rennen). Große Mengen organischer Stoffe können die Böden sehr fruchtbar machen, was die Wuchskraft ebenfalls zu sehr fördert. Sehr arme, unfruchtbare Böden zwingen die Rebe dazu, ihre Wurzeln auf der Suche nach Nährstoffen tief in den Boden zu treiben (Reben wurzeln bis zu 30 Meter tief), aber wenn sie keine findet, gedeiht sie nicht.

Große Steine wie hier im neuseeländischen Marlborough nehmen tagsüber Wärme auf und geben sie nachts wieder ab, was in einem kühlen Klima von Bedeutung ist.

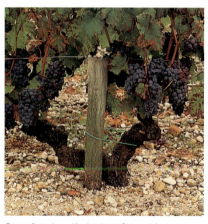

Die tiefgründigen Kiesbänke in Pessac-Léognan bilden warme Böden mit guter Dränage, im feuchten Klima des Bordelais ein nicht zu unterschätzender Faktor und der Schlüssel zu gutem Wein.

Guter Wasserabzug und schnelle Erwärmung sind auch die Vorzüge des Schiefers an der mittleren Mosel. Hier gibt es so wenig »Boden«, dass man sich fragt, wie die Reben leben können.

Wichtige Bodentypen

Was man in einem Weinberg als Boden sieht, kann ein von Wasser, Gletschern oder Wind verfrachtetes Sedimentgestein sein oder ein Oberboden aus verwittertem Grundgestein und organischem Material. Wenn die obere Schicht zu fruchtbar ist, schickt die Rebe ihre Wurzeln seitwärts aus, anstatt sie tief (bis zu 30 Meter!) in den Unterboden zu treiben und ein stabiles »Fundament« zu bilden. **Alluviale Böden** sind fruchtbare Flussablagerungen, die Kies, Sand und Schluff enthalten. **Gneis** ist ein metamorphes Gestein, das ähnlich wirkt wie Granit. **Granit**, ein Tiefengestein, ergibt warme, mineralreiche Böden, die eher säurearme Weine liefern. **Kiesböden**, die Kiesel in verschiedenen Korngrößen enthalten, sind meist unfruchtbar und leiten Wasser gut ab; als saure Böden liefern sie säurearme Weine. **Kalkboden** ist reich an Calciumcarbonat. Es gibt verschiedene Typen (etwa Kreide) mit unterschiedlich großem Wasserhaltevermögen; sie sind mehr oder weniger kühl und basisch, geben den Trauben also Säure mit. Der Boden in Chablis ist aus Tonen und Kimmeridge-Kalken zusammengesetzt. **Kreide**, ein Kalkbodentyp, ist kühl und basisch, er vereint gute Dränage mit befriedigender Wasserspeicherung. **Lehm** besteht aus etwa gleichen Mengen Ton, Schluff und Sand; er ist warm und für Wein meist zu fruchtbar. **Mergel** ist ein Gemisch aus Kalkstein und Ton, ein kalter Boden, der die Reifung verzögert und viel Säure mitgibt. **Sand** besteht aus körnigen Gesteinspartikeln; Sandböden sind warm und entwässern gut. **Sandstein** ist Sand, der durch Mineralien oder unter Druck verfestigt wurde. **Sandiger Lehm** ist Lehm mit einer Sandbeimischung, auch er ist warm und gut entwässernd. **Schiefer** ist ein metamorphes Gestein, das leicht splittert oder sich in dünne Schichten teilt. Schieferboden ist meist dunkel, warm, mäßig fruchtbar und bietet gute Dränage. Die Schieferböden an der Mosel bestehen fast ganz aus kleinen Gesteinssplittern. **Ton** besteht aus den feinsten Bodenpartikeln und ergibt kalten, sauren, schlecht dränierenden Boden; kompakter Ton ist schwierig für die Reben, Ton mit anderen Beimischungen kann exzellent sein. **Tonlehm** ist noch fruchtbarer als Lehm allein, leitet Wasser aber nicht gut ab. **Eisenton** ist Ton mit einem Eisenanteil.

Die Rebe im Weinberg

Guter Wein wird im Weinberg gemacht, das ist ein Glaubenssatz, den heute jeder gute Weinmacher unterschreibt. Die Hightech-Methoden im Keller haben alles erreicht, was möglich ist (und das ist eine Menge); um die Qualität noch weiter zu heben, sind Klone, Wurzelunterlagen, Erziehung und Laubdachgestaltung, Pflanzdichte und Erträge zu verbessern. Und – fast als Reaktion auf die Techniklastigkeit der Kellerarbeit – immer mehr Erzeuger wenden sich »untechnischen«, ja anscheinend irrationalen Methoden zu wie der Biodynamik. Nach der Hightech-Revolution der 1980er und 1990er Jahre haben wir nun eine posttechnologische Revolution: zurück zu den Ursprüngen. Und nichts ist ursprünglicher als der Weinberg.

Vor dreißig Jahren hätte keiner die Besessenheit voraussehen können, mit der man sich heute mit Erde und Wurzeln, mit Würmern und Mikrobiologie, mit Blättern, Sonnenschein und Wasserstress befasst. Zu Beginn der technischen Umwälzungen im Keller träumte man von Edelstahl, von großen, glänzenden Tanks mit Kühleinrichtungen, von neuen Pressen, Filtern und Wärmetauschern. Dieses auch finanziell sehr aufwändige Equipment veränderte in der Tat auch das Gesicht des Weins: Es machte die vielen sauberen, schmackhaften und preiswerten Tropfen möglich.
Die Idee war zunächst, dass diese Weine von ebenso effizient gemanagten Weinbergen geliefert werden. Der Weinbauer steckte daher sein Geld in chemische Dünger, Herbizide, Pestizide, Spritzmittel und – wo notwendig und erlaubt – in Bewässerungssysteme. Virusfreie Klone erbrachten größere Ernten als je zuvor. Schöne neue Welt.
Doch hochproduktive Hightech-Rebgärten liefern gesunde Trauben, aber nicht notwendig auch interessante Weine. Die Winzer sind aber ein neidisches Volk, immer will einer es besser machen als der andere. Und so haben wir jetzt eine andere Revolution: Pestizide und Dünger werden immer sparsamer eingesetzt, manchmal sogar ganz gestrichen. Man bohrt Löcher in den Boden, um die Verteilung der Rebwurzeln zu prüfen. Klone werden ständig weiter selektiert, um bessere, nicht um mehr Trauben zu erhalten. Und endlich findet auch die »Grundlage« des modernen Weinbaus, die Unterlagsrebe, die notwendige Aufmerksamkeit.

Die Reblaus: eine biblische Plage
In den meisten Ländern der Welt müssen »Ertragsreben« auf »Wurzelunterlagen« oder »Unterlagsreben« gepfropft werden. Dies ist der einzige Schutz vor der Reblaus, lat. *Phylloxera vastatrix,* einer kleinen Blattlaus, die sich in einem Teil ihres komplizierten Lebenszyklus an den Wurzeln ernährt und die Rebe zum Absterben bringt. Von der Ostküste der USA kam die Reblaus in der zweiten Hälfte des 19. Jahrhunderts nach Europa und brachte dort mit ganz wenigen Ausnahmen alle Rebstöcke um. Nach Australien gelangte sie 1877 (Teile des Kontinents blieben jedoch bisher verschont), 1873 nach Kalifornien und 1885 nach Südafrika.
So beschreibt der neuseeländische Winzer David Hohnen das Auftauchen der Reblaus 1989 in einem vier Jahre alten Weinberg in der Nähe des Guts Cloudy Bay: »In der grünen sommerlichen Pracht verkümmerten die Triebe, die Blätter wurden gelb, die Reben kämpften ums Überleben. Nicht alle waren betroffen. Die teuflische Seuche, die alle Winzer fürchten, erschien als gelbe Flecken in einem dichten, grünen Blätterdach.« Die tödlich infizierten Rebstöcke in Cloudy Bay wurden 1998 gerodet, und jetzt verwendet man gepfropfte Reben. In Kalifornien attackierte der Biotyp B der Phylloxera Rebstöcke, die auf AxR1-Unterlagen gepfropft waren; diese sind gegen die Reblaus nur teilweise resistent, und in den 1990er Jahren begann man damit, große Flächen neu zu bepflanzen.
Wird die Reblaus je verschwinden? Wahrscheinlich nicht. Allerdings glauben einige

In den 1990er Jahren in Kalifornien oft zu sehen: Von der Reblaus befallene Reben werden verbrannt. Man hatte nicht genügend resistente Wurzelunterlagen verwendet.

Experten, dass der Befall unter eine kritische Masse fallen kann, wenn in einem Gebiet nur gepfropfte Reben verwendet werden.

Eine grundlegende Frage
Die Stecklinge, die als reblausresistente Unterlagsreben verwendet werden, stammen von amerikanischen Sorten wie *Vitis riparia,* die von Natur aus immun sind. Dutzende von Unterlagssorten sind heute in Gebrauch, und es dauert etliche Jahre, um in Feldversuchen zu bestimmen, welche Wurzelreben in welcher Lage und unter welchen Bedingungen die besten sind. Einige, wie 333 EM und 41 B, sind kalkunempfindlich und daher für Kreideböden wie die in der Champagne geeignet. Andere, wie 110 R, tolerieren Wassermangel gut; SO 4, Ramsey, Dog Ridge, 1613 C und andere sind resistent gegen Nematoden, doch trägt die SO 4 sehr reich und wurzelt nur flach. Rupestris St-George, 99 R und 110 R sind sehr wuchskräftig und lassen die gepfropften Reben ein großes Laubdach entwickeln, was problematisch werden kann; 101-14 und Riparia Gloire sind dagegen sehr geringwüchsig und

Pinot-Noir-Pflanzreben, die an der Pfropfstelle bereits einen Kallus ausgebildet haben. Das rote Paraffin dient zum Schutz in den ersten Wochen.

können dazu verwendet werden, die Wuchskraft auf fruchtbaren Böden zu bremsen.

Ich habe eben Nematoden erwähnt. Das sind winzige Fadenwürmer, die im Boden leben und Viren verbreiten können, aber auch für sich sind sie schon Grund genug, widerstandsfähige Wurzelreben zu verwenden, auch wenn die Reblaus nicht in Sicht ist. Im relativ »gesunden« Chile stellen Nematoden im Allgemeinen kein großes Problem dar, sie gedeihen aber in den sandigen Teilen von Casablanca, und so muss dort auf nematodenresistente Unterlagen gepfropft werden.

Erst spät im 20. Jahrhundert begannen die Erzeuger die große Bedeutung der richtigen Wurzelunterlage zu realisieren. Die gegenwärtige Leitung von Château L'Angélus in St-Émilion zum Beispiel sagt, dass nur etwa 30 % der Rebstöcke die richtigen Unterlagen hatten, als sie in den 1980er Jahren die Geschäfte übernahm. Die Unterlagsrebe kann die Größe der Weinbeeren, die Blattfläche und das Verhältnis von Blattfläche zur Anzahl der Beeren beeinflussen, und all dies hat Einfluss auf die Qualität.

Klonen oder nicht klonen

Die Klone einiger Rebsorten können, wie auf S. 10/11 angesprochen, in puncto Qualität sehr variieren. Bei Sorten mit geringer Klonvariabilität ist die Auswahl der Klone nur für 1–5 % der Qualität verantwortlich; so ist die Frage der Klonwahl bei Riesling weniger bedeutend als beim genetisch instabilen Pinot Noir. Und gute Arbeit im Weinberg ist bei beiden wichtig.

Eine Reihe von Spitzenwinzern zweifelt am Wert der Klonenselektion. Jacques Seysses von der erstklassigen burgundischen Domaine Dujac meint, dass die Klone in den falschen Händen sogar schädlich sind; da sie ertragreicher sind, muss im Weinberg mehr Arbeit geleistet und der Behang stark ausgedünnt werden. Allen europäischen Erzeugern ist das Problem bekannt, dass selektierte Klone höhere Erträge bringen, als die Appellationsbestimmungen zulassen (siehe S. 23).

Bringt eine Vielzahl von Klonen im Weinberg größere Komplexität in den Wein? Einige sagen ja, andere nein. Auf jeden Fall sind in vielen Ländern der Neuen Welt nur eine begrenzte Zahl verschiedener Klone offiziell erhältlich. Der Chardonnay-Klon von Mendoza zum Beispiel, der in der Neuen Welt weit verbreitet ist (er stammt aus einer Massenselektion, nicht aus dem Labor), liefert große Mengen schlecht strukturierter Weine. Erst in jüngerer Zeit sind bessere Klone in ausreichender Zahl zu bekommen.

Alte Reben

Beim Rebstock gehen Alter und Schönheit fast immer Hand in Hand. In Europa dürfen Reben erst ab dem vierten Jahr für Qualitätsweine (Appellation contrôlée, DOC usw.) verwendet werden, und das ist noch sehr jung. Nach etwa 20 Jahren werden die Reben weniger wuchsfreudig und liefern weniger Trauben mit intensiveren Aromen, und bei einem bestimmten Alter – meist so um 30 Jahre – muss sich der Winzer entscheiden, ob er den Gewinn an Qualität höher einschätzt als den Verlust an Produktivität. Meist werden Rebstöcke zu diesem Zeitpunkt gerodet und durch neue ersetzt. Weine von alten Reben haben somit eine besondere Aura. Nur: Was ist alt? Eine Reihe von Weinen, die mit »Alte Reben«, »Vieilles vignes« oder »old vines« auf dem Etikett prunken, stammen von gerade mal 35 Jahre alten Stöcken, und das ist noch nicht einmal »mittelalt«. Wo sind wirklich alte Reben zu finden? Australien hat mit die ältesten. Besonders im Barossa-Tal gibt es große Flächen mit Shiraz und Grenache, die vor einem Jahrhundert angelegt wurden; D'Arenberg kann sich einiger 120 Jahre alter Reben rühmen. Chile hat viele 60 Jahre alte und ältere Stöcke, in Kalifornien sehen Zinfandel- und Carignane-Reben ihrem 100. Geburtstag entgegen. Das Madera County verfügt noch über große alte Carignane-Weinberge, Reste einer vergangenen Mode.

Leichtere Weine aus anderen Sorten kamen in Schwang, und man machte sich nicht einmal die Mühe, die alten Reben zu roden.

Im Piemont hat das Gut Marcarina in der Lage La Morra hundertjährigen wurzelechten Dolcetto stehen, ebenso alte Syrah- und Aglianico-Reben gibt es in Kampanien, die so groß sind wie kleine Apfelbäume. In Ürziger Würzgarten an der Mosel hat Ernst Loosen noch einige 100 Jahre alte Riesling-Stöcke. Doch bei alldem sollte man nicht vergessen, dass viele der großen 1961er von Pomerol und St-Émilion von Reben kamen, die nach dem mörderischen Winter 1956 neu gepflanzt worden waren.

Wurzelechte Reben

Bevor die Reblaus gegen Ende des 19. Jahrhunderts zuschlug, waren die Rebstöcke nicht gepfropft. Aus dieser Zeit sind da und dort tatsächlich noch Exemplare am Leben geblieben. Aber auch sonst sind wurzelechte Reben in Europa nicht ganz so selten, wie man annehmen könnte. Einige der berühmtesten stehen im portugiesischen Douro-Tal in der Quinta do Noval auf einem halben Dutzend schmaler Terrassen und liefern den raren Portwein Nacional. Alle Reben ringsum sind veredelt, und Versuche, auch in anderen Teilen des Weinbergs mit wurzelechten Reben zu arbeiten, sind immer gescheitert. Aus irgendeinem Grund hat die Reblaus diesen Teil nie attackiert – kein Mensch weiß, warum. Auch blieb die mittlere Mosel von der Reblaus verschont, und so sind dort viele wurzelechte Rebstöcke zu finden. In der Neuen Welt sind sie bemerkenswert weit verbreitet, in Chile, wo die Reblaus nie ihr Unwesen getrieben hat, sind sie die Regel.

Über 100 Jahre alte Shiraz-Reben im Clare Valley (Südaustralien). Solche Weinstöcke konnten überleben, weil die Mode über sie hinwegging.

Spritzaktion an einem Frühlingstag im neuseeländischen Marlborough. Chemikalien werden heute sehr viel zurückhaltender eingesetzt, sind aber in vielen Weinbergen für eine gesunde Ernte unverzichtbar.

Dieser Mangel an Klonen hat zum Phänomen der »Koffer-Klone« geführt, Reisern, die in den Klamotten versteckt illegal eingeführt werden, um die langwierige Quarantäne-Prozedur zu vermeiden, die viele Länder zum Schutz vor Rebkrankheiten vorschreiben. Selbstsüchtig? Unverantwortlich? Die Gesetzesbrecher – zu denen auch Spitzenerzeuger gehören – sagen, dass sie ihre Reiser im Labor prüfen lassen, und das gehe viel schneller, als wenn sie sie offen einführen würden.

Die Diskussion über die unterschiedlichen Auswirkungen von Klon- und Massenselektion auf die Qualität wird weitergehen. Um Aubert de Vilaine von der Domaine de la Romanée-Conti zu zitieren: »Die Klonenselektion hat ihre Vorteile, die Massenselektion hat andere. Ein großer Wein braucht ein bunt gemischtes ›Volk‹, es ist falsch, nur ›Athleten‹ haben zu wollen. Aber es müssen trotzdem die richtigen Individuen sein.«

Viel Feind

Die Rebe ist von so vielen Krankheiten und Schädlingen bedroht, dass man sich manchmal fragt, wie sie überhaupt überlebt. Ein Winzer in Oregon listet die örtlichen Feinde auf: »Mauke, Rüsselkäfer, Thrips, Vögel, Bären und andere Kobolde.« Ein anderer Winzer, diesmal in Kalifornien, weiß, wann seine Trauben reif sind: wenn ganze Völker von Waschbären über sie herfallen. In Deutschland werden Weinberge von Wildschweinen umgepflügt, in Australien müssen sie vor Kängurus und Papageien geschützt werden. Unschuldige Trauben fallen Rehen, Kaninchen und Vögeln zum Opfer. Vorausgesetzt, dass sie Echtem Mehltau (der trockenes Wetter bevorzugt), Falschem Mehltau (der warmes, feuchtes Wetter liebt), der Stiellähme und der Graufäule

Senf als Bodenbegrünung zwischen 100 Jahre alten Zinfandel-Rebstöcken im Sonoma County (Kalifornien). Mit Senf kann man die Nematoden im Zaum halten.

entgehen, nicht zu reden von der Schwarzfäule, der Pierce'schen Krankheit, dem Blattrollvirus, der Reisigkrankheit und Eutypa und vielem anderem.

Rebkrankheiten können von Bakterien, Pilzen, Viren und Mycoplasmen verursacht werden. Manche können bekämpft werden, anderen kann man vorbeugen, wieder andere sind tödlich. Ein Teil der Pilzinfektionen wie Echter und Falscher Mehltau, Anthraknose und Graufäule können mit Spritzmitteln bekämpft werden, von denen die Bordeauxbrühe, eine Mixtur aus Wasser, Kalk und Kupfersulfat, die älteste ist (1885 eingeführt).

Viruskrankheiten wie die Blattrollkrankheit und die Reisigkrankheit werden durch infizierte Reiser und Nematoden verbreitet. Auch virusfrei gepflanzte Stecklinge können infiziert werden, bleiben aber länger gesund als solche, die nicht diesen Anspruch erheben. Doch selbst der Begriff »virusfrei« ist relativ; von etwa 20 bekannten Viren sind nur sechs wirklich gefährlich, und das Attribut »virusfrei« bezieht sich nur auf diese. Bei den anderen sind die Reben auf sich selber gestellt.

Die Pierce'sche Krankheit wird von Bakterien verursacht und tötet die Reben sehr schnell. Sie ist gefürchtet und daher eines der Hauptziele nationaler Quarantänebestimmungen. Sie wird von einer Zikadenart (engl. *sharpshooter*) verbreitet, die sich nicht an Staatsgrenzen hält; bisher ist die Krankheit in Teilen der USA (inklusive Napa) sowie in Mittel- und Südamerika verbreitet. Eine Unterart des *sharpshooter*, der aus den Südstaaten der USA stammt, hat seine Invasion in Oregon, Napa und Sonoma begonnen und verbreitet dort die Pierce'sche Krankheit sehr rasch. Zikaden sind auch in Europa zu finden, die Erzeuger haben sich hier aber noch nicht auf das Auftauchen der Krankheit eingestellt.

Eine andere Zikadenart verbreiten die Flavescence dorée (»Vergilbung«), eine Mycoplasmen-Infektion, bei der die Blätter vergilben. Sie tötet junge Reben und schwächt alte, und sie ist möglicherweise zerstörerischer als die Reblaus, weil sie sich sehr schnell ausbreitet und weil es kein Gegenmittel gibt. Norditalien wurde von ihr 1995 schwer getroffen, und sie ist auch in Frankreich, Deutschland, der Schweiz, in Australien, im US-Staat New York und anderen Ländern zu finden.

Die einzige Möglichkeit ist, diese Zikaden durch Spritzen von Insektiziden in Schach zu halten. Doch damit kommt man mit einem der Hauptziele modernen Rebbaus in Konflikt: mit der Erhaltung der Artenvielfalt, die die möglichst weit gehende Reduzierung von Spritzmitteln aller Art erfordert. Dies ist die Richtung, in der der organische Weinbau geht.

Organisch denken
Es ist einfach nicht möglich, dass alle Erzeuger völlig organisch arbeiten können, selbst wenn es eine internationale Übereinkunft darüber gäbe, was organischen Weinbau ausmacht. Warme, trockene Klimate sind für eine umfassend organische Produktion am besten geeignet; Regionen wie Südfrankreich, Chile und Kalifornien haben von Natur aus den Vorteil, nicht unter der Feuchtigkeit zu leiden, die zu Mehltau, Fäule und anderen Krankheiten führt. In kühlen, feuchten Gegenden wie großen Teilen Deutschlands würde ein Winzer, der organisch arbeitet, in vielen Jahren 30 % seiner Ernte einbüßen.

Ein Kompromiss ist der integrierte Landbau. Auch er ist nicht genau definiert. Er verfolgt die Strategie, so wenig Chemikalien wie möglich einzusetzen. Das ist aber eine so breite Straße, dass so gut wie alle Erzeuger, die nicht organisch oder biodynamisch arbeiten, auf ihr bequem fahren können. Zumindest sagen alle, dass sie integrierten Weinbau betreiben; manchmal fragt man sich dann, ob sie nicht einfach deswegen nicht so großzügig mit Chemikalien umgehen, um sich diese Ausgaben zu sparen.

Zu den Verfahren des integrierten Weinbaus gehören der Verzicht auf Herbizide und andere Mittel der Unkrautbekämpfung wie das Pflügen oder Hacken der Zeilenzwischenräume zugunsten ihrer Begrünung mit Pflanzen, die später abgemäht oder untergehackt werden. Pflanzen wie Senf können zur Bekämpfung von Nematoden beitragen, andere wie Klee ziehen Singzikaden an. Die zunehmende Verwendung der Begrünung ist über die Zunahme der Singzikaden mit für die Ausbreitung der Flavescence dorée verantwortlich. Die Erhaltung der Artenvielfalt unterscheidet eben nicht zwischen Nützlingen und Schädlingen. Wer in ein Ökosystem eingreift, selbst mit den besten Absichten, kann die Auswirkungen seiner Aktionen nicht sicher voraussehen. Wer einen Weinberg neu anlegt und vorsorglich gegen einen Schädling spritzt, könnte später entdecken, dass er damit auch einen Feind dieser Schädlinge vertrieben hat. Organisch arbeitende Erzeuger bevorzugen die Einführung von Antagonisten, um Schädlinge in Schach zu halten. In Chile wird ein Käfer namens Ambrysellus gegen die Rote Spinne eingesetzt, Marienkäfer und ihre Larven sind gegen Blattläuse wirksam. All dies sind natürlich auch Eingriffe in das Ökosystem, in diesem Fall aber für die Rebe positiv. Mit Pheromonen (Sexuallockstoffen) lassen sich zum Beispiel Schmetterlinge wie Wickler und Spanner bekämpfen.

Das alles macht sehr viel mehr Arbeit, als das Spritzgerät an den Traktor zu hängen. Es erfordert genaue Beobachtung des Weinbergs, und die Suche nach Problemlösungen kostet viel Zeit. Dennoch lassen sich immer mehr qualitätsbewusste Erzeuger darauf ein. Ohne Zweifel würden viel mehr organisch verfahren, wenn es nicht so harte Realitäten wie Fäule und Mehltau gäbe. Im organischen Landbau ist die Bordeauxbrühe erlaubt, aber wohl eher aus pragmatischen Gründen, denn das Kupfer reichert sich im Boden an und kann zu Vergiftungen führen.

Die Arbeit im Weinberg folgt überall auf der Welt dem gleichen Schema, die zeitliche Verteilung hängt jedoch vom Klima und vom Wetterverlauf des Jahres ab.
Frühling Der Saft steigt in den Reben und tritt an den Schnittstellen aus, die Knospen schwellen an. Bis weit in den Frühling hinein müssen Frostschutzmaßnahmen getroffen werden. Die Knospen sind anfällig für Krankheiten und Schädlinge, gegen die gespritzt oder biodynamisch/organisch vorgesorgt wird. Pflügen und Hacken belüftet den Boden und vernichtet Unkraut; Dünger kann untergearbeitet werden. Wenn der Boden warm wird, können junge Reben gepflanzt werden. Die jungen Triebe müssen gegebenenfalls an die Spalierdrähte geheftet werden; die jeweils verwendete Erziehung (siehe S. 24/25) nimmt Gestalt an.
Sommer Acht Wochen nach dem Austrieb blüht der Weinstock für etwa zehn Tage, dann setzt er Frucht an. Kaltes oder nasses Wetter in dieser Zeit kann den Fruchtansatz schädigen und die Erntemenge verringern. Ein Sommerschnitt oder eine Blattausdünnung kann notwendig sein, um mehr Sonne an Blätter und Trauben zu lassen. Bei Reifebeginn, wenn die grünen Trauben sich verfärben, kann ein Teil ausgebrochen werden, um den Ertrag zu verringern und die Qualität zu vergrößern. Mit Netzen oder anderem schützt man die Trauben vor Vogelfraß.
Herbst In der nördlichen Hemisphäre erntet man meist September/Oktober, in der südlichen März/April.
Winter Der Saft zieht sich in der Rebe zurück, die Blätter fallen ab, der Stock begibt sich in Winterruhe. Irgendwann im Winter wird der Rebschnitt durchgeführt.

20–30 Tage nach dem Steigen des Safts brechen die Knospen auf.

Junge Pinot-Noir-Trauben drei Wochen nach der Blüte.

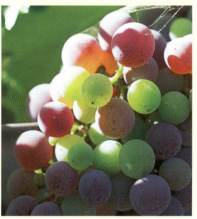

Cabernet-Sauvignon-Trauben bei Reifebeginn, wenn sie ihre Farbe verändern.

Biodynamik: neue Hippie-Bewegung oder echte Wissenschaft?

Die biodynamische Lehre ist die extremste Position, zu der ein Winzer bei einer Abkehr vom herkömmlichen Weinbau – über integrierten und organischen Landbau – gelangen kann. Sie geht auf den Begründer der Anthroposophie, Rudolf Steiner (1861 bis 1925), zurück und betont u. a. die Bedeutung der Planeten und anderer kosmischer Kräfte für die Gesundheit und das Gleichgewicht von Boden und Reben.

Von organischem Landbau unterscheiden sich ihre Methoden sowohl qualitativ wie quantitativ. Die Biodynamik verwendet pflanzliche, mineralische und organische Stoffe in homöopathischen Dosen, vor allem Horn, Horn-Kieselerde und Mist. Für Ersteres werden Rinderhörner mit Mist gefüllt und einen Winter lang in Erde eingegraben; es wirkt auf die Wurzeln. Für das Zweite werden Rinderhörner mit Kieselerde gefüllt und den Sommer über eingegraben; es unterstützt die Fotosynthese. Mist verbessert den Boden.

Diese Präparationen werden mit Wasser vermengt und »dynamisiert«, indem sie erst in einer, dann in der anderen Richtung gerührt werden. Hornmehl soll in warmes Wasser eingerührt und exakt eine Stunde lang kräftig gerührt werden, und zwar von Hand, nicht von einer Maschine. Einer der Verfechter der Biodynamik, der Loire-Winzer Nicolas Joly, vergleicht die dabei entstehenden Muster mit keltischer Kunst. »Luft wird in die Spiralen gerührt, was die verschiedenen Reaktionen verstärkt«, sagt er. Die Lösung muss dann bei Sonnenaufgang auf die Blätter der Reben verteilt werden, und zwar genau 40 Liter pro Hektar.

Die Vorstellung, dass kräftiges Rühren einer Flüssigkeit diese belüftet, ist einem Weinmacher nicht neu; wenn er in einem reifenden Wein die Hefe aufrührt, ergeben Spiralbewegungen ein anderes Resultat als Hin-und-her-Bewegungen. Dass dies mit alter keltischer Weisheit in Verbindung gebracht wird, wird Menschen, die mit den exotischeren Vorstellungen der Biodynamik ihre Schwierigkeiten haben, eigenartig berühren. Joly betont auch, dass der Mist in Kuhhörner und nicht in Stierhörner gefüllt werden muss, da dies den »Ursprung im Weiblichen« berücksichtigt, und dass bei der Wahl des Mists nicht nur die Ernährung der Tiere zu beachten ist (vorzugsweise Blätter, Wurzeln und Heu, zu je einem Drittel), sondern auch ihr Temperament: Pferde, so meint er, werden von Hitze dominiert.

Umstritten ist auch die Bedeutung der Sterne und Planeten für das Wachstum und das Wohlbefinden der Reben. Die verschiedenen Zeiten des Tages und die einzelnen Mondphasen sollen für jeweils andere Maßnahmen geeignet sein. Ein Winzer, der sich biodynamischem Arbeiten zuwendet, muss bereit sein, um drei oder vier Uhr morgens in seinen Weinberg zu gehen. Eine extrem engagierte, teure und Zeit raubende Art des Weinbaus.

Das vielleicht Seltsamste daran ist, dass es zu funktionieren scheint. Die Diskussionen gehen nicht mehr darum, ob es funktioniert, sondern wie. Winzer arbeiten heute mit Wissenschaftlern zusammen, um die Wirkweisen zu erforschen. Biodynamischer Weinbau scheint bessere Weine mit reineren Aromen und größerer Harmonie zu liefern. Der Unterschied ist zu schmecken, was bei organischen Verfahren nicht immer der Fall ist.

Beruht dies darauf, dass biodynamisches Arbeiten große Aufmerksamkeit für Reben und Boden erfordert? Mit anderen Worten, würde diese intensive Pflege sich bemerkbar machen, auch wenn keine biodynamischen Mittel verwendet werden? Was man in den Boden steckt, muss sich auswirken: Dominique Lafon von der Domaine des Comtes Lafon in Burgund stellte fest, dass nach nur drei Jahren die Säurebalance seiner Weine wieder in Ordnung war. »Sie merken es am Wein, dass die Rebe gesund ist«, sagt er. Der Bodenspezialist Claude Bourguignon meint, dass die mikrobielle Besiedelung in den obersten 30 Zentimetern des Bodens in einem organischen und in einem biodynamischen Weinberg sich kaum unterscheide, doch darunter sei sie in Letzterem wesentlich intensiver. Wechselwirkungen zwischen den Rebwurzeln, die bis zu 30 Meter tief reichen könnten, und der Mikrofauna würden den Sauerstoff und die Mineralien bereitstellen, die für starke, gesunde Reben lebensnotwendig seien. Tief wurzelnde Rebstöcke ergeben dicke Beerenschalen, entsprechende Krankheitsresistenz, mehr Aroma und länger lagerfähige Weine. Die französischen Biodynamiker schätzen an diesem System besonders, dass es ihren Weinen zu individuellem Terroir-Charakter verhilft. Die Verwendung von handelsüblichen Standardmitteln habe, so fürchten sie, einen einebnenden Effekt.

Der vollgültige organische Anbau verlangt den Verzicht auf alle industriell hergestellten Chemikalien, wobei die Details von Organisation zu Organisation variieren. Dünger dürfen daher nur natürlich gewonnen sein (Kompost und Mist). Ihre Verwendung ist auch im integrierten Landbau die Norm.

Ergeben organische Methoden die besseren Weine? Gefühlsmäßig würde man dies bejahen, doch sind zu viele Weine mit diesem »Gütesiegel« einfach nur schlecht. Die Qualität schwankt bei organischem Wein ebenso wie bei nicht organischem von enttäuschend bis sehr gut. Vielleicht sind gute Weinbauern auch nicht immer gute Weinmacher – jedenfalls ist die entsprechende Kennzeichnung auf dem Etikett noch keine Garantie für guten Wein.

Erträge

Zunächst ein Wort zum optimalen Ertrag. Notabene: nicht der größte, nicht der kleinste, nicht einmal der mit der besten Qualität. Ein Winzer muss sich, wie jeder, nach der Decke strecken, und es ist eine traurige Tatsache, dass mögliche Qualitätsverbesserungen (vor allem in wenig fashionablen Appellationen) deshalb nicht angegangen werden, weil der bessere Wein keinen höheren Preis erzielen würde, der wenigstens die Investitionen amortisieren würde. Andererseits scheint es für Erzeuger und Anbauregionen, die im Schwange sind, keine Grenze zu geben als den Himmel, sowohl im Aufwand, den sie zu treiben bereit sind, in den Summen, die sie investieren, als auch in den Preisen, die sie verlangen. Das Leben ist zum Winzer nicht fairer als zu allen anderen.

Wie ist das nun aber mit dem Ertrag? Die Regel war einst sehr einfach: Qualität und Quantität gehen nicht zusammen. Höhere Erträge bedeuteten geringe Qualität und umgekehrt.

Die Erfahrungen der Neuen Welt, in der die Reben oft bewässert werden, haben das Bild etwas verändert. Die Experimente in der Laubdachgestaltung haben, besonders in Neuseeland, neue Erkenntnisse über die Produktion guter Qualität bei relativ hohen Erträgen auf fruchtbarem Boden gebracht.

Klar geworden ist, dass Qualität nicht einfach und direkt auf niedrige Erträge zurückgeht. Faktisch kommen die meisten (nicht alle) großen Weine der Welt tatsächlich von geringwüchsigen, geringtragenden Reben, aber der Zusammenhang ist verwickelt.

Es kommt darauf an, die richtige Menge Sonnenschein auf die Blätter und die Trauben zu bekommen und so die optimale Reife zu erhalten. Geringwüchsige und geringtragende Reben haben ein kleines, offenes Laubdach, somit sind Blätter und Frucht der Sonne besser ausgesetzt. Das mag einer der Gründe sein, warum alte Reben so gute Weine liefern. Schatten bedeutet weniger Zucker, weniger Aroma und bei roten Sorten weniger Farbe. Wenn Sie den Ertrag halbieren, können Sie vielleicht den Preis verdoppeln, aber nicht die Qualität. Es gibt ein Optimum des Ertrags, bei dem der Rebstock im physiologischen Gleichgewicht ist. Dieser Punkt ist für jede Rebsorte, für jeden Weinberg und jeden Jahrgang ein anderer; verständlich, dass nur wenige Weinberge diese perfekte Balance aufweisen. Ein Gutsbesitzer im Bordelais nannte mir nur ein Château, dem er diese Balance zusprach (nicht seines).

Über und unter dem optimalen Ertrag wirkt das Gesetz des sinkenden Nutzens. Reduziert man den Ertrag zu stark, steigt die Qualität nicht so sehr, dass der quantitative Verlust ausgeglichen würde. Steigert man ihn zu großzügig, kann die Qualität und damit der Umsatz schneller absinken, als der größere Absatz einbringt. Nehmen wir den Riesling auf den steilen Hängen an der Mosel. Der qualitativ vertretbare Grenzertrag soll dort zwischen 120 und 150 hl/ha liegen. Doch wird ein guter Winzer sagen, dass er weit unter 120 hl/ha erntet. Einen Winzer nach seinen Erntemengen zu fragen ist allerdings so ähnlich, wie wenn ein Arzt seinen Patienten fragt, wie viel er trinkt. Er wird die Angaben seines Patienten stillschweigend bewerten und korrigieren.

Der Ertrag wird in den diversen Gegenden der Welt unterschiedlich gemessen. Viele europäische Länder geben ihn in Hektolitern Saft pro Hektar Rebfläche (hl/ha) an, andere bevorzugen die Angabe der geernteten Trauben pro Flächeneinheit: Tonnen pro Hektar (t/ha) bzw. in englischsprachigen Ländern tons per acre (1 ton/acre entspricht 2,513 t/ha). Die beiden Messsysteme sind nicht genau ineinander umzurechnen, da es natürlich darauf ankommt, wie viel Saft aus den Trauben bzw. Wein aus der Maische gepresst wird; tatsächlich ist die effizientere Pressung einer der Gründe (nicht der einzige und nicht der wichtigste), dass die Erträge in neuerer Zeit gestiegen sind. Im Allgemeinen liefert eine Tonne Trauben zwischen 550 und 750 Liter Saft, je nach Schärfe der Pressung. Weiße Trauben ergeben häufig weniger als rote, da viele Sorten sehr sanft gepresst werden müssen, um raue, harte Aromen durch Phenole zu vermeiden. Als Daumenwert kann 1 t/ha in 7 hl/ha umgerechnet werden (1 ton/acre in 17,6 hl/ha).

Die Ausrichtung der Rebzeilen kann großen Einfluss auf die Reifung der Trauben haben. Man kann damit zum Beispiel die Reben vor dem vorherrschenden Wind schützen, oder man kann, für eine bessere Durchlüftung, auch den Wind hereinlassen. Diese Reben stehen in Marlborough in Neuseeland.

Die europäischen Weingesetze legen für Appellationsweine Ertragsgrenzen fest (außerhalb Europas gibt es so etwas nur selten). In Frankreich gibt es dann noch den *plafond limité de classement,* einen zusätzlichen Ertrag, der unter bestimmten Umständen erlaubt ist und bis zu 20 % über der normalen Grenze liegt. Deshalb liegen die Erträge im Bordelais, selbst bei hochwertigen Appellationen, oft bei 55 und 60 hl/ha, wenn die offizielle Grenze 45 hl/ha ist.

Allzu viele Weinberge in der Welt liefern für optimale Qualität zu viele Trauben. Im Elsass stieg zum Beispiel zwischen 1945, als die Appellation eingerichtet wurde, und 1975, als die ersten Grand-Cru-Lagen kodifiziert wurden, der erlaubte Ertrag auf das Zweieinhalbfache. In Deutschland macht man bei Erträgen von 300 hl/ha ganze Seen von minderwertigem Müller-Thurgau.

Die Pflanzdichte

Entscheidend ist jedoch nicht der Ertrag pro Flächeneinheit, sondern pro Rebstock. Der wiederum setzt sich zusammen aus der Anzahl der Trauben pro Stock und dem Gewicht der Trauben, die beide direkt von den Weinbautechniken abhängen: der Pflanzdichte, dem Schnitt, der Düngung usw. und natürlich auch vom Wetter.

Die Pflanzdichte variiert in einem sehr großen Bereich, sogar innerhalb von Anbauländern und -bereichen. Im Penedès schwankt sie zwischen 800 und 2000 Reben/ha, in Australien und Neuseeland kann sie 1000/ha betragen oder hohe 4000/ha, in Versuchsrebflächen sogar bis zu 9000 Reben/ha. In Kalifornien sind es traditionell etwa 1125/ha, in Chile sind 3000/ha üblich, ein Gut versucht es sogar mit 25000/ha. In der burgundischen Côte d'Or zählt man meist 10000 Stöcke/ha, die Domaine de la Romanée-Conti experimentiert mit 16000 Stück; im Médoc sind es ebenfalls 10000/ha, im Entre-Deux-Mers kann die Zahl auf 2700/ha sinken. In alten Zeiten hatte man noch ganz andere Zahlen: Die Römer pflanzten um die 50000 Rebstöcke pro Hektar!

Im Allgemeinen tendieren die Erzeuger, um bessere Qualität zu erhalten, zu höheren Dichten, aber das hängt natürlich vom Boden ab. Auf fruchtbaren, bewässerten Flächen wachsen die Reben kräftig, sodass jede Platz braucht, um ihr Laubdach auszubreiten; ein dicht gedrängtes Blätterdach hält die Sonne von vielen Blättern und den Trauben fern. Auf weniger fruchtbaren Böden kann die Rebe von höherer Dichte profitieren, wobei der Hektarertrag aber nicht steigt.

Oft sind es auch grundsätzliche Faktoren der Arbeit im Weinberg, die die Pflanzdichte bestimmen: Der Weinbau im Europa des 19. Jahrhunderts mit seinen 10 000 bis 15 000 Stöcken pro Hektar war auf das Pferd abgestimmt, im Chianti-Gebiet war die übliche Dichte bis in jüngste Zeit – 2700 Stöcke/ha – auf den Traktor zugeschnitten.

Laubdachgestaltung: Let the sunshine in

Die Laubdachgestaltung, engl. *canopy management*, ist das moderne Zauberwort für alles, was man mit der Rebe, ihren Trieben und Blättern machen kann, vom Anbinden an einem Spalier in einer bestimmten Form bis zum Abschneiden. Es umfasst also alle Aspekte des Schnitts und der so genannten Rebenerziehung, deren Ziel das begehrte physiologische Gleichgewicht ist, das den optimalen Ertrag optimal reifer Trauben liefert.

Etwa acht Blätter sind notwendig, um eine Traube reifen zu lassen. Diese Blätter brauchen Sonnenlicht. Wenn sie von anderen Blättern beschattet werden, produzieren sie zu wenig Zucker, und die Frucht reift nicht. (Ein dichtes Blätterdach fördert auch die Feuchtigkeit und damit Fäule und andere Krankheiten.) Die Antwort darauf ist nicht einfach ein starker Rückschnitt; ein starkwüchsiger Weinstock kann dann noch mehr Blätter entwickeln. In diesem Fall kann ein Ausbrechen der überflüssigen Blätter im Sommer helfen.

Bei einem im Gleichgewicht befindlichen Rebstock wird das im Winter entfernte Holz etwa ein Fünftel bis ein Zehntel des Gewichts der geernteten Trauben ausmachen. Die Erzeuger wissen aber, dass eine Änderung der Weinbaumethoden sich erst nach mehreren Jahren auswirkt; beim Wein arbeitet man auch immer schon für die übernächste Ernte.

Eine große Zahl verschiedener Spaliersysteme wurden in aller Welt für die diversen Traubensorten entwickelt. In Neuseeland, wo die Kombination von Sonnenscheindauer, kühlem Klima und fruchtbarem Boden zu nicht ausgereiften Trauben führen kann, sind ausgeklügelte Systeme wie Scott Henry (siehe S. 25) erfolgreich. Das Problem solcher Umweltbedingungen ist, dass die Rebe wie wild wuchert und ihre Blätter die Trauben beschat-

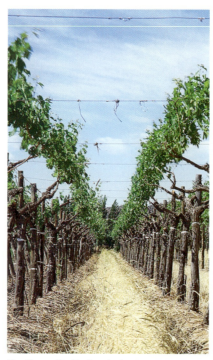

Ein »Geneva Double Curtain« in einem argentinischen Weinberg. Spaliersysteme wie dieses werden in der ganzen Welt auf ihre Tauglichkeit getestet.

ten, mit dem Resultat harter, grüner, unreifer Aromen. Verschärft wird das Problem noch durch die Verwendung von Dünger und Bewässerung.

Die Laubdachpflege kann jedem Bedarf angepasst werden. Als das Gut Stag's Leap im kalifornischen Napa Valley seinem runden, fruchtigen Sauvignon Blanc einen schlankeren, krautigeren Charakter verpassen wollte, ließ es seine Reben kräftiger wachsen und mehr Laub entwickeln.

Schnitt und Erziehung

Die Rebschnittsysteme lassen sich grundsätzlich in zwei Paare von alternativen Methoden einteilen: in Kopferziehung oder Kordonerziehung sowie in Zapfenschnitt oder Fruchtrutenschnitt. Bei der Kopferziehung sind die Zapfen oder Ruten, aus denen die Frucht tragenden Triebe wachsen, dicht beieinander am oberen Ende des Stamms angeordnet (das sich kopfartig verdickt), bei der Kordonerziehung lässt man einen oder mehrere dauerhafte Äste (Schenkel) am Stamm, aus dem/denen die Fruchttriebe wachsen. Bei Zapfen- beziehungsweise Fruchtrutenschnitt geht es darum, wie weit das letztjährige Holz entfernt wird: Beim Fruchtrutenschnitt bleiben ein oder mehrere Triebe (Strecker, Bogen) stehen, aus denen im Folgejahr die Fruchttriebe wachsen, beim Zapfenschnitt werden alle Triebe bis auf ein bis zwei Augen zurückgeschnitten.

Nun ist noch zu betrachten, wie man mit den Fruchttrieben umgeht. In Deutschland, Frankreich und einigen anderen europäischen Ländern lässt man die Triebe, wie sie es von Natur aus tun, nach oben wachsen und heftet sie dann meist an Drähte. Englisch wird diese Version als *vertical shoot positioning* (VSP) bezeichnet. Verwendbar ist sie für alle zuvor genannten Methoden des Schnitts, vom Gobelet bis zur Pergola, vom Doppelbogen bis zur Leierform. Die meist wenig fruchtbaren europäischen Böden liefern mit diesem System relativ offene Laubdächer; korrekter Schnitt und Blattausdünnung genügen im Allgemeinen, um die Rebe im Gleichgewicht zu halten. In wuchsfördernden Lagen kann es allerdings zu viel Blätter und Schatten entwickeln.

Neuere Schnittsysteme sind wahre Meisterstücke der Architektur mit Aufteilungen des Laubdachs in allen Raumachsen (siehe S. 25). Teils werden die Triebe sogar, unter Schwierigkeiten, nach unten gezogen.

Die Grünernte

Wenn zu viele Trauben an den Stöcken hän-

Gobelet Kopferziehung mit Zapfenschnitt, im Mittelmeerraum traditionell verbreitet. Die Reben bilden einen kleinen Busch, in dessen Schatten die Trauben vor exzessiver Hitze geschützt sind.

Doppelbogen Kopferziehung mit zwei zu ganzen Bögen gebundenen Fruchtruten, wie sie z. B. an der Mosel üblich ist. Hier hat jede Rebe einen Pfosten, an den die Triebe gebunden werden.

gen, kann man im Sommer die überzähligen entfernen, damit die verbleibenden besser ernährt werden und mehr Zucker und Aroma entwickeln. Diese Behangausdünnung ist nicht die ideale Lösung. Am besten wäre es, wenn ein Stock von selbst die richtige Traubenmenge entwickelt, aber das ist kaum je zu erreichen. Spätfröste, Krankheiten, Hagel und vieles mehr kann die Ernte dezimieren, weshalb viele Weinbauern als Versicherung den Stock einige zusätzliche Trauben ansetzen lassen.

Bewässerung

Gewöhnlich sagt man, dass Reben kämpfen müssen, um großen Wein zu liefern. Doch ist der Wein von Weinstöcken, die zu sehr kämpfen müssen, keineswegs gut. Der bedeutsamste Stress für Reben ist der Wassermangel. Bei Trockenheit macht eine Rebe einfach dicht, sie stellt die Fotosynthese und damit die Reifung ein. Ein wenig Wassermangel kann sich gut auswirken, er darf aber nicht zu groß werden. Die richtige Handhabung der Bewässerung ist eine diffizile Aufgabe für den Weinbauern. Traditionell ist sie in europäischen Ländern verpönt, allerdings taucht sie heute durch die Hintertür auf. Sie wird in der Wachau, in Spa-

Eine ganz andere Art der Laubdachgestaltung ist das »Minimal Pruning« wie hier im Napa Valley: Einen geregelten Rückschnitt oder eine sonstige Bearbeitung des Blätterdachs gibt es nicht. Die Reben sehen fürchterlich unordentlich aus, finden aber nach einigen Jahren zu ihrem Gleichgewicht.

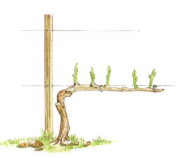

Cordon de Royat *Kordonerziehung mit Zapfenschnitt, ein in der Champagne verwendetes System. Zapfen sind sehr kurze Stücke eines vorjährigen Triebs, die beim Schnitt stehen gelassen werden.*

Lyra *Ein Kordonsystem, in dem das Laubdach in zwei Reihen geteilt und aufgebunden wird.*

Scott Henry *Bei diesem System werden die Triebe eines Kordon- oder Fruchtrutenpaars nach oben, die des unteren Paars nach unten gezogen.*

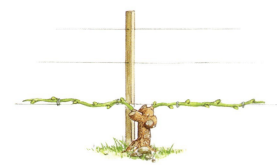

Double Guyot *Ein Beispiel für Kopferziehung mit Fruchtrutenschnitt. Im Winter werden die (waagerechten) Fruchtruten entfernt und zwei Triebe als neue Ruten angebunden.*

Geneva Double Curtain *Ein Kordonsystem, bei dem die Laubmasse in zwei Reihen geteilt wird und alle Triebe nach unten gezogen werden. Bei wuchsfördernden Bedingungen kann eine Rebe mehr Frucht zur Reife bringen; die Trauben können aber auch zu viel Sonne erhalten.*

nien und Italien verwendet; im portugiesischen Douro-Tal kämpft man darum, die heißen, trockenen Terrassen bewässern zu dürfen – nicht als ständige Maßnahme, sondern nur, wenn es für die völlige Reifung notwendig ist. Auch in Deutschland wird sie diskutiert, in heißen, regenlosen Sommern könnte sie sicher vorteilhaft sein. Das richtige Maß natürlich immer vorausgesetzt.

In großen Teilen der Neuen Welt ist der Regen anders verteilt als in Europa. Wenn es zwischen Frühling und Herbst keinen Regen gibt, wie es häufig der Fall ist, ist Bewässerung offensichtlich notwendig. Burgund zum Beispiel bekommt 60 % seiner Niederschläge während der Vegetationsperiode, Napa nur 15 %. Doch die Nachahmung der Niederschlagsverteilung durch Bewässerung ist auch nicht unbedingt richtig. Genau das versuchten Bruno Prats, ehemals Besitzer von Château Cos d'Estournel, und Paul Pontallier, Weinmacher von Château Margaux, zunächst auf ihrem Gut Domaine Paul Bruno in Chile. Sie dachten, die Imitation eines nassen Frühlings, gefolgt von Wassermangel bis zur Lese, würde die gewünschte Qualität liefern. Das tat es nicht. »Es war eine harte Lektion in Sachen Bescheidenheit.«

Die Erzeuger betrachten Bewässerung als Möglichkeit, die Natur zu korrigieren. »Als einen Weg, um ein gutes Terroir nachzuahmen«, wie es einer formulierte. Doch wie das am besten geschieht, ist keineswegs einfach zu beantworten. Übermäßige Bewässerung vergrößert die erzielbare Menge Weins, einfach indem er verwässert wird. Ähnlich pumpt man die Trauben nur mit Wasser auf, wenn nach Beginn der Reifung (wenn die Trauben ihre Farbe von Grün zu Gelb oder Blau verändern) bewässert wird. Vom Qualitätsstandpunkt aus erscheint es sinnvoller, unmittelbar nach der Blüte mit etwas zu knapper Bewässerung zu beginnen. Das soll heißen, dass die Rebe nur so viel Wasser erhält, dass sie ausreichend Triebe und Blätter entwickelt, um ihre Frucht zur Reife zu bringen; es soll ein milder Stress erzeugt werden, der das Wachstum bremst und schließlich stoppt, aber die Fotosynthese und die Reifung nicht behindert. Er scheint auch die Zellteilung in den Beeren zu beeinflussen, sodass sie kleiner werden. Das bedeutet einen höheren Anteil an Schale und Kernen, somit mehr Aroma, Körper und Farbe.

Die übliche Methode ist die Tropfbewässerung. Dünne Kunststoffrohre, die an den Rebzeilen entlang verlaufen, versorgen jede Rebe mit exakt bemessenen Mengen Wasser, Tropfen für Tropfen. Im Idealfall wird die Wassermenge durch permanente Messung der Bodenfeuchtigkeit reguliert. In Chile und Argentinien ist jedoch auch noch die altmodische Überflutungsbewässerung gebräuchlich, bei der aus Kanälen Wasser periodisch in die Rebzeilen geleitet wird. Das Verfahren ist offensichtlich schwer zu steuern, und moderne Güter verwenden es nicht mehr. Allerdings gibt es auch die Theorie, dass die Rebstöcke tiefer

Tropfbewässerung junger Reben in Neusüdwales (Australien). Jede Rebe wird je nach Feuchtigkeit des Bodens individuell mit Wasser versorgt. Auch Nährstoffe können so verteilt werden.

Überflutungsbewässerung in Argentinien. Ein billiges, jedoch schwer steuerbares Verfahren. Damit lässt sich zum Beispiel nicht der leichte Wassermangel herstellen, der für Qualität sorgt.

wurzeln, wenn eine große Menge Wasser auf einmal verabreicht wird. Sicher ist es eines der Probleme der Tropfbewässerung, dass sie die flache Bewurzelung begünstigt, während jeder Weinbauer wünscht, dass die Rebe sich ihr Wasser und ihre Nährstoffe aus tieferen Schichten holt.

Und endlich die Lese

Weinernte, da hat man doch gleich das Bild fröhlicher Menschen vor sich, die ihre deftige Brotzeit mit dem Wein des letzten Jahres hinunterspülen. Doch die Realität sieht anders aus: Sonnenbrand, Rückenschmerzen, Muskelkater, oder wenn es spät im Jahr ist, auf der Nordhalbkugel November oder Dezember, eiskalte, klamme Finger und Gliederreißen. (In Deutschland, Kanada und den Ostküstenstaaten der USA wird sogar noch später an Frosttagen gelesen, wenn man Eiswein machen will. Dafür werden die Trauben gefroren geerntet und gepresst, sodass sehr konzentrierter, süßer Saft aus der Presse läuft und das Wasser als Eis zurückbleibt.) In anderen Ländern sieht die Ernte so aus, dass ein Mann auf einer Erntemaschine durch die Rebzeilen fährt, manchmal in der Nacht oder am frühen Morgen, bevor die Trauben in der Sonne zu warm werden, um Qualität zu liefern. Eine universell beste Lesemethode gibt es nicht; wie die Trauben geerntet werden, hängt vom geplanten

Weintyp, vom Wetter und von der Reife der Trauben ab.

Die Wahl des optimalen Lesezeitpunkts ist häufig sehr schwierig. Eine kalte Periode im Spätsommer kann die Reifung zurückhalten, und eine folgende heiße Woche kann die Frucht schon an den Rand der Überreife bringen. Da heißt es rasch handeln, denn überreife Trauben liefern meist weiche, schlaffe Weine, die gesäuert werden müssen (wenn es erlaubt ist). Oder die Trauben reifen so quälend langsam, dass man zweifeln muss, ob sie es überhaupt schaffen; vielleicht ist auch Regen angekündigt. Soll man ernten, bevor sie richtig reif sind (und den fehlenden Zucker, wenn erlaubt, zusetzen), oder die Luft anhalten und warten? Auf keinen Fall darf man aber bei Regen ernten, da kann man gleich Wasser in den Saft schütten.

Wenn schnell gelesen werden muss, sind Erntemaschinen besonders wertvoll. Sie können rund um die Uhr arbeiten, und in heißen Klimaten ist die Ernte zu kühlen Nachtzeiten ein Plus für die Qualität, da eine Oxidation weitgehend vermieden wird. Solche Erntemaschinen sind portalförmig konstruiert und fahren über eine Rebzeile hinweg, wobei Glasfaserstäbe von beiden Seiten auf die Rebstöcke schlagen. Ganze Trauben und Beeren fallen auf die Förderbänder. Unweigerlich werden eine Zahl Beeren dabei zerquetscht, und wenn die Trauben weit transportiert werden müssen, besteht die Gefahr, dass der Saft zu lange Kontakt mit den Schalen hat, was bei weißen Trauben ungünstig ist. Auswirkungen einer gleichzeitigen Oxidation werden mit Schwefeldioxid minimiert.

Maschinen sind unverzichtbar, wo Arbeitskräfte rar oder teuer sind; doch sie können die guten Trauben nicht auslesen, was für einen geübten Erntehelfer kein Problem ist. Wenn man noch nicht perfekte Trauben am Stock lassen will, sind Zweibeiner (mit langer Erfahrung) nicht zu ersetzen. Für Sauternes und deutsche Beeren- und Trockenbeerenauslesen müssen Traubenteile, ja einzelne Beeren in bestimmten Stadien der Edelfäule gelesen werden, wofür die Erntekräfte mehrmals durch die Weinberge gehen. Seltsamerweise waren in Monbazillac bis 1994 Erntemaschinen erlaubt, obwohl es sich wie Sauternes auf die rigorose Selektion im Weinberg stützt, um die für seine Süßweine notwendigen superreifen Trauben zu bekommen. Sonst lassen sich zwischen der maschinellen Lese und der Lese von Hand keine Qualitätsunterschiede erkennen. Die Maschinen gehen mit der Frucht inzwischen ziemlich sanft um, und nicht alle Erntehelfer befolgen ihre Instruktionen richtig.

Botrytis cinerea – eine edle Fäule

Nicht jede Traubenfäule ist gefürchtet. Wenn der Pilz *Botrytis cinerea* reife Trauben befällt, entstehen wunderbare süße Weine wie Sauternes, Tokaji und Beerenauslese.

Der Pilz ist aber derselbe, der bei unreifen Trauben Graufäule verursacht, ein großes Schreckgespenst für Erzeuger in Anbaugebieten mit ungünstigen Witterungsverhältnissen, wo es die gesamte Ernte vernichten kann.

Von Edelfäule infizierte Beeren werden goldgelb, dann purpurrot und schließlich braun, wenn sie einschrumpfen; zum Schluss verschwinden sie unter einer grauen Schimmelmasse. Der Pilz baut sowohl den Zucker wie die Säuren um, der Zuckergehalt wird um ein Drittel, die Weinsäure um fünf Sechstel und die Apfelsäure um ein Drittel reduziert. Der Wasserverlust – teils durch den Pilz verursacht, teils durch die Verdunstung durch die von dem Pilz perforierte Schale – konzentriert jedoch, was übrig bleibt.

Von Botrytis befallene Chenin-Blanc-Trauben. Ein Teil der Trauben ist schon völlig matschig und entfärbt, andere sind noch völlig gesund.

Das ist aber noch nicht alles. Die chemische Zusammensetzung des Safts wird verändert, es entstehen u. a. Glyzerin, Essigsäure und Enzyme wie die Laccase. All dies bedeutet, dass Weine aus botrytisbefallenen Trauben ganz anders schmecken als andere Süßweine und äußerst langlebig, ja fast unsterblich sind.

Maschinelle Ernte bei Narbonne in Südfrankreich. Eine Ernte bei Nacht bedeutet, dass die Trauben kühl in die Kellerei gelangen und die Oxidation auf ein Minimum reduziert wird.

Im Keller

Unter Winzern ist heute das geflügelte Wort: »Wein wird im Weinberg gemacht.« Soll das heißen, dass die Würfel gefallen sind, sobald die Trauben geerntet sind? Wenn Qualität und Weintyp eine Sache der Traube sind, kann dann der Weinmacher dem Ausgangsmaterial nichts mehr hinzufügen? Kann er nur zerstören, nicht aber schaffen?

Ganz offensichtlich nicht. Der Kellermeister hat immer noch die Wahl zwischen einer ganzen Palette von Möglichkeiten. Er kann Aromen betonen oder zurückdrängen, er kann einen Wein zu früher Reife bringen oder seine Reifung verzögern. Wenn er gar nichts tut als Zeitung lesen, ist es auch mit den besten Trauben der Welt bald Essig, auch im Wortsinn. Es ist also eine verantwortungsvolle Tätigkeit dort zwischen den Pressen und Fässern.

Als Erstes muss ein zünftiger Kellermeister eine Vorstellung von der Art und der Charakteristik des Weins haben, den er machen will. In der Tat muss schon im Weinberg mit dieser Zielvorstellung gehandelt werden.

Im Keller kann dann so wenig wie möglich getan oder das ganze Feuerwerk moderner Weinbereitung abgebrannt werden, von Zuchthefen über Mostkonzentration und gekühlte Gärung bis hin zum Ausbau im Eichenbarrique. Eine Scheidung von Alte- und Neue-Welt-Techniken gibt es heute nicht mehr. Das australische Gut Chateau Reynella verwendet immer noch eine Korbpresse aus dem 19. Jahrhundert, in Bordeaux ist die Mostkonzentration heute nichts Besonderes mehr.

Hefe: wild oder gezüchtet?

Der Weinmacher kann sich auf die auf den Beerenhäuten und im Keller vorhandenen Hefen stützen, um aus dem Saft Wein zu machen, oder auf die besser steuerbaren selektierten Kulturhefen. Im letzteren Fall kann er eine Hefe wählen, die bestimme Aromen betont, oder eine neutrale.

Die natürliche Hefenpopulation in einem Weinberg oder Keller setzt sich aus unterschiedlichen Arten zusammen, deren Anteil von Jahr zu Jahr schwankt. Weinmacher, die natürliche Hefen bevorzugen, begrüßen diese Variationen und den immer wieder etwas anderen Charakter des Weins. Möglicherweise wird der Wein durch die bunte Zusammensetzung der Hefen auch komplexer. Die relative Unvorhersehbarkeit ihrer Tätigkeit bedeutet aber auch, dass die Gärung unvollständig bleiben kann und nicht wieder in Gang zu bringen ist. Das kann zu einer bakteriellen Infektion führen, im günstigsten Fall behält der Wein unvergorenen Traubenzucker (Restzucker), wo keiner beabsichtigt war. Bei der Verwendung von Kulturhefe müssen die natürlichen Hefen zuerst durch die Zugabe von Schwefel abgetötet werden. Schwefel (Schwefeldioxid) wird während des ganzen Vinifikationsprozesses als Antioxidans und Antiseptikum eingesetzt.

Die Gärtemperatur

Die Steuerung der Gärtemperatur dürfte der

So entsteht Wein

ROSÉ
Für Rosé-Weine lässt man meist den Most roter Trauben kurze Zeit auf den Häuten gären, bis die gewünschte Farbintensität erreicht ist. Selten wird roter Wein mit weißem verschnitten.

ROTWEIN
Rote Trauben werden ganz oder teilweise von den Stielen getrennt und meist gemahlen.

Der Most gärt auf den Häuten (und gegebenenfalls den Stielen). Zucker oder Säure werden in diesem Stadium zugegeben.

Bei der Gärung bilden Häute und Stiele einen Hut auf dem gärenden Most. Er muss immer wieder aufgebrochen und mit dem Most in Kontakt gebracht werden, damit Farbe und Tannin extrahiert werden. Dazu wird der Most über den Hut gepumpt *(remontage)* oder der Hut von Hand oder maschinell untergestoßen *(pigeage)*.

Teilweise mazeriert der Wein nach der Gärung noch eine Zeit auf den Schalen (und Stielen), um mehr Farbe und Tannin zu erhalten.

Der Wein wird in Holzfässer oder Tanks aus Edelstahl, Beton oder Kunststoff abgezogen.
In der Maische noch enthaltener Wein wird ausgepresst (Presswein). Er wird separat ausgebaut und kann später zugesetzt werden.

WEISSWEIN
Weiße Trauben werden entrappt und gemahlen. Eine Presse trennt Saft und Häute. In diesem Stadium kann Zucker oder Säure zugesetzt werden.

Der Most wird in Behältern aus Holz, Edelstahl, Beton oder Kunststoff vergoren.

Der junge Wein wird in kleine Holzfässer oder Tanks aus Edelstahl, Beton oder Kunststoff abgezogen.

SÜSSWEIN
Süßwein kann hergestellt werden, indem die Gärung beim gewünschten Gehalt an Alkohol und Restzucker gestoppt wird. Entweder werden die Hefen mit Schwefel abgetötet oder durch Zentrifugieren entfernt. Wenn der Most sehr zuckerreich ist, kann die Gärung auch von allein durch den hohen Alkoholgehalt aufhören, bevor aller Zucker umgewandelt worden ist.

Der Wein kann dem malolaktischen Säureabbau unterzogen werden, durch den die scharfe Apfelsäure teilweise in die weichere Milchsäure umgewandelt wird.
Während der Wein im Barrique oder Fass reift, können die abgestorbenen Hefen, die sich am Boden absetzen, periodisch aufgerührt werden *(bâtonnage)*.
Alternativ wird der Wein von der Hefe abgezogen und in andere Fässer gefüllt.
Alle Fässer werden verkostet und zur endgültigen Cuvée gemischt.
Der Wein kann, um Verunreinigungen zu entfernen, geschönt, gefiltert und/oder kaltstabilisiert werden.
Der Wein wird abgefüllt.

größte Fortschritt in der Kellertechnik sein, den das 20. Jahrhundert brachte. Bei niedrigen Temperaturen vergorene Weine behalten ihre Frische und den Sortencharakter; bei zu hohen Temperaturen gehen sie verloren, der Wein schmeckt verkocht und müde.

Wenn »kühl« gut ist, dann ist »kühler« jedoch nicht unbedingt besser. Damit Hefen gut arbeiten können, muss die Temperatur über 10 °C liegen, und sehr kühl vergorene Weine können tödlich langweilig sein. Für Weißwein liegt die Norm zwischen 12 und 20 °C, wobei die niedrigen Temperaturen einen Geschmack nach tropischen Früchten fördern; die Ester, die sich bilden, sind nämlich auch in tropischen Früchten zu finden. Rotweine werden bei höheren Temperaturen (zwischen 25 und 30 °C) vergoren, um Farbe und Gerbstoffe zu extrahieren.

Zuckerung und Säuerung

Um 1 % Alkohol zu liefern, braucht die Hefe 18 g Zucker pro Liter Most. Wenn er zu wenig Zucker enthält, kann er in Form von Rüben- oder Rohrzucker vor oder während der Gärung zugesetzt werden. Diese so genannte Chaptalisierung oder Anreicherung ist im europäischen Norden und anderen kühlen Ländern legal, in warmen Gegenden wie Südeuropa verboten; hingegen ist dort eine Anreicherung mit konzentriertem Traubensaft gestattet. Beides bewirkt einen höheren Alkoholgehalt. Wie weit er durch Zuckerung oder Anreicherung angehoben werden darf, ist gesetzlich geregelt.

In warmen Klimaten ist das Gegenteil nötig, die Zugabe von Säure, um ihren Mangel im Most auszugleichen. Die Azidifikation (Säuerung) kann vor oder nach der Gärung geschehen; wenn die Säure besser eingebunden sein soll, ist die Zugabe vor der Gärung vorzuziehen. Weinsäure ist die beste, Zitronensäure die billigste; Apfelsäure wird am wenigsten benutzt.

Mostkonzentration

Damit kann man den Wein fetter machen, weil es der Markt verlangt. Dem Most wird Wasser entzogen, entweder durch Verdunstung bei niedrigen Temperaturen in einem Vakuum oder durch Umkehrosmose; das Ziel ist, Extrakt und Aromen im Wein zu konzentrieren. Im Bordelais ist die Mostkonzentration als ein Mittel, die modischen üppigen, körperreichen Weine zu produzieren, zurzeit populär. Wie sich solche Weine auf lange Sicht entwickeln, ist aber noch abzuwarten. Es könnte sein, dass das Verfahren keinerlei langfristige Auswirkung auf Entwicklung und Geschmack hat und somit nur dazu dient, die Art von Attraktivität zu erzielen, die dem jungen Wein in dem entscheidenden

Ein Sortiertisch wie hier bei Robert Mondavi in Carneros (Kalifornien) ist auf führenden Weingütern üblich. Die erste Selektion nehmen die Erntehelfer im Weinberg vor, doch nach der Auflieferung im Keller werden die Trauben noch einmal geprüft, unreife oder nicht gesunde werden entfernt.

Moment, wenn er im Frühjahr vorgestellt und verkauft wird, den Beifall der Presse sichert. Schlecht gehandhabte Konzentration kann die Balance des Weins auch schädigen, denn man konzentriert alle Komponenten, gute wie unerwünschte. Mehr Frucht ist sicher schön, aber mehr Tannin, mehr Säure?

Maischegärung beim Rotwein

Rotwein gärt, damit er rot wird, zumindest eine Zeit lang zusammen mit den Beerenhäuten. Außer der Farbe werden den festen Bestandteilen so auch Geschmacksstoffe, Tannine und weitere Phenole entzogen. Je nach Traubensorte und beabsichtigtem Charakter des Weins gibt es für diesen Vorgang unterschiedliche Varianten, von der Kaltmaischung vor der Gärung bis zu einem weiteren Verbleiben auf der Maische nach der Gärung.

Die Einstellung zu den Tanninen hat sich in letzter Zeit gewandelt. Harte Tannine sind heute out. Rotwein wird sehr viel jünger getrunken als ehedem, und sich einen Weinkeller anzulegen, nur weil der Stoff jung ungenießbar ist, erscheint nicht mehr als sinnvoll. Natürlich entwickeln und verbessern sich gute Rotweine mit dem Alter, weshalb sie Tannine benötigen wie eh und je. Doch die müssen rund und reif sein, nicht aggressiv. Die Techniken zur Steuerung der Tannine gehören zu den wichtigsten der modernen Rotweinbereitung, und sie beginnen bereits im Weinberg. Man ist dort nicht nur auf hohen Zuckergehalt in den Trauben

aus, sondern auch auf ausgereifte Schalen und Kerne.

Die verschiedenen Verbindungen werden bei unterschiedlichen Temperaturen und unterschiedlichen Alkoholkonzentrationen extrahiert. Tannine etwa werden intensiver herausgelöst, wenn Alkohol vorhanden ist; wer mehr Tannin im Wein haben will, lässt ihn nach der Gärung noch einige Zeit auf den Häuten stehen. Wer mehr Farbe wünscht, aber nicht mehr Tannin, wird die Kaltmaischung vor der Gärung einsetzen; einige Weinmacher testen auch die Warmmaischung für 24 Stunden bei über 30 °C. Auch für einige Weißweine lässt man die Maische vor der Gärung eine kurze Zeit mazerieren, um Geschmack und Aromen aus den Schalen zu lösen. Das muss jedoch mit Vorsicht geschehen, damit man nicht übers Ziel hinausschießt. Wie sonst beim Wein ist »ein wenig« gut, »mehr« ist jedoch nicht immer besser.

Kohlensäuremaischung

Leichte, fruchtige Rotweine mit strahlender Farbe und wenig Tannin erhält man mit der Kohlensäuremaischung, die vor allem beim Beaujolais verwendet wird, einem Wein mit genau diesen Eigenschaften. Auch in anderen Teilen Frankreichs wird Gamay auf diese Weise zu Beaujolais-Doppelgängern verarbeitet, im Midi macht man damit die sehr feste Carignan weicher.

Das geht so: Man füllt ganze, nicht eingemaischte Trauben in einen geschlossenen Gärtank und setzt sie unter Kohlendioxid. Unter Sauerstoffausschluss findet in den Beeren eine innerzelluläre Gärung statt, bei der ein Teil des Traubenzuckers zu Alkohol umgewandelt wird, vor allem aber werden Geschmacksstoffe und Glyzerin gebildet und die Apfelsäure reduziert. Diese Gärung lässt man eine bis drei Wochen dauern, und meist schließt sich eine normale Gärung an, um die Umwandlung des Zuckers zu Alkohol zu vollenden.

In der Praxis läuft das jedoch nicht so säuberlich ab. Das Gewicht der Trauben lässt die im unteren Teil des Tanks befindlichen aufplatzen, sodass nur die Trauben im obersten Teil eine reine innerzelluläre Gärung durchmachen. Dennoch entsteht ein charakteristischer Wein mit einem an Bananen, Nagellack oder Kaugummi erinnernden Aroma, das recht attraktiv sein kann; solche Weine sollen jung getrunken werden.

Ein ähnliches Verfahren ist die Ganztraubengärung, die in aller Welt für Rotwein verwendet wird. Zwar wird der Tank nicht mit Kohlendioxid gefüllt, doch sammelt sich bei der Gärung entstehendes Kohlendioxid im Tank und verdrängt den Sauerstoff teilweise oder ganz.

Wenn ein Weinmacher die Ganztraubengärung einsetzt, dann dazu, um einen leichten Wein mit präsenten, zugänglichen fruchtigen Aromen zu erzielen. Für Weißwein wird die Kohlensäuremaischung nicht verwendet, da er unerwünschte Aromen annehmen würde.

Der malolaktische Säureabbau

Diese »Zweitgärung« – die keine Gärung ist, weil sie von Bakterien verursacht wird – wandelt die scharfe Apfelsäure des Weins in die weichere Milchsäure um. Sie reduziert den Säuregehalt nicht, sondern macht sie nur weniger aggressiv und lässt den Wein fülliger wirken. Weißen Weinen gibt sie eine sahnige Art, verringert aber die Fruchtigkeit. Ein Weinmacher kann seinen Wein gänzlich, teilweise oder gar nicht dem Säureabbau unterziehen, je nach angestrebtem Charakter.

Der Ausbau in Eichenholz

Wein kann in vielen Materialien gelagert werden, in Behältern aus Edelstahl, Beton, glasfaserverstärktem Kunststoff oder Holz. (Holz bedeutet meist, aber nicht immer Eiche; in Savennières an der Loire zum Beispiel sind Akazie und Kastanie üblich.) In den meisten verändert sich der Wein nicht, wenn er kühl gehalten und eine Oxidation unterbunden wird; er bewahrt jugendliche Frische. Tatsächlich lagert das Château Gillette in Sauternes seine Weine jahrzehntelang in Betontanks, bis sie – so frisch, als wenn sie eben erst gemacht worden wären – abgefüllt werden.

Die Lagerung im Eichenbarrique ist etwas anderes. Einmal findet durch die Poren des Holzes ein Gasaustausch statt; die Sauerstoffzufuhr mildert die Adstringenz des jungen Weins und verringert die frischen Primäraromen. Manchmal werden dazu alte Eichenfässer verwendet, die keinen Geschmack an den Wein abgeben. Neue Eichenfässer vermitteln dem Wein hingegen bestimmte Aromen, am auffälligsten ist Vanille, die zu bestimmten Rebsorten – besonders Cabernet Sauvignon und Chardonnay – wunderbar passt. Deshalb werden diese Weine sehr häufig in kleinen, neuen Eichenfässern (üblicherweise so genannte Barriques mit 225 Liter Inhalt) ausgebaut, die sehr viel Eichengeschmack abgeben. Aber auch dies lässt sich übertreiben, sodass die neue Eiche den Geschmack des Weins übertönt.

Französische Eiche vermittelt im Allgemeinen feinere Aromen als amerikanische; aber auch mit Letzterer sind subtilere Wirkungen zu erzielen, wenn das Holz nach französischer Art verarbeitet wird (an der Luft anstatt im Ofen getrocknet, gespalten anstatt gesägt). Französische Fässer sind daher auch etwa doppelt so teuer wie amerikanische. Viel verwendet wird Eiche aus Minnesota und Wisconsin, die teils aber als zu gerbstoffreich gelten; in bisher noch kleinen Mengen wird auch Eiche aus Oregon eingesetzt. Die französische Eiche kommt aus mehreren Regionen: Limousin-Eiche ist grob gemasert und tanninreich und wird vor allem für Weinbrand verwendet. Tronçais-, Allier- und Nevers-Eiche ist fein gemasert und für Wein gut geeignet, auch Vogesen-Eiche ist fein gemasert. Eiche aus den Ländern des früheren Jugoslawiens, als slowenische Eiche bezeichnet, ist seit langem bei italienischen Erzeugern für die großen Fässer beliebt, die lange in Gebrauch sind. Auch deutsche Eiche, die eine würzige Note vermittelt, wird verwendet, und die russische Eiche nähert sich wieder ihrer einstigen großen Bedeutung.

Es ist nicht nur die Eiche, die den Wein unterschiedlich gestaltet; die Wahl des Küfers ist ebenso bedeutsam. Weinmacher auf der Suche nach dem idealen Fass testen verschiedene Küfer gleichermaßen wie verschiedene Eichenarten. Und dann ist da die Frage nach dem Röstgrad. Die Fassdauben werden unter Wärmeeinfluss gebogen, sehr häufig über einem offenen Feuer, das das Holz natürlich leicht anbrennt, »röstet« oder »toastet«. Stark geröstete Fässer geben dem Wein würzige, an Toast oder frisch gerösteten Kaffee erinnernde Aromen mit, aber weniger Eichenaroma, da die Röstschicht als Barriere zwischen dem Wein und den Holztanninen wirkt. Je geringer der Röstgrad, desto mehr Vanillegeschmack und Tannin gelangen in den Wein.

Natürlich hat das Holz umso mehr Einfluss, je kleiner das Fass ist. Viele Regionen haben ihre traditionellen Größen. Die gebräuchlichste ist das Bordelaiser *barrique* mit 225 Litern; die burgundische *pièce* ist etwas größer (228 Liter). Die *feuillette* des Chablis wird nur mehr wenig verwendet. Alte deutsche Fassgrößen sind das Mosel-»Fuder« mit 1000 Litern und das

Die Teile einer Weinbeere

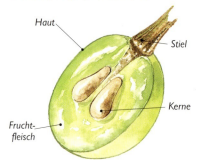

Der Saft aus dem ausgepressten Fruchtfleisch enthält Wasser, Zucker, Säuren und Geschmacksstoffe, doch dies sind nicht die einzigen Zutaten des Weins. Farbe, Gerbstoffe (Tannin) und Geschmacksstoffe kommen auch aus den Schalen, und – je nach Weinbereitung – liefern auch die Stiele Tannine. Die Kerne enthalten ein bitteres Öl, weshalb man heute vermeidet, sie zu zerquetschen.

Ein oberirdisches Fasslager (chai) der Domaine de Chevalier in Pessac-Léognan bei Bordeaux. Für die Mazeration nach der Gärung werden auf vielen Gütern solche Edelstahlbehälter verwendet. Für den malolaktischen Säureabbau wird der Wein häufig in Barriques gefüllt.

Wein, der mit Eiche ausgebaut wird, muss kein Fass von innen gesehen haben. Billiger sind andere Formen von Eichenholz wie Würfel oder Chips, die es in verschiedenen Toaststufen gibt (oben). Sie werden dem gärenden Wein beigegeben und vermitteln ihm Aromen von neuer Eiche. Traditionell jedoch reift der Wein in neuen Eichenfässern, die über einem Feuer geformt und ausgebrannt werden wie hier bei der Tonnellerie Lasserre in der Gironde (links). Der Toastgrad wird vom Käufer bestimmt.

»Stück« vom Rhein mit 1200 Litern Inhalt. Port reift in *pipes,* die verschieden groß sind, ebenso wie die italienischen *botti* und *carati*. In Australien hat ein »Oxhoft« *(hogshead)* normalerweise 300 Liter, doch ist hier niemand an Traditionen gebunden; die Weinmacher wählen die Fassgröße frei nach ihren Absichten.

Neue Eichenbarriques haben darüber hinaus einen weiteren Effekt: Sie fixieren die Farbe des Rotweins und polymerisieren die Tannine. (Die Molekülketten werden länger, wodurch die Tannine weicher wirken.) Je früher der Wein ins Barrique kommt, desto besser; aus diesem Grund findet der malolaktische Säureabbau oft im Barrique statt.

Schnitzel von Eichenholz *(oak chips)* haben dieselbe fixierende und polymerisierende Wirkung; wenn sie beim Abziehen angewendet werden, reduzieren sie darüber hinaus die notwendige Zugabe von Schwefeldioxid, da sie den Wein vor Oxidation schützen. Sie vermitteln auch einen leichten Eichengeschmack, können aber den oxidierenden Effekt echter Fassreifung nicht imitieren. Eichenchips sind in Europa nicht erlaubt – womit nicht behauptet wird, dass sie nicht verwendet werden.

SORTENWEINE UND VERSCHNITTE

Während die Konsumenten zunehmend sortenreine Weine bevorzugen – solche, die aus nur einer Sorte hergestellt sind –, finden Weinmacher die Verschnitte meist interessanter. Ein guter Verschnitt ist nämlich mehr als die Summe seiner Teile, und nur eine kleine Zahl von Traubensorten ist von Natur aus in der Lage, vielschichtige, interessante Weine zu liefern. Viele Experten sind überzeugt, dass selbst der beste Wein gewinnt, wenn er noch 5% von einer anderen Sorte bekommt.

Roter Bordeaux (und meist auch weißer) ist ein Verschnitt; rote und weiße Burgunder sind Sortenweine. Chianti war früher ein Verschnitt, heute kann er sortenrein sein; Barolo ist dem Gesetz nach reiner Nebbiolo. Mit Verschnitten kann man sich in Gegenden, wo nicht jede Rebsorte zuverlässig jedes Jahr perfekt reift, absichern; Bordeaux ist ein Beispiel, die Champagne ein weiteres. Andere Verschnitte haben sich entwickelt, weil die Ernte einer Sorte knapp war oder weil man Rotweine mit weißen Trauben weicher machen wollte; ein Beispiel dafür sind Syrah und Viognier in der Côte-Rôtie. Heute wird dieses Problem durch bessere Vinifizierungsverfahren und durch größere Reife der Trauben gelöst.

Co-Pigmentierung

Eine falsche Spur oder die Wiederentdeckung alten Wissens? Es gibt da das alte Verfahren, mit roten Trauben auch ein paar weiße mitzuvergären. Dem Chianti wurde Trebbiano beigegeben, und in der Côte-Rôtie an der Rhône bekommt Syrah einige Prozent Viognier. Dies ist aber nicht dasselbe wie ein Verschnitt von Rot- und Weißwein; rote und weiße Trauben müssen zusammen vergären, das ist entscheidend. Es scheint »Co-Faktoren« zu geben, die – roten Trauben vor der Gärung beigefügt – Farbstoffe intensiver extrahieren oder stabilisieren. Diese Co-Faktoren können, was man vielleicht nicht erwarten würde, auch in weißen Trauben vorhanden sein. Bei der australischen Firma Yalumba, die die Co-Pigmentierung intensiv erforscht, glaubt man, dass das Quercetin, Flavonoide und Procyanidine aus den Schalen und Kernen der Viognier-Trauben solche Co-Faktoren sind. Außerdem scheinen die Farbe über die Jahre hinweg stabiler zu bleiben, Textur und Fülle verbessert und die Aromen lebhafter zu werden. Trifft das nur für Syrah und Viognier zu? Man wird weiter forschen müssen. Es ist zwar richtig, dass weiße Trauben häufig aus rein pragmatischen Gründen mit roten mitvergoren wurden, es könnte aber auch sein, dass unsere Vorfahren die Erfahrung gemacht hatten, dass die Weine auf diese Weise besser gerieten.

REBSORTEN VON A BIS Z

Das große Rebsortenkapitel beschreibt bedeutende und weniger bedeutende Rebsorten aus aller Welt.
Die Traubensymbole nach der Überschrift zeigen an, ob es sich um eine rote Sorte 🍇 oder um eine weiße Sorte 🍇 handelt.
Wenn eine bestimmte Rebsorte nicht an ihrer Stelle im Alphabet zu finden ist, könnte sie unter einem anderen Namen beschrieben sein. Schlagen Sie dann im Rebsortenregister auf S. 308 nach.
Dieses Kapitel enthält 17 große Abschnitte über die bedeutendsten Rebsorten der Welt mit vielen Informationen zu Geografie (mit Karten zu ihrer Verbreitung), Geschichte, Weinbau und Weinbereitung, zur Bedeutung in verschiedenen Ländern sowie zum Genuss ihrer Weine. Verbraucherinformationen nennen gute Erzeuger und empfohlene Weine, in den Reifediagrammen ist abzulesen, in welchem Alter die Weine am besten zu trinken sind. Weitere 15 wichtige Rebsorten werden in zweiseitigen Artikeln beschrieben. Auch für sie werden gute Erzeuger genannt, ebenso in den Kurzartikeln, wo es angezeigt ist.

Makellos gepflegte Rebzeilen auf dem Gut Quintessa Vineyard bei Rutherford im kalifornischen Napa Valley; in der Ferne ragt der Mount St Helena auf. Die meisten der klassischen französischen Sorten werden im Napa Valley kultiviert, wobei in neuerer Zeit viel Sorgfalt darauf verwendet wird, die für die jeweilige Sorte geeignetsten Lagen auszuwählen. In diesem Weinberg stehen die burgundischen Sorten Cabernet Sauvignon, Cabernet Franc und Merlot, die hier einen komplexen, fülligen Wein liefern.

ABOURIOU

Eine tanninreiche, säurearme Traube in Südwestfrankreich, die für einige einfache Weine verwendet wird. Sie verschwindet allmählich und wird wohl nicht vermisst werden.

AGIORGITIKO

Diese griechische Traube ist nach dem heiligen Georg benannt, der im Lande sehr verehrt wird, und liefert mit die besten Rotweine Griechenlands. Sie wird hauptsächlich auf der Peloponnes kultiviert und ist die einzige Sorte, die für den bekannten kräftigen, würzig-pflaumigen Nemea verwendet wird. Die Rebflächen erstrecken sich dort in Höhen von 250 bis 800 Metern, wobei die langlebigsten Weine von den Hängen um Asprokambos kommen. Die niedrige Säure der Traube kann die Lagerfähigkeit begrenzen. Sie liefert gute Frucht und Farbe und ist gut mit Cabernet Sauvignon zu verschneiden; reinsortig ergibt sie auch ordentliche Rosés. Weiterer Name: Mavro Nemeas. Gute Erzeuger: Antonopoulos, Boutari, Skouras.

AGLIANICO

Eine rote italienische Sorte mit dem Potenzial für hohe Qualität. Die Phöniker brachten sie aus Griechenland mit; »Aglianico« ist eine Verballhornung von »ellenico«, dem italienischen Wort für »griechisch«. Ob sie mit einer der in Griechenland kultivierten Trauben identisch ist, weiß man nicht. Sie hat sich von den süditalienischen Häfen, über die sie ins Land kam, nicht weit entfernt; sie ist in Kampanien und in der Basilicata verbreitet, und zwar in den Provinzen Benevent und Avellino beziehungsweise Potenza und Matera. Auch in Kalabrien, Apulien und auf Procida, der vor Neapel gelegenen Insel, wird etwas Aglianico angebaut.

Der wertvollste, dennoch bisher unterschätzte Wein ist der Aglianico del Vulture mit der einzigen DOC der Basilicata. Er wächst am Monte Vulture, einem erloschenen Vulkan, in Höhen zwischen 450 und 600 Metern. In letzter Zeit werden auch tiefer gelegene Areale mit Tonböden bepflanzt. Die Qualität ist generell gut und wird noch besser. Auch der Taurasi DOCG aus Kampanien ist sein Geld wert.

Die Sorte treibt früh aus und reift relativ spät; sie bevorzugt trockenes, sonniges Klima. Die gewichtigen, manchmal rauchigen Beerenaromen und die auch in warmen Klimaten gute Säure machen die Traube für heiße Regionen in Australien interessant. Man plant, sie in Riverland sowie auch in den nicht so heißen Bereichen McLaren Vale und Margaret River anzupflanzen. Gute Erzeuger: Antonio Caggiano, D'Angelo, Di Majo Norante, Feudi di San Gregorio,

Aglianico-Reben am Hang des Monte Vulture in der süditalienischen Basilikata. Aglianico ist mit einem Mal eine höchst aktuelle Traube aus einer plötzlich höchst aktuellen Region. Dieser Wein wird auch bei Ihrem Händler bald auftauchen.

Galardi, Mastroberardino, Montesole, Montevetrano, Odoardi, Paternoster, Orazio Rillo, Sasso, Giovanni Struzziero, Terre Dora di Paolo, Vega-D'Antiche Terre, Villa Matilde.

AIDANI

Eine griechische Rebe, die auf Santorin und anderen Inseln angebaut wird, mit attraktivem Blumenduft und generell im Verschnitt verwendet. Es gibt auch eine dunkle Aidani Mavro, die teils für den lokalen Vinsanto (!) verwendet wird. Gute Erzeuger: Koutsoujanopoulos, Markezinis.

AIRÉN

Airén ist die weiße Hauptsorte in der großen zentralspanischen Region La Mancha. Mit der geringen Pflanzdichte – meist 1200–1600 Stöcke pro Hektar – hatte sie lange Zeit den Titel der Sorte mit der größten zusammenhängenden Anbaufläche der Welt inne. Das ändert sich, da sich die Mode roten Sorten zugewendet hat. Diese erzielen mindestens dreimal so hohe Preise wie Airén, was in Anbetracht der hohen Investitionen für die moderne Weinbereitung besonders schmerzhaft ist. (Wie ein Weinberater es formulierte: »In der Mancha sind die Rechnungen für Weinsäure besonders hoch.«) Rotwein kann die Kosten wieder einspielen, Airén nicht. Viel wurde schon gerodet, noch viel mehr wird folgen.

Ironischerweise war der Wein nie besonders gut. Die dicken Beerenhäute und die recht hohen Erträge (auch mit Bewässerung erreicht man selten die zugelassenen 85 hl/ha, doch bei einer so geringen Pflanzdichte hängen dann immer noch eine Menge Trauben am Stock) machen sie für diese Region mit ihrer extremen Hitze und Kälte ideal. Das ganze Arsenal moderner Weintechnik wird eingesetzt, und die Weine sind fehlerlos gemacht, absolut sauber und frisch, lassen aber einen bestimmten Charakter meist vermissen. Deshalb können sie nie einen Spitzenpreis erzielen. Sie sind durchaus genießbar, aber es gäbe keinen Grund, sie zu kaufen, wenn sie nicht sehr billig wären.

Ein großer Teil der Airén-Ernte der Mancha wird destilliert, und vieles gelangt als Weingeist in den portugiesischen Portwein. Ein kleiner Teil des Weins wird mit roten Sorten zu billigen hellen Rotweinen verschnitten; La Mancha ist einer der wenigen Bereiche, in denen Derartiges unter den EU-Bestimmungen zugelassen ist. Und die Aficionados traditioneller Methoden werden es begrüßen, dass für den lokalen Markt auch noch der alte Typ des gelben, oxidierten Weins erzeugt wird. Gute Erzeuger: Ayuso, Vinícola de Castilla, Rodriguez y Berger.

ALBANA

Eine wenig aufregende italienische Traube, die mit der Verleihung des DOCG-Status 1987 an den Albana di Romagna unverdient aufgewertet wurde. Die Gründe für eine solche Beförderung sind meist politisch-pragmatischer Natur: Die Behörden wünschten sich eine weiße DOCG, und andere ernsthafte Möglichkeiten gab es nicht. Gute Albana-Weine verfügen über exotische Aromen und weiche, samtige Frucht; zu viele jedoch sind nur korrekt ohne erwähnenswerten Geschmack. Albana wird trocken, lieblich, süß und *passito* ausgebaut; am interessantesten sind die beiden letzteren Typen, die nur einen sehr geringen Teil der Produktion darstellen. Man verwendet rosinierte und manchmal auch edelfaule Trauben, und man experimentiert mit dem Ausbau im Barrique.

Der Anbau konzentriert sich auf die Emilia-Romagna in Mittelitalien. Die Rebe ist sehr ertragreich und hinsichtlich der Standortbedingungen recht empfindlich; sie braucht viel Regen, wird aber bei Feuchtigkeit von Graufäule befallen. Der meist verwendete Klon, Albana Gentile di Bertinoro, hat dicke Beerenhäute, die einen gewissen Schutz vor Fäule bieten, und ergibt tieffarbene Weine. Die Behörden betrachten ihn teilweise als eigene Sorte, da er kleine Trauben und weniger Laub entwickelt. Synonyme sind Greco und Greco di Ancona, die Greco di Tufo ist jedoch nicht verwandt. Gute Erzeuger: Celli, Umberto Cesari, Leone Conti,

Stefano Ferrucci, Fattoria Paradiso, Tre Monti, Uccellina, Zerbina.

ALBARIÑO
Siehe S. 36/37.

ALBAROLA
Eine weiße italienische Traube, die in Ligurien angebaut wird. Hauptsächlich in den Cinque Terre und um La Spezia in geringen Mengen im Verschnitt verwendet.

ALBILLO
Eine weiße spanische Sorte, die säurearme Weine ergibt. In weiten Teilen des Landes zu finden, vor allem um Madrid. Gute Erzeuger: Dehesa de los Canonigos.

ALEATICO
Der süße rote, duftende Aleatico Italiens ist ein angenehmer Dessertwein. Die Traube kann eine dunkle Mutante der Muscat Blanc à Petits Grains sein und hat dasselbe berauschende Rosenaroma. Zu finden ist sie in Latium, Apulien, auf Elba sowie auf dem zu Frankreich gehörenden Korsika; in der südlichen Toskana wird sie neuerdings gepflanzt. Es hat sie bis nach Usbekistan und Kasachstan sowie nach Chile verschlagen. Die seltene weiße Form, Aleatico Bianco, ist weniger ertragreich als die normale weiße Muscat. Gute Erzeuger: Avignonesi, Francesco Candido, Le Pupille.

FRANCESCO CANDIDO
Ein herrlich nach Rosen duftender süßer Rotwein aus der Aleatico. Er ist mit Speisen kaum kombinierbar, genießen Sie ihn nach dem Essen.

ALFROCHEIRO PRETO
Eine interessante portugiesische Traubensorte, die in Dão und Bairrada sowie im Süden im Alentejo und in Terras do Sado zu finden ist. In Dão wurde sie nach der Reblauskrise gepflanzt, ihre Vorgeschichte liegt jedoch im Dunkeln. Sie ist fäuleanfällig und liefert farbkräftige Weine mit Brombeer- und Gewürzaromen und weichen Tanninen. In Dão wird sie Pé de Rato genannt, »Mäusepfote«, entweder weil die Portugiesen überhaupt gern Trauben mit »tierischen« Namen belegen (siehe Esgaña Cão, Rabo de Ovelha, Periquita, »Sittich«) oder aufgrund außergewöhnlicher Kombinationen von Wein und Speisen. Gute Erzeuger: Caves Aliança, Quinta dos Roques, Sogrape.

ALICANTE BOUSQUET
Die Wärme liebende Färberrebe Alicante Bousquet ist eine Kreuzung von Petit Bousquet und Grenache, die Henri Bousquet 1866 auf den Markt brachte. Petit Bousquet ist ihrerseits eine Kreuzung von Teinturier du Cher und Aramon (siehe S. 38), die Henris Vater gezüchtet hatte. Die Idee war, eine starkfarbene Traube zu bekommen, die man mit der ertragreichen, doch farbschwachen Aramon verschneiden konnte, aber bessere Qualität brachte als Teinturier du Cher. Alicante Bousquet – von der es zig Versionen gibt, die mehr oder weniger schlecht sind – breitete sich nach 1885 rasch in ganz Südfrankreich aus, außerdem wurde sie im Bordelais, in Burgund und im Loire-Tal angepflanzt. Eine Variante ist in Spanien unter dem Namen Garnacha Tintorera bekannt (siehe Garnacha, S. 92–101).

Die Verbreitung nimmt in ganz Frankreich ab, an manchen Orten ist die Traube verschwunden. Dieses Schicksal teilt ihr Verschnittpartner Aramon, die nur ein Fünfzehntel der Färbkraft hat. Sie reift früh und ist recht ertragsstark, doch bei Erträgen von 200 hl/ha und mehr, die man in fruchtbarem Flachland erreicht, fällt der Alkoholgehalt auf 10 % und weniger.

Im portugiesischen Alentejo liefert die Rebe Weine mit guter Farbe, Frucht und Tannin. Mit unterschiedlichem Erfolg wird sie in Mittel- und Süditalien, Israel, Nordafrika und den Teilen des ehemaligen Jugoslawien angebaut. In Chile wird sie meist mit anderen Sorten wie Cabernet Sauvignon verschnitten, ergibt aber auch dichte, runde sortenreine Weine. In Kalifornien belieferte man zu Zeiten der Prohibition Heimwinzer mit der Traube, seitdem ist die Anbaufläche dramatisch geschrumpft. In Napa und Sonoma wird sie, trotz ihres Mangels an Struktur, von einigen seriösen Erzeugern verwendet. Gute Erzeuger: (Portugal) Quinta da Abrigada, Quinta do Carmo, Herdade de Mouchão, J. P. Ramos; (Kalifornien) Papagni, St Francis, Topolos.

ALIGOTÉ
Die zweitwichtigste weiße Sorte Burgunds kommt erst lange hinter der Chardonnay, sowohl in puncto Renommee als auch in der Rebfläche (500 ha gegenüber 12000 ha). In der Côte d'Or war sie wegen ihrer Säure einst neben der Chardonnay gepflanzt, ist heute aber in die Ebene und die obersten Lagen verbannt. Weniger als 250 ha sind in der Region Chablis zu finden und einige wenige Hektar verstreut in anderen Départements. Bourgogne Aligoté wurde bekannt als der Weißwein, den man mit Cassis zum Kir mixt. Gute Jahrgänge, insbesondere Weine aus Bouzeron am Nordrand der Côte Chalonnaise (heute eine eigene AC), sind aber auch pur wegen ihres frischen, an Buttermilch erinnernden Geschmacks gut zu genießen. Die Weine, die sich für Ausbau in Eiche kaum eignen, sind im Allgemeinen jung zu trinken.

In Osteuropa wird die Sorte in Russland, Bulgarien und Rumänien in großem Stil auf flachem Gelände angebaut, wo man dreimal so viel erntet wie in den Hanglagen Burgunds mit ihren 50–70 hl/ha, mit entsprechend geringer Qualität. Gute Erzeuger: (Burgund) Coche-Dury, Jayer-Gilles, Denis Mortet, Ponsot, Daniel Rion, A. & P. de Villaine.

ALTESSE
Siehe Roussette, S. 206.

ALVARINHO
Siehe Albariño, S. 36/37.

AMIGNE
In der ganzen Welt sind mit dieser Rebe nur 20 ha bepflanzt, 16 davon in Vétroz im schweizerischen Wallis. Die Weine sind meist lieblich oder Spätlesen; die besten verfügen über Individualität, viel Körper und Länge. Das Aroma wurde mit dem von dunklem Brot verglichen. Trotz meist hoher Öchslegrade verfügen die Weine auch über gute, stützende Säure. Gute Erzeuger: Germanier Bon Père, Caves Imesch.

ANCELLOTTA
Ancellotta wird in der Emilia-Romagna im Verschnitt des Lambrusco und solo zu Dessertwein verwendet. Sie ist auch in anderen Teilen Italiens anzutreffen, wo sie aufgrund ihrer Farbkraft und Reife mit Sangiovese und vielen weiteren Sorten verschnitten wird. Gute Erzeuger: Mariana Mantovana.

ANSONICA
Siehe Inzolia, S. 114.

ANTÃO VAZ
Eine weiße Traube, die in den heißen südportugiesischen Regionen Alentejo, Estremadura und Terras do Sado stark vertreten ist. Sie kommt mit Hitze gut zurecht, liefert aber ziemlich nichts sagende Weine. Gute Erzeuger: José Maria da Fonseca Successores, J. P. Ramos.

ALBARIÑO

In puncto Aroma kann es Albariño mit Viognier und Gewürztraminer aufnehmen: exotisch, hypnotisierend, mit Duftfacetten, die weit über das hinausgehen, was man von einer Traube erwarten kann. Doch Albariño ist anders. Der Wein aus dieser Traube ist generell leicht, und zwar deswegen, weil sie in der portugiesischen Region Vinho Verde kaum richtig reif wird. Ein australischer Weinmacher, der superreife Trauben gewöhnt ist, wäre sicher nicht beeindruckt von dem dürftigen Reifegrad, den die Alvarinho (so der portugiesische Name) dort erreicht. Hohe Erträge sind der Hauptgrund dafür; in Portugal wird weithin die altmodische Pergolaerziehung verwendet, die riesige Mengen von Trauben mit selten mehr als 8,5 % potenziellem Alkohol liefert.

In der Tat wächst nicht aller Alvarinho in Weinbergen, viele Reben klettern an Pappeln empor, die die Felder säumen, auf eine Art, wie sie vor 2000 Jahren üblich gewesen sein könnte. Auch an modernen Drahtrahmen wird das Laubdach riesig, wie es für eine so wuchskräftige Sorte in einem warmen, feuchten Klima zu erwarten ist. 30 bis 40 Augen an einem Stock sind normal, und bei diesem Ertragsniveau sind 12–12,5 % Alkohol zu erwarten.

Auch jenseits der Grenze, im spanischen Galicien, wächst die Rebe an Pergolen; hier hat sich die Anbaufläche auf das Achtfache vergrößert, seitdem 1988 Rías Baixas den DO-Status erhalten hat. Das überrascht kaum, denn Albariño ist mit gutem Grund die interessanteste weiße spanische Rebsorte. Statistiken zufolge wird allein in Galicien dreimal so viel Albariño konsumiert wie erzeugt, und ich muss leider sagen, dass einige teure und enttäuschend nichts sagende Exemplare aus Galicien, denen ich in letzter Zeit begegnete, diese Situation bestätigen.

Man experimentiert mit der Gärung und Reifung in Barriques, ebenso mit der Anpflanzung in Dão im Süden. Hier werden die Reben auf ein wesentlich kleineres Laubdach zurückgeschnitten und die Erträge geringer gehalten. Es wird interessant sein zu sehen, ob der Wein bei dieser Erziehung noch mehr dem Viognier ähnlich wird, was Körper, Textur und Aromenfülle angeht.

So schmeckt Albariño

Stellen Sie sich einen leichten Viognier vor – voller Aprikosen und weißer Pfirsiche, mit weniger Körper und Fülle, aber höherer Säure. Die Beeren haben dicke Häute und ein hohes Trester-Most-Verhältnis, was jede Menge Aroma bedeutet, aber auch eine Tendenz zu Bitterkeit. Größere Reife könnte Letztere eliminieren, aber auch die ätherische Leichtigkeit des Weins verringern.

Der Granbazán Ambar des Guts Agro de Bazán – im Bereich Rías Baixas in Galicien – ist ein ungewöhnlich langlebiger Albariño, er hält sich gut für zwei bis drei Jahre. Man lässt ihn vor der Gärung mazerieren und füllt ihn erst nach einem Jahr ab. Die meisten Albariños kommen noch vor Weihnachten des Lesejahres auf den Markt.

PAZO DE SEÑORANS

Ein klassischer moderner Albariño, sehr aromatisch, aber bemerkenswert zitronig und zu baldigem Genuss gemacht. Die Jahrgänge fallen in diesem Teil Spaniens sehr unterschiedlich aus, der 1999er verfügt über gute Säure und Ausgewogenheit.

JOSÉ MARIA DA FONSECA

Alvarinho und Lureiro werden mit Moscatel de Setúbal verschnitten, um dem Quinta de Camarate Branco Frische und Säure zu geben. Terras do Sado ist der neue Name für das Anbaugebiet südlich der Halbinsel von Setúbal.

Oben: Es gibt die Theorie, dass Albariño mit Riesling verwandt sei, und auch die, dass sie identisch sei mit der Petit Manseng Südwestfrankreichs. Auf Madeira wächst die Alvarinho Liláz, die sich aber von der Alvarinho in Nordportugal unterscheidet.

Links: Die Weinberge von Lagar de Fornelos im DO-Bereich Rías Baixas im nordwestspanischen Galicien. Die dicken Häute der Albariño machen die Trauben im feuchten Klima von Galicien und Vinho Verde in Nordportugal für Fäule unanfällig. Aufgrund des Wasserreichtums und der Wuchskraft der Rebe muss man, ob mit Pergola- oder Drahtrahmenerziehung, dem Laubdach viel Platz geben; wird es zu dicht, werden Fäule und schlechte Reifung zum Problem.

VERBRAUCHERINFORMATIONEN

Synonyme und regionale Bezeichnungen

Albariño ist der spanische Name der Rebe, Alvarinho der portugiesische. Cainho Branco ist ein portugiesisches Synonym. Die spanische Albarín Blanco ist möglicherweise mit ihr identisch.

Gute Erzeuger
SPANIEN Galicien/Rías Baixas Adegas Galegas, Agro de Bazán, Aldea de Abaixo, Domínguez Borrajo, Quinta de Couselo, Granja Fillaboa, Lagar de Fornelos, Lusco do Miño, Marqués de Vizhoja, Gerardo Méndez Lázaro, Morgadío, Pazo de Barrantes, Pazo de Señorans, Pazo de Villarei, Robaliño, Bodegas Salnesur, Santiago Ruiz (Bodegas Lan), Terras Gauda, Valdamor, Valdumia, Bodegas de Vilariño-Cambados;
Ribeira Sacra Adegas Moure
PORTUGAL Vinho Verde Quinta de Alderiz, Quinta d'Além, António Esteves Ferreira, Quinta da Aveleda, Quinta da Baguinha, Casa de Compostela, Genossenschaft Felgueiras, Quinta da Franqueira, Manoel Salvador Pereira, Manuel Rodrigues de Oliveira, Muros de Melgaço, Quintas de Melgaço, Genossenschaft Monção, Quinta do Monte, Doña Paterna, Genossenschaft Ponte de Lima, Casa de Sezim, Sogrape;
weiteres Portugal D. F. J. Vinhos, José Maria da Fonseca Successores

WEINEMPFEHLUNGEN
Zehn spanische Sortenweine
Agro de Bazán *Granbazán Ambar Rías Baixas*
Adegas Galegas *Pedro de Soutomaior Rías Baixas, Moure Abadia da Cova Ribeira Sacra Albariño*
Marqués de Vizhoja *Torre la Moreira Rías Baixas*
Gerardo Méndez Lázaro *Rías Baixas do Ferreiro Cepas Velhas*
Lusco do Miño *Rías Baixas Lusco Albariño*
Pazo de Barrantes *Rías Baixas*
Pazo de Señorans *Rías Baixas Selección de Añada*
Bodegas Salnesur *Rías Baixas Condes de Albarei Carballo Galego*
Bodegas de Vilariño-Cambados *Martín Códax Rías Baixas Gallaecia*

Zehn portugiesische Alvarinho-Weine
Quinta de Alderiz *Vinho Verde Alvarinho*
Quinta da Aveleda *Aveleda Vinho Verde Alvarinho*
António Esteves Ferreira *Soalheiro Vinho Verde Alvarinho*
Muros de Melgaço *Vinho Verde Alvarinho*
Quintas de Melgaço *Vinho Verde Alvarinho*
Monção *Deu la Deu Vinho Verde Alvarinho*
Manuel Rodrigues de Oliveira *Encosta dos Castelos Vinho Verde Alvarinho*
Doña Paterna *Vinho Verde Alvarinho*
Manoel Salvador Pereira *Dom Salvador Vinho Verde Alvarinho*
Sogrape *Morgadio da Torre Vinho Verde Alvarinho*

Sieben spanische und portugiesische Verschnitte
Adegas Galegas *Rías Baixas Veigadares*
Aldea de Abaixo *Señorío da Torre Rías Baixas*
Quinta de Couselo *Rías Baixas*
D. F. J. Vinhos *Grand'Arte Alvarinho/Chardonnay*
José Maria da Fonseca *Quinta de Camarate Branco Seco Terras do Sado*
Santiago Ruiz *Rías Baixas*
Terras Gauda *Rías Baixas*

ARAGONEZ

Siehe Tempranillo, S. 256–265.

ARAMON

Diese höchst ertragreiche Rebe überzog die Ebenen Südfrankreichs von der Mitte des 19. Jahrhunderts, als sie wegen ihrer Unempfindlichkeit gegen die Reblaus gepflanzt wurde, bis in die 1960er Jahre, als sie von der nur wenig besseren Carignan abgelöst wurde. In guten Lagen kann sie bei niedrigen Erträgen stoffige, erdig-würzige, etwas rustikale Weine liefern, bei hohen Erträgen braucht sie Farbe vom traditionellen Verschnittpartner Alicante Bousquet. Heute wird sie selten ernst genommen, eine Ausnahme ist das Gut Mas de Daumas Gassac in Aniane nördlich von Montpellier, das einen kräuterwürzigen, üppig strukturierten Wein macht.

ARBOIS

Eine im Verschwinden begriffene Traube des Loire-Tals. Die meist nicht bemerkenswerten Weine sind weich und säurearm. Nicht verwechseln mit dem Weinort Arbois im Französischen Jura.

ARINTO

Jede Traube, die in der sommerlichen Gluthitze Südportugals ihre Säure bewahren kann, ist dort zwangsläufig beliebt. Und Säure ist der Lebenszweck der Arinto. Weitere Pluspunkte: Der Wein reift gut in der Flasche und hat, wenn gut gemacht, große Finesse und eine schöne Zitronen-Pfirsich-Frucht. Einige Weine werden in neuer französischer oder portugiesischer Eiche vergoren und ausgebaut; wenn das mit leichter Hand gemacht wird, gibt es dem Wein zusätzliche Dimensionen.

Arinto stellt 75 % im Bucelas-Verschnitt (der Rest ist Esgana Cão) und wird zunehmend in Bairrada, Alentejo und Ribatejo verwendet. In der Region Vinho Verde wird sie Pedernã genannt, womit ihre mineralische Art hervorgehoben wird. Namen wie Arinto Cachudo, Arinto Miudo, Arinto do Dão oder Arinto do Galego können Unterarten bezeichnen oder die Arinto selbst. Gute Erzeuger: Alcântara Agricola, Quinta do Avelar, Quinto do Boavista, Herdade do Esporão, José Maria da Fonseca Successores, Quinta da Romeira, Quinta do Valdoeiro.

ARNEIS

Diese elegante, exotisch duftende piemontesische Sorte ist als Sortenwein erst seit relativ kurzer Zeit populär. Traditionell wurde sie in Barolo und anderswo als »Weichmacher« für

VIETTI

Vietti war eines der Güter, die in den 1970ern die Arneis vor dem Aussterben bewahrten. Sein Wein ist immer noch einer der besten: kräuterwürzig, nussig und trocken.

Nebbiolo verwendet, zu welchem Zweck immer wieder einige Reihen neben Nebbiolo gepflanzt waren. In den 1970er und 1980er Jahren entwickelte eine Reihe Erzeuger ernsthaftes Interesse an der Traube; das erste Exemplar, das mir in die Finger kam, stammte von dem großen Barbaresco-Winzer Bruno Giacosa.

Ohne diesen Schicksalswandel wäre die Arneis sicher inzwischen verschwunden. Ihre Probleme sind u. a. geringe Säure, ihre Tendenz zur Oxidation, die Anfälligkeit für Echten Mehltau, geringe Erträge und ihre manchmal kapriziöse Natur. Bessere Kultivationsmethoden und der Anbau auf dem kreidigen, sandigen Boden von Roero geben gute Säure und Struktur, mit neuen Klonen begegnet man dem Mehltau-Problem. Die Cuvée mit Wein, der von sandigem Ton kommt, bringt zusätzlichen Duft. Typisch für den Wein ist ein recht kräftiges Mandel- und Pfirsicharoma.

Im Roero wachsen unter dem Anreiz hoher Preise die Anbauflächen. Die DOC trägt den Namen Roero Arneis. Einige Winzer vergären und/oder lagern den Wein in Eichenfässern, auch Passito-Versionen gibt es. Geringe Mengen können auch in den roten Roero-Nebbiolo gemischt werden, doch wird das immer weniger praktiziert. Eine Anpflanzung in Australien ist in Planung. Gute Erzeuger: Almondo, Araldica, Brovia, Carretta, Ceretto, Cascina Chicco, Correggia, Deltetto, Giacosa, Malabaila, Malvira, Montaribaldi, Angelo Negro, Castello di Neive, Prunotto, Vietti, Gianni Voerzio.

ARNSBURGER

Diese deutsche Kreuzung zweier Riesling-Klone wird in Madeira für Tischweine kultiviert. Sie liefert mit üppigen Erträgen leicht blumige Weine.

ARRUFIAC

Diese Sorte des französischen Südwestens liefert alkohol- und duftreiche, etwas schwere Weine. Sie ist besonders in der AC Pacherenc du Vic-Bilh im Hügelland des nordöstlichen Béarn zu finden und wird üblicherweise mit Gros Manseng, Petit Manseng und Courbu verschnitten. Einige Erzeuger beginnen ihr mehr Aufmerksamkeit zu schenken.

ASSARIO BRANCO

Dieser Name wird dem Anschein nach für mehrere portugiesische Sorten verwendet. In der Region Dão gibt es eine Assario Branco mit mehreren Synonymen, darunter Arinto Galego, Boal Cachudo, Malvasia Fina und Arinto; eine weitere gibt es im Alentejo, die mit der Palomino identisch sein könnte. Guter Erzeuger: Casa de Santar.

ASSYRTIKO

Stahlig-mineralischer Charakter, viel Säure und ein langer Abgang sind die Haupteigenschaften dieser hochwertigen griechischen Sorte. Sie wächst in Attika, auf der Chalkidike und um Drama, auf der Insel Santorin ist sie die wichtigste Rebe mit bis zu 70 Jahre alten Stöcken. Sie wird meist mit anderen Sorten verschnitten, darunter die säureärmere Savatiano und die fettere Malagouzia, auch mit Aidani für süße rosinierte Weine. Gute Erzeuger: Domaine Carras, Koutsoujanopoulos, Markezinis.

ATHIRI

Eine griechische Wein- und Tafeltraube, die Weine von ordentlicher Qualität und feinem Aroma ergibt. Oft mit anderen Sorten verschnitten, insbesondere Assyrtiko. Guter Erzeuger: Domaine Carras.

AUBUN

Diese südfranzösische Traube wird allmählich durch farbkräftigere und hochwertigere Sorten ersetzt. James Busby, der Begründer des australischen Weinbaus, nahm Anfang der 1830er Jahre einige Reiser mit, weshalb in Australien noch einige Reben zu finden sind. Auch in Kalifornien anzutreffen.

AUXERROIS

So wird in Cahors die Malbec genannt. Sie wurde einst in 30 französischen Départements angebaut und ist am Verschwinden. Siehe Malbec, S. 138/139.

AVESSO

Eine portugiesische Sorte, die vor allem im Südosten der Region Vinho Verde angebaut wird.

Lese von Baga-Trauben in 70 Jahre alten Weinbergen in Bairrada, der portugiesischen Heimat der Sorte. Die Baga kann sich sehr kapriziös verhalten und muss im Keller sorgfältig behandelt werden, um ihr Potenzial zu realisieren. Ein Anteil Touriga Nacional im Verschnitt kann Wunder wirken.

Die Trauben sind groß und die Erträge hoch; sie entwickelt viel Alkohol, aber weniger Säure als die meisten Vinho-Verde-Sorten, so dass die Weine relativ füllig und gewichtig geraten. Sie soll mit der spanischen Jaén Blanco identisch sein. Gute Erzeuger: Caves do Casalinho, Quinta de Covela, Peco de Teixeró.

AZAL BRANCO
Eine spätreifende, säurereiche portugiesische Traube, in Nordportugal für Vinho Verde verwendet. Gute Erzeuger: Quinta do Outeiro de Baixo, Caso do Valle.

AZAL TINTO
Die rote Version der nordportugiesischen Azal Branco wird für den roten Vinho Verde angebaut, besonders um die Stadt Amarante. Die Weine besitzen viel Apfelsäure.

BACCHUS
Eine deutsche Rebe, 1933 gekreuzt aus Silvaner × Riesling und Müller-Thurgau. Sie enthält viel Zucker, aber wenig Säure, und nur bei guter Reife entwickelt sie ihren exotischen, schwer duftenden Charakter. Bei geringen Ernten und als Beeren- oder Trockenbeerenauslese können die Weine zu massiv werden; bei Bacchus ist »mehr« nicht gleichbedeutend mit »besser«. Geringe Erträge sind jedoch selten das Thema in Rheinhessen, ihrem Hauptoperationsgebiet, wo sie in QbA-Allerweltsverschnitte geht. Sie wird auch im Bereich Mosel-Saar-Ruwer, in Baden und in Franken angebaut, darüber hinaus auch in England, wo sie in guten Jahren sogar Aroma entwickelt. Diese Sorte ist nicht mit der gleichnamigen *Labrusca-riparia*-Rebe zu verwechseln, die es einst im US-Staat Virginia gab. Gute Erzeuger: (Deutschland) Juliusspital, Markgraf von Baden (Salem), Klaus Zimmerling.

BACO
Die französische Hybridrebe Baco Noir ist im Osten der USA und in Kanada in großen Flächen angepflanzt und liefert weiche, fruchtig-rauchige Rotweine. Sie entstand 1894 als Kreuzung aus Folle Blanche und einer *Vitis-riparia*-Rebe. In den folgenden Jahren wurde sie in vielen Teilen Frankreichs angebaut; heute ist sie aus den französischen Weinbergen weitgehend verschwunden, ebenso wie ihr Stallgefährte Baco Blanc (Baco 22A). Guter Erzeuger: (Kanada) Stonechurch Vineyards.
Die Baco Blanc wurde 1898 ebenfalls von François Baco aus Folle Blanche und Noah, einer amerikanischen Hybridrebe, gekreuzt. Bis gegen Ende der 1970er war Baco Blanc die Hauptrebe in Südwestfrankreich für den Armagnac und verschwindet zugunsten der Ugni Blanc. Auch in Neuseeland gab es sie zeitweise.

BAGA
Der Schrecken der portugiesischen Sorte Baga sind ihre aggressiven, mit hoher Säure verbundenen Tannine. Sie ist in Bairrada die fast ausschließliche rote Rebe, außerdem ist sie im nahen Dão und weiter südlich im Ribatejo zu finden. Früher wurde der Tanningehalt der Weine noch durch die Vergärung mit den Kämmen (Stielen) vergrößert, ein wenig abgemildert wurde er durch 10- bis 20-jährige Flaschenreifung.
Heute zielen die Kellertechniken auf Verringerung der Adstringenz, um von Anfang an zugänglichere Weine zu bekommen, die von der großzügigen Beerenfrucht der Baga geprägt sind. Ein kleiner Teil Touriga Nacional (siehe S. 268/269) wird manchmal beigemischt. Baga reift gut in der Flasche; er gewinnt dadurch Tiefe, ist aber nie ein besonders feiner, eleganter Wein.
Die Rebe ist recht ertragreich, in Dão liefert sie bis zu 8 t/ha (ca. 56 hl/ha) und über 12 t/ha für Vinho-Regional-Weine. Für seriöse Weine muss sie in Lagen mit sehr guter Exposition wachsen; einer der fortschrittlichsten Erzeuger der Region, Sogrape, führt die Qualitätsverbesserung der 1990er Jahre in Dão jedoch darauf zurück, dass die Baga zurückgedrängt und mit anderen Sorten verschnitten wird. Da die Sorte nach der Reblauskrise aus Bairrada in Dão eingeführt wurde und in der Folgezeit die Touriga Nacional verdrängte, ist es wohl nicht ihre Schuld, wenn sie dort nicht ihr Optimum bringt. Anderswo kann sortenreiner Baga, wenn seine etwas trockenen Tannine mit guter Frucht umkleidet werden, sehr attraktiv geraten und sogar eine recht prononcierte Schwarze-Johannisbeer-Art zeigen.
Synonyme Bezeichnungen sind Bago de Louro, Poerininha, Tinta Bairrada, Tinta de Baga und Tinta Fina. Gute Erzeuger: Caves Aliança, Quinta das Bágeiras, Buçaco Palace Hotel, Quinta do Carvalhinho, DFJ Vinhos, Gonçalves Faria, Quinta de Foz de Arouce, Caves Messias, Luis Pato, Caves Primavera, Quinta da Rigodeira, Casa de Saima, Caves São João, Sogrape, Caves Velhas.

BARBAROSSA
Eine obskure italienische Traube, die vor allem in der Emilia-Romagna und auf der französischen Insel Korsika zu finden ist. In der Provence, wo sie als Barberoux bekannt ist, wird sie manchmal im Verschnitt des Côtes de Provence verwendet. Sie ist mit der ebenso obskuren ligurischen Rebe gleichen Namens nicht verwandt. Guter Erzeuger: (Italien) Fattoria Paradiso.

BARBERA

Außerhalb Italiens ist die Barbera als die zweitbeste Traube des Piemont (nach Nebbiolo) bekannt, tatsächlich ist sie aber fast überall in Italien anzutreffen, wo sie in den unwahrscheinlichsten Verschnitten verwendet wird. Ihr Wein kann jung und fruchtbetont sein oder – aus dem Barrique – dunkel und ernst (manchmal ein wenig zu ernst). Neue Eichenfässer scheinen eine größere natürliche Affinität zu den geradlinigen, saftigen Kirscharomen der Barbera zu haben als zum exotischen Parfum des Nebbiolo. Aber auch sie verliert mit dem Eichenholzton einiges von ihrer Sortentypizität, und es gibt sehr viele hervorragende, runde und großzügige Weine, die nie ein Barrique von innen sahen.

Man glaubt, dass die Barbera aus den Hügeln des Monferrato stammt, wo sie immer noch die besten Lagen einnimmt; in Barolo und Barbaresco hat sie diese an Nebbiolo abgegeben. Etwa die Hälfte der piemontesischen Weinbaufläche ist mit Barbera bestockt, und aus dem Piemont kommen ihre besten, aromatischsten Weine. Barbara d'Alba ist wohl der konzentrierteste, vielschichtig, kraftvoll und farbstark; Barbera d'Asti ist heller, hat Eleganz und Feinheit. Ähnlich wie bei Nebbiolo wird im Piemont zwischen Traditionalisten und Modernisten debattiert, wobei man bei Barbera einheitlicher zum modernen Gebrauch von Barriques tendiert.

Die hohe Säure der Traube macht sie für warme Klimate vorzüglich geeignet, mit dem geringen Tanningehalt und der schönen Farbe entspricht sie dem gegenwärtig modischen Ideal. In der Tat interessiert sich die Neue Welt für alles Italienische, und die Barbera ist verständlicherweise ein guter Kandidat für alle warmen Gebiete. In der Vor-Cabernet-Zeit in Kalifornien war sie schon bedeutsam – vor allem da viele Güter italienische Gründungen waren –, und heute erlebt sie eine kleine Renaissance. Dies trifft auch für Argentinien zu, wo sie mit den italienischen Auswanderern hinkam und (trotz ihrer weitgehenden Verwendung für Alltagsweine) zeigte, dass sie mit ihrem fruchtigen, säurearmen Charakter in der Neuen Welt Erfolg haben kann. In beiden Ländern muss der Ertrag verringert werden, damit die Barbera ihr Potenzial ausspielen kann. Zweifellos ist ihr der Sprung über den Teich überzeugender gelungen als der Nebbiolo, und auch in Australien tauchen gute Weine auf. Sonst ist sie noch in Slowenien, Griechenland, Rumänien und Israel anzutreffen, von wo man einige gute Leistungen erwarten darf.

So schmeckt Barbera

Barbera kann jugendlich und kirschig-frisch sein, er kann körperreich und anspruchsvoll sein – mit einem Touch Sauerkirsche im Abgang –, oder er kann, im Barrique gereift, rund, pflaumig und würzig sein. Letzterer ist der seriöseste Typ mit lebhaftem Aromenspiel und mächtigem Körper; dennoch zeigt ein Barbera nie das Überbordende etwa eines Cabernet Sauvignon. Bei Überreife kann er leicht an Rosinen erinnern, doch die Säure lässt ihn kaum je im Stich, egal wie er gemacht ist. Man wird von dieser anpassungsfähigen Traube sicher noch mehr erwarten dürfen.

Der Bricco dell'Uccellone von Braida war der Wein, der Anfang der 1980er Jahre dem Barbera den Weg wies. Ein im Barrique ausgebauter Einzellagenwein war damals eine Pioniertat, und andere piemontesische Erzeuger erkannten die Zeichen der Zeit. Ursprünglich wurde der Bricco als Vino da Tavola verkauft, heute trägt er die DOC Barbera d'Asti.

IL PODERE DELL'OLIVOS
Der Kalifornier Jim Clendenen macht auf seinem Gut Au Bon Climat Weine nach französischem Vorbild. Als er mit italienischen Sorten zu experimentieren begann, begründete er dieses Label. Sein Barbera ist dunkel, stoffig und gerbstoffreich.

ELIO ALTARE
Der Larigi von Elio Altare ist der Inbegriff des modernen piemontesischen Barbera: im Barrique gereift mit jeder Menge intensiver, strahlender Frucht.

Oben: Barbera-Trauben. Für die besten piemontesischen Barberas erntet man weniger als 45 hl/ha; bei höheren Erträgen kann der Wein sehr attraktiv werden, aber nicht groß. Barbera wird im Piemont erst gegen Ende des 18. Jahrhunderts erwähnt. DNA-Analysen legen nahe, dass sie mit der Mourvèdre verwandt ist.

Links: Neue Eichenbarriques bei Angelo Gaja in Barbaresco im Piemont. Aus dem Holz gelangen Polysaccharide in den Wein, was die Rundheit fördert und seine Adstringenz mildert. Neues Holz gibt dem Wein auch Tannine mit, die als Antioxidanzien wirken.

VERBRAUCHERINFORMATIONEN

Synonyme und regionale Bezeichnungen

Wichtige lokale Bezeichnungen sind Barbera d'Asti, Barbera Dolce, Barbera Fina, Barbera Forte, Barbera Grossa, Barbera Riccia und Barbera Vera.

Gute Erzeuger

ITALIEN Piemont/Barbera d'Alba
Gianfranco Alessandria, Elio Altare, Azelia, Enzo Boglietti, Brovia, Domenico Clerico, Elvio Cogno, Aldo Conterno, Giacomo Conterno, Conterno-Fantino, Corino, Matteo Correggia, Elio Grasso, Giuseppe Mascarello, Mauro Molino, Monfalletto-Cordero di Montezemolo, Andrea Oberto, Armando Parusso, Pelissero, Ferdinando Principiano, Prunotto, Albino Rocca, Bruno Rocca, Luciano Sandrone, Paolo Scavino, Seghesio, Vajra, Mauro Veglio, Vietti, Gianni Voerzio, Roberto Voerzio; **Barbera d'Asti** Araldica Vini Piemontesi, La Barbatella, Pietro Barbero, Bava, Bertelli, Braida, Cascina Castlèt, Chiarlo, Garetto, Giuseppe Contratto, Coppo, Roberto Ferraris, Franco M. Martinetti, Il Mongetto, Prunotto, Scarpa, F. & M. Scrimaglio, La Spinetta, La Tenaglia, Terre da Vino, Trinchero, Viarengo, Vietti, Cantina di Vinchio e Vaglio Serra, Viticoltori dell'Acquese; **Langhe** Elio Altare, Bongiovanni, Fratelli Cigliuti, Clerico, Luigi Einaudi, Gaja, Fiorenzo Nada, Marchesi di Gresy; **Monferrato** Giulio Accornero e Figli, La Barbatella, Rocche dei Manzoni; **Emilia-Romagna** Montesissa, La Stoppa, La Tosa
AUSTRALIEN Brown Brothers, Garry Crittenden, Montrose
USA Kalifornien Bonny Doon, Il Podere dell'Olivos, Renwood, Youngs
ARGENTINIEN Nieto Senetine, Norton

WEINEMPFEHLUNGEN
Zehn Barbere d'Alba

Elvio Cogno *Barbera d'Alba Bricco del Merlo*
Aldo Conterno *Barbera d'Alba Conca Tre Pile*
Elio Grasso *Barbera d'Alba Vigna Martina*
Armando Parusso *Barbera d'Alba Ornati*
Ferdinando Principiano *Barbera d'Alba Pian Romualdo*
Albino Rocca *Barbera d'Alba Gèpin*
Paolo Scavino *Barbera d'Alba Affinato in Carati*
Vietti *Barbera d'Alba Scarrone Vigna Vecchia*
Gianni Voerzio *Barbera d'Alba Ciabot della Luna*
Roberto Voerzio *Barbera d'Alba Riserva Pozzo dell'Annunciata*

Zehn Barbera d'Asti

La Barbatella *Barbera d'Asti Superiore Vigna dell'Angelo*
Bava *Barbera d'Asti Superiore Stradivario*
Bertelli *Barbera d'Asti San Antonio Vieilles Vignes*
Braida *Barbera d'Asti Bricco dell'Uccellone, Barbera d'Asti Ai Suma*
Coppo *Barbera d'Asti Pomorosso*
Franco M. Martinetti *Barbera d'Asti Montruc*
Pietro Barbero *Barbera d'Asti La Vignassa*
Prunotto *Barbera d'Asti Costamiole*
Scarpa *Barbera d'Asti La Bogliona*

Fünf weitere italienische Barberas

Giulio Accornero e Figli *Barbera del Monferrato Superiore Bricco Battista*
Elio Altare *Langhe Larigi*
Gaja *Langhe Rosso Sitorey*
La Stoppa *Colli Piacentini Barbera della Stoppa*
La Tosa *Colli Piacentini Gutturnio Vignamorello*

Fünf Barberas aus der Neuen Welt

Bonny Doon *Ca' del Solo Barbera* (Kalifornien)
Il Podere dell'Olivos *Santa Maria Valley Barbera* (Kalifornien)
Renwood *Amador County Barbera* (Kalifornien)
Crittenden *King Valley I Barbera* (Australien)
Norton *Barbera* (Argentinien)

BAROQUE
Eine Rebsorte Südwestfrankreichs, möglicherweise eine Kreuzung aus Folle Blanche und Sauvignon Blanc, an deren Aroma sie etwas erinnert; sie wird nicht mehr angepflanzt, ihr Wein war sehr alkoholreich. Der Name wird auch Barroque geschrieben.

BASTARDO
Eine portugiesische Rebe, die für die Verwendung in Portwein zugelassen ist; ihre Qualität reicht allerdings nicht aus, um zu den fünf empfohlenen Sorten zu gehören. Sie ist auch weiter südlich zu finden, besonders in Dão, und aufgrund ihres Körpers als Verschnittpartner geschätzt; sie ist jedoch ertragsschwach und wird daher allmählich ersetzt. Es gibt ein altes portugiesisches Sprichwort, dass der Anbau von Bastardo ein guter Weg für einen Winzer sei, arm zu werden. Bei guter Behandlung hat sie jedoch durchaus das Zeug zu ordentlicher Qualität. Im spanischen Galicien werden kleine Mengen unter den Namen Merenzao und Maria Ardona angebaut.
Im französischen Jura heißt die Sorte Trousseau; ein Teil der australischen Touriga ist in Wirklichkeit Bastardo. Eine weiße Traube namens Bastardo ist in Portugal und auf den Kanarischen Inseln zu finden, es könnte sich um eine Variante der roten Bastardo handeln. Gute Erzeuger: (Portugal) Caves Aliança, Caves São João, Quinta do Giesta.

BICAL
Diese Traube wird in den portugiesischen Regionen Bairrada und Dão für recht robuste, lagerfähige Schaum- und Stillweine verwendet. In letzterer heißt sie auch Borrada de Moscas, »Fliegendreck«, angeblich aufgrund der getüpfelten Beerenhaut. Die Weine vereinen hohe Säure mit viel Alkohol und entwickeln in einigen Jahren Flaschenreifung runde Süße. Es soll sich um eine aromatische Sorte handeln, doch lassen viele moderne Versionen wenig davon erkennen. Eine Maischestandzeit vor der Gärung ergibt aber ein etwas seifiges, blumiges Bukett. Wegen der hohen Säure macht man in Bairrada auch Schaumwein aus dieser Sorte. Gute Erzeuger: Caves Aliança, Luis Pato, Caves São João, Sogrape.

BLACK MUSCAT
Eine in kleinen Mengen in Kalifornien anzutreffende Traube, identisch mit der Muscat of Alexandria, die herrlich nach Rosen duftende Weine ergibt. Sie wuchs auch in unserem Treibhaus in Kent, als ich ein Kind war, und soweit ich weiß, habe ich die saftigen Aromabomben direkt von der Rebe gepflückt. Gute Erzeuger: (Kalifornien) Quady, Philip Togni.

BLANC DE MORGEX
Eine Spezialität des italienischen Aosta-Tals, die für Tafel-, DOC- und Schaumwein verwendet wird. Der Charakter der Weine ist schlank und sauber, aber nicht aufregend. Guter Erzeuger: Cave du Vin Blanc de Morgex et de la Salle.

BLANC FUMÉ
Ein Synonym für Sauvignon Blanc, das in der Gegend von Pouilly-sur-Loire in Frankreich verwendet wird. Ein »umgekehrt« als Fumé Blanc etikettierter Wein muss allerdings nicht aus Sauvignon Blanc gemacht sein, auch wenn diese Bezeichnung von dem kalifornischen Erzeuger Robert Mondavi für seine barriquegereifte Sauvignon-Blanc-Version geprägt wurde. Seitdem gehört der Begriff Fumé Blanc zur Weinterminologie der Neuen Welt, undefiniert blieb jedoch seine Bedeutung. Meist wird er für in Eiche ausgebaute Sauvignons Blancs und Semillons verwendet.

BLAUBURGER
Eine österreichische Sorte, die um 1920 in Klosterneuburg aus Portugieser und Blaufränkisch gekreuzt wurde. Die Weine sind meist geradlinig, säurearm und leicht; einige Erzeuger machen aber auch recht dichte Weine mit schönem Brombeerduft. Im Burgenland produziert der kühne Willi Opitz auch einen Süßwein. Guter Erzeuger: Willi Opitz.

BLAUER BURGUNDER
Auch Blauburgunder, ein österreichisches Synonym für Pinot Noir. Gute Erzeuger: Albert Gesellmann, Fritz Wieninger.

BLAUER PORTUGIESER
Eine in Deutschland und Österreich verbreitete rote Wein- und Tafeltraube. Ihre Herkunft sieht man allgemein in Portugal, von wo sie um 1772 nach Österreich gekommen sein soll. Sie ist mit Erträgen um die 160 hl/ha sehr produktiv und wird weit überwiegend für leichte Alltagsweine verwendet. In Deutschland liegen die größten Anbauflächen in der Pfalz und Rheinhessen. In Österreich, wo sie auch Vöslauer und Badener heißt, wird sie vor allem im Burgenland und Niederösterreich kultiviert; nach Zweigelt und Blaufränkisch ist sie die dritte wichtige rote Rebe, aber im Abnehmen begriffen. Man findet sie auch in Osteuropa, in Ungarn heißt sie Kékoportó, in Kroatien Portugizac Crni und Portugaljka; in Südwestfrankreich ist sie als Portugais Bleu bekannt.

BLAUER SPÄTBURGUNDER
Der deutsche Name für Pinot Noir (siehe S. 174–185), im Allgemeinen heißt sie nur Spätburgunder.

BLAUFRÄNKISCH
Eine recht hochwertige rote Sorte, die in Österreich mit ca. 3000 ha und in Deutschland, unter dem Namen Lemberger oder Limberger (siehe S. 116), mit ca. 970 ha vertreten ist. Als Lemberger ist sie auch im US-Bundesstaat Washington anzutreffen.
Die Rebe braucht Wärme und erbringt leicht 100 hl/ha oder mehr, was die Weine allerdings dünn und grasig macht. In Österreich gedeiht sie vor allem in den Bereichen Neusiedler See und Südburgenland; in Deutschland ist Württemberg ihre traditionelle Hochburg, wo sie sortenrein oder im Verschnitt mit dem hellen Trollinger verwendet wird. Die besten Exemplare sind intensiv mit pikanten Aromen von roten Kirschen und Johannisbeeren. Der Gehalt an Säure und Tannin ist hoch. Blaufränkisch/Lemberger aus geringen Erträgen bringt Struktur und Säure in den Verschnitt. Ein Ausbau im Eichenfass kann sich sehr schön auswirken; die Erzeuger verwenden Holz in verschiedensten Variationen.
In Ungarn heißt die Traube Kékfrankos, in Tschechien und der Wojwodina Frankovka, in Nordostitalien Franconia. Und in Washington liefert sie kleine Mengen eines angenehmen Rotweins. Gute Erzeuger: (Deutschland) Graf Adelmann, Dautel, Haidle, Graf von Neipperg; (Österreich) Feiler-Artinger, Albert Gesellmann, Gernot Heinrich, Kollwentz, Nittnaus, Ernst Triebaumer.

BOAL
Mit dem Namen Boal oder Bual werden viele portugiesische Rebsorten bezeichnet: Boal Bagudo, Boal Cachudo (Assario), Boal Carrasquenho, Boal Branco, Boal de Alicante, Boal Espinho, Boal Bonifacio und noch einige andere.
Boal Branco ist die für den Madeira empfohlene Sorte, doch obwohl heute nach dem Gesetz jeder als Boal etikettierte Wein aus dieser Traube hergestellt sein muss, ist die winzige Anbaufläche nicht gewachsen. Ein Grund ist die mangelnde Nachfrage nach teurem Madeira: Die traditionellen edlen Madeira-Trauben, zu denen Boal gehört, sind teurer als die Tinta Negra Mole, die Allround-Sorte der Insel, und der kleine Madeira-Markt kann nur sehr wenig aufnehmen. Der andere Grund ist die Weigerung der Winzer, selten gewordene Reben neu zu pflanzen. Auf jeden Fall aber ist Boal sehr

ertragsschwach, da sie bei starken Winden zur Blütezeit schlecht Frucht ansetzt. Gute Erzeuger: (Portugal) Barros e Sousa, Blandy, Cossart Gordon, Henriques & Henriques, Leacock & Miles.

BOBAL

Eine dunkle, robuste Traube, aus der man in Südostspanien Massenwein und Traubensaftkonzentrat macht. In Utiel-Requena wird sie allmählich zugunsten Tempranillo reduziert, macht aber noch 84 % der Rebfläche aus. Andererseits wenden sich ihr einige Kellereien wieder verstärkt zu, da die Tempranillo-Trauben sehr viel teurer geworden sind. Wenn er gut gemacht ist, verfügt der Wein über eine anziehende Schwarzkirschfrucht. Gute Erzeuger: Augusto Egli, Gandia.

BOGAZKERE

Eine türkische Traube, die recht farbstarke und alkoholische Weine liefert.

BOMBINO BIANCO

Die ertragreiche Bombino Bianco ist in der Emilia-Romagna, den Marken, in Latium und Süditalien verbreitet. Sie wird auch Pagadebit genannt, da sie aufgrund der zuverlässigen Ernte geeignet ist, des Winzers »Schulden zu bezahlen«. In den Abruzzen läuft sie unter dem Namen Trebbiano d'Abruzzo, sie ist aber mit der echten Trebbiano (Ugni Blanc) nicht verwandt.
Lange Zeit wurde ein großer Teil des Weins nach Deutschland gekarrt, um ihn mit aromatischen deutschen Trauben zu EU-Tafelwein zu verschneiden oder billigen Sekt herzustellen. Doch die Traube hat Besseres verdient. Im Norden Italiens haben ihre Weine einen schönen, zurückhaltenden, leicht grasigen Weißdorncharakter, im Süden zeigen sie, als Trebbiano d'Abruzzo, viel mehr Tiefe als echter Trebbiano, weshalb man sich fragt, warum man die Sorte mit einem so unvorteilhaften Namen belastet. Es kommt jedoch sehr auf die Behandlung in Weinberg und Keller an. Ein weiteres Synonym ist Straccia Cambiale. Gute Erzeuger: Giovanni d'Alfonso del Sordo, Fattoria Paradiso, Aldo Pugliese.

BONARDA

Wenn Sie's kompliziert mögen, sind Sie hier richtig: Unter Bonarda laufen drei italienische Rebsorten, und die argentinische ist wahrscheinlich mit keiner von diesen identisch. Zuerst Italien. Die Bonarda im Piemont – Bonarda Piemontese, die »echte« Bonarda, wenn es so etwas überhaupt gibt – wird theoretisch neben Nebbiolo (siehe S. 154–163) und Croatina (siehe S. 85) im Verschnitt des Gattinara, des Ghemme und anderer Weine verwendet. Weiter östlich, im lombardischen Bereich Oltrepò Pavese und im emilianischen Bereich Colli Piacentini, wird die Croatina auch Bonarda di Gattinara oder Bonarda di Cavaglia genannt, während die eigentliche Bonarda als Uva Rara bezeichnet wird.
Im Gebiet Novara/Vercelli im Piemont soll es zwei Klone geben, Bonarda di Gattinara (aus Vercelli) und Bonarda Novarese. Die quantitativ bedeutendste »Bonarda« Italiens ist die Croatina, die im Oltrepò Pavese und in den Colli Piacentini einfache, weiche Rotweine von samtiger Rundheit liefert.
Argentinien hat große Rebflächen mit »Bonarda«, doch ist nicht klar, um welche Rebe es sich handelt. Es könnte die kalifornische Charbono sein, die wiederum mit Dolcetto zusammenhängen könnte. Sie reift sehr spät, kann aber an warmen Plätzen Besseres leisten als Malbec. Sie muss allerdings gut ausreifen, sonst bekommt man dieselben grünen, vegetabilen Aromen wie bei unreifem Malbec. Der Önologe Alberto Antonini ist überzeugt, dass Bonarda von alten Reben um vieles besser ist als alles, was in Argentinien aus renommierten Trauben wie Sangiovese, Nebbiolo oder Barbera gemacht wird. Gute Erzeuger: (Italien) Le Fracce, Mazzolino, Vercesi di Castellazzo; (Argentinien) La Agricola, Anubis.

BORRADO DAS MOSCAS

Eine portugiesische Sorte, die unter diesem Namen (wörtlich »Fliegendreck«) in Dão und in Bairrada als Bical (siehe S. 42) bekannt ist. Sie liefert viel Säure und Alkohol; ob ihre Weine dem Namen gerecht werden, konnte ich noch nicht prüfen. Gute Erzeuger: Quinta das Mais, Quinta de Saes, Quinta dos Roques.

BOUCHET

So wird traditionell die Cabernet Franc (siehe S. 44/45) in den Bereichen des Bordelais rechts der Gironde bezeichnet, u. a. in den Appellationen St-Émilion, Pomerol und Fronsac.

BOURBOULENC

Eine der fünf Traubensorten, die an der südlichen Rhône für weißen Châteauneuf-du-Pape verwendet werden. Bourboulenc hat eine schneidende Schärfe mit einem Hauch Zitrusduft, was sie an der südlichen Rhône, im Languedoc und in der Provence beliebt macht. Mit Ausnahme des Bereichs La Clape in den Coteaux du Languedoc ist sie im Verschnitt immer in der Minderheit. Wenn sie zu früh gelesen wird, schmeckt der Wein dünn und neutral, doch bei guter Reife – und die Traube reift wirklich spät – besitzen sie Fülle und Tiefe mit zitroniger Säure und frischem Angelika-Duft. Gute Erzeuger: Caraguilhes, Lastours, Pech-Redon, La Rinière Haute, La Roquette-sur-Mer.

BOUVIER

Eine Traube, die eher gefunden als erfunden wurde, und zwar im Jahr 1900 vom Gutsbesitzer Clotar Bouvier in Bad Radkersburg in der Südoststeiermark. Mit hohem Zucker-, aber niedrigem Säuregehalt, wird sie in der Steiermark und im Burgenland für Süßweine von meist wenig bemerkenswerter Qualität verwendet; ich habe aber schon ein, zwei üppige Exemplare gekostet. Manchmal wird mit etwas säurereicheren Sorten wie Welschriesling verschnitten. Gute Erzeuger: (Österreich): Alois Kracher, Lenz Moser.

BRACHETTO

Eine der selteneren italienischen Sorten (was etwas bedeutet). Brachetto wird zu unterschiedlichen Weinen, von trockenem Stillwein bis zum süßen Schaumwein, verarbeitet, die hellrot sind und im Geschmack an sehr aromatische wilde Erdbeeren und Rosen erinnern. Im Piemont hat die Sorte in Asti eine eigene DOC; der süße rote Schäumer ist eine erfrischende Kuriosität, der stille Passito hat ausgeprägteren Charakter und kann in der Flasche viele Jahre liegen. Es ist nicht klar, ob die französische Rebsorte Braquet, die in Bellet angebaut wird, identisch ist. Gute Erzeuger: Viticoltori dell' Acquese, Banfi Strevi, Bertolotto, Braida, Conterno, Matteo Correggia, Piero Gatti, Domenico Ivaldi, Giovanni Ivaldi, Giuseppe Marenco, Scarpa.

BROWN MUSCAT

Diesen Namen tragen im australischen Nordost-Victoria die dunkelhäutige Version der Muscat Blanc à Petits Grains (siehe S. 145 bis 153) und deren gespriteten Süßweine. Gute Erzeuger: All Saints, Campbells, Chambers, McWilliams, Morris, Seppelt.

BRUNELLO

So heißt die Sangiovese in Montalcino in der Toskana. Sie galt lange als eigener Klon, was sich nicht bestätigt hat. Siehe Sangiovese, S. 208 bis 217.

BUAL

Die anglisierte Version des Namens Boal, siehe linke Seite.

CABERNET FRANC

Cabernet Franc ist die ursprüngliche Cabernet-Traube: Die weit berühmtere Cabernet Sauvignon ist ein Abkömmling der Franc. In Frankreich ist sie heute jedoch eindeutig die arme Verwandte, oft tut man ihr Produkt als bloße notwendige Würzzutat für die roten Bordeaux-Weine ab. Das ist aber nicht fair. Cabernet Sauvignon ist wohl dunkler, körperreicher, tanniniger, doch verfügt der Cabernet Franc über einen köstlichen, verlockenden Duft und eine weiche, sanfte Textur, die die aggressive Kraft des Cabernet Sauvignon bändigt und angenehm macht. Die Sorte wird in Bordeaux auch leichter reif und liefert in schwierigen Jahren süßere, ausgewogenere Frucht als Cabernet Sauvignon. Auf den kalten Böden von St-Émilion und Pomerol reift Cabernet Sauvignon kaum richtig aus, während Cabernet Franc dort gut gedeiht, ebenso auf den kalten Böden des Loire-Tals; auch wenn einige fehlgeleitete Erzeuger ihn mit Cabernet Sauvignon mixen, ist er rein das wesentlich bessere Getränk. Aus Chinon und Bourgueil kommen mit die angenehmsten Rotweine Frankreichs.

Die Sorte entstand wahrscheinlich in Bordeaux und wurde von Kardinal Richelieu im 17. Jahrhundert an die Loire gebracht, wo er sie in seinem Kloster St-Nicolas-de-Bourgueil anpflanzte. An der Loire genießt sie heute viel mehr Respekt. Im Bordelais werden ihr nicht die besten Flecken zugewiesen, während man an der Loire ihre Sensibilität in puncto Boden kennt. Weine von sandigen Kreideböden geraten gewichtiger als die von Kreide oder Kies, so dass die Unterschiede zwischen den Appellationen weniger bedeutsam sind als die innerhalb der Appellationen. Zum Beispiel ist St-Nicolas-de-Bourgueil nicht wesentlich anders als Bourgueil, beide verfügen über Kiesterrassen und über Kalktuffhänge, und die unterscheiden sich deutlich. Wenn die Weine nicht holzlastig sind, besitzen sie aufregende Struktur und Aromen ebenso wie gute Alterungsfähigkeit.

Im norditalienischen Friaul, wo die Rebe oft mit Carmenère verwechselt wird, lässt man die Erträge auf Kosten von Reife und Körper zu hoch werden. In anderen Regionen Italiens und der Welt pflanzt man sie zunehmend als Verschnittpartner für Cabernet Sauvignon und Merlot, wenn man auf Subtilität und Vielschichtigkeit abzielt. In Teilen Kanadas sowie in den US-Staaten New York und Washington kann sie bessere Resultate erzielen als Cabernet Sauvignon, und aus Australien, Chile und Kalifornien kommen einige gute reinsortige Exemplare.

So schmeckt Cabernet Franc

In seiner Bestform zeigt Cabernet Franc unverkennbare und unverschämt verlockende Aromen von Himbeeren und pikante Noten von Schwarze-Johannisbeer-Blättern, das Ganze mit der blitzenden Frische reinen Quellwassers. Das ist der Charakter, der Ihre Geschmacksknospen in Bourgueil und Chinon im Loire-Tal aufweckt. Norditalien kann Ähnliches leisten. Die seltenen, aber guten Versionen aus der Neuen Welt betonen generell die Himbeeraromen bis hin zu einem marmeladigen Charakter, der auf Kosten der grünlichen Frische geht.

Charles Joguet ist seit vielen Jahren der führende Weinmacher in der Appellation Chinon in der westlichen Touraine. Seine Weine glänzen mit üppigen Aromen, die tatsächlich eher an Bordeaux als ans Loire-Tal denken lassen. Der Clos de la Dioterie von sehr alten Reben ist sein bestes Produkt.

CHÂTEAU CHEVAL-BLANC

Im Verschnitt von Cheval-Blanc sind 60% Cabernet Franc, sehr viel für die Appellation St-Émilion. Im Weinberg ist allerdings ungewöhnlich viel von bestens geeignetem Kiesboden vorhanden.

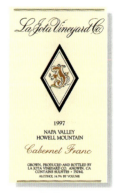

LA JOTA

Eine körperreiche, dichte und tiefschichtige Version aus dem kalifornischen Bereich Howell Mountain, der für seine gut strukturierten, kraftvollen Rotweine bekannt ist.

CABERNET FRANC

Oben: Cabernet-Franc-Trauben. Die Rebe neigt stark zur Mutation. Ihr Abkömmling Cabernet Sauvignon verfügt über mehr Intensität und Körper, weshalb sie weltweit viel populärer wurde.
Links: Selektion maschinell geernteter Cabernet-Franc-Trauben auf Château de Targe, das zur Appellation Saumur-Champigny im Loire-Tal gehört. Cabernet Sauvignon gedeiht hier nicht so gut wie ihr »Vater«; die Loire liegt zu weit nördlich, es ist gerade so kühl, dass es für Cabernet Franc noch geeignet ist, während Cabernet Sauvignon außer in den wärmsten Jahren zu kämpfen hat.

VERBRAUCHERINFORMATIONEN

Synonyme und regionale Bezeichnungen
In Frankreich sind sie zahlreich, die wichtigsten sind Bouchet (manchmal in St-Émilion, Pomerol und Fronsac am rechten Ufer der Gironde gebraucht) und Breton im Loire-Tal. In Italien wird Wein aus Cabernet Franc einfach als Cabernet etikettiert. Bordo und Cabernet Frank sind ebenfalls zu finden.

Gute Erzeuger
FRANKREICH Bordeaux Ausone, Beauregard, Belair, Canon, Canon-la-Gaffelière, Cheval-Blanc, Clos des Jacobins, Clos l'Église, La Conseillante, Corbin-Michotte, Dassault, L'Évangile, Figeac, La Gaffelière, Lafleur, Larmande, Soutard, Tertre-Daugay, Teyssier, Tour-Figeac, Trotteville, Vieux-Château-Certan;
Loire-Tal Philippe Alliet, Bernard Baudry, Bonnevaux, Bouvet-Ladubay, Caslot-Galbrun, Max Cognard, La Coudraye, Couly-Dutheil, Daheuiller, Pierre-Jacques Druet, Filliatreau, Ch. du Hureau, Pierre Jamet et Fils, Charles Joguet, Langlois-Château, Lebreton, Logis de la Bouchardière, Clos des Marronniers, Nerleux, Ogereau, Ch. Pierre-Bise, Olga Raffault, Richou, Roches Neuves, Clos Rougeard, La Sansonnière, Joël Taluau, Ch. de Targe, Ch. de Tigné, Val Brun, Ch. de Villeneuve
ITALIEN Ca' del Bosco, Marco Felluga, Gasparini, Franz Haas, Pojer & Sandri, Quintarelli, Ronco dei Roseti, Ronco del Gelso, Russiz Superiore, San Leonardo, Schiopetto
USA Kalifornien Havens, La Jota, Justin, Pride Mountain, Viader; **Washington** Chinook; **New York** Hargrave, Paumanok
KANADA Chateau des Charmes, Pelee Island, Thirty Bench
AUSTRALIEN Chatsfield, Clonakilla, Frankland Estate, Grosset
NEUSEELAND Esk Valley, Providence
CHILE Santa Rita, Valdivieso
SÜDAFRIKA Bellingham, Warwick

WEINEMPFEHLUNGEN
Bordeaux-Rotweine mit großem Anteil Cabernet Franc
Siehe »Gute Erzeuger« links.

Zehn Weine aus dem Loire-Tal
Domaine Philippe Alliet Chinon Vieilles Vignes
Bernard Baudry Chinon Les Grézeaux
Clos Rougeard Saumur-Champigny Le Bourg
Pierre-Jacques Druet Bourgueil Cuvée Beauvais
Filliatreau Saumur-Champigny Vieilles Vignes
Ch. du Hureau Saumur-Champigny Cuvée Lisgathe
Charles Joguet Chinon Clos de la Dioterie
Lebreton/Domaine des Rochelles Anjou-Villages Brissac
Domaine des Roches Neuves Saumur-Champigny Cuvée Marginale
Ch. de Villeneuve Saumur-Champigny Le Grand Clos

Fünf italienische Weine mit Cabernet Franc
Ca' del Bosco Maurizio Zanella
Marco Felluga Carantan
Pojer & Sandri Trentino Rosso Faye
Quintarelli Alzero
Russiz Superiore Collio Cabernet Franc

Fünf Neue-Welt-Weine mit großem Anteil Cabernet Franc
Esk Valley Hawkes Bay Reserve The Terraces (Neuseeland)
Frankland Estate Great Southern Olmo's Reward (Australien)
Grosset Clare Valley Gaia (Australien)
Santa Rita Maipo Valley Triple C (Chile)
Viader Napa Valley Estate Wine (Kalifornien)

Cabernet Sauvignon

Man nennt Cabernet Sauvignon den Eroberer, den Verderbenbringer, den Kolonisator. Den Arroganten, Überheblichen, den Zerstörer anderer Kulturen, der andere Rebsorten und Weintypen in aller Welt mit der brutalen Macht seines Säbels niedermäht.

Doch langsam. Ich dachte eigentlich, Cabernet Sauvignon sei der Freund des Weintrinkers. Ich dachte, Cabernet Sauvignon sei die erste Sorte, die so präsente, zugängliche Rotweine ergab, Aromen, die leicht erkennbar und zu bewundern waren, dass sie ganze Generationen bekehrte, die vorher nie einem Rotwein nahe gekommen waren. Ich dachte, dass Cabernet Sauvignon die »Bewegung des Sortenweins« auslöste, die Bewegung gegen die verwirrende Etikettierung von Wein zugunsten der Angabe des Notwendigen: aus welcher Traube der Stoff gemacht ist. Und in ganz Europa, Amerika und Australien war die Antwort: Cabernet, Cabernet, Cabernet.

Cabernet Sauvignon ist beides. In den Augen der Traditionalisten der gefürchtete, rücksichtslose Eindringling in alte Weinkulturen, für die Wendigeren eine Zukunftsperspektive, der Retter mit einem griffigen Namen, einem charakteristischen Geschmack und der Aussicht auf lukrative Exportmärkte. Für einige liefert die Cabernet Sauvignon mit die besten Weine der Welt. Traditionalisten zählen die nach Schwarzen Johannisbeeren und Zigarrenkisten duftenden Weine von Pauillac zu den größten Schöpfungen des Bordelais. Die kalifornischen Boutique-Kellereien machen winzige Mengen undurchdringbar dichter Weine, die man sich auf Auktionen schier aus den Händen reißt; entsprechend wahnwitzig und für den normalen Genießer indiskutabel sind die Preise. Dann gibt es aber seriöse Weinliebhaber, denen die vierschrötige Kraft des Cabernet Sauvignon ein Gräuel ist. Selbst die besten Produkte schmähen sie als schwerfällige, unbeholfene Karikaturen dessen, wie ein Wein sein sollte. Sind das dieselben, die angesichts der angenehmen, preiswerten und schmackhaften Cabernets, die heute in großen Mengen aus Osteuropa, den Mittelmeerstaaten und der Iberischen Halbinsel kommen, darüber trauern, dass dieser Eindringling die lokalen Traditionen und Geschmäcker verdrängt hat? Leider sind sie das sehr oft. Was nicht heißt, dass sie je das muffige, schweflige, saure Zeug tranken, das an vielen Orten gebraut wurde, bevor der Cabernet kam und unzählige Genossenschaften und verstaubte Güter in die moderne Weinwelt hievte.

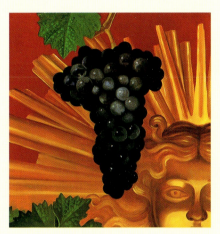

Der aristokratische Glanz des Cabernet Sauvignon, seine königliche Stellung wird hier durch die strahlende Sonne repräsentiert, das Emblem des französischen Königs Ludwigs XIV., der als Le Roi Soleil, der »Sonnenkönig«, berühmt ist. Sein grandioses Schloss in Versailles war über und über mit den Zeichen seiner Glorie dekoriert.

Der Cabernet ist tatsächlich das Opfer seines eigenen Erfolges. Es ist diese wunderbar unkomplizierte Art, der unmittelbar erkennbare Geschmack des Cabernet, ob schlicht oder edel, der seinen Erfolg ausmacht. Die großen Weine von Pauillac, die auf Cabernet Sauvignon beruhen, sind eine absolute Köstlichkeit, doch der klassische Geschmack ist relativ simpel gestrickt wie so viele beliebte Gerichte. Schwarze Johannisbeeren, gewürzt mit den verwandten Aromen von Zedernholz, Bleistiftgraphit und Zigarrenkisten. Das ist die Formel, ebenso einfach und ebenso perfekt wie Spiegeleier mit Speck oder Apfelstrudel mit Vanillesauce. Dementsprechend bot der Cabernet Sauvignon, als sich die moderne Weinwelt in den 1970er und 1980er Jahren wie wild entwickelte, einen klassischen Typus, der anscheinend leicht zu verstehen und nachzuahmen war. Wie es so geht, erwiesen sich die großen Bordeaux-Weine als kaum replizierbar, doch brachten die vielen Versuche auf der ganzen Welt aufregende und aufregend unterschiedliche Interpretationen des Cabernet Sauvignon hervor. Die Ähnlichkeiten in Frucht und Textur – stämmige Tannine, dunkle, runde Frucht von Schwarzkirschen oder Schwarzen Johannisbeeren und die Zedernholzaromen, die sich mit dem Alter entwickeln – sind letzten Endes aber viel wichtiger als die Unterschiede.

Vielleicht hat Cabernet Sauvignon nicht die aromatische Subtilität des Pinot Noir, vielleicht mangelt ihm die betörend sinnliche Wucht des Syrah und die fröhliche Rundheit des Merlot, und sicher verlangt er auch nicht dieselbe Anstrengung wie ein Nebbiolo oder Sangiovese – aber er ist immer er selbst. Wo man die Traube auch pflanzt, ob man nun viel Geld für großspurige Kelleranlagen oder Berge neuer Eichenbarriques ausgibt oder nicht, immer kann man einen wiedererkennbaren Cabernet gewinnen, der Spaß macht.

Cabernet Sauvignon: Von der Traube zum Glas

Geografie und Geschichte Seite 48; Weinbau und Weinbereitung Seite 50; Cabernet Sauvignon in aller Welt Seite 52; Cabernet Sauvignon genießen Seite 56

Geografie und Geschichte

Cabernet Sauvignon ist (fast) überall anzutreffen. Überall, wo die Sonne scheint, wo Trauben reif werden können. Überall, wo man einen »seriösen« Rotwein machen will, pflanzt man Cabernet Sauvignon. Und obwohl sie eine ganze Menge Wärme braucht, um reif zu werden, hält das die Optimisten nicht ab. Sogar in England, wo sie in Plastiktunneln gezogen wird. In Deutschland ist sie bis hinauf an die Mosel zugelassen, wo man ihr die besten und wärmsten Lagen geben müsste, damit auch nur die geringste Hoffnung auf Reifung besteht – solche, die gegenwärtig dem Riesling zugewiesen sind. Eine verrückte Welt.

Doch der Punkt ist: Cabernet Sauvignon ist leicht zu verkaufen, sowohl als Weintyp wie als Name auf dem Etikett. Für den Erzeuger zählt, dass jeder Rotweintrinker in den umkämpften

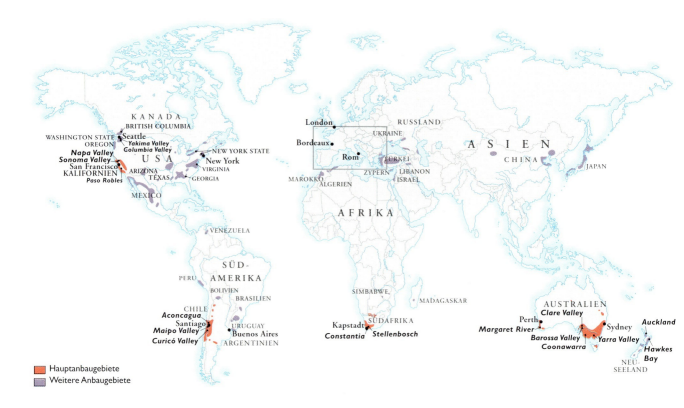

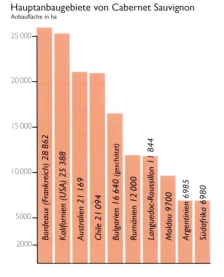

Exportmärkten Cabernet Sauvignon kennt. Wenn er dazu in einem Land mit geringer internationaler Reputation ansässig ist und sich den Hauch einer Chance erhalten will, in den USA oder Großbritannien etwas zu verkaufen, ist Cabernet Sauvignon sein Türöffner. Er kommt an. Die lokalen Rebsorten mögen für den Kenner interessanter sein, doch Cabernet Sauvignon ist sicherer. Und wenn sie nicht so begeistern, gibt es nichts Besseres als einen Schuss Cabernet Sauvignon, um den Verschnitt aufzupeppen.

Wird der Cabernet Sauvignon andere Sorten verdrängen? Sehr wahrscheinlich nicht. Der größte Feind einer Weinlandschaft sind nicht solche Eindringlinge, sondern die Schwierigkeit, Wein mit ausreichendem Gewinn zu verkaufen. In Portugal haben die Winzer sich weithin dafür entschieden, ihre Branche ohne die Hilfe des Cabernet Sauvignon zu modernisieren, aber sie konnten sich auch auf die Kassen der EU stützen. In Bulgarien, dessen Erfolg seit den 1980er Jahren größtenteils auf Cabernet Sauvignon basiert, werden nun verstärkt lokale Sorten eingesetzt. Cabernet ist überall anzutreffen, aber nicht der Alleinherrscher.

Ein wenig Geschichte

Der Schöpfungsmythos der Cabernet Sauvignon ist im Vergleich etwa zu dem der Syrah enttäuschend prosaisch. Lässt die Ähnlichkeit von »Sauvignon« mit dem französischen Wort »sauvage« darauf schließen, dass sie eine Wildrebe war? Aber das trifft doch auch auf jede andere Art der Spezies *Vitis vinifera* zu. Im 18. Jahrhundert wurde sie in Bordeaux als Petite Vidure bezeichnet, vielleicht nach der Härte ihres Holzes (»vigne dure«?)

Gibt es vielleicht eine Verbindung mit Carmenère, einer anderen alten Bordeaux-Sorte, die als Grande Vidure bezeichnet wurde? Eines der Synonyme von Cabernet/Vidure war Bidure; vielleicht ging es auf die Rebe zurück, die Plinius d. Ä. – nach dem keltischen Stamm der Bituriger, die Bordeaux gründeten – Biturica nannte?

Die Wahrheit, die eine DNA-Analyse an der University of California in Davis ans Licht brachte: Cabernet ist eine zufällige Kreuzung aus Cabernet Franc und Sauvignon Blanc. Deutliche Hinweise hatten – ironischerweise – schon immer der Name und der Geschmack gegeben. Im Nachhinein lässt sich natürlich leicht sagen: Wie konnte man so lange Zeit die simple Tatsache übersehen, dass der Wein nach beiden Eltern schmeckt? (Denken Sie an den grasigen Charakter von unreifem Cabernet Sauvignon und von Sauvignon Blanc.) Wie aber ging's nun zu, dass die zufällige Kreuzung tatsächlich nach ihren Eltern benannt wurde?

Wir werden wohl nie herausbekommen, wann die Kreuzung stattfand oder warum der Name Petite Vidure aufgegeben wurde. Als im späten 18. Jahrhundert vor dem Ausbruch der Französischen Revolution die großen Güter im Médoc angelegt wurden, hatte sich der Cabernet Sauvignon bereits etabliert und war ein wichtiger Partner für den regionaltypischen Verschnitt. Seine Popularität im Médoc gilt als Werk des Barons Hector de Brane, Eigner von Mouton bis 1830, und seines Nachbarn Armand d'Armailhacq.

Eingang zum neuen chai (Fasslager) im Château Lafite-Rothschild in Pauillac. Die 1980er Jahre sahen in Bordeaux einen Bauboom, in fast jedem zweiten Gut waren Bagger und Kräne zugange. Das beruhte auf kräftig steigenden Preisen und einer Reihe guter Jahrgänge, dazu einer gewachsenen weltweiten Nachfrage nach edlen Weinen. Zum Glück für die Bordelaiser brachten die weniger guten Jahrgänge in den 90ern keinen Rückschlag.

Ein Blick in die Geschichte: alte Flaschen im Keller von Château Margaux. Roter Bordeaux ist einer der ganz großen klassischen Weine, zum Gutteil aufgrund seiner phänomenalen Alterungsfähigkeit. Verblüffend, dass diese Flaschen unglaublich gut schmecken können.

Die Schönung von Rotwein mit Hilfe von Eiweiß. Auf Château Léoville-Barton nimmt man sechs Eiweiß pro Barrique. In Spanien und Portugal macht man aus den Dottern klebrig-süße Kuchen; was in Bordeaux mit ihnen geschieht, habe ich noch nicht herausbekommen.

Weinbau und Weinbereitung

Die Tatsache, dass fast jedes Weinland auf der Welt Cabernet Sauvignon angepflanzt hat, lässt vermuten, dass sie keine Probleme macht. Wenn sie überall gedeiht, muss sie leicht zu ziehen sein und an Können und Wissen des Weinbauern wenig Ansprüche stellen. Es trifft zu, dass die Rebe hinsichtlich Boden und Klima weniger wählerisch ist als viele andere Sorten, sie ist relativ krankheitsresistent und liefert, egal wo sie wächst, einen erkennbar sortentypischen Wein. Aber nur an wenigen Orten in der Welt ist sortenreiner Cabernet so gut wie ein Verschnitt oder gar besser. Wie es ein australischer Winzer prägnant ausdrückte: »Der größte Coup des Bordelais war, die Welt glauben zu machen, ein großer roter Bordeaux sei reiner Cabernet.«

Klima

Die Einflüsse von Boden und Klima auseinander zu dividieren ist immer schwierig, beim Cabernet Sauvignon aber noch mehr, da er auf allen Qualitätsstufen den Boden weniger widerspiegelt als einige andere Sorten. Im Bordelais hat der Bodentyp immer bestimmt, was wo gepflanzt wird, aber letzten Endes ist die Bodentemperatur ausschlaggebend. In Kalifornien und Australien wird Klimafaktoren mehr Bedeutung zugemessen. Um Patrick Campbell von der Laurel Glen Winery im Sonoma Valley zu zitieren: »Ein Cabernet Sauvignon der Spitzenklasse muss von einer Lage Zeugnis ablegen. Bei einfacheren Weinen ist das nicht nötig oder auch nicht möglich, ein Top-Cabernet muss aber von irgendwoher kommen.« Cabernet soll also nicht nur nach sich selber schmecken, sondern auch nach seinem »Ort«.

Cabernet Sauvignon braucht Wärme, um zu reifen. Mehr Wärme als Pinot Noir, oder er wird grasig mit einem Aroma grüner Paprikaschoten. Zu viel Wärme jedoch macht ihn weich und marmeladig, er erinnert dann an Schwarze-Johannisbeer-Konfitüre. Die Pyrazine, die Komponenten, die den grünen, vegetabilen Teil seines Duftprofils beisteuern, werden bei der Reifung der Traube durch Sonnenlicht zerstört; die Wahrnehmungsschwelle am Gaumen liegt bei 2 ng/l. In warmen Klimaten kann der Gehalt von 30 ng/l bei Beginn der Reifung auf 1 ng/l bei der Lese fallen.

Exzessiv grüne, krautige Aromen waren das Verderben vieler Regionen, die darauf hofften, ihr kühles Klima würde einen Cabernet von Médoc-ähnlicher Eleganz ergeben. In Kalifornien werden solche Weine auch »Monterey veggies« (Monterey-Grünzeug) genannt. Monterey ist kühl und windig, und da die Reben bei starkem Wind den Stoffwechsel einstellen, können zu grüne Aromen im Monterey-Cabernet kaum verhindert werden, auch nicht durch Laubauslichtung. Auch Russian River erweist sich inzwischen als zu kühl für Cabernet.

Minze-Aromen, die sich manchmal bei Cabernets finden (besonders denen aus Coonawarra in Australien und Washington), sind sehr wahrscheinlich Resultat eines marginalen, fast zu kühlen Klimas. Doch auch der Boden kann beteiligt sein. Das Phänomen ist zum Beispiel manchmal in Pauillac festzustellen, aber nicht in Margaux.

Könnten minzige Aromen auch auf die Nachbarschaft von Eukalyptusbäumen zurückzuführen sein? Die Wissenschaft sagt nein, viele der heimatverbundenen Winzer sagen ja. Ich sage ja und nein. Eukalyptusbäume sind in Australien sowie im Sonoma und im Napa Valley in Kalifornien häufig. Ein berühmter Erzeuger in Napa ließ bei jeder Lese ein paar Anhänger mit Trauben unter Eukalyptusbäumen stehen, so dass das Eukalyptuswachs auf sie tropfen konnte. Seine Cabernets und Pinots Noirs waren sehr minzig, und er war überzeugt, dass das klebrige Wachs etwas dazu tat. Aber dann gibt es Weine mit Eukalyptusduft, die Meilen vom nächsten Gummibaum weg entstanden, und man wundert sich. Der Geschmack könnte ebenso vom Klon kommen oder von zu viel Schatten. Und ich warte noch auf den Winzer, der behauptet, die Nähe der Durchgangsstraße gäbe seinen Weinen den Gout von Autoabgasen, oder die Schafe auf der angrenzenden Weide seien schuld am stechenden Mistböckser seiner Produkte.

Hypermoderne Kellereiarchitektur auf dem Gut Viña Alma, einem Jointventure zwischen Concha y Toro und Baron Philippe de Rothschild im chilenischen Maipo-Tal. Massive Investitionen plus Know-how, dazu ein großspuriger Name, das ergibt hohe Preise. Zum Glück macht man in diesem Fall auch sehr guten Wein – nicht wenige derartig grandiose Unternehmungen tun dies nicht.

Boden

Der Ruhm des Cabernet Sauvignon geht auf die Kiesböden in Médoc und Graves im Bordelais zurück: Ihre Weine machten die Rebe in der ganzen Welt begehrt. Cabernet Sauvignon mag Kies, einfach weil er warm ist. Er bietet gute Dränage, erwärmt sich im Frühjahr rasch und speichert Wärme gut. All diese Faktoren passen gut zu der spät blühenden und spät reifenden Sorte, weil sie ihr im marginalen Klima in einem Gebiet wie dem Médoc zur Reifung verhilft. Das heißt nicht, dass es in St-Émilion oder Pomerol keine Flecken gäbe, wo sie nicht gediehe; aber nehmen Sie den Kies aus dem Bordelais, und Sie hätten nicht mehr viel Cabernet dort. Die Ton- und Kalkböden von St-Émilion oder Pomerol sind im Allgemeinen zu kalt. Dennoch schrieben die Bürokraten von den 1960ern bis in die Mitte der 70er Jahre die Pflanzung von Cabernet in St-Émilion vor – und, noch schlimmer, die Verwendung von ertragreichen Pfropfreisern auf wuchskräftigen SO4-Unterlagen. »Das wäre o.k.«, sagt Stephan von Neipperg von Château Canon-La Gaffelière, »wenn Sie Cola machen wollen.« Hat wer Rum mit Cabernet bestellt?

An allen Orten mit warmem Klima scheint ein Kiesboden weniger bedeutend zu sein als ein Boden mit gutem Wasserabzug und geringer Fruchtbarkeit. In Coonawarra liegt Roterde über Kalkstein, in Rutherford und Oakville im Napa Valley gedeihen die Reben auf Schwemmboden.

Ertrag

Die Klone der 1970er Jahre, die auf hohen Ertrag getrimmt und oft für dünne, graslge, krautige Weine verantwortlich waren, werden zunehmend gerodet und durch neue, bessere ersetzt. Doch diese virusfreien Klone tragen unausweichlich besser als ungesunde Reben.

In Bordeaux erntet ein Cru-Classé-Gut in der Regel 60 hl/ha. Das gesetzlich festgelegte Maximum sind 50 hl/ha, doch wenden die Erzeuger den *plafond limite de classement* an, einen legalen Trick, der es Appellation-Contrôlée-Bereichen erlaubt, ihre Ernte in guten Jahren zu vergrößern. Und die meisten Jahre sind dafür ausreichend gut. Um den Ertrag auf einem vertretbaren Level zu halten, greifen gute Erzeuger oft auf die Behangausdünnung zurück (die Entfernung ganzer Trauben vor Beginn der Reifung), und sie selektieren mehr oder weniger rigoros für ihren *grand vin*. Sicher wären die Weine – die fast immer chaptalisiert werden – besser, wenn vor allem weniger geerntet würde. Dass so viele Châteaus mit Techniken der Mostkonzentration experimentieren, zeigt auf jeden Fall an, dass in der Gleichung irgendwo etwas fehlt.

Vinifizierung

Der große Anteil von Kernen im Trester bei Cabernet Sauvignon – fast 1 : 12, gegenüber 1 : 25

Roterde über Kalkstein in Coonawarra, einem der kühlsten und feuchtesten Weinbaugebiete Westaustraliens. Der gute Wasserabzug dieses Bodens macht ihn für Cabernet Sauvignon hervorragend geeignet.

bei Sémillon – und sein hoher Gehalt an Phenolen bedeuten, dass er für recht hohe Gärtemperaturen und lange Mazeration geeignet ist. Bis zu 30 °C sind üblich, und drei Wochen Verweilen auf der Maische waren in Bordeaux Tradition (das Kellerpersonal ging derweilen auf die Jagd). Wo man auf weichere, früher trinkreife Weine Wert legt, begnügt man sich mit einigen Tagen Mazeration. In Australien und anderen Neue-Welt-Ländern setzt man manchmal die Kohlensäuremaischung ein, um weiche, saftige Weine zu produzieren.

Cabernet Sauvignon und Eiche

Der Wein verträgt sich verblüffend gut mit neuer Eiche, seine Schwarze-Johannisbeer-Aromen verbinden sich brillant mit der Vanille und den Gewürzen aus dem Barrique. Tatsächlich war es der Erfolg des in neuer Eiche ausgebauten Cabernet Sauvignon, der das 225-Liter-Fass des Bordelais praktisch zur Standardgröße in der ganzen Welt gemacht hat.

In Australien, Kalifornien und anderswo kann US-amerikanische Eiche für ausgeprägtere Vanillearomen verwendet werden, doch wachsende Empfindlichkeit gegenüber zu viel Eiche führt bereits zu einer Kombination von französischer und amerikanischer Eiche oder von alten und neuen Fässern. Außerdem wird amerikanische Eiche zunehmend nach französischer Art behandelt (was feinere Aromen ergibt).

DIE BORDEAUX-CUVÉE

Cabernet Sauvignon wird im Bordelais so gut wie nie sortenrein abgefüllt. In der Mitte des Geschmackseindrucks fehlt ihm meist ein wenig Fleisch, sein sehr schlankes Profil benötigt etwas Ausfütterung durch üppigeren Merlot und duftreichen, fruchtigen Cabernet Franc. Und das ergibt den traditionellen Bordeaux-Verschnitt.

Es gibt jedoch kein Standardrezept, jedes Château komponiert seinen Wein je nach den Einflüssen von Klima und Boden; es bemüht sich, seinem *grand vin* die optimale Balance zu geben.

Viel hängt vom Wetter übers Jahr ab. Das Bordelais entwickelte seinen speziellen Sortenmix tatsächlich aufgrund des Problems, dass nicht alle Trauben zuverlässig jedes Jahr ausreiften. Mehrere Sorten im Weinberg stehen zu haben bedeutete, dass immer noch mit einer Ernte – und einem sicheren Einkommen – zu rechnen war, wenn eine Sorte vom Spätfrost ruiniert wurde.

Solche Vorsorge ist in warmen Bereichen, wie im Nordteil des Napa Valley oder im westaustralischen Margaret River, meist nicht notwendig. Hier kann Cabernet Sauvignon auch sortenrein sehr erfolgreich sein, trotzdem ist auch hier ein Schuss Merlot nicht ungewöhnlich, um dem Gesamteindruck das gewisse Etwas zu geben. In kühlen Klimaten hingegen wie in Neuseeland sind Verschnitte den sortenreinen Exemplaren überlegen.

In Bordeaux werden auch Petit Verdot und Malbec zugesetzt, Carmenère – die in Bordeaux vor der Reblauskatastrophe verbreitet war – wird nicht mehr angebaut. Malbec ist da und dort angepflanzt, etwa in Fronsac, und wegen des leichteren Bodens in Margaux wird dort ein kleiner Anteil Petit Verdot mit seiner dunklen Farbe und seinem Veilchenduft verwendet. Petit Verdot ist auch in Australien, Kalifornien, im US-Staat New York, in Neuseeland und Spanien als Partner des Cabernet zu finden.

Früher einmal enthielt der klassische Verschnitt auch Syrah, der entweder im Bordelais oder an der Rhône wuchs. Eine Reminiszenz daran ist heute der klassisch australische Verschnitt von Cabernet und Shiraz. In anderen Ländern, besonders in Italien und Spanien, wird Cabernet mit fast jeder denkbaren Rebe kombiniert; die Toskana etwa hat bemerkenswerten Erfolg mit Sangiovese, und die spanischen Bereiche Katalonien und Navarra machen sehr gute Verschnitte mit Tempranillo.

Cabernet Sauvignon in aller Welt

Jetzt, wo Bordeaux Weine von Neue-Welt-Fülle zu machen begonnen hat und die Weine der Neuen Welt Struktur und Langlebigkeit zeigen, ist es schwieriger geworden, bestimmten Orten auf der Welt bestimmte Weincharaktere zuzuordnen. Der Stil wird ebenso vom jeweiligen Winzer und der individuellen Lage bestimmt wie von der Region.

Bordeaux

Cabernet Sauvignon ist in Bordeaux nicht die meistgepflanzte Sorte; diese Ehre gebührt der Merlot. Im 19. Jahrhundert wuchs ihre Popularität sprunghaft; die Winzer schätzten ihre Widerstandsfähigkeit gegen Fäule (die dicken Schalen und die lockerbeerigen Trauben sind hier vorteilhaft) ebenso wie ihren Reichtum an Tannin, Säure und Geschmack. Die Mehltau-Epidemie 1852 in Bordeaux offenbarte ihre hohe Anfälligkeit für diese Krankheit. Die Erzeuger wandten sich daher der Merlot zu und beschränkten Cabernet Sauvignon auf die Kiesflächen in Médoc und Graves.

Wo es weniger Kies gibt – im Nordteil des Médoc etwa –, kann Cabernet zu streng werden, um Spaß zu machen (geschweige denn Furore), und braucht Mengen von Merlot, um ihm Körper zu geben. In St-Émilion, wo Cabernet Franc und Merlot die Nase vorn haben, bildet die Rebe eine Minorität, und auf dem Tonboden von Pomerol ist sie kaum zu sehen.

Sogar an den günstigsten Standorten erbringt Cabernet Sauvignon nicht jedes Jahr sensationelle Weine. Im Schnitt sind von zehn Jahrgängen drei Spitzenklasse, drei schlecht und der Rest irgendwo dazwischen.

In der Tat haben die meisten langlebigen Bordeaux-Weine einen großen Anteil Cabernet Sauvignon im Verschnitt, doch es sei daran erinnert, dass er sogar in Médoc und Graves, wo er bei den Top-Châteaus den größten Anteil stellt, nicht die absolute Mehrheit in der Cuvée innehat.

Im Médoc variiert sein Charakter von mineralischer Strenge in St-Estèphe über intensiven Veilchenduft in Margaux, klassische Graphit- und Schwarze-Johannisbeer-Aromen in Pauillac, Zedernholz und Zigarrenkiste in St-Julien, weichere, rundere Art in Moulis und sogar eine schlammige Anmutung bis zum wiederum mineralischen Typ in Pessac-Léognan. Weniger gute Bereiche wie das südliche Graves produzierten schöne Schwarze-Johannisbeer-Noten, jedoch ohne die Intensität der Spitzenlagen.

Weitere französische Cabernets

Cabernet Sauvignon wird im Südwesten für Quasi-Bordeaux-Weine angebaut, er besitzt dort die übliche Schwarze-Johannisbeer-Frucht, jedoch von leichterer Art als Bordeaux. Im Midi wird er sortenrein oder als Verschnittpartner verwendet, um Geschmack und Frucht kräftiger, aber nicht unmittelbar ansprechender Sorten wie Carignan zu verbessern. Sortenrein hat er sich im Pays d'Oc etabliert, dessen Weine – entsprechend der Herkunft oder dem Ausbildungsort der Weinmacher – oft an Australien erinnern. Auch an der Loire ist die Rebe zu finden, hat jedoch Mühe zu reifen; Cabernet Franc ist hier weit erfolgreicher.

Italien: das Phänomen der Supertoskaner

In Italien gilt Cabernet Sauvignon nicht mehr als der gefährliche Eindringling. Die Winzer haben mit ihm gearbeitet, haben ihn kennen gelernt – und arbeiten mit ihren heimischen Sorten weiter. Reiner Cabernet ist nicht mehr die erste Wahl für jeden, der seriöse Weine machen will.

Die Rebe kam nach Italien, bevor es ein eigener Nationalstaat wurde. Sie wurde um 1820 im Piemont gepflanzt, wo sie heute noch (wie man behauptet) in beträchtlichem Maß im Barolo verwendet wird. Das wäre natürlich illegal, aber sie kann die Farbe verbessern und den Wein fruchtiger machen; beides ist mit Nebbiolo schwer zu erreichen.

Legale Verschnitte von Cabernet und Nebbiolo laufen unter der DOC Langhe oder Monferrato; auch mit Barbera verbindet sich Cabernet gut, mit oder ohne Zusatz von Nebbiolo; die Verwendung zweier so tanninreicher Sorten mit dem säurereichen Barbera fordert aber fast den Einsatz neuer Eichenfässer, um ein wenig süße Würze ins Spiel zu bringen. Sortenreiner Cabernet kann im Piemont exzellent werden, verlangt aber dann die besten Lagen.

In der Toskana war und ist die Geschichte des Cabernet immer noch kontrovers (außer in Carmignano, wo er seit 1975 für den DOC-Verschnitt zugelassen ist), teils aufgrund des Erscheinens der so genannten Supertoskaner Mitte der 1970er Jahre: der Spitzenweine, die sich bewusst nicht in das DOC-System einfügten, indem Cabernet entweder sortenrein oder im Verschnitt verwendet wurde.

Cabernet zeigt in der Toskana eine wunderbar tiefe, süße Schwarze-Johannisbeer-und-Kirschen-Frucht, und er erhält sich seine Säure, auch wenn der Alkoholgehalt 14 % erreicht. Die Vermählung von Cabernet und Sangiovese hat sich als besonders »fruchtbar« erwiesen; Aufgabe des Weinmachers ist es, die Balance zwischen dem auftrumpfenden Sauvignon und

CHÂTEAU RAUZAN-SÉGLA
Die Wertheimer-Gruppe, Eigentümer von Chanel, hat dieses – damals unter seinem Potenzial arbeitende – Gut 1993 gekauft und über 40 Millionen FF investiert.

CHÂTEAU LÉOVILLE-LAS-CASES
Ein superteures Deuxième-Cru-Château im Médoc. Es hat sich das Ziel gesetzt, superkonzentrierte Weine zu machen, die höhere Preise erzielen als mancher Premier Cru.

MARCHESI ANTINORI
Der Solaia war einer der ersten Supertoskaner und einer der ersten toskanischen Versuche mit Cabernet. Und er ist immer noch einer der besten der Welt.

dem weniger theatralischen Sangiovese zu finden.

In der Lombardei glänzt Cabernet Sauvignon seit langem, hier wird er oft mit Merlot verbunden. Verschnitte nach Bordeaux-Art sind auch in der Emilia-Romagna, im Veneto, in Friaul-Julisch-Venetien zu finden. Teroldego und die Valpolicella-Sorten sind in den jeweiligen Regionen Verschnittpartner. In Südtirol und im Trentino leidet Cabernet Sauvignon häufig unter ungenügender Reife, er zeigt dann den gefürchteten Grüne-Bohnen-Geschmack; schuld daran sind die Erziehung an hohen Pergeln und die Überproduktion. Bessere Klone und das Guyot-System können helfen, man kann aber auch die früh reifende Cabernet Franc nehmen anstatt Cabernet Sauvignon.

Im Süden Italiens wird Cabernet mit jeder möglichen Traube vereint: Gaglioppo in Kalabrien, Merlot und Aglianico in Kampanien, Nero d'Avola in Sizilien sowie Cannonau und Carignano in Sardinien.

Spanien

Fast jede Region in Spanien hat ihre Cabernet-Flächen, wenn auch oft als Experiment. Experimente mit Cabernet haben allerdings die Angewohnheit, erfolgreich zu sein. In Penedès erbringt sie bereits gute sortenreine Weine, in Rioja wurde sie schon Mitte des 19. Jahrhunderts durch den Marqués des Rical eingeführt. Gegenwärtig sind hier ca. 70 ha bepflanzt, und man bemüht sich um ihre Aufnahme in die Liste der zugelassenen Sorten. In vielen Bodegas wird sie tatsächlich schon verwendet. Wird sie sich zum Kuckuck im Nest entwickeln? Sie scheint in Rioja weniger ausgeprägte Tannine zu entwickeln als anderswo, und in kühleren Ecken wie Haro reift sie nicht gut; ich glaube daher, dass man sich keine Sorgen machen muss.

Übriges Europa

Das »Schnäppchen« unter den Rotweinen der 1980er Jahre, bulgarischer Cabernet Sauvignon, hat gegenüber weicheren, fruchtigeren Versionen aus Chile und Australien an Popularität eingebüßt. Cabernet wird in Ungarn, Moldau, Rumänien und Teilen des ehemaligen Jugoslawien verbreitet angebaut; einzelne Weine können recht attraktiv sein, insbesondere wo westliche Weintechnik eingeführt wurde. In Österreich ist Cabernet Sauvignon wenig angebaut, sie reift dort selten gut aus; sie wird öfter durch Merlot ersetzt. In Griechenland und Israel ist sie erfolgreich, und im Libanon wird ihr Wein bei Château Musar im Verschnitt verwendet.

USA: Kalifornien

Das Auftauchen einer neuen Art von Rebläusen in den 1980er Jahren in Kalifornien und die da-

Ein Sprung ins Ungewisse

Im Jahr 1976 wurden in einer Blindverkostung in Paris französische Spitzenweine mit ihren kalifornischen Konkurrenten verglichen. Veranstaltet wurde sie von dem Weinhändler Steven Spurrier, und das Ergebnis schlug ein wie ein Blitz. Ein Meilenstein der Weingeschichte, denn den ersten Platz errang der Cabernet Sauvignon 1973 von Stag's Leap Wine Cellars. Warren Winiarski von Stag's Leap pflanzte Cabernet 1970, nachdem er das Napa Valley jahrelang erkundet hatte: die Vegetationstypen, das Auftreten von Frost, die Wachstumsbedingungen – ein bis dato in Kalifornien unübliches Verfahren. Man hatte bis dahin die Rebsorte im Blick, nicht die Lage.

Winiarski hatte zunächst Politik an der Universität Chicago unterrichtet. Sein Interesse am Wein erwachte, als ein Freund einmal eine Flasche zum Essen mitbrachte, die von der Ostküste kam und aus Hybridreben gekeltert war. Winiarski und seine Frau fassten den Entschluss, selbst Wein zu machen, und fuhren durch die Wüste nach Kalifornien. Der Triumph Winiarskis in Paris war der Time eine Titelstory wert, und eine Flasche Stag's Leap 1973 steht heute in der Smithsonian Institution in Washington, D. C., einem der bedeutendsten Museen der USA.

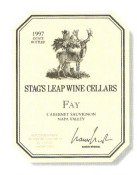

STAG'S LEAP WINE CELLARS
Die Lage Fay ist nach Nathan Fay benannt, der Winiarski auf die exzellente Eignung von Stag's Leap für Cabernet Sauvignon hinwies.

durch notwendige Neuanpflanzung von Rebstöcken brachte nicht den Rückgang von Cabernet Sauvignon und die Zunahme anderer Sorten, die sich manche erhofften. Ganz im Gegenteil: Zwischen 1988 und 1998 wuchs die Anbaufläche von Cabernet Sauvignon auf mehr als das Doppelte. Im Napa Valley, nördlich von Yountsville, gibt es fast nur Cabernet Sauvignon, dazu etwas Cabernet Franc und Merlot und verschwindend wenig Chardonnay und Sauvignon Blanc. Die kleineren Hügelbereiche wie Mount Veeder, Howell Mountain, Diamond Mountain und Spring Mountains mit ihren langsam reifenden, fest strukturierten Weinen sind stärker von Cabernet dominiert als zuvor.

Das führende Cabernet-Gebiet im Sonoma Valley, Alexander Valley, wurde mit neuen, besseren Klonen ausgestattet, die weniger grüne, krautige Aromen liefern, und es wurde mehr Merlot und Cabernet Franc gepflanzt. Doch wird wahrscheinlich jeder Erzeuger, der mit unterschiedlichen Anteilen Merlot, Cabernet Franc, Malbec und Petit Verdot in seinem Wein experimentiert, den Prozentsatz an Cabernet Sauvignon noch erhöhen, um sein hier typisches charaktervolles Profil zu betonen.

Im Allgemeinen macht man heute ausgewogenere Weine. Dry Creek Valley, Sonoma Mountain und Sonoma Valley sind im Kommen, und Mendocino County zeigt großes Potenzial. Weiter südlich, in Paso Robles in San Luis Obispo, in Santa Cruz Mountain und im Carmel Valley in Monterey, gibt es nur wenig Cabernet, jedoch einige elegante Weine.

Zu den etablierten Bereichen gehören der Stag's Leap District, aus dem weiche, gut strukturierte Weine mit Schwarzkirschfrucht kommen, außerdem Oakville und Rutherford mit mehr Schwarzen Johannisbeeren und Pflaumen in der Nase sowie festeren, staubigeren Tanninen. Innerhalb Kaliforniens ist zwischen Weinen von den Hügellagen und vom Talboden zu unterscheiden. Hanglagen mit ihrer dünneren Bodenkrume liefern geringere Erträge (ca. 2,5–5 t/ha gegenüber 10–20 t/ha). Die Beeren sind kleiner und die Aromen intensiver, strenger und weniger gefällig, von langsam reifender Bordeaux-Art. Aber es gibt Ausnahmen wie den Opus One, der auf dem Talboden wächst und dennoch Bordeaux-artig zugeknöpft ist.

Eiche setzt man heute zurückhaltender ein als früher, eine Rückkehr zum verunglückten »Wein-zum-Essen-Typ« von Anfang der 1980er Jahre mit seiner dürftigen, angestrengten Art ist dennoch nicht zu befürchten. Kalifornische Cabernets haben mehr Alkohol als roter Bordeaux, meist 14 % und mehr im Vergleich zu 12,5–13 %. Bei geringerem Alkoholgehalt kann kalifornischer Cabernet es an Intensität mangeln lassen.

Die Lagerfähigkeit der besten Weine steht außer Zweifel. Die Top-1978er haben immer noch gute zehn Jahre vor sich. Die 1980er wurden unterschiedlich ausgebaut, was Verallgemeinerungen unmöglich macht; die 1990er Jahre schließlich waren gut zum Cabernet: eine Reihe hervorragender Jahrgänge, deren Spitzenprodukte lange lagerfähig sind.

USA: Washington

Im Bundesstaat Washington könnte Cabernet Sauvignon auf lange Sicht sogar noch mehr Potenzial haben als Merlot, da bessere Weinbergsarbeit nun seine unreifen, grünen Aromen reduziert. Doch hat der Merlot seinen Wert rascher realisiert, und Cabernet Sauvignon liegt heute an zweiter Stelle, wobei 1999 573 ha bepflanzt waren. Die Rebe benötigt die wärmsten Flecken: Das Yakima Valley ist insgesamt recht kühl, die wärmeren Teile des Columbia Valley sind besser geeignet. Ihr großer Vorzug aus Sicht der Weinbauern ist die Widerstandsfähigkeit gegen winterliche Kälte.

Kennzeichen des Cabernet hier ist seine strahlende Frucht, und er kann oft schon jung getrunken werden. Eine zunehmende Zahl von Erzeugern macht aber auch eindrucksvoll dunkle, schwere Weine.

Übriges Nordamerika

In Oregon ist eine kleine Fläche mit Cabernet Sauvignon bepflanzt (188 ha im Jahr 1999), hauptsächlich im Umpqua Valley und im Rogue Valley; auch in Texas und Arizona ist sie anzutreffen. Ihre Winterhärte macht sie für Kanada interessant, doch macht man dort meist sehr zugeknöpfte Weine.

Australien

Coonawarra ging in den 1970ern mit strahlender, oft minziger Frucht und schöner Struktur voran. Heute beruht das Ansehen des Spitzenklassen-Cabernets ebenso auf den nach Schwarzen Johannisbeeren duftenden, »staubigen« und festen Weinen vom Margaret River, der Ausgewogenheit und Eleganz des Yarra Valley, der süßen, fokussierten Frucht des Clare Valley und den füllingen, schweren Exemplaren des Barossa Valley, einer Gegend, die sich für Shiraz als besser geeignet gezeigt hat. Bei den preiswerten Weinen sind eine große Zahl von runden, weichen Beispielen zu finden, die aus Lesegut ver-

Die Eigentümer von Screaming Eagle im Napa Valley wollen schlicht und einfach Kaliforniens größten Wein machen. Bei gerade 2400 Flaschen eines unglaublich konzentrierten Cabernet, die im Jahr produziert werden, kommen nur wenige Genießer je in die Lage, den Anspruch zu überprüfen.

schiedener Bereiche und sogar verschiedener Staaten gemixt werden.

In den 1980er Jahren gab es in Australien, wie in Kalifornien, eine Phase alkoholschwächerer, leichterer Weine (11–12 %). Anfang der 1990er waren die Weine viel ausgewogener und runder, auch kristallisierten sich regionale Unterschiede heraus. Der Aufstieg des Cabernet Sauvignon gipfelte in den (in den meisten Regionen) sehr guten Jahrgängen 1990 und 1991.

Heute ist Shiraz die meistgefragte Traube; 1998 wurden 100 000 t Cabernet geerntet und 150 000 t Shiraz. Die Fans des australischen Cabernet müssen jedoch nicht traurig sein: Er wird weiterhin gepflanzt, und man bekommt die wirklich guten Weine leichter. Die Topweine lässt man weniger intensiv mazerieren als ehedem, und sie sind auch nicht mehr so holzlastig.

Neuseeland

Hier ist Hawkes Bay die Schlüsselregion. Die rundesten Cabernets kommen aus dieser klimatisch vielgestaltigen Region der Nordinsel, oft ist ein grünlicher Touch festzustellen, der an das relativ kühle Klima erinnert. Er wird noch verstärkt durch zu hohe Erträge; der fruchtbare Schwemmboden, der das flache Land dominiert, führt zu wuchskräftigen Reben. Besser angepasste Unterlagen und geringere Erträge würden eine weichere Frucht mit deutlicheren Schwarze-Johannisbeer-Aromen unterstützen. Die Laubdachbearbeitung zeitigt bereits große Fortschritte, auch die Entwicklung warmer Kiesbettungen in Bereichen wie Gimblett Road ergibt besseren Cabernet. Waiheke Island in Auckland kann ebenfalls mit eindrucksvollen Weinen aufwarten. Trotzdem sind Verschnitte mit Merlot fast immer interessanter als reiner Cabernet Sauvignon.

Chile

Im Wesentlichen entscheidet das Klima, was in welcher Gegend Chiles angepflanzt wird. Doch sobald man Hanglagen zu nutzen beginnt, wird auch der Boden wichtig. »Terroir« ist das neue Schlagwort: Maipo liefert großzügige Schwarze-Johannisbeer-Cabernets mit deutlich staubigem Touch, während die Weine aus Aconcagua prägnanter strukturiert sind, verschlossener, doch immer noch mit süßem, rundem Kern. Im wärmeren Curicó macht man üppigere, weichere Weine, und Colchagua steht für rasch trinkfertige Cabernets mit weichen Tanninen, geringer Säure und süßer Frucht. Hohe Erträge lassen diese Unterschiede nicht immer hervortreten; doch sobald Chile einmal zur richtigen Balance von Ertrag und Reife findet, können seine Cabernet Sauvignons zu den unwiderstehlichsten der Welt zählen.

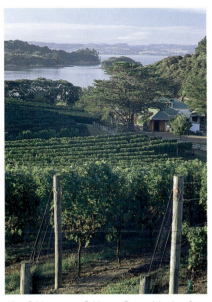

Kim Goldwater von Goldwater Estate (oben) auf Waiheke Island, das vor der neuseeländischen Nordinsel liegt, hält Cabernet Sauvignon für die schwierigste Rebsorte im Weinberg. Es gäbe nur wenige Plätze in der Welt, wo sie wirklich gut gedeihe. Ich würde nicht so apodiktisch urteilen, doch ist Waiheke Island sicher eine der wenigen Gegenden Neuseelands, wo Cabernet eine echte Chance hat.

Übriges Südamerika

Es überrascht nicht, dass Cabernet Sauvignon in fast jedem Wein erzeugenden Land Mittel- und Südamerikas anzutreffen ist. In Mexiko sind die Weine oft erdig und vierschrötig, in Uruguay können sie über fein abgestimmte Brombeeraromen verfügen. In Argentinien werden vor allem die Topweine mit Malbec verschnitten. Diese Premium-Gewächse, die in Bestform mit Tabak- und Lederaromen beeindrucken, verfügen über ein beträchtliches Reifungspotenzial. Einfachere Weine tendieren zu leichter, milder Art und sind für frühen Verbrauch gemacht.

Südafrika

Cabernet von den neuen Klonen, die Mitte der 1990er Jahre produktiv wurden, zeichnet sich durch runde, süße Art aus gegenüber der hohen Säure und dem unreifen, krautigen Charakter der alten, virusbefallenen Reben. Spätere Lese und deutlich verbesserte Kellertechnik führten zu zuverlässigeren Ergebnissen. Man beginnt die Lage gezielt für den Weintyp zu nützen: Cabernet aus Constantia verfügt über minzige, vegetabile Noten, Stellenbosch über Struktur und Gewicht. Ein Mix der beiden wäre gerade richtig. Die Westküste nördlich von Kapstadt erweist sich als interessante neue Region.

SHAFER
Das Napa Valley ist eine der klassischen Cabernet-Regionen, und dies ist der Top-Cabernet von Shafer, der 20 Jahre und länger reifen kann.

PETALUMA
Die Weine dieses Guts ragen durch ihre klare Frucht heraus. Dieser Wein ist überwiegend aus Cabernet, etwas Merlot sorgt für Weichheit.

TE MATA
Einer der Spitzenweine Neuseelands aus Hawkes Bay. In echter Bordeaux-Manier vereint die Cuvée Merlot und Cabernet Franc mit einem Cabernet-Sauvignon-Rückgrat. Um den Cabernet hier zur optimalen Reife zu bringen, ist aufwändige Arbeit im Weinberg nötig, mit Laubdachbearbeitung und Ertragsreduzierung.

MONTES
Diese geschmeidige, ausgewogene Cuvée aus 80 % Cabernet Sauvignon sowie Merlot und Cabernet Franc ist einer der neuen superteuren Super-Rotweine Chiles.

Cabernet Sauvignon genießen

Weine aus Cabernet Sauvignon können mit hundert Jahren grandios sein, sie können auch schon sechs Monate nach der Lese unschlagbar köstlich schmecken. In Bordeaux zeigte Cabernet Sauvignon zuerst, was er vermag, in Geschmack ebenso wie in Langlebigkeit. Ab und zu wird über die Reifungseigenschaften der gegenwärtig modischen runderen, fleischigeren roten Bordeaux-Weine diskutiert. Der Jahrgang 1982, der erste dieser Art, reifte uneinheitlich, wobei einige große Weine überraschend schnell ihren Höhepunkt überschritten. Auch der 1990er war extrem schnell trinkreif. Zwei Jahrgänge definieren aber noch keine Regel, und es ist sicher immer noch richtig, dass roter Spitzen-Bordeaux mindestens zehn Jahre benötigt und dass große Jahrgänge noch zwei, drei Dekaden länger leben. Das ist für Frankreich eine Ausnahme, wo man Wein einige wenige Jahre nach der Lese trinken will. Auch italienische und spanische Top-Cabernets können ohne Probleme zehn und mehr Jahre reifen, die meisten werden aber nach wenigen Jahren genossen.

Cabernet verändert seinen Charakter in der Flasche so sehr, dass es eine Schande wäre, die Freuden, die ein reifer Wein vermittelt, zu vernachlässigen, ebenso aber den Spaß, den ein junger macht. Australische Spitzen-Cabernets benötigen etwa zehn Jahre, die meisten sind aber mit fünf Jahren hervorragend, manche sind schon mit zwei, drei Jahren auf dem Höhepunkt. Große kalifornische Jahrgänge wie 1978 leben zwei, vielleicht drei Jahrzehnte, doch da kalifornischer Cabernet konsumiert wird, sobald er auf den Markt kommt, überrascht es nicht, dass die meisten Weine – unterhalb der Spitzenklasse – mit zwei Jahren optimal sind. Weine aus Südamerika, besonders Chile, explodieren in der Jugend vor Aroma, was nicht heißt, dass sie nicht reifen können. Südafrikaner brauchen, obwohl wesentlich weicher als früher, oft noch sechs bis acht Jahre. Neuseeländische Cabernets sind jung meist schon recht gut, altern aber auch schön, auch wenn sie selten ihren grünen, vegetabilen Touch verlieren.

So schmeckt Cabernet Sauvignon

Den Schwarze-Johannisbeer-Duft von Cabernet kann man nicht verwechseln. Junge Exemplare schmecken nach Schwarzkirschen und Pflaumen, reife fügen Noten von Bleistiftmine und Zedernholz oder Zigarrenkiste hinzu.

In Jahren der Unreife zeigt Cabernet seine typische krautige Art mit einem Aroma grüner Paprikaschote, das in schlimmen Fällen grasig und roh wirkt. Das sollten Weinmacher vermeiden. Angenehmer sind die Noten von Tabak, Minze und Eukalyptus sowie Fruchtaromen von Brombeere und Schwarzkirsche. Schwarze Johannisbeere ist immer dabei, auch in nicht perfekt reifen Weinen, jedoch in geringerem Maß in Bordeaux und im Napa Valley. Cabernet aus überreifen Trauben schmeckt wie Marmelade, schlimmstenfalls wie geschmorte Schwarze Johannisbeeren. Einige Erzeuger mischen gerne leicht unreife, reife und überreife Trauben, was dem Wein zusätzliche Komplexität geben soll. Andere tun das nicht; ihr Ideal sind einheitlich und optimal reife Trauben, die ihrer Meinung nach die Eigenart der Sorte am besten zur Geltung bringen.

Weine aus der Neuen Welt, besonders die preiswerteren, zeigen sich freundlicher als ihre Pendants aus Bordeaux: Sie sind fruchtiger, zugänglicher und bei niedrigeren Preisen attraktiver. Einfacher Bordeaux Rouge kann – egal wie viel Cabernet Sauvignon er enthält – strengen Charakter über Fruchtigkeit stellen.

Opus One ist ein Jointventure zwischen dem Bordelaiser Château Mouton-Rothschild und dem kalifornischen Erzeuger Robert Mondavi. Der erste Jahrgang, 1979, wurde mit 50 $ teurer verkauft als jeder andere kalifornische Wein. Inzwischen haben ihn andere da überholt. Château Margaux hat sich noch nie an einem solchen Unternehmen beteiligt, es möchte weder seinem eigenen Wein Konkurrenz machen noch etwas Geringeres produzieren. Der Önologe von Margaux, Paul Pontallier, hat jedoch sein chilenisches Jointventure, die Domaine Paul Bruno – zusammen mit dem Ex-Eigentümer von Cos d'Estournel, Bruno Prats.

> **Cabernet Sauvignon zum Essen**
>
> Überall auf der Welt ist Cabernet Sauvignon ein aromatischer, kräftiger Wein, der ideale Begleiter zum Essen. Zu den klassischen Kombinationen zählen ein Cru Classé aus Pauillac zu gebratenem Milchlamm, ein Supertoskaner zu *bistecca alla fiorentina*, ein weicherer, gefälliger Neue-Welt-Cabernet zu gebratener Pute oder Gans. Cabernet Sauvignon scheint eine besondere Affinität zu Lamm zu haben; aber er ist vorzüglich zu allen Arten von gebratenem oder gegrilltem Fleisch, und er ist eine ausgezeichnete Wahl zu Schmorgerichten mit kräftigen Saucen, etwa von Rindfleisch, Kaninchen oder Wildgeflügel.

CABERNET SAUVIGNON GENIESSEN

VERBRAUCHERINFORMATIONEN

Synonyme und regionale Bezeichnungen
Zu den historischen Bezeichnungen in Frankreich gehören Petite Vidure und Bidure.

Gute Erzeuger
FRANKREICH Bordeaux Cos d'Estournel, Ducru-Beaucaillou, Grand-Puy-Lacoste, Gruaud-Larose, Haut-Brion, Lafite-Rothschild, Latour, Léoville-Barton, Léoville-Las-Cases, Lynch-Bages, Ch. Margaux, Mouton-Rothschild, Pichon-Longueville, Pichon-Longueville-Comtesse de Lalande, Rauzan-Ségla; **Süden** Mas de Daumas Gassac
ITALIEN Antinori, Castello Banfi, Ca' del Bosco, Col d'Orcia, Gaja, Lageder, Maculan, Montevetrano, Tenute dell'Ornellaia, Poliziano, Le Pupille, Querciabella, Castello dei Rampolla, Regaleali Tasca d'Almerita, San Leonardo, Tenuta San Guido, Terriccio, Tua Rita
SPANIEN Marqués de Griñon, Torres
PORTUGAL Esporão
AUSTRALIEN Cape Mentelle, Cullen, Giaconda, Howard Park, Leasingham, Lindemans, Moss Wood, Mount Mary, Penfolds, Petaluma, Taylors, Wynns, Yarra Yering
NEUSEELAND Alpha Domus, Esk Valley, Goldwater, Matua Valley, Stonyridge, Te Mata, Villa Maria
USA Kalifornien Araujo, Beringer, Bryant Family, Caymus, Dalla Valle, Diamond Creek, Dominus, Dunn, Grace Family, Harlan, La Jota, Laurel Glen, Peter Michael, Mondavi, Newton, Phelps, Ridge, Screaming Eagle, Shafer, Silver Oak, Spottswoode, Stag's Leap Wine Cellars; **Washington** Andrew Will, Leonetti
SÜDAMERIKA Almaviva, Carmen, Catena, Errázuriz, Mondavi/Chadwick, Montes (Alpha ›M‹), Santa Rita, Tarapacá, Michel Torino, Valdivieso, Viña Casablanca, Weinert
SÜDAFRIKA Boekenhoutskloof, Jordan, Kanonkop, Meerlust, Saxenburg, Thelema

WEINEMPFEHLUNGEN
Zehn weitere Bordeaux-Crus-Classés
Domaine de Chevalier *Pessac-Léognan*
Ch. Ferrière *Margaux*
Ch. Haut-Bailly *Pessac-Léognan*
Ch. Lafon-Rochet *St-Estèphe*
Ch. Lagrange *St-Julien*
Ch. La Lagune *Haut-Médoc*
Ch. Léoville-Poyferré *St-Julien*
La Mission-Haut-Brion *Pessac-Léognan*
Ch. Montrose *St-Estèphe*
Ch. Palmer *Margaux*

Zehn weitere gute Bordeaux-Weine
Ch. d'Angludet *Margaux*
Ch. Chasse-Spleen *Moulis*
Ch. La Gurgue *Margaux*
Ch. Labégorce-Zédé *Margaux*
Ch. Maucaillou *Moulis*
Ch. Monbrison *Margaux*
Ch. Pibran *Pauillac*
Ch. Potensac *Médoc*
Ch. Poujeaux *Moulis*
Ch. Sociando-Mallet *Haut-Médoc*

Zehn Neue-Welt-Doppelgänger
Araujo *Eisele Vineyard Cabernet Sauvignon* (Kalifornien)
Catena Alta *Cabernet Sauvignon* (Argentinien)
Marqués de Griñon *Eméritus* (Spanien)
Mondavi/Chadwick *Seña* (Chile)
Penfolds *Bin 707 Cabernet Sauvignon* (Australien)
Ridge *Montebello Cabernet Sauvignon* (Kalifornien)
Stonyridge *Larose* (Neuseeland)
Thelema *Cabernet Sauvignon* (Südafrika)
Andrew Will *Klipsun Cabernet Sauvignon* (Washington)
Wynns *Coonawarra John Riddoch Cabernet Sauvignon* (Australien)

Zehn italienische Cabernets
Antinori *Solaia*
Castello Banfi *Tavernelle*
Col d'Orcia *Olmaia*
Montevetrano
Ornellaia
Poliziano *Le Stanze*
Le Pupille *Saffredi*
Castello dei Rampolla *Sammarco*
Regaleali *Cabernet Sauvignon*
San Leonardo

Zehn preiswerte Cabernets
Beringer *Knights Valley Cabernet Sauvignon* (Kalifornien)
Esporão *Alentejo Cabernet Sauvignon* (Portugal)
Jordan *Cabernet Sauvignon* (Südafrika)
Leasingham *Classic Clare Cabernet Sauvignon* (Australien)
Lindemans *Bin 45 Cabernet Sauvignon* (Austr.)
Baron Philippe de Rothschild *Mapa Cabernet Sauvignon* (Chile)
Taylors *Clare Valley Cabernet* (Australien)
Michel Torino *Don David Cabernet Sauvignon* (Argentinien)
Valdivieso *Reserve Cabernet Sauvignon* (Chile)
Wynns *Coonawarra Cabernet Sauvignon* (Australien)

Die kleinen Beeren der Cabernet Sauvignon ergeben saftig-fruchtige Weine, die schon mit ein, zwei Jahren sehr erfreulich sind, aber auch mit die größten »Langstreckenläufer« der Welt.

Reifediagramme
Cabernet Sauvignon ist potenziell einer der langlebigsten Rotweine, allerdings hängt viel vom Erzeuger ab.

1996 Médoc Deuxième Cru (Extraklasse)

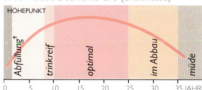

1996 war für fast das ganze Médoc ein sehr guter Jahrgang. Margaux war nicht ganz so einheitlich gut wie St-Julien, St-Estèphe und Pauillac.

1995 Napa Cabernet Sauvignon (Spitzenklasse)

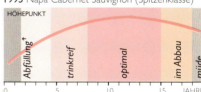

1995 war für den Napa Cabernet hervorragend. Konzentrierte Weine mit fester Struktur, die sehr lange halten werden.

1998 Coonawarra Cabernet Sauvignon

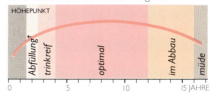

In Coonawara wurde der Jahrgang füllig und reif, bedeutend besser als 1997. Weine mit schöner Balance und üppiger Frucht.

BUKETTTRAUBE

In Südafrika sind geringe Mengen dieser Rebe zu finden, die einfache, leichte, säuerliche Weine ergibt. Im Elsass ist sie zugelassen, aber wohl kaum gepflanzt.

CALABRESE NERO

Ein Synonym für die Nero d'Avola, siehe S. 164.

CALADOC

Eine neue französische Kreuzung aus Grenache und Malbec mit viel Körper und Farbe, verlockender Loganbeerenfrucht und guter Eignung für Flaschenreifung. Sie findet unter anderem in Portugal und Südamerika besondere Beachtung.

CAMARATE

Portugiesische Rebsorte(n), die in den Bereichen Douro, Ribatejo, Dão und anderen zu finden ist. Auch ein Synonym für die weiße Fernão Pires (siehe S. 89).

CANAIOLO

Eine sehr aromatische Traube, die vermutlich bis Ende des 19. Jahrhunderts der Hauptbestandteil des Chianti war und später dazu verwendet wurde, um die Adstringenz der Sangiovese zu dämpfen. Sie ist für den Chianti-Blend nicht mehr vorgeschrieben und seit der Reblauskrise auf dem Rückzug, da sie sich beim Pfropfen schwierig zeigt. Die verfügbaren Klone waren meist schlecht, aber man arbeitet daran. Einige toskanische Erzeuger hüten jedoch noch ihre Canaiolo und verschneiden sie mit Sangiovese. Auch in Latium, den Marken und auf Sardinien ist sie zu finden, außerdem eine weiße Variante (Canaiolo Bianco) in Umbrien. In Orvieto heißt sie Drupeggio.

CANNONAU

So wird Garnacha/Grenache auf Sardinien genannt, siehe S. 92–101. Dort liefert sie kraftvolle, manchmal leicht erdige und karamellige Tischweine und aufregende gespritete Süßweine.

CARIGNAN

Eine für heißes Klima geeignete Sorte, die in der zweiten Hälfte des 20. Jahrhunderts wahrscheinlich den größten Beitrag zum europäischen Weinsee lieferte. Sie ist auf dem Rückzug, doch nicht rasch genug; im Languedoc-Roussillon, wo sie problemlos bis zu 200 hl/ha ergibt, stehen noch riesige Flächen. Der Wein ist recht dunkel und überaus reich an Tannin und Säure, seine gewaltige Adstringenz macht im Allgemeinen keine Freude. Allerdings hat sich gezeigt, dass sich die Sorte für die im Beaujolais übliche Methode der Kohlensäuremaischung hervorragend eignet, was die Farbe vertieft, die Adstringenz verringert und eine rustikale, dennoch angenehme Frucht erzeugt. Ein Blend mit Grenache oder Syrah zeitigt gute Resultate.

Wirklich gute Weine liefert die Sorte nur in außerordentlichen Lagen mit erstklassiger Exposition und gutem Wasserabzug, selbstverständlich bei sorgfältigster Weinbereitung. Solche Weine gibt es tatsächlich, im Süden Frankreichs und anderswo. Seriöse Weine kommen meist aus geringen Erträgen und von – teils über 50 Jahre – alten Reben. Paul Draper von Ridge Vineyards in Kalifornien produziert mit Reben von 1880 hervorragende Weine, die (wie meistens) mit anderen Sorten verschnitten sind. Carignan ergibt auch attraktive kräuterwürzige Rosés.

Außerhalb des Languedoc-Roussillon ist die Sorte an der südlichen Rhône zu finden. Da sie spät reift, ist sie auf warmes Klima angewiesen. Sie ist anfällig für Fäule und beide Arten des Mehltaus, weshalb sie im westlichen Frankreich nicht anzutreffen ist. Im Languedoc existiert auch eine weiße Variante, die Carignan Blanc.

In Italien wird sie als Carignano in Latium und auf Sardinien angebaut. In Spanien – die Traube stammt aus Aragon – wird sie Cariñena genannt; in dem nach ihr benannten Bereich macht sie allerdings nur mehr 6 % der Rebfläche aus. Am meisten verbreitet ist sie in Katalonien, besonders in Ampurdán-Costa-Brava, Priorat und Tarragona. Als Mazuelo kann sie zu einem kleinen Teil im Rioja verwendet werden, wobei sie (anders als im Languedoc) für ihre prononcierte Säure geschätzt wird. Auch ihre Farbe und Tannine sind dort von Vorteil.

Kalifornien ist, wie Ridge Vineyards beweist, zu hervorragendem Carignane (so der Name dort) imstande, produziert mit hohen Erträgen aber auch Weine, die so schrecklich sind wie sonst irgendwo. Insgesamt sind dort 3100 ha mit Carignane bestockt, und zwar meist mit alten Reben, einfach deswegen, weil noch niemand es geschafft hat, sie zu ersetzen. Gute Erzeuger: (Frankreich) Aupilhac, Clos Centeilles, La Dournie, Genossenschaft Mont Tauch, Pech-Redon, Rabiega, La Voulte-Gasparets; (Italien) Genossenschaft Argiolas, Mauritiania, Genossenschaft Santadi; (Kalifornien) Cline Cellars, Ridge Vineyards.

CARIGNANO

Der italienische Name der Carignan (siehe oben).

CARIÑENA

Der spanische Name der Carignan (siehe oben).

CARMENÈRE

Siehe S. 60/61.

CASTELÃO FRANCÊS

Der Hauptname für die südportugiesische Traube, die weithin unter ihrem Spitznamen Periquita (»Sittich«) bekannt ist. Den erhielt sie nach einer Lage, Cova de Periquita, wo sie bereits kurz nach 1850 von José Maria da Fonseca angepflanzt wurde. Andere Namen sind João de Santarém, Mortágua de Vide Branca, Tinta Merousa (in Teilen von Douro), Bartolomeu (in Alenquer), Bastardo Espanhol (auf Madeira) und Trincadeira (in der Estremadura und in Bairrada). Letzterer Name ist am Douro ein Synonym für die Tinta Amarela. Sie ergibt meist attraktive, zugängliche, recht säurearme und alkoholische Weine mit schöner Himbeerfrucht. Die Halbinsel von Setúbal ist eines der besten Herkunftsgebiete, wiewohl etwas mehr Säure für die Balance gut wäre. Besonders in Palmela geraten die Rotweine sehr körperreich. Im Alentejo liefert sie trotz möglicher Überreife große, saftige Weine. Sie wird oft verschnitten, taucht aber auch sortenrein unter einem ihrer Namen auf.

Castelão Nacional alias Castelão Português ist eine nicht verwandte rotfleischige Färberrebe im Süden Portugals. Gute Erzeuger: Quinta da Abrigada, Quinta do Casal Branco, J. M. da Fonseca, J P Vinhos, Pegos Claros, Casa Santos Lima, Sogrape.

CATARRATTO

Eine verbreitete weiße sizilianische Traube, die bei reduziertem Ertrag sehr gute Qualität erzielen kann. Der Name umfasst einige verwandte Sorten. Im Jahr 1990 war Catarratto mit 65 000 ha nach Sangiovese die zweithäufigste Traube Italiens. Früher wurde sie für Marsala verwendet, heute wird ein Großteil destilliert oder zu Traubensaftkonzentrat verarbeitet. Als Tischwein wird sie in Sizilien in mehreren DOCs verwendet, sortenrein oder im Verschnitt, die recht frisch und interessant sind. Gute Erzeuger: Calatrasi, Rapitalà Adelkam, Spadafora, Regaleali Conte Tasca d'Almerita.

CATAWBA

Im US-Bundesstaat New York wird diese Sorte für Roséweine verschiedener Art angebaut, die definitiv fuchsig schmecken. Ihre Beeren sind dunkelrosa, und sie braucht Unterstützung durch Thermovinifikation, damit etwas entfernt Rotes daraus entsteht. Die Traube, die

Sonnenuntergang über den schneebedeckten Weinbergen von La Tour-de-Marsens im Bereich Lavaux am Genfer See. Die Chasselas, die im Waadtland auch Dorin heißt, nimmt dort etwa vier Fünftel der Rebfläche ein und liefert 99% des Weißweins des Kantons. Im Wallis heißt der Chasselas-Wein Fendant.

1801 in North Carolina an den Ufern des Flusses Catawba entdeckt wurde, ist wahrscheinlich eine Labruscana, wie in Nordamerika eine Kreuzung zwischen einer *Vitis labrusca* und einer *Vitis vinifera* heißt. Sie verfügt über einige exotische Synonyme wie Mammoth Catawba und Francher Kello White. Gute Erzeuger: Conestoga, Tucquan Vineyard, Naylor Wine Cellars, Mount Hope.

CENCIBEL
So heißt die Tempranillo (siehe S. 256–265) in Mittel- und Südspanien.

CERCEAL
Ein Name für mehrere portugiesische Trauben, darunter die besser als Sercial bekannte Madeira-Sorte (siehe S. 230). Weitere Cerceal-Reben sind in Dão, Bairrada und im Ribatejo zu finden.

CESANESE
Eine interessante alte, relativ seltene Traube in Latium. Gute Erzeuger: Antonio Bertacco, Cantina Colacicchi.

CÉSAR
Die César scheint es in Nordburgund schon an die 2000 Jahre zu geben. Sie ist in der Côte d'Or für AC-Weine nicht zugelassen und in kleinen Resten nur noch im Département Yonne zu finden. Sie ergab sehr dunkle und ziemlich raue, adstringierende Weine. Ein, zwei Weine aus Chile, die ich gelegentlich verkostete, waren kaum anders.

CHAMBOURCIN
Eine französische Hybridrebe, eine der besten, die es gibt. Sie liefert Weine mit kräftiger Purpurfarbe und prononcierten Schwarzkirschen- und Pflaumenaromen, manchmal einem Hauch Gewürz oder Wild, die am besten jung und frisch zu genießen sind. Die Rebe wird erst seit den 1960er Jahren angebaut; sie ist in kleinen Mengen im australischen Neusüdwales zu finden, außerdem im Pays Nantais an der Loire-Mündung und in Südwestfrankreich. In Frankreich wird sie nur für Vin de Table verwendet, in Australien wird sie häufig mit Shiraz verschnitten, es tauchen aber auch Sortenweine mit mächtiger Schwarzkirschfrucht auf.

CHARBONO
Eine selten gewordene kalifornische Traube, die mit der italienischen Dolcetto oder der argentinischen Bonarda identisch sein kann. Möglicherweise ist die Dolcetto dieselbe Traube wie die ebenfalls wenig verbreitete Charbonneau im französischen Savoyen, die auch Douce Noire heißt. Die wenigen kalifornischen Exemplare sind stark und körperreich. Gute Erzeuger: (Kalifornien) Duxoup, Fife, Parducci.

CHARDONNAY
Siehe S. 62–73.

CHASAN
Eine neue Kreuzung von Palomino und Chardonnay, die die Neutralität der Ersteren mit dem Aroma Letzterer vereint und eine leichte, neutrale Imitation eines Chardonnay liefert. Sie ist in Südfrankreich zu finden; hier wird die Palomino Listán genannt. Aus unerfindlichen Gründen ist die Traube in ganz Frankreich außer dem Elsass zur Pflanzung empfohlen.

CHASSELAS
Chasselas, zu Deutsch Gutedel (siehe S. 114), ist mit etwa 5500 ha die Hauptrebsorte der Schweiz und erreicht dort ihre höchste Qualität. Sie scheint eine sehr alte Sorte zu sein und existiert daher in vielen Varianten. Die Ursprünge sind nicht bekannt; sie wuchs um Byzanz, vielleicht kam sie aus Ägypten. Galet bevorzugt die wahrscheinlichere Theorie, dass sie in der Schweiz entstand und sich an den Flüssen entlang ausbreitete, wobei sie immer wieder neue Namen bekam.

In der Schweiz ist sie vor allem aufgrund ihrer Fähigkeit interessant, das Terroir widerzuspiegeln. Auf Granit liefert sie blumigen Wein mit guter Säure, auf Kreide wird er fruchtig und samtig, auf den tieferen, tonhaltigen Böden von Epesses hat er mehr Gewicht und Körper, und in Dézaley (beides am Genfer See) gerät er mineralisch. »Gewicht« ist bei Chasselas relativ zu verstehen; die Erzeuger legen sich jedoch mächtig ins Zeug, um aus der eher neutralen Traube so viel Konzentration und Stoff zu holen wie möglich. Der Chasselas aus dem Wallis heißt Fendant, der aus Genf manchmal Perlan.

In Deutschland heißt die Traube vollständig Weißer Gutedel, in Österreich (selten gepflanzt) Wälscher oder Moster. In Frankreich war sie vor der Reblaus im Elsass und in Pouilly-sur-Loire zahlreich und lieferte Tafeltrauben für Paris. Durch den Bau der Eisenbahn rückte der Midi – wo die Trauben früher reif wurden – näher an Paris heran, und Pouilly verlor seinen Markt. Also machte man aus den Trauben Wein. Für den überlegenen Wein aus Sauvignon Blanc schuf man die Appellation Pouilly-Fumé, um ihn vom Pouilly-sur-Loire aus Chasselas zu unterscheiden. Der beste französische Chasselas kommt aus Crépy in Savoyen.

Die Traube wird auf der ganzen Welt angebaut, großenteils jedoch als Tafeltraube, so etwa in Rumänien. Nord- und Süditalien, Ungarn,

(Fortsetzung S. 84)

CARMENÈRE

Was bekam man, als man im 19. Jahrhundert Merlot-Ableger aus dem Bordelais nach Chile brachte und dort anpflanzte? Einen Mischsatz aus Merlot und Carmenère, und zwar – nach den meisten Schätzungen – zwischen 60 und 90 % Carmenère, was vielleicht etwas über die relativ geringe Bedeutung sagt, die Merlot vor der Reblauskatastrophe für den roten Bordeaux hatte. Diese beiden Reben sehen sehr ähnlich aus, die einzigen Unterschiede sind, dass die jungen Carmenère-Blätter auf der Unterseite rot sind (bei Merlot weiß) und dass der mittlere Lappen des Merlot-Blatts länger ist. Im Bordelais galt Carmenère als ebenso gut wie Cabernet Sauvignon, doch im Gegensatz zu dieser trug sie unzuverlässig, wenn sie gepfropft war; im 20. Jahrhundert verschwand sie dort dann. Sie reift gut drei Wochen nach Merlot, was einen Mischsatz (und die meisten chilenischen »Merlot«-Flächen sind das) sehr ungünstig macht. Erntet man, wenn Merlot reif ist, erhält man von der Carmenère einen aggressiven Geschmack nach grüner Paprika; liest man, wenn Carmenère reif ist, bekommt man überreifen, marmeladigen Merlot. 1996 wurde in Chile das Nebeneinander von Carmenère und Merlot offiziell bestätigt, und seit 1998 darf man einen Wein als Carmenère etikettieren. In neuen Weinbergen werden jetzt Merlot und Carmenère getrennt gepflanzt. Die chilenischen Erzeuger kommen mit Carmenère immer besser klar. Bewässerung oder Regen zwischen dem Winter und der Ernte liebt sie nicht; Wasserzufuhr in dieser Zeit verschlimmert das Grüne-Paprika-Aroma, ebenso unfruchtbarer Boden, da die Reben dann mehr Wasser brauchen. Da die Trauben schon viel Zucker haben, bevor die Tannine reif sind, brauchen sie eine lange Vegetationszeit; in zu heißen Regionen wird der Alkoholgehalt des Weins zu hoch, worunter die Balance leidet. Trotzdem erweist sich Carmenère rasch als eine wirklich interessante Sorte mit ungewöhnlichen würzigen Noten.

Es gibt noch eine Hand voll Reben im Bordelais, und man hört von einigen in Kalifornien. Auch in Norditalien sind etliche anzutreffen. Und anderswo? Wer weiß. Große Mengen von Stecklingen wurden im 19. Jahrhundert im Bordelais gekauft und in vielen Ländern ausgepflanzt. Wir können noch mehr Carmenère an überraschenden Orten finden.

So schmeckt Carmenère

Die geringe Säure sorgt für eine tatsächlich süß schmeckende Frucht, was es noch wichtiger macht, die Noten von grüner Paprika unter Kontrolle zu halten. Reife Trauben liefern Aromen von Brombeeren, Pflaumen und Gewürzen, weiche, runde Tannine und ein wunderbar würziges, ungewöhnliches Bukett: Kaffee, gegrilltes Fleisch, Sellerie, Sojasauce. Dieser süß-würzige Charakter, zusammen mit der fülligen, den Mund auskleidenden Textur, macht Carmenère zu einem echten Original, das sowohl Cabernet Sauvignon als auch Merlot oft zu mehr Struktur und Ausdruck verhilft.

Carmenère aus dem chilenischen Gut MontGras. Sogar in so jungen Weinbergen wie diesen im Colchagua-Tal sind Carmenère und Merlot gemischt. Um sortenreinen Carmenère zu keltern, muss ein Rebenkundler jede Rebe identifizieren, damit man separat lesen kann. Natürlich lässt das Gesetz einen kleinen Zusatz anderer Sorten zu, weshalb chilenischer Merlot meist ein Verschnitt aus Merlot und Carmenère ist.

CASA SILVA

Ein ausgewogener, runder, gehaltvoller Wein von einem Gut, das auf Eleganz und Vielschichtigkeit setzt. Der erste Jahrgang, in dem chilenische Erzeuger einen Wein als Carmenère etikettieren durften, war 1998.

TERRA NOBLE

Dieses Gut ist ein Verfechter neuer Eichenbarriques für den Ausbau von Carmenère; ohne Eiche sei Carmenère zu weich. Sie erbringt weniger Säure als Merlot und kann daher ein wenig zusätzliche Struktur vertragen, doch die Aromen eines guten Carmenère sind so interessant, dass es schade wäre, sie mit Eiche zu überdecken.

CARMENÈRE

Oben: Die späte Reifung der Carmenère, ihre »Wasserscheu« während der Vegetationszeit und ihre Neigung zu grünen Aromen in kalten Jahren bedeuten, dass sie jahreszeitlichen Schwankungen stärker ausgesetzt ist als andere chilenische Sorten. Darüber hinaus müssen die Reben ein gewisses Alter haben, um gute Weine zu ergeben; die meisten Weinmacher sind sich darin einig, dass unter acht Jahre alte Stöcke vegetabil schmeckende Weine liefern, ohne die füllige Frucht, die den Charakter der Sorte ausmacht.

Links: Die Carmenère-Reben auf dem Gut Arboledas im Colchagua-Tal, das Caliterra gehört, wurden 1977 gepflanzt, weshalb sie wohl tatsächlich Carmenère sind. Die erste Lese war im Jahr 2000.

VERBRAUCHERINFORMATIONEN

Synonyme und regionale Bezeichnungen
Grande Vidure ist die bekannteste der alten Bezeichnungen im Bordelais. Sie wurde manchmal in Chile verwendet, als man Carmenère dort identifiziert hatte, taucht aber selten auf dem Etikett auf.

Gute Erzeuger
CHILE Almaviva, Apatagua, Bisquertt, Caliterra, Carmen, Casa Donoso, Casa Lapostolle, Casa Silva, Concha y Toro, Genossenschaft Curicó (Los Robles), De Martino, Luis Felipe Edwards, Gracia, Mondavi/Chadwick, MontGras, Santa Rita, Terra Noble, Veramonte

WEINEMPFEHLUNGEN
Zehn chilenische Carmenère-Weine
Bisquertt *Casa La Joya Gran Reserva Carmenère*
Caliterra *Arboleda Carmenère*
Carmen *Grande Vidure Reserve*
Casa Silva *Carmenère Reserva*
Concha y Toro *Terrunyo Carmenère*
De Martino *Reserva de Familia Carmenère*
Luis Felipe Edwards *Carmenère*
Gracia *Carmenère Reserva Especial Callejero*
Los Robles *Riserva Privada Carmenère*
MontGras *Carmenère Reserva*

Zehn chilenische Spitzenrotweine mit Carmenère
Almaviva
Appatagua *Carmenère*
Casa Donoso *1810 Cabernet/Carmenère*
Casa Lapostolle *Clos Apalta*
Casa Silva *Gran Reserva (Tinto)*
Mondavi/Chadwick *Seña*
Santa Rita *Syrah/Cabernet/Carmenère, Triple C*
Terra Noble *Carmenère Gran Reserva*
Veramonte *Primus*

MONDAVI/CHADWICK

Genau 16% Carmenère ist in diesem teuren, hochgepriesenen Cabernet-Verschnitt aus dem Jointventure zwischen der kalifornischen Firma Robert Mondavi und dem chilenischen Erzeuger Errázuriz enthalten. Ein Cabernet-Carmenère-Verschnitt aus dem Bordelais wäre dünn und ärmlich, hier in Chile gerät er gehaltvoll und würzig.

CHARDONNAY

Ich habe nachgedacht. Ich habe mich gefragt, welchen Wein ich im Lauf der Jahre am häufigsten getrunken habe. Das muss Chardonnay sein. Nicht dass er der Wein wäre, den ich im Moment bevorzuge – ich lasse mich beim Wein auf nichts festlegen, und ich suche ständig nach neuen Erfahrungen. Doch es sind nun sehr viele Erfahrungen zu machen – ein noch sehr neues Phänomen, verursacht durch die Weinrevolution, die ich in den letzten 15, 20 Jahren beobachtet habe. Sie beruht auf diesen äußerst angenehmen, fruchtigen, manchmal cremig-weichen, manchmal würzigen Weinen, die man einfach mögen muss. Eine Revolution, die vor allem von einer Rebsorte angeführt wurde: Chardonnay.

Ich verstehe, warum die frühen kalifornischen und australischen Pioniere – mit »früh« meine ich die 1960er, 1970er Jahre, so kurz ist das her – gerade Chardonnay wählten. Sie pflanzten Chardonnay in ihren Weingärten auf der anderen Seite der Welt, weil weißer Burgunder einer der wenigen europäischen Weißweine mit einem gewissen Ruf war – und weißer Burgunder ist Chardonnay. Ganz einfach also. Sie konnten die burgundischen Weinberge nicht mitnehmen, aber sie konnten schauen, wie man große Weine macht, und sie konnten dieselbe Traube anpflanzen. Was sie auch mit Ehrfurcht gebietender Hingabe taten.

Der Rest der Welt sah gespannt zu, und sie erlebte, mit welcher Geschwindigkeit Chardonnay in Fahrt kam. Die Gemeinde der Weingenießer war verblüfft über diese neue Erfahrung: ein Weißwein, der weder eckig noch schweflig war, einfach weich, nicht absolut trocken, definitiv fruchtig und oft mit einem Hauch Vanille im Aroma. Und er verkaufte sich vom Fleck weg wie warme Semmeln an eine ganz neue Generation von Weintrinkern. Alle Weinerzeuger, die überlegten, wie sie die Aufmerksamkeit der Weinwelt auf ihr Gebräu lenken könnten, waren von dem plötzlich erstrahlenden Licht geblendet. Geradezu ein Damaskuserlebnis. Wie ein großer Schriftzug am Broadway mit seinen 1000-Watt-Birnen blinkte ein Wort in den Gehirnen der Weinmacher: CHARDONNAY.

Das Aromenspektrum des Chardonnay scheint größer zu sein als das jeder anderen Traube, auch hat er eine wunderbare Affinität zum neuen Eichenfass. In Eichenholz geschnitzt sind hier viele Dinge zu sehen, die zum Vergleich herangezogen werden, außer vielen Früchten etwa auch Gewürznelken, Haselnüsse, frische Brioches und Sahne.

Und deshalb habe ich mehr Chardonnay getrunken als irgendeinen anderen Wein. Jedes Mal, wenn ich eine neue Anbauregion kennen lerne, welchem Wein kann ich nicht entkommen? Chardonnay. Der Süden Frankreichs sah in Chardonnay seine große Hoffnung, als seine schlummernden, einst renommierten Weingärten sich wieder regten. Spanien schloss sich an, Italien ebenfalls, dann Bulgarien, Ungarn, Rumänien, Griechenland, Indien – ja, Indien, und es ist nicht schlecht. Habe ich Moldau, Slowenien, Israel, England erwähnt? Alle haben sie Chardonnay.

Und mit der Neuen Welt habe ich noch nicht einmal angefangen. Kalifornien, Australien, Chile, Argentinien, Neuseeland, Südafrika – überall in der Neuen Welt, wo jemand ans Weinmachen dachte, stand Chardonnay ganz oben auf der Liste. Gute Bedingungen oder nicht, das war egal. Chardonnay ergibt brauchbaren Wein sogar dort, wo es zu kalt oder zu warm ist. Und wer sich aufmachte, seinen Wein unter die Leute zu bringen, wusste, wie die erste Frage lauten würde »Haben Sie Chardonnay?« »Aber klar doch«, konnte man stolz antworten.

Wenn ich nun all diesen Chardonnay getrunken habe: Wie war er? Nun, er war fast immer trinkbar. War das alles, trinkbar? Warten Sie. Ich spreche hier darüber, dass ich über Jahre hinweg die allerersten Produkte vieler Regionen testete. Meist habe ich gedacht: Nun, Burschen, da müsst ihr noch einen weiten Weg gehen, aber wenn ich einen Wein zum Essen mitbringen will, dann kann ich mich auf diesen Grünschnabel verlassen. Mit dem Fortschritt in Anbau und Weinbereitung können andere Sorten den Chardonnay überholen, können wenig bekannte Trauben individuellere, aufregendere Aromen bieten. Doch es scheint so etwas wie eine Formel zu geben, wie überall auf der Welt – selbst in bescheidensten Umständen – ein ordentlicher Chardonnay zu machen ist, und so wurde Chardonnay fast zu einem Synonym für einen zuverlässigen Weißwein, der nach etwas schmeckt. »Ich nehme einen Chardonnay.« Das genügt als Bestellung, wozu sich mit Komplizierterem belasten?

Chardonnay: Von der Traube zum Glas
*Geografie und Geschichte Seite 64; Weinbau und Weinbereitung Seite 66; Chardonnay in aller Welt Seite 68;
Chardonnay genießen Seite 72*

Geografie und Geschichte

Chardonnay ist eine Weltmarke, so allgegenwärtig wie Levi's oder Nike. Nur in einigen Teilen von Frankreich ist er nicht anzutreffen, insbesondere Bordeaux, von wo die Rebe per Gesetz verbannt ist, auch wenn man einen recht guten Zechwein aus ihr machen könnte. Andere Gegenden waren, wenigstens bis vor wenigen Jahren, entweder tatsächlich oder potenziell Chardonnay-Land.

Doch dann wandte sich die Welt dem Rotwein zu. Gerade noch rechtzeitig, würde ich sagen. Man hatte schon zu viele Geschichten gehört, dass alte rote Reben gerodet und durch Chardonnay ersetzt worden waren. Etwa wichen Negroamaro und Primitivo im südlichen Italien dem neuen »Goldesel« Chardonnay. Die Winzer zerrten Grenache und Mataro, Barbera und Syrah an ihren alten Wurzeln auf den Scheiterhaufen,

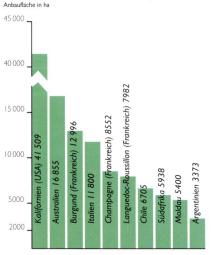

Hauptanbaugebiete von Chardonnay
Anbaufläche in ha

- Kalifornien (USA) 41 509
- Australien 16 855
- Burgund (Frankreich) 12 996
- Italien 11 800
- Champagne (Frankreich) 8552
- Languedoc-Roussillon (Frankreich) 7982
- Chile 6705
- Südafrika 5938
- Moldau 5400
- Argentinien 3373

um kurzfristig von Chardonnay zu profitieren und sie dann wieder zu vergessen.

Werfen Sie einen Blick auf die Weinlandkarte. Chardonnay ist überall, von den kältesten bis zu den heißesten Ländern, von England bis Indien. Sie ist die anpassungsfähigste Traube der Welt und bringt so fast alles zustande, was man von ihr verlangt. Mit ein wenig Restsüße und einer Spur Würze von Eichenholzchips wurde Chardonnay zum neuen Massenwein für den »Einsteiger«, andererseits liefert die Traube einige der größten Weißweine überhaupt: die Grands Crus von Burgund.

Wie kann sie ganz unten und ganz oben so viel Erfolg haben? Für eine so bedeutende Sorte überraschend, ist sie an sich relativ neutral. Sie ist ein Vehikel für alle Arten von Terroir, und sie ist eine willige Leinwand für jeden Pinselstrich des Weinmachers. Wir brauchen Chardonnay. Keine andere Rebe ist für den Konsumenten so vielseitig und so leicht handhabbar für den Erzeuger. In der Massenproduktion liefert sie billige Alltagsweine, in den Händen eines Spitzenwinzers überrascht sie mit faszinierenden Aromen; der Vergleich von Topweinen aus verschiedenen Anbaugebieten ist faszinierend.

Ein wenig Geschichte

Die Bestimmung des genetischen Fingerabdrucks hat ergeben, dass Chardonnay das Kind von Pinot Noir und Gouais Blanc ist. Damit werden exotische Theorien hinfällig, dass Chardonnay im Mittleren Osten entstand oder dass sie von Zypern nach Frankreich kam. In den letzten Jahrzehnten ist Chardonnay weit in der Welt herumgekommen, in den ersten Jahrhunderten scheint sie jedoch schön zu Hause geblieben zu sein. Gouais Blanc war im Mittelalter in Nordfrankreich verbreitet, ebenso Pinot Noir. Letzte war sehr angesehen, Erstere überhaupt nicht. Nur wenige Mesalliancen zeitigten so spektakuläre Ergebnisse.

Die mangelhafte Unterscheidung von Chardonnay und Pinot Blanc, einer weißen Spielart des Pinot Noir, hat Tradition; erst vor kurzem haben die französischen Winzer damit aufgehört, ihre Traube Pinot Chardonnay zu nennen, nachdem sie endlich akzeptiert hatten, dass keine Verwandtschaft vorliegt. Heute jedoch, dank den Forschungen von Carole Meredith und John Bowers an der University of California in Davis sowie Jean-Michel Boursiquot und Patrice This an der Universität Montpellier, wissen wir, dass sie verwandt sind. Und sie sehen sich sehr ähnlich. Die Blattform ist fast identisch, doch während bei Chardonnay die lyraförmige Stielbucht durch Adern begrenzt ist, ist die V-förmige Stielbucht des Pinot Blanc durch Blattgewebe begrenzt.

Noch eine dritte Rebsorte ist mit Chardonnay und Pinot Blanc leicht zu verwechseln: die Auxerrois. Einige französische Rebschulen nehmen es mit der korrekten Bezeichnung nicht so genau, zumindest (so scheint es jedenfalls) wenn sie ins Ausland liefern. Die Chardonnay-Reben, die Mitte der 1980er Jahre nach Baden verkauft wurden, stellten sich als Mischung von Chardonnay und Auxerrois heraus; dasselbe passierte mit Südafrika in den 1980er Jahren. Ein deutscher Weinexperte berichtete sogar von einem Besuch in Chablis vor einigen Jahren, wo er feststellte, dass keineswegs alle Rebstöcke, die er sah, Chardonnay waren.

Die sieben Grands Crus von Chablis nehmen die wärmsten Lagen der Appellation gegenüber der Stadt Chablis ein, die nach Südwesten geneigt sind. Die Unterschiede sind gering, aber vorhanden, und sie werden durch übermäßigen Einsatz von neuer Eiche leicht erkennbar. Die Lage Les Clos (oben) liefert den nussigsten Wein der Appellation.

Anne-Claude Leflaive von Domaine Leflaive ist unter den burgundischen Biodynamikern führend. Sie sagt, dass ihre Reben weniger krankheitsanfällig seien.

Für viele Kenner ist der Wein von Le Montrachet das Nonplusultra des weißen Burgunders. Die Hangneigung beträgt hier 3 %, der Boden ist dünner Mergelkalk.

Weinbau und Weinbereitung

Es hätte keine weiße Rebsorte geben können außer der Chardonnay, um die Neue Welt in die Oberliga der Weinländer zu bringen. Sie stellt sich fröhlich auf die unterschiedlichsten Böden und Klimate ein, wobei sie schnell überreif wird und an Säure verliert – ihr einziges Problem in warmen Ländern.

In den Jahrzehnten, da der Weinmacher König war und alle Aufmerksamkeit dem Hokuspokus im Weinkeller galt, war Chardonnay das ideale Material. Sie stellte sich mit dem Aplomb eines Supermodels zur Schau, das vormittags in Versace und nachmittags in Armani paradiert. Es ist nur zu leicht zu bewerkstelligen, dass aller Chardonnay gleich schmeckt, und in Blindverkostungen sind die Topweine Kaliforniens, Australiens und Burgunds tatsächlich kaum zu unterscheiden.

Chardonnay kann das Terroir aber auch großartig zum Ausdruck bringen und auf unterschiedliche Vinifikation sensibel reagieren. Deshalb lässt die Übermacht der Chardonnay in einer rotweinbesessenen Welt hoffen, dass anstelle der Fließband-Uniformität mehr Individualität zu erwarten ist.

Klima

Bei Chardonnay spielt das Terroir eine Rolle. Sie fühlt sich in einer größeren Bandbreite von Umweltbedingungen wohl als die meisten anderen Sorten und bringt sie auch in die Flasche. In kühlen Klimazonen bekommt sie eine recht schlanke, stahlige Art mit erfrischender Säure, aber kein Anbaugebiet konnte bisher die mineralische Stahligkeit des Chablis nachahmen. Chablis, die Champagne und Tasmanien gehören zu den wenigen Regionen, in denen Chardonnay grün und unreif geraten kann; kluge Weinbergsarbeit und die Eigenschaft, früh zu reifen, können das außer in besonders kalten und nassen Jahren verhindern. Die Rebe treibt aber auch früh aus, so dass sie für Schäden durch Spätfröste anfällig ist; Kälte ist der Fluch in Burgund. Auch bei Frostfreiheit kann kaltes, feuchtes Wetter während der Blüte ungleichmäßigen Fruchtansatz hervorrufen, wozu Chardonnay besonders neigt. Ein später Schnitt, der die Blüte um bis zu zwei Wochen verzögert, kann die Blüte in eine Zeit trockeneren, wärmeren Wetters verschieben.

Am anderen Ende der Temperaturskala wird Chardonnay breit, schwer und kraftlos, zu niedrige Säure kann das an Melone erinnernde Aroma nicht ausbalancieren. Im Idealfall soll der Wein lange und langsam reifen, damit er Charakter entwickeln kann. In warmen Klimazonen ist man versucht zu lesen, bevor die Säure abgebaut wird; dann aber ist höhere Säure mit einer Einbuße an Aroma verbunden.

Boden

Kalkstein, Kreide und Ton sind wichtig für Chardonnay, aber auch auf einer großen Reihe anderer Böden produziert sie schöne Aromen. Die französischen Hauptanbaugebiete verfügen über diese drei Bodentypen in unterschiedlicher Mixtur: massive Kreide in der Champagne und Kalk mit Ton an der Côte d'Or; das Herz des Chablis verfügt über Kimmeridge-Kalkmergel und -Mergelkalk. Die verstreuten Teile des Petit Chablis, der einfachsten Appellation, liegen auf Portland-Kalkstein, der weniger Finesse mitgibt.

Auf flachen Kalkböden ergibt Chardonnay die festesten, mineralischsten Varianten; Ton gibt mehr Gewicht und Tiefe. In der Lage Perrières in Meursault etwa, deren Oberboden über dem Kalk kaum 30 cm dick ist, ist der Wein zugeknöpft und kraftvoll und braucht Zeit zum Reifen, in der Lage Charmes mit 2 m dickem Oberboden wird er deutlich weicher, üppiger und verführerischer.

Anthony Hamilton Russell von Hamilton Russell Vineyards in der südafrikanischen Walker Bay ist überzeugt, dass sein magerer, steiniger Schieferboden mit hohem Tonanteil das gegenüber Burgund wärmere Klima kompensiert und auf diese Weise einen sehr festen, zurückhaltenden mineralischen Wein liefert. Andererseits wächst im warmen Hunter Valley im australischen New South Wales Chardonnay auf leichtem Sandboden, wie er für Semillon bevorzugt wird: Gute Dränage ist entscheidend in einem Gebiet, wo Regen einen schweren Boden schier undurchdringlich machen würde.

Jean-François Coche-Dury in seinem Keller in Meursault (Côte de Beaune). Er besitzt Parzellen im ganzen Gemeindegebiet, dazu 0,3 ha im Corton-Charlemagne: Spitzenlagen der Côte d'Or sind meist sehr klein und sehr wertvoll. Die Weine von Coche-Dury gehören zu den besten in Burgund.

Ertrag

Die Fähigkeit der Chardonnay, auch an ungünstigen Plätzen reif zu werden und genügend Zucker zu entwickeln, macht sie zuverlässiger als etwa Pinot Noir. Geht man auf den wenig fruchtbaren Böden Frankreichs aber über 80 hl/ha hinaus, riskiert man einen Qualitätsverlust und wässrig-dünne Weine. Auf den Hügeln des Midi sind 50–60 hl/ha wahrscheinlich gerade richtig für Vin de Pays. Für einen echten Spitzenburgunder sind Erträge von etwa 35–40 hl/ha notwendig. In der Champagne kann der Ertrag auch 100 hl/ha überschreiten; Feinheit, nicht Konzentration ist hier das Ziel. Auf fruchtbaren Böden können Erträge von 60–100 hl/ha notwendig sein, um die richtige Balance zu erhalten. Neuseeland versteht es, mit hohen Erträgen Chardonnays zu machen, die zu den aromastärksten der Welt zählen.

Klone und Subvarietäten

In Burgund ist kaum ein Qualitätsunterschied zwischen Massenselektionen und Klonen festzustellen. Natürlich sind Klone virusfrei, was Reiser aus Massenselektion nicht sind; deshalb bevorzugen viele Erzeuger Klone. Aber beides hat seine Nachteile: Pflanzen Sie virusfreie Klone, bekommen Sie zu hohe Erträge; nehmen Sie virusbefallene Pfropfreben, sterben Ihre Rebstöcke wahrscheinlich in 10, 15 Jahren.

Die im Handel erhältlichen Klone sind weltweit in den letzten 15 Jahren viel besser geworden. Die Wahl des richtigen Klons kann bereits entscheiden, ob man billig zu verkaufenden Wein erhält oder hochwertigen. Neue Klone aus Dijon, die kühlem Klima angepasst sind, verhelfen Oregon zu konzentrierteren Aromen. In Neuseeland erzielt man trotz allgemein schlechter Klone bemerkenswert kraftvolle Weine, auch in Chile mangelt es an guten Klonen. Der Chardonnay Musqué mit seinem überraschend Muskat-ähnlichen Duft ist im Mâconnais zu finden, besonders in Clessé; es gibt auch einen Chardonnay Rosé mit hübschen rosa Beeren. Auch der Klon 166 gibt ein Muskataroma, er war in Südafrika verbreitet und ist heute weitestgehend ersetzt worden.

Vinifizierung

Die recht neutrale Traubensorte kann im Weinkeller so vielen unterschiedlichen Verschönerungsmaßnahmen unterworfen werden wie das Gesicht einer alternden Berühmtheit. Alle laufen auf die Verfeinerung oder Verstärkung des Aromas hinaus. Techniken aus burgundischer Tradition – Gärung im Barrique, malolaktischer Säureabbau und *bâtonnage* (Aufrühren des Hefesatzes mit Stäben) – bringen buttrig-sahnige Aromen in den Wein, Neue-Welt-Verfahren wie Mazeration auf der Maische, temperaturgeregelte Gärung und klinische Hygiene ergeben tropische, fruchtbetonte Aromen. Seit den 1980er Jahren hat jeder beim anderen gelernt und abgeschaut, was zu saubererem, frischerem weißem Burgunder und zu eleganteren, zurückhaltenderen, feineren Neue-Welt-Chardonnays geführt hat. Lassen Sie einen Weinmacher Top-Chardonnays aus aller Welt verkosten, so wird es immer wahrscheinlicher, dass ein Franzose, ein Italiener, ein Australier und ein Kalifornier alle Weine seinem Land zuordnen.

In Burgund und zunehmend auch anderswo lässt man für Spitzenweine wilde Hefen im Most arbeiten; wenn die Gärung zu langsam in Gang kommt, greifen die Winzer auf Kulturhefen zurück. Je reifer das Lesegut, desto länger kann die Gärung dauern. Selten kann sie allerdings so lange anhalten wie beim Chardonnay der Domaine des Comtes Lafon 1963, nämlich vier oder fünf Jahre; abgefüllt wurde der Wein dann 1968.

Die Gärung im Fass setzt das richtige Verhältnis von Trubstoffen zum Most voraus und natürlich auch ein »sauberes« Sediment. Zu viele Trubstoffe im Most, sagt Dominique Lafon, verursachen »wirklich eigenartige Weine« mit grünen, bitteren Aromen. Die Klärung des Mostes durch Kühlung oder Zentrifugieren vor der Gärung, die durch die maschinelle Lese unumgänglich wird, kann aber auch die Gärwilligkeit des Mostes beeinträchtigen.

In Burgund und in der Champagne ist die Chaptalisierung normal, einfach deshalb, weil die Trauben nicht genug Zucker entwickelt haben. Auch im wärmeren Mâconnais ist die Mostzuckerung fast *de rigueur,* jedoch aus anderen Gründen. Da die Beeren oft zu wenig Säure enthalten, lesen die Winzer im Mâconnais gern einige Tage zu früh, um die sich rasch abbauende Säure zu erhalten. Das Problem ist nur, dass früh gelesene Trauben auch nicht genügend Aroma entwickelt haben. Also erntet man geschmacksarme Trauben wegen ihrer Säure und setzt dann Zucker zu, um einen ausreichend ausgewogenen Wein zu erhalten. (Haben Sie sich nicht schon gewundert, dass so mancher Mâcon absolut langweilig ist?) Dem Mâconnais täte etwas Nachhilfeunterricht in Weinberg und Keller in der Tat sehr gut.

In warmen Klimazonen ist die Säuerung – die Zugabe von Wein-, Apfel- oder Zitronensäure oder einer Kombination der drei – ebenfalls üblich.

CHARDONNAY UND DIE EICHE

Chardonnay ist in keiner Weise eine aromatische Sorte. Probieren Sie eine Beere vom Stock, sie wird nach nicht viel schmecken, wenn sie nicht von der Botrytis ein leichtes, köstliches Aprikosenaroma hat. Schenken Sie sich aber ein Glas von einem aufgedonnerten Chardonnay ein (ein Typ, der gegenwärtig rasch aus der Mode kommt), werden Sie am Gaumen eine Explosion von Ananas und Mango, Karamell und Toast erleben, alles von Eiche und schierer Power zusammengehalten, nicht von einer echten inneren Struktur. Wie kommt das zustande?

Die ersten Neue-Welt-Chardonnays wurden bewusst im Gegensatz zu den weißen Burgundern konzipiert. Die australischen Verfahren wurden entwickelt, um aus der noch neutraleren Sorte Sultana Geschmack zu bekommen. Man verwendete also aromatische Hefen für den Most von Trauben, die im warmen Klima viel Zucker entwickelt hatten; eine Mazeration auf den Häuten sollte mehr Aroma herausziehen; vergoren wurde in Edelstahltanks bei niedrigen Temperaturen, was Aromen tropischer Früchte erbringt, und anschließend wurde der Wein in neuen Eichenbarriques gelagert, für die ganze Wälder amerikanischer Eiche mit ihrem Vanillegeschmack dran glauben mussten. Heraus kam ein gefälliger Fruchtcocktail, nicht schlecht für eine so neutrale Traube.

Heute ist eine Mixtur aus aromatischen Hefen und der neutralen Hefe Prise de Mousse (die für Champagner und andere Schaumweine verwendet wird) verbreitet, für Spitzenweine werden zunehmend wilde Hefen eingesetzt. Der Kontakt mit den Beerenhäuten wird von den meisten Erzeugern sporadisch eingesetzt, manche haben ihn ganz verbannt und pressen die ganzen Trauben, ohne sie zu mahlen. In großen Weinfabriken wartet die Maische in gekühlten Tanks, bis sie in die Presse kommt.

In kühleren Klimaten entwickelt sich mehr Säure, und dort erlebt nicht in Eiche gereifter, früh abgefüllter Chardonnay eine Renaissance. Die Verwendung von Eichenfässern wird sensibler gehandhabt, außerdem sind inzwischen feinporige französische Eiche sowie eine Mischung alter und neuer Fässer im Einsatz. Dennoch sollte in vielen Kellereien die »Holzmenge« weiterhin zurückgenommen werden, wovon der Wein sicher und vielleicht auch die französischen Wälder profitieren.

Chardonnay in aller Welt

Die Unterschiede zwischen den Chardonnay-Typen sind zunehmend keine Sache der Regionen mehr, sondern des Klimas und der Kellertechnik. Trotzdem hat außerhalb Burgunds noch niemand eine überzeugende Nachahmung des herrlichen Montrachet geschaffen. Doch die Weinwelt ist voller ehrgeiziger Erzeuger, die etwas für diesen Erfolg gäben.

Burgund

Großer weißer Burgunder ist der Inbegriff des Chardonnay. Dieser Wein hat den Rest der Welt dazu gebracht, Chardonnay anzupflanzen und die Geschmackswelt der Côte d'Or zu kopieren. Da auf den meisten burgundischen Etiketten die Rebsorte aber nicht genannt wird, schien der Chardonnay aus dem Nichts aufzutauchen und die Welt handstreichartig zu erobern.

Chardonnay ist an der Côte de Beaune in großen Mengen gepflanzt, an der Côte de Nuits jedoch relativ wenig. Der Montrachet ist rauchig und ungeheuer dicht, der Duft des Meursault erinnert an Butter und Haferflocken; Puligny-Montrachet ist gut strukturiert, würzig und fest, Chassagne-Montrachet nussiger und der Corton-Charlemagne üppig und doch mineralisch. Weiter nordwestlich, in Chablis mit seiner ganz anderen Geologie, bekommt der Wein einen ernsten mineralischen Charakter mit Feuerstein-Noten, besonders wenn er nicht in Eiche gärt und reift.

Im Süden Burgunds werden die Aromen oft rustikal und im Allgemeinen weniger vielschichtig. Hier taucht der Name der Traube öfter auf dem Etikett auf, auch wenn bei Appellation-Contrôlée-Weinen streng genommen die Rebsorte nicht genannt werden darf. Der Sinn dieser Regelung ist schwer einzusehen, und wahrscheinlich wird sie früher oder später stillschweigend aufgegeben werden. Die Erzeuger der Neuen Welt wissen, warum sie die Sorte auf dem Etikett prominent herausstellen

Champagne

Chardonnay wird hier nicht völlig reif, selbst in den besten, nach Osten geneigten Lagen der Côte des Blancs. Es sind nicht fehlende Sonnenscheinstunden, die den Chardonnay bremsen – die Champagne hat ebenso viele wie das Elsass –, sondern die niedrigen Temperaturen. Der Westwind bläst über die niedrigen Hügel und hält die jährliche Durchschnittstemperatur bei etwa 10,5 °C, gerade ein halbes Grad über dem absoluten Minimum, das für die Reifung der Trauben nötig ist. Die Winzer sind hier auf sahnig-nussigen, blumigen Charakter ihres Chardonnay aus, auf Eleganz und Duft. So etwas wie »Frucht« scheint auf ihrer Prioritätenliste ziemlich weit unten zu stehen.

Da Champagner üblicherweise aus Weinen verschiedener Bereiche und überwiegend auch aus verschiedenen Traubensorten verschnitten wird, werden die Orte und Bereiche nach den Eigenschaften eingestuft, die sie beitragen. Die Côtes-des-Blancs-Gemeinden Cramant, Oger, Mesnil und Vertus bringen die begehrten Attribute Eleganz und Duft, während Chardonnay vom Ostrand der Montagne de Reims schlanker und pikanter ist; der von der Côte de Sézanne weiter südlich ist eher weich und cremig.

Weitere französische Chardonnays

Die Traube hat sich von ihrer Basis in Burgund und der Champagne den Weg in den Jura, nach Savoyen, zur Loire, in die Ardèche und sogar ins Elsass gebahnt. Diese Weine sind alle leicht und im Allgemeinen etwas dünn. Im Midi, wo die Sorte häufig nach australischer Art behandelt wird, werden die Weine mächtiger und bekommen tropische Frucht. Auf den Hügeln des Languedoc fühlt sie sich am wohlsten und liefert bessere Qualität als im Roussillon, wo es durchschnittlich 3–4 °C wärmer ist; die größeren Höhen in Limoux oder Pic St-Loup sind sicher noch zu besserem Wein fähig. Der jähe Preisverfall für Massen-Chardonnay aus dem Midi in den Jahren 1999 und 2000 und das fortgesetzte Horten großer Mengen Wein wird weitere Anpflanzung in der nächsten Zeit verhindern, was schade ist. Man war überzeugt, dass der Midi hervorragende »Neue-Welt-Chardonnays« hervorbringen könnte; doch mangelnder Ehrgeiz und das Schielen auf hohe Erträge haben zu sehr enttäuschenden Resultaten geführt. Nur wenige Erzeuger in der Region Limoux stellen regelmäßig das Potenzial unter Beweis.

Übriges Europa

Der Chardonnay der Toskana wird immer besser, je älter die Reben werden. Zu viel Eiche kann immer noch ein Problem sein, ebenso zu hohe Erträge im Norden. Auch gibt es Konfusion, absichtlich oder nicht, mit Pinot Blanc. Ein Südtiroler Winzer soll gesagt haben: »Der beste Chardonnay Südtirols ist der, der aus Pinot Bianco gemacht wird.«

In der Lombardei geht viel Chardonnay in die Schaumweinherstellung. Einige der besten Stillweine kommen aus dem Piemont, dessen kühles Klima sich in eleganten Weinen nieder-

RENÉ ET VINCENT DAUVISSAT
Dieses Gut verwendet »feuillettes«, die mit 132 Liter Inhalt kleiner sind als die in Chablis üblichen Fässer.

JEAN-NOËL GAGNARD
Der Bâtard-Montrachet dieses Erzeugers ist rar und sehr begehrt. Er braucht etwa zehn Jahre, um seine kraftvolle Persönlichkeit auszubilden.

BILLECART-SALMON
Ein Champagnerhaus in Familienbesitz, das Weine von großer Eleganz macht. Der Name datiert von 1818, als M. Billecart sich mit einer Mlle Salmon vermählte.

CHARDONNAY IN ALLER WELT

Diese Weinberge in den abgelegenen Gavilan Mountains, die sich über Soledad im kalifornischen County Monterey erheben, gehören der Chalone Winery. Chalone war einer der ersten kalifornischen Erzeuger, die in den 1970er Jahren Kalkböden wählten, und seine Weine sind immer von wunderbarer Tiefe und Ausgewogenheit.

schlägt. In ganz Italien wird Chardonnay mit allen möglichen weißen Sorten verschnitten: Cortese, Favorita, Erbaluce, Ribolla, Albana, Trebbiano, Vermentino, Procanico, Incrocio Manzoni, Verdea, Grecanico, Catarratto, Nuragus, Viognier – und sogar mit weißgekeltertem Nebbiolo.

In Spanien hat sich Chardonnay als bessere Traube für ernst zu nehmende Weißweine erwiesen als jede einheimische Sorte, ausgenommen Verdejo, die ihrerseits häufig durch Sauvignon Blanc unterstützt wird. Penedès, Navarra, Somontano und Costers del Segre sind die Hochburgen des Chardonnay; in Rioja wird mit ihm experimentiert, und man bemüht sich hier um Zulassung. In Penedès kommt er auch in den schäumenden Cava, im Allgemeinen mit gutem Resultat.

Nur wenig Chardonnay wird in Portugal angebaut, wo der Wein (oft von australischen Weinmachern) in der üppig-nussigen Neue-Welt-Art gemacht wird. Der österreichische Chardonnay ist schlanker, manchmal mit zu viel Eiche; der Schweizer ist leicht und attraktiv. In Osteuropa ist er überall anzutreffen, mit leichten, angenehmen Versionen in Ungarn (oft aus australischer Hand) und ungleichmäßiger Qualität aus den riesigen Rebflächen Bulgariens. Bulgarischer Chardonnay verfügt meist über einen harzig-staubigen Charakter und einen eigenartigen Geruch. Genau dasselbe aber haben wir schon vor einem Jahrzehnt gesagt; die Unfähigkeit, den äußerst nachsichtigen Chardonnay ordentlich hinzubekommen, scheint für die bulgarische Unbeweglichkeit symptomatisch zu sein. Die Weine aus Slowenien können recht gut sein; einzelne, jedoch ebenfalls gute kommen aus Griechenland und Israel.

USA: Kalifornien

Im Jahr 2001 wird die kalifornische Chardonnay-Produktion voraussichtlich 540 Millionen Flaschen erreichen: Das ist exakt das Doppelte des Ausstoßes 1996. Ein großer Teil kommt aus den Countys Sonoma und Napa, in Monterey wurde in großem Ausmaß neu gepflanzt, aber auch im trockenen Central Valley. Die Neubestockung nach der Reblausepidemie hat Chardonnay auf die kühleren Bereiche konzentriert, wo sie hingehört. Carneros zeigt frische Säure, Russian River etwas mehr Körper und ein an Feuerstein erinnerndes Aroma. Der Monterey-Chardonnay duftet nach Mangos und Guaven, Santa Maria und Santa Barbara sind weicher und noch exotischer. Alexander Valley zeigt sich sahnig und seidig. Die wichtigsten Schaumweinregionen sind Carneros, Russian River und Anderson Valley.

Der Stil der Weine entwickelt sich in verschiedene Richtungen. Einerseits sehen wir subtilere, Burgunder-ähnliche Weine, die mit heimischen Hefen im Eichenbarrique gären, einige Zeit auf dem hin und wieder aufgerührten Satz liegen und ohne Filtration oder Schönung abgefüllt werden. Andererseits ist der traditionelle Kalifornier vor Ort weiterhin populär: ohne malolaktischen Säureabbau, nicht im Fass vergoren, aber im Fass ausgebaut. Diese Weine können recht lange lagern, ohne dabei wesentlich an Komplexität zu gewinnen. Der Allerwelts-Chardonnay besitzt oft noch etwas Restsüße, was ihn, in Verbindung mit viel Alkohol und wenig Säure, definitiv lieblich macht und – offen gesagt – nicht sehr erfrischend.

CA' DEL BOSCO
Mit seinem Chardonnay möchte Önologe Maurizio Zanella dem Burgunder Paroli bieten. Er lässt im Barrique gären und erhält so diese rauchig-buttrige Köstlichkeit.

NEWTON
Newton führte den ungefilterten Chardonnay in Kalifornien ein. Ein intensiver, raffinierter Wein von unglaublicher Vielschichtigkeit.

ROEDERER ESTATE
Roederer verwendet Trauben aus dem kühlen, feuchten Anderson Valley in Nordkalifornien für seinen sehr schönen, im Champagnerverfahren hergestellten Schaumwein.

Wie weit kann man im Napa Valley neue Typen schaffen, wo der Wein von Natur aus mächtig und alkoholreich wird? Mit Umkehrosmose, Vakuumdestillation und anderen Verfahren lässt sich der Alkoholgehalt reduzieren. Die Umkehrosmose hat sich in Experimenten als beste Methode erwiesen. Wenn man den Alkoholgehalt schrittweise von 14 auf 12 % reduziert, passiert man zwei oder drei Stufen, auf denen der Wein ausgewogen ist; auf diese Weise kann der Weinmacher sein Produkt fein abstimmen. Andere versuchen das im Weinberg durch die Wahl der Lage, Laubdachbearbeitung und Ertragssteuerung zu erreichen.

Übriges Nordamerika

Der Chardonnay von Washington ist dem kalifornischen nicht unähnlich, wobei er mehr Fruchtaromen als cremige Textur aufweist; die Spitzenerzeuger gehen jedoch zu würzig-nussigen Burgundertypen über. Die Weine von Oregon werden besser, da bessere Klone (aus Dijon) gepflanzt werden. Im Staat New York gedeiht Chardonnay in allen vier Bereichen, Lake Erie, Hudson River, Long Island und Finger Lakes. Ihre Winterhärte kommt ihr dabei zugute, und die besten Produkte sind wirklich gut. Auch in Kanada hat sie Fuß gefasst. Ontario liefert überraschend stoffige Weine; leichter und weniger eichenbetont sind die aus Quebec und British Columbia.

Australien

Dort stieg die Chardonnay-Produktion von 1996 bis 1999 um 55 %, womit sie zur führenden Premium-Rebsorte des Erdteils wurde. Das zog allerdings einen Preisverfall nach sich, und heute werden rote Sorten angepflanzt, insbesondere Shiraz, Tempranillo und diverse Italiener. Dennoch bewahrt australischer Chardonnay seine Position. Der Stil differenziert sich weiter aus; in der Spitzenklasse treffen wir auf feinere Weine aus kühlen Klimaten und in der Mittelklasse auf größere Komplexität, gewonnen mit burgundischen Techniken wie Hefesatzaufrühren. Zu viel Eiche ist heute nicht mehr die Gefahr wie früher, und die Fässer werden auch nicht mehr so stark ausgebrannt. Dennoch könnten viele Kellereien die Verwendung neuer Eiche noch weiter reduzieren.

Der Chardonnay von heute unterscheidet sich bemerkenswert von dem der 1980er, als kräftiges Goldgelb und breite, fette Weine mit Karamellgeschmack die Regel waren. Die Farben sind inzwischen heller, die Struktur besser, und die Aromen erinnern eher an weiße Pfirsiche und Nektarinen anstatt Melone. In warmen Regionen wird regelmäßig Säure zugesetzt, was sich auch am Gaumen zeigt; insgesamt aber ist man mit dem Einsatz von Kellertechnik zurückhaltender geworden.

Regionale Unterschiede sind weniger deutlich als bei einigen anderen Sorten. Festzustellen ist: Der Hunter-Chardonnay ist ölig und üppig, in anderen Worten der als australisch geltende Typ des Chardonnay. Elegantere Weine unterschiedlicher Ausprägung, aber gleich hoher Qualität kommen aus dem Yarra Valley. Eden Valley und Adelaide Hills zeigen beträchtliche Vielschichtigkeit und Padthaway Noten von Grapefruit und weißem Pfirsich. Margaret River produziert hervorragend dichte, komplexe Weine, während die aus Tasmanien über eine feine, zitronige Art verfügen. Aus Riverland kommen billige Massenweine ebenso wie

Australischer Chardonnay: ein neuer Klassiker

Leeuwin Estate im westaustralischen Bereich Margaret River, dessen Weinberge hier zu sehen sind, produziert vielschichtige Chardonnays, die in Struktur und Reifungsfähigkeit an Spitzenburgunder herankommen. Noch vor 30 Jahren konnte man nur davon träumen, dass Australien zu solcher Qualität fähig wäre. Die Rebsorte wurde schon im 19. Jahrhundert eingeführt, doch freundeten sich die Winzer mit ihr erst an, nachdem Murray Tyrrell 1971 im Hunter Valley mit seiner Version auf den Markt gegangen war. Er war zu seinen Rebstöcken gekommen, indem er vom benachbarten Weinberg von Penfolds Reiser mitnahm. Die erste Reaktion ließ nicht erwarten, dass Australier je in Eiche gereiften Weißwein schätzen könnten: Bei offiziellen Verkostungen bekam der Wein 6 Punkte von 20 möglichen – Murrays Sohn Bruce sagte dazu: »Schon der Spuckeimer bekommt acht…«

Grosset
Ein Musterbeispiel für den modernen australischen Spitzen-Chardonnay: Fruchtigkeit aus kühlen Bereichen, dazu feinfühliger Ausbau im Eichenbarrique.

verblüffend hochwertige Versionen. Das Klima in den kühlsten Regionen, darunter Tasmanien, Geelong und die Macedon Ranges, ist dem der Champagne ähnlich, ihr Schaumwein zeigt große Finesse und Eleganz.

Neuseeland

Aus Neuseeland kommen einige der intensivsten und kraftvollsten, dennoch ausgewogenen Weine der Neuen Welt. Nachdem die Erzeuger ihre Hoffnung auf wirklich überzeugenden, frischen Sauvignon anscheinend aufgegeben haben, gehen sie mehr und mehr zu üppigem, mächtigem Chardonnay über. Die intensivsten Exemplare sind in Hawkes Bay zu finden; Marlborough und Canterbury leisten Eindrucksvolles, auch Wairarapa, Nelson und sogar Auckland produzieren gute Weine.

Südamerika

Der chilenische Weinmacher Ignacio Recabarren beschreibt es so: »Die Verbesserungen der Kellertechnik haben die Qualität des Chardonnay unter dem Tisch hervorgeholt. Um sie bis zum Dach anzuheben, müssen wir im Weinberg noch viel tun. Im Moment sind wir im ersten Stock.«

Einer der Hauptpunkte ist die Wahl besserer Klone, die beiden anderen großen Faktoren sind Klima und Erträge. Letztere sind generell hoch bis sehr hoch, die klimatischen Bedingungen sind in diesem sehr langen, schmalen Land genauestens bestimmbar. Bislang ist Casablanca der kühlste Anbaubereich; man begann hier um 1990 mit der Bepflanzung, wobei Chardonnay rund 75 % der Rebflächen einnimmt. Im Frühjahr kann es noch Frost geben; Recabarren zufolge ist das Klima kälter als Mâcon, aber wärmer als Marlborough. Da Casablanca aber näher am Äquator liegt als vergleichbare Weinbaugebiete, kann man die Trauben länger am Stock lassen und die Sonnenwärme länger nutzen. Die Kehrseite der Medaille ist jedoch, dass damit der Säuregehalt sinkt.

Hohe Erträge bedeuten nicht zwangsläufig niedrigere Qualität, entscheidend ist die Balance im Gesamtsystem des Rebstocks. Die Erträge in Casablanca sind aus zwei Gründen hoch; einer beruht auf der regionalen Frostgefahr, der andere betrifft ganz Chile und auch andere Länder der Südhalbkugel.

Der Frost ist ein echtes Problem. Meist kämpft man mit Öfen, Gebläsen und Wasserberegnungsanlagen dagegen an. Öfen verschmutzen aber die Luft und werden wegen des üblen Smogs im nahen Santiago wohl verboten werden. Beregnungsanlagen verbrauchen viermal so viel Wasser wie die Tropfbewässerung, und Wasser ist hier rar. Gebläse setzen eine Inversionslage voraus, die nicht immer vorhanden ist. Also gehen die Winzer in Casablanca dazu über, eine Anzahl zusätzlicher Triebe am Stock zu lassen, um Frostschäden auszugleichen. Diese Triebe müssen nach dem Ende der Frostgefahr entfernt werden, und zwar vor der Blüte bei Zapfenschnitt und vor dem Beginn der Traubenreifung beim Fruchtrutenschnitt. Ohne den Sommerschnitt würde die Ernte zu hoch werden. Im Allgemeinen ist auch die Sonneneinstrahlung größer als in Europa, weshalb die Dijon-Klone hier ganz natürlich besser tragen als im heimischen Burgund.

Die Klimaverhältnisse sind auch in Casablanca je nach Standort unterschiedlich. Die niedrigstgelegenen, nahe der Stadt Casablanca, sind die kühlsten; wenn man in Maipo im Zentraltal etwa Mitte Februar Chardonnay ernten kann, kann man in Casablanca erst vier bis sechs Wochen später mit der Lese beginnen. Die Palette der chilenischen Weine reicht von einfachen, fruchtigen und eichenbetonten bis zu interessanten, komplexen Exemplaren.

Der argentinische Chardonnay bleibt bisher hinter dem chilenischen zurück, teils aufgrund der Überproduktion, teils weil die geernteten Trauben meist zu Schaumwein verarbeitet wurden und Reife sowie Extraktreichtum nicht das vorrangige Ziel waren. Neue Klone und der wachsende Ehrgeiz der Erzeuger werden enorme Fortschritte bringen, ebenso die Entwicklung hoch gelegener, relativ kühler Anbaubereiche wie Tupungato.

Südafrika

Hier macht Chardonnay 5,7 % der Anbaufläche aus, die sich in Robertson, Stellenbosch und Worcester konzentrieren. Ein typischer südafrikanischer Premium-Chardonnay gärte gänzlich oder teilweise im Eichenbarrique, duftet nach Vanille und tropischen Früchten und hat um 13,5 % Alkohol. So etwas wie einen echten nationalen Charakter gibt es nicht, und die unterschiedlichen Kombinationen von Böden, klimatischen Bedingungen, Klonen, Erträgen und Erzeugern machen dünne Massenweine ebenso möglich wie festere, vielschichtige Gewächse. Auch Schaumwein wird zunehmend produziert. Wirklich kühl ist es hier kaum irgendwo, und selbst in Walker Bay ist es noch wärmer als in Burgund.

Schlechte Klone haben bisher einen Cape Chardonnay von echter Klasse verhindert, aber der Wille ist da, und gute Ansätze sind überall im Land anzutreffen. Sie strafen die Experten Lügen, die behaupteten, am Kap könnte man keinen Chardonnay machen.

GLENORA
Dieser im Barrique vergorene Chardonnay kommt aus der Region Finger Lakes im US-Bundesstaat New York. Stahlige Säure vereint sich brillant mit weichen Toastaromen von der Eiche.

SERESIN
Die erste Lese von Seresin fand 1996 statt, dennoch ist der Chardonnay dieses Guts, das der Filmproduzent Michael Seresin gründete, einer der elegantesten Neuseelands.

CELLIER LE BRUN
Dieser Méthode-traditionnelle-Spezialist war einer der Pioniere in Marlborough und macht immer noch einen hervorragenden, sahnigen Blanc de Blancs.

VIÑA CASABLANCA
In Chile fasst die Idee der Gutsabfüllung erst Fuß. Santa Isabel ist ein wunderbar gelegener Besitz im kühlen Tal von Casablanca.

Chardonnay genießen

Um aus einem großen – nicht nur guten – Chardonnay alles zu holen, braucht er einige Jahre Flaschenreifung. Ein Corton-Charlemagne kann frisch vom Fass sehr verführerisch sein, doch sind solche Weine selten und so teuer, dass es als höchst frevelhaft erscheint, sie sofort zu verkonsumieren. Solche Gewächse einige Jahre liegen zu lassen ist man dem finanziellen Aufwand irgendwie schuldig, und es verlängert die Freude. Zeige ich damit meine puritanische Ader? Nein. Ich bin absoluter Hedonist und opfere die Jahre begeistert, weil ich weiß, dass mich ein ganz außerordentliches Vergnügen erwartet.

Ein weißer Grand-Cru-Burgunder aus einem Spitzenjahr und von einem führenden Erzeuger kann bis zu 30 Jahre lagern, und er sollte frühestens nach acht bis zehn Jahren getrunken werden. Viel hängt jedoch vom Stil des Erzeugers und vom Extraktreichtum des Weines ab. Premiers Crus sind nicht so ausdauernd – 20 Jahre maximal –, und Village-Weine sollten noch früher getrunken werden, mit acht bis zehn Jahren. Bourgogne Blanc und Côte Chalonnaise sind mit fünf Jahren am besten, gutem Pouilly-Fuissé kann man bis zu acht Jahre geben. Mâcon sollte meist sofort konsumiert werden. Einfacher Chablis braucht zwei bis drei Jahre, ein Grand Cru mindestens acht, und er bleibt noch viel länger lebendig.

Für Chardonnays anderer Länder gelten je nach Erzeuger andere Regeln. Dichte, harmonische Weine aus kühlen Klimabereichen wie Carneros und Russian River in Kalifornien oder Yarra Valley und Margaret River in Australien halten leicht zehn Jahre und mehr, andere sind schon nach fünf Jahren müde. Entscheidend sind Philosophie und Können der Erzeuger. Für Chardonnays aus warmen Ländern gilt jedoch ohne Ausnahme: Trinken Sie sie früh. Einige Monate zu viel, und sie können schwindsüchtig werden und ihren strahlenden Charakter verlieren.

So schmeckt Chardonnay

Der Geschmack von Chardonnay ist schwer festzulegen. Ein in Stahl produzierter Wein aus hohen Erträgen wird nach nicht viel schmecken, während ein fester, mineralischer Chardonnay von der Côte d'Or oder vom Margaret River eine größere Aromenpalette zeigt als viele andere Sorten. Einige Eigenschaften sind zumindest teilweise das Ergebnis der Vinifikation, andere beruhen auf dem Terroir, wieder andere auf dem Klima oder auf den gewählten Klonen. Noch unreifer Chardonnay schmeckt nach grünen Äpfeln, solcher aus kühlen Anbauregionen zeigt – bei langer Reifungszeit – Aromen von Akazie und Birne, Zitrone und Grapefruit, Nüssen und Keksen, Butter und Honig. Man kann auch mineralische, feuersteinartige oder rauchige Noten entdecken, Toastaromen von der Eiche und natürlich auch eine Säure, die beim jungen Wein scharf und hart erscheinen kann. Weißer Burgunder und andere Weine aus kühlem Klima besitzen manchmal einen Stich ins Vegetabile.

Chardonnay aus warmen Bereichen verfügen über tropischen Charakter mit Mango, Sahne, Banane, Ananas, Melone und Pfirsich in der Duftpalette, dazu Karamell, Honig und Toast, manchmal auch Gewürze.

Champagner ist in der Jugend meist frisch und sahnig oder blumig, mit der Reife entwickelt er Aromen von frischem Brot und weinige Tiefe.

Kistler im kalifornischen Sonoma Valley hat sich der Aufgabe verschrieben, einen großen, komplexen Chardonnay im Burgunder-Stil zu machen. Die Domaine des Comtes Lafon in Burgund erreicht dieses Ziel mit wilden Hefen. Die Hefearten, die in Weinberg und Keller auftreten, wechseln von Jahr zu Jahr, und das ist gut so – sagt Dominique Lafon, der nicht jahrein, jahraus dasselbe Produkt machen will.

Chardonnay zum Essen

Durch das große Aromen- und Typenspektrum – von stahligem Ernst bis zu tropischer Üppigkeit – gibt es für jede Gelegenheit einen Chardonnay. Zu Hühnchen und anderem hellem Fleisch ist er fast immer ausgezeichnet. Die schlanken Versionen sind eine gute Wahl zu schlichten Fischgerichten. Spitzenburgunder und Neue-Welt-Bomben hingegen benötigen das Gewicht üppiger Fischgerichte und Meeresfrüchte.

In Eiche ausgebauter Chardonnay passt gut zu sonst schwierig zu kombinierendem Räucherfisch und zu knoblauchreichen Dips wie Guacamole, ebenso zur südostasiatischen Küche; als guter Allrounder begleitet er auch die Festtagsgans sehr schön.

CHARDONNAY GENIESSEN

VERBRAUCHERINFORMATIONEN

Synonyme und regionale Bezeichnungen
Für die weltweit beliebteste Rebsorte werden kaum andere Bezeichnungen gebraucht, die meisten alten europäischen Synonyme sind nicht mehr gebräuchlich. In der Steiermark heißt sie noch Morillon.

Gute Erzeuger
FRANKREICH Chablis René et Vincent Dauvissat, Droin, Laroche, Michel, Raveneau; **Côte d'Or** G. Amiot, J.-M. Boillot, Bonneau du Martray, Michel Bouzereau, Carillon, Coche-Dury, Marc Colin, Drouhin, J.-N. Gagnard, Gagnard-Delagrange, Vincent Girardin, Jadot, F. Jobard, Lafon, Lamy-Pillot, Dom. Leflaive, Dom. Leroy, Matrot, Bernard Morey, Niellon, Ramonet, Roulot, Sauzet, Verget; **Mâconnais** Barraud, Ferret, Ch. Fuissé, Guffens-Heynen, Merlin, Rijckaert, Robert-Denogent, Thévenet, Valette
DEUTSCHLAND Johner, Rebholz
ÖSTERREICH Velich
ITALIEN Antinori, Banfi, Bellavista, Ca' del Bosco, KG Schreckbichl, D'Alessandro/Manzano, Gaja, Isole e Olena, Lageder, Planeta, Regaleali Tasca d'Almerita, Ruffino, Castello della Sala, Vie di Romans
SPANIEN Enate, Manuel Manzaneque, Torres
AUSTRALIEN Cullen, Evans & Tate, Giaconda, Green Point/Domaine Chandon, Grosset, Howard Park, Leeuwin, Lenswood, Nepenthe, Penfolds, Petaluma, Pierro, Plantagenet, Rosemount, Shaw & Smith, Tyrrell's, Vasse Felix
NEUSEELAND Cloudy Bay, Kim Crawford, Deutz, Hunter's, Kumeu River, Matua Valley, Montana, Neudorf, Seresin, Sileni, Te Mata, Vavasour, Villa Maria
USA Kalifornien Arrowood, Au Bon Climat, Beringer, Calera, Chalone, Ferrari-Carano, Kistler, Matanzas Creek, Merryvale, Pahlmeyer, Roederer Estate, Saintsbury, Robert Talbott; **Washington** Chateau Ste Michelle
SÜDAFRIKA Glen Carlou, Hamilton Russell, Meerlust, Morgenhof, Mulderbosch, Rustenberg, Springfield, Thelema, Vergelegen
SÜDAMERIKA Casa Lapostolle, Catena, Errázuriz, Montes, Viña Casablanca

WEINEMPFEHLUNGEN

Zehn klassische weiße Burgunder
Bonneau du Martray *Corton-Charlemagne*
Coche-Dury *Meursault Les Perrières*
René et Vincent Dauvissat *Chablis La Forêt*
Joseph Drouhin *Beaune Clos des Mouches*
Girardin *Chassagne-Montrachet Les Caillerets*
Jadot *Chevalier-Montrachet Les Demoiselles*
Domaine Leflaive *Le Montrachet*
Raveneau *Chablis Les Clos*
Robert-Denogent *Pouilly-Fuissé Les Carrons*
Verget *Bâtard-Montrachet*

Fünf Burgunder-Doppelgänger
Antinori *Castello della Salla Cervaro* (Italien)
Grosset *Piccadilly Chardonnay* (Australien)
Hamilton Russell *Chardonnay* (Südafrika)
Penfolds *Yattarna Chardonnay* (Australien)
Velich *Tiglat Chardonnay* (Österreich)

Zehn körperreiche Neue-Welt-Weine
Au Bon Climat *Le Bouge d'àcôté Chardonnay* (Kalifornien)
Chateau Ste Michelle *Cold Creek Vineyard Chardonnay* (Washington)
Kistler *Dutton Ranch Chardonnay* (Kalifornien)
Kumeu River *Chardonnay* (Neuseeland)
Leeuwin Estate *Art Series Chardonnay* (Austr.)
Marcassin *Lorenzo Vineyard Chardonnay* (Kalifornien)
Montes *Alpha Chardonnay* (Chile)
Petaluma *Chardonnay* (Australien)
Pierro *Chardonnay* (Australien)
Springfield *Méthode Ancienne Chardonnay* (Südafrika)

Fünf Champagner (Blanc de Blancs)
Billecart-Salmon *Blanc de Blancs Vintage*
Deutz *Blanc de Blancs Vintage*
Jacquesson *Blanc de Blancs Grand Cru Vintage*
Krug *Clos de Mesnil Vintage*
Ruinart *Blanc de Blancs Vintage*

Fünf Schaumweine
Bellavista *Franciacorta Gran Cuvée Satèn* (Italien)
Deutz *Marlborough Cuvée Blanc de Blancs Vintage* (Neuseeland)
Green Point/Domaine Chandon *Blanc de Blancs Vintage* (Australien)
Nyetimber *Première Cuvée Blanc de Blancs Vintage* (England)
Roederer Estate *L'Ermitage Vintage* (Kalifornien)

Fünf Weine mit wenig oder ohne Eiche
Nepenthe *Unwooded* (Australien)
Plantagenet *Omrah Unoaked* (Australien)
Vavasour *Dashwood* (Neuseeland)
Vie di Romans *Friuli Isonzo Ciampagnis Vieris* (Italien)
Viña Casablanca *Santa Isabel* (Chile)

Chardonnay sieht der Pinot Blanc so ähnlich, dass in Italien diese beiden Sorten erst seit 1978 offiziell unterschieden werden (in Frankreich seit 1872). In der Côte d'Or sind noch kleine Mengen Pinot Blanc in mit Chardonnay bestockten Weinbergen zu finden.

Reifediagramme
Chardonnay sollte meist jung getrunken werden. Nur Topweine gewinnen in einigen Jahren der Flaschenreifung.

1996 Chablis Grand Cru

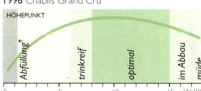

1996 war für den weißen Burgunder generell ein exzellentes Jahr, besonders für Chablis. Wunderbar harmonische Weine mit rassiger, dennoch runder Säure.

1997 Côte de Beaune Premier Cru (weiß)

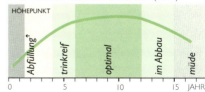

Ein warmes Jahr, das früh reife, oft weiche Weine brachte. Einige Erzeuger setzten Säure zu. Die Weine sollten nicht zu lange gelagert werden.

2000 Adelaide Hills Chardonnay

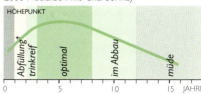

Ein schwieriges Jahr, in dem sich sorgfältige Kultivation auszahlte. Einige Erzeuger produzierten Schlechtes, andere machten schöne, harmonische Weine.

CHENIN BLANC

Da gibt es unbeliebte Individuen, und dann gibt es noch die wirklich Unbeliebten. Die man in ihrer unmittelbaren Nachbarschaft nicht mag, an ihrem Geburtsort, wo sie seit undenklichen Zeiten zu kämpfen haben, um reif zu werden. Eines Tages wachst du auf und fragst dich, warum du dich so anstrengst. Eines Tages wachst du auf und verfluchst dein Schicksal, dass du als Chenin-Blanc-Rebe auf die Welt gekommen bist. Denn Chenin Blanc bekommt Nackenschläge, wo sie auch immer wächst – inklusive ihrer Heimat Touraine und Anjou im Loire-Tal. Und nur ihre Bereitschaft, hartnäckig der Übermacht zu trotzen und unter höchst widrigen Umständen einige wertvolle, bemerkenswerte Süßweine zu liefern, sichert ihr den Status eines Klassikers. Wenn Sie mich vor einigen Jahren nach dem durchgängigen Merkmal aller Chenins Blancs gefragt hätten, die mir vor die Nase kamen, hätte ich gesagt: Schwefel. Es gibt Rebsorten, die gegenüber allzu freizügiger Verwendung von Schwefel ziemlich immun sind, und andere, die den Schwefel aufnehmen wie ein Wal das Plankton und ihn aus jeder Flasche, die Sie öffnen, in Ekel erregenden Schwaden ausstoßen. Chenin Blanc ist darin die Schlimmste.

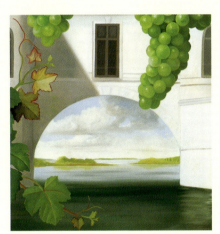

Über dem Wasser schwebend überspannt das Schloss Chenonceaux den Cher in der Touraine, der zur Loire strömt. Hier im Herzen des Loire-Tals wurde Chenin Blanc im 15. Jahrhundert zuerst kultiviert. In Anjou und Touraine sind immer noch die besten Weine aus dieser Traube zu finden, ob trocken oder süß, ob Tisch- oder Schaumwein.

In den nicht so lange vergangenen Tagen, bevor die Neue-Welt-Technik mit ihren sauberen, fruchtbetonten, aromatischen Weinen die Bühne betrat, wurde das Herz des Loire-Tals, Touraine und Anjou, von einer Traube dominiert, die selten genug Sonne bekam, um reif zu werden, und dann zu faden, lieblichen oder trockenen Weinen verarbeitet wurde. Klar, dass die Winzer keine Lust zu mehr hatten, bei den elenden Preisen, die ihre Produkte erzielten. Die Trauben waren weder reif noch gesund, es gab keine Anreize für Investitionen und Verbesserungen, also nichts wie rein mit dem Schwefel in die unsauberen Fässer, Nase zuhalten und raus aus dem Keller. In der hohen Zeit meiner Blindverkostungen war Chenin Blanc leicht zu erkennen: der einzige Wein, der Niesreiz verursachte, der nach Mäusekot und nassem Hundefell roch. Nicht gerade ein Wein, der einen veranlasst, sich bei der Verkostung vorzudrängen.

Wenn es je eine Sorte gab, die nach einer Renaissance rief, dann war es die Chenin Blanc und Gott sei Dank gab es diese. Zum Teil war sie das Ergebnis des neuen Interesses an Süßweinen. Sauternes im Bordelais hatte in den 1980er Jahren eine Reihe exzellenter Jahrgänge; in den 1990ern waren die Preise dramatisch gestiegen, und es gab eine enthusiastische, betuchte Fangemeinde, die vom Süßweinfieber befallen war und gerne die Brieftasche zückte.

Die andere französische Region mit einer Tradition klassischer Süßweine ist die Loire, die in den 1990er Jahren mit dem Wetter mehr Glück hatte als Bordeaux. Angespornt durch die Aussicht auf einen reichen Dollarsegen, machte eine neue Generation von Winzern, die sich in der modernen Weinwelt viel besser auskannten als ihre Eltern, in den nebligen Seitentälern der Loire – insbesondere Bonnezeaux, Quarts de Chaume und Coteaux du Layon südlich von Angers – aus edelfaulen Chenin-Blanc-Trauben grandiose und verblüffend eigenständige Süßweine. Plötzlich hatte Chenin Blanc ihren Bannerträger.

Auch im Ausland fand sie einen. Für die Neue Welt gibt es einfach keine Rebsorte, aus der man keinen anständigen Wein machen kann. Das lässt hoffen, denn Südafrika hat in einem Viertel seiner Anbaufläche Chenin Blanc stehen, auch Südamerika und Kalifornien verfügen über größere Mengen, und selbst in Australien und Neuseeland ist sie zu finden. Als Alternative zu Sauvignon Blanc und Chardonnay ist Chenin Blanc ganz offenkundig ein guter Kandidat. Neuseeland, Australien und Südafrika haben bereits gezeigt, wie schön ihre Reineclauden- und Angelikaaromen sein können, wie gut sie auf kleine Erträge und auf Barriquegärung anspricht. Und die trockenen Loire-Chenins-Blancs der neuen Welle haben mit dem Schwefelgebräu von damals nichts mehr gemein. Ich trinke sie inzwischen sogar freiwillig.

Chenin Blanc: Von der Traube zum Glas

Geografie und Geschichte Seite 76; Weinbau und Weinbereitung Seite 78; Chenin Blanc in aller Welt Seite 80; Chenin Blanc genießen Seite 82

Geografie und Geschichte

Ein Blick auf diese Karte könnte glauben machen, dass Chenin Blanc eine der wichtigsten Rebsorten der Welt sei. Sie nimmt fast ein Viertel der Weinberge Südafrikas ein, sie gedeiht in einigen der wärmsten Ecken Kaliforniens, Argentinien hat große Flächen davon. Sie ist in Kanada, Neuseeland, Australien, Brasilien, Uruguay und Mexiko zu finden. Doch mit wenigen Ausnahmen wird nirgendwo ein Wein gemacht, der interessant genug ist, um international Aufmerksamkeit zu erregen (und der Sorte in diesem Buch so viel Platz einzuräumen).

Dass Chenin Blanc als klassische weiße Sorte und tatsächlich eine der besten der Welt gelten darf, gründet auf einer kleinen französischen Region. Das Anjou und die Touraine mit ihren Weinbergen an der Loire und ihren Nebenflüssen sind die Hei-

- Hauptanbaugebiete
- Weitere Anbaugebiete

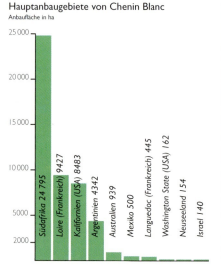

Hauptanbaugebiete von Chenin Blanc
Anbaufläche in ha

- Südafrika 24 795
- Loire (Frankreich) 9427
- Kalifornien (USA) 8483
- Argentinien 4342
- Australien 939
- Mexiko 500
- Languedoc (Frankreich) 445
- Washington State (USA) 162
- Neuseeland 154
- Israel 40

mat des klassischen Chenin. Hier werden aus dem »Arbeitspferd« der Region verblüffend dichte, langlebige Weine gekeltert, und zwar trockene, liebliche und süße.

Warum nur hier, besonders da Anjou und Touraine sehr kühl sind und die Traube spät reift? Die Vegetationszeit anderer Sorten bemisst man hier daran, um wie viel früher sie gelesen werden können als Chenin Blanc. Und da kommt der Mensch ins Spiel. Chenin ist eine wuchskräftige Sorte, die praktisch so viel Trauben produziert, wie Sie wollen. Bei zu hohem Ertrag bekommen Sie einen der grässlichsten Säuerlinge Frankreichs.

Doch mit rigoroser Ertragsbegrenzung erzielt man in Savennières, Saumur und Vouvray ein einzigartiges Resultat, einen stahligen Wein mit Aromen von Reineclauden und Angelika, der über zehn und mehr Jahre herrlich reift. Chenin ist für Botrytis anfällig, und so werden in den Seitentälern der Loire mit ihren herbstlichen Nebeln und warmen, sonnigen Tagen kleine Mengen edelfauler Weine gewonnen, die in der Jugend gleichzeitig schneidend pikant und üppig sind und über Dekaden zu tief bernsteinfarbenen, nach Honig, Malz und Quitten duftenden Tropfen reifen.

Ein wenig Geschichte

Chenin Blanc wird an der Loire seit über 1000 Jahren kultiviert, und er entstand wahrscheinlich auch hier. Die wohl früheste Erwähnung, für die Abtei Glenfeuil am linken Ufer, datiert von 845. 1445 wurde sie von Thomas Bohier, Kämmerer der Könige Karl VIII. bis Franz I., und seinem Schwager Denis Briçonnet, dem Abt von Cormery, in der Touraine gepflanzt. Südwestlich von Cormery, am Ufer des Flüsschens Echandon, lag der Weinberg Mont-Chenin (heute Monchenain), nach dem die Sorte wohl benannt wurde.

Die Chenin Blanc reiste 1652 mit dem Holländer Jan van Riebeeck nach Südafrika. Ihre Fähigkeit, auch in warmem Klima ihre Säure zu bewahren, machte sie neben den hohen Erträgen für die frühen Siedler ohne Zweifel attraktiv.

Die Sorte scheint genetisch weitgehend stabil zu sein und weit weniger zu Mutationen zu neigen als andere sehr alte *Vitis-vinifera*-Arten. An der Loire gilt genetische Variation nicht als Problem, und die meisten Erzeuger sind mit der Qualität der handelsüblichen Klone zufrieden, wenn sie auch deren größere Ertragskraft nicht schätzen.

Eine andere Rebe, die von den Loire-Winzern manchmal als Unterart der Chenin Blanc betrachtet wird, ist keineswegs Chenin, sondern Verdelho. In den Weingärten der Loire ist ein wenig von ihr zu finden. Nach den Statuten der Appellation ist sie strikt verboten, aber sie wächst hier schon sehr lange Zeit, und da sie zwei Wochen früher reift als Chenin Blanc, kann sie in kalten Jahren von Nutzen sein. Die Assoziation dieser Sorte mit der Loire ist keineswegs neu; schon 1928 erwähnte Dr. Maisonneuve in seinem Buch *Le Vigneron Angevin* die Verdelho als »eine interessante *cépage*, die auf den ersten Blick eine gewisse Ähnlichkeit mit Chenin Blanc aufweist«.

Château de la Roche-aux-Moines, gesehen vom oberen Rand der Lage Coulée de Serrant in Savennières; links die Loire. Das Terroir von Savennières ist alles andere als einheitlich, gemeinsam sind allen Weinbergen aber ihre steile Neigung zur Loire hin und der warme, trockene Boden.

Die Moulin de la Montagne bei Bonnezeaux inmitten von Chenin-Reben. Es ist hier windiger als in den Coteaux du Layon näher am Fluss, dennoch stellt sich die Botrytis fast jedes Jahr ein.

Chenin-Blanc-Lese in Vouvray. Da Edelfäule hier relativ selten auftritt, werden mehr trockene und halbsüße Weine gemacht, die die sortentypischen Aromen aufweisen.

Weinbau und Weinbereitung

Die Chenin-Blanc-Erzeuger an der Loire lieben die Rebe und verzweifeln an ihr. »Sie ist undankbar«, sagt Florent Baumard von der Domaine Baumard in den Coteaux du Layon: Man tut alles für sie, man drosselt den Ertrag, man hätschelt sie und sorgt sich um sie – »und genau wenn man lesen will, fault sie und hört auf zu reifen«. Südafrika und seine Chenin-Blanc-Aficionados sollten gut bedenken, auf was sie sich einlassen, wenn sie sich in die Sorte verlieben. Reift sie zu guter Balance aus, ist sie wunderbar, aber unreifer Chenin ist einer der grausigsten Weine, die möglich sind, und Wein aus übergroßen Erträgen ist flach und nichts sagend. Chenin ist keine Allround-Rebe, doch genau so setzt man sie bisher am Kap ein. Erst seit kurzem tauchen einige aufregende Weine aus dem Meer von wertlosem Zeug auf.

Klima

Für Chenin Blanc ist das Klima an der Loire eben noch ausreichend, was natürlich einer der Gründe für die große Eleganz dieser Weine ist. Nur wenig nördlicher werden sie nicht mehr fein, sondern sauer: Jasnières ist die nördlichste Chenin-Appellation in Frankreich, und ihre Weine sind deutlich dünner und spitziger (*pointu*, wie man auf Französisch sagt). Im südlichen Frankreich wird Chenin in kleinen Mengen im Languedoc angebaut, nachdem ein einheimischer Önologe sie als für die Region geeignet empfahl.

Das traditionelle Problem an der Loire ist seit je ungenügende Reife. In kühlen, nassen Jahren entwickelt Chenin einen Geschmack von grünen Äpfeln und eine harte, unnahbare, unangenehme Säure. Doch die Zeiten ändern sich, und zwar auf überraschende Weise: Die Winzer verweisen auf die globale Erwärmung als Grund für bessere klimatische Bedingungen, die es erlauben, um die zehn Tage früher zu lesen als in der Vergangenheit und doch reife Trauben zu bekommen.

Es ist auch weit mehr eine Sache des Klimas als des Bodens, ob Loire-Chenin trocken oder süß ausgebaut wird. Vouvray und Montlouis haben weitgehend dasselbe Klima, hier macht man ausgezeichneten Schaumwein und ebenso gute trockene bis süße Stillweine. Der Bereich Coteaux du Layon ist schon stärker vom Atlantik beeinflusst, weshalb dort Botrytis häufiger auftritt als in Vouvray und Montlouis. In Savennières gibt es viel Wind und weniger Nebel, mithin weniger Edelfäule. Mme de Jessey von der Domaine du Closel zufolge verfügen die Trauben in den Coteaux du Layon zu Anfang August über mehr Zucker als in Savennières, Anfang Oktober aber ist die Situation genau umgekehrt.

Auf jeden Fall ist die Situation sehr komplex. Es gibt jede Menge von kleinen und großen Flussläufen in der Region, was bedeutet, dass die Feuchtigkeitsverhältnisse von einem Weinberg zum anderen variieren. Dazu kommt, dass das Wetter jedes Jahr unterschiedlich ist.

Boden

Wenn an der Loire das Wetter bestimmt, ob ein Wein trocken oder süß wird, ist es der Boden, der seinen Charakter prägt. Chenin Blanc spiegelt den Boden ebenso deutlich wider wie Riesling oder Pinot Noir. Sandböden liefern leichte Weine, die jung am attraktivsten sind. Ton ergibt gewichtigere Weine und fördert die Entwicklung von Botrytis; die Coteaux du Layon haben tonreiche Böden mit einem Kreide-Unterboden. Kalk gibt dem Wein eine gute, blitzende Säure, Feuerstein eine prickelnde Lebhaftigkeit. Kalkmergel (frz. *argilo-calcaire*) liefert wohl die abgerundetsten Weine mit Säure und Körper: Vouvray ist damit gesegnet, mit etwas Feuerstein in den besten Lagen. Savennières, einer der trockensten Weine der Welt, kommt von dunkelblauem Schiefer, der zuoberst sehr bröckelig ist, darunter jedoch sehr hart, sehr warm und guten Wasserabzug bietend. Schiefer und Quarz sind auch in Bonnezeaux zu finden.

Ertrag

Chenin Blanc ist so ertragreich, dass sie Wein wie Wasser produziert, wenn Sie das so haben wollen. Selbst auf den ärmsten Böden der Loire liefert die Sorte, lässt man sie machen, 80 hl/ha, auf fruchtbaren Böden doppelt so viel. In Südafrika überlässt man ihr, wie viel sie produzieren will; gute Erzeuger sagen, dass sie den Ertrag auf 50 hl/ha beschränken, habgierige ernten gut

Nicolas Joly vom Gut Coulée de Serrant in Savennières, hier bei seinen Chenin-Blanc-Reben, ist ein glühender Anhänger der biodynamischen Anbaumethoden, die auf die Gedanken von Rudolf Steiner zurückgehen. Seine Weine gehören zu den individuellsten Chenins überhaupt.

dreimal so viel. Dann wird Chenin jedoch uninteressant; die Probleme des südafrikanischen Chenin sind meist darauf zurückzuführen, darüber hinaus auf die Pflanzung an zu warmen Orten.

Zielt man auf Qualität ab, sind bei trockenen Weinen 40–50 ha/hl das allgemein akzeptierte Maß. (In Savennières zum Beispiel sind 50 hl/ha gesetzlich zugelassen.) Bei Süßweinen ist man in Bonnezeaux durch die Bestimmungen auf 25 hl/ha begrenzt, die meisten Winzer ernten 20–25 ha/ha; dasselbe gilt für die Coteaux du Layon. Auf der Domaine Font Caude in Montpeyroux im Languedoc erzeugt Alain Chabanon auf wenig fruchtbarem Kalkmergel 5–11 hl/ha, die zu Süßwein verarbeitet werden.

Um die Erträge so niedrig zu halten, ist im Sommer eine Behangausdünnung nötig – d. h. das Herausschneiden ganzer unreifer Trauben –, außerdem die Verwendung von *Riparia-* oder *Rupestris-*Unterlagsreben, um die Wuchskraft zu verringern. Auf manchen Gütern wird zu diesem Zweck auch Gras zwischen den Rebzeilen gesät. Auch alte Reben, die weniger tragen, sind von Bedeutung. Im Durchschnitt sind die Weinstöcke des Château de Fesles in Bonnezeaux 35 Jahre alt, und in der Domaine du Closel in Savennières nähern sich manche der

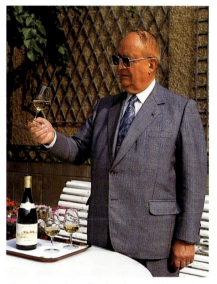

Gaston Huet, der große alte Mann von Vouvray, hat die Leitung seines berühmten Familienguts Le Haut-Lieu seinem Schwiegersohn Noël Pinguet übergeben, der biodynamische Methoden eingeführt hat.

100-Jahre-Marke. (Alte Reben liefern auch bei Edelfäule komplexere Aromen; bei jungen Reben ist der Botrytis-Ton eher blumig, bei alten von größerer Tiefe.)

TRI

Einer der Schlüssel zu großen Chenin-Weinen im Loire-Tal ist die Reihe von Lesegängen (*tri*, Mehrzahl *tries*). Im späten Herbst gehen die Arbeiter über einen Zeitraum von vier bis sechs Wochen mehrmals durch den Weinberg und picken die optimal reifen Trauben beziehungsweise – was sogar meist der Fall ist – einzelne Beeren heraus. Wenn anstatt der gewünschten Edelfäule die Grau- oder Sauerfäule (verursacht von demselben Pilz) Trauben befällt, müssen diese separat entfernt werden. Die Entscheidung, ob man zur Lese schreitet oder auf größere Reife wartet, ob man trockenen, halbtrockenen oder süßen Wein macht, wird jeden Tag neu getroffen.

Die kleinteilige Klima- und Bodenkarte des Loire-Tals macht klar, dass Chenin-Trauben nie zum selben Zeitpunkt reif werden. Auf warmen Schieferböden reifen Trauben schneller als auf kalten Tonböden; Edelfäule tritt mit größerer Sicherheit dort auf, wo nachts der Nebel vom Fluss die Hänge hinaufkriecht und tagsüber von der Sonnenwärme vertrieben wird. Überdies können die Winzer Weine verschiedener Süßegrade machen. In anderen Worten, ihre Aufgabe ist jedes Jahr, mehrere bewegliche Ziele gleichzeitig zu treffen.

Der Reifegrad der Trauben und die Wahrscheinlichkeit weiterer Reifung sind Basis für die Entscheidung des Winzers, welchen Wein er machen wird. In Vouvray geht in kalten Jahren ein gut Teil der Ernte in die Schaumweinproduktion, in sehr guten Jahren wird so gut wie kein trockener Wein gemacht. Philippe Foreau vom Clos Naudin zufolge sind Trauben für die Erzeugung von Süßwein nicht geeignet, wenn sie für die *triage* nicht reif genug sind. Aber auch dies ist jedes Jahr anders: Im einen Jahr sind Trauben mit 12,5 % potenziellem Alkoholgehalt reif, im anderen nicht.

In Vouvray sind bis zu sechs Lesegänge üblich. Die erste Lese kann für trockenen Wein gedacht sein, die weiteren für süße. Wenn es in einem trockenen, heißen Jahr keine Edelfäule gibt, können die Trauben teilweise eingetrocknet (*passerillé*) geerntet werden. Das Château de Fesles in Bonnezeaux rechnet mit ein bis zwei Beeren pro Traube beim ersten Lesegang, der Großteil wird beim zweiten und dritten *tri* geerntet und die verbliebenen zwei, drei Beeren pro Traube danach. Die dritte und die vierte Lese gelten als die Besten.

Interessanterweise scheint auf Closel die Reblaus kein Problem mehr darzustellen. Hier besitzt Mme de Jessey eine Reihe wurzelechter Rebstöcke, die man mit der alten Ablegertechnik zog; das Château d'Epiré, ebenfalls in Savennières, praktiziert dasselbe Verfahren. Und bisher hat man keine Anzeichen dafür entdecken können, dass die gefürchtete Laus wieder auftaucht.

Vinifizierung

Einer der Hauptfaktoren, die die Chenins der Loire von denen der Neuen Welt unterscheiden, sind die Gärtemperaturen. An der Loire sind 16–20 °C die Norm, also heute bei Weißwein relativ hohe Temperaturen. Damit wollen die Winzer, die den Charakter ihrer Weine erhalten wollen, aber bewusst die Aromen tropischer Früchte vermeiden, die bei niedrigeren Temperaturen entstehen und das Merkzeichen der Neue-Welt-Chenins sind.

An der Loire lässt man den Wein in Tanks aus Edelstahl, Glasfiber oder Beton, aber auch in neuen oder alten Holzfässern gären. Da der Geschmack nach neuer Eiche nicht erwünscht ist, wird nur ein Teil der Fässer – ein Fünftel bis ein Drittel – jährlich erneuert. In Savennières verwendet man traditionell Fässer aus Kastanien- oder Akazienholz, die beide kein Vanillearoma verursachen; Kastanie ergibt leicht buttrige Anklänge, intensiver sind die von Akazie. In der Neuen Welt goutiert man hingegen die Aromen von neuer Eiche.

Die Weinbereitung an der Loire hat sich in den letzten zehn Jahren jedoch stark verändert. Die Erzeuger wissen, dass die Verbraucher sich Wein mit weniger Säure und fruchtigerer Art wünschen. Saubere Chenin-Trauben haben, wie sich gezeigt hat, gerne den Kontakt mit den Beerenhäuten, d.h. eine mehrtägige Mazeration der leicht gequetschten Beeren im eigenen Saft vor Beginn der Gärung, was Aromen von Reineclauden und Angelika hervorruft. Zur Verringerung der Säure und zur Vertiefung der Struktur lassen einige Erzeuger die spontane malolaktische Gärung zu, viele lassen den Wein einige Zeit auf der Hefe liegen, wobei sie hin und wieder aufgerührt wird. Sogar trockenen Weinen lässt man manchmal einige Gramm Restzucker.

Der Abfüllzeitpunkt ist unterschiedlich. Philippe Foreau in Vouvray unterbindet den malolaktischen Säureabbau und füllt im Frühjahr nach der Lese ab, sein Ziel sind (trocken wie süß) sehr frische Weine mit viel Säure; auf Château de Fesles in Bonnezeaux lässt man den Wein bis zu 24 Monate in Eiche reifen, bevor er abgefüllt wird.

Chenin Blanc in aller Welt

An der Loire geht man zu weniger säurebetonten Weinen über. In anderen Teilen der Welt steht man erst am Anfang der Qualitätsweinerzeugung. Wir wissen noch nicht, wie vielseitig Chenin wirklich ist; Beispiele aus Südafrika, Australien, Neuseeland und Amerika jedoch lassen erwarten, dass wir einen aufsteigenden Stern vor uns haben.

Frankreich: das Loire-Tal

Das Jahr 1985 markiert den Beginn der gegenwärtigen Renaissance des Chenin Blanc im Loire-Tal. Damals gab es viel Edelfäule, und die Winzer entdeckten die Kunst der Selektion im Weinberg neu. Frankreich befand sich mitten in einer goldenen Dekade, die Sonne schien zuverlässig jedes Jahr, der Rubel rollte und ganze Regimenter von Erzeugern entschieden sich plötzlich dafür, der Qualität Priorität einzuräumen. Dem Himmel sei Dank dafür. Seit den 1960er Jahren war Chenin im Abstieg begriffen gewesen, und wir mussten fürchten, einen der einzigartigen Weine Frankreichs zu verlieren.

Gute Winzer zielen auf Traubenmaterial von größtmöglicher Güte und Reifung. Das Klima mit seinen jährlichen Besonderheiten, Boden und Sonnenexposition bestimmen, ob das Ergebnis trocken oder süß sein oder irgendwo dazwischen liegen wird. In Anjou und Saumur ist die Aussicht auf Edelfäule groß: In Bonnezeaux und den Quarts de Chaume, den winzigen Subappellationen der Coteaux du Layon, tritt Botrytis jedes Jahr auf, zumindest in einem bestimmten Ausmaß. Weiter flussaufwärts in der Touraine, in Vouvray und Montlouis, verzeichnet man Edelfäule nur etwa viermal in zehn Jahren. In botrytislosen Jahren macht man dort Süßwein aus überreifen, eingetrockneten *(passerillé)* Trauben, was zum Teil den Geschmacksunterschied zwischen süßem Vouvray und Bonnezeaux erklärt.

Ein süßer Vouvray wird viel eher das sortentypische Aromenprofil des Chenin aufweisen: Äpfel, Reineclauden und Mineralien, die zu Honig, Akazie und Quitten reifen. Die edelfaulen Süßweine von Anjou-Saumur besitzen dagegen die botrytistypischen Noten von Pfirsich, Malz und Marzipan. (*Botrytis cinerea* macht den Sortencharakter meist zunichte; siehe S. 27.)

Auch der Boden ist entscheidend: Kalkmergel und Feuerstein in Vouvray ergeben einen anderen Weintyp als der Schiefer von Savennières und Bonnezeaux. Frühe Abfüllung – im Frühjahr nach der Lese – und die Unterdrückung des malolaktischen Säureabbaus (beides ist in Vouvray meist üblich) bewahren die Frische; Süßweine, die lange im Holzfass reifen, zeigen dagegen einen runden, Sauternes-ähnlichen Charakter.

Die Süßweine sind selten sehr alkoholreich, 12–13 % sind beim Vouvray Moelleux normal, wobei die Trauben bei einem potenziellen Alkoholgehalt von 18–20 % gelesen werden. Lässt man den Alkoholgehalt größer werden, riskiert man einen unausgewogenen, brandigen Wein.

Unter den trockenen Weißweinen sind Anjou Blanc Sec und Saumur Blanc die einfachsten und am schnellsten trinkfertigen (bis zu 20 % Chardonnay oder Sauvignon dürfen für Saumur zugesetzt werden), Savennières und Vouvray Sec sind die komplexesten und langlebigsten. In Savennières sind maximal 13,5 % Alkohol zugelassen; sollte in einem besonders guten Jahr der Gehalt höher liegen, muss bei der Kontrollbehörde der Appellation eine Ausnahmegenehmigung beantragt werden.

Übriges Frankreich

Ein wenig Chenin Blanc wird in Limoux im westlichen Languedoc angebaut – hier wird er für Schaumwein mit Mauzac und Chardonnay verschnitten – sowie in anderen Teilen der Region, etwa weiter östlich in Montpeyroux in der Appellation Coteaux du Languedoc.

Südafrika

Mit fast einem Viertel Anteil an der Gesamtrebfläche ist Chenin Blanc in Südafrika bei weitem die verbreitetste Traubensorte, auch wenn die Neupflanzung in den 1990er Jahren abnahm. Ihr traditioneller Name, Steen, wird allmählich aufgegeben, seitdem interessierte Erzeuger – angeführt von der gegen Ende der 1990er Jahre gegründeten Chenin Blanc Producers' Association – die Sorte ernst nehmen. Am intensivsten wird sie in Paarl, Worcester und Swartland kultiviert, wobei der Großteil der Ernte (89,8 % im Jahr 1998) von Genossenschaften verarbeitet wird. In der Vergangenheit wurde der meiste Wein zu Weinbrand verarbeitet, heute gelangt mehr und mehr direkt in die Flasche; die Flut von billigem, fadem Chenin, der in die Massenmärkte exportiert wird, tut dem Ruf Südafrikas wie dem des Chenin keinen Gefallen.

Das Hauptziel der Chenin Blanc Producers' Association ist die Bestimmung der besten Lagen, von denen viele schon alt sind, sowie der für die Sorte am besten geeigneten Böden und Klimabedingungen.

Egal, welche Weintypen gemacht werden, sie

PATRICK BAUDOIN

Diese Grains-Nobles-Cuvée stammt aus dem ausgezeichneten Jahr 1996. Der Wein ist sehr rund und reif mit dichten, an Honig erinnernden Aromen.

DOMAINE DU CLOS NAUDIN

Das jetzt von Philippe Foreau geleitete Gut Clos Naudin hat Reben in einigen der besten Lagen in Vouvray. Die Weine vereinen Rasse mit Körper und altern hervorragend.

DOMAINE DU CLOSEL

Mme Michèle de Jessey, Besitzerin der Domaine du Closel, gewinnt im Park, der das Château umgibt, Futter für ihre Kühe, die wiederum den Mist für die Reben liefern.

CHENIN BLANC IN ALLER WELT

In Südafrika – im Foto – wird sehr viel mehr Chenin Blanc kultiviert als an der Loire, doch erst in jüngster Zeit wird er ernst genommen. Die Bestimmung der besten Lagen hat begonnen, und in den 25 000 ha Chenin-Gesamtfläche muss es eine ganze Reihe interessanter Flecken geben. Südafrika muss aber auch erst noch seinen eigenen Stil entwickeln, Vouvray-Doppelgänger sind nicht sein Ziel und können es auch nicht sein.

Übriges Nordamerika

In Oregon, wo es 1990 noch 18 ha Chenin gab, ist sie aus der Statistik verschwunden. Auch mit den geringen Beständen im Staat Washington geht es bergab.

Australien

Die 939 ha (1998) Chenin Blanc sind im ganzen Land verstreut. Die Weine schmecken im Allgemeinen nach Obstsalat, der Weinkritiker James Halliday beschreibt ihn als »tutti frutti«. Aus Swan Valley und Margaret River kommen jedoch einige wesentlich festere, beeindruckendere Exemplare.

Neuseeland

Einige gute Süßweine stellen die Ausnahme von der Regel dar, dass Chenin Blanc in Neuseeland ein nützlicher säurereicher Partner für preiswerte Verschnitte mit Müller-Thurgau darstellt. Jeder Jahrgang bringt ein, zwei Chenins von solcher Schönheit und Ausgewogenheit hervor – Reineclauden und Angelika, mit Honig abgerundet und mit zitroniger Säure gewürzt –, dass man rufen möchte: Warum macht man in Neuseeland nicht mehr davon? Der einfache Grund: Chardonnay und Sauvignon Blanc sind viel teurer zur verkaufen. So bleibt Chenin eine Randsorte, auch wenn sie für das Klima Neuseelands sehr gut geeignet ist. 1999 waren 154 ha bepflanzt, der Großteil auf der Nord-Insel.

Übrige Welt

Chenin ist in Mexiko und Südamerika viel gepflanzt, auch in Israel ist sie anzutreffen. Meist wird sie nachlässig vinifiziert, wobei Schwefel großzügig eingesetzt wird; bessere Kellertechniken könnten sicher für einige gute Exemplare sorgen.

sind keine Kopien der Loire. Südafrikanische Chenins sind früher trinkreif und nicht für lange Reifung gedacht – noch nicht. Südafrikanische Erzeuger sind auch kaum Bewunderer des Loire Chenin. Was in Frankreich als Finesse und Subtilität gilt, ist den Südafrikanern unreife Frucht und Säure. Wenn auch die Flaschenreifung auf dem Vormarsch ist, bevorzugt man immer noch Aromen von Banane und Guave, Birne und Ananas anstelle der mineralischen Festigkeit, die zehn Jahre der Reifung braucht, um sich zu öffnen.

Kalifornien

Der Großteil der kalifornischen Chenin-Reben ist im Central Valley zu finden, wo sie Massenwein für preiswerte Verschnitte liefern. Ihm mangelt die feste Säurestruktur des Loire-Chenin, und wenn ihm (was oft der Fall ist) etwas Restzucker belassen wird, schmeckt er nichts sagend und labbrig. Viele Reben wurden inzwischen gerodet; die Anbaufläche sank von 16 188 ha im Jahr 1986 auf 8665 ha im Jahr 1998. Dennoch sind einige gute Weine zu verzeichnen, etwa aus Clarksburg im Sacramento-Delta.

CLOS ROUGEARD

Der in Eiche vergorene Saumur Blanc des Guts Clos Rougeard stammt von alten Reben. Sie liefern gut strukturierte, körperreiche Weine, die von der Eiche nicht dominiert werden.

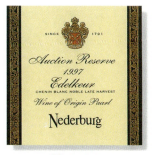

NEDERBURG

Der edelfaule Edelkeur von der südafrikanischen Firma Nederburg ist einer der besten süßen Dessert-Chenins vom Kap.

MILLTON VINEYARD

Ein komplexer halbtrockener Chenin aus dem warmen, feuchten Gisborne in Neuseeland, hergestellt nach biodynamischen Methoden.

Chenin Blanc genießen

Süßer Chenin Blanc von der Loire ist einer der langlebigsten Weine überhaupt. Die mit Edelfäule gesegneten Jahrgänge 1921, 1945, 1947, 1955, 1959 und 1976 aus Vouvray sind jetzt alle auf dem Höhepunkt: Ein süßer Vouvray wird mit etwa zwölf Jahren reif und kann ein Jahrhundert alt werden. Ein Coteaux du Layon von Moulin Touchais, einem auf alte Weine spezialisierten Familienunternehmen, scheint nach 20 bis 30 Jahren in der Flasche optimal zu sein, während zehn Jahre Flaschenreifung eine gute Daumenregel für Coteaux du Layon der Spitzenklasse ist. Wie so oft sind es die Jahrgänge mit der höchsten Säure, die sich am längsten halten, ihre Entwicklung misst man eher in Generationen als in Dekaden.

Halbtrockene Weine – auch die von sehr guten Erzeugern – brauchen ebenfalls etwa zehn Jahre, um ihre Brillanz zu zeigen. Weine mit leichterem Körper können schon früher getrunken werden, gute Chenins bleiben um die 30 Jahre auf ihrem Höhepunkt. Die besten trockenen Weine sind kaum früher reif. Trockener Vouvray benötigt etwa zehn Jahre; selbst Schaumwein hält sich einige Jahre, schäumender Saumur sollte jedoch (wie der einfache stille Saumur) jung genossen werden.

Ein Savennières erreicht nach zehn Jahren seinen Höhepunkt und hält sich noch viele weitere Jahre. Als sich die Erzeuger in Savennières in den 1950er Jahren zusammenschlossen, erklärte sich ein Mitglied bereit, den Wein für das erste offizielle Diner zur Verfügung zu stellen – er hatte noch genug 1851er für den Hauptgang.

Chenin macht eine verschlossene Phase durch: Er ist für einige Monate nach der Abfüllung delikat, zieht sich dann aber für sieben, acht Jahre zurück und entwickelt schließlich die bezaubernden Aromen der Reifezeit.

So schmeckt Chenin Blanc

Mit keiner anderen Traubensorte kann man die Aromen des Chenin Blanc nachahmen. In frühester Jugend vereint sich der Geschmack knackig grüner Äpfel mit Reineclauden, Angelika und einem erdig-mineralischen Touch. Trockener Wein kann dann ziemlich hart erscheinen, besonders wenn er seine Latenzphase erreicht. Aber selbst in den letzten Tagen der frühen offenen Phase kann man hinter der Säurerüstung die künftige Fülle und Komplexität erahnen. Sie können Ihren Gefühlen trauen, sie wird kommen.

Meist ist heute die Säure weniger aggressiv, aber das ist immer noch relativ zu sehen. Die Säure mag dank des biologischen Säureabbaus weicher und weniger prominent wirken, sie kann auch auf reiferen Trauben von geringtragenden Reben beruhen. *Bâtonnage* (Aufrühren des Hefesatzes) hüllt die Säure ebenfalls in einen weicheren Körper. Junger Chenin Blanc ist somit zugänglicher als früher, dennoch bleibt das mineralische Etwas, und in nichtedelfaulen Weinen bleibt es auch, wenn sich mit der Reife ein Meer von Honig- und Akazienduft entwickelt, von Brioche, Quitte und Reineclauden.

Edelfaule Weine verfügen weniger über die typischen grünen Äpfel, dafür mehr Pfirsich und Ananas, Malz, Marzipan und Sahne. Sie sind im Allgemeinen weniger gewichtig und alkoholisch als Sauternes, und sie scheinen nie ihre blitzende Chenin-Säure zu verlieren, wie süß sie auch sein mögen.

Neue-Welt-Versionen des Chenin zeigen mehr tropische Aromen – Banane, Ananas, Guave – und sind bei weniger mineralischem Charakter weniger fest strukturiert.

Der Château de Chamboureau kommt aus La Roche-aux-Moines, einer 33 ha großen Subappellation in Savennières, die über besonders gute Sonnenexposition verfügt. In Vouvray gab es im Jahr 1997 jede Menge Botrytis, und so wird der Le Haut-Lieu Moelleux von Huet ein besonders komplexes Aromenspiel entwickeln. Er wird mindestens zehn Jahre Flaschenreifung benötigen.

Chenin Blanc zum Essen

Aus Chenin Blanc macht man alles von durchschnittlichen Zechweinen bis zu den äußerst langlebigen großen Süßweinen der Loire.

Leichte Exemplare sind als Aperitif, zu Salaten oder leichten Fisch- sowie Hühnergerichten gut.

Mittelsüße Versionen besitzen meist hinreichend Säure, um üppigen Pâtés oder Fleischgerichten mit Sahnesauce standzuhalten.

Süße Weine sind sehr schön zu Puddings, besonders wenn sie mit säuerlichen Früchten gemacht sind; sie sind auch wunderbar zu frischen Früchten, Foie gras und Blauschimmelkäse.

VERBRAUCHERINFORMATIONEN

Synonyme und regionale Bezeichnungen
Im Loire-Tal wird die Sorte oft Pineau oder Pineau de la Loire genannt; Steen war lange der traditionelle Name in Südafrika, doch mit steigendem Status geht man zu Chenin Blanc über. Pinot Blanco nennt man sie in Mexiko und Südamerika.

Gute Erzeuger
LOIRE-TAL Bonnezeaux Sansonnière, Fesles, Godineau, Grandes Vignes, Laffourcade, Petits Quarts, Petit Val, René Renou, Terrebrune, La Varière; **Coteaux de l'Aubance** Y. Lebreton/Rochelles, V. Lebreton/Montgilet, C. Papin/Haute Perche, Richou; **Coteaux du Layon** Pierre Aguilas, Patrick Baudoin, Baumard, La Bergerie, Breuil, Cady, Pascal Cailleau, Philippe Delesvaux, Forges, Fresne, Grandes Vignes, Jolivet, Maurières, Ogereau, Passavant, Petit Val, Pierre-Bise, Jo Pithon, Plaisance, Joseph Renou, La Roulerie, Sablonettes, La Sansonnière, Sauveroy, Soucherie, Yves Soulez, Touche Noire, La Varière; **Montlouis** Berger, Chidaine, Deletang, Dominique Moyer, Taille aux Loups; **Quarts de Chaume** Baumard, Bellerive, Laffourcade, Maurières, Pierre-Bise, Jo Pithon, Joseph Renou/Petit Metris, Rochais/Plaisance, Pierre Soulez, La Varière; **Saumur** Clos Rougeard, Hureau; **Savennières** Baumard, Clos de Coulaine, Clos de la Coulée-de-Serrant, Clos des Maurières, Closel, d'Épiré, Forges, Laffourcade, Laroche/aux Moines, Plaisance, Pierre Soulez, Yves Soulez, Pierre-Yves Tijou; **Vouvray** Aubuisières, Bourillon-Dorléans, Marc Brédif, Champalou, Clos Baudoin, Clos Naudin, La Fontainerie, Gaudrelle, Huet, François Pinon
SÜDAFRIKA Flagstone, Kanu, Mulderbosch, Nederburg, Spice Route
NEUSEELAND Collards, Esk Valley, Millton Vineyard
USA Kalifornien Chalone, Chappellet, Dry Creek Vineyards, Husch, Pine Ridge; **Washington** Hogue Cellars, Kiona, Paul Thomas

WEINEMPFEHLUNGEN
Zehn Loire-Süßweine
Patrick Baudouin *Coteaux du Layon Sélection des Grains Nobles*
Clos Naudin *Vouvray Moelleux Réserve*
Dom. Philippe Delesvaux *Coteaux du Layon Cuvée Anthologie*
Ch. de Fesles *Bonnezeaux*
Jo Pithon *Coteaux du Layon St-Aubin Clos des Bois*
René Renou *Bonnezeaux Les Melleresses*
Domaine Richou *Coteaux de l'Aubance Cuvée les Trois Demoiselles*
Dom. de la Sansonnière *Bonnezeaux*
Ch. Soucherie *Coteaux du Layon La Tour*
Dom. de la Taille aux Loups *Montlouis Cuvée des Loups*

Zehn halbsüße Loire-Weine
Dom. des Aubuisières *Vouvray les Girardières Demi-sec*
Didier Champalou *Vouvray*
Clos Naudin *Vouvray Demi-sec*
Huet *Vouvray Clos du Bourg Demi-sec*
Domaine des Liards *Montlouis Vieilles Vignes Demi-sec*
Gaston Pavy *Touraine Azay-le-Rideau*
Ch. Pierre-Bise *Anjou le Haut de la Garde*
Domaine Richou *Coteaux de l'Aubance Sélection*
Taille aux Loups *Montlouis Demi-sec*
Ch. Gaudrelle *Vouvray Réserve Spéciale*

Zehn trockene Loire-Klassiker
Dom. des Aubuisières *Vouvray Le Marigny Sec*
Dom. des Baumard *Savennières Clos de la Bergerie*
Bourillon-Dorléans *Vouvray Coulée d'Argent Sec*
Clos de la Coulée-de-Serrant *Savennières Coulée-de-Serrant*
Clos Rougeard *Saumur Blanc*
Dom. du Closel *Savennières Clos du Papillon*
Dom. Deletang *Montlouis Les Batisses Sec*
Huet *Vouvray Le Haut Lieu Sec*
Ch. du Hureau *Saumur Blanc*
Joël Gigou *Jasnières Cuvée Clos St-Jacques*

Fünf Schaumweine
Dom. de l'Aigle *Crémant de Limoux*
Clos Naudin *Vouvray Pétillant Vintage*
Gratien & Meyer *Crémant de Loire Brut*
Huet *Vouvray Mousseux Vintage*
Langlois-Château *Crémant de Loire Quadrille Brut*

Fünf Neue-Welt-Weine
Chalone Vineyard *Chenin Blanc* (Kalifornien)
Chappellet *Napa Valley Old Vine* (Kalifornien)
Kanu *Chenin Blanc Wooded* (Südafrika)
Millton *Te Arai Chenin Blanc* (Neuseeland)
Mulderbosch *Steen-op-Hout* (Südafrika)

Wenn der Pilz Botrytis cinerea die Chenin-Blanc-Trauben befällt, werden die Beeren erst rötlichbraun und beginnen dann zu schrumpfen. Zu diesem Zeitpunkt gehen die Erntehelfer zum ersten Mal durch den Weinberg, um nur die eingeschrumpften Beeren zu lesen.

Reifediagramme
Chenin Blanc aus dem Loire-Tal kann jung etwas unfreundlich sein und unglaublich lang gelagert werden.

1997 Savennières (trocken)

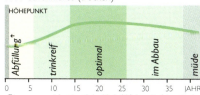

Ein ausgezeichnetes Jahr. Viele Weine sind inzwischen früher zugänglich gestaltet; dieses Diagramm bezieht sich auf traditionelle Weine.

1997 Quarts de Chaume

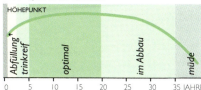

Nicht so überbordend wie ein Sauternes, doch sehr üppig mit elektrisierender fruchtiger Säure, die die Weine frisch hält und mindestens 20 Jahre aufregend sein lässt.

1999 Südafrika, Old Vine

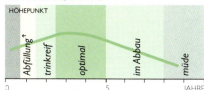

Chenin dominiert die Weinberge Südafrikas. Meist ist der Wein ohne Profil, ein Chenin von alten Buschreben kann aber wunderbar sein.

Moldau, die Ukraine, Chile, alle haben etwas Chasselas. Die in Kalifornien als Golden Chasselas bezeichnete Sorte ist allerdings sehr wahrscheinlich Palomino. Gute Erzeuger: (Schweiz) Henri Badoux, les Frères Dubois, Louis Bovard, Caves Imesch; (Frankreich) Serge Daguenau, Kientzler, Genossenschaft Pfaffenheim, Ripaille Guy Saget, Schoffit.

CHIAVENNASCA

Im Valtellina in der Lombardei wird die Nebbiolo so genannt. Siehe S. 154–163.

CIENNA

Eine neue, in Australien gezüchtete Kreuzung aus Cabernet Sauvignon und der spanischen Sorte Sumoll. Sie wird von Yalumba in Wrattonbully bei Coonawarra in Südaustralien getestet, die ersten Resultate schmecken recht gut.

CINSAUT

Der Ruf der Traube für große Erträge und niedrige bis mittlere Qualität ist nur zum Teil berechtigt. Sicher ist sie ertragreich, bei Ertragsreduzierung ergibt sie aber charaktervolle, verlockende Weine, die bei so klangvollen Namen wie Chateau Musar im Libanon eine wichtige Rolle spielen. Dort erntet man ganze 25 hl/ha. Auch das Languedoc erzeugt bei geringen Erträgen und langer Mazeration auf den Häuten finessereichen Wein.

In der Jugend ist er weich, geschmeidig und aromatisch, und er wird häufig verwendet, um den festen Carignan sanfter zu machen. Cinsaut ist als *cépage améliorateur* (»verbessernde Sorte«) eingestuft, besitzt aber nicht das Prestige in gleicher Funktion verwendeter Sorten wie Syrah und Mourvèdre. Sortenrein ergibt sie attraktive Rosés.

CHATEAU MUSAR
Dieser Blend aus Cabernet Sauvignon, Cinsaut und Syrah ist nicht nur der bekannteste Wein des Libanon, sondern auch ein Klassiker der Weinwelt.

Die Rebe treibt relativ spät aus und ist für Echten und Falschen Mehltau anfällig. In Algerien hat sie sich bei Wassermangel und austrocknenden Winden wie dem Schirokko widerstandsfähiger erwiesen als Aramon. In Nordafrika ist sie seit langem populär, auf Korsika ist sie die Hauptsorte.

In Südafrika wurde sie von der Pinotage überholt, dem Resultat der Kreuzung von Cinsaut (die hier Hermitage genannt wurde) und Pinot Noir (siehe S. 186/187). Sie stellt dort gegenwärtig 4 % der Rebfläche und wird für Tisch- und aufgespritete Dessertweine verwendet. Als Tafeltraube ist sie in Frankreich unter dem Namen Œillade bekannt. Gute Erzeuger: (Frankreich) L'Amarina, Caraguilhes, Clos Centeilles, Mas de Daumas Gassac, Mas Jullien, Pech-Redon, Val d'Orbieu, Vignerons Catalans.

CLAIRETTE

Die Tage der Clairette Blanche, einst die große Stütze vieler südfranzösischer Verschnitte, scheinen gezählt zu sein. Sie entspricht nicht dem modernen Muster: Sie hat zu wenig Struktur, zu viel Alkohol und zu wenig Säure, und sie oxidiert schnell. Und dies noch dazu in einer Zeit, die sich nur für Rotwein interessiert.

Noch spielt sie in vielen Weinen eine – geringer werdende – Rolle. Sortenrein sind Clairette de Bellegarde und Clairette du Languedoc, wobei letzterer trocken, süß oder als Rancio-Typ vinifiziert wird. Mit Muscat Blanc à Petits Grains wird sie in der Appellation Clairette de Die verwendet, außerdem taucht sie in Châteauneuf-du-Pape, Côtes du Rhône, Côtes de Provence, Cassis, Bellet, Palette und vielen anderen südlichen Appellationen auf, oft neben mehr Alkohol liefernden Sorten wie Ugni Blanc. Auf dem richtigen Boden und bei Erträgen unter 50 hl/ha ergibt sie interessante Weine, fett, vielleicht ein wenig schwer, mit 14 % Alkohol und attraktiver Moschus-Art. Moderne Kellertechnik kann auch die Oxidation verringern. Erträge von 100 hl/ha und mehr resultieren jedoch in Weinen, die dem Midi seinen schlechten Ruf einbrachten.

In Südafrika nahm Clairette im Jahr 1999 nur 1,9 % der Rebfläche ein. Die Blanquette im australischen Hunter Valley ist Clairette, darf also nicht mit der Blanquette von Limoux im Languedoc verwechselt werden, die normalerweise Mauzac heißt. »Clairette« wird auch als Synonym für andere sürdfranzösische Sorten gebraucht, so Ugni Blanc (im Languedoc: Clairette Ronde) und Bourboulenc. Die Clairette Gris hat leicht rosa gefärbte Beeren. Gute Erzeuger: (Frankreich) Achard-Vincent, Genossenschaft Die, Faure, Magord.

CLEVNER

Clevner und Klevner sind deutsche Synonyme für Gewürztraminer sowie elsässische Namen für Mitglieder der Pinot-Familie, meist Pinot Blanc. Auch im Kanton Zürich wird Pinot Noir als Klevner bezeichnet (siehe S. 174–185).

COLOMBARD

Diese französische Sorte scheint das Ergebnis der Kreuzung von Gouais Blanc und Chenin Blanc zu sein und aus der Charente nördlich des Bordelais zu stammen, wo sie seit langem die weißen Grundweine für den Cognac liefert. Der Rückgang der Nachfrage für Weinbrand bedeutet, dass viele Trauben jetzt als Wein auf den Markt kommen, wofür die Colombard viel besser geeignet ist, denn sie liefert mehr Alkohol und weniger Säure als die für den Weinbrand meist verwendete Ugni Blanc. (Die besten Weinbrände beruhen auf neutralen, alkoholarmen und säurereichen Weinen.)

Colombard kommt besonders gut in den Vins de Pays des Côtes de Gascogne (aus der Region Armagnac) und Vins de Pays de Charente (aus der Region Cognac) zur Geltung, denen sie Pfirsich- und Nektarinen-Frucht und Zitrusduft mitgibt. Sie wird auch in anderen Teilen Südwestfrankreichs angepflanzt und erscheint in vielen Verschnitten; im Bordelais, etwa in Blaye, verbessert sie Duft und Säure vieler Weine.

Colombard ist auch in warmen Klimaten gut zu kultivieren, doch realisieren wenige Erzeuger ihr Potenzial. In Südafrika vergrößerte sich die Anbaufläche von 6,7 % im Jahr 1985 auf 11,2 % im Jahr 1999. Sie bewahrt sich ihre Säure und liefert frische Weißweine mit Grapefruit-Pfirsich-Aroma, die jung zu trinken sind. Einige gute Exemplare sind auch in Australien zu finden.

Die kalifornische Colombard, als French Colombard bezeichnet, wurde für ihre auch bei heißem Klima gute Säure geschätzt, nimmt jedoch gegenwärtig ab. Bis 1991 war sie die wichtigste weiße Traube des Staats, 1999 war sie mit 44 584 ha zweite hinter Chardonnay (102 568 ha). Der größte Teil ist im Central Valley konzentriert. Die Erträge sind hoch – bis 210 hl/ha – und werden meist zu billigen Alltagsweinen verschnitten. Gute Erzeuger: (Frankreich) Jean Aubineau, Meste-Duran, Tariquet, Producteurs Plaimont; (Südafrika) Graham Beck, Longridge, Robertson Winery, Swartland Wine Cellar.

COMPLEXA

Diese für Fäule anfällige Sorte wird seit den 1960er Jahren auf dem zu Portugal gehörenden Madeira kultiviert. Man macht aus ihr Tischweine, die dunkler und weniger adstringierend sind als die Produkte der viel weiter verbreiteten Tinta Negra Mole. Allerdings ist die Rebe sehr fäuleanfällig.

CONCORD

Diese *Vitis-labrusca*-Rebe brachte viele Nordamerikaner dazu, Wein zu trinken, bis die kalifornische Weinrevolution sie in den 1980ern zu Chardonnay-Fans machte. Sie ist in den Nordoststaaten verbreitet, besonders in New York, sowie in Kanada und in Brasilien. Sie übersteht harte Winter besser als die meisten *Vitis-vinifera*-Sorten (in Brasilien ist das Klima in der anderen Richtung ungünstig), zeitigt aber das eigenartige intensive Aroma der *Labrusca*-Reben, das im Allgemeinen als »fuchsig« bezeichnet wird; besser wird es als Geruch nach Maiglöckchen und Nagellack beschrieben, und es ist weit von dem entfernt, was Genießer von *Vinifera*-Weinen gewöhnt sind

Benannt wurde die Rebe nach Concord in Massachusetts, wo sie 1843 ein gewisser Ephraim W. Bull aus Kernen einer Wildrebe zog. Sie wird auch für die Herstellung von Traubensaft und -marmelade verwendet, der Wein ist oft sehr süß.

CORTESE

Trotz der recht hohen Preise, die für den Gavi – den berühmtesten Wein, der aus dieser italienischen Traube gemacht wird – verlangt werden, ist er selten mehr als gefällig. Die Traube behält auch in heißen Sommern ihre Säure, was sie in ihrer Heimat Nordwestitalien beliebt macht; Spitzenqualität wird jedoch selten erreicht. Die Weinberge sind im Piemont und in der angrenzenden Lombardei konzentriert. Gavi del Comune di Gavi (früher als Gavi di Gavi bezeichnet) kommt aus der Stadt Gavi; er ist manchmal, jedoch nicht zwingend, besser als »einfacher« Gavi. Weitere DOC-Weine im Piemont sind Cortese dell'Alto Monferrato und Colli Tortonesi, in der Lombardei Oltrepò Pavese Cortese; Cortese ist auch im Verschnitt des Bianco di Custoza.

In Bestform hat ein Cortese guten Körper und duftet nach Reineclauden und Limonen; aber die Erträge müssen niedrig gehalten werden, damit genügend Extrakt die Säure ausgleicht. In kühlen Jahren dominiert die Säure, was den Wein unattraktiv knochig macht. Einige Erzeuger führen zum Ausgleich den biologischen Säureabbau durch; mit Ausbau im Barrique versucht man dem Wein mehr Fülle zu geben. Gute Erzeuger: Banfi, Gian Piero Broglia, Chiarlo, La Giustiniana, Franco Martinetti, La Scolca, Castello di Tassarola, Villa Sparina.

CORVINA

Corvina ist der Hauptstützpfeiler des Valpolicella und des Bardolino, beides relativ leichtgewichtige Weine aus dem Gebiet bei Verona östlich des Gardasees. Corvina allein besitzt selten viel Farbe und Tannin, bringt aber Geschmack und Säure ein. Bei zu großen Erträgen – oft genug der Fall – werden die Weine dünn und ärmlich, was jeder, der einen billigen Valpolicella probiert hat, bestätigen kann. Doch mit guten Hanglagen und dem richtigen Boden – vulkanischem *toar*, der am meisten Aroma gibt, Kreide oder Schwemmboden – liefert sie sehr interessante Weine mit einem blumigen Kirschbukett. Die Begrenzung der Erträge ist nicht ganz einfach, da die Basalaugen keine Frucht tragen; man muss daher eine lange Fruchtrute anschneiden und in Spalierform erziehen.

Ihre besten Resultate erzielt die Corvina als Amarone oder Recioto, für die die Trauben teilrosiniert werden. Ihre kleinen Beeren haben eine dicke Haut, die während des Trocknens vor Fäulnis schützen. Gute Erzeuger: Accordini, Allegrini, Bertani, Boscaini, Brunelli, Tommaso Bussola, Dal Forno, Masi, Le Ragose, Le Salette, Speri, Tedeschi, Tommasi, Quintarelli, Zenato.

CORVINONE

Es ist nicht klar, ob Corvinone eine Spielart der Corvina (siehe oben) ist oder eine eigene Sorte. Die beiden Reben stehen in den Weinbergen von Valpolicella wild durcheinander, und viele Winzer differenzieren nicht zwischen ihnen. Doch es gibt Unterschiede: Corvinone (»große Corvina«) hat größere Beeren mit mehr Farbe, Tannin und Zucker, außerdem hat sie nicht das Problem der unfruchtbaren Basalaugen.

COT

Der französische Name für Malbec, siehe S. 118/119.

COUNOISE

Eine südfranzösische Sorte, die eine kleine, aber wichtige Rolle an der Südrhône, in Provence und Languedoc spielt. Die große Ähnlichkeit mit der Aubun macht es schwierig, die Reben im Weinberg zu unterscheiden; Counoise bringt jedoch die bessere Qualität. Sie verfügt über eine würzig-pfeffrige Art, pflaumige Frucht und ordentliche Säure, jedoch nicht viel Farbe und Tannin. Sie ist im Anbau empfindlich, geringtragend und spätreifend, aber resistent gegen Krankheiten und bringt Aroma und Körper in den Verschnitt. Gute Erzeuger: Beaucastel, Mas Blanc, Romain.

CRIOLLA GRANDE

Eine rosafarbene Traube von geringer Qualität, die in Argentinien für einfachste Weißweine angebaut wird. Sie war eine der ersten Sorten im amerikanischen Doppelkontinent, die – vermutlich aus Samen – von den europäischen Siedlern gezogen wurde, und stellt immer noch große Rebflächen, besonders in Mendoza. Es gibt in Argentinien auch eine hellhäutige Criolla Chica, sie ist mit der País in Chile und der Mission in Kalifornien identisch.

CROATINA

Die Croatina ist eine Rebe des italienischen Nordens und liefert attraktive weiche Weine mit pflaumigem Aroma. Im Piemont wird sie neben Nebbiolo (alias Spanna) und Bonarda in den Verschnitten für Gattinara und Ghemme verwendet. Im Oltrepò Pavese in der Lombardei sowie in den Colli Piacentini in der Emilia-Romagna wird sie als Bonarda bezeichnet (siehe S. 43). Die Weine sind meist sehr angenehm, saftig und bukettreich.

CROUCHEN

Eine neutrale französische Sorte, die in Frankreich verschwunden ist, in Südafrika aber noch 3 % der Rebfläche ausmacht; sie ist dort vor allem in Paarl und Stellenbosch konzentriert und wird auch als Cape Riesling, South African Riesling und Paarl Riesling bezeichnet (echter Riesling heißt Weisser oder Rhine Riesling). Ebenfalls fast verschwunden ist die Crouchen aus Australien, die dort Clare Riesling hieß, bis 1976 der Ampelograf Paul Truel ihre wahre Identität feststellte.

CYGNE BLANC

Cygne Blanc ist ein Abkömmling der Cabernet Sauvignon. Sie wurde vom Winzer Dorham Mann in seinen Rebflächen im westaustralischen Swan Valley entdeckt, woher sie den Namen hat (»cygne« bedeutet »Schwan«).

DELAWARE

Amerikanische Hybridrebe, benannt nach der Stadt in Ohio, wo sie 1849 zuerst vervielfältigt wurde. Sie schmeckt weniger fuchsig als Concord und reift früh, was sie im Staat New York und in Japan attraktiv macht.

DIMIAT

Eine bulgarische Rebe, die im Süden und Osten des Landes große Flächen einnimmt. Ihr Wein ist aromatisch, einfach und meist lieblich bis süß. Sie soll nach einem Ort im Nil-Delta benannt sein, von wo sie in den Kreuzzügen nach Thrakien kam.

Dolcetto

Dolcetto, das ist zu Deutsch »der kleine Süße«. Doch wenn ich einen Dolcetto suche, der dieser Charakteristik entspricht, fühle ich mich oft wie eine Mutter, die ihren Kopf missbilligend über ihren ganz und gar nicht süßen Kleinen schüttelt. Ein Dolcetto kann all den Charme und das gewinnende Wesen eines missratenen Lieblingssohnes haben, doch solche Exemplare sind keineswegs die Regel. Er sollte der unkomplizierte, frische Alltagswein des Piemont sein, doch verhindern das überraschend häufig Tannin, Säure und Rauheit. Idealerweise sollte Dolcetto nur mäßige Säure, zurückhaltendes Tannin (jedenfalls im Vergleich zu Nebbiolo, der berühmten Traube des Piemont), charakteristischen Duft und einen anregenden bittersüßen Nachklang aufweisen. Und er sollte jung getrunken werden, ein oder zwei Jahre alt, wenn er hoffentlich noch mit Frucht voll gepackt ist. Einige Erzeuger bevorzugen den tannin- und körperreicheren, eichenbetonten Typ, aber es gibt im Piemont auch eine Reihe von Winzern, die aus allen Trauben, deren sie habhaft werden, gleich etwas Grandioses machen wollen.

Dolcetto ist für diese Art Wein nicht wirklich geeignet, sie ist einfach nicht die Sorte dafür, und sie wurde früher auch nie in diese Rolle gedrängt. Weil sie nicht so prestigeträchtig ist wie Barbera und Nebbiolo und weil sie auch einige Wochen vor Barbera und bis zu vier Wochen vor Nebbiolo reif wird, teilt man ihr die kühleren Lagen zu, die für die anderen nicht geeignet sind – was in einem guten Jahr o.k. ist, in einem schlechten ziemlich riskant. Im Piemont gilt sie als anspruchslose Rebe, was dazu führt, dass wenige Winzer sich über den optimalen Anbau Gedanken machen. Seit je gerät Dolcetto in den Bereichen Ovada und Alba am besten und charaktervollsten, Alba ist heute das Hauptanbaugebiet.

Ordentlicher Dolcetto ist häufig anzutreffen, aufregender setzt jedoch einen talentierten, engagierten Weinmacher voraus. Als der beste Dolcetto-Winzer Ovadas starb, gab es niemanden, der in seine Fußstapfen treten konnte. Dolcetto ist auch – unter dem Namen Ormeasco – in Ligurien eine wichtige Sorte mit einigen interessanten Weinen. In Savoyen heißt sie Douce Noire, und als Charbono liefert sie in Kalifornien tieffarbenen, mächtigen und schokoladigen Stoff.

Sonst scheint nur Australien über ein paar Rebstöcke zu verfügen; doch da die ältesten auf etwa 1860 zurückgehen, sollte man sie ernst nehmen, es könnte sich um die älteste noch existierende Pflanzung handeln.

So schmeckt Dolcetto

Kirscharomen sind typisch für Dolcetto: Reife Schwarzkirschen im Duft und am Gaumen, bittere Kirschen im Abgang sorgen für die typisch italienische Note. Man kann auch Pflaumen und Lakritz schmecken. Mit einigem Glück findet man ein Exemplar mit verführerischem Duft. Trotz des Namens sind Dolcetto-Weine trocken, nicht einmal die Trauben sind besonders zuckerreich.

Der Einzellagen-Dolcetto-d'Alba Coste & Fossati aus dem Haus Aldo Vajra ist so körperreich, wie ein Dolcetto nur sein kann. Ein sehr ernsthafter Wein, faszinierend und wild in der Jugend, der aber von drei, vier Jahren in der Flasche gewaltig profitiert.

MARCARINI
Der markante, kraftvolle Dolcetto d'Alba von Marcarini wird von 100 Jahre alten, wurzelechten Reben geliefert. Er wird nicht in Eiche ausgebaut, was ihm sehr gut tut.

QUINTO CHIONETTI
Im piemontesischen Bereich Dogliani ist die Qualität generell hoch, und Chionetti macht herausragende Exemplare. Dieser Lagenwein stammt von geringtragenden alten Reben.

Oben: Dolcetto-Trauben sind unglaublich dunkel, weshalb für ebenso dunkle Weine nur eine kurze Maischung auf den Häuten nötig ist. Der kurze Hautkontakt ist der Grund für den geringen Tanningehalt der Weine; die Trauben können, wenn gewünscht, ebenso viel Tannin liefern wie andere Sorten. Dolcetto wird gegenwärtig für die Anpflanzung in Australien geprüft, und es wird sicher interessant zu sehen, was die Aussies aus ihm machen, wenn sie sich dahinter klemmen.
Links: Dolcetto-Lese in den Weinbergen von Aldo Conterno bei Bussia in der Nähe von Monforte d'Alba. Dolcetto gilt im Piemont als die drittbeste Traube hinter Nebbiolo und Barbera. Sie reift früher als diese beiden, weshalb mit ihr die kühleren Lagen genützt werden.

VERBRAUCHERINFORMATIONEN

Synonyme und regionale Bezeichnungen
Im westlichen Ligurien (Riviera di Ponente) ist die Rebe als Ormeasco bekannt, im französischen Savoyen als Douce Noire und in Kalifornien als Charbono.

Gute Erzeuger
ITALIEN Piemont/Dolcetto d'Acqui Villa Sparina, Viticoltori dell'Acquese; **Dolcetto d'Alba** Alario, Altare, Ascheri, Azelia, Enzo Boglietti, Bongiovanni, Brovia, Cà' Viola, Cigliuti, Domenico Clerico, Aldo Conterno, Giacomo Conterno, Conterno-Fantino, Corino, Gastaldi, Ettore Germano, Bruno Giacosa, Elio Grasso, Marcarini, Marchesi di Gresy, Bartolo Mascarello, Giuseppe Mascarello, Moccagatta, Fiorenzo Nada, Oddero, Armando Parusso, Pelissero, Ferdinando Principiano, Prunotto, Renato Ratti, Albino Rocca, Bruno Rocca, Luciano Sandrone, Scavino, La Spinetta, G. D. Vajra, Eraldo Viberti, Vietti, Vigna Rionda, Gianni Voerzio, Roberto Voerzio; **Dolcetto d'Asti** Brema; **Dolcetto di Diano d'Alba** Alario, Bricco Maiolica, Fontanafredda; **Dolcetto di Dogliani** M. & E. Abbona, Francesco Boschis, Quinto Chionetti, La Collina, Del Tufo, Devalle, Luigi Einaudi, Gillardi, Marenco, Pecchenino, Carlo Romana, San Fereolo, San Romano, Schellino, Giovanni Uria; **Dolcetto di Ovada** La Guardia, Giuseppe Ratto/Cascina Scarsi, Annalysa Rossi Contini, Terre da Vino; **Ligurien** Lupi, Lorenzo Ramò
USA Kalifornien Duxoup, Kent Rasmussen

WIENEMPFEHLUNGEN
Zehn Dolcetti d'Alba/Dolcetti di Diano d'Alba
Alario *Dolcetto di Diano d'Alba Costa Fiore*
Brovia *Dolcetto d'Alba Solatio Brovia*
Ca' Viola *Dolcetto d'Alba Barturot*
Conterno-Fantino *Dolcetto d'Alba Bricco Bastia*
Marcarini *Dolcetto d'Alba Boschi di Berri*
Armando Parusso *Dolcetto d'Alba*
Pelissero *Dolcetto d'Alba Augenta*
Albino Rocca *Dolcetto d'Alba Vignalunga*
Luciano Sandrone *Dolcetto d'Alba*
G. D. Vajra *Dolcetto d'Alba Coste e Fossati*

Zehn Dolcetti di Dogliani
Marziano & Enrico Abbona *Dolcetto di Dogliani Papa Celso*
Francesco Boschis *Dolcetto di Dogliani Vigna dei Prey*
Quinto Chionetti *Dolcetto di Dogliani Briccolero*
Antonio Del Tufo *Dolcetto di Dogliani Vigna Spina*
Luigi Einaudi *Dolcetto di Dogliani Vigna Tecc*
Gillardi *Dolcetto di Dogliani Vigna Maestra*
Pecchenino *Dolcetto di Dogliani Sirì d'Jermu*
Carlo Romana *Dolcetto di Dogliani Bric dij Nor*
San Fereolo *Dolcetto di Dogliani San Fereolo*
San Romano *Dolcetto di Dogliani Vigna del Pilone*

Fünf weitere Dolcetti
Lupi *Riviera Ligure di Ponente Ormeasco Superiore Le Braje* (Italien)
Lorenzo Ramò *Riviera Ligure di Ponente Ormeasco* (Italien)
Villa Sparina *Dolcetto d'Acqui Bric Maiola* (Italien)
Duxoup *Napa Valley Charbono* (Kalifornien)
Kent Rasmussen *Napa Valley Dolcetto* (Kalifornien)

DOÑA BLANCA

Eine iberische Traube, die im spanischen Galicien und in Nordportugal (als Doña Branca) gezogen wird. Sie wird für weißen Portwein und für Tischweine mit mächtigem Bukett verwendet.

DORNFELDER

Einige der attraktivsten deutschen Rotweine werden (ganz oder teilweise) aus Dornfelder gemacht. Sie spielen zwar nicht in der Liga der Weltklasse, sind aber häufig den überambitionierten und übermäßig eichenlastigen Versuchen mit Spätburgunder (Pinot Noir) vorzuziehen. Dornfelder ist ein ehrlicher Geselle, er will nicht mehr sein als ein saftig-fruchtiger Wein für den raschen bis mittelfristigen Genuss, und er erfüllt diese Rolle mit Bravour. Kultiviert wird Dornfelder hauptsächlich in der Pfalz (ca. 2400 ha) und Rheinhessen (1600 ha), wo sie selbst bei Erträgen von 120 hl/ha für gute Farbe sorgt. Erzeuger, die in Eiche ausbauen und Wein für längere Reifung machen wollen, halten die Erträge geringer.

Die Rebe wurde 1955 als Kreuzung von Helfensteiner und Heroldrebe gezüchtet, die jeweils selbst deutsche Kreuzungen des 20. Jahrhunderts sind. Der Stammbaum der Dornfelder ist also sehr kompliziert und umfasst alle bedeutenden roten Trauben Deutschlands; sie ist ihrerseits Ahn einiger neuer Sorten: Acolon ist Lemberger × Dornfelder; Cabernet Dorsa ist Dornfelder × Cabernet Sauvignon, und Cabernet Dorio ist eine weitere Dornfelder-Cabernet-Sauvignon-Kreuzung. Auch in England ist Dornfelder zu finden, sie liefert – oft mit Pinot Noir verschnitten – aromatische Rotweine und ordentlichen Rosé. Gute Erzeuger: (Deutschland) Graf Adelmann, Drautz-Able, Lingenfelder.

DUCHESS

Eine amerikanische Hybridrebe, die im Staat New York und in Pennsylvania mit wenigen hundert Hektar gepflanzt ist und einen sehr auf »fuchsig« schmeckenden Wein liefert.

DURAS

Farbkräftige Traube Südwestfrankreichs, wird häufig mit Négrette und Fer verschnitten und ergibt gut strukturierte, pfeffrige Weine. Ihre Fläche nimmt zu.

DURIF

Ein Dr. Durif vervielfältigte diese Rebe in den 1880er Jahren. Zuerst wurde sie in Südfrankreich gepflanzt, wegen ihrer Resistenz gegen Falschen Mehltau, nicht weil sie besondere Qualität lieferte. Ihre Weine sind rau und rustikal, und sie ist aus französischen Weinbergen praktisch verschwunden. In jüngerer Zeit bekam sie noch einmal Aufmerksamkeit als das mögliche Alias der kalifornischen Petite Sirah. Der DNA-Fingerabdruck zeigt jedoch, dass sie nicht verwandt sind; Durif erwies sich als Kreuzung von Peloursin und Syrah. Das kalifornische Durcheinander scheint in den 1920ern entstanden zu sein, als die Behörden Durif, Petite Sirah, Syrah und einige weitere Sorten unter »Petite Sirah« zusammenwarfen. Ein Großteil der kalifornischen »Petite Sirah« ist in der Tat Durif, und sie leidet dort weit weniger unter Fäule als im heimischen Frankreich. (Siehe Petite Sirah, S. 168.) In warmen Bereichen Australiens liefert die Durif unter ihrem richtigen Namen feste, vierschrötige trockene Weine, die anscheinend uralt werden können; in ihren frühen Jahren sind sie undurchdringlich, und ich bin noch nicht alt genug, um zu wissen, wie sie sich entwickeln können. Gute Erzeuger: (Australien) Campbells, Morris.

EHRENFELSER

Eine deutsche Kreuzung von 1929 aus Riesling und Silvaner. Sie sollte, wie so viele Züchtungen, die Vorteile des Rieslings (Eleganz und Feinheit, Vielschichtigkeit und Alterungsfähigkeit) mit früherer Reifung und höheren Erträgen verbinden. Der Wein ist tatsächlich recht gut, hat aber wenig Säure und nicht annähernd die Qualität des Rieslings. Sie wurde vorwiegend in der Pfalz und in Rheinhessen gepflanzt, doch ohne großen Erfolg.

ELBLING

Weißer Elbling beherrschte im Mittelalter die Weingärten Deutschlands. Ohne Zweifel ergab sie damals dieselben sauren Weine wie heute, wo sie vor allem an der oberen Mosel und weiter flussaufwärts in Luxemburg anzutreffen ist. Auch eine rote Version ist dort zu finden. Weißer Elbling ist ertragreich, die zuckerarmen Trauben werden hauptsächlich zu Schaumwein verarbeitet.

ENCRUZADO

Die weiße Hauptrebe in der portugiesischen Region Dão. Die Erzeuger experimentieren mit

Dornfelder gedeiht auch in kühlen Klimaten, und viele gute englische Rotweine verdanken ihr vieles. Hier die Weinberge von Denbies Vineyards in Surrey.

Vergärung im Barrique und Hefesatzaufrühren, um den Charakter zu betonen; ein wenig Reifung in Eiche scheint gut zu tun. Die besten Produkte sind recht elegant, von etwas grasiger Art und schön ausgewogen. Gute Erzeuger: José Maria da Fonseca Successores, Quinta dos Roques, Quinta de Saes, Sogrape.

ERBALUCE
Die erste schriftliche Erwähnung im Piemont – wo die Rebe entstanden zu sein scheint – datiert von 1606. Sie ergibt oft sehr interessante Weine mit gefälliger Apfelfrucht. Ihre schneidende Schärfe macht sie für Süßweine ideal; ihre beste Inkarnation dürfte der Caluso Passito aus rosinierten Trauben sein. Der normale Weißwein heißt Erbaluce di Caluso und muss aus sehr reifen Trauben gemacht sein, um die Säure zu dämpfen. Gute Erzeuger: Antoniolo, Luigi Ferrando, Orsolani.

ERMITAGE
An der Nordrhône gebrauchtes Synonym für Marsanne (siehe S. 124/125).

ESGANA CÃO
Die von Madeira bekannte Sercial (siehe S. 240) wird unter diesem Namen auch auf dem portugiesischen Festland angebaut. Der ungünstige Effekt auf Hundeartige – der Name bedeutet »Hundewürger« – könnte auf die hohe Säure zurückgehen. Anzutreffen ist sie in Vinho Verde, Bucelas (dort oft mit Arinto verschnitten) und im Douro-Tal.

ESPADEIRO
Eine Quelle für leichten roten Vinho Verde in Nordportugal. Die um Lissabon angebaute Espadeiro ist in Wirklichkeit Tinta Amarela.

FABER
Auch Faberrebe genannt, eine uninteressante Kreuzung entweder aus Weißburgunder (Pinot Blanc) und Müller-Thurgau oder aus Silvaner und Pinot Blanc, gezüchtet in den 1920er Jahren. Sie wird vor allem in Rheinhessen und in der Pfalz kultiviert, da sie in kühleren Lagen reift, als für den Riesling notwendig, und viel Zucker und Säure erbringt. Sie lässt jedoch Aroma und Charakter vermissen und ist daher auf dem Rückzug.

FALANGHINA
Hochwertige, dennoch wenig gepflanzte italienische Rebe. Sie ist in Kampanien zu Hause und u. a. für die DOC-Weine Capri Bianco und Falerno del Massico verantwortlich. Sie könnte die Traube hinter dem Falerner sein, einem der angesehensten Weine der Antike, und findet wieder mehr Beachtung. Gute Erzeuger: Di Majo Norante, Mastroberardino, Terra Dora di Paolo, Villa Matilde.

FAVORITA
Die großbeerige Favorita ist im Piemont, in den Bereichen Roero und Langhe, beheimatet. Sie fungiert auch als Tafeltraube, doch da ihre Beliebtheit als Weinlieferant wächst, wird die Tafel vielleicht bald ohne sie auskommen müssen.
Sie liefert Weine von guter Struktur und Säure, allerdings wenig Aroma außer in den wenigen Fällen, wo sie an Birnen denken lässt. Die gewichtigsten und reifsten Exemplare ähneln gutem Vermentino, der ligurischen Sorte, die zeitweise als verwandt oder sogar als identisch galt. Das italienische Landwirtschaftsministerium dekretierte 1964 jedoch, dass sich Blätter, Augen und Trauben der beiden Sorten deutlich unterscheiden und diese daher als verschiedene Sorten zu betrachten seien. Favorita reift spät und wird manchmal als »Weichmacher« mit Nebbiolo verschnitten. Guter Erzeuger: Gianni Gagliardo.

FENDANT
So wird die Chasselas im schweizerischen Wallis genannt. Siehe S. 59.

FER
Die Fer oder Fer Savadou verleiht ihre bukettreiche Rote-Johannisbeer-Frucht vielen Verschnitten Südwestfrankreichs. Sie ist fast überall eine Minderheit, eine größere Rolle spielt sie in Marcillac, Entraygues und Estaing. Kleine Mengen sind auch in Madiran zu finden.
Sie ist eine recht gute Traube mit Stoff und Charakter, die wieder mehr gepflanzt wird; ihre weiche Art ist gut geeignet, Weine aus der Tannat geschmeidiger und früher trinkbar zu machen.
Eine »Fer« wird auch in Argentinien angebaut, sie soll jedoch ein Klon der Malbec sein. Gute Erzeuger: (Frankreich) Du Cros, Producteurs Plaimont, Genossenschaft Vallon.

FERNÃO PIRES
Eine recht aromatische und sehr vielseitige portugiesische Sorte, die überall im Land anzutreffen ist, in Bairrada unter dem Namen Maria Gomes. Sie ist wahrscheinlich die mengenmäßig bedeutendste weiße Traube und für alles Mögliche geeignet, von Schaumwein über Stillwein bis zu edelfaulem Süßwein; sie reagiert sehr gut auf (zurückhaltenden) Ausbau im Eichenfass. Der Wein ist am besten jung zu trinken.

Gute Erzeuger: Quinta da Boavista, Quinta do Carmo, Quinta do Casal Branco, Quinta das Setencostas.

FETEASCĂ
Der weiche, leicht muskatige Wein aus dieser alten osteuropäischen Traube ist meist von guter, wenn auch nicht hoher Qualität. In warmen Klimaten kann er säure- und charakterarm geraten, dennoch bleibt er mit seiner Pfirsichnote gefällig.
Rumänien rühmt sich zweier Fetească, Albă und Regală, die eine Kreuzung zwischen Fetească Albă und Grasă aus den 1920er Jahren ist. Fetească Regală reift später und ist weit mehr verbreitet, ihre Weine haben mehr Finesse und ergeben sehr schöne Spätlesen.
Auch Ungarn, Bulgarien, die südliche Ukraine und Moldau haben Rebflächen mit beiden Sorten; in Ungarn heißt die Fetească Albă Leányka, die Regală Királyleányka. Weniger verbreitet ist demgegenüber die dunkelhäutige Version Fetească Neagra. Guter Erzeuger: (Rumänien) Cotnari.

FIANO
Äußerst interessante süditalienische Traube, die für den aromatischen Fiano di Avellino in Kampanien verantwortlich ist. Die besten Versionen sind gewichtig und stoffig mit blumig-würzigen Noten und haben gutes Reifungspotenzial. Gute

FEUDI DI SAN GREGORIO
Dies ist der »einfache« Fiano di Avellino des bei Avellino beheimateten Hauses Feudi di San Gregorio, der mit dichten Pfirsich- und Nussaromen glänzt. Man produziert unter anderem auch eine Spätlese von teilweise edelfaulen Trauben.

Erzeuger: Colli di Lapio, di Majo Norante, Feudi di San Gregorio, Mastroberardino, Paternoster, Giovanni Struzziero, Terre Dora di Paolo, Vadiaperti.

FOLLE BLANCHE
Die Folle Blanche wird in ihrem ehemaligen Hauptverbreitungsgebiet Westfrankreich rasch verdrängt und überflüssig gemacht. Im Gers ist

sie als Piquepoul oder Picpoul bekannt, mit der echten Picpoul (siehe S. 169) ist sie aber nicht verwandt. Bis zum Ausbruch der Reblauskrise war sie eine der Trauben für Cognac und Armagnac; sie ist aber fäuleanfällig und wurde weithin durch andere Sorten ersetzt, vor allem Ugni Blanc, obwohl Weinbrand aus Folle Blanche besser ist. Unter dem Namen Gros Plant liefert sie den gleichnamigen VDQS-Wein von der Loire-Mündung bei Nantes. Doch auch hier lässt die Nachfrage nach, und die Erzeuger gehen für den Vin de Pays de la Jardin de la France zu Chardonnay über.

Die Traube reift spät, sie muss zwei Wochen nach der Melon de Bourgogne (Muscadet) gelesen werden, der Hauptrebe der Region; sie hat viel Säure und wenig Aroma. All das bedeutet, dass der Wein ziemlich schrecklich ist, außer Sie spülen damit einen großen Berg Meeresfrüchte hinunter – dafür kann er perfekt sein.

Folle Noire ist nicht verwandt, es handelt sich hier um ein Synonym für verschiedene Sorten, darunter Négrette und Jurançon.

FRANCONIA

Die österreichische Sorte Blaufränkisch (siehe S. 42) wird in Friaul in Nordostitalien manchmal so genannt.

FRAPPATO NERO

Eine tanninarme sizilianische Traube, die weiche, recht charmante und aromatische Weine liefert. Sie wird meist verschnitten, insbesondere mit Calabrese, Nerello und Nocera, könnte aber das Zeug zu einem Merlot-Doppelgänger haben.

FREISA

An dieser piemontesischen Sorte scheiden sich die Geister. Ihr Wein hat jede Menge Erdbeer-Himbeer-Aromen und Säure sowie recht viel Tannin; seine Probleme sind die Bitterkeit, die man im Abgang spürt, und die häufig anzutreffende Restsüße, die für manche Menschen unerträglich ist, für andere hingegen unwiderstehlich. Ich für meinen Teil tendiere zu den Liebhabern.

Die Traube soll aus den Hügeln zwischen Asti und Turin kommen, und meist unterscheidet man zwischen der Freisa Grossa mit großen Beeren und Trauben sowie der Freisa Piccola, die kleine hat. Ob es tatsächlich Subvarietäten sind, ist unsicher; auf jeden Fall ergeben sie unterschiedliche Weine, wobei Freisa Piccola mehr Charakter und Bukett mitgibt. Freisa di Chieri, eine kleinbeerige, kräftiger gefärbte und tanninreichere Version, steht hinter dem gleichnamigen DOC-Wein und vielleicht auch hinter

Tokajerflaschen im Keller von Oremus in Tolcsva (Ungarn). Der Tokaji ist ein Verschnitt aus Furmint, Hárslevelü und manchmal ein wenig Muscat.

anderen. Wie so häufig bei italienischen Sorten werden bei genauerem Hinsehen Unklarheiten deutlich.

Ebenso variabel ist der Weintyp: Freisa kann *frizzante* sein (süß oder trocken, wie Lambrusco) oder ein trockener, ernsterer, aber nicht unbedingt besserer Stillwein. Gute Erzeuger: Caudrina, Podere Colla, Luigi Coppo, Piero Gatti, Giuseppe Mascarello, Cantina del Pino, Giuseppe Rinaldi, Scarpa, Vajra, Rino Vavaldo, Gianni Voerzio.

FRONTIGNAC

Ein australischer Name für Muscat Blanc à Petits Grains (siehe S. 144–153.)

FURMINT

Eine sehr hochwertige Traube der ungarischen Region Tokaj, die – nachdem sie die schlechte Behandlung unter den Kommunisten überlebt hat – nun zu ihrem Recht kommt.

Ob sie ungarischen Ursprungs ist, ist nicht bekannt. Im österreichischen Burgenland wurde sie für süße Ausbruchweine viel angebaut und erlebt dort eine kleine Renaissance. Es gibt dort eine grüne und eine angesehenere gelbe Variante. Im Burgenland wird die Sorte Zapfner und in der Steiermark Mosler genannt; sie soll mit der slowenischen Sipon, der rumänischen Grasă (siehe S. 112) und der kroatischen Posip identisch sein. Tokaj in Ungarn ist jedoch ihre Heimat, und sie nimmt dort den größten Teil der Weinberge ein.

Ihre Vorzüge sind die komplexe Aromatik, hohe Säure, Finesse und Langlebigkeit. Junger Furmint schmeckt nach Stahl und Rauch, Limettenschale und Birnen. Süße Weine, mit mehr oder weniger Edelfäule, schmecken nach Aprikosen, Marzipan, Malz und Blutorangen, im Alter werden sie nussig, würzig und rauchig mit Aromen von Tee, Schokolade, Tabak und manchmal einer deutlichen Zimtnote.

Das Problem bei Furmint ist, diese Aromen zum Ausdruck zu bringen. Disznókö, bisher der erfolgreichste Erzeuger von trockenem Furmint, entdeckte, dass man nicht botrytisbefallene Trauben für trockene Weine nach den edelfaulen Trauben lesen muss, also andersherum, als zu erwarten wäre. Wenn man wie gewöhnlich verfährt, werden die Weine peinigend sauer und geschmacksarm.

Das andere Problem ist, dass die neuen Jointventures, die nach dem Zusammenbruch des sozialistischen Systems entstanden, meist nur an den 10–15 % botrytisierten Trauben interessiert sind. Die Aszú-Weine, für die sie verwendet werden, sind von höchster Qualität, und ihre Lebensdauer scheint schier unendlich. An gutem trockenem Furmint gab es bisher wenig Interesse, doch das scheint sich mittlerweile zu ändern.

Crown Estates, zuvor der Monopol-Erzeuger von Tokaji, setzt wie andere Firmen auf ausländische Weinmacher. Mit 2800 Vertragswinzern ist sie die einzige Kellerei, die allen Grund hat, auch guten trockenen Furmint zu machen, weshalb man auf Fortschritte hoffen kann. Gute Erzeuger: Château Megyer, Château Pajzos, Disznókö, Oremus, Royal Tokaji Wine Co.

GAGLIOPPO

Eine alte süditalienische Traube, die in Umbrien, den Marken, den Abruzzen und in Kalabrien robuste Rotweine liefert. Der berühmteste ist der Cirò von der kalabrischen Ostküste, tieffarben, gewichtig und oft sehr gut, insbesondere wenn der Erzeuger Eiche vorsichtig einsetzt. Nicht in Eiche ausgebaute Weine können sogar noch besser sein.

Die Gaglioppo findet bei Weinmachern zunehmend Interesse, weshalb wir mehr von ihr erwarten können. Gute Erzeuger: Caparra & Siciliana, Librandi, Odoardi, San Francesco, Cantine Statti.

GAMAY

Gamay Noir à Jus Blanc ist außerhalb ihrer Heimstätten in Frankreich und der Schweiz gegenwärtig in Ungnade gefallen, dennoch für alle diejenigen attraktiv, die einen leichten, aromatischen Rotwein schätzen. Gamay ist nie ein mächtiger Wein, kann aber viel mehr Charakter haben als ein schwächlicher Merlot oder ein plumper Pinot Noir, Weine, die heute populär sind. Er schmeckt nach Fruchtdrops, Bananen, Himbeeren, Paprika und Kirschen, hat sehr wenig Tannin und selten viel Alkohol, wenn der Winzer nicht massiv mit Zucker nachgeholfen hat. Mit seiner Säure ist er einer der erfrischendsten Rotweine.

Seine Heimat ist das Beaujolais nördlich von Lyon, wo einige Dinge zu unterscheiden sind. Der Beaujolais Nouveau, der am dritten Donnerstag des Novembers auf den Markt kommt, machte auf der Höhe seiner Popularität die Hälfte der Ernte aus, was sich heute zum Glück geändert hat.

Es gibt einfachen Beaujolais, den Beaujolais-Villages (aus 39 bestimmten Gemeinden) und die Beaujolais Crus (Weine aus Brouilly, Chénas, Chiroubles, Côte de Brouilly, Fleurie, Juliénas, Morgon, Moulin-à-Vent, Regnié und St-Amour). Einfacher Beaujolais kommt aus dem flacheren Südteil der Region mit Sedimentböden aus Ton und Kalk, während Beaujolais-Villages und die Crus in den Granithügeln des Nordens angesiedelt sind. Fast alle Weine werden mit einer modifizierten Kohlensäuremaischung hergestellt, die Reben werden im Gobelet erzogen, was ihre Wuchskraft zähmt.

Beaujolais, auch Gamay von anderen Orten, ist generell jung zu genießen. Einige wenige Crus können in der Flasche bis zu zehn Jahre reifen, die langlebigsten Beaujolais sind Moulin-à-Vent, Morgon, Chénas und Juliénas. Die relative Gewichtung von Aroma und Körper hängt im Allgemeinen vom Jahrgang ab: Die »geschmackvollsten« Jahre sind die, in denen die Trauben gerade noch reif werden. Die sind aber vielleicht für Beaujolais Nouveau gut, aber nicht für die Crus.

Nördlich des Beaujolais, im Mâconnais und der Côte Chalonnaise, wird Gamay allmählich durch Chardonnay ersetzt. Im Loire-Tal, in der Touraine und weiter westlich gedeiht die Rebe auf feuersteinreichem Boden und liefert leichte, pfeffrige Weine mit gutem Aroma.

In der Schweiz wird sie häufig mit Pinot Noir verschnitten, was keiner Sorte gut tut; dem Resultat, dem Dôle, fehlt häufig das klare Aromenprofil. In Italien wurde Gamay 1825 eingeführt und ist nur mehr wenig zu finden. Sie wird in ganz Osteuropa angebaut, besonders im ehemaligen Jugoslawien; oft wird sie mit Blaufränkisch verwechselt (siehe S. 42).

Da sie früh reift, ist sie auch für kühlere Klimazonen geeignet, sie treibt aber auch früh aus und kann unter Spätfrösten leiden. In Neuseeland und Kanada könnte sie gute Resultate liefern.

Kalifornien hat zwei Sorten, die als Gamay firmieren, Gamay Beaujolais und Napa Gamay. Erstere ist überhaupt nicht Gamay, sondern ein schlechter Klon von Pinot Noir; er wird allmählich durch Napa Gamay oder besser durch Pinot Noir ersetzt, der Name wird im Jahr 2007 ganz verschwinden. Die Napa Gamay, die lange als echte Gamay galt, wurde als Valdiguié identifiziert, eine schlechte französische Sorte, die in ihrer Heimat längst aus den Weinbergen geworfen wurde. Sie ist auch in Kalifornien auf dem Rückzug, doch lassen einige saftige, würzige Exemplare fragen, ob Gamay dort nicht eine Zukunft hätte und was für eine Sorte Kalifornien wirklich besitzt.

In der Touraine gibt es auch kleine Flächen mit Teinturier-Gamays mit tiefrotem Fleisch und Saft, darunter Gamay de Chaudenay, Gamay de Bouze, Gamay de Castille, Gamay Mourot und Gamay Fréaux. Sie ergeben robuste, feste und wenig aromatische Weine, die von ganz anderem Charakter sind als Gamay Noir à Jus Blanc. Gute Erzeuger: (Schweiz) Caves Imesch, Caves Orsat; (Frankreich) Aucœur, Aujoux, Berrod, Cellier des Samsons, Charvet, Duboeuf, Henry Fessy, Sylvain Fessy, Thorin, Thivin, Pelletier, Vincent.

GAMZA

Die ungarische Kadarka (siehe S. 115) ist in Bulgarien unter diesem Namen bekannt.

GARGANEGA

Die sehr wuchskräftige, spätreifende Rebe ist die Hauptsorte hinter dem Soave, dem Gambellara und anderen Weinen des Veneto. Sie ist auch in Friaul und in Umbrien verbreitet, in der Hauptsache ist sie aber mit dem Soave verbunden.

Guter Soave, jeder gute Garganega ist wirklich hervorragend, er hat sowohl Feinheit als auch Struktur, Eleganz und gerade genug Gewicht, sein Aroma erinnert an Mandeln, Reineclauden und Zitrusfrüchte.

In der Recioto-Version aus rosinierten Trauben wird die intensive Süße durch gute, jedoch nicht durchdringende Säure balanciert; Reciotos profitieren von zehn und mehr Jahren Flaschenreifung, auch gute Lagenweine von Spitzenerzeugern der Soave-Classico-Zone können fast ebenso lange reifen.

Das Problem ist, dass die Wuchskraft der Garganega viele Erzeuger dazu verführte, sie auf fruchtbarem Flachland außerhalb der Classico-Zone anzubauen und riesige Erträge einzufahren. Der Wein wird dann dünn, neutral, nichts sagend – womit der meiste Soave charakterisiert wäre.

Die Rebe soll mit der sizilianischen Grecanico verwandt sein, die von den antiken griechischen Siedlern mitgebracht wurde. Der Weinautor Nicolas Belfrage verweist auf Ähnlichkeiten in der Trauben-, Beeren- und Blattform und auf die ähnliche Aussprache mit dem Akzent auf der zweiten Silbe. Gute Erzeuger: Anselmi, Ca' Rugate, Coffele, Guerrieri-Rizzardi, Inama Masi, Pieropan, Pra, Suavia, Tamellini Tedeschi.

GARNACHA BLANCA

Der spanische Name der Grenache Blanc (siehe S. 113) ist der ältere und daher der »richtige«, doch gibt es von der Rebe in Südfrankreich fast ebenso viel wie in Spanien, dort vor allem im Nordosten, wo sie die Hauptrebe der DO Alella bildet. Im Priorat, in Tarragona und Rioja ist sie zugelassen, aber nur in winzigen Mengen gepflanzt. Gute Erzeuger: Bàrbara Forés, Celler de Capçanes, Masía Barríl, De Muller, Scala Dei, Costers del Siurana.

GARNACHA TINTORERA

Eine Färbertraube, die gar keine Garnacha ist, sondern Alicante Bousquet (siehe S. 35). Sie ist in Spanien weit verbreitet und wird in vielen Verschnitten verwendet.

GELBER MUSKATELLER

Der deutsche und österreichische Name der Muscat Blanc à Petits Grains (siehe S. 144 bis 153).

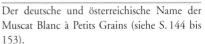

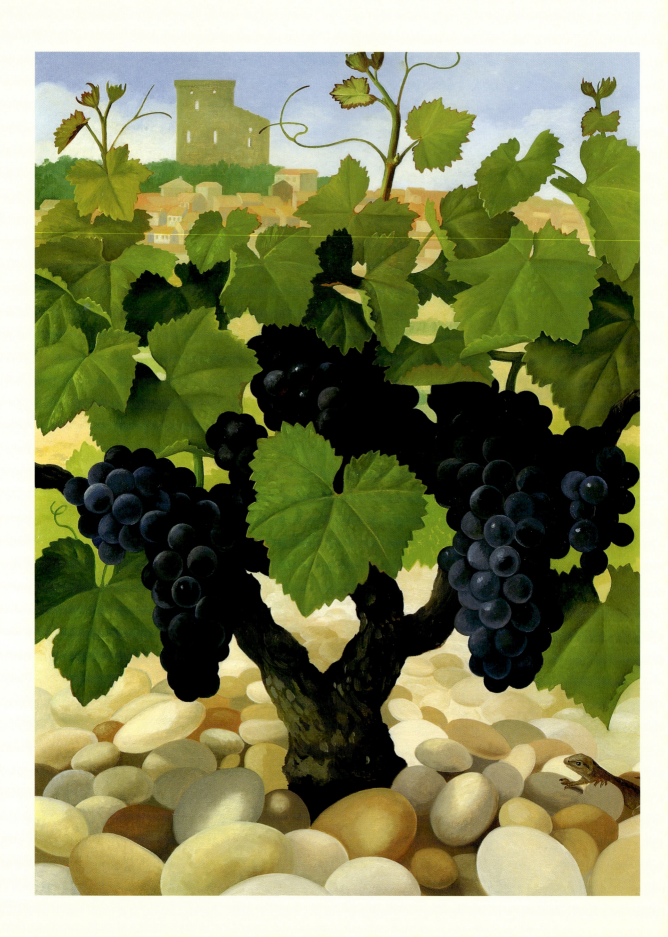

GARNACHA TINTA/GRENACHE NOIR

Viele Weinexperten rümpfen die Nase über Grenache Noir. Mit einer etwas unwilligen Handbewegung tun sie sie als groben, stillosen Störenfried in der feinen Gesellschaft der edlen klassischen Rebsorten ab. Nun, sie verachten die Grenache zu ihrem eigenen Nachteil.

Ich bin ihnen aber nicht böse, ich bedaure sie, denn ein guter Grenache ist eine der großen Erfahrungen in Sachen Wein. Er hat eine wunderbare ungeschminkte Kraft, die einen gefangen nimmt und bezaubert, er verströmt eine gutmütige Fröhlichkeit und entführt mit seinem Geschmack – körbeweise Erdbeeren, alles rote Backen und blitzende Augen – in das heißblütige Getümmel der Welt. Dabei macht er glauben, dass alles ein harmloser Spaß ist, aber Vorsicht! Wenn Sie dann von einem Glas zu viel – das kann schon das zweite sein – ein wenig wacklig werden, denken Sie bekümmert: »Hat's mich wieder erwischt« und »Wann werd ich's lernen«, doch dann überlassen Sie sich wieder dem Fandango der Genussfreude, den Grenache verkörpert.

Grenache ist für mich die wilde Frau des Weins, purer Sex, die Verkörperung solcher Sätze wie »Den Letzten beißen die Hunde« und »Sag nicht, ich hätte dich nicht gewarnt«. Sie sehen nun, warum verknöcherte alte Weinzähne einen großen Bogen um ihn machen.

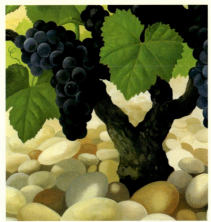

Hoch am Horizont erhebt sich die Ruine des Schlosses, das sich die in Avignon ansässigen Päpste als Sommerresidenz erbauten. Dies war ihr château neuf, und die Weinberge, die sich hier ausbreiten, sind die von Châteauneuf-du-Pape. Knorrige alte Grenache-Reben wachsen auf mit großen weißen Kieseln – galets – bedecktem Boden; bis tief in die Nacht geben sie die gespeicherte Sonnenwärme ab. Auch Eidechsen schätzen die Kieselsteine als Lebensraum.

Lust auf ein paar interessante Daten? Grenache ist in der Tat die meistgepflanzte rote Traube der Welt, aber weit überwiegend nur in einem Land verbreitet: in Spanien. In der restlichen Welt ist sie nur da und dort anzutreffen. Zum einen mag das daran liegen, dass sie sich mit keinem berühmten Wein einen Ruf erworben hat, insbesondere nicht mit einem französischen Klassiker. Der Châteauneuf-du-Pape von der südlichen Rhône, definitiv ein Klassiker, enthält tonnenweise Grenache, doch den Traditionalisten ist er ein wenig zu feurig, als dass sie ihn ernst nähmen. Tatsächlich war die Traube als Lieferant von Alkohol für den Verschnitt unschlagbar; wo immer man schön heißes Wetter hat, kann man Grenache pflanzen, und jede Stunde, die die Sonne scheint – zack, wieder ein Prozent Alkohol mehr. Grenache bringt es von allein mühelos auf 16 % Alkohol, was bedeutet, dass sie für den Verschnitt ebenso beliebt war wie für den gespriteten Süßwein; doch zierten sich die Erzeuger zuzugeben, dass sie die Traube überhaupt verwendeten. »Ausschuss« nannten sie sie. Doch verhinderte das nicht, dass Grenache rund ums Mittelmeer, in Australien, Kalifornien und weiter südlich in großen Mengen kultiviert wird.

Und doch wurde sie dadurch nicht bekannter. Ein paar Dinge waren da hilfreich. Zunächst tauchten »fliegende Weinmacher« – Weinspezialisten, die in den verschiedensten Ländern der Welt arbeiten – in vergessenen Gegenden Spaniens wie Calatayud und Cariñena auf, wo sie riesige Ebenen mit superreifen Trauben vorfanden; niemand schien sie haben zu wollen, doch sie wussten, dass man mit ein wenig Neue-Welt-Knowhow sehr erfreuliche, saftige Tropfen daraus machen konnte. Was sie dann auch taten. Zweitens entschied sich eine der schlafenden Schönheiten Spaniens aufzuwachen und ein wenig von sich reden zu machen. Das Priorat, ein winziger Bereich westlich von Tarragona, erzeugte mit sehr gering (um 5 hl/ha) tragenden Reben einen legendären dunklen, dichten Rotwein mit bis zu 18 % Alkohol, hauptsächlich aus Garnacha. Den Wein gab es schon seit 800 Jahren, doch erst die Renaissance des katalanischen Selbstbewusstseins und eine Gruppe ehrgeiziger junger Winzer machten ihn in den 1990er Jahren zu einem bestaunten Weltklassiker. Und wie so oft kamen die Aussies. Nachdem sie den Syrah/Shiraz zur Berühmtheit verholfen hatten, sahen sie sich um und entdeckten, dass sie über jede Menge von dem Rhône-Stallgefährten Grenache verfügten. Keine Rede von Ausschuss mehr. Sie gaben ihm den erotischen, üppig-fruchtigen Touch, den alle Weingenießer lieben und die verknöcherten Weinzähne fürchten – ein weiterer unwiderstehlicher Partylöwe war geboren.

Garnacha /Grenache: Von der Traube zum Glas

*Geografie und Geschichte Seite 94; Weinbau und Weinbereitung Seite 96; Garnacha in aller Welt Seite 98;
Garnacha genießen Seite 100*

Geografie und Geschichte

Garnacha Tinta ist eine mediterrane Rebsorte par excellence. Sie hängt an diesen warmen Ländern wie ein Tourist aus nördlicheren Gefilden, und wie dieser hat sie nur eines im Sinn: Vergnügen, so anspruchslos, aber wärmend wie einige Stunden Schmoren im heißen Sand. Was, auch mit Sonnenbrand? Nein – aber mit anderen Nachwirkungen? Ja! Wo Grenache gedeiht, steht viel Alkohol am Ziel, und all die so unschuldig wirkenden Rosés aus Spanien, Frankreich und Italien haben es mächtig in sich – wie jeder, der nach einem oder auch zwei harmlosen Gläschen Provence-Rosé oder Navarra-Rosado den Nachmittag verschlafen hat, bestätigen kann.

Wie ein Pauschaltourist ist die Sorte nicht weit in Europa herumgekommen, trotz ihrer verschiedenen Namen: Grenache Noir in Frankreich, Cannonau auf Sardinien. Von dort hat sie

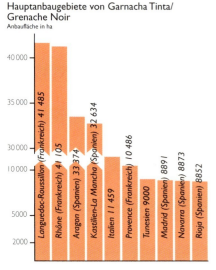

jedoch auf der Suche nach sonnenverwöhnten Flecken die Küsten des Mittelmeers erobert, Griechenland, Zypern, Israel, Nordafrika. Sie fühlt sich in allen sonnigen Ecken der Neuen Welt wohl, und wenn man ihr die Chance gäbe, würde sie auch in Kalifornien und Südafrika sehr guten Wein liefern.

Kraft ist der Hauptcharakterzug der Garnacha, weniger Feinheit. Doch die mächtige, geradlinige Art der meisten Garnachas macht lange Reifung überflüssig – ein Vorteil, denn sie werden mit der Zeit nicht besser. Also wird Garnacha oft verschnitten, mit Tempranillo in Rioja, mit Mourvèdre, Syrah und anderem an der Südrhône, mit Cinsaut in Tavel. Wegen der zugänglichen Üppigkeit in der Jugend (nein, keine Witze über Touristen mehr) kommt sie rasch sehr in Mode. Sie wird in Frankreich intensiv gepflanzt, in den Rebschulen ist sie die vierthäufigste Sorte; nach Galet (1998) wurden im Jahr 1997 exakt 23 399 256 Setzlinge verkauft.

In Australien erlebt sie eine Renaissance. Neben Shiraz und Mourvèdre war sie die meistgepflanzte Rebe, als gespritete Weine den Markt dominierten, dann aber in Ungnade gefallen. Gegen Ende der 1990er Jahre kam sie dann im Triumph zurück.

Ein wenig Geschichte

Die Garnacha Tinta ist Weinfreunden außerhalb Spaniens wohl eher als Grenache Noir bekannt, aber wir verwenden hier ihren spanischen Namen, da sie aller Wahrscheinlichkeit nach aus Spanien stammt und sich über die Pyrenäen ausbreitete, nicht umgekehrt.

In diesem Fall scheint es einmal keine Legenden zu geben, die die Rebe auf die Römer zurückführen. Die Ehre, die originale Garnacha von Anfang an entwickelt zu haben, gilt den Spaniern, vermutlich irgendwo an der Ostküste, in Aragon oder Katalonien. Eines ihrer Synonyme ist tatsächlich Tinto Aragonés, was nicht mit Aragonez verwechselt werden sollte, dem portugiesischen Namen für Tempranillo. Mit einigem Recht kann wohl Aragon beanspruchen, Geburtsort der beiden wichtigsten spanischen roten Rebsorten zu sein.

Nach Frankreich war es nur ein kleiner Sprung, insbesondere da das Roussillon bis zur Eroberung durch Frankreich 1659 spanisch und die Garnacha dort wahrscheinlich schon seit dem Mittelalter verbreitet war. Dann änderte sie ihren Namen zu Grenache und machte sich auf den Weg durch das Languedoc ins Rhône-Tal. Sie war eine der ersten Sorten, die im 18. Jahrhundert in Australien gepflanzt wurde.

Garnacha Blanca/Grenache Blanc ist die weiße Version der Rebe, sie wird auf S. 91 separat behandelt. Galet nennt auch graue und rosa Abarten (Grenache Gris, Grenache Rose), mit denen in Frankreich 2926 ha bestockt sind. Sie werden an der Südrhône und im Midi mit Grenache Noir für die Produktion von *Vins Doux Naturels* (siehe S. 97) verschnitten. Ob die Garnacha Peluda mit ihren pelzigen Blättern verwandt ist, ist unsicher.

Garnacha Tintorera ist jedoch überhaupt keine Garnacha. Der Name ist ein Synonym für die Alicante, eine Färbertraube mit rotem Fruchtfleisch, die in ganz Spanien verbreitet ist und in vielen Verschnitten verwendet wird. Manche DO-Bestimmungen nennen die Sorten getrennt, manche unter einem Namen.

Neu angelegte Garnacha-Weinberge von Clos d'Ermita in Gratallops. Das Priorat, eine hoch gelegene, bergige Region in Katalonien, war ehemals ein Binnensee. Hier werden bis in Höhen von 700 Metern über dem Meer Reben gepflanzt. Die besten Garnacha-Trauben kommen jedoch von jahrhundertealten Reben und sind höchst gefragt für Weine, die bei Kennern auf der ganzen Welt Kultstatus genießen.

Herbst in Gratallops. Der Schieferboden kann Wasser sehr gut speichern, eine unbezahlbare Eigenschaft in einem trockenen Klima.

René Barbier von Clos Mogador, einer der Pioniere von Gratallops, mit einem Brocken Schiefer, dem Schlüssel zu den besten Weinen des Priorat.

Weinbau und Weinbereitung

Garnacha ist die wohl geselligste Traube, sie passt gut in viele ganz unterschiedliche Blends. Sie fühlt sich im Verschnitt aber auch wohler als solo – was eine zunehmende Zahl von Erzeugern, die nach immer neuen Namen fürs Etikett suchen, nicht davon abhält, sie reinsortig abzufüllen.

In bestimmter Hinsicht ist sie im Weinberg eine dankbare Rebe, besonders in trockenen Klimabereichen, denn Wassermangel macht ihr nichts aus. Sie trägt jedoch unterschiedlich gut, und in bewässerten Weinbergen, wo Wassermangel kein Thema ist, tendiert sie zu großen Mengen dünnen, wässrigen Weins, der aber immer noch recht alkoholisch ist. Ernst zu nehmenden Garnacha erhält man nur, wenn man die Rebe ernst nimmt; die besten Resultate erzielen immer noch geringtragende alte Reben auf armen Böden.

Klima

Wenn Garnacha auch unempfindlich gegenüber Wassermangel ist, so braucht sie dennoch die richtige Wurzelunterlage dafür. Andernfalls leidet ihre natürliche Trockenheitsresistenz. Sie ist spätreifend und liebt die Wärme. Sogar heftige, trockene Winde wie der Mistral in Südfrankreich scheinen ihr wenig auszumachen. Australische Erzeuger pflanzen sie gern auf Hügelkuppen, wo sie vom Wetter unsanft behandelt werden. Unter Stress scheint sie den besten Wein zu liefern, vielleicht weil sie von Natur aus sehr vital ist.

Vitalität ist jedoch nicht gleichbedeutend mit genereller Resistenz vor Krankheiten. Garnacha leidet häufig unter *coulure*, dem Verrieseln (Abfallen junger Beeren), das eine Ernte drastisch reduzieren kann, unter Peronospora (Falscher Mehltau) und unter Fäule aufgrund der kompakten Trauben. In marginalen Klimaten riskiert man zu Beginn des Beerenwachstums Verrieseln und am Ende der Vegetationszeit Fäule, wenn man in die herbstliche Regenzeit kommt.

Boden

Garnacha ist unabdingbar mit heißen, trockenen, vorzugsweise armen und gut dränierten Böden verbunden. Abgesehen von diesen Grundbedürfnissen ist sie nicht übermäßig anspruchsvoll. Der beste französische Grenache kommt oft von Schiefer- oder Granitböden und aus höheren Lagen. Châteauneuf-du-Pape ist für seine Hitze speichernden großen Kiesel *(galets roulés)* auf den höher gelegenen Terrassen berühmt; die Meinungen darüber, ob diese *galets* die besten Weine liefern, gehen auseinander, ich würde das aber unterschreiben. Auch in Rioja und besonders im Priorat ist Schiefer wichtig, hier erbringt die Garnacha – in bis zu 700 Metern Höhe – mit ihre besten Leistungen.

Kultivation und Ertrag

Gobelet- oder Buscherziehung mit vier oder mehr Schenkeln und Zapfenschnitt mit zwei Zapfen pro Schenkel scheint für diese wuchskräftige Sorte am besten geeignet zu sein, dennoch wird Guyot- bzw. Royat-Erziehung an Drähten zunehmend populär. Garnacha muss kräftig zurückgeschnitten und ausgebrochen werden, um den Ertrag in vernünftigen Grenzen zu halten; 35 hl/ha ergeben ganz andere Weine als 50 hl/ha, der legale Maximalertrag für die AC Côtes du Rhône. Drahtrahmenerziehung und sensible Bewässerung kann jedoch höhere Erträge bei größerer Qualität erbringen als Buscherziehung ohne Bewässerung. Im Priorat liefern alte Reben sogar nur 5–6 hl/ha, auf Château Rayas in Châteauneuf-du-Pape sind es 15–20 hl/ha; Charles Melton im australischen Barossa Valley empfiehlt maximal 1,5 tons/acre Trauben (ca. 3,75 t/ha, entsprechend ca. 27 hl/ha). Im Gegensatz dazu liefern auf hohe Erträge und niedrige Qualität angelegte Weinberge, wie die im kalifornischen Central Valley, viel mehr als 50 hl/ha; auf ihnen beruht der Ruf der Traube, uninteressanten Wein zu geben. Geringe Erträge bedeuten Struktur, während bei hohen die geringe Säure noch verdünnt wird und Farbe sowie Aromen verschwinden. Jeder, der einmal einen Grenache-Priorat oder einen Château Rayas aus Châteauneuf-du-Pape kosten kann, wird nicht glauben, dass diese mächtigen, mundfüllenden Weine irgendetwas mit den leichten, leblosen Kartonweinen aus Südfrankreich, Spanien und Kalifornien zu tun haben.

Die berühmten Kieselsteine von Châteauneuf-du-Pape – hier mit den typischen Buschreben –, die tagsüber Wärme speichern. Nicht überraschend erzielt man hier superreife Trauben und alkoholreiche Weine. Von größerer Bedeutung für die Qualität ist jedoch der Unterboden aus rotem Ton und eisenhaltigem Sand.

Die Bewässerung muss also mit Bedacht eingesetzt werden, ist Qualität das Ziel. In Châteauneuf-du-Pape ist Bewässerung erlaubt, jedoch begrenzt; in der Realität ist übermäßige Bewässerung nicht selten.

Garnacha wird in warmen Klimaten problemlos gut reif. Eine späte Lese bei ca. 15 % potenziellem Alkohol scheint den ausgewogensten, aromatischsten Wein zu ergeben; eine frühe Lese, um mehr Säure und Eleganz zu erreichen, hat sich nicht bewährt: Grüne Aromen und schwache Farbe war alles, was man bekam. Das Problem ist, physiologische Reife mit ausreichender Säure zu verbinden. Die Pflanzung in größeren Höhen könnte sich positiv auswirken, da kühle Nächte die Säure bewahren helfen. Die andere Möglichkeit ist, mit einer anderen Sorte zu verschneiden, für die Säure kein Thema ist. Der Alkoholgehalt von Garnacha-Weinen kann – ohne Aufspriten – durchaus 18 % erreichen, doch werden genussfreundliche 14,5 % (auch nicht gerade wenig) zunehmend favorisiert.

Klone

Das verwendete Klonmaterial ist qualitativ sehr unterschiedlich. Einige Klone sind sehr ertragsstark, andere liefern mehr Farbe, wieder andere zeichnen sich durch hohe Zuverlässigkeit aus. Galet (1998) nennt Klon 362 als besonders für Vin Doux Naturel geeignet, da er sehr reif wird.

Vinifizierung

Garnacha muss sehr behutsam behandelt werden. Er oxidiert äußerst leicht und verliert Farbe, wenn er nicht sorgfältig verarbeitet wird. Der Wein kann zu grünen, krautigen Aromen tendieren, was durch zu viele Kämme in der Maische verstärkt wird. Starkes Pressen und hohe Gärtemperaturen, die beide mehr Tannin in den Wein bringen, führen auch zu größerer Adstringenz. Eine lange Mazeration, um Tannine zu extrahieren, und eine lange, langsame Vergärung und so wenig Abziehen wie möglich (um Oxidation zu vermeiden) sind die besten Maßnahmen.

An der Südrhône und in Spanien sind Eichenbarriques für den Ausbau üblich. Neue Eiche kann zusätzlich die Oxidation verringern und die Farbe stabilisieren. Die einen halten einen Eichenton bei Garnacha für eine Verirrung, die anderen sind davon begeistert. Das ist wohl Geschmackssache, persönlich denke ich aber, dass der unverkennbare fruchtige Charakter der Traube und ihre Individualität leiden, wenn mehr als nur wenige Prozent neuer Eiche verwendet werden.

Carlos Pastrana im Keller seines Guts Costers del Siurana im Priorat (Katalonien). Pastrana, einer der treibenden Köpfe in den Gratallops-Projekten, brachte die fünf Pioniergüter zusammen; außer seinem sind das Alvaro Palacios (Clos d'Ermita), Mas Martinet, René Barbier (Clos Mogador) und Clos & Terrasses.

AUFGESPRITETE WEINE

Versetzen Sie sich, wenn Sie können, ins Jahr 1299. In diesem Jahr erteilte der König von Mallorca einem katalanischen Alchemisten namens Arnaldus de Villanova ein Patent, und zwar für das Verfahren (das er entwickelt, aber nicht erfunden hatte), die Gärung des Mostes durch die Zugabe von Weingeist zu stoppen. (Man kann sich die Unterhaltung vorstellen: »Wunderbar, Arnaldus, aber wozu soll das gut sein?«)

Zum Reich des Königs von Mallorca gehörte das Roussillon, und das Roussillon entwickelte sich zum Zentrum der Produktion von Vin Doux Naturel (VDN). Und es ist es noch. Es gibt also eine lange Tradition im Roussillon und in Katalonien, die beide bis 1659 unter spanischer Herrschaft standen, aus Garnacha/Grenache das süße Gebräu aus teilweise vergorenem Traubenmost und Alkohol zu machen. Diese Weine können dann im Rancio-Typ ausgebaut werden, indem man sie in Glasballons oder kleinen Holzfässern mehrere Jahre in der Sonne stehen lässt. Dadurch erhalten sie einen maderisierten, säuerlichen Charakter, der an Rosinen, Nüsse und Käse erinnert.

Für die Verarbeitung zu Süßwein wird Grenache/Garnacha häufig mit anderen Trauben verschnitten, insbesondere Cariñena und Tempranillo in Spanien, in Frankreich mit Syrah, Cinsaut, Carignan sowie Grenache Gris oder Grenache Blanc.

Im Roussillon wird VDN aus Grenache in Maury und Banyuls hergestellt. Banyuls ist im Allgemeinen von höherer Qualität als Maury, außerdem gibt es auch einen raren Banyuls Grand Cru, für den mindestens 75 % Grenache in der Cuvée vorgeschrieben sind, gegenüber 50 % im normalen Banyuls. Die Palette an Banyuls-Weinen ist groß, einige sind fruchtig, andere dunkel und ölig, wieder andere *rancio*. Manche werden 20 oder 30 Jahre alt.

Die Spezialität von Rasteau im südlichen Rhône-Tal ist ein Vin Doux Naturel aus Grenache. Katalonien, besonders Tarragona, liefert einen süßen gespriteten Garnacha, für den der Most drei Tage gärt und dann mit Weingeist auf 15–16 % Alkohol gebracht wird. Auch in Sardinien wird (aus Cannonau) angereicherter Wein gemacht. Dieses Verfahren gelangte auch in die Neue Welt, insbesondere nach Australien; hier stellt der Grenache, der manchmal mit Shiraz oder Mourvèdre gemixt wird, das Rückgrat der »Portwein«-Industrie mit einigen hervorragenden Exemplaren.

Garnacha Tinta/Grenache Noir in aller Welt

Garnacha kann ein großer Wein sein, ein einfacher, netter Wein oder auch nur langweilig und flach. Nur wenige unverschnittenen Weine haben Größe – doch liegen Sortenweine tatsächlich im Interesse der Traube? Nur, wenn in Weinberg und Keller mit Inspiration und Sorgfalt gearbeitet wird. Die Welt hat keinen Bedarf an gesichtslosem Zeug aus großen Ernten.

Priorat

Diese alte Weinbauregion in Katalonien hat, nach Jahrhunderten des Dahindämmerns in Bedeutungslosigkeit, fast über Nacht die Führung beim spanischen Rotwein übernommen; ihre dunklen, muskulösen Weine werden zu Wahnsinnspreisen verkauft. Man arbeitet hier nach traditionellen und nach New-Wave-Methoden, die besten Weine erzielt man in jedem Fall mit niedrigen Erträgen. Doch Achtung: die Qualität ist nicht gleichmäßig.

Die alte Art, die da und dort noch gepflegt wird, sind mächtige, alkoholreiche, fast schwarze Weine, die wohl gerade für die Generation der Enkel genussreif sein werden. Die neue Art sind Weine mit überbordender Brombeerfrucht in ihrer Jugend, wobei vielleicht ein wenig Cabernet oder Merlot für die Feinabstimmung zugesetzt wird; diese Weine sind praktisch schon bei ihrem Erscheinen zu genießen.

Gratallops ist unter den neun DO-Gemeinden bei den New-Wave-Weinen führend. Die Pioniere des neuen Stils kamen 1986 hierher, pflanzten Syrah, Cabernet Sauvignon und Merlot neben den bereits vorhandenen Sorten Garnacha (die etwa 40 % der Rebfläche im Priorat einnimmt) und Cariñena, installierten Anlagen für die Tropfbewässerung sowie moderne Kellertechnik und begannen, Weine mit mehr Frucht und Eichenaromen zu machen.

Mit der Zeit entwickeln alle Priorat-Weine einen teerigen Geschmack nach Feigen – es ist Geschmackssache, sie jung zu trinken oder in der Flasche reifen zu lassen.

Die Weinberge erstrecken sich in Höhen zwischen 100 und 700 Metern über dem Meer, auf Terrassen, wenn die Hangneigung zu groß wird. Der Boden in Gratallops besteht aus Schiefer, doch der typische Priorat-Boden ist Llicorella; das klingt nach einem Drink für Teenies, ist jedoch ein Gestein aus Schiefer und Quarzit, das in der Sonne schwarz und golden glänzt.

Rioja

Eigenartigerweise ist Garnacha in Rioja weniger angesehen als in vielen anderen Teilen Spaniens, als einzige rote Sorte geht sie in der Region zurück. Der Großteil der 9000 ha Garnacha-Weinberge liegt in Rioja Baja, wo sie von mehr Hitze und weniger Regen profitieren. Die Böden sind meist sandig, und viele Bodegas mischen etwas Garnacha – 15–20 % sind üblich – ihrem Tempranillo, Mazuelo und Graciano bei, um der Cuvée mehr Körper und Alkohol zu geben. Garnacha oxidiert jedoch schneller als die anderen Sorten, und geringe Erträge sind Voraussetzung für gute Alterungsfähigkeit.

Navarra

Rosado wurde in Spanien getrunken, wenn man auf etwas anderes als Weißwein und Eichenaromen aus war; echte Männer, so scheint es, tranken keinen Weißwein. Garnacha ergibt hervorragenden Rosé, saftig, weich und nur jung gut. Navarra hat sich auf die Produktion von Garnacha Rosado verlegt, besonders in den südlichen Teilen der Region mit sandigen Böden. Etwa 54 % der Weinberge Navarras sind mit der Sorte bestockt, allerdings wird der Anteil geringer, da weniger Rosado und mehr Rotwein gemacht wird und die Erzeuger ermutigt werden, sie durch Tempranillo zu ersetzen. Man will 35 % Garnacha und 31 % Tempranillo haben; gegenwärtig steht Tempranillo bei 23 %.

Übriges Spanien

Spaniens Hochburg der Garnacha sind der Norden und der Osten des Landes. In Calatayud macht sie 65 % der Weinberge aus, die meist Rosado liefern; in Campo de Borja nimmt sie 75 % der Rebfläche ein. In Cariñena sind mehr als die Hälfte mit ihr bestockt, und sie hat einen Großteil der anderen DO-Bereiche in diesem Landesteil inne. Vielseitigkeit ist ihr großes Plus: Sie ergibt gute Rosados und attraktive *joven* (»junge« Rotweine), doch wenn man den Wein ins Barrique legt und ihm mit anderen Sorten etwas Rückgrat gibt, erhält man kraftvolle, eichenbetonte Tropfen. Die Qualität ist meist angenehm, doch hier strebt man nicht nach der Weltherrschaft im Blue-Chip-Weinmarkt. Man will ein ordentliches Maul voll zu einem fairen Preis machen, und das ist mehr als ehrenvoll.

Südliche Rhône und Midi

Das Geheimnis von gutem Châteauneuf-du-Pape liegt unter anderem in der Grenache, die den Großteil der Cuvée stellt, aber auch in der Mourvèdre, die Tannine und erdig-würzige Aromen beisteuert, und in Syrah, die für Struktur und herrlichen Duft sorgt. Die Erzeuger in

MAS MARTINET

Cabernet Sauvignon, Merlot und Syrah bilden die Cuvée dieses Spitzenweins aus dem Priorat. Er sollte mindestens fünf Jahre reifen.

JULIAN CHIVITE

Navarras Spezialität ist der Rosado auf Grenache-Basis. Dieser Rosado von Julian Chivite ist voll frischer Erdbeerfrucht.

DOMAINE DU PEGAU

Paul Feraud und seine Tochter Laurence – die als Weinmacherin fungiert – machen erdige, gewürzreiche, schokoladige Châteauneufs mit Kirschfrucht.

Châteauneuf und Gigondas behaupten gern, dass die Vorherrschaft der Grenache in ihren Rebgärten auf die burgundischen Handelshäuser zurückgeht, die (in der Vergangenheit, versteht sich) unendlichen Bedarf an alkoholreichen Weinen hatten, um ihre eigene Plörre aufzubessern. Die AC-Bestimmungen legen den Ertrag auf niedrige 35 hl/ha und den Mindestalkoholgehalt (ohne Chaptalisierung) auf hohe 12,5 % fest. Wenn man Ersteres beachtet, ist mit Grenache Letzteres leicht zu erreichen. Doch die Qualität ist ungleichmäßig und Überproduktion nicht ungewöhnlich. Der am meisten anzutreffende Fehler ist hoher Alkohol ohne das notwendige Extrakt-Rückgrat.

Der Boden von Châteauneuf ist mit den berühmten flachen, runden Kieselsteinen bedeckt, aber nicht überall, und sie sind für guten Châteauneuf-du-Pape nicht zwingend notwendig. Sicher, sie speichern tagsüber Wärme und geben sie nachts wieder ab, aber zu wenig Wärme ist hier an der südlichen Rhône eigentlich kein Thema. Bedeutsamer für die Qualität ist der Unterboden aus rotem Ton und eisenhaltigem Sand.

Grenache ist auch das Fundament in Gigondas, wo sie bis zu 80 % der Rebfläche ausmacht, und in Vacqueyras. Offiziell ist in beiden Gemeinden der Ertrag auf 35 hl/ha begrenzt. Zwar verfügen Weine mit einem guten Schuss Syrah und Mourvèdre auch über mehr Struktur und Substanz, doch ergibt Grenache – die in den glühend heißen, steinigen Weinbergen mächtig aufgeheizt wird – so kraftvolle, stoffige und betörende Rotweine, wie es im Rhône-Tal nur möglich ist. Grenache wird traditionell in großen alten Holzfässern ausgebaut; wo kleine anzutreffen sind, sind sie meist für andere Sorten gedacht.

In Lirac sind mindestens 40 % im Weinberg für Grenache reserviert, produziert werden damit Rot- und Roséweine, in Tavel nur Rosé. Beide Rosés sind jung sehr frisch, und wie immer

Trauben von diesen alten Stöcken im australischen Clare Valley werden für den Fergus Grenache von Tim Adams verwendet. Adams hat sich dem Clare Valley verschrieben, wobei er sich auf den Ankauf von Trauben verlegt hat. Auf diese Weise können Weinbauern und Weinmacher von ihrer Arbeit ordentlich leben, außerdem werden Erstere ermutigt, die alten Rebstöcke zu erhalten – und Adams kratzt jede Traube zusammen, die er bekommen kann.

hängt ihre Struktur davon ab, welche Trauben mit welchem Anteil sonst noch im Verschnitt verwendet werden.

Grenache ist auch in den Côtes du Rhône (abgesehen vom Norden der Appellation, wo nur Syrah verwendet wird) sowie in Côtes du Rhône-Villages die Lieblingssorte, unterschiedliche Rollen spielt sie in den Weinen der Provence, des Languedoc, Minervois, Corbières, Fitou und Roussillon.

Australien

Es gab eine Zeit in Australien – besonders in Südaustralien –, in der eine Rebe, deren man ansichtig wurde, höchstwahrscheinlich Grenache war. Dann fiel die Sorte jedoch der Cabernet-Chardonnay-Mode zum Opfer. Das Anbauprogramm der 1970er Jahre bewirkte, dass viele alte geringtragende, in Buschform erzogene Grenache-Reben zusammen mit Shiraz-Stöcken gleicher Güte gerodet wurden, doch überlebten zum Glück einige. Heute ist die Nachfrage wieder groß, und die Neuanpflanzung nimmt zu.

Verschnitte von Grenache, Shiraz und Mourvèdre sind inzwischen zu Klassikern geworden, aber auch sortenreine Weine tauchen zunehmend auf. Einige davon sind gut, manchen fehlt jedoch ein Rückgrat – das übliche Grenache-Problem. Die Versionen aus dem Barossa Valley sind sehr dicht bis marmeladig, die aus dem McLaren Vale gewürzbetont und köstlich üppig.

USA

Eine Grenache-Mode steht in Kalifornien noch aus, vielleicht weil die Pflanzungen im Central Valley konzentriert sind und nur für billige Massenweine gedacht sind. Individuelle Grenache-Weine und Rhône-Verschnitte von Erzeugern wie Alban und Bonny Doon zeigen jedoch, was die Traube leistet, wenn sie am richtigen Ort kultiviert wird.

Übrige Welt

Als Cannonau liefert die Sorte auf Sardinien erdige, zum Teil sehr interessante Rotweine; Sella & Mosca produzieren auch eine süße, portweinartige Version unter dem Namen Anghelu Ruju. Ein wenig Grenache ist in Griechenland und in Südafrika zu finden, in Chile könnte sie im Schlepptau von Syrah interessant werden, da die Erzeuger dort nach neuen Sorten Ausschau halten. In Nordafrika wartet sie wie jede dort verwendete Traube auf ein neues Interesse an der Weinproduktion.

CELLIERS DES TEMPLIERS
Die Cuvée Président Henry Vidal von den Celliers des Templiers, irgendwo zwischen Portwein und einem Sherry Oloroso angesiedelt, besticht mit frischem, trockenem Finale.

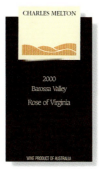

CHARLES MELTON
Ein dunkler Rosé mit einem Hauch Tannin, der jung zu genießen ist. Charles Melton ist einer der Vorreiter der Grenache-Renaissance im australischen Barossa Valley.

ROSEMOUNT
»GSM« ist Rosemounts Kürzel für einen klassischen, Châteauneuf-inspirierten Aussie-Verschnitt aus Grenache, Shiraz und Mourvèdre.

Garnacha Tinta/Grenache Noir genießen

Es ist sehr einfach, die Frage nach der Alterungsfähigkeit der Rebsorte zu beantworten: Ihr Wein reift nicht in der Flasche. Abgesehen von einigen brillanten Ausnahmen ist festzuhalten, dass er im Allgemeinen am besten jung zu genießen ist. Die meisten Garnacha/Grenache-Weine oxidieren sehr schnell und sollten daher in der ersten rotbackigen Blüte ihrer Jugend getrunken werden.

Die Ausnahme sind die besten Erzeugnisse aus Châteauneuf-du-Pape und dem Priorat, die über zehn Jahre und mehr sehr schön altern können. Auch einige Riojas lohnen natürlich das Liegenlassen, aber die bestehen meist überwiegend aus Tempranillo; generell altert ein Garnacha/Grenache besser, wenn er eine andere Traube mit seiner saftigen Üppigkeit umhüllt.

Ein guter Châteauneuf von ertragsarmen Trauben, die ihm Struktur und Stoff geben, kann zwischen 5 und 20 Jahre alt werden, fast so alt wie ein guter Côte-Rôtie. Ein Châteauneuf-Superstar wie Château Rayas lebt sogar noch um einiges länger, während die handelsüblichen Mixturen aus Châteauneuf und Gigondas über fünf, sechs Jahre hinaus kaum mehr besser werden.

Viele moderne Priorat-Weine sind trotz ihrer mächtigen Aromen für frühen Genuss gemacht; im Ganzen gesehen sollte man sie nicht lange liegen lassen. Sie werden auch nicht sehr alt, zehn Jahre sind meist das Limit. Die traditionellen, massiven und schwarzen Priorats schaffen allerdings bis zu 25 Jahre. Die Vins Doux Naturels des Roussillon hingegen sind durch den Oxidationsprozess, den sie in kleinen Holzfässern und Glasballons durchmachen, bereits vollständig mumifiziert und überstehen gut 20 bis 30 Jahre, scheinen sich aber im Lauf der Jahrzehnte kaum mehr zu verändern.

Die australischen »Ports« können, wenn dem Grenache etwas Shiraz zugemischt ist, jahrzehntelang lagern, sie sind jedoch früher trinkreif als ihre portugiesischen Counterparts und in der Jugend etwas süßer und weniger abweisend.

So schmeckt Garnacha

Guter Garnacha/Grenache überrascht mit wilden Aromen: geröstete Nüsse, Leder, Schwarze Johannisbeeren, Honig, Lebkuchen, schwarze Kirschen, Pfeffer, Kaffee, Gewürze, ja sogar Teer und schwarze Oliven. Mit zunehmenden Erträgen werden sie zu einer leicht lederartigen Erdigkeit verdünnt, und zwar passiert das schockierend schnell. Die Lederartigkeit macht sehr deutlich, dass die Frucht nicht mehr lange vorhanden sein wird. Junger, kraftstrotzender Grenache schmeckt auch nach Himbeeren und zeigt eine »Staubigkeit« der Frucht, die von den trockenen Weinbergen Spaniens und Südfrankreichs kündet. Zu fantasievoll empfunden? Vielleicht.

Garnacha aus dem Priorat: Ich habe schon erwähnt, dass er im Alter Noten von Teer und Feigen annimmt. Die Brombeerfrucht verschwindet, und was übrig bleibt, könnte man als spanische Version des italienischen Amarone bezeichnen. Es muss von der Traube wie vom Terroir kommen, da diese Eigenschaft sowohl im traditionellen wie im modernen Wein zu finden ist. Garnacha/Grenache im Rancio-Stil ist sicher auch lederartig, aber auch nussig wie Tawny Port und säuerlich wie Käse. Junge Rosados und Rosés strömen hingegen über von Erdbeeraromen.

Es ist nicht gesetzlich festgelegt, wie alt Reben sein müssen, um auf den Etiketten als »alt« (old vines, vieilles vignes) bezeichnet zu werden. Die Grenache-Stöcke in der Lage Brewitt Springs jedenfalls, die dem Gut Clarendon Hills im McLaren Vale in Südaustralien gehört, sind etwa 90 Jahre alt. Die Reben von Château Rayas im Herzen der Appellation Châteauneuf-du-Pape sind viel jünger, durchschnittlich 35 Jahre, und liefern vielleicht den besten roten Châteauneuf überhaupt.

Garnacha/Grenache zum Essen

Es werden so unterschiedliche Weine gemacht, dass sich immer ein passendes Fleischgericht findet.

Weiche Versionen mit wenig Tannin passen gut zu pikanten indischen Speisen, außerdem zu gegrilltem Fleisch sowie zu gefüllten Paprikaschoten und Auberginen. Körper- und tanninreichere Exemplare ergänzen Lamm und Braten sehr gut, ebenso Fasan und Ente sowie die würzigsten Schmorgerichte, die Sie im Repertoire haben.

Gekühlter junger Garnacha/Grenache ist im Sommer angenehm, während Rosés sehr gut mit vegetarischen Gerichten und aromatischen Fischen wie gegrillten Sardinen zu kombinieren sind.

GARNACHA TINTA/GRENACHE NOIR GENIESSEN

VERBRAUCHERINFORMATIONEN

Synonyme und regionale Bezeichnungen
In Spanien auch als Aragón, Aragonés, Garnacha Tinta, Garnacho Tinto, Garnatxa, Lladoner und Tinto Aragonés bekannt, als Alicante in Frankreich, als Granaccia und Granacha in Italien und als Cannonau in Sardinien.

Gute Erzeuger
FRANKREICH Rhône/Châteauneuf-du-Pape Beaurenard, Henri Bonneau (Réserve des Célestins), Bosquet des Papes, Chapoutier (Barbe-Rac), Caillou, Les Cailloux (Centenaire), Clos des Papes, Clos du Mont Olivet, Jean-Luc Colombo, Font de Michelle, Fortia, Galet des Papes, La Gardine, Guigal, Grand Tinel, La Janasse, Marcoux, Mont-Redon, Montpertuis, La Mordorée, Nalys, La Nerthe, Pégaü, Père Caboche, Roger Perrin, Rayas, La Roquette, Roger Sabon, Tardieu-Laurent, Pierre Usseglio, J.-P. Usseglio, Raymond Usseglio, Vieux Donjon, Vieux Télégraphe, Villeneuve; **Côtes du Rhône-Villages** Achiary, D. & D. Alary, Brusset, Gramenon, Grand Moulas, L'Oratoire St-Martin, Rabasse-Charavin, La Réméjeanne, Richaud, Ste-Anne, La Soumade, Trapadis; **Gigondas und Vacqueyras** Amouriers, La Bouissière, Brusset, Cassan, Cayron, Clos des Cazaux, Clos du Joncuas, La Charbonnière, Couroulu, Cros de la Mûre, Espiers, Delas, Font-Sane, La Fourmone, Les Goubert, Gour de Chaule, Jaboulet, Montmirail, Moulin de la Gardette, Les Palleroudias, Les Pallières, Raspail-Ay, Redortier, St-Cosme, St-Gayan, Santa Duc, Tardieu-Laurent, La Tourade, Tours, Trignon; **Vins Doux Naturels (Südfrankreich)** Casa Blanca, Cazes, Celliers des Templiers, Chênes, Clos des Paulilles, L'Étoile, Jau, Mas Amiel, Mas Blanc, Les Vignerons de Maury, La Rectorie, Sarda-Malet, La Soumade, La Tour Vieille, Vial-Magnères
SPANIEN Priorat Clos Erasmus, Clos Mogador, Costers del Siurana, Fuentes, Mas Martinet, Alvaro Palacios, Rotllan Torra, Scala Dei; **übriges Spanien** Borsao, Celler de Capçanes, Martinez Bujanda
ITALIEN Sardinien/Cannonau di Sardegna Argiolas, Sella & Mosca
USA Kalifornien Alban, Bonny Doon, Jade Mountain, Sine Qua Non; **Washington** McCrea Cellars
AUSTRALIEN Tim Adams, Cimicky, Clarendon Hills, Coriole, D'Arenberg, Hamilton, Hardys, Charles Melton, Mitchelton, Penfolds, Rockford, Rosemount, Seppelt, Tatachilla, Veritas, Yalumba

WEINEMPFEHLUNGEN
Châteauneuf-du Pape
Siehe links »Gute Erzeuger«

Zehn weitere südfranzösische Rotweine
Domaine de Cayron *Gigondas*
Domaine Le Clos des Cazaux *Vacqueyras Cuvée des Templiers*
Domaine les Goubert *Gigondas*
Domaine Gramenon *Côtes du Rhône Ceps Centenaires*
Domaine Lafon-Roc-Épine *Lirac*
Domaine de l'Oratoire St-Martin *Côtes du Rhône-Villages Cuvée Prestige*
Domaine de la Rectorie *Collioure la Courne Pascal*
Domaine St-Gayan *Gigondas*
Domaine Santa Duc *Gigondas*
Domaine la Tour Vieille *Collioure*

Zehn europäische Rotweine
Argiolas *Turriga* (Italien)
Bodegas Borsao *Campo de Borja* (Spanien)
Celler de Capçanes *Tarragona Costers del Gravet* (Spanien)
Clos Mogador *Priorat* (Spanien)
Costers del Siurana *Priorat Clos de l'Obac* (Spanien)
Martínez Bujanda *Rioja Garnacha Reserva* (Spanien)
Mas Martinet *Priorat Clos Martinet* (Spanien)
Alvaro Palacios *Priorat L'Ermita* (Spanien)
Rotllan Torra *Priorat Amadis* (Spanien)
Sella e Mosca *Anghelu Ruju* (Italien)

Zehn Neue-Welt-Weine auf Grenache-Basis
Tim Adams *The Fergus* (Australien)
Charles Cimicky *Grenache* (Australien)
Clarendon Hills *Old Vine Grenache Blewitt Springs Vineyard* (Australien)
D'Arenberg *The Custodian* (Australien)
Hardys *Tintara Grenache* (Australien)
McCrea Cellars *Tierra del Sol* (Washington)
Charles Melton *Grenache* (Australien)
Rockford *Dry Country Grenache* (Australien)
Sine Qua Non *Red Handed Proprietory Red* (Kalifornien)
Tatachilla *Keystone Grenache/Shiraz* (Australien)

Diese Traube ist herrlich dunkel – doch im Keller kann sich die Farbe der Grenache beunruhigend leicht verflüchtigen. Sie ist sicher nicht die problemloseste Sorte und muss mit großer Aufmerksamkeit behandelt werden.

Reifediagramme
Grenache ist zunehmend bei Erzeugern beliebt, die körperreiche, früh genießbare, aber auch alterungsfähige Weine machen wollen.

1999 Priorat (moderner Typ)

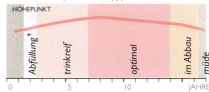

Sofort unglaublich beeindruckend mit mächtiger Brombeerfrucht, die nach zwei, drei Jahren teerigen Charakter annimmt, fast wie ein Amarone.

1998 Châteauneuf-du-Pape

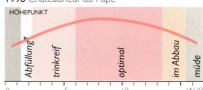

1998 war ein hervorragendes Jahr mit kraftvollen, reifen Weinen. Die leichten Versionen sind schon trinkbar, die meisten anderen sind es mit etwa fünf Jahren.

Banyuls Grand Cru Vin Doux Naturel

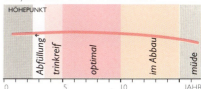

Vins Doux Naturels werden abgefüllt, sobald sie trinkfertig sind; sie brauchen keine weitere Reifung und profitieren auch nicht davon.

GEWÜRZTRAMINER

Es muss manchmal hart sein, Gewürztraminer zu sein. Alles, was du im Leben erreichen wolltest, ist, den Menschen zu gefallen. Nicht bloß den einen oder anderen, sondern allen, und du warst bereit, jede Waffe in deinem Arsenal zu nützen, um sie zu gewinnen. Du donnerst dich auf. Du streichst dir den Satin, die Seide über den üppigen Hüften glatt. Du setzt dich vor den Spiegel und klappst deinen Schminkkoffer auf: Grundierungen, Konturstifte und Puder, Lippenstifte und Lidschatten, Mascara und Rouge. Du spachtelst dir das alles in Mengen ins Gesicht, um jede Einzelheit zu betonen. Vielleicht ist da noch was hervorzuheben, vielleicht wurde dort etwas überdeckt? Sollten die Wangen wirklich so rot sein, sollten die Lippen wirklich so schmollen? Nun ja, vielleicht nicht, aber wenn man das mal angefangen hat, kann man nichts auslassen. Und dann das Parfüm! Duft. Welcher soll's denn sein? Etwas Mineralisches, Zurückhaltendes hinter das Ohr? Wer würde das wahrnehmen? Etwas Kräftigeres, Blumiges mit Zitrusnoten, die in die Fülle eines herbstlichen Obstgartens übergehen? Mmm, klingt gut, aber du möchtest mehr. Du möchtest etwas Schwüles, Leidenschaftliches, Verführerisches, das dann der Erschöpfung und der zufriedenen Schläfrigkeit Platz macht. Du möchtest sichergehen, dass die Nasenflügel zittern, noch bevor du ganz durch die Tür getreten bist, dir sollen Wolken von Patou Joy oder Opium vorausschweben und den Auftritt einer Traube ankündigen, der niemand widerstehen kann.

Wenn's nur so wäre. Armer alter Gewürztraminer. Die meisten der so genannten Weinliebhaber rennen um ihr Leben, wenn er seine flamboyante Persönlichkeit selbstbewusst zur Schau stellt. Einige werden dabei über den Haufen getrampelt und können nur noch wie gelähmt zuschauen, wie diese aufgedonnerte Parodie herumstolziert. Doch es stimmt zuversichtlich, wenn – gar nicht selten – der Hohn und der Spott, mit denen seine Schamlosigkeit bedacht wird, sich zu Ooohs und Aaahs des Vergnügens wandeln, wenn diese Weinfreunde (anstatt mit dem krakeelenden Mob der von Cabernet und Chardonnay Geblendeten mitzulaufen) sich einmal einen Moment herbeilassen, ihn als das zu nehmen, was er ist. Für sie ist etwas so Duftendes, Verführerisches und Sinnliches eine viel zu erregende Erfahrung, als dass sie gut sein könnte. Komisch, nicht? Da hat man nun eine Traube, deren Wein tatsächlich nach ihr schmeckt – und die meisten Weintrinker stöhnen verächtlich. Da hat man eine Traube mit einem unwiderstehlichen Duft nach Litschis und Teerosen, mit köstlich tropischer Frucht und einem Kick von schwarzem Pfeffer, mit dem intimen Touch eines Boudoirs, und anstatt sich dieser schieren Sinnlichkeit hinzugeben, nennen wir sie übertrieben, aufgeblasen, pummelig, unelegant und was noch alles.

Das im gotischen Stil gehaltene, aus Holz geschnitzte Gewürzkabinett, der Storch und die süße Bretzel stehen für das Elsass, wo der Gewürztraminer ihren größten Ruhm erlangt. Riechapfel, Nelken, Muskatnuss und Mörser beziehen sich auf die »Gewürze«, die in seinem Namen verewigt sind. Und das Namensband »Termeno« verweist auf seine Herkunft aus dem südtirolischen Tramin.

Aber okay, schlechter Gewürztraminer kann fett und schlampig wirken, sein treibhausschwüler Duft kann von einem Gout muffig-fauliger Früchte erdrückt werden. Er kann eine merkwürdige, enttäuschend harte Kante aufweisen oder an einen Rest Marmelade auf dem Frühstücksteller erinnern anstatt an eine Laube im Paradies. Doch ist schlechter Chardonnay ein geschmackloser, lebloser Stoff. Unreifer Cabernet ist grünlich-bitter und hart. Schlecht gemachter Riesling ist schweflig und flach. Aber wir beurteilen diese Trauben nicht nach ihren schlechten Produkten. Machen wir es beim Gewürztraminer ebenso. Die Traube ist nicht leicht zu handhaben, zu große Erträge verwässern den herrlichen Duftreichtum sofort. Doch überall in der Welt – recht häufig im Elsass, nicht selten auch in Deutschland, Österreich und Italien, hier und da in Amerika und Australien, sicher auch in Neuseeland – gibt es himmlisch duftende Weine, für die wir dankbar sein sollten. Lassen Sie sich jetzt eine Flasche kommen und urteilen Sie selbst.

Gewürztraminer: Von der Traube zum Glas

Geografie und Geschichte Seite 104; Weinbau und Weinbereitung Seite 106; Gewürztraminer in aller Welt Seite 108; Gewürztraminer genießen Seite 110

Geografie und Geschichte

Wenn Sie sich Ihren Wein artig und wohlerzogen wünschen, sollten Sie Gewürztraminer meiden. Denn die Magie des Gewürztraminers offenbart sich erst dann, wenn sein überströmender, exotischer Duft Sie schwindeln macht und Sie vor Verlangen keinen klaren Gedanken mehr fassen können.

Für die, denen solche Genusssucht ein wenig beunruhigend oder übertrieben erscheint, gibt es auch etwas zurückhaltendere Versionen des Gewürztraminers aus aller Welt, wie auf der Karte zu sehen ist. Er ist zwar weit verbreitet, aber auch sehr dünn gesät. Nirgendwo ist er die vorherrschende Sorte, nicht einmal im Elsass, wo er 17,8 % der Rebfläche einnimmt. Jedoch produziert dieser schmale Streifen Hügelland im Nordosten Frankreichs nahezu alle großen Beispiele für diese Traube: köstlich üppig, mächtig und von überbordendem Duft.

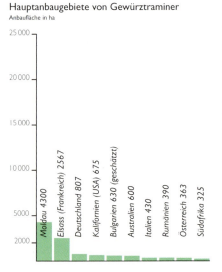

Hauptanbaugebiete von Gewürztraminer
Anbaufläche in ha

- Moldau 4300
- Elsass (Frankreich) 2567
- Deutschland 807
- Kalifornien (USA) 675
- Bulgarien 630 (geschätzt)
- Australien 600
- Italien 430
- Rumänien 390
- Österreich 363
- Südafrika 325

Seine schiere Kraft, dieser kompromisslose, massiv aromatische Charakter ist seine Visitenkarte und gleichzeitig sein großes Problem. Dämpfen Sie ihn, bekommen Sie einen Wein, der den Namen Gewürztraminer kaum verdient; betonen Sie ihn, ist der Wein außerhalb seines verzückten Fanclubs schwer zu verkaufen. Es ist leichter, einen teuren Chardonnay zu verkaufen als einen Gewürztraminer gleicher Qualität.

Die Gewürztraminer-Rebfläche nimmt daher weltweit nicht zu. Die Rebe ist in ganz Osteuropa zu finden, doch die Resultate sind dort, gelinde gesagt, unterschiedlich. In Südtirol, dem Geburtsort der Sorte, fallen die Weine leichter, etwas säurebetonter und weniger aromamächtig aus als im Elsass. Neuseeland macht einige gute Tropfen, und die ersten Versuche in Chile lassen hoffen.

Guter Gewürztraminer entsteht aber nicht von selbst. Wer ihn anpflanzt, liebt seine üppige Art und rechnet damit, wenig zu ernten und nicht sehr viel zu verdienen. Diese Sorte wird nie einen Landstrich auf der Karte gänzlich einnehmen; es ist keine Allround-Sorte und wird es nie sein. Wie sollte sie auch, mit einer so extrovertierten Persönlichkeit?

Ein wenig Geschichte

Bei Gewürztraminer gibt es zwei offene Fragen. Die eine: Ist es dieselbe Sorte wie Savagnin Rosé (eventuell eine Mutation)? Die andere: Wo endet Gewürztraminer, wo beginnt Traminer? Diese beiden Namen werden auf der ganzen Welt gebraucht. Galet (1998) sagt, Traminer sei dieselbe Traube wie Savagnin Rosé; das Office International de la Vigne et du Vin hält sie für sehr ähnliche, aber doch verschiedene Sorten. Morphologisch sind sie fast identisch, nicht jedoch im Geschmack.

Allgemein akzeptiert ist die Ansicht, dass die Traube ursprünglich aus Tramin in Südtirol stammt. Ihre früheste Erwähnung datiert um das Jahr 1000, und sie war dort bis ins 16. Jahrhundert verbreitet, bis sich die Winzer für die größeren Erträge der roten Vernatsch (Schiava) entschieden.

Ins Elsass, wo sie seit dem Mittelalter kultiviert wird, gelangte sie vermutlich über die Pfalz. Das Präfix »Gewürz« wurde im Elsass erst ab 1870 verwendet. Galet nennt zwei verschiedene Formen, die in der Pfalz nebeneinander existieren: Savagnin Rosé *non musqué* oder Heiligensteiner Klevner und Savagnin Rosé *musqué* oder Gewürztraminer. Die zwei sind sehr ähnlich, außer dass Savagnin Rosé vor der Traubenreifung durchscheinende Beerenhäute hat und Gewürztraminer opake.

Wie weit mit diesen Namen beide Spielarten bezeichnet wurden, lässt sich schwer sagen. In Deutschland könnte nach dem Duft unterschieden worden sein, also Gewürztraminer für die aromatischen Weine und Traminer für die weniger aromatischen. Auch im Elsass waren bis in die 1970er Jahre beide Namen gebräuchlich; 1973 wurde der Name Traminer im Elsass aufgegeben, außer im Bereich Heiligenstein, wo die rosafarbenen Trauben des weniger aromatischen Savagnin Rosé zu Klevner de Heiligenstein verarbeitet werden.

Der Grand Cru Zinnkoepflé hoch über Soultzmatt im elsässischen Département Haut-Rhin. Gewürztraminer nimmt knapp ein Fünftel der elsässischen Weinbaufläche ein. Tiefe Mergelböden mit etwas Kalk, wie hier im Zinnkoepflé, sind für die Rebe exzellent geeignet, insbesondere in den unteren Hangteilen mit dem fruchtbarsten Boden. Da sie auch guten Wasserabzug benötigt, gedeiht sie nicht in der Talsohle.

Reife Gewürztraminer-Trauben im Grand Cru Kitterlé in Guebwiller. Die Sorte blüht früh und wird in der Mitte der Lesezeit reif, vor dem Riesling. Spätlesen verfügen über konzentrierte Süße und einen sensationellen Duft.

Das befestigte Bergheim mit seinen bunten mittelalterlichen Fachwerkhäusern. Es ist berühmt für einen wunderbaren Gewürztraminer, besonders aus seinen beiden Grands Crus Altenberg und Kanzlerberg.

Weinbau und Weinbereitung

In Weinberg und Weinkeller ist Gewürztraminer nicht gerade einfach zu handhaben. Aroma ist seine *raison d'être* – Rosen, Litschis, Gesichtscreme –, doch er braucht auch ein Rückgrat. Ohne Struktur ist Gewürztraminer schnell nur noch ein aufdringlicher Klebstoff, und mangelnde Säure ist eine ständige Gefahr. Gewürztraminer, der eine lange Reifezeit benötigt, liebt sonnig-trockenes Wetter, zu viel Wärme verschärft jedoch das Problem geringer Säure. Die Duftfülle geht mit neuer Eiche nicht zusammen, sorgt aber für herrliche Süßweine, auch wenn die Edelfäule das sortentypische Aromenprofil weitgehend zerstört.

Klima

Damit das Elsass zum Hort des Gewürztraminers wird, braucht es milde Frühlingsmonate, sonnige Sommer und wenig Niederschläge. Letzteres gewährleisten die Vogesen, die die Rebberge vor den Regen bringenden Westwinden schützen; Colmar ist einer der niederschlagsärmsten Orte Frankreichs. Die Sonne scheint bis weit in den Herbst, und während die Trauben für die *vendange tardive* (Spätlese) eingebracht werden, kann auf den Höhen der Vogesen schon Schnee liegen. Gewürztraminer treibt früh aus, was ihn gegenüber Spätfrösten empfindlich macht, und reift mittelspät; zu viel Wärme lässt ihn zu schnell reifen, was Mangel an Säure und Aroma nach sich zieht. Doch dies macht das Elsass so interessant: Bei all seinem Sonnenschein hat es ein relativ kühles Klima, und Mengen von Sonnenschein und kühles Klima resultieren in Mengen von Zucker in den Beeren ebenso wie mundwässernder Säure.

Große Teile Neuseelands verfügen ebenfalls über viel Sonnenschein und kühles Klima, allerdings sind die Niederschläge sehr ungleichmäßig und unerwünschter Regen im Herbst recht häufig. Bei der ersten Renaissance als Weinland in den 1960er Jahren empfahlen Experten germanische Rebsorten, weshalb viel Gewürztraminer gepflanzt wurde. Die ersten neuseeländischen Weltklasseweine waren in der Tat wohl die Gewürztraminer aus Matawhero in der kühlen, regenreichen Region Gisborne. Der gegenwärtige Aufstieg von Chardonnay und Sauvignon Blanc lässt aber nicht viel Gewürztraminer übrig; in den 1990er Jahren schrumpfte die Anbaufläche um über 50 %, wobei Gisborne immer noch Hervorragendes bietet.

Die nördlichen Anbaugebiete in Deutschland sind meist zu kühl. Gewürztraminer ist die natürliche Wahl in den warmen Ländern Baden und Pfalz. Auch die Berglagen im italienischen Südtirol – sonnig, aber frisch – sind ideal; allerdings halten wenige Erzeuger die Erträge so niedrig, dass sie mehr als nur mildaromatische Versionen zustande bekommen. In den meisten Neue-Welt-Ländern steht etwas Gewürztraminer, doch ist es ihm dort oft zu heiß. In Australien wird etwas Riesling beigemischt, um ihm Pfiff zu geben, Chile verwendet dazu mit Erfolg Sauvignon Blanc.

Boden

Hinsichtlich des Bodens ist Gewürztraminer wenig anspruchsvoll, dennoch scheint die Üppigkeit der elsässischen Versionen vor allem auf den Boden zurückzugehen; eine bestimmte Würze ist Kennzeichen aller elsässischen Weißweine. Der einheimische Erzeuger Olivier Zind-Humbrecht, der sich besonders der Frage des Terroirs widmet, sieht im großen Anteil von Kalkstein im Boden die Ursache für den würzigen Charakter der regionalen Weine. Gewürztraminer scheint auch einen gewissen Anteil Ton zu mögen und gedeiht am besten auf fruchtbaren, tiefgründigen und mineralreichen Böden mit gutem Wasserabzug. Auf jeden elsässischen Winzer, der auf die Bedeutung von Kalk verweist, kommt ein anderer, der den Ton hochhält. Albert Mann zum Beispiel glaubt, dass niedrige Säure im elsässischen Gewürztraminer auf die Tonböden zurückgeht, auf denen er oft steht.

Hier einige der besten Grand-Cru-Lagen für Gewürztraminer: Altenberg und Kanzlerberg in Bergheim, Eichberg in Eguisheim, Hengst in Wintzenheim, Kessler und Kitterlé in Guebwil-

Die Weinberge des Guts Gray Monk, die über dem Lake Okanagan in British Columbia (Kanada) ansteigen. Gray Monk hat nur 0,2 ha Gewürztraminer-Reben. Die Härte des kanadischen Winters wird durch den See und den Hang gemildert, dessen Neigung kalte Luft aus den Rebzeilen abfließen lässt.

ler, Kirchberg in Barr, Mambourg in Sigolsheim, Schlossberg in Kientzheim und Zinnkoepflé in Soultzmatt und Westhalten. Affenberg, Bollenberg, Kaefferkopf und Zahnacker sind weitere gute Weinberge. Zind-Humbrecht merkt außerdem an, dass der Boden bei Gewürztraminer die Farbe der Beerenhaut beeinflussen kann: Kalkböden bewirken ins Orange spielende Haut mit dunkelorangenen Linien, saure oder Kiesböden eher purpurne Farbtöne.

Kultivation

Diese Rebe ist von wuchskräftiger Natur, und die Probleme mit Balance und Struktur nehmen überhand, wenn man sie zu reich tragen lässt. Seriöse Gewürztraminer-Erzeuger stimmen darin überein, dass es eine direkte Beziehung zwischen geringem Ertrag und Duftintensität gibt. Viele setzen den kritischen Punkt schon bei 40 hl/ha an. Die für die elsässischen Grands Crus jetzt erlaubten 55 hl/ha (früher 60 hl/ha) sind immer noch zu viel für gute Qualität, und Spitzenerzeuger ernten viel weniger. Dabei sind die 55 hl/ha nur der Grundertrag

Frisch gepflügter, zur Rekultivierung bereiter Boden im Grand Cru Altenberg von Bergheim (Elsass). Das Gemisch von Kalk und Ton ist für Gewürztraminer ideal.

(rendement de base): Es wurde eine »Pufferzone« bis 66 hl/ha eingeführt, als Beruhigungspille für die Winzer, die auf ein noch größeres Schlupfloch verzichten mussten, nämlich die Möglichkeit, mit den hohen Erträgen bei einer Rebsorte die niedrigen bei einer anderen auszugleichen, vorausgesetzt die Gesamtmenge lag nicht höher als 60 hl/ha.

Viele elsässische Unterlagsreben begünstigen die Wuchskraft, während starktragende Klone in Deutschland meist die Qualität beeinträchtigen. Übermäßiger Wuchs begünstigt die Stielfäule, für die Gewürztraminer sehr anfällig ist.

In Neuseeland dürfen für Qualitäts-Gewürztraminer nicht mehr als 2–3 tons/acre (ca. 5–7,5 t/ha) geerntet werden. Ein Traubenerzeuger kann seine Gewürztraminer-Ernte für etwa 1000–1200 Neuseeländische Dollar/ton verkaufen – natürlich sind die ca. 2000 Dollar für einen ähnlichen Ertrag an Chardonnay aus dem Klon Mendoza sehr viel einträglicher, oder gar die 1400 Dollar für Sauvignon Blanc, der 6 tons/acre bringt. Daher versucht man, den Ertrag bei Gewürztraminer zu vergrößern. Doch dann leidet die Qualität, und so ist der Teufelskreis perfekt: Der wenig charakteristische Wein hat auf einem Markt, der über Gewürztraminer nicht Bescheid weiß, keinen Erfolg. Das ist der Hauptgrund dafür, dass er in Neuseeland immer weniger kultiviert wird.

Klone

Über Klonveränderungen wurde wenig berichtet, vielleicht überraschend in Anbetracht der Schwierigkeiten, zwischen Savagnin Rosé, Gewürztraminer und Traminer genau zu unterscheiden. Die Farbe der Beeren ist nicht notwendig ein Resultat der Klonenvariation, auch wenn der elsässische Winzer Olivier Zind-Humbrecht darauf hinweist, dass die modernen starktragenden Klone zu dunkleren, purpurnen Farben und weicheren, dünneren Beerenhäuten tendieren. Die gelbe beziehungsweise graue Farbe einiger Trauben führt er hingegen auf unterschiedliche Wachstumsbedingungen und nicht ausreichende Zeit zurück, die Farbe der Beerenhaut voll zu entwickeln. Der potenzielle Alkoholgehalt kann über 14 % liegen; wenn aber ein heißes Klima eine zu rasche Zuckerbildung bewirkt hat, sind die Trauben dann noch nicht physiologisch reif, und der verführerische schwülstige Duft hat sich noch nicht entwickelt.

Zudem reift Gewürztraminer ungleichmäßig. Es ist durchaus normal, an ein und derselben Traube Beeren mit 15 % potenziellem Alkohol und grüne Beeren zu finden. Das macht die Weinbereitung sehr schwierig, selbst wenn die durchschnittliche Reife zufrieden stellend erscheint.

VINIFIZIERUNG

Der elsässische Winzer Olivier Zind-Humbrecht sagt über seine Art, Wein zu machen: »Die Qualität des Gewürztraminers liegt in der Beerenhaut, und es zahlt sich aus, die Trauben langsam und behutsam zu pressen, um ein Maximum an Aroma zu erhalten. Doch ist mangelndes Aroma nicht das Hauptproblem, weshalb man im Elsass kaum je auf den Beerenhäuten mazerieren lässt. Gewürztraminer vergärt sehr rasch zu hohem Alkoholgehalt, und es ist wichtig, einen klaren Most zu erhalten, idealerweise aus Ganztraubenpressung, um nicht zu viel Tannin aus den Kämmen zu lösen. Ich bin kein Verfechter der Kaltvergärung, ich glaube, dass jeder Wein bei der Gärung eine bestimmte Temperatur erreichen muss, um seine individuelle Komplexität zu entwickeln und nicht bloß einen Bananen- oder Erdbeergeschmack. Je körperreicher und je vielschichtiger ein Wein ist, desto mehr braucht er Temperaturen bis zu 23 oder 24 °C. Dennoch ist Temperatursteuerung sehr wichtig, auch wenn sie nur einen oder zwei Tage eingesetzt wird. Gewürztraminer kann sehr rasch vergären und Temperaturen von über 25 °C entwickeln, was den Wein zerstören kann.

Anstelle von Hefesatzaufrühren bevorzuge ich eine Gärdauer von drei Monaten oder mehr, während der die Hefe ganz natürlich im Wein verteilt ist. Ich habe lieber lebendige Hefe im Wein in Suspension als einen Bodensatz von toter Hefe, die regelmäßig aufgerührt werden muss.

Bei Gewürztraminer wird malolaktischer Säureabbau meist unterbunden, doch ich lasse den Wein machen, was er will. Wenn der Most sehr zuckerreich und konzentriert ist und wenn die Malo spät und langsam verläuft, vielleicht erst nach Weihnachten, ergibt das oft die besseren Weine.«

In der Neuen Welt wird meist bei viel niedrigeren Temperaturen vergoren als im Elsass. Doch es gibt Ausnahmen. Neil McCallum von Dry River in Neuseeland vergärt seinen Gewürztraminer zunächst bei 16–17 °C und lässt die Temperatur bis auf 20 °C ansteigen. Er sagt: »Die Anhänger der Kaltgärung glauben, sie erhielten mehr Aromen bei niedrigen Temperaturen, und das liege schließlich im Interesse des Weins. Auf der anderen Seite sind die meisten Europäer überzeugt, dass eine Gärung bei höheren Temperaturen dem Wein mehr Körper gibt, ohne die sortentypischen Aromen zu schädigen. Untersuchungen haben ergeben, dass der größte Teil des Verlustes an flüchtigen Stoffen in den ersten zwei, drei Tagen der Gärung stattfindet. Es scheint daher möglich zu sein, die beiden Denkschulen bis zu einem gewissen Grad zu vereinen. Im Elsass beginnt man die Gärung mit niedrigen Temperaturen.«

Gewürztraminer in aller Welt

Der Ruhm des Gewürztraminers gründet fest auf seiner Leistung im Elsass, dem schmalen Streifen von Weinbergen in Nordostfrankreich jenseits des Oberrheins. Hier liefert die Rebe – in der Hand hochtalentierter Weinbauern und Weinmacher – einen der erstaunlichsten, duft- und aromareichsten Weine der Welt. Eine solche Intensität wird anderswo selten erreicht, wenn die Rebe auch fast überall auf der Welt kultiviert wird.

Elsass

Üblicherweise sind hier 4400–4800 Stöcke pro Hektar gepflanzt, vorgeschrieben sind mindestens 4500. (Der Ertrag pro Stock ist hoch im Vergleich zur Côte d'Or mit ihren 10 000 Rebstöcken pro Hektar.) Nach der neuen Gesetzgebung ist bei Grand-Cru-Weinen keine maschinelle Ernte mehr zugelassen. Überproduktion ist ein Problem im Elsass, sogar beim relativ geringtragenden Gewürztraminer, weshalb man Maßnahmen zur Eindämmung ergreift. Anstatt überschüssige Trauben am Stock hängen zu lassen, muss nun der Weinberg ganz leer geerntet werden; der Gedanke dabei ist, dass unnötige Kosten bei der Lese zu besserer Ertragsbegrenzung anspornen. Wie immer ist aber die Bürokratie weniger erfindungsreich als qualitätsbewusste Erzeuger, die manchmal eine von drei Rebzeilen (in ihren Nicht-Grand-Cru-Weinbergen) roden, um Platz für Erntemaschinen zu schaffen und höhere Stockerträge zu bekommen.

Eine Säureanreicherung ist im Elsass nicht gestattet. Kleine Zugaben von Sorbinsäure, Ascorbinsäure oder Zitronensäure sind erlaubt – als Antioxidanzien natürlich.

Gewürztraminer liefert nicht nur trockene, intensiv aromatische Weine, sondern auch einige der besten Süßweine des Elsass. Allerdings ist die Traube gegen *Botrytis cinerea* relativ resistent. Es ist kein Problem, Gewürztraminer für eine *vendange tardive* ausreifen zu lassen, er kann 16 % potenziellen Alkohol ohne eine Spur von Edelfäule erreichen. Seine dicken Beerenhäute schützen ihn jedoch vor Botrytis.

Deutschland

Von einer pfälzischen Spezialität im 19. Jahrhundert ging Gewürztraminer bis zum Jahr 1998 auf gerade 807 ha in ganz Deutschland zurück, davon lagen 349 ha in der Pfalz. Wie andere pfälzische Weine ist auch der Gewürztraminer nicht mehr die ölige, etwas unelegante Substanz; Struktur und Säurerückgrat sind viel besser geworden. Die Aromen sind fruchtiger und blumiger als im Elsass, erreichen aber nur selten deren berauschende Würze. In Baden, das man als rechtsrheinischen Counterpart des Elsass betrachten kann, ist Durbach der Traminer-Ort Deutschlands schlechthin; genannt wird die Sorte hier Clevner.

Österreich

Hier wird die Rebe häufiger Traminer genannt als Gewürztraminer, der Wein kann aber ebenso von Rosen und Gewürzen überströmen wie der elsässische. Die sonnige Steiermark macht sowohl schlanke, völlig trockene und kaum aromatische als auch recht füllige Weine. Im Burgenland ergibt Traminer mächtige süße Weine, in Wien und Niederösterreich trockene und auch süße Weine. In den meisten Weinbaubetrieben stellt er aber eine Minderheit dar.

Italien

Es ist schön, berichten zu können, dass der Traminer Aromatico oder Gewürztraminer sich in seiner Südtiroler Heimat wohl fühlt, allerdings ist er außerhalb von Tramin selbst kaum anzutreffen. Die Qualität ist gestiegen, wohl aufgrund verringerter Erträge und wahrscheinlich auch deswegen, weil die Pergolaerziehung allmählich von der Drahtrahmenerziehung nach Guyot-Art abgelöst wird. Trotz der Namenserweiterung »Aromatico« sind wenige Weine wirklich aromatisch, was sie jedoch durch attraktive Eleganz wettmachen. Die Rebe gibt es hier in roter, weißer und rötlicher Version, wobei der Rote Traminer allgemein als weniger aromatisch und elegant gilt.

Übriges Europa

Traminer oder Gewürztraminer hat in Osteuropa eine Reihe verschiedener Namen, darunter Tramini in Ungarn und Traminac in Slowenien. In den Tagen des alten Jugoslawien war der slowenische Traminer fett und duftreich, und da Slowenien seine Weinwirtschaft modernisiert, kann er nur noch besser werden. Am ungarischen Plattensee ist Traminer auf fruchtbarem Vulkanboden intensiv gepflanzt, und er liefert dort wie in Slowenien füllige, feurige, nach Litschi und Mango duftende trockene Weißweine von beachtlichem Charakter. Weiterhin wird Gewürztraminer in Russland, Rumänien und Moldau, in der Ukraine und in der Slowakei kultiviert. Die großen sozialen und ökonomischen Probleme dieser jüngst entstandenen Demokratien ziehen aber nach sich, dass die

DOMAINE WEINBACH

Der Gewürztraminer von dieser Domaine gehört zu den besten im Elsass. Jedes Fass wird separat abgefüllt und etikettiert.

DOMAINE MARCEL DEISS

Der Gewürztraminer von Deiss ist weniger überbordend als der von Weinbach, das Terroir wird hier aber ebenso betont.

ANDREAS LAIBLE

Andreas Laible, wohl der beste Erzeuger im badischen Durbach, macht Traminer im gewichtigen Stil der Region, aber mit mehr Eleganz als üblich.

Weinberge umgeben Tramin (ital. Termeno) in Südtirol, das als Heimat der Gewürztraminer-Rebe gilt; Termeno Aromatico ist eines ihrer Synonyme. An ihrem Geburtsort wurde sie jedoch durch ertragreiche Sorten weitgehend verdrängt. Noch werden einige leichte, duftende Weine gemacht.

Erträge regelmäßig zu hoch sind und schlecht vinifiziert wird, mit dem Effekt nichts sagender und dünner Weine mit unattraktiven, ungepflegten Aromen, wo nur verführerischer Duft sein sollte. In Ländern, wo Know-how und Geld sehr knapp sind, werden alle Anstrengungen natürlich auf leicht verkäufliche Weine wie Chardonnay, Sauvignon, Cabernet und Merlot konzentriert anstatt auf den altmodischen Gewürztraminer.

In der Schweiz, in Luxemburg und in Spanien werden geringe Mengen angebaut.

Neuseeland

Das kühle, aber sonnenreiche Klima Neuseelands scheint für Gewürztraminer optimal zu sein. Der Nachteil aber ist, dass der Wein schwer verkäuflich ist, weshalb die Anbaufläche von 182 ha im Jahr 1991 auf 103 ha im Jahr 1999 fiel. Bis 2003 soll sie aber wieder allmählich auf 142 ha anwachsen.

Im Charakter ist Gewürztraminer genau das Gegenteil der neuseeländischen Star-Traube, Sauvignon Blanc. Während die Konsumenten die hohe Säure des Sauvignon Blanc als natürliche Eigenschaft der Traube gern akzeptieren (wenn auch mit etwas Restzucker für die Balance), sind sie von der niedrigen Säure des Gewürztraminers nicht in derselben Weise begeistert. Das Hauptproblem ist vermutlich, dass man seine weiche, parfümige Art mit dem billigen lieblichen Müller-Thurgau in Verbindung bringt, der die erste Weinrenaissance Neuseelands im Wesentlichen trug und heute nur mehr wenig geachtet wird. Sehr schade. Säurezugabe ist üblich, andererseits lassen einige Erzeuger den gänzlichen oder partiellen biologischen Säureabbau zu, um Weine von anderem Charakter zu erhalten. Die meisten sind trocken oder halbtrocken, und es gibt auch einige Spätlesen, die manchmal in neuer Eiche gären.

USA

Hier nimmt die Anbaufläche ab. Wie in Neuseeland ist das große Problem – neben den hohen Kosten im Anbau, ungleichmäßiger Reifung und geringen Erträgen –, dass er bei weitem weniger einbringt als die populären, unproblematisch zu kultivierenden Sorten wie Chardonnay. Mitte der 1980er Jahre gab es knapp 1620 ha Gewürztraminer, bis Ende der 1990er war die Ziffer auf ca. 700 ha gesunken. Die Rebe ist für die kühlen Bereiche Monterey, Sonoma, Mendocino und Russian River gut geeignet, vinifiziert wird meist trocken oder halbtrocken. Das Anderson Valley erscheint als viel versprechender Bereich für Dessertversionen. Im pazifischen Nordwesten, besonders in Oregon und Washington, ist Gewürztraminer anzutreffen, viele Weine geraten dort aber ein wenig zu flach und zu süß.

Übrige Welt

In Australien wird die Traube Traminer und Gewürztraminer genannt. Der Traminer, meist aus warmen, sehr ertragreichen Regionen, wird oft mit Riesling gemixt, um die Säure aufzubessern; der Gewürztraminer – aus kühlen Gegenden wie Tasmanien und Victoria – kann aufregend duften. Die Palette der Sortenweine reicht von trocken bis zur Spätlese.

Kanada hat das Zeug zu gutem Gewürztraminer, ebenso Chile, das einige absolut viel versprechende Exemplare herausgebracht hat; man experimentiert mit dem Verschnitt mit Sauvignon Blanc, um die Säure anzuheben. Aus Südafrika kommen einige seltene süße Versionen.

SEIFRIED ESTATE
Eines der wenigen Weingüter Neuseelands, die dem Gewürztraminer die Treue halten. Die Weine von Seifried vereinen Aroma, Eleganz und Balance.

MISSION HILL
Dieser Eiswein wurde am 2. Januar 1998 gelesen, als die Temperatur im Okanagan Valley in British Columbia auf −14 °C gefallen war.

VIÑA CASABLANCA
Das kühle Casablanca scheint Chiles beste Region für frischen, sauberen Gewürztraminer wie diesen zu sein. Dennoch ist die Rebe hier nur mit 1 % der Fläche vertreten.

Gewürztraminer genießen

Gewürztraminer scheint eine Ausnahme von der Regel zu sein, dass Weißwein viel Säure braucht, um gut altern zu können. Zugegeben, bei elsässischen Weinen aus warmen Jahrgängen, die zur Kraftlosigkeit neigen, ist lange Lagerung nicht zu empfehlen; sie können rasch eine bittere Rauigkeit und gleichzeitig einen marmeladigen Charakter entwickeln. Er braucht relativ hohe Säure, um älter als drei, vier Jahre zu werden.

In Jahren mit guter Balance und bei niedrigem Ertrag kann ein Gewürztraminer Grand Cru wunderbar zehn Jahre reifen. Am Ende dieser Zeit wird er seinen überströmenden Duft verloren haben und weiniger, subtiler geworden sein – weniger wie Gewürztraminer, eher wie Pinot Gris. Aber er hat dann viel von einer honigüppigen Komplexität gewonnen, die den Verlust an Rosen und Litschi wettmacht.

Wenige Gewürztraminer aus der Neuen Welt sind für lange Reifung gemacht, die besten entwickeln sich einige wenige Jahre. Insbesondere Spätlesen können gut altern, sie schmecken jung aber so delikat, dass man immer wieder ein Fläschchen abzweigt. Die konzentriertesten Vendanges Tardives (Spätlesen) und Sélections de Grains Nobles (süße, edelfaule Beerenauslesen) aus dem Elsass reifen über 20 Jahre und mehr – aber, wie gesagt, sie brauchen dazu viel Säure.

So schmeckt Gewürztraminer

Dichter, körperreicher Gewürztraminer aus reifen Trauben schmeckt so wie kein anderer Wein. Bei ungenügender Reife oder zu hohem Ertrag erinnert er jedoch an zweitklassigen Muscat, und weniger aromatische Versionen sind dann nicht besser als drittklassiger Riesling. Aber uns interessiert hier nur der gute Gewürztraminer: aus niedrigem Ertrag, sauber vinifiziert und mit genug Struktur und Säure, um all dem berauschenden Duft Form und Balance zu geben.

Was sind nun diese viel besungenen Aromen? Nehmen Sie eine frisch geschnittene Teerose, zerreiben Sie einige Blütenblätter zwischen Daumen und Zeigefinger und atmen Sie den schweren Duft tief ein. Oder Litschis, frische oder aus der Dose, wenn Sie ihr glattes Fleisch mit Zunge und Zähnen vom Stein schälen und ihr exotisches Aroma Ihren Gaumen bezaubert. Auch Gesichtscreme, insbesondere Nivea-Creme, und ein ganzer Korb voll anderer Düfte: Zimt und Veilchen, Orangenblüten und Schale von Zitrusfrüchten, Tee und Bergamotte und Geißblatt. Dazu zeigt wirklich guter elsässischer Gewürztraminer eine verblüffende Schärfe wie von frisch gemahlenem schwarzem Pfeffer. In einfachen Weinen sind die Aromen leicht wie Musselin, in gewichtigen werden sie ölig. Ist nicht genug Säure vorhanden, werden sie kraftlos, und man fühlt sich an Butter und Marmelade erinnert, die auf dem Frühstückstisch in der Sonne schmelzen und warm werden – so unattraktiv kann Gewürztraminer ohne richtige Balance sein.

Spät gelesene Gewürztraminer verbinden Süße und schweren Duft, so dass die Kombination mit Essen nicht einfach ist. Lange Flaschenreifung dämpft dann das Parfüm auf ein leichter handhabbares Maß. Edelfäule gibt dem Wein weitere Aromadimensionen, reduziert aber den Rosen-Litschi-Charakter.

Dr. Alan Limmer von Stonecroft im neuseeländischen Hawkes Bay ist in den Traminer vernarrt und macht üppige, kraftvolle Weine. »Die Sorte ist nicht leicht hinzubekommen«, sagt er; »ihre innere Balance ist ganz anders als die anderer Trauben. Man kann es sich einfach machen und sie behandeln wie alle anderen Weine, aber dann ist es kein ›Gewürz‹ mehr.« Im Elsass produziert Olivier Zind-Humbrecht einige der gewichtigsten Weine der Region von echter Größe und brillanter Tiefschichtigkeit.

Gewürztraminer zu Essen

Traditionelle elsässische Kombinationen von Gewürztraminer und Speisen sind Enten- oder Gänseleberpastete, Zwiebelkuchen, Räucherfisch, gebratene Gans und pikante Rotschmierkäse wie Munster. Junger Gewürztraminer ist solo ein herrlicher Genuss, den man sich durchaus öfter mal gönnen sollte. Er ist aber auch sehr gut mit indischen oder chinesischen Gerichten und mit Fusion Food mit ihren intensiven exotischen Gewürzen zu verbinden, ebenso passen südostasiatische Speisen mit Zitronengras, Koriander und Kokosnuss wunderbar.

Reifer Gewürztraminer ist ein sehr guter Begleiter von zurückhaltend gewürztem Huhn.

VERBRAUCHERINFORMATIONEN

Synonyme und regionale Bezeichnungen
Traminer, Roter Traminer, Clevner und Klävner in Deutschland und Österreich; Rotclevner, Traminer Musqué, Traminer Parfumé und Traminer Aromatique im Elsass; Traminer/Termeno Aromatico, Traminer Rosé und Traminer Rosso in Italien; in der Schweiz Heida, Heiden und Païen; in Ungarn Tramini; in Slowenien Traminac; Drumin, Pinat Cervena, Princ und Liwora in Tschechien und der Slowakei; Rusa in Rumänien; Mala Dinka in Bulgarien; Traminer in Russland, Moldau und Ukraine.

Gute Erzeuger
ELSASS Adam, Albrecht, Allimant-Laugner, Barmès-Buecher, Bechtold, Bernhard-Reibel, Beyer, P. Blanck, Boesch, Bott-Geyl, Boxler, Burn, Deiss, J.-P. Dirler, Dopff & Irion, Dopff au Moulin, WG Eguisheim, Pierre Frick, Albert Hertz, Hugel, WG Hunawihr, Josmeyer, Kientzler, Kreydenweiss, Kuentz-Bas, Seppi Landmann, J.-L. Mader, Albert Mann, Marronniers, Meyer, Meyer-Fonné, Mittnacht-Klack, René Muré, Ostertag, WG Pfaffenheim, Rieflé, Rolly Gassmann, Eric Rominger, Schaetzel, A. Scherer, Charles Schleret, Schlumberger, Schoffit, Gérard Schueller, Jean Sipp, Louis Sipp, Bruno Sorg, Pierre Sparr, J.-M. Spielmann, Tempé, Trimbach, WG Turckheim, Weinbach, Zind-Humbrecht
DEUTSCHLAND Fitz-Ritter, A. Laible, U. Lützkendorf, Heinrich Männle, Wolff-Metternich, Klaus Zimmerling
ÖSTERREICH Fritz Salomon
ITALIEN Südtirol Erste & Neue/Prima & Nuova, KG Girlan, Franz Haas, Hofstätter, KG Kaltern, KG St. Michael Eppan, KG Schreckbichl, Stiftskellerei Neustift, KG Tramin, Elena Walch; **Trentino** Cesconi, Pojer & Sandri
SPANIEN Enate, Raimat, Torres, Viñas del Vero
USA Kalifornien Adler Fels, Bouchaine, Thomas Fogarty, Lazy Creek, Navarro; **Oregon** Amity, Bridgeview, Eola Hills, Foris, Henry Estate, Tyee
KANADA Gray Monk, Konzelmann, Mission Hill, Sumac Ridge
AUSTRALIEN Delatite, Henschke, Knappstein, Moorilla Estate, Piper's Brook, Seppelt, Skillogglee, Audrey Wilkinson
NEUSEELAND Corbans, Dry River, Hunters, Lawson's Dry Hills, Revington, Rippon Vineyard, Seifried, Stonecroft
CHILE Concha y Toro, Viña Casablanca
SÜDAFRIKA Delheim, Neethlingshof, Simonsig Estate

WEINEMPFEHLUNGEN
Zehn trockene/halbtrockene Elsässer
Léon Beyer *Cuvée des Comtes d'Eguisheim*
Paul Blanck *Furstentum Vieilles Vignes*
Ernest Burn *Cuvée de la Chapelle*
Marc Kreydenweiss *Kritt*
Meyer-Fonné *Wineck-Schlossberg*
Mittnacht-Klack *Schoenenbourg*
Schaetzel *Kaefferkopf Cuvée Cathérine*
Domaines Schlumberger *Cuvée Christine*
Trimbach *Seigneurs de Ribeaupierre*
WG Turckheim *Brand*

Zehn elsässische Sélections de Grains Nobles
Deiss *Altenberg*
J.-P. Dirler *Spiegel*
Hugel
Kuentz-Bas *Pfersigberg Cuvée Jeremy*
Albert Mann *Furstentum*
René Muré *Vorbourg Clos St-Landelin*
Schoffit *Clos St-Théobald Rangen*
Bruno Sorg
Weinbach *Cuvée d'Or Quintessence*
Zind-Humbrecht *Rangen*

Fünf italienische Weine
Cesconi *Trentino Traminer Aromatico*
Hofstätter *Alto Adige Gewürztraminer Kolbenhof*
KG Kaltern *Alto Adige Gewürztraminer Campaner*
KG St. Michael Eppan *Alto Adige Gewürztraminer Sanct Valentin*
Elena Walch *Alto Adige Gewürztraminer Kastelaz*

Zehn Neue-Welt-Weine
Amity Vineyards *Gewürztraminer* (Oregon)
Delatite *Dead Man's Hill Gewürztraminer* (Australien)
Foris *Rogue Valley Gewürztraminer* (Oregon)
Knappstein *Dry Style Gewürztraminer* (Australien)
Henschke *Joseph Hill Gewürztraminer* (Australien)
Moorilla Estate *Gewürztraminer* (Australien)
Rippon Vineyard *Gewürztraminer* (Neuseeland)
Stonecroft *Gewürztraminer* (Neuseeland)
Eola Hills *Gewürztraminer Vin d'Epice* (Oregon)
Mission Hill *Grande Reserve Gewürztraminer Icewine* (Kanada)

Gewürztraminer-Beeren können, anders als diese, auch ins Orangefarbene, Violette oder Rötliche spielen, je nach Umweltbedingungen. Der Wein ist meist tiefgolden, Traminer vom norditalienischen Typ sind blasser.

Reifediagramme
Die meisten einfachen Gewürztraminer sind früh zu trinken. Nur Spitzenweine aus dem Elsass reifen erfolgreich in der Flasche.

1998 Alsace Gewürztraminer Grand Cru (trocken)

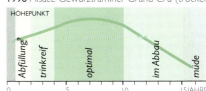

Ein schwieriges Jahr mit sehr unberechenbaren Erfolgen. Gute Qualität setzte geringe Erträge und nicht zu zeitige Lese voraus.

1998 Alsace Gewürztraminer Vendange Tardive

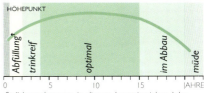

Spätlesen konnten in diesem botrytisreichen Jahr einen kleinen Teil edelfauler Trauben haben. Ein hervorragendes Jahr mit Körper und ausgleichender Säure.

2000 Neuseeland Nordinsel Gewürztraminer

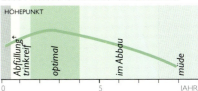

In diesem Jahr gab es schöne, aromatische Weine. Wie die meisten neuseeländischen Gewürztraminer am besten sofort genießen.

GODELLO

Die hochwertige, aromatische spanische Traube ist fast sicher mit der portugiesischen Verdelho identisch. Sie ist die beste Sorte in Valdeorras, nimmt dort aber nur 3 % der Weinberge ein; Palomino und Valenciana (Doña Blanca) übertreffen sie flächenmäßig bei weitem. Auch in anderen DOs des Nordwestens ist sie verbreitet, u. a. in Ribeira Sacra, Ribeiro, Monterrei und Bierzo, und sie ist sicher eine der Anwärterinnen auf den Titel der interessantesten weißen Traube Spaniens. (Es gibt allerdings auch nur wenig Konkurrenz.) Der Wein hat einen ähnlichen weichen Aprikosencharakter wie Albariño, aber eine samtigere Textur, etwa wie guter Viognier. Die Rebe scheint aus den Schluchten des Sil-Tals zu kommen und war in den 1970ern fast ausgestorben, nur die Anstrengungen des Consejo Regulador von Valdeorras konnten sie retten. Die Traube wird sortenrein oder als Verschnitt mit diversen Sorten, so Albariño, Treixadura und Doña Blanca, vinifiziert. Gute Erzeuger: Godeval, La Tapada, Genossenschaft Jesús Nazareno, Genossenschaft Santa Maria dos Remedios, Señorío.

LA TAPADA
Der exzellente Godello von La Tapada in Galicien – jede Menge rauchig-mineralische, blumige Frucht, durch Eichenholznoten wunderbar ausbalanciert – macht deutlich, warum die Rebe es wert war, gerettet zu werden.

GOLDMUSKATELLER

Eine Spielart der Muscat Blanc à Petits Grains (siehe S. 144–153), die in Südtirol kultiviert wird. Gute Erzeuger: Thurnhof, Tiefenbrunner.

GOUAIS BLANC

Eine obskure französische Traube, die sich durch die Wunder der Genanalyse als Vorfahr von nicht weniger als 16 modernen Sorten herausgestellt hat: Aligoté, Aubun Vert, Auxerrois, Bachet Noir, Beaunoir, Chardonnay (ja, *die* Chardonnay), Franc Noir de la Haute-Saône, Gamay Blanc Gloriod, Gamay Noir, Knipperlé, Melon, Peurion, Roublot und Sacy. Die Gouais Blanc selbst ist in ihren Heimatbereichen in Zentral- und Mittelfrankreich nicht mehr zu finden, ja einige dieser Anbaugebiete sind überhaupt verschwunden. Der Wein wurde nie geschätzt, schon im 16. Jahrhundert ordneten die Behörden die Rodung an. In Australien, in Rutherglen in Nordost-Victoria, kann man einen Gouais-Weinberg im Besitz Chambers bewundern, der Wein wird mit Riesling verschnitten.

GOUVEIO

So wird die Verdelho (siehe S. 272) im portugiesischen Douro-Tal genannt. Gute Erzeuger: Churchill, Martinez, Niepoort, Sogrape.

GRACIANO

Eine würzige, sehr aromatische Traube, die bei weitem interessanteste rote Sorte in Rioja, die im Anbau jedoch auch sehr viel kapriziöser ist als die anderen regionalen Sorten. In Rioja sind von den insgesamt etwa 50 000 ha ungefähr 400 ha mit Graciano bepflanzt, das ist allerdings das Doppelte wie vor fünf Jahren. Nach einem spanischen Weinautor »existiert eine Menge davon nur auf dem Rückenetikett«. Eine Reihe von Bodegas macht nach Süßholz duftende Sortenweine, und nur 15 % gibt einem Verschnitt mehr Parfüm. Der Wein ist allerdings weniger gerbstoffreich als Tempranillo und tendiert zur Oxidation; er ist nicht für lange Reifung gedacht. Die spät austreibende Rebe ist ertragsschwach und anfällig für Falschen Mehltau, beides kein Anreiz für den durchschnittlichen Weinbauern. Sie bevorzugt kalte Ton-Kalk-Böden und mildes, feuchtes Klima, Wassermangel und große Sommerhitze setzen ihr zu. Im Südwesten Frankreichs ist sie manchmal als Morrastel zu finden, in Spanien hingegen ist Morrastel ein Synonym für die ganz andere Monastrell (Mourvèdre, siehe S. 140/141). Was in Nordafrika so bezeichnet wird, kann diese oder jene Traube sein. Die portugiesische Tinta Miúda, die im Ribatejo und in der Estremadura wächst, soll mit der Graciano identisch sein. Gute Erzeuger: (Spanien) Artadi, Campillo, Contino, CVNE, Viña Ijalba, La Rioja Alta.

GRANDE VIDURE

Der alte Bordelaiser Name für Carmenère (siehe S. 60/61), die dort nicht mehr existiert, wohl aber in Chile. Einige chilenische Erzeuger etikettieren so ihren Carmenère; ab 2001 darf der Name in der EU nicht verwendet werden.

GRASĂ

Einige Experten halten diese rumänische Rebsorte für die ungarische Furmint (siehe S. 90), obwohl sie, anders als Furmint, wenig Säure liefert. Die Blätter sind jedoch praktisch identisch. Ihr Anbau ist im Bereich Cotnari konzentriert, wo sie köstliche, süße edelfaule Weine liefert, die durch die Beigabe von etwas Tămîioasă Românească zusätzlich Pikanz bekommen. Guter Erzeuger: Cotnari.

GRASEVINA

Welschriesling (siehe S. 284) wird in Kroatien so genannt.

GRAUBURGUNDER

Deutsche Bezeichnung für (trockenen) Ruländer beziehungsweise Pinot Gris (siehe S. 206 und 172/173). Gute Erzeuger: Bercher, Schloßgut Diel, Drautz-Able, Dr. Heger, Müller-Catoir, Salwey.

GRECANICO DORATO

Diese sizilianische Sorte wird vermehrt angepflanzt, ihre Weine haben viel Aroma mit einer kleinen grasigen Kante. Guter Erzeuger: Planeta.

GRECHETTO

Eine interessante mittelitalienische Sorte, die vielen umbrischen Weißweinen Struktur, Fülle und eine angenehme vegetale Art gibt. Guter Orvieto verdankt vieles der Grechetto, ebenso der Torgiano und der Cervaro von Antinori. Der Wein wird generell verschnitten, im Cervaro mit Chardonnay, in anderen vor allem mit Trebbiano, Malvasia und Verdello. Die Rebe ist ertragsschwach, dafür aber widerstandsfähig gegen Krankheiten, und liefert sehr guten Vin Santo. Gute Erzeuger: Antonelli, Avignonesi, Barberani-Vallesanta, Arnaldo Caprai, Falesco, Palazzone, Castello della Sala.

GRECO BIANCO

Greco Bianco wird in Unteritalien seit über 2500 Jahren kultiviert, nachdem sie von den Griechen – wie der Name andeutet – eingeführt worden war. Ob ihr eine gegenwärtig in Griechenland angebaute Rebe entspricht, ist nicht klar, ebenso nicht, ob es sich nur um eine Sorte handelt. Der Wein jedenfalls ist meist recht gut mit knackig frischen, leicht grünen und an Pfirsiche erinnernden Aromen. Die bekannteste Form ist Greco di Tufo; aus der südkalabrischen Stadt Bianco (sich nicht verwirren lassen!) kommt ein aus teilrosinierten Trauben gemachter süßer Greco di Bianco. Gute Erzeuger: Botromagno, Feudi di San Gregorio, Mastroberardino, Giovanni Struzziero.

Greco-Bianco-Rebstöcke in der Nähe der kalabrischen Stadt Bianco.

GRECO NERO
Eine dunkelhäutige Version der Greco Bianco, ebenfalls in Süditalien zu Hause. Guter Erzeuger: Odoardi.

GRENACHE BLANC
Eine von Natur aus recht langweilige Traube, die wie ihre dunkle Schwester leicht oxidiert und wenig Säure aufweist. Sie gibt Verschnitten aber eine weiche, fleischige Rundung und wird im Süden Frankreichs daher in großen Flächen gezogen. Diese Sorte stellt einen großen Teil im weißen Châteauneuf-du-Pape und Côtes du Rhône und einen kleinen Teil (10%, um genau zu sein) in einigen Côtes du Rhône-Villages; auch in einigen Rivesaltes VDN aus dem Roussillon wird sie verwendet. Die Sortenweine, die inzwischen auftauchen, sind – wenn gut gemacht – sehr attraktiv, ohne freilich zu überwältigen.

Die Traube braucht temperaturkontrollierte Gärung und manchmal auch die ganze Palette von Kellertechnik, von Mazeration auf den Häuten, Vergärung und/oder Ausbau im neuen Eichenfass, Reifung auf der Hefe und sogar einen Schuss von Aromatischem wie Muscat, um dem Wein einen nennenswerten Geschmack zu geben. Als Garnacha Blanca (siehe S. 91) ist die Sorte in Nord- und Nordostspanien zu finden, woher sie wie die Garnacha Tinta stammt.

Gute Erzeuger: (Frankreich) Beaucastel, Caraguilhes, Clavel, Font de Michelle, La Gardine, Mont-Redon, La Nerthe, Rayas.

GRIGNOLINO
Eine hellhäutige, nicht sehr interessante rote Traube, die aus dem Piemont stammt und nie weit herumkam. Das trifft auch auf den Wein zu, der meist am Ort konsumiert wird. Säure und Tannine sind hoch, der Geschmack variiert zwischen grasiger Frische und krautiger Rauheit.

Die große genetische Variabilität der verwendeten Reben mag die Unterschiedlichkeit der Weine zum Teil erklären, aber auch der Bodentyp schlägt sehr durch.

Ein guter Grignolino ist recht attraktiv, aber auch eigenartig, nicht der Typ Wein, den man jeden Tag mag. Man trinkt ihn am besten jung. Es existieren drei DOCs: Grignolino d'Asti, Grignolino del Monferrato Casalese und Piemonte Grignolino. Aus welchem Grund auch immer kultiviert Heitz in Kalifornien ein paar Reben. Gute Erzeuger: G. Accornero & Figli, Braida, Bricco Mondalino, Rivetti, Cantine Sant'Agata, Genossenschaft Vinchio e Veglio Serra.

GRILLO
Eine der besseren Trauben für den Marsala, den berühmten Süßwein Siziliens. Sie entwickelt viel potenziellen Alkohol, immer ein Vorzug für Erzeuger von gespritetem Wein, weil es (teuren) Weingeist spart. Dennoch schrumpfen die Anbauflächen, da der Markt für guten Marsala kleiner wird. Dennoch ist die Grillo eine potenziell interessante Sorte mit zitroniger Frucht, robuster Fülle, Struktur und einer gewissen rustikalen Art. Gute Erzeuger: De Bartoli, Florio, Pellegrino.

GROLLEAU
Das Interessanteste an der Grolleau oder Groslot ist, Galet zufolge, dass der Name vom alten französischen Wort *grolle* oder *grole* für »Krähe« abgeleitet ist, nach den tiefschwarzen Beeren der Traube. Es ist kurios, aber angemessen, dass die edlere Merlot nach der melodiöseren Amsel *(merle)* benannt ist. Der armen alten Proletarierin bleibt nur die Krähe. Vielleicht geht ihr das an die Nieren, jedenfalls ist sie in ihrer Heimat an der Loire auf dem Rückzug. Sie darf nur für Rosé verwendet werden und spielt im Anjou, Saumur und Touraine eine Rolle. Ihre Weine sind leicht, alkoholarm, säurereich und ein wenig erdig. Die rosafarbene Version heißt Grolleau Gris. Gute Erzeuger: Bouvet-Ladubay, Pierre-Bise, Richou.

GROS MANSENG
Eine sehr aromatische Traube Südwestfrankreichs, die eine Renaissance erfährt, da man ihre Qualitäten inzwischen zu realisieren weiß. In Béarn, Jurançon und Gascogne gilt sie aufgrund ihrer hohen Säure und der blumig-würzigen Aprikosen-Quitten-Frucht als *cépage améliorateur*. Sie ist mit der Petit Manseng (siehe S. 176) verwandt, und es gibt Formen, die zwischen diesen Sorten stehen.

Die Rebe ist sehr ertragreich, wobei 70–80 hl/ha keinen negativen Effekt auf die Qualität haben. Die Beeren sind tiefgolden gefärbt, ihre Schalen enthalten viel Tannin, Farbe und Polyphenole. Damit der Wein nicht rau wird, muss der Saft äußerst behutsam abgepresst werden und sorgfältig absitzen, sodass er völlig sauber in die Gärfässer gelangt.

Die Traube ergibt interessante, aber sehr unterschiedliche Resultate, je nach Grad der Reife. Bei 11,5–12% potenziellem Alkohol gelesen, sind die Trauben leichter zu verarbeiten, und der Wein wird frisch, blumig und hübsch. Um alles aus der Sorte zu holen, sind 12,5–13,5% potenzieller Alkohol nötig, die Weine geraten dann viel mächtiger, doch immer noch mit Säure und völlig trocken. Sie liefert auch sehr gute Süßweine von spät gelesenen oder edelfaulen Trauben; Versuche mit neuen Eichenfässern ergaben sehr charaktervolle Weine ähnlich einem in Eiche gereiften Sémillon, die am Ort gern zu Foie Gras genossen werden. Die Gros Manseng gibt den Boden deutlich wieder, auf kreidigem Ton werden die Weine frisch, auf sandigem Ton runder und fetter, auf Sand leicht und fein. Gute Erzeuger: D'Aydie, Brana, Cauhapé, Clos Lapeyre, Clos Uroulat, Montus, De la Souch.

GRÜNER VELTLINER

Eine vielseitige und beliebte österreichische Rebe, die auf die großen Verbesserungen in der Weinbereitung der letzten Jahre hervorragend reagiert hat. Sie nimmt mehr als ein Drittel der österreichischen Rebflächen ein, weshalb die Qualität unterschiedlich ist.

Doch auch der einfache, preiswerte Alltagswein – frisch, pfeffrig und im Jahr nach der Ernte zu trinken – kann verblüffend gut sein. Die besten Erzeuger in Niederösterreich, in Wachau und Kamptal, produzieren Weine mit mehr Struktur und Fülle, die das Aroma der Traube – frische Kräuter und weißer Pfeffer, mit Noten von Zitrusfrüchten und Aprikosen – zur Geltung bringen. Die Weine altern schön in der Flasche, wobei sie in einigen Jahren rund und fett werden, dennoch ihr »Pfefferl« behalten. Die Rebe ist in puncto Boden wählerisch und bevorzugt Löß, wird aber fast überall gepflanzt. Für Alltagsweine werden bis zu 100 hl/ha geerntet.

Grüner Veltliner ist auch in Tschechien als Veltlin Zelené oder Veltlinske Zelené sowie in Ungarn als Zöldveltelini anzutreffen.

Außer Grünem gibt es in Österreich auch Roten, Braunen und Frühroten Veltliner, die eine dunkle Beerenhaut haben; von ihnen ist nur der Frührote Veltliner weiter verbreitet, vor allem im Weinviertel. Sie haben weniger Säure als der Grüne Veltliner. Gute Erzeuger: W. Bründlmayer, Freie Weingärtner Wachau, Franz Hirtzberger, Josef Jamek, Emmerich Knoll, Fred Loimer, Lenz Moser, Martin Nigl, Nikolaihof, Willi Opitz, F. X. Pichler, Dr. Unger.

BRÜNDLMAYER
Dieser Wein vom Ried Lamm hat etwa zehnmal so viel Gewicht und Komplexität wie ein normaler Grüner Veltliner, er füllt den Mund mit Aromen von gelben Pflaumen und weißer Schokolade.

GUTEDEL

Gutedel ist als Chasselas (siehe S. 59) die wichtigste Rebsorte der Schweiz, in Deutschland ist sie fast nur im badischen Markgräflerland zu finden, wo sie neutrale, leicht erdige Weine liefert. Die Sorte ist weniger berühmt als ihr Nachkomme, die Müller-Thurgau; bis vor kurzem galten Riesling und Silvaner als deren Eltern (das glaubte auch Dr. Müller selbst), bis der DNA-Fingerabdruck den Silvaner durch Gutedel ersetzte. Offensichtlich machen Reben, was sie wollen, selbst unter Aufsicht. Es gibt auch eine rotschalige Version, den Roten Gutedel.

HANEPOOT

Die Muscat of Alexandria wird in Südafrika so genannt (siehe S. 144–153).

HARRIAGUE

Ein Sorte in Uruguay, die mit der Tannat (siehe S. 241) identisch sein könnte; Galet jedoch vermutet in der uruguayischen Graciano (siehe S. 112).

HÁRSLEVELÜ

Die zweitwichtigste Rebe von Tokaj ist auch in anderen Teilen Ungarns verbreitet, doch wenige trockene Weine haben den feinen Duft nach Pollen und Holunderblüten, zu dem die Traube fähig ist.

Die süßen Wein von Tokaj sind typischerweise würzig-rauchig, fest, intensiv und so fett, dass sie manchmal ölig erscheinen. Hárslevelü wird auch in der Slowakei und in Südafrika angebaut. Gute Erzeuger: (Ungarn) Château Megyer, Château Pajzos, Disznókö, Oremus, Royal Tokaji Wine Co.

HEIDA

Der Weiße Traminer (siehe S. 270) wird in der Schweiz, genauer bei Visperterminen, auf über 1000 Metern Höhe unter den Namen Heida und Païen kultiviert.

HONDARRIBI BELTZA

Die Hondarribi Beltza ist eine dunkelschalige Sorte des spanischen Baskenlandes, wo sie in den DOs Chacolí de Guetaria und Chacolí de Vizcaya – oder Getariako Txakolina und Bizkaiko Txakolina, wenn sie Baskisch vorziehen – verwendet wird. Sie soll aus dem Pamplona-Tal kommen, nach Galet könnte sie mit Cabernet Franc verwandt sein. Sie macht 11 % der Rebfläche in Ersterer und fast 20 % in Letzterer aus; beide Regionen werden von der weißen Hondarribi Zuri dominiert. Die Weine aus der Beltza sind frisch, sauer und jung am besten.

HONDARRIBI ZURI

Die weiße Hondarribi Zuri macht 89 % der Rebfläche von Chacolí de Guetaria (Getariako Txakolina) und 80 % von Chacolí de Vizcaya (Bizkaiako Txakolina) aus. Der Wein aus ersterer Region ist etwas fülliger, dennoch ebenfalls leicht, zitronig und säuerlich und zu Meeresfrüchten ideal. Beide Weine, die jung getrunken werden sollen, sind vor Ort sehr beliebt, gelangen aber kaum über die Grenzen der Region hinaus.

Die Rebfläche ist heute im Baskenland viel kleiner als vor der Reblaus. Die Reben werden an einer Art Pergola erzogen, die Erträge liegen meist unter dem zugelassenen Maximum von 93,6 hl/ha, und zwar bei 60 hl/ha. Den Weinen wird meist etwas Folle Blanche und manchmal Chardonnay, Sauvignon Blanc oder Riesling beigemischt. Gute Erzeuger: Eizaguirre, Txomin Etxaniz, Virgen de l'Orea.

HUMAGNE BLANCHE

Eine eher neutrale Schweizer Rebe, deren Wein dennoch attraktiven Körper und Frische besitzt. Sie wird mindestens seit dem 12. Jahrhundert im Wallis angebaut.

HUMAGNE ROUGE

Ebenfalls im Wallis in kleinen Mengen angebaute Traube, die tanninreiche, rustikale Weine liefert. Sie ist mit der Humagne Blanche nicht verwandt.

HUXELREBE

Eine deutsche Sorte, die zucker- und aromareiche Trauben liefert, aber keine große Eleganz. Sie wurde 1927 aus Gutedel und Courtillier Musqué gekreuzt und ist in nennenswerten, jedoch abnehmenden Mengen in der Pfalz und in Rheinhessen gepflanzt. Sie ist zu enormen Erträgen fähig, was die Aromenfülle stark beeinträchtigt. In England liefert sie angenehme Weine mit traubigen Noten und Holunderblütenduft. Gute Erzeuger: (Deutschland) Kurt Darting, Geil, Koehler-Ruprecht, Schales, Johann Ruck.

INZOLIA

Eine hochwertige, geringtragende Sorte Siziliens, neben Catarratto und manchmal auch Trebbiano Bestandteil vieler Weißweine der Insel. In guter Form ist der Wein frisch und rassig bei gutem Körper. Sie wird auch für Marsala verwendet (zumindest für den echten Marsala-Verschnitt, wie ihn der führende Erzeuger De Bartoli versteht), auch lässt man die Trauben für Passito-Süßweine zum Teil rosinieren.

MALBEC

Diese Rebe stammt aus Südwestfrankreich, aber erzählen Sie das einem »modernen« Weinfreund, wird er sehr wahrscheinlich auf Argentinien bestehen. Noch vor fünf Jahren hätten Sie auf Ihre Frage »Was ist Malbec?« nur einen verwunderten, absolut desinteressierten Blick geerntet. Malbec ist heute der neue Stern am Rotweinhimmel, und das ist allein Argentiniens Verdienst.

An ihrem Geburtsort Bordeaux und in ihrem althergebrachten französischen Basislager Cahors war die Malbec am Verschwinden, und zwar rasch. Die weichen, saftigen Beeren ergeben in warmen Klimaten schön dunkle, pflaumige, duftende purpurrote Weine, doch in Bordeaux ist es selten trocken und oft nicht warm genug. Weshalb die Rebe in ihrer Rolle, den Bordeaux-Verschnitt weicher zu machen, durch Merlot ersetzt wurde, die für Verrieseln und Fäule weniger empfindlich ist und zuverlässiger trägt. Sie war aber nie in sehr großen Mengen angepflanzt, wenige Güter hatten auf mehr als 10 oder 15 % ihrer Fläche Malbec stehen.

Im französischen Südwesten wird sie in vielen Verschnitten verwendet, führend ist sie jedoch nur in Cahors, wo sie mindestens 70 % des Verschnitts ausmachen muss. In warmen Jahren (nicht gerade der Normalfall) liefert die Rebe tiefe, dunkle Weine mit Noten von Damaszenerpflaume und Tabakblättern. An der Loire, wo sie unter dem Namen Cot in kleinen Mengen kultiviert wird, reift sie selten voll aus.

In Argentinien wurde sie 1852 zum ersten Mal gepflanzt, doch kamen die Ableger aus Bordeaux, nicht aus Cahors, und heute unterscheidet sich der argentinische Malbec von dem in Cahors deutlich. In Argentinien sind die Beeren meist kleiner und die Tannine runder, der Wein altert zuverlässiger. In den wärmsten Teilen Argentiniens kann die Säure zu gering ausfallen, was den Wein etwas lasch und profillos macht.

In den zehn Jahren vor 1993 wurde ein großer Teil der argentinischen Malbec-Reben gerodet. Damals befand sich das Land in politischem Aufruhr, und man sah die Zukunft in ertragreichen Rebsorten und ganzen Meeren von billigem Wein. Was für ein Unsinn. Argentinien verlor einen Großteil seiner Malbec-Rebstöcke, die meist über 50 Jahre alt waren. Gerade noch rechtzeitig riefen einige vernünftige Menschen: »Halt! Das ist unser Erbe!« Aufgrund ihres argentinischen Erfolgs wird sich Malbec wahrscheinlich auch in anderen warmen, trockenen Ländern ausbreiten. Chile besitzt schon einiges, und Südaustralien verfügt über ein paar alte Malbec-Weinberge.

So schmeckt Malbec

In seiner argentinischen Bestform – sorgfältig kultiviert und vinifiziert – zeigt Malbec ein dunkles Purpur, einen aufregenden Duft nach Pflaumen und Veilchen, köstlich üppige, weiche Fruchtaromen und eine sehr angenehme, runde Tanninstruktur. Er kann in neuer Eiche ausgebaut werden, aber es wäre schade, seine schöne natürliche Rundheit mit Holz zu überdecken. In Cahors erinnert sein Geschmack mehr an Rosinen, Damaszenerpflaumen und Tabak. In Chile und Australien gerät der Wein meist üppig, rund und weich, hie und da duftet er sogar nach Veilchen.

Die argentinische Firma Fabre Montmayou gehört zur Gruppe Domaine Vistalba (mit französischen Investoren), ihre Weine zeigen starke Bordeaux-Einflüsse mit zusätzlicher Fülle. Luján de Cujo in der Provinz Mendoza – der Ursprung dieses Weins – ist eine der jüngsten und höchstgelegenen Regionen des Landes. Durch die großen Unterschiede zwischen Tag- und Nachttemperaturen reifen die Trauben langsam und können länger am Stock bleiben, im Vergleich mit den älteren, tief liegenden Bereichen einige Wochen länger. Resultat sind bessere Ausgewogenheit und größere Fülle.

CHÂTEAU DU CÈDRE

Malbec oder Auxerrois ist die Hauptrebe in Cahors im Südwesten Frankreichs. Le Cèdre ist zu 100 % Auxerrois von 30 Jahre alten Reben, reift 20 Monate in neuen Eichenbarriques und kann gut zehn Jahre auf der Flasche liegen.

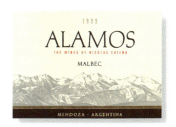

CATENA

Dr. Nicholas Catena war einer der ersten Weinmacher in Argentinien, die die Wünsche der ausländischen Konsumenten erkannten. Sein Wein zeigt internationale Machart.

LISTÁN

Ein anderer Name für die Palomino (siehe S. 165), eine der langweiligsten Trauben der Welt – die jedoch in Form des Sherry außerordentlich komplexe Aromen zustande bringt. Sie ist auch im Languedoc und in der Gascogne, im Bereich Armagnac, verbreitet, wird dort aber durch bessere Sorten ersetzt.

LISTÁN NEGRO

Die dunkle Version der Listán ist auf den Kanarischen Inseln zu finden, wo sie mit Negramoll (die Tinta Negra Mole von Madeira), Prieto, Tintilla, Malvasia Rosada und anderen Sorten verschnitten wird. In Tacoronte-Acentejo auf Teneriffa stellt sie den Großteil des Blends oder wird sortenrein abgefüllt.
Die Listán Negro ist die wichtigste rote Rebe auf Lanzarote, wo jeder Weinstock in einer Mulde im schwarzen Boden steht und mit niedrigen Steinmauern vor dem starken Wind geschützt wird. Ihre Weine sind weich und gefällig, ohne großes Gewicht; sie können durch Reifung im Eichenfass substanzieller oder durch Kohlensäuremaischung noch leichter und weicher gestaltet werden. Auf Teneriffa wird auch eine geringe Menge roter Süßwein gemacht. Gute Erzeuger: Insulares Tenerife, La Isleta, Monje, La Palmera.

LLADONER PELUT

Ein anderer Name für die spanische Garnacha Peluda (»Haarige Garnacha«, in Südfrankreich Grenache Poilu oder Velu), deren Verwandtschaft mit der echten Garnacha nicht gesichert ist. Auf jeden Fall ist sie auf der Blattunterseite deutlich pelziger als normale Garnacha (siehe S. 92–101). In vielen AC-Bestimmungen des Languedoc-Roussillon ist sie separat aufgeführt, der Wein schmeckt aber sehr ähnlich.

LOUREIRO

Eine aromareiche Traube, die in Nordportugal für Vinho Verde verwendet wird und jenseits der Grenze, in Nordwestspanien, als Loureira für die sehr ähnlichen Weine von Rías Baixas. Die sehr sauren und alkoholarmen Weine schmecken nach Lorbeerblättern. Die Rebe scheint sich in den kühlen Regionen um Braga und nahe der Küste wohl zu fühlen, die Weine ähneln dann jungem Riesling. Die Erträge sind hoch, der Wein wird sortenrein ausgebaut oder – in Vinho Verde – mit Trajadura und Paderña beziehungsweise in Rías Baixas mit Albariño und/oder Treixadura verschnitten. Gute Erzeuger: (Portugal) Quinta da Aveleda, Quinta da Franqueira, Sogrape, Solar das Bouças, Quinta do Tamariz.

Schwarze Trauben, schwarzer Boden: Diese Reben sind Listán Negro und stehen auf Lanzarote. Jeder Stock bekommt seinen eigenen Wall aus Feldsteinen, um ihn vor dem straken Wind zu schützen.

MACABEO

Eine nichtaromatische Traube, die in Nordspanien und als Maccabéo/Maccabeu im Languedoc-Roussillon verbreitet ist. Sie bringt in viele weiße Verschnitte guten Körper und Oxidationsfestigkeit, jedoch kaum Aroma oder Charakter.
Als Viura (siehe S. 284) bildet sie die Hauptzutat des weißen Rioja, dazu kommen kleine Mengen Malvasia und Garnacha Blanca. Die Sorte stand in Rioja seit je in der zweiten Reihe und wurde lange als Weichmacher für Rotwein verwendet.
In Katalonien und in anderen Regionen Nordostspaniens wird Macabeo für Cava verwendet; katalanischer Cava enthält daneben Parellada und Xarel-lo, die kleinen Mengen Cava aus anderen Regionen sind meist purer Macabeo.
Im Languedoc-Roussillon wird Maccabéo für den Vin Doux Naturel eingesetzt, in Minervois und Corbières als Verschnittpartner für Tischweine. Aufgrund ihrer Affinität zu trockenheißem Klima – in feuchtem Klima fault sie leicht – wurde sie auch in Nordafrika angepflanzt.
Gute Erzeuger: (Spanien) Agramont, Castellblanch, Cavas Hill, Codorníu, Cosecheros Alaveses, Franco Españolas, Freixenet, Marqués de Monistrol, Masía Barríl, Pirineos; (Frankreich) Casenove, Vignerons Catalans, Vignerons du Val d'Orbieu.

MADELEINE ANGEVINE

Tafel- und Weintraube, die in Kirgisien und in England recht aromatische, grasige Weine liefert.

MALAGOUZIA

Eine griechische Traube, die eben noch vor dem Aussterben bewahrt werden konnte. Sie ist vielleicht mit Malvasia verwandt und erbringt füllige Pfirsicharomen.

MALBEC

Siehe S. 118/119.

MALBECK

Argentinische Schreibweise von Malbec (siehe S. 118/119).

MALMSEY

Eigentlich keine Rebsorte, sondern ein Weintyp. »Malmsey« ist eine englische Verballhornung von Malvasia (siehe S. 120/121) und wurde in der Vergangenheit als Bezeichnung für die süßen Weine Griechenlands und des östlichen Mittelmeers verwendet; heute gilt sie für den süßesten Wein von Madeira.
Echte Malmseys aus Malvasia gibt es allerdings auf der Insel nicht mehr. Nur ca. 13 % der Reben auf Madeira sind edle Sorten, d. h. Sercial, Verdelho, Bual oder Malvasia, den großen Rest bilden Tinta Negra Mole und Hybriden. Echter Malmsey-Madeira ist daher selten, aber jede Flasche, die als Malmsey deklariert ist, enthält Wein aus Malvasia. In der Jugend weist er ein schönes Bukett von Orangenblüten auf, nach der typischen Madeira-Reifung ist er intensiv karamellig und pikant, üppig und rauchig, verliert aber nie seinen säuerlichen Biss.
Die Malvasia auf Madeira ist genauer die Malvasia de S. Jorge, die unregelmäßige Frucht ansetzt, früh reift und deren Trauben bei 11,5 bis 15 % potenziellem Alkohol geerntet werden.
Gute Erzeuger: Barros e Sousa, Blandy, Cossart Gordon, Henriques & Henriques, Leacock, Rutherford & Miles.

LAIRÉN

In Südspanien kann die Airén so genannt werden (siehe S. 34).

LAMBRUSCO

Die italienische Traube und ihr Wein haben denselben Namen. Von der Rebe gibt es eine Reihe Unterarten, die auf den Etiketten der DOC-Weine genannt sein können. Und in gleicher Weise gibt es unterschiedliche Lambruscos.

Die Hauptunterscheidung ist zwischen dem »echten« Lambrusco und dem Industrieprodukt zu machen. Ersterer, ein trockener, moussierender, nach Erdbeeren duftender Wein mit einem bitteren Kniff im Abgang und wenig Tannin, passt ideal zur schweren, auf Schweinernem basierenden Küche von Modena; Letzterer, der berüchtigte gesüßte, in Zweiliterflaschen mit Schraubverschluss verkaufte Sprudler, erinnert kaum mehr an die so attraktive erfrischende Art des echten Lambrusco. Der verfügt über die DOC, wird in verkorkten Flaschen verkauft, ist teurer und außerhalb Italiens (ja schon außerhalb der Emilia-Romagna) selten zu bekommen.

Auch rosé, weiße und alkoholarme Versionen hat man sich einfallen lassen. Es gibt keine weiße Lambrusco-Traube, der Lambrusco Bianco wird ebenfalls aus der roten gemacht.

Die Sorte scheint in der Region heimisch zu sein und hatte genügend Zeit, um eine Menge unterschiedlicher Klone zu entwickeln. Die besten der vielen Subvarietäten sind: Grasparossa in der Gemeinde Castelvetro südlich von Modena; Salamino (ihre Trauben sollen einer Salami ähneln) in Santa Croce östlich von Sorbara; und die Sorbara aus dem gleichnamigen Ort, die wertvollste.

Es gibt vier DOCs, die nicht genau mit diesen Subvarietäten übereinstimmen. Lambrusco di Sorbara DOC muss aus Sorbara- und Salamino-Trauben gemacht werden; Lambrusco Grasparossa di Castelvetro DOC muss 85 % Grasparossa enthalten; Lambrusco Salamino di Santa Croce DOC ist 90 % Salamino, und Lambrusco Reggiano DOC ist ein Verschnitt von Salamino mit der geringerwertigen Marani plus der noch minderen Sorten Maestri und Montericco. Der Lambrusco Reggiano DOC wird oft *amabile* (leicht süß) gemacht, wobei die Süße von den bis zu 15 % Ancellotta kommt. In der Region ist die Ancellotta (siehe S. 35) eine wichtige Rebe, von ihr ist hier mehr zu finden als von jeder Lambrusco-Unterart. Lambrusco Reggiano ist auch der meistverkaufte, sicher aber nicht der interessanteste der DOCs; er kann aber gut sein. Gute Erzeuger: Casimiro Barbieri, Bellei, Casali, Cavicchioli, Moro Rinaldo Rinaldini, Vittorio Graziano.

LASKI RIZLING

So wird in vielen Staaten des ehemaligen Jugoslawiens der Welschriesling bezeichnet (siehe S. 284). Die Markenweine, die von den staatlichen Weinbaubetrieben viele Jahre exportiert wurden, haben der Traube einen schlechten Ruf eingetragen; zu Unrecht, denn es waren die schlechte Betriebsausstattung, die nachlässige Verarbeitung und das Ziel, zu Dumpingpreisen zu verkaufen, die den Wein verdarben. Gute Erzeuger: (Slowenien) Slovenjvino, Stanko Curin.

LEÁNYKA

Leányka, zu Deutsch Mädchentraube, ist dieselbe Sorte wie die rumänische Fetească Albă (siehe S. 89). Guter Erzeuger: Hungarovin.

LEMBERGER

Lemberger ist die in Deutschland meist gebrauchte Bezeichnung für den Blauen Limberger, der in Österreich Blaufränkisch heißt. Fast ausschließlich in Württemberg angebaut (ca. 970 ha), wird der Wein oft mit Trollinger verschnitten. Sortenrein ist er von mittlerem Körper und angenehmer Säure. Gute Erzeuger: Graf Adelmann, Drautz-Able, Fürst zu Hohenlohe-Öhringen.

LEN DE L'EL

Der Name dieser Rebsorte, die im Südwesten Frankreichs zu Hause ist, ist eine Dialektform von »loin de l'œil«, was »weit außer Sicht« bedeutet. Ein seltsamer Name für eine Sorte, möchte man annehmen: Die Trauben hängen an langen Stielen und sind damit ziemlich weit von den Augen (Knospen) entfernt, denen sie entsprangen.

Die Anbauflächen sind zwar zurückgegangen, aber noch sind 15 % Len de l'el im Verschnitt des weißen Gaillac vorgeschrieben (oder aber, alternativ, Sauvignon Blanc), weshalb man hoffen darf, dass diese charaktervolle Traube nicht ganz außer Sicht kommt. Sie liefert wenig Säure und ist für Fäule anfällig; die Weine sind jedoch kräftig und gewichtig. Gute Erzeuger: De Causses-Marines, De Labarthe, Genossenschaft Labastide-de-Lévis.

LIMBERGER

Die in Deutschland meist als Lemberger (siehe oben) geläufige Sorte heißt »offiziell« Blauer Limberger.

LIMNIO

Eine der wichtigsten Rotweintrauben Griechenlands. Auf Limnos (Lemnos) ihrer Heimat, wird sie noch angebaut, eigenartigerweise aber nicht für den Limnos AOC verwendet. Sie ist auch auf der Chalkidike zu finden, wo sie dem Verschnitt Farbe, Körper, Säure und ein Lorbeeraroma verleiht. Guter Erzeuger: Domaine Carras.

Lambrusco-Reben, die den gleichnamigen Wein liefern, werden an hohen Pergolen erzogen. Früher wuchsen sie an Bäumen, und auch heute noch sind Reben, die an Pappeln ranken, in Italien häufig zu sehen.

Die Rebe wird auch in der Toskana kultiviert und dort als Ansonica oder Anzonica bezeichnet. Gute Erzeuger: Colosi, Duca di Salaparuta, De Bartoli, Florio, Pellegrino, Regaleali Conte Tasca d'Almerita.

IRSAY OLIVÉR

Diese osteuropäische Rebe stammt von der Pozsony und der Pearl of Csaba ab. Wenn Ihnen diese Namen nicht geläufig sind, dann deswegen, weil sie als Tafeltraube gezüchtet wurde. Sie besitzt wenig Säure und einen angenehmen Muskatduft, der eher an einen Luftverbesserer erinnert als an die knackige Traubigkeit der Muscat Blanc. Angebaut wird sie in Ungarn und in der Slowakei. Wenn Sie traubige Weine mögen, werden Sie hier preiswert bedient. Gute Erzeuger: (Ungarn) Balatonboglar Winery; (Slowakei) Nitra Winery.

JACQUÈRE

Im französischen Savoyen liefert die Jacquère leichte, bergfrische, jung zu genießende Weißweine. Gute Erzeuger (Frankreich): Blard, Pierre Boniface, Charles Gonnet, Philippe Monin, Perret.

JAEN

Diese früh reifende, unempfindliche Rebe ist in der portugiesischen Region Dão hinter der Braga die zweitwichtigste Sorte. Von guter Farbe, aber wenig Tannin und Säure, wird sie meist verschnitten, vorzugsweise mit Touriga Nacional oder Alfrocheiro Preto. Sie soll mit der spanischen Mancía identisch und daher spanischen Ursprungs sein. Gute Erzeuger: (Portugal) Quinta das Maias, Quinta dos Roques, Sogrape.

JOÃO DE SANTARÉM

Ein Synonym für Castelão Francês (siehe S. 58) und Periquita (siehe S. 167). Gute Erzeuger: (Portugal) Horta de Nazaré, Quinta de Lagoalva de Cima, Herederos de Dom Luís de Margaride.

JOHANNISBERG

So wird Silvaner (siehe S. 242/243) im schweizerischen Wallis genannt, wo sie in den besten Lagen steht und recht gehaltvolle, aromatische Weine liefert. Gute Erzeuger: Caves Imesch, Mont d'Or.

JOHANNISBERG RIESLING

Der oder einer der kalifornischen Namen für den Riesling (siehe S. 190–221). Gute Erzeuger: Callaghan Vineyards, Chateau St Jean, Gainey.

KADARKA

Diese ungarische Traube ist auf dem absteigenden Ast, einmal weil sie im Anbau heikel ist (spät reifend und für Graufäule anfällig), zum anderen weil die Exportmärkte ihr Hauptprodukt, das Erlauer Stierblut (Egri Bikavér), einhellig abweisen.
Die Rebe kann gute gewichtige, tanninige Rotweine liefern, muss aber sorgfältig bearbeitet werden, insbesondere muss die Wuchskraft gezähmt werden. Wenn die Erträge zu hoch sind und zu früh gelesen wird – was beides meist der Fall ist –, bekommt man flache, wässrige Weine.
Die Rebe ist in Ungarn vor allem noch in der Großen Tiefebene und in Szekszárd verbreitet. Außerdem ist sie in Österreich am Neusiedler See, in Rumänien (als Cadarca) und in der Wojwodina zu finden; in Bulgarien spielt sie unter dem Namen Gamza eine Rolle. Eine weiße Traube, die Iszáki Kadarka oder Weißer Kadarka, existiert in der Großen Tiefebene; es ist unklar, ob sie verwandt ist. Gute Erzeuger: (Ungarn) Hungarovin; (Bulgarien) Domaine Boyar.

KÉKFRANKOS

Der ungarische Name für die österreichische Blaufränkisch (siehe S. 42), die in Ungarn recht gute Qualität liefert. Gute Erzeuger: Akos Kamocsay, Hungarovin.

KÉKNYELÜ

Ungarische Traube (Blaustengler) mit dem Potenzial für Aroma und hohe Qualität, die kaum mehr angebaut wird.

KÉKOPORTO

Blauer Portugieser (siehe S. 42) wird in Ungarn so oder nur als Oporto bezeichnet. Guter Erzeuger: Hungarovin.

KERNER

Eine Traube von guter Qualität, in Weinsberg aus Trollinger und Riesling gekreuzt und 1969 in die Sortenliste eingetragen. Sie ist eine der besseren modernen Neuzüchtungen, was vielleicht nicht viel besagt, doch haben die deutschen Winzer sie von Anfang an für ihren hohen Ertrag bei gutem Zuckergehalt geschätzt. Vom Konsumenten her gesehen: Ihr Geschmack ist in Ordnung, sie ist nicht so aufdringlich blumig wie die meisten Kreuzungen und in Charakter und Balance noch dem Riesling nahe. Mit Riesling vergleichen kann sie sich aber nicht. Die Rebe ist mit je über 2000 ha in der Pfalz und in Rheinhessen vertreten, auch in Mosel-Saar-Ruwer und in Württemberg ist sie in größerem Maße verbreitet. Gute Erzeuger: Jürgen Ellwanger, WG Flein, Geil, Karl Haidle, Jan Ulrich.

KLEVNER

Klevner und Clevner sind elsässische Namen für Mitglieder der Pinot-Familie, meist Pinot Blanc, und deutsche Synonyme für Traminer. Der elsässische Klevner de Heiligenstein ist ebenfalls Traminer (Savagnin Rosé; siehe Gewürztraminer, S. 102–111). Pinot Noir wird auch im Kanton Zürich als Klevner bezeichnet. Gute Erzeuger: (Frankreich) Marc Kreydenweiss; (Deutschland) Andreas Laible.

KOTSIFALI

Eine kretische Traube, die weiche, würzige, etwas breite Weine liefert und am besten mit etwas Rückgrat Gebendem verschnitten wird. Gute Erzeuger: Genossenschaft Archanes, Genossenschaft Peza, Miliarakis.

LAGREIN

Interessante Sorte, die in Südtirol-Trentino verbreitet ist. Der körperreiche, farbkräftige Wein verfügt über ein säuerliches Pflaumenaroma mit Noten von Gras, bitteren Kirschen und dunkler Schokolade, hat aber nicht viel Tannin und gilt daher nicht als alterungswürdig.
Doch wie lang will man ihn schon aufbewahren? Die niedrigen Tannine führen zu der seltenen Kombination von mundfüllend-dunkler Frucht und Zugänglichkeit. Außerdem habe ich zehn Jahre alte schöne Exemplare mit tiefer Schokoladen- und Pflaumenfrucht verkostet, die bei ihrem Aufenthalt in der Flasche nichts verloren und einiges dazugewonnen hatten. Ein paar Erzeuger wollen den Wein durch Barriquereifung noch substanzieller machen, aber er braucht das nicht.
Ohne Eiche liegt der Lagrein ganz auf der Linie der nordostitalienischen Rotweine: Er hat vieles mit Refosco dal Peduncolo Rosso, Marzemino, Teroldego und anderen gemein, besitzt aber mehr Fülle und Rundung. Wenn Sie die mögen, haben Sie auch eine Schwäche für Lagrein.
Lagrein Dunkel (Scuro) heißt der Rotwein, Lagrein Kretzer (Rosato) ist der Rosé. Als Grieser Lagrein (Lagrein di Gries) firmiert Wein, der aus Gries bei Bozen kommt. Ein italienischer Önologe sieht Chancen für den Lagrein in Neuseeland. Gute Erzeuger: Barone de Cles, Kellereigenossenschaft Gries, Josephus Mayr, Kellereigenossenschaft St. Magdalena, Klosterkellerei Muri Gries, Niedermayr, Hans Rottensteiner, Kellereigenossenschaft Schreckbichl, Thurnhof, Tiefenbrunner, Peter Zemmer.

MALBEC

Oben: Malbec wird in Neuseeland gern mit Cabernet und Merlot verschnitten, um mehr Aroma und fettere Textur zu erreichen.
Links: Malbec-Weinberge in der rasch aufsteigenden argentinischen Region Luján de Cujo, im Hintergrund die Anden. Die aufgrund der Höhe kalten Nächte verlangsamen den Reifungsprozess, was größere physiologische Reife und dabei genügend Säure ergibt. Bei feuchtem Wetter fault Malbec leicht, doch auf dieser Seite der Anden mit ihren geringen Niederschlägen ist dies kein Problem.

VERBRAUCHERINFORMATIONEN

Synonyme und regionale Bezeichnungen
Im Loire-Tal und im Südwesten Frankreichs wird diese Sorte als Cot oder Côt bezeichnet, in Cahors als Auxerrois (die weiße Auxerrois des Elsass ist eine andere Traube). Im Bordelais rechts der Gironde, um Libourne, wird sie Pressac genannt. In Argentinien ist auch die Schreibweise Malbeck zu finden.

Gute Erzeuger
FRANKREICH Aires Hautes, Cayrou, Cèdre, Clos Carreyrès, Clos la Coutale, Clos de Gamot, Clos Rességuier, Clos Triguedina, Eugénie, Gaudou, Gautoul, Haute-Serre, Les Ifs, Lagrezette, Lamartine, Peyrie, Pineraie, Primo-Palatum, Les Rigalets, Savarines
ARGENTINIEN Alamos Ridge, Alta Vista, Altos de Medrano, Altos de Temporada, Anubis, Bodegas Balbi, Luigi Bosca, Humberto Canale, Catena, Etchart, Fabre Montmayou, Finca El Retiro, La Agricola, La Rural, Medalla, Nieto Senetiner, Norton, Peñaflor, Salentein, Terrazas de Los Andes, Michel Torino, Trapiche, Weinert, Cavas de Weinert
CHILE Montes, MontGras, Morandé, Valdivieso, Viña Casablanca
AUSTRALIEN Jim Barry, Henschke, Leasingham, Taltarni, Wendouree
NEUSEELAND Esk Valley, Kumeu River

WEINEMPFEHLUNGEN
Zehn Spitzenweine aus Argentinien
Alta Vista *Alto*
Altos de Medrano *Vigna Hormigas*
Luigi Bosca *Malbec*
Humberto Canale *Rio Negro Black River Gran Reserva Malbec*
Catena *Alta Angelica Vineyard Malbec*
Fabre Montmayou *Malbec*
Nieto Senetiner *Cadus Malbec*
Norton *Reserva Malbec*
Salentein *Primus Malbec*
Terrazas de Los Andes *Mendoza Gran Malbec*

Fünf preiswerte Weine aus Argentinien
Anubis *Mendoza Malbec*
Catena *Alamos Malbec*
Finca El Retiro *Malbec*
La Agricola *Santa Julia Malbec Reserva*
Peñaflor *Bright Brothers Malbec*

Zehn Weine aus Cahors
Ch. du Cayrou *Cahors*
Ch. du Cèdre *Cahors Le Cèdre*
Clos la Coutale *Cahors*
Clos de Gamot *Cahors Cuvée Vignes Centénaires*
Clos Triguedina *Cahors Prince Probus*
Ch. Gautoul *Cahors Cuvée d'Exception*
Ch. de Haute-Serre *Cahors*
Ch. Lagrezette *Cahors*
Ch. Lamartine *Cahors Cuvée Particulière*
Ch. Pineraie *Cahors*

Zwölf weitere Weine mit Malbec
Domaine des Aires Hautes *Vin de Pays d'Oc Malbec* (**Frankreich**)
Jim Barry *McCrae Wood Cabernet Sauvignon Malbec* (**Australien**)
Henschke *Keyneton Estate* (**Australien**)
Taltarni *Malbec* (**Australien**)
Wendouree *Cabernet/Malbec* (**Australien**)
Esk Valley *Hawkes Bay Reserve The Terraces* (**Neuseeland**)
Kumeu River *Melba* (**Neuseeland**)
Montes *Reserve Malbec* (**Chile**)
MontGras *Reserva Malbec* (**Chile**)
Morandé *Chilean Limited Edition Malbec* (**Chile**)
Valdivieso *Reserve Single Vineyard Malbec* (**Chile**)
Viña Casablanca *San Fernando Miraflores Estate Malbec* (**Chile**)

MALVASIA/MALVASIER

Der großartigste Malvasia, den ich je trank, war rosa und schäumend mit berauschendem Duft nach Rosen, und er stammte aus Norditalien. Wir waren alle verzückt, und doch konnte keiner sagen, warum er so war, wie er war, und ob er je einmal geschmeckt hatte wie dieser. Aber das ist das Problem mit Malvasia oder Malvasier, denn hier gehen Rebsorten und Namen wild durcheinander. In Frankreich bezeichnet man mit Malvoisie eine Reihe von Sorten, die aber alle nichts mit Malvasia Bianca zu tun haben. Die »richtigen« Malvasias sind Unterarten der Malvasia Bianca, ihre Trauben können weiß, aber auch rosa oder rot sein.

Italien und die Iberische Halbinsel sind ihre Heimatländer. Der trockene Weißwein wird in ganz Italien mit Trebbiano verschnitten, meist zum Vorteil des Trebbiano, der sich oft durch Mangel an Aroma und Struktur auszeichnet. Malvasia ist hingegen recht fett und weich, jung sollte er ein wenig runde Pfirsichfrucht und reif eine nussige Tiefe aufweisen. Doch zu lang sollte man ihn nicht reifen lassen: Ein oder zwei Jahre sind bei dieser Art Weine richtig. In Frascati verbessert Malvasia – in der lokalen Version der Malvasia di Candia – die Cuvée deutlich; die Malvasia Puntinata oder Malvasia di Lazio ist höher angesehen und liefert weniger schlaffe Weine. Die Malvasia der Emilia heißt ebenfalls Malvasia di Candia. Es gibt auch eine Malvasia di Toscana, die allerdings nur zum Roden taugt. In Friaul haben wir die gut strukturierte, aromatische Malvasia Istriana, die für leichte Schaumweine mit einem Hauch Süße und köstlich traubigem Aroma sowie trockene Stillweine verwendet wird.

Passito und aufgespriteter, süßer weißer Malvasia – Letzterer mit mehr Aroma – sind Spezialitäten Süditaliens, besser gesagt, sie waren es. Das ist schade, denn einige der Überlebenden sind wirklich gut. Malvasia delle Lipari ist der bekannteste, weitere sind Malvasia di Bosa, di Grottaferrata, di Planargia und di Cagliari. Dunkler Malvasia Nera ist in Apulien und in der Toskana zu finden; dem toskanischen Sangiovese gibt er eine interessante dunkle, reiche Komplexion, den apulischen Verschnitten eine schokoladige, manchmal traubige Qualität. Auch im Piemont ist er anzutreffen.

Malvasia ist in Spanien in Rioja und Navarra verbreitet. Altmodische, barriquegereifte Riojas profitieren von der fetten Malvasia, die der knochigen Viura Fleisch gibt. In Portugal ist sie in verschiedenen Formen zu Hause, besonders am Douro (Malvasia Fina und die weniger gute Malvasia Rei, die mit Palomino identisch sein könnte), in Beira, Estremadura (wo die Malvasia Fina Vital heißt) und Madeira, wo sie zu dem üppigen, rauchigen und säuerlichen Malmsey verarbeitet wird. Anzutreffen ist die Rebe weiterhin in Kalifornien, Griechenland und dem ehemaligen Jugoslawien, und sie wird sicher an einigen weiteren Plätzen auftauchen.

So schmeckt Malvasia

Bei so vielen Unterarten ist ein einheitlicher Charakter kaum definierbar. Bescheidene Versionen jedenfalls können schlapp und säurearm daherkommen und oxidieren schnell, gute Exemplare sind aromatisch und charaktervoll, wenn auch nicht so exotisch wie Muscat, mit Noten von Pfirsichen, Aprikosen und Weißen Johannisbeeren. Auf Madeira sind sie Weine von intensivem Aroma, rauchig und dickflüssig und von prononcierter Säure.

Malvasia delle Lipari kommt, wie der Name sagt, von der kleinen Vulkaninselgruppe nördlich von Sizilien. Bevor die Reblaus die Weinberge und die alte Art des Weinbaus vernichtete, wurde er in großen Mengen produziert. Dieses aktuelle Beispiel – süß, frisch und herrlich aromatisch – aus dem Hause Colosi lässt bedauern, dass nicht mehr von diesem Weine hergestellt wird.

SCHIOPETTO
Dieser in Friaul-Julisch-Venetien ansässige Erzeuger ist berühmt für Weine mit strahlend sauberen, dichten Aromen. Sie entwickeln sich langsam und sind sehr langlebig.

HENRIQUES & HENRIQUES
Madeira zeigt nach mindestens 10 Jahren seinen echten Charakter, 15 Jahre wie bei diesem intensiv nussigen Malmsey sind noch besser.

Oben: Malavasia ist wohl die am schwersten abzugrenzende Traubensorte, da sie nicht einfach eine Sorte ist, sondern viele Unterarten hat; zudem sind nicht alle als Malvasia/Malvasier bezeichneten Sorten miteinander verwandt.

Links: Malmsey-Fässer der Madeira Wine Company. Da der Madeira seinen Charakter mehr vom Reifungsprozess bekommt als von der Traube oder der Vinifikation, besitzt er nicht das Pfirsich-Aprikosen-Aroma wie andere Malvasier. Malmsey ist der süßeste Madeira-Typ, dennoch verfügt er über säuerlichen Biss und rauchige Pikanz. Auf Madeira werden verschiedene Unterarten und sogar verschiedene Rebsorten als Malvasia bezeichnet. Insgesamt ist ihr Anteil an der Anbaufläche sehr gering.

VERBRAUCHERINFORMATIONEN

Synonyme und regionale Bezeichnungen

In Italien und auf der Iberischen Halbinsel, wo die Malvasia Bianca weit verbreitet ist, existieren viele verschiedene Subvarietäten, die meist Malvasia Soundso genannt werden. Nicht verwechseln mit Malvoisie, einem französischen und schweizerischen Namen für bestimmte Weine; selten wird er auch als Synonym für Malvasia gebraucht.

Gute Erzeuger

ITALIEN Friaul-Julisch Venetien Borgo del Tiglio, Paolo Caccese, Ca' Ronesca, CS Cormons, Sergio & Mauro Drius, Edi Kante, Lorenzon/I Feudi di Romans, Eddi Luisa, Alessandro Princic, Dario Raccaro, Schiopetto, Villanova; **Emilia-Romagna** Forte Rigoni, Luretta, Gaetano Lusenti, La Stoppa, La Tosa, Vigneto delle Terre Rosse; **Toskana** (Vin Santo) Capezzana, Isole e Olena, Pieve Santa Restituta, Le Pupille, Rocca di Montegrossi, San Giusto a Rentennano, Selvapiana; **Latium** Castel del Paolis; **Sizilien** Colosi, Carlo Hauner

SPANIEN Carballo, El Grifo, Abel Mendoza
PORTUGAL Madeira Barbeito, Barros e Souza, H. M. Borges, Henriques & Henriques, Vinhos Justino Henriques, Madeira Wine Company (Blandy, Cossart Gordon, Leacock, Rutherford & Miles), Pereira d'Oliveira
USA Kalifornien Bonny Doon, Robert Mondavi, Sterling Vineyards

WEINEMPFEHLUNGEN
Zehn trockene italienische Weine

Borgo del Tiglio *Collio Malvasia*
Castel del Paolis *Frascati Superiore Vigna Adriana*
Sergio & Mauro Drius *Friuli Isonzo Malvasia*
Forte Rigoni *Colli di Parma Malvasia*
Edi Kante *Carso Malvasia*
Luretta *Colli Piacentini Malvasia Boccadirosa*
Dario Raccaro *Collio Malvasia*
Schiopetto *Collio Malvasia*
La Tosa *Colli Piacentini Malvasia Sorriso di Cielo*
Vigneto delle Terre Rosse *Colli Bolognesi Malvasia*

Fünf süße italienische Weine auf Malvasia-Basis

Colosi *Malvasia delle Lipari Passito di Salina*
Carlo Hauner *Malvasia delle Lipari Passito*
Isole e Olena *Vin Santo*
La Stoppa *Colli Piacentini Malvasia Passito Vigna del Volta*
San Giusto a Rentennano *Vin Santo*

Fünf weitere Malvasia-Weine

Carballo *La Palma Malvasía Dulce* (süß) (Spanien)
El Grifo *Lanzarote Malvasía Dulce* (süß) (Spanien)
Abel Mendoza *Rioja (Blanco) Fermentado en Barrica* (Spanien)
Bonny Doon *Ca' del Solo Malvasia Bianco* (Kalifornien)
Sterling Vineyards *Carneros Malvasia* (Kalifornien)

Fünf Madeiras

Blandy *10-year-old Malmsey*
Blandy *15-year-old Malmsey*
Cossart Gordon *1920 Malmsey*
Henriques & Henriques *15-year-old Malmsey*
Henriques & Henriques *Vintage Reserva Malvasia*

MALVASIA NERA

Eine dunkle Form der Malvasia (siehe S. 120/121), die in Italien in der Provinz Bozen sowie im Piemont, in der Toskana und der Basilicata, in Apulien, Kalabrien und auf Sardinien wächst.

Malvasia Nera wird häufig mit regionalen Sorten verschnitten: mit Negroamaro in Apulien, mit Sangiovese in der Toskana. Ihr Wein besitzt eine runde, pflaumig-dunkle Art und einen blumigen Duft. Im Piemont hat sie zwei eigene DOCs, Malvasia di Castelnuovo Don Bosco und Malvasia di Casorzo d'Asti. Beide sind süß und aromatisch, auch als Schaumwein und als Passito. Gute Erzeuger: Francesco Candido, Leone de Castris, Roda del Golfo, Cosimo Taurino.

MALVOISIE

Das könnte ein französisches Synonym für Malvasia sein, ist aber ein Sammelname für eine Reihe unterschiedlicher Sorten, darunter Pinot Gris (auch im schweizerischen Wallis wird Pinot Gris als Malvoisie bezeichnet), Maccabéo, Bourboulenc, Clairette, Torbato und Vermentino (diese Sorte ist auch in Spanien und Portugal als Malvoisie bekannt). Gute Erzeuger: (Frankreich) Vignerons Catalans, Jacques Guindon.

MAMMOLO

Mammola ist italienisch für Veilchen, und Mammolo soll nach Veilchen duften. Die Sorte ist in sehr geringen Mengen gepflanzt, sodass nur wenige toskanische Weine ihr viel verdanken. Sie ist im Chianti zugelassen, geriet aber in der Sangiovese-Renaissance in Vergessenheit. Auch im Bereich Montepulciano gibt es ein paar Reben. Gute Erzeuger: Antinori, Boscarelli, Contucci, Dei, Poliziano, Castello di Volpaia.

MANDILARI

Eine griechische Rebe, die dunkle, kraftvolle und tanninreiche Weine liefert; zu finden auf einigen Inseln, darunter auch Kreta. Gute Erzeuger: CAIR, Genossenschaft Archanes, Genossenschaft Paros.

MARÉCHAL FOCH

Eine französische, nach dem General des Ersten Weltkriegs benannte Hybride, die früh reift und sehr frosthart ist, deshalb populär in Kanada und im US-Staat New York. Sie wird meist sortenrein vinifiziert und ergibt angenehm weiche, manchmal marmeladige, manchmal rauchige Rotweine, die für mehr Substanz in Eiche ausgebaut werden. Kohlensäuremaischung wird für leichtere Exemplare eingesetzt. Gute Erzeuger: (Kanada) Stoney Ridge, Quails Gate; (USA) Wollersheim.

MARIA GOMES

Eine Bezeichnung für die Fernão Pires in der Region Bairrada in Nordportugal. Gute Erzeuger: Caves Aliança, Luís Pato, Messias, Quinta de Pedralvites.

MARSANNE

Siehe S. 124/125.

MARZEMINO

Don Giovanni labt sich in Mozarts berühmter Oper an Marzemino, bevor er zur Hölle fährt. Der Wein ist vielleicht nicht für jeden das Ideal als letzter Wunsch, in weniger existenziell bedrohlichen Umständen ist er jedoch sehr attraktiv mit seiner typisch norditalienischen säuerlichen Kirschfrucht, kombiniert mit guter Farbe und Fülle.

Die Rebe ist im Trentino und in geringeren Mengen im Veneto und in der Lombardei zu finden. Im Trentino wird meist sortenreiner, jung zu trinkender Wein gemacht, in der Lombardei wird auch mit Sangiovese, Barbera, Groppello und/oder Merlot verschnitten. Es gibt auch süße Passito-Versionen. Gute Erzeuger: Battistotti, La Cadalora Cavit, Concilio Vini, De Tarczal, CS Isera, Letrari, Mario Pasolini, Simoncelli Vallarom, Vallis Agri.

MATARO

Der australische Name für Mourvèdre (siehe S. 140/141), er verschwindet langsam, da die Traube unter dem französischen Namen in Mode kommt.

MAUZAC

Eine Traube des französischen Südwestens, hauptsächlich in den Bereichen Gaillac und Limoux verbreitet und wahrscheinlich nach der Stadt Mauzac im Département Haute-Garonne oder Meauzac im Département Tarn-et-Garonne benannt.

Der aus der Mauzac gewonnene Wein besitzt ein nicht immer angenehmes rustikales Aroma grüner Äpfel und wird oft mit anderen Sorten verschnitten: Len de l'El in Gaillac, Chardonnay und Chenin Blanc in Limoux. In Gaillac wird sie zu allem Möglichen verarbeitet, von süß bis trocken, als Still- und Schaumwein. In Limoux weicht sie allmählich der Chardonnay. In Limoux macht man Blanquette de Limoux und Crémant de Limoux aus ihr, allerdings eher mit modernen Methoden als mit der alten *méthode ancestrale*. Dieses Verfahren beruht darauf, dass die Gärung im Winter aufhört – Mauzac reift spät, weshalb die Gärung bei Wintereinbruch noch nicht beendet ist – und im Frühjahr wieder einsetzt; der teilvergorene Wein wird dann abgefüllt. Heute werden die Trauben für mehr Säure früher gelesen und mit der Champagnermethode verarbeitet. Die Far-

Malvasia-Nera-Reben bei Squinzano in Apulien. Die Sorte ist ebenso reich an Untervarietäten wie die weiße Malvasia. In Apulien wird sie meist mit Negroamaro verschnitten.

be der Beeren variiert von Grün über Rosa und Rostrot bis Blau; Mauzac Noir ist jedoch eine andere Sorte. Gute Erzeuger: L'Aigle, Gineste, Guinot, Labarthe, Robert Plageoles.

MAVRO
Die rote Haupttraube Zyperns ist wenig qualitätvoll, auch ausgeklügelte moderne Weintechnik wird sicher mit ihr an Grenzen stoßen. *Mavro* bedeutet einfach »schwarz«, und so könnten sich mehrere Sorten hinter dem Namen verbergen; bisher haben noch kaum Wissenschaftler in die zypriotischen Weingärten gefunden.

MAVRODAPHNE
Eine griechische Sorte, die mächtig-üppige, meist süße Weine liefert, insbesondere den Mavrodaphne de Patras. In süßer Form kann sie ihr ganzes Aroma ausspielen, die trockenen Versionen sind meist verschnitten. Guter Erzeuger: Achaia-Clauss.

MAVRUD
Die weitgehend auf Bulgarien beschränkte Sorte ergibt gewichtige, feste, tanninreiche Rotweine ohne besondere Eleganz, die gut in Eiche auszubauen sind. Gute Erzeuger: BVC, Domaine Boyar.

MAZUELO/MAZUELA
So heißt die Carignan in Rioja. Sie bringt Säure, Farbe und Tannin in den Verschnitt, ist aber verständlicherweise weniger geschätzt als Tempranillo. Gute Erzeuger: Amézola de la Mora, Berberana, Martinez Bujanda, CVNE, Muga, La Rioja Alta, Marqués de Riscal.

MELNIK
Bulgarische Traube von potenziell hoher Qualität. Sie ist vor allem um die gleichnamige Stadt nahe der griechischen Grenze zu finden und liefert harmonische Weine mit sehr guter Farbe, Tannin und einer gewissen warmen Üppigkeit, insbesondere wenn in Eiche gereift, die sie vor dem bulgarischen Durchschnitt auszeichnet; sie können mit ihrer rauchigen, an Kaffee und Karamell erinnernden Art sehr ansprechen. Eine Flaschenreifung kann sich lohnen. Die Qualität ist jedoch, vorsichtig ausgedrückt, sehr unterschiedlich. Gute Erzeuger: BVC, Domaine Boyar.

MELON DE BOURGOGNE
Die einzige Traube für den Muscadet, der an der Mündung der Loire südlich von Nantes gemacht wird. Sie ist mit diesem Wein so sehr verbunden, dass die Sorte auch als Muscadet bezeichnet wird. Wie der Name vermuten lässt, kam sie ursprünglich aus Burgund; sie war dort weit verbreitet, bis man Anfang des 18. Jahrhunderts ihre Rodung befahl. Daraufhin, so erzählt Galet, schufen die Winzer – die eine so nutzbringende Rebe nicht aufgeben wollten – Verwechslungsmöglichkeiten mit Chardonnay, weshalb auch einiger Chardonnay vernichtet wurde. Gemäß Galet sind in der Côte d'Or tatsächlich immer noch ein paar Rebzeilen zu finden.

Die burgundischen Winzer favorisierten sie wahrscheinlich aufgrund ihrer Winterhärte (allerdings treibt sie früh aus und ist daher durch Spätfröste bedroht) und ihrer zuverlässigen und hohen Erträge. Ihre Nebenaugen sind fruchtbar, und das sorgt sogar noch nach Frostschäden für eine Ernte. Allerdings ist sie für einige der größten Schrecken der Winzer empfindlich, für Echten und Falschen Mehltau sowie Graufäule, und es muss vor der vollen Reife gelesen werden, um die schlimmsten Auswirkungen zu verhindern.

Im Pays Nantais, wo sie nach dem eisigen Winter 1709 – der einen großen Teil der vorhandenen Reben zerstörte – eingeführt wurde, hat sie durch hohe Säure und geringes Aroma einen schlechten Ruf, und das Beste, was man vom Wein sagt, ist, dass er sehr gut zu Meeresfrüchten passt. Doch auch hier ist der Standard der Weinbereitung in den letzten zehn Jahren gestiegen, und viele Weine verdienen größeren Respekt. Maischung auf den Häuten, Hefesatzaufrühren und Ausbau in Barriques (nicht notwendig neuen, was die Balance schädigen würde) ergeben gewichtigere, fülligere Weine. Auch einige *vins de garde* werden gemacht, aus Erträgen von ca. 45 hl/ha anstatt der üblichen 55–60 hl/ha; solche Exemplare können in der Flasche bis zu zehn Jahre besser werden und runde, dichte Aromen von Quitten und Reineclauden entwickeln.

Lese von Melon-de-Bourgogne-Trauben bei Clisson, einem der besten Teile der AC Muscadet de Sèvre-et-Maine. Ihr Wein war ein Jahrzehnt aus der Mode gekommen, ist es aber wert, wieder Beachtung zu finden.

Die Norm sind allerdings einfache, jung zu trinkende Weine, wobei 80 % des Markts von den Handelshäusern (*négociants*) kontrolliert werden, Supermarkt-Weine legen auf Qualität nicht unbedingt Wert. Erzeugerabfüllungen sind die beste Garantie, wenn Sie etwas Besseres suchen.

Sur-lie-Weine, die vom Hefesatz auf Flaschen gezogen werden, haben am meisten Aroma, und die Schieferböden der Region Sèvre-et-Maine ergeben die beste Qualität. Die kleine Appellation Coteaux de la Loire verfügt über gutes Terroir, und die Sandböden der Appellation Côtes de Grand Lieu liefern leichte Weine für frühen Genuss.

In Kalifornien und Australien herrscht ein großes Durcheinander um Melon und Pinot Blanc, da selbst Reiser von der University of California in Davis fälschlich als Pinot Blanc ausgezeichnet waren. Die Pflanzungen werden nach und nach bereinigt, zu allgemeiner Erleichterung, denn Pinot Blanc ist eindeutig die bessere Traube. Gute Erzeuger: Chéreau-Carré, Luc Choblet, L'Ecu, Pierre Luneau, Louis Métaireau.

MENCÍA
Diese Rebe Nordwestspaniens steht für leichte, frische, säuerliche Rotweine mit einem Aroma von Himbeeren und Schwarze-Johannisbeer-Blättern, nicht unähnlich einem etwas rauen Cabernet Franc – wie man es von einer Sorte erwarten mag, die neben Albariño (in Rías Baixas) und Godello, Treixadura und Loureira (in Ribeira Sacra) kultiviert wird.

Sie ist auch in Valdeorras, Ribeiro und, vor allem, in Bierzo anzutreffen, wo sie die dunkle Hauptsorte ist und mit Garnacha Tinta verschnitten wird.

Mencía ist eine Sorte mit Potenzial, das allerdings nicht alle Erzeuger realisieren. Die portugiesische Jaen könnte mit ihr verwandt sein (siehe S. 115). Gute Erzeuger: Genossenschaft Jesús Nazareno, Moure, Priorato de Pantón, Vire dos Remedios.

MARSANNE

Marsanne und Roussanne waren für mich lange die siamesischen Zwillinge unter den weißen Rhône-Rebsorten. Die eine wurde nie ohne die andere erwähnt, aber eine wurde immer bevorzugt. Roussanne galt immer als weit aromatischer und feiner, während die plumpere Marsanne dafür getadelt wurde, die besten Lagen der Roussanne zu usurpieren. Es ist wahr, Marsanne hat Roussanne an der nördlichen Rhône weitgehend ersetzt – sie trägt sehr viel zuverlässiger, was die Politik des Erzeugers unweigerlich beeinflusst –, aber sie ist keinesfalls eine schlechte Sorte, und nachdem ich einige sortenreine Versionen aus Frankreich und anderen Ländern vergleichen konnte, bin ich nicht mehr so sicher, dass sie überhaupt unterlegen ist. Auf jeden Fall ist sie die Haupttraube in den weißen Verschnitten von Hermitage, Crozes-Hermitage, St-Joseph und St-Péray; in Châteauneuf-du-Pape ist sie nicht zugelassen, wohl aber die Roussanne.

Wenn Marsanne Charakter bekommen soll, braucht sie den richtigen Ort und muss sorgfältig verarbeitet werden. In zu warmen Klimaten wird der Wein saft- und kraftlos, in zu kühlen bleibt er unentwickelt und flach. Auch diese Rebe darf nicht zu große Erträge bringen, ihr Produkt wird sonst neutral und profillos. Verwendet man mehr als nur einen Hauch Eiche, macht man ihrer Persönlichkeit den Garaus.

Die meisten Marsanne-Weine sind jung zu trinken, innerhalb weniger Jahre nach der Ernte. Die Trauben für diesen Weintyp werden meist vor der völligen Reife geerntet, um die Säure zu erhalten, doch dann riskiert man einen Wein ohne echten Geschmack. Aus diesem Grund wird im Languedoc Marsanne oft mit aromatischem Viognier gemixt.

Wenn man die Trauben voll ausreifen lässt, wie man es in Hermitage oft und in Australien da und dort tut, bekommt man alkoholreiche Weine, die eine gute Weile lagern können; nach einigen Jahren machen sie eine verschlossene Phase durch, während der sie flach und unangenehm schmecken, aber nach zehn Jahren tauchen sie wieder auf, dunkler, vielschichtiger, von ölig-gewichtiger Art mit Nuss- und Quittenaromen. Hermitage und die guten Weine von der Rhône sind für diese Reifung am besten geeignet.

Etwas Marsanne gibt es auch in der Schweiz (der »Ermitage« aus dem Wallis ist gut) und im französischen Savoyen, wo sie Grosse Roussette genannt wird. Der wenige Marsanne aus Kalifornien schmeckt bisher häufig langweilig und klebrig.

So schmeckt Marsanne

In der Jugend weist er eine mineralische Kante auf, oft mit Noten von Zitrone und Pfirsich. Mit der Zeit entwickelt Marsanne aromatische Fülle mit Geißblatt- und Jasminduft, Akazienhonig und vielleicht etwas Aprikose und Quitte, wird nussig und überraschend gewichtig. Gereift ist er dementsprechend ein sehr guter Partner von üppigen Speisen, jung schmeckt er als Zechwein ebenso gut wie zum Essen.

Chateau Tahbilk, eines der schönsten Güter in Australien, hat sich seit vielen Jahren auf Marsanne spezialisiert. Die ersten Weinberge wurden 1860 angelegt, und sie sind immer noch produktiv. Der Chateau Tahbilk Marsanne wurde der jungen Königin Elisabeth II. kredenzt, als sie das Gut 1953 besuchte. Der Wein ist jung sehr gut, gewinnt aber auch durch einige Jahre der Flaschenreifung.

DOMAINE DE TRÉVALLON
Dieser intensiv aromatische Wein aus der Provence besteht zu je 45 % aus Marsanne und Roussanne. Da er den AC-Regeln nicht entspricht, firmiert er als Vin de Pays.

PIERRE GAILLARD
Dieser St-Joseph ist purer Marsanne und wird im Barrique ausgebaut. Der Erzeuger war angestellter Winzer, bevor er sich selbstständig machte.

MARSANNE

Oben: Marsanne kann eine sehr eigenwillige Traube sein, vieles hängt aber davon ab, wie man mit ihr umgeht. Nichts sagender, klebriger Marsanne begeistert niemanden; doch mit der richtigen Balance bekommt man einen der ungewöhnlichsten Weißweine überhaupt, füllig und vielschichtig, der jung über strahlende Geißblattaromen verfügt und gereift an Wachs und Quitten erinnert.

Links: Marsanne-Lese in der dem Gut Chapoutier gehörenden Lage Chante Alouette am Hermitage-Berg an der nördlichen Rhône. Chapoutier macht außer einigen Lagen- und Verschnittweinen auch einen Vin de Paille, für den weiße Trauben in Schuppen zwei Monate getrocknet und dann zu einem intensiv süßen Dessertwein vergoren werden.

VERBRAUCHERINFORMATIONEN

Synonyme und regionale Bezeichnungen
In Savoyen als Grosse Roussette, in der Schweiz als Ermitage oder Ermitage Blanc bezeichnet.

Gute Erzeuger
FRANKREICH Rhône-Tal Beaucastel, Belle, Chapoutier, Chave, Coursodon, Yves Cuilleron, Delas, Entrefaux, Florentin, Gaillard, Gripa, Grippat, Guigal, Jaboulet, Jean Lionnet, L'Oratoire St-Martin, Perret, Pradelle, Des Remizières, Marcel Richaud, Sorrel, Genossenschaft Tain l'Hermitage, Trollat, Villard; **Provence** Clos Ste-Magdelaine, La Ferme Blanche, Pibarnon, Trévallon; **Languedoc-Roussillon** F. Alquier, Estanilles, Jau, Fabas Augustin, Lascaux
SCHWEIZ Gilliard, Imesch Vins
ITALIEN Bertelli, Casòn Hirschprunn
SPANIEN Celler Mas Gil
AUSTRALIEN All Saints, Chateau Tahbilk, Cranswick Estate, Marribrook, Mitchelton

WEINEMPFEHLUNGEN
Zehn Weißweine von der Nordrhône
Chapoutier *Ermitage Cuvée de l'Orée*
Chave *Hermitage Vin de Paille*
Pierre Coursodon *St-Joseph Blanc Le Paradis*
Yves Cuilleron *St-Joseph Blanc Le Lombard*
Delas *Hermitage Blanc Marquise de la Tourette*
Pierre Gaillard *St-Joseph Blanc*
Grippat *Hermitage Blanc*
Guigal *Hermitage Blanc*
Jaboulet *Crozes-Hermitage Blanc La Mule Blanche*
Sorrel *Hermitage Blanc Les Rocoules*

Zehn weitere französische Weine mit Marsanne
Jean-Michel Alquier *Vin de Pays d'Oc Roussanne/Marsanne*
Ch. de Beaucastel *Côtes du Rhône Blanc Coudoulet de Beaucastel*
Clos Ste-Magdelaine *Cassis*
Ch. des Estanilles *Coteaux du Languedoc Blanc*
Ch. Fabas Augustin *Minervois (Blanc)*
Domaine de l'Oratoire St-Martin *Côtes du Rhône-Villages Blanc Haut-Coustias*
Ch. de Jau *Côtes du Roussillon Blanc de Blancs*
Ch. de Lascaux *Coteaux du Languedoc Pierres d'Argent*
Ch. de Pibarnon *Bandol (Blanc)*
Domaine de Trévallon *Vin de Pays des Bouches-du-Rhône (Blanc)*

Fünf weitere europäische Weine mit Marsanne
Bertelli *St-Marsan Bianco* (Italien)
Casòn Hirschprunn *Contest* (Italien)
Robert Gilliard *Ermitage Réserve Choucas* (Schweiz)
Imesch Vins *Ermitage du Valais* (Schweiz)
Celler Mas Gil *Clos d'Agon Blanco* (Spanien)

Fünf Marsanne-Weine aus Australien
All Saints *Victoria Marsanne*
Chateau Tahbilk *Goulburn Valley Marsanne*
Cranswick Estate *Nine Pines Marsanne*
Marribrook *Great Southern Marsanne*
Mitchelton *Goulburn Valley Reserve Marsanne*

MERLOT

Es kommt nicht oft vor, dass eine Traubensorte einer TV-Show dafür zu danken hat, dass sie von der ewigen Brautjungfer zum Superstar aufstieg. Bei Merlot ist das so. Im Jahr 1991 behandelte das US-Fernsehmagazin »60 Minutes«, das zur besten Sendezeit ausgestrahlt wird, das »französische Paradoxon«. Dieses wunderbare Paradoxon besteht darin, dass man in Frankreich große Mengen Fett verzehrt und dennoch viel weniger Herzkrankheiten verzeichnet als in Staaten mit einem vergleichbaren Fettverbrauch. Woran liegt das? Am Knoblauch? Am Olivenöl? Sicher spielen diese beiden eine Rolle. Aber die Doktoren fanden heraus, dass das auf den großen Mengen Rotwein beruhte und dass Rotwein eine Reihe vorteilhafter Stoffe enthält, die die Fettablagerungen von den Arterien putzen.

Wow! Nichts lieben die Amerikaner mehr als die Möglichkeit, ihre Aussichten auf eine Herzattacke zu verringern, besonders wenn das heißt, dass du jeden Tag deine Dosis Wein zu dir nehmen darfst – nein, musst! Seitdem 1933 die Prohibition endete, haben die amerikanischen Weinerzeuger mit geringem Erfolg versucht, die USA zu einer Nation der Weintrinker zu machen. Aber wenn der Mann im Fernsehen dir sagt, du musst jeden Tag ein paar Gläser Rotwein killen, dann stehen zig Millionen Amerikaner, die noch nie im Leben Wein getrunken haben, für ihre Tagesration an. Innerhalb eines Jahres stieg der Verbrauch von Rotwein auf das Vierfache. Doch was wollten sie trinken? Diese neuen Konsumenten brauchten etwas Weiches, Mildes, dennoch erkennbar Rotes, und eine Traube brachte das perfekt: Merlot. Plötzlich waren die bekannten Schwächen der Merlot das, was im Marketing als Unique Selling Proposition bezeichnet wird: das entscheidende Verkaufsargument.

Merlot war seit je »die andere« Rebsorte des Bordelais. Über Generationen schätzten die Kenner Weine, die mit Cabernet Sauvignon gemacht waren, dem tiefgründigen, dunklen, hochnäsigen Aristokraten unter den roten Sorten, der Hauptsorte in den Bordelaiser Regionen Pessac-Léognan/Graves und Médoc mit ihren berühmten Weinorten Pauillac, St-Julien und Margaux. Merlot ist im Médoc unverzichtbar, um die Festigkeit des Cabernet zu mildern, gilt aber seit je als inferiore Sorte ohne besondere eigene Persönlichkeit. Persönlichkeit – eine füllig-runde, sinnliche Art, die in ihrer ansprechenden Saftigkeit für eine so zugeknöpfte alte Region wie Bordeaux überraschend ist – bewies sie dennoch, in St-Émilion und Pomerol. Bei Traditionalisten galten diese beiden aber als zweitrangig, und erst als renommierte amerikanische Weinkritiker sie in den 1980er Jahren entdeckten und realisierten, dass es dort Weine gab, die den legendären Ruf des Bordelais mit früher Genussreife verbanden – die in den Staaten also blendende Chancen hatten –, trat Merlot endlich aus dem Schatten des Cabernet heraus.

Der Name dieser Rebsorte soll von merle *abgeleitet sein, dem französischen Wort für die Amsel, die ihre süßen, früh reifenden Früchte liebt. In der ganzen Welt in großen Mengen gepflanzt, hat Merlot besonders im Napa Valley großen Erfolg. Dort wächst auch der wilde Kalifornische Mohn, der so dottergelb ist wie der Schnabel des Vogels.*

Und Merlot verschwand nicht wieder in der Versenkung. Die Sorte war in Kalifornien schon vor der bewussten »60 Minutes«-Sendung auf dem Vormarsch, doch vergleichen Sie die Zahlen: 1985 waren 800 ha bepflanzt, 1996 schon 13 400 ha und 2000 sogar 19 400 ha. Sie spiegeln den Wunsch breiter Konsumentenschichten nach einem anderen Wein als dem interessanteren, aber nicht so unmittelbar gefälligen Cabernet Sauvignon. Die amerikanischen Marketingmenschen rühmen sich zu wissen, was »man« will – oder besser, zu entscheiden, was man zu wollen hat. In diesem Fall war es Merlot, und sie lagen nicht falsch. Befeuert vom amerikanischen Enthusiasmus, verdoppelten sich im Languedoc im Jahrzehnt bis 1988 die Anbauflächen, ebenso boomt er in Italien und Osteuropa. Überall ist es dieselbe Geschichte: leicht trinkbare Rotweine mit einem Hauch Respektabilität. In Chile ist Merlot die Startraube geworden, allerdings sind die Reben dort so hübsch durcheinander gewürfelt, dass man nicht genau weiß, was Merlot ist und was Carmenère. Man wird wohl entdecken, dass es viel mehr Carmenère gibt, wenn die Popularität des Merlot ein wenig abnimmt. Das einzige Land der Neuen Welt, das nicht Merlot-verrückt ist, ist Australien, der Meister des Rotweins für die Massen. Aber es hat ja auch die »Rechte« an einer Sorte, die dieser Aufgabe noch besser gerecht wird als Merlot – Shiraz. Damit wird es eine Weile beschäftigt sein.

Merlot: Von der Traube zum Glas

Geografie und Geschichte Seite 128; Weinbau und Weinbereitung Seite 130; Merlot in aller Welt Seite 132; Merlot genießen Seite 136

Geografie und Geschichte

Auf den ersten Blick zeigt die Karte mit den Merlot-Gebieten der Welt eine bemerkenswerte Ähnlichkeit mit der Cabernet-Sauvignon-Karte. Warum auch nicht? In Bordeaux arbeiten diese Sorten mit exzellenten Ergebnissen zusammen, und viele Cabernet-Sauvignon-Erzeuger in Südafrika, Kalifornien, Australien und Osteuropa haben inzwischen festgestellt, dass der traditionelle Bordeaux-Verschnitt auch bei ihnen gut gelingt.

Doch es gibt Unterschiede. Merlot ist nicht bloß der Erfüllungsgehilfe für Cabernet Sauvignon, aus zwei Gründen: die Rebe gedeiht in kühleren Klimaten als die andere und liefert runde, säure- und tanninarme Rotweine von weicher Textur. Letzteres spricht viele Weingenießer an, denen eckige Tannine und Säure nichts sagen, sondern die die attraktiven Aromen von Schwarzkirsche, Schokolade und Früchtekuchen lieben, mit

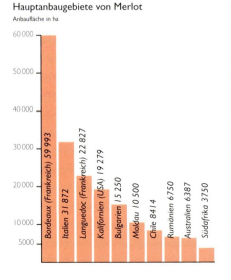

Hauptanbaugebiete von Merlot
Anbaufläche in ha

- Bordeaux (Frankreich) 59 993
- Italien 31 872
- Languedoc (Frankreich) 22 827
- Kalifornien (USA) 19 279
- Bulgarien 15 250
- Moldau 10 500
- Chile 8414
- Rumänien 6750
- Australien 6387
- Südafrika 3750

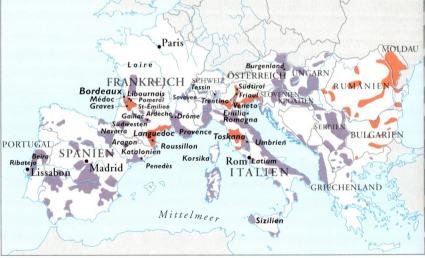

denen Merlot voll gepackt ist. Ersteres ist für Weinmacher in Regionen bedeutsam, die für Cabernet Sauvignon zu kühl sind. Cabernet Sauvignon wird dort zu roh und grünlich, um Spaß zu machen, während Merlot zu weicher, samtiger Süße reift. So weisen die Karten für beide Sorten große Übereinstimmungen auf, sie lassen aber die jeweilige Relevanz der Reben nicht erkennen. Im Allgemeinen besiedelt Merlot die kühlen Randgebiete, in denen die Winzer sich jedes Jahr skeptisch fragen, ob sie mit Cabernet Sauvignon weitermachen sollen. Hier hat die Merlot ihre Domäne.

Merlot mag zwar auch wärmeres Klima, doch mit zu viel Hitze reift sie zu schnell und kann dann ihre herrlich runde Art nicht entwickeln. Sie benötigt eine feste Hand im Weinberg, denn sie produziert hemmungslos, wenn man sie lässt. Wenn Sie einmal enttäuscht in ein Glas blassen, fast geschmacksfreien norditalienischen Merlots geschaut haben, hatten Sie das Ergebnis massiv übertriebener Erträge vor sich. Merlot ist unfachmännischer Behandlung gegenüber bei weitem weniger tolerant als Cabernet Sauvignon, und sie wird nie eine Allround-Sorte sein.

Ein wenig Geschichte

Merlot ist eine mysteriöse Traube. Jeder nimmt an, dass sie aus Bordeaux stammt, doch bis ins 19. Jahrhundert findet sie in der Literatur über diese Region kaum Erwähnung. Die wohl früheste Nachricht datiert von 1784, als ein gewisser Faurveau, ein örtlicher Beamter, sie als eine der besten Reben im Libournais am rechten Ufer der Dordogne bezeichnete. Mitte des 19. Jahrhunderts wurde sie auch am linken Ufer der Gironde, im Médoc, als gute Ergänzung zu Cabernet Sauvignon und Malbec gepflanzt.

Wer waren ihre Eltern? Die Erstellung des genetischen Fingerabdrucks an der University of California in Davis (UCD) war noch nicht abgeschlossen, als ich dies hier schrieb; Dr. Carole Meredith vermutet jedoch, dass sie ein Abkömmling der Cabernet Franc sein könnte. Interessanterweise nimmt sie das auch von der Carmenère an, die somit eine Schwester oder Halbschwester der Merlot-Traube sein könnte, je nach dem anderen Elternteil. Das sind tatsächlich die beiden Sorten, die am häufigsten mit Merlot verwechselt werden; in Ländern wie Chile dauert die Unklarheit im Weinberg bis heute an.

In Italien scheint Merlot etwa zur selben Zeit Beachtung gefunden zu haben, als sie im Médoc angesiedelt wurde. 1855 wurde sie im Veneto als Bordò zuerst erwähnt, im schweizerischen Kanton Tessin (wohin sie von Bordeaux gelangte, nicht von Italien) zwischen 1905 und 1910. Ihre im Bordelais geschaffene Bezeichnung soll von *merle* kommen, der Amsel, die die süßen, früh reifen Weinbeeren besonders schätzt. (Ein weiterer Name der Sorte ist Merlau.)

Der Kalksteinabhang am Rand von St-Émilion ist für die Merlot einer der besten Plätze im ganzen Bordelais. Merlot gilt im Allgemeinen als weicher, milder Wein, doch können die Exemplare von diesen steilen Rebbergen in puncto Komplexität und Langlebigkeit mit dem Haut-Médoc jenseits der Gironde konkurrieren; dennoch bewahren sie von der Jugend bis zur Reife eine herrliche Geschmeidigkeit.

Selektion von Merlot-Trauben auf Château Lafite-Rothschild in Pauillac. Am linken Ufer der Gironde ist Merlot ein wichtiger »Weichmacher« für Cabernet Sauvignon.

Das Fasslager (chai) des Guts Clos de l'Oratoire in St-Émilion. Hier stellt Merlot etwa 80 % des Verschnitts, den Rest Cabernet Franc; das Ergebnis ist ein robuster, saftig-fleischiger Wein.

Weinbau und Weinbereitung

Es ist ungewöhnlich für eine Rebsorte, so groß in Mode zu kommen, ohne dass man sich einigermaßen einig ist, wie man mit ihr umgehen soll. Wenn es so etwas wie einen Maßstab gibt, dann sind es wohl Pomerol und St-Émilion; in großen Teilen des Bordelais ist sie ebenso als Versicherung wie für ihre Eigenschaften selbst geschätzt. Reinsortigen Merlots mangelt es häufig an Geschmack und Körper, sie sind wie Doughnuts: mit einem Loch in der Mitte.

Klonenselektion ist für das Médoc wichtig, und da ist sicher in den kommenden Jahren noch einiges an Arbeit zu leisten. Möglicherweise werden bisher nur 60–70 % des Potenzials der Traube genützt.

Klima

Im Libournais – das Gebiet im Bordelais rechts der Dordogne, wo sich Merlot konzentriert – ist es in der Tat wärmer als im Médoc am linken Ufer der Gironde. Das Libournais hat weniger Regen und wärmere Tage, aber auch kältere Nächte und ein größeres Frostrisiko. Man könnte annehmen, dass solche Bedingungen eher die Cabernet Sauvignon begünstigen, die kälteresistenter ist und für die Reifung mehr Wärme braucht, und zweifellos dachten die Weinbehörden genau so, als sie in den 1970er Jahren vorschrieben, dass Cabernet Sauvignon auf den unteren Hangteilen zu pflanzen sei. Doch wärmeres Wetter kann einen kalten Boden nicht ausgleichen (zumindest nicht in Bordeaux), und im Libournais haben wir meist kalten, nassen Ton. Das frühe Austreiben und Reifen der Merlot bedeutet, dass sie mit kaltem Boden klarkommt, andererseits erhöht frühes Austreiben die Gefahr von Frostschäden. Aufgrund der dünnen Beerenschale ist sie auch für Fäule anfällig, die Jahrgänge 1963, 1965 und 1968 waren in Pomerol und St-Émilion weit mehr von Fäule betroffen als im übrigen Bordelais. Bei Herbstregen betrachten die Winzer ihre Merlot-Trauben mit Sorge, da sie im Verlauf weniger Tage aufplatzen und faulen können. Auch in feuchten Klimagebieten macht sie die dünne Haut für Fäule gefährlich anfällig.

Immerhin ist sie mit dem Austrieb und der Reife zwei Wochen früher dran als Cabernet Sauvignon, was ihr in weiten Teilen Neuseelands Vorteile verschafft; Ähnliches gilt in Österreich, Norditalien, der Schweiz, im US-Staat New York und in Kanada.

Ungeachtet seines Rufs für weichen, pflaumigen Charakter kann Merlot nur allzu leicht einen grünen, krautigen Einschlag aufweisen. Diese vegetabile Art galt lange als natürlicher, unausweichlicher Zug des St-Émilion, bis sich die gegenwärtige Vorliebe für ultrareife, üppige Weine ausbreitete. Auch die Schweiz, das Veneto, Neuseeland und der US-Staat Washington hatten Probleme mit Grünheit, die oft durch bessere Laubdachbearbeitung vermieden werden kann. Selbst australische Trauben sind keineswegs immer perfekt reif. In Kalifornien entgeht man dieser Gefahr dadurch, dass der meiste Merlot im heißen Central Valley kultiviert wird – die Kehrseite ist, dass die Weine oft verschmort schmecken und Frische vermissen lassen.

Boden

Gemäß Galet (1998) liebt die Merlot kühle Böden, die auch im Sommer noch Feuchtigkeit bewahren; auf trockenen Böden, meint Galet, entwickeln sich die Beeren nicht richtig. Jean-Claude Berrouet, der technische Direktor von Château Pétrus in Pomerol, glaubt hingegen, dass für Merlot der Wasserstress viel wichtiger ist als die Bodentemperatur und dass sie auf gut dräniertem Boden weit besser gedeiht als am Hangfuß. Nun, beide sind Experten, treffen Sie Ihre Wahl. Château Pétrus selbst steht auf einer winzigen Linse aus Ton, die den Oberboden aus eisenhaltigem Sand und Kies unterbricht und dem Wein ungewöhnlich viel Struktur gibt; Ton und Eisen sind es (unterstützt durch etwas Cabernet Franc für Duft und Säure), die den Weinen von Pomerol das Rückgrat geben, das den meisten Merlots fehlt. In manchen Wein-

Christian Moueix (neben dem Ernteanhänger) auf seinem Château Pétrus in Pomerol. Pétrus ist eines der berühmtesten Rotweingüter der Welt und renommiert für unwiderstehliche, überbordende Weine. Dennoch tut Moueix alles, um einen so zurückhaltenden Charakter zu erzielen, wie es seine wunderbar reifen Trauben nur erlauben; mit den extraktreichen, superüppigen Weinen, die zurzeit en vogue sind, hat er nichts im Sinn. So prächtig auch ein Pétrus gerät, man wird seines Geschmacks nie müde.

bergen von Pomerol erreicht Ton einen Anteil von 60 %.

Auch auf den aus Sand, Kalkmergel und Kies auf Kalkuntergrund bestehenden Böden von St-Émilion wird Merlot traditionell mit Cabernet Franc verschnitten. Die Charaktere wechseln mit dem Terroir: Sandböden ergeben leicht strukturierte Weine, Ton gibt mehr Substanz, Kalkstein Eleganz und Duft.

Das Chaos um die Klone

In großen Teilen der Neuen Welt sind Klima und Klone gegenwärtig für den Weintyp bedeutsamer als der Boden. Stephan von Neipperg, Besitzer von Château Canon-la-Gaffelière in St-Émilion, glaubt, dass es nur zwei oder drei wirklich gute Merlot-Klone gibt, aber auf dem Markt sind erheblich mehr. Einige betonen die Struktur, andere wiederum erbringen große Beeren, hohe Erträge und weiche, früh trinkreife Weine. Die Wahl der richtigen Unterlagsrebe kann die Wuchskraft und die Ertragsstärke der von Natur aus so vitalen Sorte ebenfalls zähmen.

Eine Reihe von Weinbergen in Australien und Österreich stehen unter dem starken Verdacht, mit Cabernet Franc anstatt Merlot bestockt zu sein; in Kalifornien hat sich derlei bestätigt: Im Napa Valley erwies sich die beste Parzelle von Duckhorn als Cabernet Franc. Christian Moueix von Château Pétrus bestätigt, dass er schon Anfang der 1980er Jahre einen Teil des kalifornischen Merlots für Cabernet Franc hielt. Ein Erzeuger gestand, die beiden Sorten erst nach etwa zwei Jahren unterscheiden zu können.

In Chile gibt es ähnliche Verwirrung um Carménère, mehr darüber auf S. 60 f. und 134.

Ertrag

Zu hohe Erträge ergeben dünne, hagere, kümmerliche Merlots von heller Farbe und grasigem Charakter. Für einige *vins de garage* von St-Émilion werden nur 26 hl/ha geerntet, normale Bordeaux-Erträge erreichen 60 hl/ha und sind generell höher als bei Cabernet Sauvignon, wenn sie nicht durch die Neigung der Sorte zu schlechtem Fruchtansatz reduziert werden. Im Midi können die Erträge sogar 80 hl/ha erreichen, über 100 hl/ha sinkt die Qualität rapide. In Neuseeland erntet man 8–10 t/ha (ca. 60–80 hl/ha), im kalifornischen Napa Valley 4–4,5 tons/acre (ca. 70–80 hl/ha). In Argentinien mit seinen generell hohen Erträgen gelten 12 t/ha als niedrig, 18 t/ha sind nicht selten.

Michel Rolland, der weltweit tätige Weinberater und Merlot-Spezialist, ist ein entschiedener

Michel Rolland, der Merlot-Guru und Weinberater in (fast) aller Welt, ist ein großer Fan von reifen Trauben und köstlich weichen Weinen. Seine besten Produkte sind unglaublich körperreich und mundfüllend, und selbst wenn er es mit nicht perfekten Weinbergen zu tun hat, kreiert er einen wunderbar runden Stil, der zurzeit sehr beliebt ist.

Verfechter der ultrareifen Weine und hält die Erträge auf der ganzen Welt für zu hoch. »Merlot mag nicht zu viel Sonne, und in zu heißen Klimabereichen kann man keinen ausdrucksstarken, tiefschichtigen Wein machen. Mit Ertragsbegrenzung wird die Qualität des Weins aber deutlich besser.«

Lesezeitpunkt

Dies ist einer der Hauptstreitpunkte zwischen den Erzeugern in aller Welt. Für Merlot charakteristisch ist, dass nach Erreichen der Reife rasch geerntet werden muss. Von Reife zu Überreife sind es tatsächlich nur wenige Tage; hier ist Merlot weniger tolerant als Cabernet Sauvignon.

Es gibt zwei Lager. Michel Rolland favorisiert späte Lese; er liebt es, wenn die Trauben leicht überreif sind. »Das Lesedatum ist ausschlaggebend. Verpassen Sie es, geht alles schief, und Sie verlieren sicher 80 % des Potenzials. Viele Güter im Bordelais lesen einige Tage bis zu einer Woche zu früh. Entscheidend ist aber der spezifische Ertrag: Ist er zu hoch, können Sie bis Weihnachten warten, ohne dass die Trauben reif werden. Ideal sind 40–50 hl/ha, und wenn Sie dann noch acht oder zehn Tage mit der Lese warten, bekommen Sie gute Resultate. Wenn man einige Blätter entfernt, sinkt die Fäulegefahr, und man kann in Ruhe warten.«

Das andere Lager, das sich den traditionellen Werten Eleganz, Finesse und Reifungspotenzial verschrieben hat anstelle von runder Üppigkeit, wird von Christian Moueix und Jean-Claude Berrouet repräsentiert, dem unter anderem für Château Pétrus verantwortlichen Team – dem wohl berühmtesten Château in Pomerol. Für sie bedeutet Überreife einen Verlust an Säure. »Wir wollen leichte, elegante Weine zum Genießen machen und keine Bodybuilder, die Verkostungen gewinnen.«

DER GROSSE STREIT

Im hochwertigen Bereich hat der Merlot heute ein Identitätsproblem. Er benötigt Eleganz, Differenziertheit, feine Tannine und samtige Textur – doch ist dieses Ideal zu erreichen, wenn die Winzer ihn wie Pinot Noir oder Cabernet Sauvignon behandeln?

Die wichtigsten Themen sind Extraktion und Eichenfässer. Soll bei Merlot stark extrahiert werden, soll er in viel neuer Eiche reifen? Oder sollte er leichter, feiner gekeltert und ausgebaut werden? In Mode ist gegenwärtig erstere Version, leichte Rotweine sind nicht im Schwange. Doch ist nicht jeder Merlot von Natur aus so gut strukturiert wie ein Château Pétrus oder so konzentriert wie ein Valandraud. Und wenn er es nicht ist, wird er es auch nicht durch Reifung in neuer Eiche.

Weinberater Michel Rolland empfiehlt die Extraktion der Phenole (Farbe und Geschmack gebende Verbindungen) zu Beginn der Gärung durch eine kurze, aber intensive Mazeration mit häufigem Umpumpen. Als ich dies schrieb, waren Wissenschaftler in Bordeaux dabei, die Struktur der Gerbstoffe und Phenole zu klären, um so ein detailliertes Bild vom Merlot zu bekommen. Durch die Erstellung eines Katalogs der Geschmacks- und Duftkomponenten, die am häufigsten im Wein zu finden sind, versuchen sie sein Potenzial genauer zu bestimmen.

Ich muss allerdings sagen, dass einige der schönsten St-Émilions, die ich genießen durfte, von der leichteren Art waren. Merlot entwickelt nämlich mit der Reife eine großartige, an Butter und Karamell erinnernde Samtigkeit, wenn man nicht mehr Gewicht und Farbe aus der Traube pressen will, als sie von Natur aus hat. Wenn Sie jedoch nach mächtigeren, extraktreichen Versionen suchen, hat Michel Rolland auch da eine Antwort, da er eine große Zahl erstklassiger, hochmodischer Unternehmen rund um die Welt berät.

Merlot in aller Welt

Wie viele große sortenreine Merlots gibt es überhaupt? Das hängt zuerst davon ab, was man unter »groß« versteht. Meinen Sie dunkle, muskulöse Kerle, die eine Generation brauchen, um ihre Qualitäten zu zeigen? Nun, da gibt es nicht viele. Doch wenn überströmende, sinnliche Frucht und berauschender Duft als groß bezeichnet werden können, dann gibt es doch einige. Viel Alkohol, dunkle Farbe, wenig Gerbstoff und Säure und ein ganzes Fass voll schöner weicher Frucht: darin ist Merlot stark. Mit einem Wort: Vergnügen. Doch sind diese Weine groß? Nun, ich bin zu durstig, um lang zu diskutieren. Geben Sie mir die Flasche. Zermartern Sie sich das Hirn, ich lasse sie mir schmecken.

Bordeaux

Merlot hat, ermuntert durch die weltweite Nachfrage nach weichen, früh trinkbaren Weinen, in aller Stille den ersten Platz im Bordelais übernommen. Sie macht heute über 56 % der Rebfläche aus. Doch verbirgt diese Zahl ihren Minoritätenstatus in den besseren Teilen von Médoc und Graves, wo sie im Schnitt 25 % des Blends ausmacht, und ihre dominierende Rolle in St-Émilion und Pomerol. In den Randgebieten des Bordelais, die insgesamt als Côtes bezeichnet werden, ist sie sehr oft die Hauptrebe. In St-Émilion stellt Merlot über 60 % der Rebstöcke, in Pomerol etwa 80 %. In beiden Appellationen wird er normalerweise mit etwas Cabernet Franc verschnitten; es gibt ein wenig Cabernet Sauvignon in St-Émilion und noch weniger in Pomerol.

Die Standardcuvée des Bordelais aus Merlot, Cabernet Sauvignon und Cabernet Franc, mit möglicher Zugabe von Malbec oder Petit Verdot, hat vieles für sich. Merlot bringt Weichheit und Fleisch ein, Cabernet Franc Duft und Cabernet Sauvignon die überaus wichtige Struktur. Sortenreiner Merlot ist im Allgemeinen weniger langlebig; Pomerol und St-Émilion jedoch können in der Jugend fest und verschlossen sein, wie Rotweine aus Médoc und Graves brauchen sie einige Jahre, um zugänglich zu werden.

Der als *crasse de fer* bezeichnete eisenhaltige Ton-Unterboden gibt dem Merlot in Pomerol seine Struktur, die anderswo so schmerzlich vermisst wird. Château Pétrus ist in den meisten Jahren zu 95 % Merlot, Le Pin und Gazin zu 90 %. Bei einigen Pomerol-Gütern wie Lafleur geht der Anteil bis 50 % herunter.

In St-Émilion wächst die Zahl der *vins de garage* – Weine, die in so geringen Mengen gemacht werden, dass sie in der Garage produziert werden könnten – rasch an, was dem Merlot zu verdanken ist. Erträge von 30 hl/ha und weniger sind hier die Regel, und dies auf etwa 2 ha großen Lagen. (Valandraud hat 2,5 ha, Clos Nardian 1,52 ha; La Mondotte ist dagegen mit 4,3 ha schon groß.) Gelesen werden oft einzelne Beeren; kultiviert wird organisch oder biodynamisch; die Eichenbarriques sind meist zu 100 % neu und manchmal sogar zu 150 %: Diese erstaunliche Zahl kommt zustande, indem der Wein zunächst zu 100 % in neuer Eiche liegt und dann noch einmal in frische Fässer abgezogen wird.

Diese Weine sind von außergewöhnlicher, verführerischer Großzügigkeit; Skeptiker stellen jedoch manchmal die Qualität des Terroirs und die Langlebigkeit der Weine in Frage. Das berührt aber die Käufer nicht, die Schlange stehen, um ihre Brieftasche leeren zu dürfen.

Vins de garage könnten aber überall erzeugt werden. Sie sind mit einem größeren Gut zu vergleichen, das die allerbesten Fässer beiseite nimmt; man macht das im Allgemeinen nicht, da es sich negativ auf den Rest der Weine auswirkt. Dennoch tauchen auch im Médoc die ersten derartigen Weine auf, und zwar von Erzeugern, die Land genau zu diesem Zweck gekauft haben. Dieses Verfahren wird zunehmend von Weinmachern und Winzern (nicht nur für Merlot) rund um den Globus übernommen, die auf einen schnellen Durchbruch hoffen.

Weitere französische Merlots

Merlot ist in Frankreich nach Carignan und Grenache die drittwichtigste rote Traube, und die Nachfrage in den Zuchtbetrieben ist so groß wie nie zuvor: Im Jahr 1998 wurden in Frankreich 43,6 Millionen Stecklinge ausgepflanzt. Für Appellation-Contrôlée-Weine und Vins de Pays empfohlen wird die Rebsorte in der Provence, im Languedoc und im Südwesten, in Ardèche, Charente, Corrèze, Drôme, Isère, Loire, Savoyen und Vienne. Im Midi ist sie noch relativ neu, empfohlen wird sie seit 1966. Im Südwesten ist sie traditioneller Partner in vielen AC-Verschnitten. Im Languedoc geht der meiste Merlot, sortenrein oder verschnitten, in Vins de Pays, die fruchtig-weich und früh zu trinken sind.

Italien

Das Merlot-Fieber hat Italien massiv infiziert: Mitte der 1990er Jahre hatte sie den fünften Platz inne, doch die laufenden Neupflanzungen

CHÂTEAU PALMER
Palmer hat oft 40 % Merlot im Verschnitt, sehr viel für einen Spitzenwein im Haut-Médoc. Ergebnis ist der klassische Margaux-Duft, vereint mit verführerisch weicher Textur.

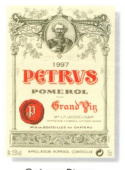

CHÂTEAU PÉTRUS
Wer daran zweifelt, ob Merlot sich für lange Lagerung eignet, sei auf den Pétrus verwiesen. Er kommt allerdings von einem einzigartigen, Merlot-freundlichen Terroir.

DOMAINE DE LA BAUME
Ein Merlot für Menschen, die sich den Pétrus nicht leisten können: Südfrankreich plus australische Weinbereitung ergibt ein rundes, pflaumiges Maul voll von Wein.

Ein Merlot-Weinberg der Tenuta Ornellaia in Bolgheri, die im Besitz von Marchese Lodovico Antinori ist. Das Meer ist so nah, dass die Einheimischen in diesem Teil der Toskana meinten, in diesem Wein Salz schmecken zu können. Das war, bevor die Supertoskaner in Fahrt kamen. Dieser Merlot mit Namen Masseto ist einer der besten in der Welt.

werden sie sicher weiter nach oben bringen. Im Nordosten wird sie seit je als ertragsstarke Sorte betrachtet, die Klone wurden in erster Linie unter diesem Gesichtspunkt gewählt. Sie bekam nicht die besten Lagen, und der Wein war gefälliger Stoff ohne größere Ansprüche. Das betrifft das Veneto, Trentino und Südtirol, dort allerdings profitiert Merlot von besseren Klonen und aufmerksamerer Auswahl der Lagen. Die besten Exemplare – und sie sind wirklich gut – kommen aus Friaul, Toskana und Umbrien. Einige sind sortenrein, eine große Zahl wird mit Sangiovese verschnitten; Merlot wird dafür geschätzt, Fleischigkeit beizusteuern, ohne den Verschnitt in der Art des Cabernet Sauvignon zu dominieren. In der Toskana breitet er sich zunehmend in den warmen Maremmen aus und erreicht dort 14 % Alkohol, worunter die Säure jedoch nicht zu leiden scheint (vielleicht wird sie zugesetzt). In den nördlichen Teilen der Toskana ist Merlot mit seiner geringen Säure oft ein willkommener Weichmacher für säurereiche lokale Rebsorten.

Übriges Europa

Im Schweizer Kanton Tessin macht Merlot 85 % der gesamten Produktion aus. Die Rebe benötigt warme Lagen in Höhen von maximal 450 Metern, um substanzielle Weine zu ergeben; die besten sind gut strukturiert und teilweise in Eiche ausgebaut. Auch ein echter Weißwein wird aus Merlot gekeltert, der überraschend füllig, aromatisch und ausgewogen sein kann.

In Europa ist Merlot auf die gemäßigten Breiten konzentriert. Auf der Iberischen Halbinsel hat sie noch kaum Fuß gefasst, auch wenn sie in Rioja auf der Liste der zugelassenen Sorten steht. (Man will dort anscheinend alles auf diese Liste setzen.) In Slowenien, im früheren Jugoslawien und in Österreich ist sie anzutreffen (im Burgenland ersetzt sie allmählich geringerwertige weiße Sorten wie Welschriesling), in größerer Verbreitung in Rumänien, Bulgarien, Ungarn und Moldau. Der Wein wird häufig mit Cabernet Sauvignon verschnitten.

Kalifornien

Die Erfahrungen hier sprechen für sich. Immer mehr Merlot wird angepflanzt, und sobald die Neuanlagen kommerziell produzieren, wird Kalifornien weltweit der viertgrößte Merlot-Erzeuger sein (nach Bordeaux, Italien und dem Languedoc). Für die Neupflanzungen nach der Reblausseuche wurden bessere Wurzelunterlagen verwendet, ebenso hat man die Spaliererziehung verbessert: Man lässt dem Merlot besonders lange Triebe, die angeheftet werden müssen, oft an einen zusätzlichen beweglichen Draht. Man wählt auch bessere Standorte aus, kältere Ecken, die für Cabernet Sauvignon nicht mehr geeignet sind; in Carneros etwa bekommt der Merlot schöne, strahlende Aromen, während Cabernet nicht richtig reif wird. In Teilen des Napa Valley, zum Beispiel Oakville und Stags Leap, macht man relativ körperreiche Weine, und Hügellagen wie Howell Mountain, die strukturierten, langlebigen Cabernet liefern, geben auch dem Merlot diese Eigenschaften mit.

Diese und andere kalifornische Bereiche wie Mendocino, Alexander Valley, Dry Creek Val-

CASTELLO DI AMA

Dieses Gut war schon für einen der sinnlichsten, zugänglichsten Chianti Classici bekannt. Dieser Merlot ist nach derselben Art gemacht.

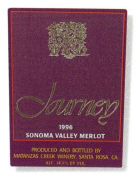

MATANZAS CREEK WINERY

Dieser Wein markiert die obere Preisgrenze für kalifornischen Merlot (und die liegt hoch). Er wird einige Jahre reifen können, doch mit demselben Resultat wie Pétrus?

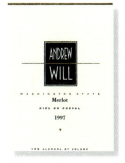

ANDREW WILL WINERY

Experten sagen dem Merlot im Staat Washington eine große Zukunft voraus. Dieser hier verfügt über verschwenderische Frucht und Duft sowie fleischige Struktur.

ley, Sonoma Valley und die wärmeren Teile von Monterey produzieren die seriösen Merlots des Landes. Manche Weine sind wirklich mächtig, so massiv, dass sie einen Pomerol schwächlich erscheinen lassen. Für extreme Reife – der US-Markt hasst jede krautige Note – lässt man die Trauben so lange wie möglich am Stock, was auch den Alkohol in die Höhe treibt. Wer einen leichten Merlot wünscht, wird ebenfalls versorgt. Im heißen Central Valley steht ein Meer von Merlot-Reben, die Unmengen von schwachem Wein liefern. Und mit »schwach« meine ich »schwach«.

Übrige USA

Im Staat Washington war Merlot mit 2266 ha im Jahr 1999 die populärste rote Traube, mit nur wenig kleinerer Anbaufläche als Chardonnay. Er verfügt über großzügigere Aromen als Cabernet Sauvignon, leidet aber unter der grünlichen Art, die auf dem US-Markt so verpönt ist. Nach zehn Jahren des Experimentierens im Weinberg ist Merlot immerhin pflaumiger und runder geworden als je zuvor. Auswahl der Lagen, differenzierte Bewässerung und spätere Ernte haben dazu beigetragen. Die kalten Winter bleiben ein Problem für die Rebe. Die klassischen Bordeaux-Verschnitte sind erfolgreich, gegenwärtig ist dies hier wohl die beste Verwendung für den Cabernet.

Oregon ist weithin zu kalt für Merlot, der Fruchtansatz ist schwach. Mehr verspricht da der Staat New York; aufgrund der langen Vegetationsperiode auf Long Island kann Merlot zuverlässig reifen.

Chile und Argentinien

Den Begriff »chilenischer Merlot« sollte man als Euphemismus verstehen, bis genau bestimmt ist, welche Reben wirklich in den Weinbergen stehen. Der Grund: Fast alle chilenischen »Merlot«-Flächen sind ein Mischsatz aus Merlot und Carmenère. Die Ableger kamen vor der Reblauskatastrophe von Bordeaux nach Chile und wurden dort seitdem als »Merlot« vermehrt. Niemand dachte daran, die Identität der Reben zu prüfen, bis man Anfang der 1990er Jahre gewahr wurde, dass ein großer Teil des chilenischen Sauvignon Blanc in Wirklichkeit die weniger aromatische Sauvignonasse (Sauvignon Vert) war. Man bat französische Experten, sich die Weinberge anzusehen, und sie machten die beunruhigende Entdeckung, dass die »Merlot«-Reben weithin kein Merlot waren.

In Neupflanzungen werden die beiden Sorten getrennt, und es wird Jahre, Jahrzehnte dauern, bis die existierenden Mischflächen ersetzt sind. Es sind schon eine Reihe echter sortenreiner Merlots auf dem Markt, aber sie werden noch lange die Minderheit bilden.

Bis dato weiß niemand, wie viel von den alten Pflanzungen wirklich Merlot sind. Die offiziellen Zahlen 1999 waren 8141 ha Merlot und 1167 ha Carmenère, doch kein chilenischer Erzeuger scheint sie ernst zu nehmen. Die meisten Schätzungen nennen für Carmenère zwischen 60 und 90 %. Der Reserve Merlot 1999 eines Weinguts kann zu 10 % Merlot sein, der große Rest Carmenère, Alicante Bousquet, Cabernet Sauvignon und Zinfandel.

Das Problem ist nicht, dass Carmenère eine zweitrangige Sorte wäre – sie könnte sogar ein besseres Qualitätspotenzial haben als Merlot –, sondern dass die beiden Sorten zu verschiedenen Zeiten reif werden, Merlot gute drei Wochen

Merlot in Chile

»Wir waren Urheber der Entdeckung, dass ein Großteil des chilenischen Merlot tatsächlich Carmenère ist«, erzählen Paul Pontallier und Bruno Prats. Diese führenden Bordelaiser Winzer – Pontallier leitet Château Margaux, Prats war Besitzer von Cos d'Estournel – verbanden sich gegen Ende der 1980er Jahre, um bei Santiago Wein zu produzieren. Die Domaine Paul Bruno im Maipo-Tal liegt 700–800 Meter hoch. Sie kauften zwei Partien Merlot-Stecklinge und stellten bald fest, dass nur eine von beiden in der Tat Merlot sein konnte. So ließen sie einen Rebenkundler der Universität Bordeaux kommen, und der identifizierte die »andere« Rebe als Carmenère. »Sie ist für chilenische Verschnitte gut geeignet«, meint Pontallier, »da Merlot sich in Chile anders verhält als in Bordeaux; sie wird in Chile härter, während Cabernet Sauvignon weicher ausfällt. Die klassische Bordeaux-Cuvée ist möglicherweise für Chile nicht optimal.«

VALDIVIESO
Der Merlot von Valdivieso ist wie die meisten aus Chile ein Mix aus Merlot und Carmenère. Carmenère gibt dem weicheren Merlot eine profilierte Würze.

vor Carmenère. Wenn nun nicht jeder Stock im Weinberg gekennzeichnet ist und separat abgeerntet werden kann, bekommt man entweder reifen Merlot und unreifen Carmenère oder überreifen Merlot und reifen Carmenère. Keines ist gut für die Balance; insbesondere schmeckt unreifer Carmenère durchdringend nach grüner Paprika, was sich mit der schokoladigen Art des reifen Merlots schrecklich beißt.

Mit der Auswahl der Lagen beginnt man erst. Zwar sind kühle Regionen wie Casablanca bereits von allein ausgeschieden, aber sonst hat sich keine Rangfolge in der Eignung für Merlot ergeben. Die führende Rotweinregion ist immer noch Maipo, allerdings ziehen Aconcagua, Colchagua und Curicó, deren Weine weichere Tannine und kräftigere Färbung aufweisen, die Aufmerksamkeit und den Großteil der Neuanpflanzungen auf sich.

In Argentinien ist Merlot weniger verbreitet als Cabernet Sauvignon oder Malbec, sie ist auch meist schwieriger zu kultivieren als diese Sorten. Zu hohe Erträge sind wohl ein Teil des Problems. Die besten, körperreichsten Weine sind vermutlich die aus den Weinbergen von Mendoza, die um 1100 Meter hoch liegen.

Australien

Merlot macht etwa 3 % der australischen Produktion aus, doch hat sich die Anbaufläche in kurzer Zeit mehr als verdoppelt: Das Merlot-Fieber grassiert auch hier. Gegenwärtig wird er meist noch mit Cabernet Sauvignon verschnitten; in demselben Maß jedoch, wie man ihn besser in den Griff bekommt, wird die Zahl der Sortenweine zunehmen. Paul Lapsley vom Gut Coldstream Hills im Yarra Valley ist überzeugt, dass die in Australien erhältlichen Klone besonders schlecht sind. Neue Klone, die in den nächsten Jahren auf den Markt kommen werden, sollten die Aromenfülle verbessern und den Schrecken des Merlot-Winzers, den schlechten Fruchtansatz, bannen.

Neuseeland

Die neuseeländischen Erzeuger lieben Merlot, weil sie, anders als Cabernet Sauvignon, in kühlem Klima zuverlässig reif wird. Die Merlot-Fläche hat rasant zugenommen, und heute ist sie die dritthäufigste Rebsorte des Landes. Am besten gedeiht sie auf der Nordinsel, auf der Südinsel ist es sogar für Merlot ein bisschen zu kalt. Über die Hälfte ist im Bereich Hawkes Bay zu finden, der größte Teil des Restes in Auckland und Marlborough. In Letzterem könnte Merlot sogar die Schlüsselrebe der Rotweinproduktion werden, da Cabernet Sauvignon in diesem kühlen Bereich schlecht reift. Die Verschnitte orientieren sich an Bordeaux, wobei einige Erzeuger Cabernet Sauvignon durch Cabernet Franc und Malbec ersetzen, wieder aufgrund der oft grünen Aromen des Cabernet Sauvignon.

Hawkes Bay ist für Merlot, die erfolgreichste rote Bordeaux-Sorte Neuseelands, eine der besten Regionen des Landes. Sie reift hier früher und zuverlässiger als andere Trauben und bringt die unverzichtbare Weichheit in den Verschnitt.

Südafrika

Im Jahr 1997 – eine aktuellere Zahl war nicht zu erhalten – gab es in Südafrika 2134 ha Merlot. Das machte gerade 2,2 % der Gesamtanbaufläche aus; Cabernet Sauvignon hatte demgegenüber 5,1 % inne. Da bis in die 1980er Jahre überhaupt kein Merlot gepflanzt wurde, ist die Zunahme beträchtlich, und da sie auch am Kap plötzlich im Schwange ist, wird die Fläche weiter wachsen. Doch ist die schnell reifende Sorte hier – wie in allen warmen Regionen der Welt – kein uneingeschränkter Erfolg. In vielen Weinbergen erzielt sie leicht 14 % Alkohol, aber ohne entsprechend reife Aromen. Sorgfältige Erzeuger tüfteln nun daran, wo (häufig in kühleren Landesteilen) und wie man sie am besten kultiviert. Zwei Grundtypen von Wein kristallisieren sich heraus: der weich-saftige, früh zu trinkende und der eindrucksvollere, mächtige und langlebige. Der meiste Merlot ist in Stellenbosch zu finden, einiges auch in Paarl. Neue virusfreie Klone sind am Erfolg des Merlot beteiligt.

BERINGER
Die Howell Mountain AVA im Napa Valley produziert üppige, intensiv duftende Merlots (und Cabernets). Die Private Reserve Bancroft Ranch von Beringer besitzt eine herrliche Frucht und ebensolche Struktur.

BEDELL CELLARS
Bedell Cellars arbeitet in einem ehemaligen Kartoffellagerhaus. Ironische Assoziationen sind nicht angebracht; diese Reserve ist einer der besten Rotweine von Long Island.

ESK VALLEY
The Terraces ist ein glänzender Verschnitt aus Malbec, Merlot und Cabernet Franc von einer der wärmsten Lagen des neuseeländischen Bereichs Hawkes Bay.

SPICE ROUTE
Ein dichter, kraftvoller Merlot von unbewässerten Buschreben in Swartland. Spice Route ist ein junges Unternehmen im Besitz von Charles Back vom Gut Fairview, einem sozial engagierten südafrikanischen Erzeuger.

Merlot genießen

Die Frage, wie gut Merlot altert, ist meistens irrelevant. Er ist weit überwiegend für den sofortigen Genuss gemacht; moderner Merlot ist der Inbegriff eines Rotweins, der alle notwendige Flaschenreifung auf dem Weg vom Weinladen nach Hause bekommt.

Das trifft sowohl für einfache, gefällige Merlots zu wie für große, körperreiche Exemplare. Ihre niedrigen Pegel an Tannin und Säure machen sie nicht zu Kandidaten für den Keller. Merlot braucht meist nicht nur keine Flaschenreifung, er will sie auch nicht. Lagern Sie diese Weine, und Sie werden mit Verlust an Frucht und Struktur belohnt.

Als Bestandteil der Bordeaux-Verschnitte kann Merlot dennoch hervorragend altern, und das nicht nur aufgrund der Unterstützung durch Cabernet Sauvignon. St-Émilions und Pomerols, die normalerweise keinen oder sehr wenig Cabernet enthalten, bringen es gut auf zehn Jahre, die besten erleben ihren 30. Geburtstag in aller Frische. Diese Weine brauchen Zeit, um sich zu entwickeln, zwei, drei Jahre oder auch mehr, je nach Gut und Jahrgang. Spitzenweine aus Pomerol und St-Émilion sind aber auch für Bordeaux eine Ausnahme; ein Bordelaiser Erzeuger verwendet Merlot, um früher trinkbare Weine zu machen.

Die Struktur eines Merlot aus Bordeaux ist auch in guten Exemplaren aus Italien, Kalifornien und anderen Ländern anzutreffen. Ohne Frage haben diese gut ausgewogenen Weine den Biss und das Rückgrat, um zehn Jahre und länger zu reifen; die Frage ist nur, ob sie die Chance dazu bekommen.

So schmeckt Merlot

Hier steht man vor dem größten Fragezeichen. Merlot schmeckt nach allem Möglichen. Er kann alles sein, was Sie wollen: von saftig-leicht über Pinot-Noir-samtig bis zu eichenbetont und extraktreich wie Cabernet. Und wie sollte er schmecken? Diese Frage stellen sich Weinmacher auf der ganzen Welt. Das Fehlen gültiger Muster macht die Sache schwierig.

In Bestform ist Merlot köstlich seidig mit samtigen Tanninen; »smooth« (weich, geschmeidig) ist das Wort, das in amerikanischen Marktstudien am häufigsten auftaucht. Die »fruchtige« Seite kann mit Erdbeeren, Himbeeren, Schwarzkirschen, Schwarzen Johannisbeeren, Pflaumen, Feigen oder Backpflaumen verglichen werden. In Bordeaux schmeckt man oft Früchtekuchen, auch Gewürze wie Zimt und Nelken, einen Hauch Sandelholz, darüber hinaus Trüffeln, Tabak, Lakritz und geröstete Nüsse. Warme Klimate können Aromen von gekochten Früchten ergeben, kühles Klima oder zu hohe Erträge hingegen einen dünnen, krautigen, minzigen Charakter. Merlot kann an Wild, Kaffee oder Schokolade erinnern – doch für jeden Wein von solch köstlicher Komplexion gibt es zwanzig andere, die nicht mehr sein wollen als gefällig-fruchtig und verführerisch samtig.

In den USA hat Merlot eine besondere Rolle zugewiesen bekommen. Für viele kalifornische Weinmacher ist Merlot wegen der Textur wichtig, weniger wegen des Geschmacks. Doch was sie meinen, ist eigentlich und wirklich »Mangel an Textur«, Sanftheit und Weichheit bis zur völligen Geschmacksfreiheit, manchmal noch mit ein wenig Zucker unterstützt: die weitestgehende Annäherung an das Ideal von einem nichts fordernden Wein. Dieses Phänomen wurde in den letzten Jahren massiv durch die Kunde forciert, dass Rotwein gut fürs Herz sei. Sie veranlasste Millionen von Menschen, die Rotwein nicht mögen und nie tranken, ihn jetzt für ihre Gesundheit zu sich zu nehmen – solange er nicht wirklich wie Rotwein schmeckt. Ein großer Teil der billigen amerikanischen Merlots ist genau für diesen Markt gemacht. Unseren Segen sollen sie haben. Ich bleibe gesund, indem ich die gleichen Mengen interessanteren Stoffs trinke.

Der neue Bordeaux neben dem neuen Chilenen. Château Angélus in St-Émilion, wo etwa 50 % der Verschnitts Merlot ist, wurde 1996 zum Premier Grand Cru Classé erhoben, nach einem guten Jahrzehnt harter Arbeit, um die Qualität zu verbessern. Mit ihrer Cuvée Alexandre Merlot will Casa Lapostolle dem Angélus in jeder Hinsicht gleichkommen. Die Verbindung ist im Önologen Michel Rolland zu suchen; er ist für die Kellerei von Lapostolle zuständig und hat Angélus in den letzten 20 Jahren beraten.

Merlot zum Essen

Die runde, saftig-fruchtige Art des Merlot macht ihn zum So-Trinken gut geeignet, er passt aber auch sehr gut zu vielen unterschiedlichen Speisen. Kräuterwürzige Pasteten, Fasan, Taube, Ente, Gans und Wild gehen alle gut mit Merlot zusammen, auch zurückhaltend gewürzte Currys und Tandoori-Gerichte. Kräftige Schmorgerichte mit Wein sind ausgezeichnet zu einem Spitzen-Pomerol. Die weiche Fruchtigkeit des Merlot ergänzt würzige Gerichte wie Schinken und Gratins perfekt mit einer Spur Süße.

VERBRAUCHERINFORMATIONEN

Synonyme und regionale Bezeichnungen
Auch als Merlot Noir bezeichnet, in Ungarn als Médoc Noir. Nicht verwechseln mit der nicht verwandten Merlot Blanc, die im Bordelais zu Hause war, inzwischen aber fast verschwunden ist.

Gute Erzeuger
FRANKREICH Bordeaux/St-Émilion Angélus, Ausone, Beau-Séjour Becot, Magdelaine, Le Tertre-Rôtebœuf, Troplong-Mondot; **Bordeaux/Pomerol** Le Bon Pasteur, L'Église-Clinet, L'Évangile, La Fleur-Pétrus, Lafleur, Pétrus, Le Pin, Trotanoy, Vieux-Château-Certan; **Bergerac** De la Coline, La Tour des Verdots; **Languedoc** La Baume, Cazes, Limbardié, Skalli/Fortant de France
ITALIEN Veneto Maculan; **Friaul** Livio Felluga, Russiz Superiore; **Toskana** Castello di Ama, Avignonesi, Castelgiocondo, Le Macchiole, Ornellaia, Petriolo, Tua Rita; **Latium** Falesco; **Sizilien** Planeta
SPANIEN Penedès Can Ràfols dels Caus, Torres (Atrium); **Somontano** Viñas del Vero
SCHWEIZ Christian Zündel
USA Kalifornien Arrowood, Beringer, Cafaro, Chateau St Jean, Clos du Bois, Cosentino, Duckhorn, Ferrari-Carano, Forman, Harrison, Havens, Jade Mountain, Lewis, Matanzas Creek, Newton, Pahlmeyer, Paloma, Ridge, St Francis, Selene, Shafer, Swanson, Truchard; **Washington** Andrew Will, Chateau Ste Michelle, Columbia Crest, Columbia Winery, Foris, L'Ecole No. 41, Leonetti; **New York** Bedell, Hargrave, Palmer
AUSTRALIEN Brookland Valley, Charles Cimicky, Clarendon Hills, James Irvine, Katnook Estate, Maxwell, Pepper Tree, Petaluma, Tatachilla, Yarra Yering
NEUSEELAND Brookfields, Corbans (Reserve), Kim Crawford, Esk Valley, Goldwater, Morton Estate, C. J. Pask, Sileni, Villa Maria
SÜDAFRIKA Meinert, Morgenhof, Radford Dale, Saxenburg (Private Collection), Spice Route, Thelema, Veenwouden, Vergelegen
CHILE Bisquertt (Casa La Joya), Caliterra (Arboleda), Carmen (Reserve), Casa Lapostolle (Cuvée Alexandre, Clos Apalta), Casa Silva, Cono Sur (20 Barrel), Errázuriz, La Rosa (La Palmería), San Pedro, Santa Rita (Unfiltered), Valdivieso, Viña Casablanca (Santa Isabel), Viña Gracia, Viu Manent

WEINEMPFEHLUNGEN
Zehn weitere Bordeaux-Klassiker (außer den »Guten Erzeugern«, links)
Ch. Canon-de-Brem *Canon-Fronsac*
Ch. Canon-la-Gaffelière *St-Émilion*
Clos Fourtet *St-Émilion*
Ch. la Conseillante *Pomerol*
Ch. Gazin *Pomerol*
Ch. Grand-Mayne *St-Émilion*
Ch. Fontenil *Fronsac*
Ch. Latour-à-Pomerol *Pomerol*
Ch. Pavie-Macquin *St-Émilion*
Ch. Roc de Cambes *Côtes de Bourg*

Fünf preiswerte Bordeaux-Rotweine
Ch. Annereaux *Lalande-de-Pomerol*
Ch. Brulesécaille *Côtes de Bourg*
Ch. Carsin *Premières Côtes de Bordeaux Cuvée Noir*
Ch. la Prade *Côtes de Francs*
Ch. Segonzac *Premières Côtes de Blaye*

Fünf italienische Spitzen-Merlots
Castello di Ama *Vigna l'Apparita*
Falesco *Montiano*
Livio Felluga *Colli Orientali del Friuli Rosazzo Merlot Riserva Sossó*
Tenuta dell'Ornellaia *Masseto*
Russiz Superiore *Collio Rosso Riserva degli Orzoni*

Zehn Neue-Welt-Doppelgänger
Andrew Will *Ciel du Cheval Merlot* (Washington)
Beringer *Bancroft Vineyard Merlot* (Kalif.)
Casa Lapostolle *Cuvée Alexandre Merlot* (Chile)
Charles Cimicky *Merlot*
Goldwater Estate *Merlot* (Neuseeland)
Leonetti *Merlot* (Washington)
Matanzas Creek *Journey Merlot* (Kalifornien)
Newton *Merlot* (Kalifornien)
Spice Route *Flagship Merlot* (Südafrika)
Veenwouden *Merlot* (Südafrika)

Zehn preiswerte Merlots
Brookland Valley *Merlot* (Australien)
Clos du Bois *Merlot* (Kalifornien)
Columbia Crest *Merlot* (Washington)
Kim Crawford *Te Awanga Merlot* (Neuseeland)
Errázuriz *Merlot* (Chile)
La Palmería *Gran Reserva Merlot* (Chile)
San Pedro *35 South Merlot* (Chile)
Santa Rita *Reserva Merlot* (Chile)
Viñas del Vero *Merlot* (Spanien)
Viu Manent *Reserva Merlot* (Chile)

Merlot-Trauben. Trotz seines kommerziellen Erfolgs steckt der Merlot in einer Identitätskrise; die Weinmacher rund um die Welt haben alle andere Vorstellungen davon, wie der Wein schmecken soll.

Reifediagramme
Merlot, auch Premium-Merlot aus Napa oder Sonoma, passt in kein Schema. Nicht alle können gut in der Flasche reifen.

1998 St-Émilion Premier Grand Cru Classé Pomerol der Spitzenklasse

Ein klassisches Merlot-Jahr mit köstlichen, früh trinkbaren Weinen; ihre ausgezeichnete Struktur sorgt für einen lang dauernden »Höhepunkt«.

1999 Napa/Sonoma Merlot Reserve (Spitzenklasse)

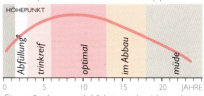

Eine späte Lese ergab höchst extraktreiche und fruktuöse Trauben, die Weine gerieten körperreich, dunkel und geschmeidig.

2000 Chile Merlot (Reserve)

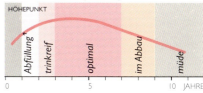

Ein Jahrgang mit intensiven Aromen und viel Körper. Auch die Säure ist gut, die Weine zeigen große Ausgewogenheit und sortentypischen Duft.

MEUNIER

Das gebräuchlichste Synonym für die Meunier, Pinot Meunier, deutet auf die wahrscheinliche Abstammung der Traube als Mutation der Pinot Noir. Doch sind die Blätter anders, tiefer eingeschnitten und an der Unterseite dicht behaart, was ihnen ein »bemehltes« Aussehen gibt – daher der Name, der »Müller« bedeutet. In Deutschland heißt sie entsprechend Müllerrebe (siehe S. 142), in Frankreich außerdem auch Farineux und Noirin Enfariné, in England Dusty Miller. Es sind aber auch Triebe mit völlig unbehaarten Blättern zu finden, was den Rebenkundlern als Indiz für die Herkunft von der Pinot Noir gilt.

Am bekanntesten ist sie als Verschnittpartner für den Champagner (die weiteren Sorten sind Pinot Noir und Chardonnay), und die Winzer mögen sie, weil sie spät treibt und früh reift. Beides sind in der frostigen Champagne wichtige Eigenschaften, sie wird dort gerade in den kühlsten Teilen kultiviert, besonders in der Aube, wo weder Pinot Noir noch Chardonnay sicher reifen.

In der Cuvée ist sie von Wert, weil der Wein viel schneller reift als die beiden anderen und bereits früh eine weiche, füllige, ansprechend runde Frucht ergibt, ideal für Weine, die jung verkauft und getrunken werden. Andererseits altert er nicht so gut und hat nicht so viel Finesse und Qualität wie die anderen beiden Sorten, weshalb die Erzeuger nicht gern darüber Auskunft geben, wie viel Meunier in ihrem Verschnitt ist. Die Ausnahme ist das Champagnerhaus Krug, das einen nennenswerten Anteil (der dennoch immer noch viel kleiner ist als der der beiden anderen) in seinem sehr alterungsfähigen Schaumwein verwendet.

Die Meunier war im 19. Jahrhundert die große Stütze der Weinberge im ganzen Norden, vom Pariser Becken bis nach Lothringen, in Gegenden, in denen es heute keinen Weinbau mehr gibt. Da und dort ist sie auch an der Loire zu finden, bei Orléans wird ein angenehmer, blasser Vin Gris gemacht.

In Deutschland ist die Müllerrebe, bekannter als Schwarzriesling, mit ca. 2200 ha recht bedeutend (siehe S. 29). Den Löwenanteil hat Württemberg (1750 ha), dann folgen weitab Baden, Pfalz und Franken. Man macht Still- und Schaumwein daraus, in Württemberg gewinnt man durch Vergärung mit weißen Trauben verschiedener Sorten auch die Spezialität des »Schillerweins«.

Für den »Badisch Rotgold« sind 60 % Spätburgunder und 40 % Grauburgunder vorgeschrieben. Der Wein ist relativ hell, heller als Spätburgunder, und hat auch mehr Säure. In Württemberg gibt es auch eine unbehaarte Mutation, die Samtrot.

Geringe Mengen Meunier sind in Österreich und in der Ostschweiz zu finden. In Australien und in Neuseeland wird sie in kleinem Maßstab seit vielen Jahren kultiviert, man verwendet sie für leicht marmelade Rotweine und Schaumweine. Gute Erzeuger: (Frankreich) Billecart-Salmon, Blin, Charles Heidsieck, Alfred Gratien, Krug, Laurent Perrier; (Australien) Seppelt, Taltarni.

MISKET

Eine bulgarische Rebe, die trotz des traubigen Aromas und ihres Namens nichts mit Muscat (siehe S. 144–153) zu tun hat, sondern eine Kreuzung von Dimiat mit Riesling ist. Es gibt auch eine rote Version, die ohne die Beerenhäute weiß gekeltert wird. Gute Erzeuger: BVC, Domaine Boyar.

MISSION

Es mutet seltsam an, dass die ersten Missionare der Franziskaner, die diese Rebe – die in beiden Amerikas verbreitet ist – vermutlich von Spanien nach Amerika brachten, nicht nach Besserem gesucht haben. Doch sie wurde dort aller Wahrscheinlichkeit nach aus Samen gezogen, und Sämlingreben entwickeln sich bekanntermaßen anders als ihre Eltern.

Jedenfalls erbringt sie auch unter trockenen Bedingungen gute Erträge, und aufgrund des hohen Revesterol-Gehalts wird der Wein nicht so schnell zu Essig. Beides Eigenschaften, die ihr massenhaftes Überleben bis in die Gegenwart erklären könnten.

Als Criolla Chica ist sie in Argentinien bekannt; einige Experten halten auch die chilenische País und die Negra Corriente von Peru für diese Rebe. In Chile wächst sie im Süden, in Maule und Bío-Bío, auch unter dem Namen Negra Peruana. Die Reben sind in Buschform (Kopfschnitt) erzogen und können in unbewässertem Hügelland 3 t/ha (gut 20 hl/ha) liefern und zehnmal so viel in bewässerten Ebenen.

Versuche einer Genossenschaft, mit organischen Methoden einen seriösen País zu erzeugen, ergaben einen Wein von gewissem Charakter mit pflaumiger Rundheit und süßer schokoladiger Frucht, doch von rustikaler, uneleganter Art.

In Argentinien ist die hellhäutigere, hochwertigere Criolla Chica weniger verbreitet als die Criolla Grande.

In Kalifornien ist die Mission immer noch anzutreffen, aber auf dem Rückzug. Es wäre schön, wenn sie nicht ganz verschwände: Sie ist ein Teil der kalifornischen Geschichte. Gute Erzeuger: (USA) Sobon, Story.

MOLETTE

Eine neutrale Traube, die in abnehmender Menge im französischen Savoyen für Schaumwein gepflanzt ist. Roussette (siehe S. 206) wird oft für mehr Charakter zugesetzt. Guter Erzeuger: Varichon et Clerc.

MOLINARA

Eine Minderheitensorte für den Valpolicella-Verschnitt. Molinara ergibt helle, leichtgewichtige Weine, die nicht viel mehr als Säure in den Blend einbringen. Qualitätserzeuger verwenden sie immer weniger.

MONASTRELL

Der spanische Name für die Mourvèdre (siehe S. 140/141). Da die Sorte aber aus Spanien stammt, wäre es angemessener zu sagen, Mourvèdre sei der französische Name für Monastrell. Am bekanntesten ist die Traube aber unter dem französischen Namen.

Nachdem die Qualität in Spanien viele Jahre ziemlich trostlos war, ist sie jetzt im Steigen begriffen. Die größten Anstrengungen unternimmt man in Jumilla, wobei man den Reblausbefall in den Jahren 1988/1989 für massive Neupflanzungen nützte. Die Verwendung neuer, virusfreier Klone und viele Versuche – wann man erntet, wie lange man mazerieren lässt, bei welcher Temperatur man gären lässt, wann man abfüllt – haben sich ausgezahlt.

Man baut sortenrein aus (manchmal mit Kohlensäuremaischung für früh trinkbare Weine) oder als Verschnitt mit Tempranillo, Cabernet Sauvignon und Merlot. Die Produkte von Yecla, wo Monastrell ebenfalls die Hauptraube ist, haben mit Jumilla noch nicht gleichgezogen, verbessern sich aber weiter. Hier wird oft Garnacha und Merlot zugegeben. Gute Erzeuger: Castaño, Agapito Rico, Primitivo Quilés, Salvador Poveda, Señorio del Condestable.

MONDEUSE NOIRE

Manchmal wird behauptet, dass diese Rebe aus dem französischen Savoyen identisch sei mit der Gros Syrah, der großbeerigen Form der Syrah. Allerdings ist die Mondeuse Blanche (die keine Mutation der Mondeuse Noire ist, aber ebenfalls in Savoyen und im Bugey zu finden) möglicherweise ein Elter der Syrah, die andere Möglichkeit ist die Dureza.

Zurück zu Mondeuse Noire: Eine weitere Theorie setzt sie mit der Refosco des Friaul gleich. Natürlich kann sie nicht gleichzeitig Syrah und Refosco sein, wahrscheinlich ist sie keines von beiden, auch wenn ihr Wein mit derselben »italienischen«, intensiven Pflaumenfrucht und dem bitteren Touch im Abgang dem Refosco ähnelt. Er verfügt über feste Struktur und gute Farbe, ist aber trotz seiner Vorzüge auf dem Rückzug – schade. Guter Erzeuger: (Frankreich) Des Rocailles.

MONICA

Diese Sorte wird auf Sardinien für gefällige rote Alltagsweine verwendet, die wenig Tannin und Säure haben. Manche halten sie für die Mission (siehe dort) bzw. País, die von Spanien nach Amerika gebracht worden sei. Für mich schmeckt der Wein nicht wie Mission, er ist ein angenehm fester, jung zu trinkender Wein mit Preiselbeeraroma. Die Rebe ist in Spanien nicht mehr vorhanden; Spanien hatte zuzeiten die Oberhoheit über Sardinien, und so könnte sie dorthin gelangt sein. Gute Erzeuger: (Sardinien) Argiolas, Genossenschaft Dolianova, Genossenschaft Santadi.

MONTEPULCIANO

Dies ist eine Rebsorte und darf nicht mit dem toskanischen Ort Montepulciano verwechselt werden, dessen Vino Nobile aus Sangiovese – der häufig salopp nur als »Montepulciano« bezeichnet wird – in einer ganz anderen Liga spielt.

Die Sorte Montepulciano ist in Mittelitalien inklusive der südlichen Toskana und Umbrien sowie im Süden verbreitet. Am bekanntesten ist der Montepulciano d'Abruzzo, ein mittelgewichtiger, eher rauer Rotwein, der seine Beliebtheit in Deutschland sicher mehr dem klangvollen Namen (also fremden Federn) verdankt als seiner meist bescheidenen Qualität. Es gibt aber auch Besseres, etwa den Rosso Cònero aus den Marken, der bis zu 15% Sangiovese enthalten kann.

Montepulciano ist Verschnittpartner in vielen Weinen den italienischen Südens. Die Rebe reift spät und würde nördlich der Toskana kaum Erfolg haben. Sie gilt als leistungsfähig, mir ist allerdings nur wenig Herausragendes begegnet. Gute Erzeuger: Boccadigabbia, Cornacchia, Garofoli, Illuminati, Masciarelli, Moroder, Nicodemi, Saladini Palastri, Le Terrazze, Umani Ronchi.

MORELLINO

Im Bereich Scansano in der Südtoskana wird Sangiovese so genannt (siehe S. 208–217). Der Morellino di Scansano DOC ist seit je ein sehr ansprechender, relativ leichter Wein mit weichen Tanninen und schöner Kirschfrucht, nicht so elegant und verfeinert wie ein Spitzenchianti, aber voller Charme. Einige Erzeuger machen heute auch festere Exemplare von süß-säuerlicher, krautig-herber Art.

Scansano hat ein fast perfektes Mesoklima für Sangiovese, die Traube reift hier früh und liefert, wenn der Ertrag deutlich unter dem erlaubten Maximum von 84 hl/ha bleibt, sehr dichte, gut strukturierte Weine. Die Sommer können zwar sehr heiß und trocken sein, doch ist Bewässerung eine gute Möglichkeit, durch Wassermangel verursachte Reifungsprobleme zu lösen. Bis zu 15% andere Rebsorten erlauben die DOC-Bestimmungen; neben Sangiovese sind Alicante und Spagna die meistgepflanzten Reben, auch Merlot und Cabernet werden für internationalere Typen verwendet. Gute Erzeuger: Erik Banti, Carletti, Cecchi, Mazzei, Montellassi, Moris Farms, Le Pupille.

MORILLON

Morillon war in großen Teilen Frankreichs ein Synonym für Chardonnay, heute wird die Sorte in der Steiermark so genannt. Gute Erzeuger: (Österreich) Frühwirth, A. u. A. Neumeister, Polz, Erwin Sabathi, Manfred Tement.

MORIO MUSKAT

Eine überaromatische deutsche Kreuzung, die heute auf dem Rückzug ist. Sie war einmal die Hauptstütze der Liebfrauenmilch-Industrie und dementsprechend in Rheinhessen und in der Pfalz mit großen Flächen vertreten. Die Nachfrage nach Liebfrauenmilch sinkt, und vieles wurde bereits gerodet.

Aroma und Duft der Traube sind ungeschlacht, so traubig wie bei Muscat, aber ohne deren Leichtigkeit und Eleganz. Und sie ist mit Muscat auch nicht verwandt, sondern eine Kreuzung (1928) von Silvaner und Weißburgunder. Wer hätte gedacht, dass so nette Eltern solche Kinder haben?

Die Trauben haben die aggressivste Mixtur von Moschusduft und Grapefruitsäure, wenn sie noch unreif gepflückt werden, was meist der Fall ist, da die Rebe (die für Echten und Falschen Mehltau sowie Graufäule anfällig ist) gute Lagen braucht, um reif zu werden, und die werden mit Recht den besten Sorten zugewiesen. Winzige Mengen werden auch in Kanada und Südafrika angebaut.

MORISTEL

Farbschwache rote Traube, die in Spaniens Somontano zu Hause ist. Auch als Synonym für Morrastel (siehe unten) gebraucht. Gute Erzeuger: Borruel, Monclús, Pirineos.

MORRASTEL

Der französische Name für Graciano (siehe S. 112) und der spanische Name für Mourvèdre (siehe S. 140/141).

MOSCATEL

Der iberische Name für Muscat. Schlicht als Moscatel bezeichneter Wein ist einfach, süß und dunkel und meist aus Muscat of Alexandria (Moscatel de Alejandría) gemacht, die auch Moscatel Romano heißt. Moscatel de Grano Menudo ist, fast wörtlich übersetzt, die Muscat Blanc à Petits Grains. Moscato de Malaga soll eine lokale Variante Südspaniens sein. Gute Erzeuger: Gandía, López Hermanos, Ochoa.

MOSCATO BIANCO

Die italienische Bezeichnung für Muscat Blanc à Petits Grains (siehe S. 144–153). Die Sorte ist in fast ganz Italien verbreitet, die meisten Regionen haben ihre traditionellen leicht süßen, aromatischen Weine. Im Norden, in Südtirol und im Trentino, werden auch knackige trockene Versionen gemacht, im Süden geraten sie süßer und fülliger. Auch in der Toskana hat Moscato eine lange Geschichte. Man erzeugt hier, unter dem Namen Moscadello, süßen Stillwein, öligen Liquoroso sowie traubigen Schaumwein, der mehr Gewicht hat als der aus dem Piemont. Gute Erzeuger: (Toskana) Altesino, Col d'Orcia, Poggione.

MOSCATO DI ALEXANDRIA

Die italienische Bezeichnung für Muscat of Alexandria. Siehe Muscat, S. 144–153.

MOSCATO GIALLO

Der Goldmuskateller wird in Norditalien so genannt. Siehe Muscat, S. 144–153.

MOSCATO ROSA

Zu Deutsch Rosenmuskateller, eine dunkelrosa gefärbte Traube, die in kleinen Mengen in der Region Südtirol-Trentino angebaut wird. Ihre Weine, süß oder trocken, bezaubern mit einem himmlischem Rosenduft. Siehe Muscat, S. 144–153.

MOSCHOFILERO

Eine aromatische griechische Traube (gesprochen Mos-cho...) von recht guter Qualität, die sortenrein oder im Verschnitt verwendet wird. Ihr Geschmack bewegt sich zwischen Gewürztraminer und Muscat, doch mit mehr Säure als diese beiden. Die Beeren sind rosa, der Wein weiß oder rosé. Guter Erzeuger: Cambas.

MOURISCO

Eine der geringeren portugiesischen Trauben im Portwein-Verschnitt; sie gehört nicht zu den fünf Sorten, die in den neuen Weinbergen im Douro-Tal bevorzugt gepflanzt werden. Ihr Wein ist hell und recht säurereich.

MOURVÈDRE

Die Franzosen nennen sie Mourvèdre, die Spanier Monastrell, die Australier und die Kalifornier Mataro. Der spanische Name ist seltsam, denn die Rebe entstand entweder in der Nähe von Murviedro bei Valencia oder von Mataró in Katalonien. Vielleicht war der innerspanische Streit um die Ehre so heftig, dass man »Monastrell« wählte, um keinen zu düpieren. Jedenfalls verwendet niemand außer den Spaniern diesen Namen, und sie ist außerhalb des Landes auch viel angesehener. In Spanien ist sie südlich von Madrid die Hauptrebe vieler Weine, sie bringt viel Alkohol und Tannine, jedoch nicht viel Eleganz. Man versucht die Winzer dort zu überzeugen, den Lesezeitpunkt besser zu wählen, und tatsächlich sind Fortschritte in Frucht und Aroma zu verzeichnen, was neuen Schwung in einen vergessenen Teil des Weinlandes Spanien gebracht hat.

Am bekanntesten ist die Rebe unter ihrem französischen Namen Mourvèdre. Sie ist eine Rebe des Südens, nördlich von Châteauneuf-du-Pape reift sie nicht mehr und dort auch nur in warmen Jahren. Aber in Bandol, wo es um die 5 °C wärmer ist, ergibt sie große, mächtige, dennoch feine Weine.

Sie ist eine recht wählerische Sorte: Sie benötigt die wärmsten, nach Süden ausgerichteten Lagen, aber kühle, flache Tonböden, um die Vitalität zu zähmen. Man muss mindestens 13 % Alkohol erzielen, da der Wein darunter nach nichts schmeckt, und die Lese muss in dem kurzen Zeitraum stattfinden, da die Traube genug Frucht und Körper entwickelt hat, aber noch nicht zu backpflaumenartig ist.

Auch im Keller und in der Flasche ist Mourvèdre diffizil. Die Sorte ist sehr reduktiv, was sich so auswirkt, dass der Wein recht häufig nach Schwefelwasserstoff – sprich Landluft – riecht. Andererseits ist sie ein ausgezeichneter Verschnittpartner für fetten Grenache, der zu Oxidation neigt und von den fleischigen Aromen des Mourvèdre profitiert. Der Wein schmeckt am ehesten nach Schwarzen Johannisbeeren und weist oft eine kratzige Kräuternote auf. Junger Mourvèdre macht daher leicht einen fehlerhaften Eindruck, aber nach einiger Zeit (in der er noch mehr nach Mist riecht), nach fünf oder sechs Jahren, entwickelt er eine üppige Reife mit Noten von Leder.

Erst seit kurzer Zeit wird die Sorte in Kalifornien und Australien ernst genommen. Die zahlreich vorhandenen alten Buschreben liefern dunkle, kräuterwürzige und stoffige, recht rustikale Weine, die zunächst etwas ungehobelt sind, aber schön altern und vielen roten Verschnitten Kraft verleihen.

So schmeckt Mourvèdre

Junger Mourvèdre aus geringen Erträgen verfügt über einen wilden Mix rau schmeckender Bergkräuter, einen nicht geringen Duft nach Dung und in guten Fällen über Brom- und Blaubeeraromen. Er ist von kräftiger Statur mit viel Alkohol und Gerbstoffen. Meist wird er verschnitten, und zwar mit anderen südfranzösischen Sorten wie Grenache und Syrah. Sortenrein oder im Verschnitt, immer bringt er eine raue, kräuterbetonte und ländliche Art mit, die sich in einigen Jahren zu Noten von Leder und Wild wandelt.

Die kalifornischen Versionen der Sorte sind weniger erschreckend tanninreich als die aus Bandol am Mittelmeer, nichtsdestoweniger ist der Mourvèdre von Jade Mountain aus dem Napa County ein robuster, muskulöser Geselle. Jade Mountain macht auch Verschnitte mit Cabernet Sauvignon und mit Syrah.

DOMAINE TEMPIER
Tempier, neben Pibarnon eines der beiden Spitzengüter in Bandol, verwendet in allen Rotweinen viel Mourvèdre. Dieser ist zu 100 % aus dieser Sorte.

TORRES
Monastrell stellt den größten Anteil in diesem mächtigen Verschnitt von Torres, außerdem wurden Garnacha und die katalanischen Sorten Garró und Samsó verwendet.

Oben: Mourvèdre stellt im Weinberg keine geringen Ansprüche. Man sagt, sie liebe es, den Kopf in der Sonne und die Füße im Wasser zu haben. Das ist für einen großen Teil von Bandol, das auf den Klippen über dem Mittelmeer balanciert, schwer zu realisieren und noch schwieriger in Australien.

Links: Mataro/Mourvèdre-Reben im Barossa Valley, Südaustralien. Der Name »Mourvèdre« löst in Australien »Mataro« ab, so wie die Nachfrage nach Trauben von alten Reben steigt. Man glaubt, dass der Name »Mataro« die Sorte nicht ernst nimmt. Und ihre Weine sind in der Tat sehr ernst: dunkel, kräuterwürzig und ausladend, aber vierschrötig.

VERBRAUCHERINFORMATIONEN

Synonyme und regionale Bezeichnungen
In Spanien Monastrell, Morrastel oder Morastell genannt. Mataro ist ein Synonym der Neuen Welt (in Australien wird auch Esparte gebraucht). Ein exotischer französischer Name ist Estrangle-Chien, »Hundewürger«.

Gute Erzeuger
FRANKREICH Südrhône Beaucastel, L'Oratoire de St-Martin, Richaud, Ste-Anne; **Provence** La Bastide Blanche, La Courtade, Esclans, Frégate, Le Gallotin, Jean-Pierre Gaussen, Gavoty, l'Hermitage, Mas Redorne, Moulin des Costes, La Noblesse, Ch. de Pibarnon, Ch. de Pradeaux, Ray Jane, Roche Redonne, Romassan, Ch. de la Rouvière, Ste-Anne, Salettes, Ch. Simone, La Suffrène, Tempier, Terrebrune, La Tour de Bon, Ch. Vannières; **Languedoc-Roussillon** Jean-Michel Alquier, Canet-Valette, La Grange des Pères, L'Hortus, Mas Blanc
SPANIEN Agapito Rico, Bodega Balcona, Castaño, Julia Roch Melgares, Torres; **Alicante Fondillón** Bodegas Alfonso, Bocopa, Bodegas Brotons, Salvador Poveda, Primitivo Quiles
USA Kalifornien Bonny Doon, Cline Cellars, Edmunds St John, Jade Mountain, Qupé, Ridge, Sine Qua Non, Sean Thackrey, Zaca Mesa; **Virginia** Horton
AUSTRALIEN Cascabel, D'Arenberg, Hewitson, Charles Melton, Penfolds, Pikes, Rosemount, Seppelt, Torbreck, Veritas, Wendouree, Yalumba
SÜDAFRIKA Fairview

WEINEMPFEHLUNGEN
Zehn südfranzösische Weine
Domaine de la Bastide Blanche *Bandol Cuvée Fontanieu*
Ch. de Beaucastel *Châteauneuf-du-Pape*
Domaine de l'Hermitage *Bandol*
Ch. de Pibarnon *Bandol*
Ch. de Pradeaux *Bandol*
Domaine Ray Jane *Bandol*
Ch. de la Rouvière *Bandol*
Domaine Tempier *Bandol Migoua*
Domaine de Terrebrune *Bandol*
Ch. Vannières *Bandol*

Fünf Mourvèdre-Weine aus der Neuen Welt
Bonny Doon *Old Telegram* (Kalifornien)
Jade Mountain *Mourvèdre* (Kalifornien)
Ridge Vineyards *Evangelo Mataro* (Kalifornien)
D'Arenberg *The Twenty Eight Road Mourvèdre* (Australien)
Hewitson *Barossa Valley Old Garden Mourvèdre* (Australien)

Zehn Neue-Welt-Weine mit großem Anteil Mourvèdre
Bonny Doon *Le Cigare Volant* (Kalifornien)
Cline Cellars *Oakley Cuvée* (Kalifornien)
Edmunds St John *Les Côtes Sauvage* (Kalifornien)
Jade Mountain *La Provençale* (Kalifornien)
Charles Melton *Nine Popes* (Australien)
Qupé *Los Olivos Cuvée* (Kalifornien)
Rosemount *GSM* (Australien)
Sine Qua Non *Red Handed Proprietary Red* (Kalifornien)
Yalumba *Antipodean* (Australien)
Zaca Mesa *Cuvée Z* (Kalifornien)

MÜLLERREBE

Ein anderer Name für Schwarzriesling (siehe S. 229), der dem französischen Namen (Pinot) Meunier entspricht (siehe S. 123).

MÜLLER-THURGAU

Es ist schon kurios, dass alle großen Rebsorten der Welt ein Kind des Zufalls sind. In der Viehzucht mag man geplant und systematisch vorgehen, beim Wein hingegen hat (wenigstens bisher) die Natur selbst die besten Resultate geliefert.

So auch im Fall der Müller-Thurgau. Sie wurde 1882 in der Lehranstalt für Obst-, Wein- und Gartenbau in Geisenheim im Rheingau gezüchtet, und zwar von dem aus dem Schweizer Kanton Thurgau stammenden Dr. Hermann Müller. Er wollte, wie man es in Deutschland öfter versuchte, die Vorzüge des Rieslings – hohe Qualität, Eleganz, Komplexität – mit der frühen Reife des Silvaners vereinen. Die Sorte wurde so populär, dass sie Anfang der 1970er Jahre die meistgepflanzte Rebe Deutschlands war; man kann allerdings kaum glauben, dass jemand der Meinung war, Müller-Thurgau könne dem Riesling auch nur annähernd gleichkommen, und heute nimmt die Anbaufläche ab.

Eine Ironie des Schicksals war es jedoch, dass die Rebe gar nicht die angestrebte Kreuzung aus Riesling und Silvaner ist: Die DNA-Analyse enthüllte Riesling und Chasselas als ihre Eltern. (Siehe auch Riesling-Sylvaner, S. 202.) Ihr Wein lässt die Feinheit der einen Traube ebenso vermissen wie die Intensität der anderen, er ist auf eine unbestimmte Weise aromatisch und besitzt kaum Struktur. Doch ist die Traube im Anbau unproblematisch und äußerst ertragreich (200 hl/ha sind spielend möglich), und in der Ära des Piesporters, Niersteiners und Bernkastelers (und der Liebfrauenmilch für den Export) war sie der Goldesel für viele deutsche Anbaugebiete, sogar im Bereich Mosel-Saar-Ruwer riss sie 20 % der Fläche an sich.

Es ist wahr, bei geringen Erträgen und sorgfältiger Arbeit im Weinberg gerät Müller-Thurgau respektabel, mit schönem Duft und angenehmer Säure. Doch um sehr guten Müller-Thurgau zu machen, muss man ihn in Riesling-Spitzenlagen pflanzen, und das wäre eine Verschwendung; in einer drittklassigen Lage erhält man drittklassigen Müller-Thurgau – ein Riesling von einer solchen Lage wäre aber ungenießbar. Auch sind Qualitätsstufen über Spätlese nicht angezeigt, da das geringe Profil des Weins bei größerer Reife verloren geht. Für billige Weine wird sie in Deutschland mit Aromatischerem wie Morio-Muskat verschnitten. Nachteilig ist, dass die Rebe weniger winterhart ist als Riesling und leicht von Fäule, Falschem Mehltau und Roter Brenner (ebenfalls eine Pilzkrankheit) befallen wird.

Auf deutschen Rat hin wurde in Neuseeland in den 1950er, 1960er Jahren viel Müller-Thurgau gepflanzt, als man dort an die Modernisierung der Weinwirtschaft ging. Die Sorte wird heute zunehmend ersetzt, von 1991 bis 2001 nahm die Anbaufläche von 1327 ha auf 353 ha ab. Dennoch sind die neuseeländischen Weine (aus geringeren Erträgen als in Deutschland) sehr angenehm und harmonisch.

Das gilt auch für Weine aus Südtirol, dessen hoch gelegene Weinberge gute Säure mitgeben. Müller-Thurgau ist in Österreich und Osteuropa zu finden, erbringt allerdings kaum Bemerkenswertes. In Luxemburg (wo sie Rivaner heißt) und England kann sie frische Exemplare liefern. Die Weine der USA, aus Oregon und Washington, sind recht ordentlich, werden aber wohl bald verschwinden.

Gute Erzeuger: (Deutschland) Karl-Heinz Johner, Juliusspital, Dr. Loosen, Markgraf von Baden (Salem/Durbach); (Italien) Nilo Bolognani, KG Kaltern, Casarta Montfort, KG Kurtatsch, Graziano Fontana, Pojer e Sandri, Pravis, Enrico Spagnoli, Tiefenbrunner, A. & R. Zeni; (England) Chapel Down, Valley Vineyards; (Neuseeland) Giesen, Nobilo; (USA) Tualatin.

Im kühlen Klima von England – hier bei Lamberhurst Vineyards in Kent – fühlt sich Müller-Thurgau wohl und kann bei guter Pflege attraktive Weine liefern. Sie wird allerdings nie eine der großen Sorten der Welt sein und ist überall auf dem Rückzug.

MUSCADEL

So heißt Muscat Blanc à Petits Grains in Südafrika. Siehe Muscat, S. 144–153.

MUSCADELLE

Muscadelle ist mit Muscat nicht verwandt, auch wenn es das blumig-traubige Aroma des Weins vermuten ließe. Sie wird in Sauternes verwendet, 2–3 % Zusatz zu Sémillon und Sauvignon Blanc geben dem süßen Wein einen gewissen Kick und zusätzliche Feinheit. In Monbazillac ist sie nach Sémillon die zweitwichtigste Traube, verliert aber zu deren Gunsten an Boden.

In den trockenen weißen Bordeaux-Weinen, etwa aus Entre-Deux-Mers und Premières Côtes de Bordeaux, darf sie bis zu 40 % des Blends ausmachen, was aber selten von den Produzenten genützt wird, da die Rebe unregelmäßig trägt und fäuleanfällig ist. Im kiesreichen Süden des Entre-Deux-Mers kann früher gelesen werden, was recht gute Weine ergibt, aber man ist dort dem Rotwein verfallen und rodet weiße Reben aller Art.

Den Höhepunkt erreicht Muscadelle unter dem Namen Tokay im australischen Nordost-Victoria, wo man aus ihr – ebenso wie aus Muscat – dunkle, klebrig-süße aufgespritete Weine macht; beide werden als Rutherglen Muscat verkauft. Die Qualitätskategorien reichen vom einfachen Rutherglen Muscat über Classic und Grand bis zum Rare. Im Alter gleichen sich Muscat und Tokay an, wobei Letzterer gegenüber dem Feigencharakter des Muscat immer mehr eine malzig-karamellige Art bewahrt (für Rutherglen Muscat siehe Muscat, S. 144–153). Gute Erzeuger: (Australien) All Saints, Bailey's, Campbells, Chambers, Morris.

MUSCADET

Diese Traube ist vor allem unter ihrem eigentlichen Namen Melon de Bourgogne bekannt (siehe S. 123): Sie liefert den Muscadet des Pays Nantais, des flachen Landes an der Mündung der Loire. Gute Erzeuger: Chéreau-Carré, Luc Choblet, L'Ecu, Pierre Luneau, Louis Métaireau.

MUSCARDIN

Diese Sorte wird im roten Châteauneuf-du-Pape von der südlichen Rhône in kleinen Mengen verwendet. Sie scheint keine weiteren Namen zu haben (was sehr selten ist), und über ihren Ursprung ist nichts bekannt. Der helle Wein besitzt ein gefälliges florales Aroma.

MUSCAT

Siehe S. 144–153.

Alte Fässer mit Liqueur Muscat und Liqueur Tokay in der aus Wellblech zusammengenieteten Kellerei von Morris Wines in Rutherglen (Victoria, Australien). Ihre Farbe entspricht der ihres Inhalts, der Jahrzehnte im Fass liegen kann und immer noch dunkler, dicker und süßer wird.

MUSCAT BLANC À PETITS GRAINS

Die Variante der Muscat, die die besten, elegantesten und aromatischsten Weine liefert. Siehe Muscat, S. 144–153.

MUSCAT CANELLI

Der kalifornische Name für Muscat Blanc à Petits Grains, abgeleitet vom italienischen Moscato di Canelli (Moscato Bianco). Siehe Muscat, S. 144–153.

MUSCAT DE FRONTIGNAN

Französisches Synonym für Muscat Blanc à Petits Grains, lokal in Frontignan im Languedoc verwendet. Siehe Muscat, S. 144–153.

MUSCAT GORDO BLANCO

Australischer Name für Muscat of Alexandria. Siehe Muscat, S. 144–153.

MUSCAT HAMBURG

Eine Wein- und Tafeltraube, die hauptsächlich als Letztere verwendet wird; als Weintraube ist sie vor allem in Osteuropa verbreitet. Siehe Muscat, S. 144–153.

MUSCAT OF ALEXANDRIA

Diese Wein- und Tafeltraube ist weniger elegant als Muscat Blanc à Petits Grains, wird jedoch in der ganzen Welt in großen Mengen kultiviert. Siehe Muscat, S. 144–153.

MUSKATELLER

Der deutsche Name für Muscat, genauer Muscat Blanc à Petits Grains. Abarten dieser Sorte sind der Gelbe Muskateller, die goldhäutige Version der Steiermark, und der Rote Muskateller. Siehe Muscat, S. 144–153.

MUSKAT-OTTONEL

Ein Mitglied der Muscat-Familie, gezüchtet 1852 im Loire-Tal, von geringerer Intensität als Muscat Blanc à Petits Grains oder Muscat of Alexandria, als einzige Muscat-Sorte im Elsass und in Österreich gepflanzt. Siehe Muscat, S. 144–153.

MUSKAT-SYLVANER

So wird Sauvignon Blanc in Österreich auch genannt. Gute Erzeuger: Alois & Ulrike Gross, Lackner-Tinnacher, Erich & Walter Polz, Otto Riegelnegg, Sattlerhof

MUSKATALY

Ungarischer Name für Muscat, meist ist Muskat-Ottonel gepflanzt. Geringe Mengen Muscat Blanc à Petits Grains laufen unter dem Namen Muscat Lunel. Siehe Muscat, S. 144–153.

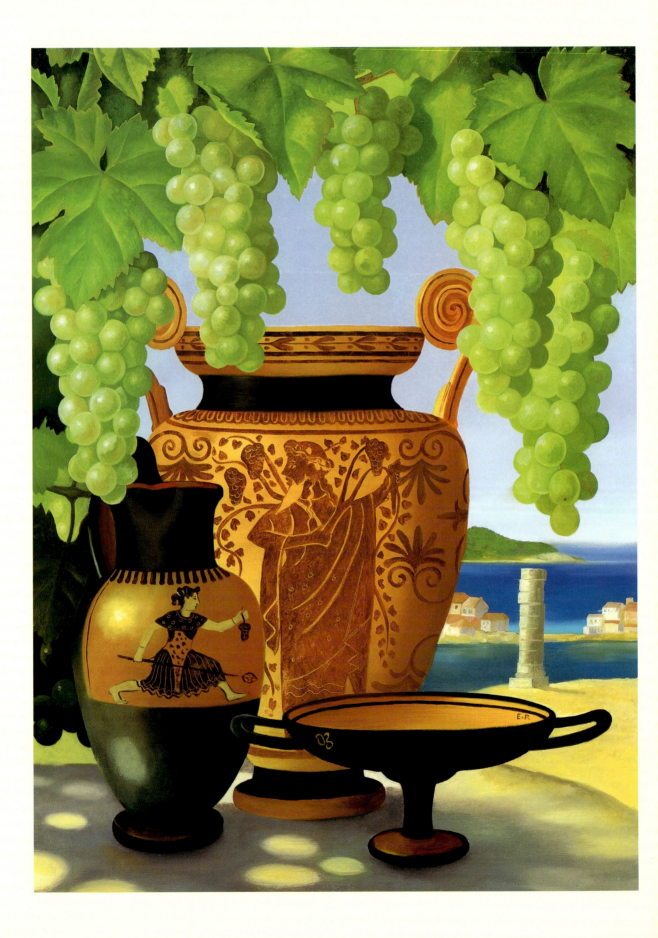

Muscat

Zu Hause, in meinen Kinderzeiten, gab es ein Treibhaus, draußen hinter dem Schuppen und dem Holzstoß, vor den Kartoffelbeeten. Die meiste Zeit des Jahres existierte es kaum für mich, es war schmutzig und chaotisch dort drin, ein wildes Durcheinander von Zweigen und Trieben drängte sich an die Glasscheiben und ließ fast kein Licht hinein. Ein- oder zweimal im Sommer wühlte ich mich durch das Dickicht von großen grünen Blättern, in dem es mich etwas gruselte. Doch wenn der Herbst kam, gerade bevor ich wieder in die Schule musste, dann kroch ich hinein und sog die schwüle, heiße, dicke, duftgeschwängerte Luft ein, ich konnte meine Nase gar nicht weit genug aufmachen. Der Duft war so berauschend und exotisch, dass er mir wie eine purpurn und golden leuchtende, undurchdringliche Wolke vorkam. Es gab gerade genug Licht, um, wenn ich nach oben schaute, die großen Trauben mit den schwarzroten Beeren zu erkennen, so reif und dick, dass sie herabzufallen und mich zu begraben drohten, wenn ich sie nur berührte.

In der Ferne, umgeben von weindunklem Meer, liegt die Insel Samos, die Heimat der Muscat-Traube. Hat Dionysos, der griechische Gott des Weins, ihren Wein getrunken? Die alten Griechen liebten Wein und alles, was dazugehört. Hier sehen wir einen großen Mischkrug, einen kleinen Weinkrug und eine kylix, eine schöne doppelhenkelige Trinkschale. Irgendein übler Banause hat sich sogar auf ihrem Rand verewigt.

Das hielt aber einen kleinen Kerl nicht auf, der rasch lernte, dass es da Geschmäcker gab, für die man noch viel mehr riskieren würde, als wenn man über ein paar Trauben herfiel. Dies hier waren unsere Black Hamburg Muscats. Nur einmal im Jahr stopfte ich ihre köstlichen, ungestüm aromatischen Beeren in mich hinein, stolperte zum Haus und konnte keinen vernünftigen Grund dafür nennen, dass ich zu voll war, um zu Abend zu essen. Am nächsten Tag kam der Mann vom Savoy Hotel, um die Trauben zu begutachten. Er kaufte nur die größten, vollständigen Trauben. Dann war es gut, nicht greifbar zu sein, wenn meine Mutter sah, wie viele er nicht kaufen wollte. Und fürs Kino gab es in dieser Woche kein Geld.

Der Duft im Treibhaus und das Aroma dieser herrlichen Trauben haben mich nie mehr losgelassen. Der Duft von Muscat hat sich auf höchst angenehme Weise in meinen Hirnwindungen festgesetzt, und ich kann an keinem erstklassigen Muscat schnuppern, ohne dass mir diese glückliche Kinderzeit in den Sinn kommt. Und ich frage mich etwas. Wenn Muscat die »erste« Weintraube überhaupt war – und es gibt eine Reihe guter Indizien dafür –, was auf der Welt brachte die Menschheit zu den weniger aromatischen Sorten, wenn man einen so unwiderstehlichen, schwindeln machenden Wein hatte? Die Muscat eroberte den ganzen Mittelmeerraum, von Osten verbreitete sie sich über Griechenland nach Italien und Südfrankreich, dann weiter die spanische Küste hinunter nach Málaga in Sichtweite der afrikanischen Küste. Für Hunderte von Jahren war sie für ihr fabelhaftes Parfüm hoch geschätzt, und dafür, dass sie als einzige Traube einen Wein ergab, der nach ihr schmeckte.

Und doch wird sie heute von der Mehrheit der Weingenießer mit beiläufiger Geringschätzung abgetan. Man spottet über diese wunderbar anpassungsfähige Traube mit dem unverkennbaren Duft nach blühendem Rebstock. Wie kann eine Traube sich ein wenig Respekt verschaffen? Es genügt wohl nicht, überaus köstliche Weine für jeden zu liefern, der nur halbwegs mit einem Geschmackssinn und einem empfänglichen Herzen begabt ist. Ein großartiger, treibhausschwüler Duft, der einen vor Vergnügen schier ohnmächtig werden lässt, bringt es auch nicht. Vielseitig zu sein und hervorragende süße, liebliche und trockene Weine, Stillweine ebenso wie Schaumweine zu liefern? Auch das scheint nicht zu genügen. Ich fürchte, Muscat ist das Opfer der gegenwärtigen Obsession für Weißweine mit dem definitiv unexotischen Charme des Chardonnay, der attackierenden Pikantheit des Sauvignon und dem sich überall breit machenden Vanillearoma vom Eichenfass. Doch wenn diese Modeströmungen versickert sind, wird die Muscat, die erste Rebsorte, noch da sein und uns daran erinnern, womit und warum das alles angefangen hat.

Muscat: Von der Traube zum Glas

Geografie und Geschichte Seite 146; Weinbau und Weinbereitung Seite 148; Muscat in aller Welt Seite 150; Muscat genießen 152

Geografie und Geschichte

Eine kompliziertere Familie von Rebsorten als die Muscats, zu Deutsch Muskateller, müsste man erst noch entdecken. Es gibt nicht nur drei recht verschiedene Arten von Muscat – Muscat Blanc à Petits Grains (Gelber Muskateller), Muscat of Alexandria und Muscat Ottonel (Muskat-Ottonel) –, ihre Neigung zur Mutation lässt die Pinot-Familie geradezu als puritanisch erscheinen. Die Beeren können goldgelb, rosa oder schwarz sein, Gelber Muskateller ist berüchtigt für seine Fähigkeit, in einem Jahr diese und im nächsten Jahr eine andere Farbe hervorzubringen. Wären es Menschen, würde man die Familie der Muskateller als hoffnungslos chaotisch ansehen, was zeigt, dass Ordnung nicht alles ist.

Muscats aller Art werden rund ums Mittelmeer, in Mittel- und Osteuropa, in Australien, Neuseeland, Teilen von Nord- und

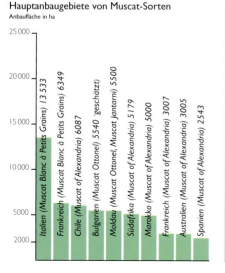

Hauptanbaugebiete von Muscat-Sorten
Anbaufläche in ha

- Italien (Muscat Blanc à Petits Grains) 13 533
- Frankreich (Muscat Blanc à Petits Grains) 6349
- Chile (Muscat of Alexandria) 6087
- Bulgarien (Muscat Ottonel) 5540 geschätzt
- Moldau (Muscat Ottonel, Muscat Jantarnj) 5500
- Südafrika (Muscat of Alexandria) 5179
- Marokko (Muscat of Alexandria) 5000
- Frankreich (Muscat of Alexandria) 3007
- Australien (Muscat of Alexandria) 3005
- Spanien (Muscat of Alexandria) 2543

Südamerika sowie in Südafrika kultiviert. Sie liefern leichte trockene Weine, leichte süße Schaumweine, Spätlesen und süße gespritete Weine. Theoretisch könnte Muscat auch zu edelfaulen Süßweinen verwendet werden, aber da der Pilz *Botrytis cinerea* das außerordentliche Aroma der Traube zerstören würde, tun man das nicht.

Die weite Verbreitung der Muscat-Sorten rund um den Globus bedeutet jedoch nicht, dass ihre Weine zu den populärsten auf der Welt zählen – wohl aber zu den köstlichsten. Weine, die den reinen Duft, die olfaktorische Quintessenz der Traube in einer Weise zum Ausdruck bringen, wie das keine andere Sorte kann. Doch diese überbordend aromatischen Weine, ob süß, halbtrocken oder trocken, sind zurzeit nicht in. Der herrlich traubige Geschmack macht sie zu einer ausgezeichneten Tafeltraube, zu einer der wenigen Traubensorten, die gut schmecken. Und sie liefert gute Rosinen. Muscat of Alexandria und Muskat-Ottonel werden weithin zu diesen Zwecken angebaut, was das Bild etwas verzerrt, wenn man nur auf die Rebfläche schaut. Auch in Chile und Peru ist Muscat of Alexandria weit verbreitet, ein großer Teil wird dort zu Pisco destilliert.

Ein wenig Geschichte

Gelber Muskateller kann gut die älteste Rebsorte der Welt sein. Galet (1998) sieht in ihr die *anathelikon moschaton* der alten Griechen und die *apiana* der Römer, aufgrund der Vorliebe von Insekten, besonders von Bienen (lat. *apis*) und Wespen, für die Trauben. Die Namen könnten ihr aus einer Art Sarkasmus beigelegt worden sein: Bienen und Wespen verschlingen wie im Rausch das Fruchtfleisch und lassen nur Haut und Kerne zurück.

Dieses älteste Mitglied der Muscat-Familie kam wahrscheinlich mit den Römern in ihre Provinz Gallia Narbonensis, vielleicht auch schon viel früher mit den Griechen, die um 600 v. Chr. die Kolonie Massalia (Marseille) gründeten. Frontignan exportierte zu Zeiten Karls des Großen seinen Muscat, als Muskateller ist die Rebe seit dem 12. Jahrhundert in Deutschland dokumentiert, und im 16. Jahrhundert war sie im Elsass angelangt.

Die Muscat of Alexandria, die – wie ihr Name vermuten lässt – vielleicht aus Ägypten stammt, wurde von den Römern rund ums Mittelmeer angesiedelt. Der australische Name Lexia ist eine Verballhornung von Alexandria.

Die Muskat-Ottonel ist jünger, sie wurde 1852 an der Loire gezüchtet; ihre Eltern waren Chasselas und Muscat de Saumur.

Das jüngste Mitglied der Familie ist eine Kreuzung zwischen Muskat-Ottonel und Pinot Gris, wurde im Elsass auf geringe Anfälligkeit für Verrieseln gezüchtet und läuft bisher unter dem Namen Muscat de Colmar. Die Sorte ist noch im Erprobungsstadium, die ersten Pflanzreben dürften erst 2005 oder 2006 auf den Markt kommen.

Die italienische Aleatico, die eine dunkelbeerige Variante der Muscat Blanc à Petits Grains sein könnte, wird auch auf Korsika und seltsamerweise in Kasachstan und Usbekistan angebaut.

Muscat-Reben vor der Kulisse der Dentelles de Montmirail bei Lafare/Beaumes-de-Venise (Provence). Der Name des Orts und der Appellation ist aus dem alten provenzalischen Wort »baumo« für »Höhle« und dem Wort »venaissin« für »Kirchenbesitz« abgeleitet. Die Gegend war ab 1274 Eigentum der Päpste, die ab 1309 in Avignon residierten.

Weinwerbung bei Lunel im Languedoc. Napoleon soll in der Verbannung auf St. Helena Muscat aus Lunel getrunken haben – eine nette Geschichte, aber er schien ihm nicht gut getan zu haben.

Lese von Muscat-Trauben bei Beaumes-de-Venise. Der Muscat aus diesem schön gelegenen Ort ist herrlich honigwürzig und leichter als die meisten anderen aufgespriteten Muscats.

Weinbau und Weinbereitung

Aufgrund der großen Verbreitung von Muscat rund um den Globus könnte man annehmen, dass die Rebe hinsichtlich Boden und Klima genügsam ist. In gewisser Weise ist das auch richtig, da sie je nach den Umweltbedingungen einfach unterschiedliche Weine ergibt, von leicht und trocken bis üppig und süß. Dennoch ist sie keinesfalls leicht zu kultivieren. Die Erträge schwanken, und der Säurepegel ist niedrig. Neue Eiche ist für den Ausbau verpönt und das Verschneiden unüblich, allerdings wird anderen Sorten – rot und weiß – gern etwas Muscat beigemischt, wenn man mehr Frucht und Duft wünscht.

Muscat ist das Gegenteil von Chardonnay: von selbstbewusst eigenwilliger Art, wo man aus Chardonnay alles Mögliche machen kann, und launisch und empfindlich, wo jene robust ist.

Klima

Das Einzige, was für alle Muscat-Arten gilt, ist, dass sie es gern sehr warm haben. Mediterranes Klima, wie man es in Südfrankreich, Süditalien, Spanien und Griechenland findet, ist ihre natürliche Umgebung; auch die besten Produkte der Neuen Welt, die gespriteten Muscats Australiens, kommen aus einer warmen, jedoch nicht glühend heißen Gegend.

Die je nach Sorte verschiedenen Empfindlichkeiten beschränken die Verwendung auf bestimmte Regionen. Muscat Blanc à Petits Grains treibt früh und reift spät, braucht also eine lange Vegetationsperiode. Sie ist anfällig für die Blattrollkrankheit, Echten und Falschen Mehltau sowie Graufäule, verträgt somit hohe Feuchtigkeit nicht. Muscat of Alexandria braucht während der Blüte gutes Wetter, um Durchrieseln und Kleinbeerigkeit zu vermeiden, und ist für Falschen Mehltau anfällig, fühlt sich aber in heißen, trockenen Gegenden sehr wohl. Muskat-Ottonel reift am frühesten und ist daher im relativ (im Vergleich zu Südfrankreich) kühlen Elsass verbreitet, leidet hier aber unter Verrieseln. Alle Muscat-Sorten brauchen im Elsass Lagen mit der besten Sonnenexposition.

Boden

Diese facettenreiche Rebe wird rund um die Welt auf dementsprechend unterschiedlichen Böden kultiviert. Im Elsass bevorzugt sie lehmige, sandige und kalkhaltige Böden, Muskat-Ottonel liebt dabei tiefgründigen, recht feuchten Boden. In Mireval und Frontignan steht sie auf rotem Ton und Kalkstein, im Piemont auf Kreide und Kalk. Die Böden in Rutherglen und Glenrowan in Australien variieren von alluvialem Lehm über Kies bis zu tiefer, bröckeliger Granitverwitterung. Vermutlich hat aber der Boden in Rutherglen wenig Einfluss auf den gespriteten Muscat, der Charakter des Weins ist wesentlich Resultat des Ausbaus; bedeutsamer ist der Vorrat an sehr reifen, üppig-klebrigen Weinen, die man mit jüngeren verschneidet.

Kultivation und Ertrag

Für die französischen Vins Doux Naturels (VDN) sind maximal 28–30 hl/ha zugelassen. Die Muscat Blanc à Petits Grains kann mit ihrer mittleren Wuchskraft auf fruchtbaren Böden leicht das Doppelte erbringen, dann sinkt aber der Zuckergehalt und das Aroma entschwindet, und beides ist für den Wein unverzichtbar. In Rutherglen ernten einige Erzeuger nur 2,5 t/ha, andere bewässern und bekommen viel höhere Erträge. Was der Winzer jeweils gemacht hat, ist nicht schwer herauszufinden, wenn Sie ein Exemplar mit großartigen, überbordenden Traubenaromen mit einem leichten Zechwein vergleichen.

Die Muscat of Alexandria ist wuchskräftiger, robuster und ertragreicher, weshalb sie manche Erzeuger der überlegenen Muscat Blanc à Petits Grains vorziehen; Muskat-Ottonel ist wenig wuchskräftig.

Vinifizierung

Aus Muscat kann man trockenen Wein machen wie im Elsass, einen leichten Schäumer wie in Asti oder einen aufgespriteten Süßwein wie den Vin Doux Naturel aus Beaumes-de-Venise oder den Liqueur Muscat von Rutherglen. Süß kann er auch als Spätlese oder als *passito* (aus rosinierten Trauben) sein. Rar ist der edelfaule süße Muscat (Sélection de Grains Nobles) aus dem

Asti und Moscato d'Asti haben nie behauptet, mehr zu sein als industriell hergestellte Schaumweine. Warum auch nicht? Sie wären nie so erfrischend, wenn der teilvergorene Most nicht in solchen Drucktanks, »autoclavi« genannt, bis zur Weiterverarbeitung und Abfüllung aufbewahrt würde.

Brown-Muscat-Trauben in Rutherglen (Nordost-Victoria, Australien), die zu rosinieren beginnen. Niemand weiß, warum in dieser flachen, wenig attraktiven Region Wein gepflanzt wurde, vielleicht war es der Goldrausch: Prospektoren und Goldschürfer waren durstig, und die Reben folgten ihren Wegen.

Elsass, und es ist interessant, mit ihm einmal Gültigkeit der Regel »Kein Muscat mit Edelfäule« überprüfen zu können.

Die perlenden und schäumenden Moscatos aus dem Piemont werden nicht nach der traditionellen Methode (die aufgrund der wirksamen Lobbyarbeit der Champagnerhäuser nicht mehr als Champagnermethode bezeichnet werden darf) hergestellt. Der zu 2–3 % Alkoholgehalt vergorene Most wird unter Druck bei 0 °C in großen Stahltanks aufbewahrt, bis er weiterverarbeitet und fertig gären kann. Die Trauben werden bei etwa 11 % potenziellem Alkohol gelesen, und etwa die Hälfte des Zuckers wird vergoren; der Rest sorgt für die Süße. Ein Asti schäumt, ein Moscato d'Asti hingegen perlt, beide haben mindestens 7 % Alkohol. Leichtigkeit ist ihr Kennzeichen, leichte Süße, elegante Frucht. Sie sollten aromatisch sein, aber immer fein.

Vin Doux Naturel (VDN) wird mit *mutage* gemacht, das heißt dass – wie beim Portwein – die Hefe durch die Zugabe von Weingeist abgetötet und die Gärung dadurch gestoppt wird. Die Gärung wird so weit durchgeführt, dass etwa 6 % Alkohol erreicht werden, durch die Zugabe von Weingeist wird er auf 15 % oder etwas mehr gebracht. Der für den VDN verwendete Weingeist hat 95 % Alkohol, also mehr als beim Portwein.

Manchmal lässt man Muscat ein wenig auf den Häuten mazerieren, besonders in Rivesaltes, dessen Weinberge überwiegend mit Muscat of Alexandria bestockt sind. Das intensiviert den Duft, darf aber nicht übertrieben werden, um Plumpheit oder sogar Bitterkeit zu vermeiden.

Die im australischen Rutherglen zur Herstellung von gespritetem Wein verwendeten Verfahren sind äußerst unterschiedlich. Einige Erzeuger lesen bei einem potenziellen Alkoholgehalt von 16 %, andere bei 20 %; in manchen Jahren sind sogar 30 % möglich. Teilweise werden auch bereits rosinierte Trauben geerntet, bei anderen Winzern enthalten sie zu wenig Säure.

Eine oft verwendete Methode ist, den Most nur 24 Stunden gären zu lassen und dann aufzuspriten; der Ausbau findet in Oxhoften (ca. 240 Liter) oder noch größeren Fässern statt. Einige Erzeuger arbeiten mit einem Solera-System und setzen dazu Fässer von Oxhoftgröße und darüber ein. Auch wenn der Wein rascher altert und durch Verdunstung viel verloren geht, werden die Fässer immer kleiner. Es wird sogar dem frischen Traubensaft Alkohol zugesetzt, so dass überhaupt keine Gärung stattfindet. Wie auch immer, das Resultat hat um die 18 % Alkohol und 9–14 °Baumé Restzucker.

Die – manchmal jahre- oder gar jahrzehntelange – Reifung findet bei sehr hohen Temperaturen unter den Blechdächern der Kellereien statt; manche Betriebe haben ein oder zwei Fässer von dunklem, zähflüssigem Wein aus dem 19. Jahrhundert, mit dem jüngerem Wein unglaubliche Tiefe und ölige Konsistenz gegeben wird.

WELCHER MUSCAT?

Unter den drei für die Weinherstellung verwendeten Sorten ist die Muscat Blanc à Petits Grains der Star. Sie liefert die feinsten und elegantesten Weine mit höchst intensiven, vielschichtigen und delikaten Aromen. Ihr Name ist irreführend; die Beeren sind tatsächlich klein, aber keineswegs weiß. Goldgelb ist die meist anzutreffende Farbe, sonst aber können die Beeren alle Schattierungen von Rosa annehmen und sogar dunkel sein (wenn auch nicht dunkel genug, um Rotwein daraus zu machen). Die Australier reden da, wie üblich, nicht um den heißen Brei herum: Die in Rutherglen wachsende Muscat Blanc à Petits Grains heißt einfach Brown Muscat. Die verblüffend nach Rosen duftende, dunkelrosa oder rote Rosenmuskateller-Traube Südtirols und des Trentino ist eine Variante der Muscat Blanc à Petits Grains. Galet führt eine Muscat de Rivesaltes mit behaarten Blättern auf, eine Mutation der Muscat Blanc à Petits Grains.

Muscat of Alexandria ist weniger elegant. Ihre Weine sind süß und dicht, zeigen aber nicht das Aromenspiel der Muscat Blanc à Petits Grains; sie sind meist schlichter und plumper ohne die herrliche Duftfülle der besten Muscats. Der vordergründige, weniger subtile Geschmack der Muscat of Alexandria geht auf den höheren Gehalt an dem nach Geranien riechenden Geraniol und den geringeren Anteil des duftenden Nerols zurück. Sie wird, außer ihrer Verwendung als Tafeltraube, häufig zu Traubensaftkonzentrat, Rosinen und Weinbrand verarbeitet. Muskat-Ottonel verfügt über weniger kräftige Aromen als die beiden andern Muscats und eine hellere Farbe. Muscat Hamburg ist immer dunkel und am besten als Tafeltraube. Wenier hochwertig als die bisher genannten Sorten, ist sie in Osteuropa anzutreffen, wo sie für leichten Rotwein verwendet wird.

Die Namen all dieser Muscat-Sorten scheinen schneller mutiert zu haben als die Reben. Synonyme für jede sind auf S. 153 aufgeführt. Im Kopf behalten sollte man auf jeden Fall, dass alles, was Muskateller, Muscat, Moscato, Moscatel, Moscadello oder Muscadel heißt, auch Muscat ist, Muscadelle, Muscadet oder Muscardin aber nicht. Muscat Bailey A ist eine Hybridrebe des Fernen Ostens. Morio Muskat ist eine deutsche Züchtung aus Silvaner und Weißem Burgunder mit Muskatbukett. Muskat-Sylvaner ist ein österreichisches Synonym für Sauvignon Blanc.

Muscat in aller Welt

In den warmen Ländern der Welt sind große Rebflächen mit Muscat of Alexandria anzutreffen. Doch ein großer Teil ihrer Ernte ist nicht für die Weinherstellung gedacht, sondern zum Essen. Die weniger verbreitete Muscat Blanc à Petits Grains hingegen ist eine echte »Wein-Traube« und ergibt einige der exotischsten Tropfen der Welt.

Frankreich

Diese beiden Sorten werden in den südfranzösischen Vins Doux Naturels (VDN) verwendet. Einige AC-Bestimmungen schreiben Muscat Blanc à Petits Grains vor: als ausschließliche Sorte für den köstlichen duftenden Muscat de Beaumes-de-Venise (der 110 g/l Restzucker hat und nicht 125 g/l wie die anderen ACs). Mireval, St-Jean-de-Minervois, Lunel und Frontignan sollten ebenfalls Muscat Blanc à Petits Grains sein, sind es aber nicht immer. Muscat de Rivesaltes wird von Muscat of Alexandria dominiert, doch ist Muscat Blanc à Petits Grains dank neuer, zuverlässigerer Klone hier auf dem Vormarsch. In Rivesaltes werden unter dem einfachen Namen Rivesaltes auch VDNs aus verschiedenen Sorten gemacht; beide Muscats können mit Grenache, Maccabéo und Malvoisie du Roussillon (alias Torbato) verschnitten werden. Diese Weine haben alle möglichen Farben und reichen von jung und frisch bis zum Rancio. Selbstredend weisen sie nicht das reine Muscat-Aroma des Muscat de Rivesaltes auf.

Auch einige trockene, nicht angereicherte Muscats werden im Süden produziert, die über mehr Körper und Substanz, aber weniger ätherisches Parfüm und knackige Frucht verfügen als die trockenen Versionen aus dem Elsass.

Muscat Blanc à Petits Grains ist auch die Hauptraube im leichten, süßen Schaumwein Clairette de Die Tradition, wobei oft auf die sonst für den Clairette de Die verwendete Clairette-Traube zu seinem Vorteil ganz verzichtet wird.

Im Elsass nimmt Muscat nur 3 % der Rebfläche ein. Meist ist Muskat-Ottonel gepflanzt, die aber nie so herrliche Weine liefert wie die Muscat Blanc à Petits Grains. Die Erzeuger warten zweifellos darauf, wie sich die Muscat de Colmar (siehe S. 147) bewährt. Auch ich bin gespannt. Doch wenn sie nicht Wahnsinnsaromen entwickelt, pfeife ich auf sie, egal wie krankheitsresistent sie ist.

Italien

Moscato wird auf der ganzen Halbinsel kultiviert, wobei die überlegene Muscat Blanc à Petits Grains dominiert. Im Piemont, wo sie zu den leichten Schaumweinen Asti und Moscato d'Asti verarbeitet wird, wächst sie bis in 550 Metern Höhe; die höheren, steileren Hänge liefern mehr Säure, die niedrig gelegenen mehr Körper. Trotz des niedrigen potenziellen Alkohols (um 11 % bei Moscato d'Asti) mangelt es nicht an Aroma. Moscato Rosa oder Rosenmuskateller, eine Abart der Muscat Blanc à Petits Grains, ist in Südtirol und im Trentino verbreitet und ergibt intensiv nach Rosen duftende (und sogar rosenrote) Stillweine. Moscato Giallo oder Goldmuskateller ist eine weitere Variante, die ebendort zu trockenen und süßen, nach Orangenblüten duftenden Weinen vinifiziert werden. Die süße rote Aleatico könnte eine Mutation der Muscat Blanc à Petits Grains sein. Auf der zwischen Sizilien und Tunesien gelegenen Insel Pantelleria wird Muscat of Alexandria, meist als Zibibbo bezeichnet, für den Moscato di Pantelleria kultiviert, der aus *Passito*-Trauben gemacht wird. Die Basilicata, Apulien und Sardinien haben ebenfalls ihre Moscato-Tradition.

Spanien

Einfacher süßer, traubiger Moscatel wird in ganz Spanien hergestellt, meist aus Moscatel de Alejandría (Muscat of Alexandria). Im Norden ist auch etwas Moscatel de Grano Menudo (Muscat Blanc à Petits Grains) anzutreffen. Moscatel de Málaga, eine Spezialität des Südens, ist vermutlich mit Muscat of Alexandria verwandt. Nur knapp die Hälfte der spanischen Moscatel-Ernte geht in den Wein, der Rest ergibt Tafeltrauben oder Rosinen.

Portugal

Moscatel de Setúbal, hergestellt aus Muscat of Alexandria, ist Portugals bekanntester Muscat-Wein. Seit den 1980er Jahren wird im selben Bereich auch frischer trockener Muscat gemacht.

Österreich

Gelber Muskateller (Muscat Blanc à Petits Grains) ist die Traube für die besten Muscats in Österreich. Muskat-Ottonel ist weiter verbreitet, wird aber gegenwärtig zunehmend durch Rotweinsorten ersetzt. Im Bereich Neusiedler See ergibt Muskat-Ottonel gute Spätlesen, während in der Wachau und in der Südsteiermark Muscat Blanc à Petits Grains trocken ausgebaut wird; auch im Burgenland ist sie zu finden.

Griechenland

Muscat Blanc à Petits Grains und Muscat of

DOMAINE DE DURBAN
Einer der wichtigen Erzeuger von Muscat de Beaumes-de-Venise. Der Stil der Domaine de Durban sind Feinheit und wunderbarer Duft.

JEAN-PIERRE DIRLER
Muscat ist eine der vier edlen Rebsorten, die in den elsässischen Grand-Cru-Lagen gepflanzt werden dürfen. Sandboden gibt dem Muscat von Dirler Leichtigkeit und Duft.

LA SPINETTA
Der Bricco Quaglia ist der Top-Moscato der Familie Rivetti von ihrem Gut La Spinetta bei Asti. »Bricco« ist ein piemontesisches Dialektwort und bedeutet »Hügel«.

Alexandria werden hier angebaut, aber nur Erstere wird für die hochwertigen Süßweine von Samos, Kefallinia und Patras verwendet. Sie können ohne oder mit Alkoholzugabe (wie ein Vin Doux Naturel) oder aus rosinierten Trauben hergestellt werden. Auf Zypern dominiert Muscat of Alexandria. Griechenland besitzt – wie sich an charaktervollen, frischen Weißweinen zeigt – zweifellos großes Potenzial für aromatischen trockenen Muscat.

Übriges Europa

Muscat-Sorten werden in Bulgarien, Rumänien, Slowenien, Moldau, Russland, Usbekistan, Kasachstan, Tadschikistan, Turkmenistan sowie in der Ukraine angebaut, wo die Kellerei Massandra eine Tradition weißer und roséfarbener Muscats fortsetzt. Ersterer reift 6 Jahre vor dem Verkauf, Letzterer 20 Jahre. Ungarn hat Muscat in Tokaj, der für süßen Tokaji spät (ja, auch edelfaul) gelesen wird, aber auch Potenzial zu trockenem Wein hat.

Australien

Einer der beiden großen aufgespriteten Weine von Rutherglen und Glenrowan in Nordost-Victoria wird aus Muscat-Trauben gemacht. Er trägt, nicht überraschend, die Namen Rutherglen Muscat und Liqueur Muscat; der andere, aus der Sorte Tokay alias Muscadelle hergestellt, wird als Liqueur Tokay bezeichnet.

Beide beginnen als blasse Weine und reifen mit den Jahren zu dunklen, zähen Flüssigkeiten. Junger Muscat schmeckt traubig beziehungsweise rosinenartig; mit der Reifung im Barrique entwickelt er größere Dichte und Komplexität sowie Aromen von Feigen, Brombeeren, Kaffee und Schokolade. Die Säure tritt auch mehr in den Vordergrund, wobei Muscat immer süßer und runder schmeckt als Tokay.

Von den vier Qualitätskategorien ist Rutherglen Muscat die einfachste, dann folgen aufsteigend

In Terrassen angelegte Weingärten auf der griechischen Insel Samos. Muscat wird bis in 800 m Höhe angebaut; die Trauben werden dort aber bis zu zwei Monate später gelesen als in den niedrigeren Regionen.

geordnet Classic, Grand und Rare. Für keine dieser Kategorien existieren genaue Kriterien; in dieser kleinen Gemeinschaft von Erzeugern gilt die gegenseitige Kontrolle als effektives Mittel, auf jedem Level hohe Qualität zu garantieren.

Nicht aller australischer Muscat wird in dieser Weise vinifiziert. Muscat of Alexandria (Muscat Gordo Blanco, Lexia) und Muscat Blanc à Petits Grains (White Frontignac, Brown Muscat) werden zu leichten, fruchtigen Massenweinen verarbeitet, die in Fässern unter die Leute gebracht werden. White Frontignac steht auf nur 270 ha oder 0,2 % der Gesamtrebfläche, Muscat Gordo Blanco hingegen ist verbreiteter; sie hat 3005 ha (2,4 %) inne.

Südafrika

Muscat of Alexandria alias Hanepoot ist in Worcester und Olifants River konzentriert, aber auch in den meisten Bereichen des Landes anzutreffen. Sie macht weniger als 5 % der Gesamtrebfläche aus und wird für alles verwendet, was man aus einer Traube machen kann: trockene, süße und aufgespritete Weine, Tafeltrauben, Rosinen und Traubensaft. Die Qualität (zumindest des Weins) ist generell bescheiden. Muscadel (Muscat Blanc à Petits Grains) ist die Traube für den Jerepigo, einen *mistelle* aus unvergorenem Traubensaft und Weingeist mit 17 % Alkohol.

USA

Muscat of Alexandria ist auf größeren Flächen gepflanzt als Muscat Blanc (Muscat Canelli, Muscat Blanc à Petits Grains), nimmt aber rasch ab. Sie ist auf das Central Valley konzentriert, wo sie hauptsächlich Rosinen und Massenwein für den Verschnitt liefert. Muscat Canelli, im Central Valley und in den Küstenregionen zu finden, wird meist zu leichten, halbsüßen perlenden Weinen verarbeitet.

Kalifornien kann kleine Mengen von nach Orangenblüten riechendem Orange Muscat vorweisen, der wohl nicht mit Muscat Blanc à Petits Grains verwandt ist, und von rosenduftendem Black Muscat, der vermutlich mit Muscat Hamburg identisch ist.

Übrige Welt

Die kleinen neuseeländischen Rebflächen mit der Tafeltraube Muscat Dr Hogg liefern süßliche Schaumweine, halbsüße Stillweine oder Stoff zum Verschnitt mit Müller-Thurgau zu Massenweinen. Tunesien macht aus Muscat of Alexandria trockene Roséweine. In Südamerika werden große Mengen Moscatel für den Weinbrand Pisco, Massenweine und Tafeltrauben verwendet.

Marco de Bartoli
Für den Moscato Passito di Pantelleria von Marco de Bartoli trocknen die Trauben in der Herbstsonne. Die Muscat of Alexandria wird hier Zibibbo genannt.

José Maria da Fonseca Successores
Für diesen Wein wird Moscatel mit Bual und Malvasia verschnitten. Andere Moscatels de Setúbal aus demselben Haus sind anders zusammengestellt oder reiner Muscat.

Morris
Mick Morris' gespritete Muscats gehören zu den intensivsten aus Rutherglen. In seiner Kellerei lagern unter den Blechdächern noch Fässer aus der Zeit vor der Reblaus.

Muscat genießen

Regeln für den Umgang mit Muscat aufzulisten kommt mir ein wenig seltsam vor, so problemlos ist sein Genuss. Seine so frische, duftende, blumige Schönheit ist gleichzeitig der Kern des Vergnügens und sein Schwachpunkt. Muscat lebt nicht lange. Er füllt das Glas mit berauschenden Aromen sommerlicher Fülle, mit dem süßem Parfum mediterraner Gärten – doch wenn die Luft herbstlich wird, verwelkt der Duft, die jugendliche Schönheit wird grob und breit. Das wäre schwer zu ertragen, gäbe es nicht jedes Jahr eine neue Ernte – eine neue Gelegenheit, sich an jungem Muscat zu erfreuen.

Nun, das trifft für die meisten Muscats zu. Die meisten trockenen Versionen sind von schöner, doch flüchtiger Vollkommenheit, aber einige wenige Elsässer können zu einem faszinierend duftenden, dekadenten Charakter reifen. Die süßen Vins Doux Naturels Südfrankreichs profitieren nicht von Lagerung, sind dann aber immerhin auch kein Totalausfall. Kern des Problems ist der Mangel an Säure. Duftreichtum benötigt fast immer eine gute ausgleichende Säure, damit sich der Wein über seine erste strahlende Jugend hinaus entwickeln kann, und Muscat hat einfach nicht genug davon. Wenn die Aromen ermüden, verfallen Muscats rasch zu einer öligen, abstoßenden Flüssigkeit. Aber auch da gibt es einige wenige Ausnahmen – aufgespritete Weine von geringtragenden Reben mit Aromen, die durch Überreife und Teilrosinierung am Stock (*passerillage*) intensiviert wurden, mit dunkler, sinnlicher Frucht, mit einem verführerischen Duft, der in langen Jahren der Fassreifung um die mystischen Nuancen des Alters und des Verfalls bereichert wurde. Die größten sind die Muscats aus Glenrowan und Rutherglen in Australien, aber auch Südafrika hat einige Weine dieses Kalibers vorzuweisen.

So schmeckt Muscat

Leichter junger Muscat schmeckt nach Rosenblättern und Orangenblüten, manchmal auch Holunderblüten und einem Hauch Orangenschale; diese leichte zitrusartige Pikanz kann die geringe Säure teilweise ausgleichen. Manchmal sind die Rosen dominierend, manchmal die Orangen. Da es so große Unterschiede schon zwischen den Muscat-Blanc-Reben gibt, überrascht auch die große Bandbreite im Geschmack der Weine kaum.

Und die Trauben! Gute Exemplare eines Muscat Blanc à Petits Grains haben immer eine frische, knackig traubige Art, und es ist neben der Feinheit und Subtilität diese Frische, die diese Weine so sublim macht. Muscat of Alexandria ist einfacher gestrickt, breiter, weniger duftreich, nicht so strahlend schön; Muskat-Ottonel duftet weniger intensiv und neigt manchmal zu grünlichen Noten.

Dunkle, gereifte Muscats, die viele Jahre in alten Eichenfässern lagen, haben ein mächtiges oxidatives Bukett von Feigen, Brombeeren, Kaffee, Backpflaumen, Rübensirup, Nüssen und Schokolade angenommen. Diese Weine können so zähflüssig sein, dass sie das Glas mit einem dicken, durchsichtigen braunen Film überziehen und der Duft noch lange im Glas bleibt, wenn der Wein schon getrunken ist.

Natürlich ist Muscat meistens süß. Süße ist bei einer solchen Duftfülle zu Recht zu erwarten, und zwar von so fruchtiger Art, dass die Weine zu allen Arten von Desserts hervorragend passen. Es gibt aber auch mehr und mehr trockene Weine mit kristallklaren, üppigen Aromen.

Der Muscat Vendange Tardive Clos St-Landelin von René Muré ist eine seltene mittelsüße Version der Traube aus dem Elsass. Der Merchant Prince Muscat von Campbell ist dagegen dunkel, sehr körperreich und sehr süß, aber noch lange nicht der mächtigste Muscat aus Rutherglen.

MUSCAT ZUM ESSEN

Die traubig duftenden Weine reichen im Charakter von fein bis sirupzäh. Die trockeneren Exemplare passen ausgezeichnet zu thailändischen und indischen Gerichten. Die süßen kommen mit den meisten Desserts zu ihrem Recht; versuchen Sie einmal einen Liqueur Muscat mit wirklich guter Vanilleeiscreme. Gekühlter Moscato d'Asti schmeckt solo wunderbar und begleitet sehr gut gekochten Pudding, Kuchen mit Früchten und italienische *crostata*.

MUSCAT GENIESSEN

VERBRAUCHERINFORMATIONEN

Synonyme und regionale Bezeichnungen

Muscat Blanc à Petits Grains, die wichtigste Rebsorte, wird auch als Muscat de Frontignan, Muscat Lunel, Muscat Blanc, Muscat d'Alsace, Muscat Canelli, Muskateller (in Deutschland), Brown Muscat und Frontignac (in Australien) sowie Muskadel und Muscadel (in Südafrika) bezeichnet; die Italiener nennen sie Moscato oder Moscato Bianco, Moscato Canelli und Moscato d'Asti. Moscato Giallo (Goldmuskateller) und Moscato Rosa (Rosenmuskateller) in Südtirol sind Mutanten mit dunkleren Beeren, Moscatello ist eine toskanische Variante. Spanische Synonyme sind Moscatel de Grano Menudo und Moscatel de Frontignan. Tămîioasă ist der Name in Rumänien. Die Muscat of Alexandria wird in Spanien Moscatel genannt, Moscatel de Setúbal in Portugal und Moscato di Alexandria in Italien (Zibibbo auf Sizilien). In Australien heißt sie die Muscat Gordo Blanco und in Südafrika Hanepoot. Muscat Ottonel ist Muskat-Ottonel in Deutschland und Österreich, Muskotály in Ungarn. Alle diese Namen sollten nicht mit Muscadelle oder Muscadet verwechselt werden.

Gute Erzeuger

FRANKREICH Elsass Adam, Albrecht, Becker, Bott-Geyl, Boxler, Burn, Cattin, Deiss, Dirler, Jung, Kientzler, Kuentz-Bas, Mann, René Muré, Ostertag, WG Pfaffenheim, Rolly Gassmann, Schaetzel, Schleret, Schoffit, Sorg, Trimbach, Weinbach, Zind-Humbrecht; **Rhône/Südfrankreich** Achard-Vincent, Arena, Des Bernardins, Cazes, WG Clairette de Die, Clos Nicrosi, Durban, Gentile, Jaboulet, De Jau, Laporte, Leccia, De la Peyrade, WG St-Jean-de-Minervois, Sarda-Malet, Vidal-Fleury
DEUTSCHLAND Bercher, Bürklin-Wolf, Müller-Catoir, Rebholz
ÖSTERREICH Gross, Alois Kracher, Lackner-Tinnacher, Opitz, F. X. Pichler, E. & M. Tement
ITALIEN Bera, Braida, Castel de Paolis, Cascina Fonda, Caudrina, Col d'Orcia, KG Schreckbichl, G. Contratto, La Crotta di Vegneron, De Bartoli, Forteto della Luja, Gancia, Franz Haas, Lageder, Icardi, Ivaldi, Conti Martini, Murana, Perrone, Rivetta/La Spinetta, Saracco, Schloss Salegg, Tiefenbrunner, Vignalta, Voyat
SPANIEN Bocopa, Camilo Castilla, Gutiérrez de la Vega, Lustau, Enrique Mendoza, Ochoa, Miguel Oliver
PORTUGAL Moscatel de Setúbal José Maria da Fonseca, J. P. Vinhos
GRIECHENLAND Samos
USA Kalifornien Bonny Doon, Robert Pecota, Quady, Philip Togni; **Washington** Andrew Will, Kiona
AUSTRALIEN All Saints, Baileys, Brown Brothers, Campbells, Chambers, McWilliams, Morris, Seppelt, Stanton & Killeen
SÜDAFRIKA Delheim, Klein Constantia

WEINEMPFEHLUNGEN

Fünf elsässische Muscats
Albert Boxler *Alsace Muscat Brand*
Ernest Burn *Alsace Muscat Goldert Clos St-Imer Vendange Tardive*
J.-P. Dirler *Alsace Muscat Spiegel*
René Muré *Alsace Muscat Vorbourg Clos St-Landelin Sélection des Grains Nobles*
Schoffit *Alsace Muscat Vendange Tardive*

Fünf weitere europäische Muscats
Bercher *Burkheimer Feuerberg Muskateller Spätlese Trocken* (Deutschland)
Alois & Ulrike Gross *Steiermark Muskateller Kittenberg* (Österr.)
Alois Kracher *Muskat Ottonel TBA* (Österr.)
Salvatore Murana *Moscato Passito di Pantelleria Martingana* (Italien)
José Maria da Fonseca *Moscatel de Setúbal 20-year-old* (Portugal)

Fünf französische Vins Doux Naturels
Domaine des Bernardins *Muscat de Beaumes-de-Venise*
Durban *Muscat de Beaumes-de-Venise*
Jaboulet *Muscat de Beaumes-de-Venise*
Sarda-Malet *Muscat de Rivesaltes*
WG St-Jean de Minervois *Muscat de St-Jean de Minervois*

Fünf australische gespritete Muscats
All Saints *Rutherglen Museum Release Muscat*
Campbells *Rutherglen Merchant Prince Muscat*
Chambers *Rutherglen Special Liqueur Muscat*
Morris *Rutherglen Old Premium Muscat*
Seppelt *Rutherglen Show Muscat DP63*

Fünf italienische Schaumweine
Braida *Moscato d'Asti Vigna Senza Nome*
Caudrina *Moscato d'Asti La Caudrina*
Forteto della Luja *Loazzolo Vendemmia Tardiva*
G. Contratto *Asti Spumante De Miranda*
Rivetti/La Spinetta *Moscato d'Asti Bricco Quaglia*

Muscat ist die wohl vielgestaltigste Rebe, rund um die Welt ist sie in vielen lokalen Varianten verbreitet. Die »Standardfarbe« ist Weiß (Goldgelb wäre die zutreffendere Bezeichnung), es gibt aber auch Varianten in Rosa, Rot und sogar Braun.

Reifediagramme

Muscat ist kein Lagerwein. Frischer, aromatischer Muscat verliert nur seinen Geschmack und gewinnt nichts.

1998 Elsässischer Muscat (trocken)

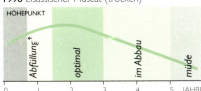

1998 gab es samtig-runde Weine, die wie alle trockenen elsässischen Muscats auf der Flasche nicht gewinnen; innerhalb zwei, drei Jahren zu trinken.

1999 Südfranzösischer Muscat VDN

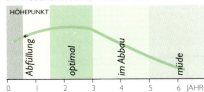

Ein weiterer Muscat, für den Lagerung nicht vorteilhaft ist. Auch er verliert mit der Zeit Aroma und Frische.

1998 Muscat aus Rutherglen (Nordost-Viktoria)

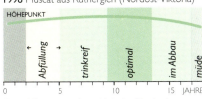

Diese Weine verändern sich in der Flasche kaum. Sie sind dunkel, mächtig rosinenartig und klebrig und bleiben das für Jahrzehnte.

NEBBIOLO

Ich weiß nicht, ich habe es lange versucht. Wirklich. Ungezählte Jahre habe ich jede Chance genützt, Nebbiolo zu verkosten, idealerweise in seiner Form als Barolo und Barbaresco. Ich habe andächtig mit dem Kopf genickt, wenn Respektspersonen sprachen, während ich verzweifelt versuchte, mein Gesicht nicht zu verziehen, wenn mein Zahnfleisch unter der brutalen Attacke von Tanninen und Säure Wellen schlug. Igitt! Das Ausspucken war nie so erleichternd wie bei einem Barolo oder Barbaresco, egal wo er herkam. Langsam kehrte dann wieder das Leben in meinen gefolterten Gaumen zurück. Was machten diese Leute nur für einen Zirkus mit ihrem ehrfurchtsvollen Blabla von Teer und Rosen und Brombeeren und Schlehen. Und mit ihrer Mahnung, dass es Zeit fürs Essen wäre.

Doch ich unerfahrener Besserwisser blieb kaum je zum Essen. Ich hätte es tun sollen. Aus zwei Gründen: Einmal denken die alten Kämpen im Traum nicht daran, ihre wahren Schätze – die 20, 30 Jahre alten Riservas, die seit der Abfüllung ungestört im hintersten Winkel des Kellers liegen – herauszurucken ohne gewaltige Platten piemontesischer Kost als Begleitung. Mehr als andere große Weine verlangen Barolo und Barbaresco nach der gastfreundlichen Ergänzung durch herzhaftes Essen – Bollito misto, Fasan, Hase, Berge von Rindfleisch, das in üppigem Rotwein schmorte (habe ich die Trüffeln erwähnt?).

Und dann natürlich: Alter. Dieser unpopuläre, griesgrämige Geisteszustand, den man mit dem Alter verbindet. Das Alter kann den Betroffenen in der Tat böse mitspielen. Aber es kann auch Heiterkeit, Herzensgüte und ein strahlendes, offenes Lächeln bedeuten. Sagte ich 20, 30 Jahre? Sicher, und noch mehr, wenn der Jahrgang perfekt war und der Weinmacher sich seiner Sache mit Liebe widmete. Und langsam verflüchtigt sich dann die bärbeißige, aggressive, kratzbürstige Art des Nebbiolo und enthüllt eine wunderbare Abgeklärtheit, die bereit ist, sich ganz zu öffnen, wenn das Essen gut ist und die Gesellschaft herzlich – und plötzlich setzen Sie sich kerzengerade auf, wenn Sie das Glas zum Mund führen: Da ist es, das umwerfende, schöne Aroma von Schlehen, Brombeeren, Rosen und Teer. Die Alten hatten also Recht. Und ich bin dankbar dafür, dass ich öfter Glück hatte. Die ersten Nebbiolos, an denen ich mich begeisterte, waren seltsamerweise rare Gattinaras von Dessilani und Vallana – nun, ich vermute, dass es Nebbiolos waren, denn wenn man damals fragte, welche Trauben in die Flasche Gattinara gekommen waren, bekam man nur mit viel Augenzwinkern und Nasenreiben eine Antwort. Jedenfalls waren die Weine herrlich, rund und voller Duft, wie man es auch immer geschafft hatte. Dann stolperte ich über einen alten Barolo von Aldo Conterno und einen reifen Barbaresco von Bruno Giacosa, später probierte ich begeistert Weine von Mascarello, Altare, Voerzio und Vajra, und so wuchs die Legende. Ich bekam immer noch viele unfreundliche Nebbiolos vor die Nase, insbesondere von großen Handelshäusern und Genossenschaften (mit Ausnahme der in Barbaresco), doch ich wusste: Großer Nebbiolo war möglich, existierte und war wieder zu entdecken. Wenn auch immer noch unter Schwierigkeiten. Das Piemont ist rührig dabei herauszufinden, wie die unzweifelhafte Schönheit des Nebbiolo am besten zu realisieren ist. Traditionalisten und Modernisten bekriegen sich, während weise Gemüter sich alte und neue Verfahren in Ruhe ansehen, ohne zu den üblichen internationalen Tricks Überreife, zu große Extraktion und zu viel Eiche zu greifen. Die alten Fehler Unsauberkeit und Unbeständigkeit sollten nicht durch die neuen Fehler blinder Eifer und Überheblichkeit ersetzt werden. Aus all dem Tumult werden dann eine Reihe guter und sogar einige große Weine auftauchen. Erzeuger mit der Sensibilität und der handwerklichen Perfektion, Nebbiolo zu wahrer Größe zu führen, sind dünn gesät.

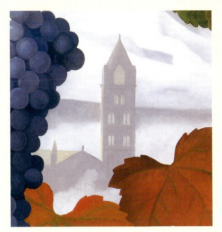

Staubige, dunkelrote Trauben und leuchtend gefärbte Blätter vor einem Hintergrund aus Nebel und Schnee: Das ist Alba im Piemont, berühmt für roten Wein und weiße Trüffeln, im Herbst. Vor den schneebedeckten Alpen tauchen die mittelalterlichen Türme aus dem Nebel auf, italienisch nebbia, der dieser Rebsorte den Namen gab. Im Spätherbst gehen die Trüffelsucher mit ihren Hunden in Eichenwäldern, die sich an die Weinberge anschließen, auf die Jagd nach der begehrten Köstlichkeit.

Nebbiolo: Von der Traube zum Glas

*Geografie und Geschichte Seite 156; Weinbau und Weinbereitung Seite 158; Nebbiolo in aller Welt Seite 160;
Nebbiolo genießen Seite 162*

Geografie und Geschichte

Britische Weinhändler »entdeckten« die Nebbiolo-Weine des Piemont im frühen 18. Jahrhundert, als Großbritannien mit Frankreich im Krieg lag und der französische Wein für den britischen Markt außer Reichweite war. Doch die örtlichen Behörden mauerten, der Transport war kaum zu bewerkstelligen, und so gab man das Vorhaben, Nebbiolo nach Großbritannien zu exportieren, wieder auf. Wenn es anders gelaufen wäre, wenn ein Hafen näher gelegen hätte als Genua und die Obrigkeit kooperiert hätte, hätte Nebbiolo sich dann auch weit außerhalb seiner Heimat Piemont etabliert? Das darf man ohne weiteres annehmen. Die großen klassischen Weine – Bordeaux, Burgund, Sherry, Port – wurden durch die Verbreitung auf den Welthandelsrouten berühmt. Frankreich stand mit ganz Nordeuropa in Handelsbeziehungen, das Piemont mit fast niemandem. Kein

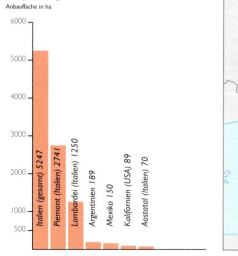

Wunder, dass Frankreich in Sachen Wein Weltführer wurde, während das Piemont ein »Geheimtipp« unter Kennern blieb. Heute ist Nebbiolo in Nord- und Südamerika und in Australien gepflanzt. Doch missverstehen Sie die Karte nicht, es gibt keine großen Anbauflächen. Und nur wenige Produkte haben bisher Klasse gezeigt. Mir fällt kein Wein ein, der ähnliche Faszination auslösen könnte wie ein Barolo. Unter allen roten italienischen Rebsorten, die von den Weinmachern auf ihrer Suche nach neuen Geschmäckern geprüft werden, erweist sich die Nebbiolo als die schwierigste.

Das heißt nicht, dass außerhalb des Piemont kein großer Nebbiolo gemacht werden könnte. Doch es wird seine Zeit brauchen, die geeignetsten Lagen zu bestimmen, die richtigen Klone auszusuchen und die verschiedenen Vinifikationsverfahren auszutesten, denn dies alles ist auch im Piemont noch im Fluss. Die Sorte ähnelt mit ihren hohen Ansprüchen in Weinberg und Keller dem burgundischen Pinot Noir, und die Winzer der Neuen Welt brauchten eine Generation, um dessen Geheimnis zu knacken. Ich fürchte, Nebbiolo wird sich als noch schwieriger erweisen.

Ein wenig Geschichte

Genetisch unstabile Rebsorten, die leicht mutieren, sind oft sehr alt; und Nebbiolo zeigt beträchtliche Klonenvariation. Und sie ist schon sehr lange bekannt.

Der Name wird üblicherweise von dem italienischen Wort *nebbia* für »Nebel« abgeleitet, denn im September und Oktober, wenn die Nebbiolo endlich reif wird, ist im piemontesischen Hügelland Nebel sehr häufig. Die Sorte scheint in der Gegend von Novara entstanden zu sein, zwischen Mailand und Turin; im ersten schriftlichen Dokument von 1268 taucht sie als »nibiol« auf, die bei Rivoli, heute ein Vorort von Turin, wächst. Canale d'Alba erwähnt 1303 eine »nebiolo«, und im *Liber ruralium commodorum* von Petrus de Crescentiis wird sie als »nubiola« bezeichnet. Im 15. Jahrhundert wurde in der Gemeinde La Morra jeder, der eine Nebbiolo-Rebe abschnitt, hart bestraft: Ihm wurde eine Hand abgehackt, oder er wurde gleich gehängt.

Im 19. Jahrhundert war die Sorte im Piemont noch sehr viel großflächiger gepflanzt als heute (nicht nur deshalb, weil man sich ihrer heute viel leichter entledigen kann; die Weinbauvorschriften sind in Europa im Lauf der Zeit doch viel aufgeklärter geworden, nicht wahr?). Als die Reblaus die Weingärten verwüstete, nützten die Winzer die Gelegenheit, um Barbera anzupflanzen, die ertragreicher und zuverlässiger ist. Nebbiolo nimmt nur 6 % der piemontesischen Anbaufläche ein, ist aber die bei weitem angesehenste Rebsorte der Region. In den majestätischen DOCG-Weinen Barolo und Barbaresco aus den Hügeln der Langhe um Alba ist sie die alleinige oder dominierende Traube.

Castiglione Falletto südwestlich von Alba. Spitzen-Barolos kommen heute von Einzellagen, die bestimmte Subzonen bilden; die Hänge um den Ort gehören zur Subzone Rocche. Bis eine offizielle Klassifikation zustande kommt, wird die Lokalpolitik einige Stürme durchgemacht haben.

Aldo Conterno, in seinem Weinberg La Cicala in Bussia bei Monforte d'Alba. In manchen Jahrgängen wird La Cicala separat vinifiziert, in anderen zusammen mit Colonello, einem anderen Bussia-Cru.

Roberto Voerzio, ein jüngerer Stern am Barolo-Himmel, ist für seine penible Detailarbeit im Weinberg berühmt. Im Keller ist er ein führender Neuerer, der wuchtige und doch geschmeidige Weine macht.

Weinbau und Weinbereitung

Nebbiolo ist eine Rebsorte mit geteiltem Ruf. Für viele ist Barolo der Inbegriff des schwarzen, tanninreichen Weins, der in vielen Jahren auf der Flasche zu hinreichender Freundlichkeit gezähmt werden muss. Moderner Barolo, überhaupt moderner Nebbiolo ist völlig anders. Er ist viel weicher und zugänglicher, behält aber seine Tannin-Rauigkeit. Er kann einen göttlichen Rosenduft und eine an dunkle Schokolade, Backpflaumen und Teer erinnernde Fülle aufweisen – alles sehr schön, doch in Gefahr, nur ein weiterer Wichtigtuer im Club der internationalen Neue-Eiche-Superstars zu werden. Ich muss aber zugeben, dass ich den neuen Stil fast ausnahmslos bevorzuge. Und doch habe ich unter den vielen bittern, jeder Frucht ermangelnden Barolos und Barbarescos im alten Stil auch einige wenige alte Diamanten kosten dürfen.

Klima

Nebbiolo ist in puncto Klima äußerst wählerisch, wahrscheinlich einer der Hauptgründe dafür, dass die Nebbiolos der Neuen Welt bisher so wenig Erfolg hatten. Im Piemont fordert die Rebe die süd- und südwestlich geneigten Hänge mit der besten Exposition und Höhen zwischen 150 und 300 Metern. Darüber wird's ihr schon zu kalt. Die Nebbiolo ist für *colatura* (das klingt nach einer Sopranistinnen-Krankheit, ist aber nichts anderes als Verrieseln) sehr anfällig, weshalb sie vor Kälte und Wind geschützt werden muss, besonders da sie von allen piemontesischen Sorten am frühesten austreibt. Nasses Wetter während der Blüte ist ebenfalls schädlich.

Regen im September und Oktober – in den Langhe und in Roero recht regenreiche Monate – ist ein weiteres Problem. Die besten Nebbiolo-Jahrgänge sind nicht zufällig die mit relativ trockenen Septembern. Das ist nur logisch, denn wenn das Wetter in Frühling und Sommer die Erntemenge bestimmt, ist es das Wetter während der Beerenreifung, das über die Qualität entscheidet.

Das Piemont verfügt über ein ausgeprägt kontinentales Klima mit heißen Sommern und kalten Wintern. Die kurze Vegetationsperiode bedeutet für die früh treibende und spät reifende Nebbiolo, dass sie hier an ihrer Anbaugrenze steht. Die Erfahrungen in Australien zeigen aber auch, dass es mit der Kultivierung in viel wärmerem Klima nicht klappt. Forschungen haben ergeben, dass das Piemont über ein eigentümlich paradoxes Klima verfügt: kontinental, aber von Jahr zu Jahr relativ konstant. Australische Erzeuger, die die Wachstumsbedingungen im Piemont nachvollziehen wollen, stehen vor einer schwierigen Aufgabe.

Boden

Nebbiolo scheint in Nordwestitalien mit einer großen Palette von Bodentypen zurechtzukommen, die beste Qualität erreicht sie aber nur auf dem Ton-Kalk-Boden rund um Alba südlich des Flusses Tanaro. Der Boden spiegelt sich ebenso wie das Klima deutlich im Wein: Die Böden in Roero auf der anderen Seite des Tanaro sind sandig mit neutralem oder leicht saurem pH-Wert, was früher trinkbare Weine ergibt. Die Hügel zwischen Novara und Vercelli, wo die leichteren Weine Gattinara und Ghemme herkommen, bestehen aus Porphyr; im Valtellina ist der Boden Schiefer und im unteren Aosta-Tal Granit. Guter Wasserabzug ist wichtig, und das Vorhandensein von Kalium und Magnesium kann die Art des Weins beeinflussen.

Kultivation und Ertrag

Etwa 40 verschiedene Nebbiolo-Klone wurden identifiziert; die drei meistverwendeten sind Lampia, Michet und Rosé. Lampia hat große, doppelt geschulterte Trauben von intensiver Farbe und trägt gut, manchmal zu gut. Michet, eine durch Viren verursachte Mutation der Lampia, hat kleinere, kompakte Trauben und ist weniger ertragreich. Die Rosé ist heller gefärbt, wie ihr Name andeutet, und aus diesem Grund unbeliebt. Auch ohne diesen Klon ist Nebbiolo oft problematisch hell. Aus diesen drei Klonen wurden auch neue entwickelt, und die Erzeuger kultivieren lieber einen Klonenmix, als sich auf einen oder zwei zu beschränken. Die verschiedenen Regionen haben ihre Spezialitäten: Der lokale Klon des Aosta-Tals

Angelo Gaja war der Erste im Piemont, der sich internationalen Vinifikationstechniken zuwandte, in der Absicht, die Welt auf seinen Barbaresco aufmerksam zu machen. Er war auch der Erste, der astronomische Preise verlangte und bezahlt bekam. Die überlangen Korken, die er verwendet, verursachten den Weinkellnern derartige Schwierigkeiten, dass er auch den Vertrieb des Screwpull für Italien übernahm.

und des Nordens von Piemont heißt Picotener (»weicher Stiel«), im Valtellina Chiavennasca. Außer bei Virusbefall ist Nebbiolo sehr wuchskräftig; da aber die Basalaugen nahe dem Stamm wenig fruchtbar sind, zieht man die Rebe oft im Guyot-System mit einer langen Fruchtrute mit bis zu 12 Augen. Die guten Erzeuger in den Langhe ernten für beste Qualität maximal 40–60 *quintali* (4–6 t) pro Hektar, auch wenn die DOCG-Bestimmungen 80 *quintali* erlauben. Damit können sie die Ruten auf 7–10 Augen anschneiden. Geringerer Ertrag hat in diesem marginalen Klima außerdem den Vorteil der früheren Reifung.

Vinifizierung

Was das Rebenmaterial und den Weinberg angeht, ist die Nebbiolo des Barolo weiter fortgeschritten als die Sangiovese der Toskana; die Qualität der Trauben ist im Allgemeinen sehr gut. Seit einigen Jahrzehnten schon finden die Auseinandersetzungen im Keller statt.

In Barolo (und auch in Barbaresco) gibt es nur Traditionalisten und Modernisten. Zuzeiten war die Kluft zwischen den Lagern so tief wie zwischen den Capuleti und den Montecchi. Eine Winzerfamilie spaltete sich sogar ganz handgreiflich – durch eine Mauer – in einen konservativen und einen fortschrittlichen Zweig. Heute hat der Modernismus auch die meisten Traditionalisten zu einem bestimmten Grad affiziert (einige sagen infiziert). Der Barolo ist dementsprechend im Allgemeinen zugänglicher und fruchtiger als früher. Sehen wir uns erst einmal an, wie Barolo gemacht wurde, bevor sich alles änderte.

Nebbiolo reift spät, und zur Zeit der Lese sind das Wetter und die Kelleranlagen kalt. Die Gärung war früher nicht leicht in Gang zu setzen, es konnten ein oder zwei Wochen vergehen, bis sich im Most etwas tat. Der verzögerte Einsatz der Gärung kann in alten Fässern oder Zementtanks mit ihren nicht perfekten hygienischen Bedingungen (bei heutigen Traditionalisten kein Thema) zu bakterieller Infektion führen. Das war der Grund für die fehlerhaften Aromen, die es notwendig machten, eine Flasche 24 Stunden im Voraus zu öffnen.

Bei der Gärung dann stieg die Temperatur des Mostes auf extreme 35–38 °C, was Aromen und Frucht stark beeinträchtigte. Das Wetter wurde winterlicher, die Gärung ließ nach und schleppte sich noch zwei, drei Monate hin. Der Tanningehalt war enorm und musste durch eine fünfjährige oder noch längere Lagerung in großen alten Fässern gemildert werden, was wiederum flüchtige Säuren negativ beeinflusste. Der Traditionalismus moderner Prägung basiert

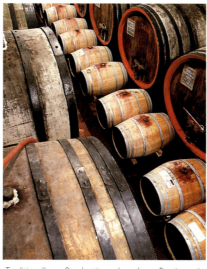

Traditionelle große »botti« und moderne Barriques im Keller von Renato Ratti in La Morra. Ratti ist kein fanatischer Anhänger des Barriques, aber einer der Ersten in Barolo, die das Problem der Oxidation bewältigten.

auf langer, 20- bis 30-tägiger Mazeration und langer Reifung. Technische Verbesserungen wie rascher Gärungsbeginn und Hygiene sind Standard.

Der Modernismus stützt sich auf kürzere Gärung und Mazeration, den Einsatz von Barriques und frühere Abfüllung. Durch Kühlung während der Gärung hält man die Temperatur bei 28–30 °C, um Aroma und Frucht zu erhalten. Gegenwärtig sind Rotationsfermenter in Barolo im Schwange; 1996 war der erste Jahrgang, in dem sie allgemein verwendet wurden. Sie gewährleisten bessere Extraktion, weshalb die Mazeration auf sieben bis zehn Tage verkürzt werden konnte. Die Beheizung der Keller gegen Ende der Gärzeit fördert den malolaktischen Säureabbau, was wiederum weniger aggressive Säure bedeutet.

Das Ziel beim Einsatz kleiner Eichenfässer für Gärung und/oder Ausbau ist nicht, den Tanningehalt zu vergrößern, sondern den Wein durch ihren sanft oxidierenden Effekt weicher zu machen. Natürlich geben sie dem Wein auch eine gewisse Gleichförmigkeit. Barolo ist heute sauberer denn je, zugänglicher, fruchtiger, geschmeidiger und zuverlässiger. Neue Eiche kann allerdings mit ihrem prominenten Vanilleton den wunderbaren Rosenduft von Nebbiolo überdecken. Und zahmere Weine sind immer auch weniger interessante Weine. Der Modernismus ist Gewinn und Verlust zugleich.

NEBBIOLO IM VERSCHNITT

Im Piemont wird Nebbiolo weit überwiegend sortenrein vinifiziert. Barolo ist zu 100 % Nebbiolo, ebenfalls Barbaresco. Jenseits des Tanaro liegt Roero, das 2–5 % Arneis verwenden sollte, aber meist darauf verzichtet. Für Gattinara, Ghemme und die anderen weniger bekannten Weine Nordpiemonts ist auch ein Verschnitt gefordert, mit Vespolina, Croatina und Bonarda, und wieder richten sich nicht alle Erzeuger nach dem Gesetz. Im lombardischen Valtellina kann Nebbiolo (hier Chiavennasca) mit Rossola, Pignola, Prugnolo, Pinot Nero und Merlot zu einfachem Valtellina verschnitten werden und mit maximal 5 % anderer Trauben zu Valtellina Superiore. Das ist die langweilige Seite.

Die interessante Seite ist, wie die Dinge wirklich gehandhabt werden, ob andere Trauben in den Barolo und den Barbaresco gemixt werden oder nicht. Offiziell ist das natürlich strikt verboten, und wer einen Spritzer Barbera oder was auch immer zusetzen will, muss den Wein zum Vino da Tavola degradieren (und am besten einen exorbitanten Preis verlangen). Doch haben Verkoster Noten von Cabernet Sauvignon oder Syrah im Barolo festgestellt, andere verweisen wiederholt auf ungewöhnlich tieffarbene Weine aus dieser recht schwach färbenden Traube. Manche gehen so weit zu behaupten, dass Barbera aufgrund seiner intensiven Farbe und der niedrigen Säure immer der traditionelle Verschnittpartner für Barolo war. Alles natürlich ganz hypothetisch. Niemand hat derlei je zugegeben, allerdings ist auf den Lippen manches erfolgreichen Erzeugers ein feines Lächeln zu sehen.

Im Jahr 1998 schlug man vor, für Barbaresco 10–15 % Zusatz anderer Sorten – Cabernet Sauvignon, Merlot etc. – zu legalisieren. Sie sollten den Wein in schlechten Jahren aufbessern und ihn runder und körperreicher machen; besser verkäuflich, mit anderen Worten. Die Erzeuger von Barolo wurden aufgefordert mitzumachen, aber sie lehnten ab, und infolgedessen bekam die ganze Idee in Italien eine schlechte Presse. Der Vorstoß wurde abgeschmettert, um – so die offizielle Linie – die Individualität des Barbaresco angesichts der fortschreitenden internationalen Vereinheitlichung zu stärken. Nun, gut für sie, wenn sie Widerstand leisten. Besonders wenn sie letzteres, wie manche Experten glauben, unter der Hand sowieso betreiben.

Nebbiolo in aller Welt

Die weltweiten Versuche, Nebbiolo zu machen, haben bisher begrenzten Erfolg. Sogar im Piemont kann die Qualität sehr schwanken, dennoch ist ein »Barolo« das ultimative Ziel der ambitionierten Erzeuger in Kalifornien und Australien. Im Moment wäre ich jedoch schon begeistert, wenn sie wenigstens einen einfachen Langhe Nebbiolo zustande brächten.

Italien

Nebbiolo reagiert auf Unterschiede in Boden und Kleinklima sehr sensibel, doch ist es nicht einfach, die Differenzen zwischen Barolo und Barbaresco dingfest zu machen. Barbaresco gilt als leichterer, weicherer Wein, andererseits können die Unterschiede innerhalb der Barolo-Gemeinden genauso groß sein wie zwischen Barolo und Barbaresco. Die Vorschriften sind in Barbaresco weniger restriktiv als in Barolo: kürzere Mindestreifezeit (21 Monate, davon neun Monate in Eiche für *normale*; Barolo: drei Jahre, davon ein Jahr im Fass; für Barbaresco Riserva: insgesamt 45 Monate, für Barolo Riserva: vier Jahre und neun Monate) und ein geringerer Alkoholgehalt (12,5%, gegenüber 13% bei Barolo).

Innerhalb von Barolo, einer winzigen Zone (doch dreimal so groß wie Barbaresco), ist Serralunga mit der Lese am spätesten dran, gut zwei Wochen nach ihrem Beginn in La Morra, obwohl dieses höher liegt; die Nähe des Flusses sorgt dort für ein etwas wärmeres Kleinklima. Die Weine von Serralunga gehören zu den gewichtigsten im Piemont, die von La Morra sind im Gegenteil seidig und schon in der Jugend sehr attraktiv. Weitere Gemeinden in der Zone Barolo sind Castiglione Falletto, Grinzane Cavour, Monforte, Novello, Verduno und natürlich Barolo. Die Weine aus Castiglione sind dicht, kraftvoll und dennoch fein, Monforte ist fest und langlebig; Barolo vereint Struktur mit geschmeidiger Frucht. In der Theorie jedenfalls.

Die wesentlichen Unterschiede beim Boden sind Sand und Kalkstein in den Gemeinden Castiglione Falletto, Monforte und Serralunga im Osten, die massive, aggressive Weine ergeben, und Kreidemergel im Westen, in La Morra und Barolo, deren Weine weniger robust und aromatischer sind. Ton ist hingegen überall vorhanden, und es ist der Ton von Barolo und Barbaresco, der den Weinen ihr bemerkenswertes Tanningerüst gibt. Anderswo gerät Nebbiolo selten ähnlich gerbstoffreich.

Die besten und natürlich auch teuersten Weine kommen immer von Einzellagen (Crus). Es gibt trotz einiger Anstrengungen kein etabliertes Cru-System, nur Subzonen innerhalb der Gemeinden sind bislang gesetzlich festgelegt. Der Name der Lage wird auf dem Etikett genannt.

In der Theorie ist Nebbiolo hier auf den besten Lagen angesiedelt, doch war man in jüngster Zeit in der Region so optimistisch, dass man auch weniger geeignete Parzellen bepflanzte – die unteren Hangteile, die sonst für Barbera genutzt werden, zu hoch gelegene Weinberge und solche mit ungünstiger Exposition. Dasselbe hatte man schon früher gemacht, in Zeiten des Wirtschaftsbooms, dann wurden diese Lagen wieder aufgegeben, und das wird wieder geschehen.

Roero macht auf der anderen Seite des Tanaro seit je leichtere, weniger adstringierende, weichere Weine, mit Ausnahme einiger Exemplare mit größerer Statur und Struktur. Nebbiolo d'Alba aus derselben Zone ist einfacher und früher trinkreif; Langhe Nebbiolo ist eine Auffang-DOC, die alles aufnimmt, was in die anderen DOCs nicht passt.

In den Hügeln von Novara und Vercelli im Nordpiemont wird die Nebbiolo als Spanna bezeichnet, in Carema als Picotener. Gattinara und Ghemme aus ersterem Bereich sind meist etwas erdig; Carema kann intensiver duften, aber auch weniger rund ausfallen.

Im Valtellina wird Nebbiolo zu Chiavennasca und der Wein oft ein wenig dürr. Größere Reife und auch niedrigere Erträge könnten helfen. Offen gesagt, ich denke, auch ein Schuss von weicheren, früher reifenden Trauben wäre gut, aber na ja. Es gibt auch einen Amarone-Typ namens Sfursat oder Sforzato, der, wenn er gelingt, sehr gut sein kann. Diese Weine werden jedoch kaum weiter exportiert als bis in die Schweiz (die für ihren Valtellina renommierte Firma Triacca ist in der Schweiz ansässig).

In der Lombardei wächst auch etwas Nebbiolo für Franciacorta Rosso, in dessen Verschnitt noch Cabernet Franc, Barbera und Merlot kommen.

Australien

Nebbiolo sollte hier großes Potenzial haben, doch hat sich die Auswahl der geeigneten Lagen als sehr schwierig erwiesen. Die Klone sind auch ein Problem, meist sind sie zu wuchskräftig und geben nicht genug Farbe. Das King Valley in Victoria mit seinem für Nebbiolo marginalen Klima macht einige interessante Exemplare. Untersuchungen haben gezeigt, dass Mar-

GIACOMO CONTERNO
Anders als sein Bruder Aldo (siehe S. 157) ist Giacomo Traditionalist. Dieser Wein gewinnt mit der Zeit; er kann Jahrzehnte reifen.

ELIO ALTARE
Ein Modernist par excellence. Altare zielt vor allem auf ausgewogene, geschmeidige Weine, die gut altern. Dieser Cru reift im »botte« (Fass) und im Barrique.

BRUNO GIACOSA
Giacosa ist Halb-Traditionalist: Er lässt lange mazerieren, aber kürzer als früher, und lagert in »botti« aus französischer anstatt slowenischer Eiche.

Die Lage Bien Nacido im kalifornischen Santa Barbara County gehört dem bekannten Winzer Jim Clendenen. Im Vordergrund steht Barbera, die Parzelle rechts hoch oben am Hang ist Nebbiolo. Weine aus italienischen Sorten verkauft Clendenen unter dem Namen Il Podere dell'Olivos, Weine aus französischen Sorten wie Chardonnay und Pinot Noir tragen das Etikett Au Bon Climat.

garet River in Westaustralien und Mornington Peninsula in Victoria den Langhe in puncto Sonnenscheindauer, relativer Feuchtigkeit und Niederschläge während der Vegetationsperiode ähneln. Nimmt man jedoch die Temperatursumme als Grundlage, erscheinen Clare Valley, Mudgee und Bendigo als geeignet – doch bei Nebbiolo glaube ich das erst, wenn ich das Ergebnis sehe.

USA

Da beim Aufbau der amerikanischen Weinindustrie der italienische Einfluss groß war, gab es früher recht viel Nebbiolo, aber er wurde nie ein Erfolg. Ich habe so gut wie alle sortenreinen Nebbiolos Kaliforniens verkostet, die von einer Hand voll alter, völlig unbekannter Sonderlinge produziert werden, und ich fühlte mich um 50 Jahre zurückversetzt, so verschmort und schwerfällig schmeckten sie. Ein wenig dem traditionellen Barolo ähnlich. Es ist seltsam: Man würde erwarten, dass Kalifornien der Traube die besten Prinzipien des Weinmachens angedeihen lassen würde, dass man imstande sei, die richtigen Lagen herauszupicken und die adäquaten Vinifikationstechniken zu erarbeiten. Doch nein – in diesem von Cabernet Sauvignon und Merlot besessenen Land verschwendet man an die notorisch diffizile Nebbiolo kaum einen Gedanken. Nur etwa 53 ha der ursprünglichen Pflanzungen sind noch vorhanden, die meisten versprengt im Massenwein liefernden Central Valley. Die besten Produkte bisher kommen von Jim Clendenen und seinem Gut Au Bon Climat im Santa Maria Valley, der geringtragende Klone verwendet und hofft, bald wirklich große Weine zu machen. Hoffnungen liegen auch auf dem »Consorzio Cal-Italia«, einer Gruppe von etwa 50 kalifornischen Kellereien, die Weine aus klassischen italienischen Sorten herstellen. Dieses Konsortium ist die logische Fortsetzung des »Cal-Ital«-Phänomens, der Fusion der italienischen und der West-Coast-Küche.

Nebbiolo hat sich im Staat Washington, das über ein geeignetes Klima verfügen sollte, als ebenso problematisch erwiesen. Im Moment scheint sie in den USA die am wenigsten aussichtsreiche italienische Sorte zu sein.

Übrige Welt

Die Versuche mit Nebbiolo in Chile haben Weine mit dürftiger Farbe und hoher Säure ergeben, zum Teil wohl aufgrund nicht optimaler Klone. Argentinien hat etwas Nebbiolo bei hohen Erträgen, aus Mexiko – genauer Baja California nahe der amerikanischen Grenze – kommen einige recht attraktive Exemplare. Auch im österreichischen Mittelburgenland wird mit Nebbiolo experimentiert.

MATTEO CORREGGIA
Die Hügel des Roero haben nicht den Ruf von Barolo und Barbaresco jenseits des Tanaro, dennoch kann dieser Wein in Tiefe und Komplexität durchaus konkurrieren.

NINO NEGRI
100 % Nebbiolo, im Barrique gereift, einer der Stars – und wohl der größte – aus dem Valtellina in der nördlichen Lombardei.

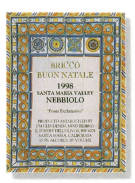

IL PODERE DELL'OLIVOS
Ein Cal-Ital-Nebbiolo aus dem Santa Maria Valley in Kalifornien. Weinmacher Jim Clendenen ist ein echter »tifoso« italienischer Rebsorten, er hat mit Nebbiolo angefangen.

Nebbiolo genießen

In traditioneller Sicht ist Nebbiolo ein Wein, der nicht nur gut altert, sondern Jahrzehnte altern muss, damit er überhaupt genießbar wird. Ohne Zweifel gewinnt Nebbiolo durch Lagerung. Wenn Traubenreife im Vordergrund steht und nicht durch Inkompetenz im Keller ruiniert wird (das passiert immer noch), sollte Nebbiolo mindestens zehn Jahre reifen. Doch robuster trockener Nebbiolo bleibt, was er ist, robust, aber älter. Moderner Nebbiolo hingegen muss nicht lange gelagert werden. Die Traube verfügt, gut vinifiziert, über eine schöne Nase und eine betörende Frucht von Schwarzkirschen, Schlehen und Damaszenerpflaumen. Mit ein wenig Eiche wird daraus ein sehr attraktives, wenn auch mächtiges Getränk, das schon mit drei, vier Jahren gleichzeitig herausfordernd und erfreulich ist. Die leichteren Versionen des Nebbiolo – aus Carema oder den Langhe – sind wenige Jahre nach der Lese trinkreif und altern für fünf bis acht Jahre, die konzentriertesten Caremas etwas länger. Gattinara reift langsamer und hält länger, er benötigt oft sechs bis acht Jahre, um den Höhepunkt zu erreichen, und bleibt in der Flasche weitere zehn Jahre genießbar. Roero ist fast immer viel leichter und sollte nur wenige Jahre alt werden; mutige Erzeuger wagen sich auch an mächtigere Tropfen.

Barbaresco ist im Allgemeinen leichter als Barolo, doch gibt es zwischen den Weinen und den Gemeinden in Barolo ebenso große Unterschiede wie zwischen Barolo und Barbaresco. Leichtgewichtige Weine aus beiden Zonen sind vor dem zehnten Geburtstag auf dem Höhepunkt, die Spitzenweine sollten nicht vor dem achten Jahr geöffnet werden und halten 20 bis 30 Jahre.

Die Erfahrungen in Australien und Kalifornien sind noch zu gering, um Regeln zur Lagerung sagen zu können. Die bisher produzierten Weine reiften im Vergleich zu den Piemontesern recht rasch.

So schmeckt Nebbiolo

Klassisch vergleicht man den Duft von Nebbiolo mit Rosen und Teer, wie es der Titel des Barolo-Buchs von Michael Garner und Paul Merritt (1990) tat. Das klingt nach einer unmöglichen Kombination, aber Nebbiolo ist eine »unmögliche« Traube, die hohe Tanninpegel mit hoher Säure und im Idealfall den exotischsten, komplexesten Aromen vereint, die man bei einem Rotwein finden kann.

Zu Rosen und Teer kann man noch Kirschen, Damaszenerpflaumen und Maulbeeren hinzusetzen, Leder, frische und getrocknete Kräuter, Lakritz und Backobst. Die Tannine reifen zu einer staubigen Weichheit; die Säure sollte abgerundet sein, und es sollte genug Frucht und Alkohol vorhanden sein, um Gerbstoffe und Säure bei der Reifung auszubalancieren. Barolo und Barbaresco zeigen oft eine gewisse Zugeknöpftheit, in geringerem Maß tun das Weine von Modernisten, die durch Gärung und/oder Ausbau im neuen Barrique fleischiger und runder werden. Aber auch der traditionellste Barolo sollte ausgereift geschmeidig sein.

Es ist schade, wenn Barolo oder Barbaresco übermäßig nach neuer Eiche riechen. Jeder Wein kann das: Ein Hauch neuer Eiche ist im Keller sehr leicht zu bewerkstelligen. Doch hat Nebbiolo so außerordentliche, umwerfende Aromen, dass ihre Maskierung durch zugesetzte Düfte dem Wein sein Wesen nehmen würde.

Michele Chiarlo verwendet für seinen normalen Barolo keine Barriques; Lagenweine baut er teilweise im Barrique aus. Für seine weiteren Produkte verschneidet er Nebbiolo mit Barbera oder Cabernet. Der Nebbiolo d'Alba Cumot von Bricco Maiolica ist mit seiner geschmeidigen, dichten Art ebenfalls modern. Verschiedene Erzeuger, verschiedene Auffassungen von Modernität.

Nebbiolo zum Essen

Fruchtige, duftende, früh trinkbare Nebbiolos sind am besten zu norditalienischer Salami, Pasteten, *bresaola* (hauchdünn aufgeschnittener luftgetrockneter Schinken) und leichten Fleischgerichten zu genießen. Die großen Barolos und Barbarescos fordern ebenso substanzielle Gerichte: *bollito misto* (verschiedenes gekochtes Fleisch mit Kräuter-Knoblauch-Sauce), Hasenpfeffer und überhaupt Wild, herzhafte Schmorgerichte wie *brasato al barolo* (ein großes Stück Rindfleisch, das in Barolo weich geschmort wird) sind im Piemont genau das Richtige. Und natürlich auch anderswo.

NEBBIOLO GENIESSEN

VERBRAUCHERINFORMATIONEN

Synonyme und regionale Bezeichnungen
Im Piemont, besonders in den nördlichen Provinzen Novara und Vercelli, auch als Spanna und in Carema und im Aosta-Tal als Picotener bezeichnet, in der Lombardei als Chiavennasca.

Gute Erzeuger
ITALIEN Piemont/Barolo Claudio Alario, Gianfranco Alessandria, Altare, Azelia, Enzo Boglietti, Brovia, Ceretto, Michele Chiarlo, Domenico Clerico, Elvio Cogno, Aldo Conterno, Giacomo Conterno, Paolo Conterno, Conterno-Fantino, Luigi Einaudi, Ettore Germano, Attilio Ghisolfi, Bruno Giacosa, Elio Grasso, Silvio Grasso, Bartolo Mascarello, Giuseppe Mascarello, Monfalletto-Cordero di Montezemolo, Andrea Oberto, Armando Parusso, Pio Cesare, Enrico Pira, Luigi Pira, Ferdinando Principiano, Prunotto, Renato Ratti, Rocche Costamagna, Rocche dei Manzoni, Sandrone, Paolo Scavino, Mauro Sebaste, Vajra, Mauro Veglio, Giovanni Viberti, Vietti, Vigna Rionda, Gianni Voerzio, Roberto Voerzio; **Barbaresco** Produttori del Barbaresco, Ceretto, Cigliuti, Stefano Farina, Fontanabianca, Gaja, Bruno Giacosa, Marchesi di Gresy, Moccagatta, Fiorenzo Nada, Castello di Neive, Paitin, Pelissero, Pio Cesare, Prunotto, Albino Rocca, Bruno Rocca, Sottimano, Giuseppe Rivetti, Vietti; **Roero** Matteo Correggia; **Lombardei/Valtellina** La Castellina, Enologica Valtellinese, Fay, Nino Negri, Rainoldi, Conte Sertoli Salis, Triacca
USA Kalifornien Il Podere dell'Olivos, Renwood, Viansa; **Washington** Cavatappi
MEXIKO L.A. Cetto

WEINEMPFEHLUNGEN
Zwanzig klassische Barolos
Altare Barolo Vigneto Arborina
Azelia Barolo San Rocco
Brovia Barolo Villero
Ceretto Barolo Bricco Rocche Prapò
Domenico Clerico Barolo Ciabot Mentin Ginestra
Aldo Conterno Barolo Gran Bussia
Giacomo Conterno Barolo Riserva Monfortino
Conterno-Fantino Barolo Sorì Ginestra
Luigi Einaudi Barolo Nei Cannubi
Bruno Giacoso Barolo Villero di Castiglione Falletto
Elio Grasso Barolo Ginestra Vigna Casa Maté
Giuseppe Mascarello Barolo Monprivato
Monfalletto-Cordero di Montezemolo Barolo Enrico VI
Armando Parusso Barolo Vigna Rocche
Luciano Sandrone Barolo Cannubis Boschis
Paolo Scavino Barolo Bric del Fiasc
Vietti Barolo Riserva Villero
Vigna Rionda Barolo Riserva Vigna Rionda
Gianni Voerzio Barolo La Serra
Roberto Voerzio Barolo Cerequio

Zehn klassische Barbarescos (und Vergleichbares)
Ceretto Barbaresco Bricco Asili
Cigliuti Barbaresco Serraboella
Gaja San Lorenzo, Sorì Tildìn
Bruno Giacosa Barbaresco Santo Stefano
Marchesi di Gresy Barbaresco Martinenga Gaiun
Pio Cesare Barbaresco Il Bricco
Prunotto Barbaresco Montestefano
Albino Rocca Barbaresco Vigneto Brich Ronchi
La Spinetta Barbaresco Vigneto Gallina

Fünf weitere italienische Nebbiolo-Klassiker
Conterno-Fantino Langhe Monprà
Matteo Correggia Nebbiolo d'Alba la Valle dei Preti
Luigi Ferrando Carema Etichetta Nera
Gaja Langhe Sperss
Nino Negri Valtellina Sfursat 5 Stelle

Zehn leichtere, moderne Piemont-Weine auf Nebbiolo-Basis
Antichi Vigneti di Cantalupo Ghemme Signore di Bayard
Bricco Maiolica Nebbiolo d'Alba Il Cumot
Carema Cantina dei Produttori Nebbiolo di Carema
Michele Chiarlo Langhe Barilot
Aldo Conterno Langhe Il Favot
Nino Negri Sassella Le Tense
Pio Cesare Nebbiolo d'Alba Il Nebbio
Prunotto Nebbiolo d'Alba Occhetti
Luciano Sandrone Nebbiolo d'Alba Valmaggiore
G. D. Vajra Langhe Nebbiolo

Fünf Nebbiolos aus aller Welt
Cavatappi Red Willow Vineyards Maddalena (Washington)
L.A. Cetto Nebbiolo (Mexiko)
Il Podere dell'Olivos Nebbiolo (Kalifornien)
Renwood Nebbiolo (Kalifornien)
Viansa Nebbiolo (Kalifornien)

Nebbiolo erweist sich außerhalb der piemontesischen Herzlande als äußerst schwierig zu kultivieren. Die Winzer tüfteln an den Details von Boden und Klima herum, dennoch weigert sich die Sorte hartnäckig mitzuspielen.

Reifediagramme
Auch ein Barolo ist heute früher genießbar. Die Tannine sind deutlich weicher geworden, und die Frucht steht mehr im Vordergrund.

1997 Barolo (Lagenwein der Spitzenklasse)

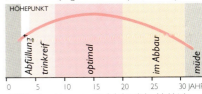

1997 erbrachte ungewöhnlich köstliche Nebbiolo-Weine mit großer Konzentration und viel Tannin, aber weicher Frucht, relativ wenig Säure und viel Alkohol.

1997 Barbaresco

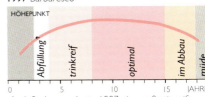

Auch Barbaresco hatte 1997 eine großartig reife Ernte. Auch hier sind körperreiche, dichte, aber weiche Weine mit viel Stoff und Tannin zu erwarten.

1999 Nebbiolo d'Alba

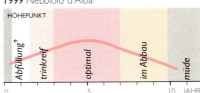

Ein schwieriges Jahr, halten Sie sich an Spitzenerzeuger. Feuchtigkeit und Fäule machten Probleme, gute Erzeuger brachten immerhin gute Weine zustande.

NEGOSKA

Diese sehr fruchtige, weiche griechische Traube verwendet man in kleinen Mengen mit der viel festeren, saureren Xynomavro nördlich von Thessaloniki für den Goumenissa. Gute Erzeuger: Boutari, Ligas.

NEGRA MOLE

Diese Traube, die wahrscheinlich nicht mit der Tinta Negra Mole (siehe S. 266) auf Madeira identisch ist, ist in Portugal an der Algarve und in Ribatejo (als Preto Martinho) zu finden, als Negramoll ist sie in Spanien und auch auf den zu Spanien gehörenden Kanarischen Inseln bekannt. Sie ergibt weiche, früh trinkbare Rotweine.

NÉGRETTE

Diese südwestfranzösische Sorte ist in der Appellation Côtes du Frontonnais zu finden, wo sie 50–70 % des Verschnitts ausmachen muss und den besten Produkten herrlich samtige Textur und Himbeerduft mitgibt. Sie wird auch für andere Weine des Gebiets nördlich von Toulouse verwendet, üblicherweise zusammen mit Fer und Syrah, aber auch mit Cabernet, der allerdings den Charakter des Weins leider meist dominiert. Aufgrund der Neigung des Négrette zu viel flüchtigen Säuren braucht er tatsächlich öfter ein wenig Stütze, doch zu häufig treibt man mit Cabernet den Teufel mit Beelzebub aus.

Ein Négrette ist am besten, wenn er nicht in Eiche ausgebaut wurde, und er ist jung zu genießen. Wegen der Tendenz zur Graufäule ist die Sorte für das trocken-heiße Klima der süd-

CHÂTEAU BELLEVUE LA FORÊT
Négrette stellt zwar den größten Anteil, doch Cabernet Sauvignon kommt mit seinem charakteristischen, prägenden Schwarze-Johannisbeer-Aroma gleich dahinter. Négrette vermittelt weiche Art und ein schönes Himbeerbukett.

westfranzösischen Region gut geeignet. Gute Erzeuger: Bellevue-la-Forêt, La Colombière, Ferran, La Palme, Le Roc.

NEGROAMARO

Eine recht eigenartig schmeckende Sorte Süditaliens, insbesondere Apuliens. Mit ihrer Kombination von Duft und Bitterkeit könnte sie kaum italienischer sein: Der Name bedeutet »schwarz-bitter«, und ihr Wein ist in der Tat sehr dunkel. Von fester Struktur, kann er leicht an Landluft und deutlich an Krankenhaus erinnern. Diese Kombination ist nach meinem Dafürhalten etwas gewöhnungsbedürftig, sicher aber interessant. Das Produkt wird wesentlich gefälliger, wenn ein wenig von duftendem, üppigem Malvasia Nera zugemischt wird (siehe S. 122). Einige der besten Rotweine Apuliens, vor allem der Salice Salentino, werden von diesem Gespann gebildet. Gute Erzeuger: Giuseppe Calò, Michele Calò, Francesco Candido, Leone de Castris, Pervini, Taurino, Vallone.

NEGRU DE DRAGASANI

Eine neue rumänische Kreuzung, die einiges verspricht und bald in den Weinbergen (und auf den Etiketten) auftauchen könnte. Ein Elternteil ist Saperavi, eine der besten osteuropäischen Sorten (siehe S. 207).

NERELLO

Eine sizilianische Rebsorte mit zwei Varianten, Nerello Mascalese und (weniger häufig verwendet) Nerello Cappuccio. Beide geben dem Verschnitt viel Alkohol, haben aber nicht die Konzentration der Nero d'Avola, mit der sie oft gemischt werden. Nero d'Avola kommt rasch in Mode, und Nerello könnte davon profitieren. Gute Erzeuger: Benanti, Palari, Duca di Salaparuta.

NERO D'AVOLA

Eine sizilianische Sorte, die bei Weinmachern auf ihrer Suche nach neuen Geschmäckern Aufmerksamkeit findet; sie könnte sich für die heiße australische Region Riverland eignen. Nero d'Avola liefert weiche, dennoch robuste dunkle Weine, die gut altern, vor allem bei einem kurzen Aufenthalt in Eiche. Gute Erzeuger: Abbazia Santa Anastasia, Calatrasi, COS, Donnafugata, Morgante, Planeta, Regaleali Conte Tasca d'Almerita, Duca di Salaparuta, Spadafora.

NEUBURGER

Diese österreichische Sorte erbringt runde, würzige Weine (trocken, halbsüß und süß), die eine intensivere Version eines Pinot Blanc sein könnten. In der Tat ist Pinot Blanc (Weißburgunder) ein Elter des Neuburger, der andere ist jedoch Silvaner, dessen breite, flache Neutralität durchschlägt. Die Traube ist für Edelfäule empfänglich. Auch trockene und halbtrockene Versionen altern gut in der Flasche, sie werden schön nussig und ölig, lassen jedoch ein wenig Feuer vermissen. Gute Erzeuger: Beck, Feiler-Artinger, Haider.

NIAGARA

Wuchs- und ertragsstarke Hybridrebe, die vor allem im US-Staat New York wächst, wo sie aufgrund ihrer Frosthärte beliebt ist. Sie entstand 1872 als Kreuzung von Concord (siehe S. 85) und Cassady und verfügt über ein starkes »fuchsiges« Aroma, das viele *Vitis-labrusca*-Reben kennzeichnet.

NIELLUCCIO

Diese robuste, tanninreiche Weine liefernde Sorte Korsikas soll mit der italienischen Sangiovese identisch sein und wird meist mit weniger gewichtigem, doch komplexerem Sciacarello verschnitten: Diese beiden sind die besten korsischen roten Trauben. Die anderen Sorten der Insel wurden, wie Cinsaut und Carignan, meist in den 1960er Jahren von Nordafrika-Rückkehrern gepflanzt; sie sind heute auf dem Rückzug, während Nielluccio und andere autochthone Sorten (neben, unvermeidlicherweise, internationalen Sorten) zunehmen.

Nielluccio hat ihre Heimat im Norden bei Patrimonio, dessen Kreide-und-Kalkböden ihr besonders liegen. Auch im Süden, um Porto Vecchio, ist sie zu finden. Sie verfügt über gute Säure und Tannine, letztere können etwas hart sein und verlangen sorgfältige Behandlung. Nielluccio liefert auch exzellente Rosés. Gute Erzeuger: De Alzipratu, Antoine Aréna, De Gaffory, Leccia.

NOSIOLA

Eine ungewöhnlich neutrale Traube des Trentino; ungewöhnlich deshalb, weil die meisten weißen Sorten in dieser Region Norditaliens mehr Charakter besitzen. Ein Nosiola ist frisch, leicht und ein klein wenig aromatisch – nicht mehr. Aber er ist sehr gefällig und kommt als Vino Santo – aus getrockneten Trauben hergestellt – wohl am besten zur Geltung. Die Mengen sind gering und nehmen weiter ab. Gute Erzeuger: Concilio Vini, Pojer & Sandri, Pravis.

NURAGUS

Auf Sardinien weit verbreitete Rebsorte, die leichte, neutrale, sehr attraktive und absolut unauffällige Weine liefert. Sie könnte von den Phöniziern auf die Insel gebracht worden sein. Gute Erzeuger: Argiolas, CS di Dolianova, CS di Santadi, CS della Trexenta.

Palomino-Fino-Rebstöcke auf dem fast reinen Kreideboden von Jerez. Die Neutralität dieser Sorte wird hier zu ihrem Vorzug – aber nur, weil der Sherry all seinen Geschmack aus dem Solera-System bezieht.

OJO DE LIEBRE
Katalanischer Name für Tempranillo (siehe S. 256–265); er bedeutet »Auge des Hasen«.

OLASZRIZLING
So heißt Welschriesling in Ungarn (siehe S. 284).

ONDENC
Eine beinahe ausgestorbene Traube Südwestfrankreichs, die aufgrund ihrer geringen Erträge und der Anfälligkeit für Fäule verständlicherweise unbeliebt ist. Auch in Australien ereilte sie dieses Schicksal, außer in Victoria, wo sie sehr trockene, strenge Grundweine für Sekt liefert. Gute Erzeuger: (Frankreich) De Causses-Marines, Robert Plageoles.

OPORTO
Einfach Oporto oder Kékoporto (Blauer Oporto; siehe S. 115) heißt die Portugieser (siehe S. 188) in Ungarn.

OPTIMA
Diese deutsche Rebsorte wurde 1930 aus (Silvaner × Riesling) × Müller-Thurgau gekreuzt und ist inzwischen am Verschwinden. Für den Winzer hat sie den Vorteil früher Reifung und hohen Zuckergehalts, sonst kann man keine Vorzüge erkennen. Sie erbringt unelegante, langweilige und grausam süße Weine, doch machte ihre spättreibende Eigenschaft sie bei den Moselwinzern beliebt; ihr Hauptverbreitungsgebiet war Rheinhessen. Ich konnte ein, zwei recht üppige Dessertvarianten verkosten, aber auch dort sind ihre Tage gezählt.

ORANGE MUSCAT
Diese Sorte könnte von Rechts wegen eine Form der Muscat sein, gilt aber als nicht verwandt. Sie wird in geringen Mengen in Kalifornien kultiviert, wo Andrew Quady einen eleganten, pikant-süßen gespriteten Wein macht, den Essencia, der sich durch ein intensives Aroma von Orangenblüten und -schalen auszeichnet. Er erntet früh, um Frische und Leichtigkeit zu erhalten, und stoppt die Gärung durch Zugabe von Weingeist.

OREMUS
In der ungarischen Region Tokaj beheimatete, aus Furmint und Bouvier gekreuzte Rebsorte, die für Botrytis empfänglich ist und viel Zucker liefert. Eine weitere Furmint-Bouvier-Kreuzung der Region heißt Zeta. Guter Erzeuger: Disznókö.

ORMEASCO
Der ligurische Name für Dolcetto (siehe S. 84/85).

ORTEGA
Eine moderne deutsche Kreuzung aus Müller-Thurgau und Siegerrebe, für die außer viel Zucker nur weniges spricht; sie bringt viel Aroma, doch keine Komplexität, was die Pointe der höheren Qualitätsstufen von der Spätlese aufwärts – die sie leicht erreicht – verfehlt. Die Säure ist oft niedrig, und sie ist für eine Reihe von Krankheiten anfällig.

In Deutschland ist sie in Rheinhessen am meisten verbreitet, doch die besten Beispiele, die ich kenne, kommen (ehrlich!) aus England, wo die Trauben gerade eben noch reif werden und frischen Duft nach Holunderblüten und eine gute Grapefruitsäure liefern. Gute Erzeuger: (England) Denbies, Throwley, Valley Vineyards.

ORTRUGO
Eine in der Emilia-Romagna, in den Colli Piacentini, zu findende Sorte. Sie liefert farbkräftige, alkoholreiche Weine mit ordentlicher Säure, die teils mit Malvasia verschnitten werden. Gute Erzeuger: Gaetano Lusenti, Pernice.

PAGADEBIT
So wird die Bombino Bianco (siehe S. 43) in Italien genannt.

PAÏEN
Die Gewürztraminer (siehe S. 102–111) trägt im schweizerischen Visperterminen diesen Namen, wo sie auf 1100 Meter Höhe steht und den »Heidenwein« liefert.

PAÍS
Eine der ersten Rebsorten, die europäische Siedler in Chile pflanzten und im Süden des Landes immer noch in großen Mengen kultiviert wird. Sie ist mit der Mission Kaliforniens (siehe S. 138) identisch oder eng verwandt.

PALOMINO FINO
Eine der langweiligsten Trauben der Welt, die dennoch – kultiviert in einer kleinen Zone im südwestlichsten Eck Spaniens auf weißem *Albariza*-Kreideboden und im Solera-System ausgebaut – Weine von unvergleichbarer Pikanz und Komplexität liefert. Dieser Wein ist natürlich der Sherry, dessen Namen gemäß EU-Recht für keinen anderen gespriteten Wein verwendet werden darf.

In der Region Jerez ist Palomino Fino – die die geringerwertige Palomino de Jerez (Palomino Basto) abgelöst hat – die einzige gepflanzte Rebsorte; die Pedro-Ximénez-Trauben, die teils zum Süßen verwendet werden, kommen heute meist aus dem benachbarten Montilla.

Einige Bodegas ziehen die seltene, aber fruchtigere Moscatel zum Süßen vor, doch stört im Sherry das intensiv traubige Aroma der

Sorte. Auch Palomino wird in verschiedener Weise – mit Mostkonzentration oder rosinierten Trauben – zum Süßen verwendet, je nach angestrebter Qualität und gewünschtem Weintyp.

Der Wein wird immer voll durchgegoren und anschließend aufgespritet. Trotz des trockenen Klimas und trotz fehlender Bewässerung liegen die Erträge recht hoch, zwischen 75 und 150 hl/ha. Nach gängiger Meinung begrenzen große Firmen ihre Erträge, um die Qualität anzuheben, während kleine Erzeuger jeden Tropfen Saft aus ihren Trauben quetschen. Sicher gibt es eine Reihe kleiner Winzer, die möglichst viele Trauben in die lokalen Genossenschaftskellereien karren wollen. Doch machen auch viele große Unternehmen riesige Mengen mittelmäßigen Sherrys. Halten solche Firmen ihre Erträge niedrig? Vielleicht kaufen sie ihren Saft aber von eben den Genossenschaften, die von den kleinen Erzeugern beliefert werden. Hohe Erträge werden von dem vorhandenen Kreideboden *(albariza)* begünstigt, der ein Viertel seines Volumens Wasser speichern kann. Nicht zufällig wurden die Weinberge der Region mit schlechteren Böden gerodet.

Die Reben sind im Allgemeinen als niedrige Büsche erzogen, jedoch wird die Erziehung an Drähten immer populärer, da damit das Risiko der Fäule verringert wird. Außerdem ist Drahtrahmenerziehung für die maschinelle Lese notwendig, die in der Region bisher zwar nicht erlaubt ist, aber keineswegs für alle Zukunft ausgeschlossen bleibt. Dieses Verdikt hatte soziale Gründe; man wollte Saisonarbeit für ungelernte Arbeitskräfte erhalten, doch wird heute die Zahl der Arbeit Suchenden jedes Jahr geringer.

Allerdings sind hohe Erträge trotz meiner Nörgelei hier für die Qualität kein Problem. Gut 90% des Charakters und der Qualität eines Sherrys rührten aus dem Reifungsprozess. Die Lage der Bodega und das verwendete Solera-System sind für das Endprodukt weit wichtiger als der Grundwein.

Sherry gibt es in zwei grundlegenden Typen: Der eine wird mit »Flor« gemacht, der andere ohne. Erstere Gruppe wird aus Fino und Manzanilla gebildet; dazu kommt Amontillado, der nichts anderes ist als Fino oder Manzanilla, dessen Flor nach einigen Jahren abgestorben ist. »Flor« ist Hefe, genauer eine Reihe von Hefearten, und jede Bodega – in der Tat jede Solera – hat ihre eigene Kombination von Hefearten. Diese Florhefen, die auf der Oberfläche des Weins eine schleimige, etwa 1 cm dicke Schicht bilden, ernähren sich vom Wein und verhindern, dass er mit Sauerstoff in Berührung kommt und oxidiert (weshalb er einen so frischen Geschmack bewahrt). Sie verändern aber auch seine chemische Zusammensetzung und erzeugen so seine charakteristische Schärfe.

Oloroso-Sherry entwickelt keinen Flor. Die Grundweine werden in einem frühen Stadium der Produktion ausgewählt; sie kommen häufig aus der dritten Pressung, sie enthalten daher große Mengen Phenole und schmecken rauer. (Für Fino und Manzanilla werden die feinsten Weine, meist nur aus Vorlaufmost, verwendet.) Oloroso erhält seine dunkle Farbe und seine pikanten Aromen von Nüssen, Backpflaumen und Kaffee während der langen Reifung in der Solera, bei der er oxidiert und eindickt.

Das Solera-System ist ein Verfahren des wiederholten teilweisen Verschnitts: Die Fässer der letzten Stufe, aus denen ein Teil des fertigen Weins entnommen wird, werden aus der darüber liegenden Reihe aufgefüllt und so fort. Die Fässer der ersten Stufe werden mit frischem Wein aufgefüllt. Der letzten Stufe wird etwa viermal im Jahr fertiger Wein entnommen, und zwar jedes Mal etwa ein Viertel des Fasses. Jeder Sherry ist daher eine Mixtur aus altem und viel jüngerem Wein, was ihm seine Kombination von Frische und reifer Tiefe vermittelt.

Palomino wird in den Städten Jerez de la Frontera, Puerto de Santa María und Sanlucar de Barrameda auch zu Tischwein verarbeitet. Viele Sherry-Bodegas produzieren heute solche Weine, die ausnahmslos den absolut nichts sagenden Charakter der Traube demonstrieren. Der Wein ist säurearm, wenn ihm nicht Säure zugesetzt wird, und bestenfalls von neutraler Art.

Auch in anderen Teilen Spaniens wird Palomino kultiviert, für Tischweine ebenso wie für gespritete und oxidative Süßweine. In Condado de Huelva westlich von Jerez wächst ihre Popularität auf Kosten der Zalema, während sie in Nordspanien, in Rueda und Galicien, an Bedeutung verliert. Auf den Kanarischen Inseln ist sie eine der Hauptsorten, und ihre Weine haben dort sogar etwas Charakter, ich weiß nicht, warum.

Wo sie als Tischweine dienen sollen, lässt man sie manchmal absichtlich oxidieren, indem man sie in Glasballons in der Sonne stehen lässt. Sie bekommen dadurch einen an (nicht sehr guten) Sherry erinnernden Geschmack. So macht man das in Rueda, und dann soll man sich wundern, warum sie dort verschwinden.

Die Sorte ist in schrumpfenden Mengen auch in Westfrankreich zu finden, wo sie Listán und Listán de Jerez genannt wird. Sie könnte mit der Perrum des portugiesischen Alentejo und mit der portugiesischen Malvasia Rei identisch sein. Außerhalb Europas ist sie in Südafrika als Fransdruif anzutreffen, ihre Anbaufläche nahm dort von 10,9% Anteil im Jahr 1985 auf 2,4% im Jahr 1999 ab. Im kalifornischen San Joaquin Valley gibt es noch kleine Pflanzungen unter dem Namen Golden Chasselas, ebenso in Australien, wo sherryartige gespritete Weine gemacht werden. Sonst ist die Traube noch auf Zypern sowie in Neuseeland und Argentinien vorhanden. Gute Erzeuger: (Spanien) Argüeso, Barbadillo, Delgado Zuleta, Díez Mérito, Domecq, Garvey, Gonzalez Byass, Hidalgo, Lustau, Osborne, Valdespino.

PANSA BLANCA

Diesen Namen trägt die Xarel-lo (siehe S. 285) in der spanischen Region Alella an der Küste nördlich von Barcelona, wo sie etwas mehr Biss und Geschmack entwickelt; der sandige *sauló*-Boden der Region scheint ihr besonders zu liegen. Sie reift dort zu 14% potenziellem Alkohol, ohne ihr herzhaftes Limettenaroma zu verlieren. Gute Erzeuger: Marqués de Alella, Parxet, Roura.

PARDILLO

Von dieser neutralen – besser gesagt, äußerst langweiligen – weißen Rebe gibt es in Zentralspanien große Mengen.

PARELLADA

Eine der drei für den Cava – den spanischen, nach Champagnermethode hergestellten Schaumwein – verwendeten Rebsorten. Parellada trägt zitronige Frische bei, niedrige Erträge vorausgesetzt (sie ist auf fruchtbaren Böden sehr ertragsstark). Im Penedès verliert sie an die anderen Cava-Sorten Macabeo und Xarel-lo. Sie ergibt auch leichte, frische, ein wenig blumige Tischweine mit guter Säure und unspanisch geringem Alkoholgehalt (zwischen 9 und 11%). Trinken Sie sie ganz jung, wenn sie noch all ihre Frische haben.

Die Traube wird gern verschnitten, insbesondere mit Chardonnay und Sauvignon Blanc, und ist auch in der Region Costers del Segre nordwestlich von Barcelona zu finden. Gute Erzeuger: Castellblanch, Codorníu, Freixenet, Juvé y Camps, Marqués de Monistrol, Parxet, Raimat.

PEDRO GIMÉNEZ

Man sollte unter diesem Namen die spanische Pedro Ximénez (PX) vermuten, doch in den großen Rebflächen Argentiniens und Chiles mit Pedro Giménez soll eine andere Sorte stehen. In Argentinien macht man daraus große Mengen im Land konsumierter Alltagsweine, in Chile den Pisco.

PEDRO XIMÉNEZ (PX)

Neben der Palomino (siehe S. 165/166) war dies die zweite Hauptraube der Region Jerez in Südwestspanien. Sie wurde zum Süßen benützt und auch sortenrein als dunkler, süßer Dessert-Sherry abgefüllt. Die krankheitsresistentere Palomino hat sie dort jedoch fast vollständig verdrängt, und die PX-Trauben, die für Sherry verwendet werden, kommen heute aus dem nahen Gebiet Montilla-Moriles, wo sie die Hauptsorte darstellt. Traditionell lässt man die Trauben nach der Lese an der Sonne schrumpfen, um den Zucker zu konzentrieren. Sie wird auch für den Málaga verwendet und ist in ganz Andalusien, Valencia und Extremadura zu finden. Eine Legende schreibt ihre Einführung einem spanischen Soldaten des 17. Jahrhunderts zu (der vielleicht Pedro Ximénez hieß); er soll sie auf der Rückkehr aus den Niederlanden vom Rhein mitgebracht haben. Wie er auf die Idee kam, dass eine Rebe aus dem kalten Rheinland im heißesten Teil Spaniens gedeihen könnte, ist unklar, auch gibt es gegenwärtig am Rhein keine Sorte, die der PX ähnelt, selbst wenn man die klimatischen Unterschiede in Rechnung stellt. Eine hübsche Geschichte ist es trotzdem. Ein reiner PX-Sherry ist einer der verführerischsten Dessertweine überhaupt. Er ist von dicker, samtiger Textur und schmeckt herrlich nach Trauben und Rosinen, wobei ein Hauch Säure ihn davor bewahrt, unangenehm klebrig zu wirken. In der Solera wird er fast schwarz und sehr konzentriert; 60 Jahre alte und noch bejahrtere Exemplare, die frisch abgefüllt wurden, ähneln jüngeren Weinen, sind aber mächtiger. Als Tischwein-Sorte ist PX weit weniger erfolgreich, die Weine sind lasch und langweilig, ohne Säure und Charakter. In Australien ist die Rebe ebenfalls gepflanzt, in geringeren Mengen als Palomino, mit der sie sowohl in der Statistik wie im Bottich vermengt wird. Gute Erzeuger: (Spanien) Alvear, Pérez Barquero, Domecq, Garvey, Gonzalez Byass, Lustau, Toro Albalá, Valdespino.

GONZALEZ BYASS
Ein Pedro Ximénez wie dieser verfügt über ein intensives traubiges Aroma. Solche Weine entwickeln sich im Lauf der Jahre kaum; alte Exemplare sind konzentrierter, schmecken aber im Wesentlichen wie junge.

Der Kellermeister von Château Jolys, verkostet seinen Jurançon Moelleux vom neuen Eichenbarrique. Die für den süßen Jurançon hauptsächlich verwendete Sorte ist die sehr aromatische Petit Manseng, die konzentrierte Aprikosenaromen und hohe Säure liefert.

PERIQUITA

Der »richtige« Name (wenn es so etwas gibt) dieser portugiesischen Sorte ist Castelão Francês (siehe S. 58). Man kennt sie auch als João de Santarem sowie im Alentejo als Trincadeira. Letzteres ist allerdings auch ein Synonym, mit dem am Douro die Tinta Amarela bezeichnet wird. Gute Erzeuger: J P Vinhos, José Maria da Fonseca, Pegos Claros.

PERLAN

Eine der vielen Namen der Chasselas (siehe S. 59), der im Schweizer Kanton Genf verwendet wird. Üblich ist jedoch die Bezeichnung Chasselas de Genève.

PERRICONE

Eine sizilianische Traube, die farbkräftige und alkoholische Rotweine liefert.

PETIT COURBU

Die auch nur Courbu genannte Sorte, eine der vielen alten, unbekannten Trauben der Gascogne in Südwestfrankreich, wird in den Verschnitten von Pacherenc du Vic-Bilh, Béarn, Jurançon und Irouléguy verwendet; sie bringt Rundung und weiche zitronige Frucht ein. Im Béarn gibt es auch eine rote Variante, die Courbu Noir. Gute Erzeuger: Bru-Baché, Clos Thou, Clos Uroulat, De Souche.

PETIT MANSENG

Petit Manseng ist ihrer Cousine Gros Manseng (siehe S. 113) sehr ähnlich und an denselben Plätzen Südwestfrankreichs zu finden, von der Gascogne bis zu den Pyrenäen. Sie hat, wie ihr Name andeutet, kleinere Beeren und noch extremere Aromen und ist im Keller schwieriger zu handhaben. Ihre Erträge sind sehr niedrig, manchmal unter 15 hl/ha, und wie die Gros Manseng kann sie viel potenziellen Alkohol entwickeln.

Für Süßweine ist sie noch besser geeignet als ihre Verwandte, wobei man in Jurançon die Trauben am Stock einschrumpfen lässt *(passerillage);* die Gros Manseng, die gegenwärtig in größeren Mengen gepflanzt wird, scheint für trockene Weine besser zu sein als Petit Manseng. Letztere hat ein ähnlich intensives blumiges Aroma, würzige Frucht und viel Säure, was sie im Verein mit ihrer großen Finesse bei Erzeugern in anderen Regionen zunehmend populär macht. Sie breitet sich im Languedoc und in Kalifornien aus, wo ihre ausgeprägte Säure sich prächtig mit der modischen weichen, duftenden Viognier verbindet.

Einige Experten halten sie für identisch mit der Albariño/Alvarinho (siehe S. 36/37); im Keller verhält sie sich anders, aber das mag darauf beruhen, dass sie in Frankreich in reiferem Zustand gelesen wird als die Albariño im Nordwesten der Iberischen Halbinsel. Gute Erzeuger: (Frankreich) Bru-Baché, Alain Brumont, Cauhapé, Clos Uroulat.

PETIT ROUGE

Eine kaum bekannte Rebe des italienischen Aosta-Tals, die meist im Verschnitt verwendet wird. Guter Erzeuger: Les Crêtes.

PETIT VERDOT

Petit Verdot ist im Bordelais nur in kleinen Mengen gepflanzt, jedoch aufgrund ihrer Farbe, der Struktur und des wunderbaren Veilchenbuketts sehr geschätzt, und in Kalifornien, Chile und Australien stößt sie als willkommene Würze für Cabernet Sauvignon ebenso auf wachsendes Interesse wie als Sortenwein. Im Bordelais ging ihre Fläche zurück, weil sie sehr spät reift, später noch als Cabernet Sauvignon, was sie für St-Émilion und Pomerol ungeeignet macht. Hingegen ist sie im Médoc und besonders in Margaux zu finden, wo die Böden leichtere Weine erbringen, die zusätzliches Tannin und Farbe von der Petit Verdot gut vertragen können. Château Margaux selbst hat etwa 6 % Petit Verdot in den Weinbergen, und das meiste davon geht in den Grand Vin; sie liefert herrlichen Duft, lässt aber etwas Eleganz vermissen, weshalb Weinmacher Paul Pontallier nie mehr als 10 % Petit Verdot in seinem Blend haben möchte. Im 19. Jahrhundert waren bei Château Margaux 30 % mit dieser Sorte bestockt. Im Bordelais rechnet man damit, dass sie nur einmal in fünf Jahren voll ausreift, was andere Güter in weniger begünstigter Lage zögern lässt, sie anzubauen; in den 1980er Jahren verschob sich das auf einmal in drei Jahren, doch die regnerischen 1990er waren wieder weniger freundlich.

Pontallier sagt, dass sein Petit Verdot jung an Bananen erinnert und das Veilchenaroma erst später entwickelt. Veilchen sind auch anderswo der Grundton, in der Toskana, in Spanien (Marqués de Griñon hat einiges im Dominio de Valdepusa stehen), auf Long Island, in Chile (Errázuriz ist von ihrem Potenzial begeistert) und Australien. Im heißen, bewässerten Riverland erzielt sie bessere Resultate als Cabernet Sauvignon mit mehr Säure und frischerem Charakter. Doch auch in Australien gibt es Gegenden, die für sie zu kühl sind. Die noch da und dort in Argentinien anzutreffende Gros Verdot ist weniger gut und auch nicht verwandt. Gute Erzeuger: (Italien) Castello dei Rampolla; (Spanien) Marqués de Griñon; (USA) Araujo, Benziger, Cain Cellars, Jekel, Newton.

PETITE ARVINE

Eine hochwertige Sorte des schweizerischen Wallis, die elegante, feine Weine mit straffer Säure und ungewöhnlichem mineralisch-krautigem Aroma liefert. Sie braucht und bekommt die besten Lagen, und man lässt die Trauben bis November oder gar Dezember hängen; aus edelfaulen oder eingeschrumpften Beeren macht man halbsüße und süße Weine. Auch trockene Versionen existieren, und alle reifen gut in der Flasche. Ich weiß es, denn ich habe noch einige von 1969 im Keller. Auch im italienischen Aosta-Tal ist die Traube zu finden. Gute Erzeuger: (Schweiz) Charles Bonvin, Imesch Vins, Mont d'Or.

PETITE SIRAH

Der Name dieser Sorte wird manchmal irrtümlich als Petite Syrah geschrieben. Die (echte) Petite Syrah des Rhône-Tals ist eine kleinbeerige Variante der Syrah, während die Petite Sirah nicht mit der Syrah identisch ist. Sie entstand als Sämling aus einer seltenen französischen Sorte namens Peloursin und der Syrah.

Darüber hinaus wurde der Name Petite Sirah einer Reihe von Sorten beigelegt, die in Kalifornien im Mischsatz angebaut wurden und dort noch so zu finden sind. Eine von ihnen ist die echte Syrah, die heute auch so benannt wird; weitere sind Peloursin und Durif (siehe S. 88), eine Rebe, die man mit Petite Sirah für identisch hielt, bis der DNA-Fingerabdruck es anders erwies. Tatsächlich wurde die Durif erst in den 1880er Jahren in Frankreich vermehrt, und zu dieser Zeit wurde die Petite Sirah schon in der kalifornischen Weinliteratur erwähnt. Da der Großteil der kalifornischen »Petite Sirah« in Wirklichkeit Durif ist, muss die Verwechslung später passiert sein.

Die Petite Sirah liefert tanninreiche Weine, die noch dunkler sind als echter Syrah, von würzigem, fast fleischigem Charakter und fester Brombeerfrucht. Wegen ihrer kraftvollen Art sind sie seit langem geschätzte Verschnittpartner für Zinfandel (Paul Draper von Ridge Vineyards schwört auf eine Beigabe von 10 bis 15 % zu seinen Zinfandels). Petite Sirah ergibt auch gute Sortenweine, wenn man die mächtigen Tannine in den Griff bekommt; sie sind intensiv und meist rustikal, gute Exemplare können aber überraschend weich geraten und bis zu 20 Jahre in der Flasche reifen. Meist dient sie aber als »Arbeitspferd« für den Verschnitt, und mit der Zunahme der Sortenweine ging ihr Anbau in Kalifornien zurück (von 4450 ha im Jahr 1980 auf 1298 ha im Jahr 1999). Am wohlsten fühlt sich sich in Sonoma und Mendocino, wo nicht bewässerte Weinberge mit oft sehr alten Reben sehr tiefe Weine mit Rückgrat und schierer Kraft liefern. Mexiko ist eine weitere Quelle für guten Petite Sirah; auch in Argentinien und Brasilien ist die Traube zu finden. Gute Erzeuger: (USA) Carmen, Foppiano, Frick, La Jota, Ridge, Rockland, Stags' Leep Winery, Sean Thackray, Turley Cellars; (Mexiko) L. A. Cetto.

PETITE SYRAH

An der Rhône wird eine kleinbeerige Variante der Syrah so bezeichnet (siehe S. 260/261). Petite Sirah (siehe oben) wird manchmal unkorrekt so geschrieben.

PICOLIT

Eine überschätzte Traube Nordostitaliens, die nur manchmal die hinreißenden (und teuren) Weine liefert, die dem Tamtam um sie gerecht

Ein Versuchsweinberg mit Petit-Verdot-Reben am Kalterer See in Südtirol. Dann und wann wird die Traube sortenrein vinifiziert, meist aber dient sie als Würze für andere rote Sorten.

werden. Sie sind süß mit fester, manchmal apfeliger Säure und besitzen Aromen von Aprikosen und Pfirsichen, dann und wann auch eine blumige Note. Besonders die Passito-Versionen – aus spät gelesenen Trauben, die man einschrumpfen lässt – strömen über von gedörrten Aprikosen und kandierten Früchten; für manche Versionen lässt man die Trauben noch länger am Stock eintrocknen. Einige Weine werden im Eichenbarrique ausgebaut.

Die Rebe verlangt gute Lagen, am besten an Hängen mit Vulkanboden. Die Erträge sind immer winzig, auch weil die Rebe zu schlechtem Fruchtansatz neigt, weshalb es nur wenig von ihr gibt.

Sie hatte schon vor ihrer gegenwärtigen Beliebtheit Zeiten großer Popularität, im 19. Jahrhundert wurden Weine an die Höfe Österreichs, Hollands, Russlands, Großbritanniens, Sachsens und Frankreichs geliefert. Gute Erzeuger: Ca' Ronesca, Dario Coos, Dorigo, Livio Felluga, Davino Meroi, Primosic, Rocca Bernardi, Paolo Rodaro, Ronchi di Cialla, Ronchi di Manano, Ronco del Gnemiz, Le Vigne di Zamò.

PICPOUL

Picpoul oder Piquepoul ist im Languedoc beheimatet und meist weiß; daneben gibt es eine Picpoul Noir und eine Picpoul Gris. Alle sind alte Sorten; Picpoul Noir liefert aromatische, alkoholische Weine, die jedoch hell sind und nicht altern können, weshalb die Traube fast verschwunden ist.

Picpoul Blanc hat eine notorisch hohe Säure (*piquepoul* bedeutet »Lippenstecher«) und zitronige Frucht, und jede Traube mit viel Säure kann im heißen Languedoc ein Kapital sein. Sie war einst für Vermouth weit verbreitet; heute ist nur mehr wenig vorhanden, aber vorteilhaft im Verschnitt. Als Picpoul de Pinet hat sie auch eine AC. Gute Erzeuger: Genossenschaft Pinet, Gaujal, Genson.

PIEDIROSSO

Eine in Kampanien in Süditalien gepflanzte Traube, die im Verschnitt der Weine Lacryma Christi del Vesuvio und Falerno Rosso verwendet wird. Ihre Anbaufläche nimmt ab. Gute Erzeuger: Grotte del Sole, Luigi Maffini, Feudi di San Gregorio, Galardi, Mastroberardino, Ocone, Giovanni Struzziero, Villa Matilde.

PIGATO

Eine im Westen Liguriens – der Riviera di Ponente – verbreitete Traube, die kräftige, sehr fruchtige Weine ergibt.

Viele Geschichten gibt es um ihren Ursprung, sie könnte aus Griechenland oder von den Römern mitgebracht worden sein, sie könnte mit Arneis (siehe S. 38) oder Vermentino (siehe S. 273) verwandt sein; mit Letzterer wird sie öfter verwechselt.

Ihren Namen, der »gefleckt« bedeutet, hat sie vom Aussehen der reifen Beeren. Gute Erzeuger: Anfossi, Bruna, Maria Donata Bianchi, Massaretti, Parodi, Terre Rosse, La Vecchia Cantina.

PIGNOLO

Pignolo ist in Friaul zu Hause, wo sie anscheinend eine kleine, leise Renaissance erlebt. Und die verdient sie: Ihre gute Säure harmoniert schön mit den runden Brombeer-Pflaumen-Aromen und den weichen Tanninen, ein Ausbau im Barrique erscheint viel versprechend. Sie könnte mit der Pignola identisch sein, die im Valtellina in der Lombardei wächst. Gute Erzeuger: Dorigo, Moschioni, Le Vigne di Zamò.

PINEAU D'AUNIS

Eine Sorte des Loire-Tals, die in abnehmender Menge für die Rotweine und Rosés von Anjou und Touraine verwendet wird. Den Verschnitten gibt sie gute Frucht und eine gewisse pfeffrige Schärfe, doch sind andere rote Trauben, besonders Cabernet Franc, mehr im Schwange und kommerziell erfolgreicher.

Es ist eine alte Rebe, seit dem Mittelalter bekannt und nach der Abtei Aunis nahe Saumur benannt; der englische König Heinrich III. importierte den leichten Rotwein schon 1246. Wer den Wein dunkler haben wollte, mixte ihn mit anderem; die lokale Teinturier du Cher war das beste und einfachste Mittel. Guter Erzeuger: Hautes Vignes.

PINOT BEUROT

Ein burgundischer Name für die Pinot Gris (siehe S. 178/179). Einige Parzellen sind noch in der Côte de Beaune und den Hautes-Côtes de Beaune zu finden, wo sie mit Chardonnay verschnitten wird und dem Wein mehr Komplexität gibt. Auch in sehr berühmten Weinbergen haben noch einige Stöcke überlebt. Gute Erzeuger: L'Arlot, Bruno Clair, Coche-Dury.

PINOT BIANCO

Der italienische Name der Pinot Blanc (siehe S. 176/177). Sie wird weit überwiegend im Nordosten kultiviert und liefert insbesondere in Südtirol, Venetien und Friaul knackig frische, leichte Weine, in der Lombardei Grundwein für die Schaumweinproduktion. Pinot Bianco ist in viel größeren Mengen gepflanzt als Pinot Grigio.

Bis Mitte der 1980er Jahre waren die Bezeichnungen Pinot Bianco und Chardonnay oft austauschbar, und beide Sorten waren manchmal zusammen gepflanzt; unter solchen Umständen richtet sich die Sortenangabe auf dem Etikett eher nach den Markterfordernissen. Gute Erzeuger: KG Schreckbichl, Livio Felluga, Silvano Gallo, Jermann, Alessandro Princic, Puiatti.

PINOT BLANC
Siehe S. 176/177.

PINOT GRIGIO

Der italienische Name der Pinot Gris (siehe S. 172/173). In Italien ist Pinot Grigio häufig besser angesehen als Pinot Bianco, die Qualität ist aber praktisch dieselbe.

Sie wächst im Nordosten und wird für ihre Säure geschätzt, nicht für die üppige Fülle, die sie im Elsass charakterisiert. Entsprechend gehören die italienischen Versionen mit ihrer feinen Würze zu den leichtesten und frischesten. Bei zu hohen Erträgen, was häufig der Fall ist, schmecken sie nach nichts, was nicht verhinderte, dass Pinot Grigio – nicht nur in Deutschland – zum Archetypen des italienischen Restaurantweins aufstieg. Gute Erzeuger: Conti Attems, Conti Formentini, Drius, Livio Felluga, Marco Felluga, Jermann, Lis Neris – Pecorari, Puiatti, Russiz Superiore, Schiopetto, La Versa, Vie di Romans.

PINOT GRIS
Siehe S. 172/173.

PINOT MEUNIER

Der internationale Name der Meunier (siehe S. 123) beziehungsweise Schwarzriesling (siehe S. 229).

PINOT NERO

Der italienische Name der Pinot Noir (siehe S. 174–185). Bisher bleiben die italienischen Versionen hinter Burgund, Kalifornien, Neuseeland und den besten Australiens zurück; am vielversprechendsten ist Südtirol. Ich frage mich, warum Italien so lange braucht, um hinter das Geheimnis der Rebsorte zu kommen. Gute Erzeuger: Ca' del Bosco, Girolamo Dorigo, Haderburg, Hofstätter, Ignaz Niedrist, Tiefenbrunner.

PINOT NOIR
Siehe S. 174–185.

PINOT ST GEORGE

Eine obskure kalifornische Rebe, hier aufgenommen, da auch ein Synonym für Négrette (siehe S. 143), somit überhaupt kein Pinot.

Pinot Blanc

Ich weiß von keiner Gegend der Welt, in der Pinot Blanc als Star gilt. Sie ist in recht großen Mengen gepflanzt, spielt aber nirgends die Hauptrolle. Am nächsten kommt sie dem noch in Teilen von Norditalien, etwa in Südtirol, wo sie schöne, strahlende, frische trockene Weißweine liefert, und im Elsass, wo sie – auch wenn sie auf dem Etikett nicht erwähnt wird – der Stoff ist, aus dem einige der besten Crémants d'Alsace gemacht werden. Doch sonst ist sie eines der Aschenputtel der Weinwelt, und es hat sie noch kein Prinz zu einem Ball geladen.

Ihre Abstammung ist demgegenüber recht ordentlich. Sie ist eine Mutation der Pinot Gris, die selbst eine Variante der Pinot Noir ist. Ihr Geschmack erinnert an milden Chardonnay, besonders in Norditalien, wo schon der Chardonnay leicht gerät und der Pinot Blanc wie eine noch leichtere Variation wirkt. In Baden wird Weißburgunder, so der deutsche Name, oft mit gutem Effekt im Barrique ausgebaut, und im österreichischen Burgenland ergibt die Sorte hervorragende süße edelfaule Weine. In Osteuropa ist sie verbreitet, doch ohne besonderen Charakter.

Im Elsass spielt Pinot Blanc nach Riesling, Gewurztraminer und Pinot Gris die vierte Geige und wird oft mit Auxerrois verschnitten (der sie ähnlich sieht). Galet (1998) bezeichnet die produktivere elsässische Version der Rebe als Gros Pinot Blanc, um sie von anderen Pinots Blancs zu unterscheiden.

In der Neuen Welt hat Pinot Blanc keine große Resonanz gefunden; der Glamour des Chardonnay wird dort vorgezogen. In Kalifornien gibt es etwas Pinot Blanc, allerdings vieles, was als solche galt, stellte sich als Melon de Bourgogne heraus. Die Meinungen, wie Pinot Blanc schmecken soll, gehen dort auseinander, und so findet man Chardonnay-artige üppige und leichtere, zurückhaltendere Versionen. Oregon und Kanada haben mehr Ideen, was mit der Sorte anzufangen ist, und British Columbia hat sich viel versprechend gezeigt.

So ist nicht ganz einfach zu sagen, wie guter Pinot Blanc aussehen sollte. In bestimmter Weise ist seine Zurückhaltung, seine milde, dennoch strahlende, zugängliche Art eine seiner wichtigsten Eigenschaften in einer Welt, die von Chardonnay überschwemmt wird.

So schmeckt Pinot Blanc

Elsässischer Pinot Blanc hat runde, sahnige Frucht mit einem Hauch von Gewürzen, jedoch nicht zu viel; er ist weder aufdringlich würzig noch übermäßig aromatisch. In Italien fällt er leichter und mineralischer aus und zeigt manchmal eine schöne Birne-und-Apfel-Frische. In Deutschland verbindet er sich gut mit neuer Eiche; mit feiner Säure und gerade genug Körper, um dem Holz Widerpart zu bieten, bewegt er sich ein gutes Stück in Richtung Chardonnay.

BERGDOLT

Deutsche Weißburgunder haben, insbesondere wenn sie trocken ausgebaut sind, mehr Säure als die meisten Pinots Blancs. Dieser kommt aus der Pfalz und verfügt neben der hohen Säure über eine schöne dichte, sahnig-nussige Art.

In den elsässischen Grand-Cru-Lagen ist Pinot Blanc nicht zugelassen. Das hindert die Cuvée Caroline der Domaine Schoffit nicht daran, die intensiven, runden, an Honig erinnernden Aromen zu entwickeln, die man von den besten Lagen erwartet. Alte Reben und niedrige Erträge sind das Geheimnis.

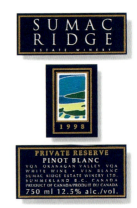

SUMAC RIDGE

Dieses Gut im Okanagan Valley in British Columbia gibt seinem Pinot Blanc mit neuer Eiche zusätzliches Gewicht und Komplexität. Einer der Wege, wie man der wenig ausgeprägten Persönlichkeit der Traube begegnen kann.

PINOT BLANC

Oben: Der größte Vorzug des Pinot Blanc ist seine subtile Art. Das Problem ist, die Weinliebhaber davon zu überzeugen, dass Subtilität eine Qualität ist, für die man Geld ausgeben sollte. Klar: Mit »subtil« oder »fein« werden gern Weine schöngeredet, die nur dünn und nichts sagend sind. Dennoch ist Pinot Blanc ein vorzüglicher Wein zum Essen.
Links: Als man im Willamette Valley in Oregon sah, dass Pinot Noir Erfolg hat, begann man auch andere Mitglieder der Pinot-Familie wie Pinot Blanc und Pinot Gris zu pflanzen. Hier das WillaKenzie Estate, dessen Pinot-Blanc-Reben auf hervorragend entwässerndem Willakenzie-Boden stehen.

VERBRAUCHERINFORMATIONEN

Synonyme und regionale Bezeichnungen
Im Elsass manchmal Clevner oder Klevner genannt. In Italien als Pinot Bianco, in Deutschland und Österreich als Weißburgunder oder Weißer Burgunder bezeichnet, in Slowenien und auf dem Balkan Beli Pinot (Weißer Pinot).

Gute Erzeuger
FRANKREICH Elsass Adam, Blanck, Bott-Geyl, Boxler, Deiss, Dopff & Irion, Hugel, Josmeyer, Kreydenweiss, Kuentz-Bas, Meyer-Fonné, René Muré, Ostertag, Rolly Gassmann, Schaetzel, André Scherer, Schlumberger, Schoffit, WG Turckheim, Weinbach, Zind-Humbrecht; **Burgund** Maurice Écard, Jadot, Louis Lequin, Daniel Rion
DEUTSCHLAND Bercher, Bergdolt, Schlossgut Diel, Fürst, Dr. Heger, Karl-Heinz Johner, Franz Keller, U. Lützkendorf, Reinhartshausen, WG Sasbach, Dr. Wehrheim
ÖSTERREICH Feiler-Artinger, Walter Glatzer, Hiedler, Lackner-Tinnacher, Hans Pitnauer, Fritz Salomon

ITALIEN Buonamico, Marco Felluga, Jermann, Masùt da Rive, Ignaz Niedrist, Querciabella, Princic, Puiatti, KG St. Michael Eppan, Schiopetto, KG Schreckbichl, KG Terlan, Vallarom, Vignalta
USA Kalifornien Au Bon Climat, Chalone, Laetitia, Saddleback, Steele, Tyee; **Oregon** Amity, Archery Summit, WillaKenzie
KANADA Blue Mountain, CedarCreek, Inniskillen Okanagan, Mission Hill, Sumac Ridge
NEUSEELAND St Helena
SÜDAFRIKA Nederburg

WEINEMPFEHLUNGEN
Zehn trockene und halbtrockene Weine aus dem Elsass
Blanck *Alsace Pinot Blanc*
Boxler *Alsace Pinot Blanc*
Josmeyer *Alsace Pinot Blanc Les Lutins*
Kreydenweiss *Alsace Pinot Blanc Kritt*
Meyer-Fonné *Alsace Pinot Blanc Vieilles Vignes*
Réné Muré *Alsace Pinot Blanc Tradition*
Rolly Gassmann *Alsace Pinot Blanc Auxerrois Moenchreben*
Schlumberger *Alsace Pinot Blanc*
Schoffit *Alsace Pinot Blanc Cuvée Caroline*
Zind-Humbrecht *Alsace Pinot d'Alsace*

Fünf deutsche und österreichische Weißburgunder
Bercher *Burkheimer Feuerberg Weißburgunder Spätlese Trocken Selektion*
Fürst *Franken Weißburgunder Spätlese Trocken*
Dr. Heger *Achkarrer Schlossberg Weißburgunder Spätlese Trocken*
Lackner-Tinnacher *Südsteiermark Steinbach Weißburgunder*
Fritz Salomon *Weißburgunder*

Fünf italienische Weine auf Pinot-Bianco-Basis
Fattoria del Buonamico *Vasario*
KG Schreckbichl *Alto Adige Pinot Bianco Weißhaus*
Querciabella *Batàr*
KG St. Michael Eppan *Alto Adige Pinot Bianco Schulthauser*
Schiopetto *Collio Pinot Bianco*

Fünf USA-Weine
Au Bon Climat *Santa Maria Valley Reserve*
Chalone Vineyard *Chalone*
Saddleback Cellars *Napa Valley*
Steele *Santa Maria Valley Bien Nacido Vineyard*
WillaKenzie Estate *Willamette Valley*

PINOT GRIS

Wo habe ich den besten Pinot Gris getrunken? War es im Elsass? In Deutschland, als Grauburgunder oder Ruländer? Oder in Italien als Pinot Grigio? Das sind die drei Hauptverdächtigen. Könnte er aber auch aus der Schweiz gewesen sein, aus Neuseeland, Kanada oder Rumänien? Seitdem ich einen bemerkenswerten St Helena Pinot Gris 1987 von der neuseeländischen Südinsel gekostet hatte, war ich überzeugt, dass er dort Erfolg haben würde. Weine aus Ontario und British Columbia lassen Pinot Gris als die weiße Sorte erscheinen, die mit der Kombination von kurzem heißem Sommer und langem kaltem Winter – der kanadischen Herausforderung schlechthin – am besten zurechtkommt. Und Rumänien? Wenn Sie einmal einen köstlichen, honigsüßen, hedonistischen edelfaulen Pinot Gris aus dem Bereich Murfatlar am Schwarzen Meer genießen durften, werden Sie nicht mehr insgeheim grinsen, wenn ich behaupte, dass Pinot Gris an den unwahrscheinlichsten Plätzen der Welt eine der besten Trauben überhaupt sein kann.

Doch zurück zum Elsass. Hier ergibt Pinot Gris herrlich süße und ebenso trockene, aber immer weiche Weine. Der Grund, dass der Wein hier so unvergleichlich wird, hat viel mit dem Klima zu tun. Der trockene Herbst macht langes Hängenlassen möglich; man kann spät lesen, für trockene oder halbtrockene Weine, oder noch später für süße Weine. Im Elsass und auch in Baden auf der anderen Seite des Rheins benötigt man Reife – mindestens 12,5 % potenziellen Alkohol bei der Lese –, um charaktervollen Wein zu erhalten. Und niedrige Erträge für Qualität, nicht mehr als 60 hl/ha für guten und 40 hl/ha für großen Wein.

In Deutschland ist Pinot Gris in Baden und in der Pfalz erfolgreich, als lieblicher Ruländer oder trockener Grauburgunder (heute auch Pinot Gris). Er weist oft die weiche, runde Art des Elsässers auf, erreicht aber nicht dessen Eleganz. In Italien wird die Sorte als Pinot Grigio zunehmend angebaut, realisiert aber kaum ihr Potenzial, mit Ausnahme einiger Erzeuger in Collio im Nordosten; die Massenweine, die sich in deutschen Bars und Restaurants breit gemacht haben, sind meist bescheiden. Die Schweiz, Ungarn und Rumänien haben in der Vergangenheit feurig-würzige Weine geliefert und werden dies hoffentlich wieder tun. In der Neuen Welt, besonders Kanada, Oregon und Neuseeland, gilt Pinot Gris aufgrund seines füllig-weichen Charakters als Alternative zu in Eiche ausgebautem Chardonnay, und er ist es auch.

So schmeckt Pinot Gris

Ich schätze Pinot Gris ganz besonders für seine wunderbar runde, milde Art, seine üppigen Paranuss-Aromen und seine leichten Andeutungen einer gewissen Unsauberkeit (zucken Sie nicht zusammen, viele bemerkenswerte Weine haben etwas »Unkorrektes« an sich). Elsässischer Pinot Gris glänzt mit samtigen, exotischen Aromen wie Gewürzen und Moschus; der überaus beliebte, leichte, in Bestform würzig-mineralische Pinot Grigio aus Nordostitalien ist herrlich zu einem *fritto misto*. Die Kanadier und Neuseeländer sind noch zu kurz im Spiel, um mit den gefährlichen Aromen des Verfalls umgehen zu können. Oregon im pazifischen Nordwesten stützt sich bisher auf den weichen Charakter der Sorte, es zeigt sich aber rasch, dass der strahlende, fast spritzige Typ der beste Wein des Staates werden könnte. Dort wie in Neuseeland dominieren Fruchtaromen, Birne und Apfel, Mango und Frühlingsblumen; die besten Exemplare weisen immer einen flimmernden Geißblattduft auf. Die Schweiz, Ungarn und Rumänien halten es demgegenüber mit dem runden, samtig-weichen Stil.

Die Domaine Weinbach produziert mit die charaktervollsten Weine des Elsass. Diese Vendange Tardive (Spätlese) ist elegant, gehaltvoll und ein wenig süß mit wundervoll ausgleichender Säure.

DRY RIVER

Neuseeland entwickelt rasch einen interessanten Pinot-Gris-Stil mit Birne- und Apfelaroma sowie feinem Geißblattduft. Der Dry River hingegen ist knackig frisch und vielschichtig, er wird in der Flasche einige Jahre reifen können.

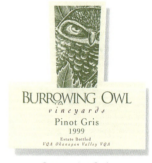

Burrowwing Owl

Pinot Gris wird in British Columbia rasch zu einer der Spitzenrebsorten. Weiche Vanille-, Honig- und Pfirsicharomen prägen diesen in Eiche vergorenen Wein.

Oben: Pinot-Gris-Trauben – hier zu Beginn des Befalls mit Botrytis cinerea – sind für den Pilz anfälliger als jede andere edle Sorte im Elsass. Es gibt dort zwei Linien der Pinot Gris: Die Gros Grains, die heute fast ausschließlich verwendet wird, liefert ohne Probleme viel höhere Erträge als die kleinbeerige Petits Grains. Doch ergibt die Petits Grains eine himmlische Qualität, und die junge, ehrgeizige Winzergeneration wird sie nicht ganz verschwinden lassen.
Links: Olivier Humbrecht in seinem Pinot-Gris-Weinberg auf dem Rotenberg bei Wintzenheim im Elsass.

VERBRAUCHERINFORMATIONEN

Synonyme und regionale Bezeichnungen
Französische Synonyme sind Pinot Beurot oder Burot (Burgund), Malvoisie (Loire-Tal und Savoyen) sowie Tokay-Pinot Gris (Elsass). In Italien als Pinot Grigio, in Deutschland als Grauburgunder (trockene Weine) und Ruländer (liebliche Weine) bezeichnet, im Schweizer Wallis Malvoisie, in Ungarn Szürkebarát

Gute Erzeuger
FRANKREICH Elsass Adam, Albrecht, Barmès-Buecher, Beyer, Blanck, Bott-Geyl, Boxler, Burn, Deiss, Dopff & Irion, Hugel, Josmeyer, Kientzler, Kreydenweiss, Kuentz-Bas, Albert Mann, Meyer, Meyer-Fonne, Mittnacht-Klack, René Muré, Ostertag, WG Pfaffenheim, Rolly Gassmann, Schaetzel, Schlumberger, Schoffit, Bruno Sorg, Trimbach, WG Turckheim, Weinbach, Zind-Humbrecht; **Burgund** L'Arlot; **Loire** Henri Beurdin
DEUTSCHLAND (trocken) Bercher, Dr. Heger, Karl-Heinz Johner, Müller-Catoir, Klaus Zimmerling; (lieblich) Salwey
ÖSTERREICH Feiler-Artinger, Gross, Peter Schandl
ITALIEN CS Avio, Cesconi, Livio Felluga, Lageder, Le Monde, Ronco del Gelso, Russiz Superiore, Schiopetto/Poderi dei Blumeri, Vie di Romans, Villa Russiz, Elena Walch
USA Kalifornien Long; **Oregon** Adelsheim, Archery Summit, Chehalem, Evesham Wood, Eyrie, King Estate, WillaKenzie
AUSTRALIEN Mount Langhi Giran
NEUSEELAND Dry River, Gibbston Valley, Kumeu River, St Helena, Seresin
SÜDAFRIKA L'Ormarins, Van Loveren

WEINEMPFEHLUNGEN
Zehn trockene/halbtrockene Weine aus dem Elsass
Lucien Albrecht *Pfingstberg*
Léon Beyer *Comtes d'Eguisheim*
Ernest Burn *Goldert Clos St-Imer*
Cave de Pfaffenheim *Vendange Tardive*
Kientzler *Vendange Tardive*
Kreydenweiss *Moenchberg Vendange Tardive*
Albert Mann *Vieilles Vignes*
Ostertag *Muenchberg Vendange Tardive*
Schoffit *Cuvée Alexandre*
Zind-Humbrecht *Clos Windsbuhl Vend. Tar.*

Fünf Sélections de Grains Nobles aus dem Elsass
Bott-Geyl *Alsace Tokay-Pinot Gris*
Hugel *Alsace Tokay-Pinot Gris*
Kuentz-Bas *Alsace Tokay-Pinot Gris Cuvée Jeremy*
Weinbach *Alsace Tokay-Pinot Gris*
Zind-Humbrecht *Alsace Tokay-Pinot Gris Rangen Clos St-Urbain*

Fünf Grauburgunder
Bercher *Burkheimer Feuerberg Spätlese Trocken Selektion*
Dr. Heger *Ihringer Winklerberg Spätlese Trocken 3 Sterne*
Müller-Catoir *Haardter Herrenletten Spätlese Trocken*
Klaus Zimmerling *Landwein Trocken*
Alois & Ulrike Gross *Südsteiermark*

Fünf italienische Spitzenweine
Livio Felluga *Colli Orientali del Friuli Pinot Grigio*
Lageder *Alto Adige Pinot Grigio Benefizium Porer*
Ronco del Gelso *Friuli Isonzo Pinot Grigio Sot Lis Rivis*
Schiopetto/Poderi dei Blumeri *Colli Orientali del Friuli Pinot Grigio*
Vie di Romans *Friuli Isonzo Pinot Grigio Desimis*

Fünf Weine aus der Neuen Welt
T. Gallant *Pinot Grigio* (Australien)
Gibbston Valley *Pinot Gris* (Neuseeland)
Dry River *Pinot Gris* (Neuseeland)
Evesham Wood *Pinot Gris Estate* (Oregon)
Burrowing Owl *Pinot Gris* (Kanada)

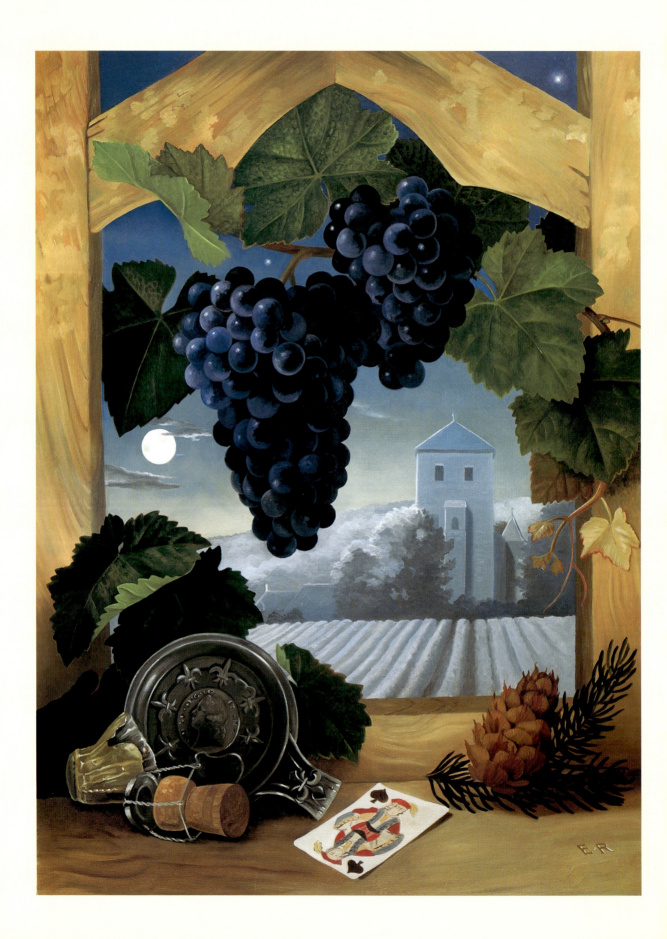

PINOT NOIR

Weinmacher in aller Welt geraten in heilige Aufregung, wenn sie darüber diskutieren, wie ihr Pinot Noir schmecken soll. Und ich fürchte, dass wir Weinenthusiasten keineswegs hilfreich sind, wenn wir weiterhin köstliche Exemplare dafür kritisieren, dass sie nicht nach Burgunder schmecken. Wer von uns kann denn schon sagen, wie Burgunder schmeckt? Die große Mehrheit des Burgunders, der unter seinem berühmten Namen mit einer Myriade prächtig gestalteter Händleretiketten verkauft wird, ist flach, langweilig, frei von erinnerbaren Aromen und überteuert. Wollen wir, dass der Pinot Noir der restlichen Welt ebenso ist? Natürlich nicht. Doch oft vergeben wir unbedeutendem Burgunder, weil es Burgunder ist, und bekritteln an besserem – und meist billigerem – Wein, dass er wagt, ein Aroma zu haben (vielleicht sogar ein sehr schönes), das nicht an Burgunder erinnert.

Das Bogenfenster, ähnlich denen im Hospice de Beaune in Burgund, der Heimat des Pinot Noir, gibt den Blick auf das Schloss in Gevrey-Chambertin frei, einem der berühmtesten Weinorte der Côte de Nuits. Der Mondschein zollt ihren Namen Tribut, und auf dem Fensterbrett sind Dinge versammelt, die mit Pinot Noir zu tun haben: ein traditioneller silberner taste-vin aus dem Burgund, ein Champagnerkorken, ein Zapfen der Oregonkiefer und ein Pikbube, der für die kapriziöse Art der Sorte in Weinberg und Keller steht.

Wie kann Burgunder denn nun schmecken? Ist er hell und ätherisch, mit einem Duft so süß und sehnsuchtsvoll wie halb vergessene Erinnerungen an die Sommer der Kindheit? Oder ist er sinnlich und verführerisch, macht er fast schwindelig mit seinem betörenden Duft nach den Kirschen, Erdbeeren und Brombeeren aus den Gärten des Paradieses? Oder ist er muskelbepackt, finster, dunkel wie Blut, bittersüß wie schwarze Kirschen und Lakritz, wie ein Tier in seiner Höhle lauernd und von exotischem Duft? Ich könnte ein Dutzend weiterer Vergleiche anstellen, und dennoch hätte ich etliche große Pinots Noirs dieser Welt damit noch nicht charakterisiert. Es ist klar, was wir so genannten Experten tun sollten: uns zurücklehnen, Mund und Sinne öffnen und die Pinots Noirs dafür zu lieben, was sie sind, nicht wegen ihrer möglichen Ähnlichkeit mit den Weinen aus der unbeständigsten der großen Weinregionen Frankreichs.

Inzwischen hängen die Pinot-Erzeuger einem neuen Klischee nach, einem neuen Heiligen Gral. Und so sind wir wieder im Land der Träume. Was soll denn dieser Heilige Gral sein? Burgund, und wenn ja, welches? Ich denke, ein großer Vorteil der Tatsache, dass niemand genau weiß, auf welchen Geschmack man Pinot Noir am besten trimmt, ist dies: Sie können jeden Tag auf ein wunderbares Glas Pinot Noir aus einer Ecke der Welt stoßen, aus der Sie es nie erwartet hätten. Ein weiterer Vorteil ist dieser: Während man den großen Lieblingen Cabernet Sauvignon und Chardonnay relativ leicht die stilistische Zwangsjacke anlegen kann, wäre das bei Pinot wie das Ringen mit einem Aal. Scharen von begabten, aber konformistischen Weinmachern sind völlig damit zufrieden, vorzügliche Cabernets und Chardonnays in bewährter Art zu machen, während Pinot Noir eher die wilderen Typen anzieht. Kerle, die es nicht mögen, wenn man ihnen sagt, was sie tun sollen, die den Marketingmenschen nicht mehr Macht über den Wein geben als den Weinmachern. Eine genusssüchtige Sorte von Männern und Frauen, die Geschmack und Duft haben wollen, die das seidig-samtige Gefühl mögen, das Weine wie Pinot Noir auszeichnet, ein verführerisches, schwüles, ja sündiges Gefühl, das Weine vermitteln, die nur Vergnügen bereiten wollen.

Dafür liebe ich den Pinot Noir, dafür bin ich rund um die Welt auf der Jagd. Und ich weiß heute, dass die Philister aus mehreren Gründen Unrecht haben. Zum einen haben einige der besten Pinot-Noir-Erzeuger es aufgegeben, »Burgunder« zu machen, sie lassen der Traube ihren eigenen Kopf und schauen, was dabei herauskommt. Das Resultat: wunderbare, begeisternde, ungewohnte Köstlichkeiten, die jeden Genussmenschen erfreuen. Zum anderen kann man guten Pinot Noir preiswert bekommen. Chile etwa hat sich solchen zum Programm gemacht. Und drittens: Keine Diskussion mehr darüber, ob er so schmeckt, wie er sollte. Bei Pinot Noir gibt es kein »soll«. Wenn er Sie lächeln macht, ist alles gut.

Pinot Noir: Von der Traube zum Glas
*Geografie und Geschichte Seite 176; Weinbau und Weinbereitung Seite 178; Pinot Noir in aller Welt Seite 180;
Pinot Noir genießen Seite 184*

Geografie und Geschichte

Unter Winzern und Weinmachern existiert größere Unsicherheit darüber, was sie mit Pinot Noir machen sollen, als fast bei jeder anderen Rebsorte: wie sie zu erziehen ist, wie sie geschnitten werden muss, wie der Ertrag zu regulieren ist; wann gelesen werden soll, früh oder spät; ob der Wein hell oder dunkel werden soll; welche Vinifikationsmethoden verwendet werden sollen, alte oder neue. Hat denn niemand das ultimative Verfahren, große Weine aus dieser Traube zu machen?

Die Tausende unterschiedlicher Weine, die in ihrer Heimat Burgund gemacht werden, und die alle zehn Jahre wechselnden Moden zeigen, dass nicht nur die Newcomer unsicher sind. Die Traube ist auch außerhalb der Heimat sehr kapriziös, ihre

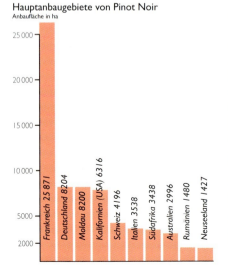

Unstetigkeit dort ist sogar noch größer als die zu Hause – gleichermaßen zur Faszination und Verzweiflung derer, die sie kultivieren und den Wein machen, und derer, die ihn schließlich trinken.

Man sagt, sie liebe heißes Klima nicht. Ein Erzeuger in Oregon sagte jedoch über Pinot Noir in Margaret River (Australien): »Da kommen schon Grundüberzeugungen ins Wanken, wenn man sieht, wie Shiraz und Pinot Noir nebeneinander stehen werden und Pinot von Weltklasse gemacht wird.« Nur zu wahr.

Sicher ist Pinot Noir in kühlem Klima zu Hause, aber die besten Burgunder stammen aus richtig heißen Jahrgängen. Alle meinten, dass das kühle Oregon für Pinot ideal wäre, doch die aufregendsten Pinots der USA kommen aus Kalifornien. Pinot Noir aus warmen Klimaten kann flach und marmeladig sein, muss es aber nicht. Er sollte fein sein und intensiv duften, ist jedoch häufig grünlich und roh. Die Unzuverlässigkeit sollte seine Verbreitung behindern, die Karte sagt aber etwas anderes.

Ein wenig Geschichte

Pinot Noir ist eine der ältesten Kulturreben überhaupt. Alle kultivierten Reben gehen auf Wildreben zurück, und neue genetische Forschungen lassen annehmen, dass sie vor gut 2000 Jahren domestiziert wurde. Ein schöner Stammbaum für eine Traube.

Es gibt Indizien dafür, dass Pinot schon im 4. Jahrhundert n. Chr. in Burgund heimisch war. Die erste schriftliche Erwähnung stammt von 1375, und nur 20 Jahre später verbannte der rührige Herzog Philipp II., der Kühne zugunsten von Pinot die minderwertige Gamay von der Côte d'Or.

Das Alter dieser Kulturrebe ist auch der Grund für die große genetische Instabilität. Die Pinot-Familie (Pinot Noir, Pinot Blanc und Pinot Gris sind ampelografisch identisch, da sie über dieselbe DNA verfügen) ist permanenter Mutation ausgesetzt. Das kann einerseits für den Winzer ein Vorteil sein, da sich die Reben gut an lokale Verhältnisse anpassen; auf der anderen Seite wird es natürlich schwieriger, die gewünschten Eigenschaften in den Klonen stabil zu halten.

Die Zahl der Abkömmlinge ist Legion. An der kalifornischen Weinuniversität in Davis fand man zusammen mit französischen Experten heraus, dass Pinot Noir der Ahn von mindestens 16 modernen Rebsorten ist, darunter Chardonnay, Gamay Noir, Aligoté, Melon de Bourgogne (aus der Muscadet gemacht wird) und Auxerrois. Jede dieser Rebsorten ist stolz, von Pinot Noir abzustammen; sie selbst jedoch hat unter ihrem Stand geheiratet: Der andere Elternteil war Gouais Blanc, eine so obskure Traube, dass nur wenige Weinfreaks von ihr wussten, bis die Forschung sie ins Rampenlicht stellte. Gouais ist aus Gegenden wie Burgund und Champagne verbannt, wo Pinot Noir und Chardonnay dominieren und es trotz ihrer neu entdeckten »Ehrlosigkeit« weiterhin tun werden. Die Rebe, die in Kalifornien unter dem Namen Gamay Beaujolais kultiviert wird, gilt heute als schlechter, blasser Klon der Pinot Noir.

Vosne-Romanée in der Côte de Nuits: im Vordergrund die Lage Romanée-Conti, dahinter Romanée-St-Vivant. Die Aufgabe, die geschmacklichen Differenzen benachbarter, aber unterschiedlicher Lagen herauszuarbeiten, hat in der Côte d'Or die Anwendung biodynamischer Methoden gefördert.

Christophe Roumier von der Domaine Georges Roumier, einer der Spitzenwinzer Burgunds, trimmt seine Reben auf perfekte Balance, um optimalen Ertrag bei optimaler Reife zu erhalten.

Jacques Seysses bei der Fassprobe im Keller der Domaine Dujac. Weder filtert noch schönt er seine Weine, doch er sagt: »Vielleicht mache ich das einmal wieder; ich tue, was getan werden muss.«

Weinbau und Weinbereitung

Auf der ganzen Welt suchen Pinot-Noir-Erzeuger Rotwein zu machen, der dem Burgunder der Côte d'Or gleichkommt. Das jedenfalls ist sicher: Es gibt bisher keinen anderen mustergültigen Typus als den Burgunder. Kalifornien und Neuseeland zeigen allerdings schon eine virtuose, bemerkenswert unburgundische Art.

Weniger leicht ist es aber, einen Konsens darüber zu finden, was an der Côte d'Or und der burgundischen Art des Weinmachens nachgeahmt werden sollte. Ist es der Boden? Wenn ja, in welchem Detail? Oder ist es das Klima? Und wenn man großen Pinot mit größerer Zuverlässigkeit als in Burgund machen will, was muss man verbessern?

Es könnte aber auch die beste Idee sein, Burgund ganz zu vergessen und nur den eigenen Instinkten zu folgen. Vanja Cullen aus Margaret River in Australien meint, dass sie wirklich guten Pinot Noir erst dann machte, als sie alles Burgundische aufgab und ihn »in seinem eigenen Saft schmoren ließ«. In der Tat richtet sich eine zunehmende Zahl Pinot-Erzeuger der Neuen Welt nach dem eigenen Gutdünken, und immer mehr ihrer Produkte schmecken sehr gut.

Klima

In Burgund ist es kühler als in Bordeaux, mit weniger warmen Sommern, kälteren Wintern und größeren Temperaturunterschieden zwischen Tag und Nacht. Im Frühjahr drohen Spätfröste, in Mai und Juni Regen und noch mehr Regen im Oktober, der – wenn er unmittelbar vor oder während der Lese fällt – die Qualität des Weins verderben kann. Klingt nach einem falschen Platz für den Weinbau? Nicht falsch geraten. Pinot Noir ist eine früh reifende Sorte und für Fäule anfällig; langsame Reifung in einem kühlen Klima tut ihr gut, da die Beeren sehr hitzeempfindlich sind; dennoch braucht sie ordentlich Wärme, um gut zu reifen. Im Allgemeinen gibt es an der Côte d'Or in jedem Jahrzehnt einige Jahre, in denen Pinot nicht voll ausreift, und viele Neuerungen in der Weinbereitung zielen darauf ab, der nicht sehr intensiv gefärbten und zurückhaltend duftenden Traube mehr Farbe und Aroma zu entlocken.

In Kalifornien beriet die Universität in Davis die Erzeuger lange Zeit dahin gehend, dass es im Lande nirgendwo für Pinot Noir kühl genug sei. Heute weiß man, dass Carneros, Santa Barbara, Russian River und noch einige andere Bereiche großartigen Pinot liefern. Das andere Extrem bildet die Hand voll Spätburgunder-Weinberge im sehr kühlen Mosel-Tal; um hier überhaupt reif zu werden, müssen sie dem Riesling die besten Lagen wegnehmen. Auch in der warmen Pfalz experimentieren die Winzer mit der Mostkonzentration, um ihren Weinen mehr Farbe und Extrakt zu geben. Im Elsass gerät Pinot Noir sehr hell, perfekt als dunkler Rosé, aber keineswegs ein Rotwein.

Myron Redford von Amity Vineyards in Oregon sagt: »Ich bin immer noch überzeugt, dass Pinot Noir ein kühles Klima benötigt. Nur hat sich meine Definition von ›kühl‹ geändert. In einem Klima, das für eine Sorte nicht geeignet

Lalou Bize-Leroy hat auf ihrem Gut, der Domaine Leroy in Vosne-Romanée, biodynamische Methoden eingeführt. Sie möchte in ihrem Pinot Noir das Terroir schmecken, nicht die Traube.

ist, lässt sich kein großer Wein machen. Hat man aber das richtige Klima, wird das ganze Terroir wichtig: Boden, Exposition, Dränage und Kleinklima werden zu entscheidenden Faktoren.«

Boden

In der Côte d'Or steht Pinot Noir auf den kalkreicheren Böden. Im Mittelteil der Hänge, in den besten Lagen, ist jedoch das Tonmineral Montmorillonit reichlich vorhanden. Montmorillonit hat eine hohe Kationentauscherkapazität; der Kationenaustausch ist ein für die Nährstoffaufnahme aus dem Boden entscheidender Mechanismus. Darüber hinaus ist der Oberboden in der Côte d'Or meist nur 1–1,5 Meter tief, was den Wasserabzug fördert; der bröckelige Untergrund gewährleistet, dass die Rebe auch in trockenen Sommern genug Feuchtigkeit findet. In den dünnsten Oberböden können sich virusverbreitende Nematoden konzentrieren (das Virusproblem in Burgund führte zur Popularität virusfreier Klone; siehe unten). Der hohe Grundwasserspiegel am Hangfuß bildet im Allgemeinen die untere Grenze der Grand-Cru-Lagen, mit Ausnahme von Clos de Vougeot und Bâtard-Montrachet, die auch Terrain einschließen, das für Spitzenqualität zu nass ist.

In anderen Teilen der Welt werden flache, gut dränierte und wenig fruchtbare Böden für Pinot Noir bevorzugt. Manche Erzeuger stützen sich auf Ton, um dem Wein Tiefe zugeben; Hamilton Russell in Südafrika glaubt, dass man den Kalkstein in Burgund zu hoch schätzt und dabei den Tongehalt vergisst. Andererseits meint Josh Jensen, der mit die besten Pinots Noirs Kaliforniens macht, dass er ohne seine Kalkböden aufgeschmissen wäre.

Kultivation und Ertrag

In den AC-Bestimmungen der Côte d'Or wird die Pflanzdichte auf 1 × 1 Meter festgelegt, d. h. 10 000 Stöcke pro Hektar. Manche Weinberge sind noch dichter bepflanzt, mit 1 × 0,9 Meter, während im Mâconnais die Dichte bei 8000 Reben pro Hektar liegt. Meist wird im Guyot-System erzogen, aber man versucht es auch mit Zapfenschnitt und Kordons. Kurzer Schnitt gilt allgemein als bestes Mittel, um die Erträge gering zu halten und die Konzentration zu erhöhen. Wird jedoch zu kurz geschnitten, wird die Rebe zum Busch, in dem die Trauben versteckt hängen und nicht genug Sonne bekommen. Dominique Lafon von der Domaine des Comtes Lafon rät daher, die Triebe länger zu lassen und ein oder zwei Augen auszubrechen. »Das ist besser für das Laubdach und für die Belüftung. Der Aufbau der Rebe ist wichtiger als die Anzahl der Augen beim Schnitt, da gute Belüftung nötig ist, um Fäule zu vermeiden.«

Die Behangausdünnung, die generell nach dem Einsatz der Beerenreifung durchgeführt wird, gilt als vorläufige Problemlösung, nicht als etablierte Technik. Das Ziel ist, die Rebe im vegetativen Gleichgewicht zu halten, sodass sie vor allem nicht zu stark trägt; die besten Erzeuger sehen 35 hl/ha als ideal für Pinot Noir an. Die Domaine de la Romanée-Conti erntet im Schnitt noch weniger, etwa 24 hl/ha.

In Neuseeland und Oregon sind etwa 2 t/ha (ca. 14 hl/ha) eine allgemein akzeptierte Größe für reifen Pinot. Man vergleiche das mit den Erträgen für Schaumwein: In der Champagne waren es im ausgezeichneten Jahrgang 1990 durchschnittlich 110 hl/ha. Champagnerhäuser mit eigenen Weinbergen ernten meist weniger als Winzer, die ihre Trauben verkaufen. Auch der Vergleich mit Chile ist interessant, wo 8–10 t/ha als niedrig betrachtet werden und 12–13 t/ha nicht unüblich sind.

Klone

Pinot Noir ist berüchtigt für seine Klonenvariation. Manche Klone ergeben farbschwache, dürftige Weine, andere robuste, marmeladige Aromen und dunkle Farben; die einen liefern Eleganz, die anderen stämmigen Charakter; die einen tragen reich, die anderen gering. Die 1970er Jahre waren eine schlechte Zeit für Pinot-Noir-Klone, hoher Ertrag war das Ziel, nicht hohe Qualität.

Eine neue Generation von Klonen, besonders solche aus Dijon, verbessern allmählich das Bild auf der ganzen Welt. Doch der Wandel geschieht nicht über Nacht, und selbst an der Côte d'Or gibt es wahrscheinlich mehr von der ertragsstarken Pinot Droit, als viele Burgunder zulassen würden. (Geringtragende Subvarietäten sind Pinot Fin und Pinot Tordu.) Allein an der Côte d'Or wurden inzwischen über 1000 verschiedene Klone registriert.

Einige burgundische Erzeuger sahen, dass die neu gepflanzten Klone der neuen Generation zu ertragreich waren und gingen zu Massenselektion in ihren eigenen Rebflächen über, indem sie den Fortschritt jeder Rebe über mindestens fünf Jahre verfolgten, bevor sie Ableger von ihnen heranzogen und in großen Mengen pflanzten. Olivier Merlin ging im Mâconnais noch weiter: Er verwendet Reiser aus der Gesamtpopulation seines Weinbergs und scheidet nur kranke Reben aus. »Komplexität durch Unterschiedlichkeit« ist sein Motto. Seine Gegner betonen, dass Komplexität aus dem Terroir kommt und dass höheres Alter der Reben plus gute Weinbergsarbeit die Unterschiede zwischen den Klonen fast völlig ausschalten, sogar bei Pinot Noir.

Vinifizierung

Zwar ist gute Vinifikation für Pinot Noir absolut notwendig, doch ist es eine verwunderliche Sache, dass es gerade eine Reihe kleinerer Fehler sind, die einen Pinot Noir interessant machen und nicht bloß korrekt: mit Duft und Geschmack, die nicht ganz klinisch sauber sind. Während die Burgunder dies durch größere Korrektheit im Keller erreichten, müssen Weinmacher in anderen Ländern vielleicht ein bisschen weniger korrekt werden, um großen Pinot zu machen.

In Burgund ist es üblich, alle oder fast alle Trauben zu entrappen und mit einem hohen Anteil ganzer Beeren gären zu lassen, anstatt sie zuerst zu mahlen. Nur wenige Güter (darunter auch, notabene, einige Spitzenerzeuger) entrappen nicht. Chaptalisierung ist üblich und Säurezugabe nicht selten; beides zusammen ist eigentlich nicht erlaubt, aber ebenfalls nicht unbekannt.

Die Mazerierung vor der Gärung (auch als Kaltmaischung bezeichnet) wird oft eingesetzt. Sie gilt als traditionelles Verfahren, das durch Guy Accad – einen gegen Ende der 1980er Jahre begehrten Weinmacher, der eine extreme Form dieser Mazeration vertrat – wieder Aufmerksamkeit fand. Man lässt sie einige Tage andauern, während derer die wilden Hefen (Zuchthefe wird in Burgund wenig gebraucht) langsam lebendig werden. Der Punkt ist, dass bei 15 °C die traubeneigenen Enzyme die Zellen der Beerenhaut aufschließen und Aroma sowie Tannine verbessern. Das ist wie bei den noch etwas grünlichen Tomaten, die man noch eine gewisse Zeit auf dem Fensterbrett nachreifen lässt, es gibt dem Wein mehr und komplexeren Geschmack.

Die Gärtemperaturen lässt man auf fast Furcht erregende 30–32 °C ansteigen, und die Gesamtzeit im Gärtank, inklusive einer eventuellen Maischung nach der Gärung, schwankt zwischen zwei und drei Wochen.

Filtration

Filtern schadet dem Wein nicht, wenn es sanft und sachgemäß durchgeführt wird. Der übermächtige Einfluss des amerikanischen Weinkritikers Robert Parker, der sich ganz entschieden gegen die Filtration ausspricht, hat jedoch zur Folge, dass viele Erzeuger behaupten, es nicht zu tun.

DIE CABERNETISIERUNG DES PINOT NOIR

Wie leicht oder wie mächtig sollte ein Pinot Noir sein? Das fragen sich die Weinmacher, seitdem zu Beginn der 1980er Jahre deutlich leichtere, intensiver duftende, weniger körperreiche Pinots die Marktführung übernehmen. So mancher Weintrinker betrauerte das Verschwinden der mächtigen, öligen Weine von anno dunnemals. (Wenn Sie weit genug in die Vergangenheit gehen, sehen Sie, warum sie mächtig und ölig waren: Sie enthielten einen guten Schuss Wein von der südlichen Rhône oder gar aus Nordafrika.) Andere begrüßten die Eleganz und die Feinheit der neuen Weine und betrachteten sie als die authentische Wiedergabe ihres Terroirs.

Bei allen anderen Rotweinen geht der Trend jedoch zu mächtigen, üppigen Aromen wie denen des Cabernet Sauvignon. Um auf den internationalen Märkten zu reüssieren, müssen Weine mit weichen Tanninen und intensiver Frucht voll gepackt sein. Leichte Rotweine sind etwas für Muttersöhnchen; sie kommen nicht in die Schlagzeilen, sie gewinnen keine Verkostungen.

Dementsprechend fühlen sich mehr und mehr Erzeuger veranlasst, Bomben von Weinen zu machen. Und das nicht nur in Kalifornien, wo die Stimme einiger Weinkritiker so viel wiegt. Auch in Burgund ist diese Cabernetisierung festzustellen. Nehmen Sie den *négociant* Dominique Laurent, der in 200 % neuer Eiche ausbaut. Sonst ist in Burgund weniger als 50 % neue Eiche üblich, bei den körperreichsten mehr, bei leichten noch weniger. Etwa 18 Monate Barriquelagerung sind normal. Laurent altert seine Weine ein Jahr in neuen Fässern und zieht dann auf neue Fässer ab. Er möchte – so sagt er – keine übermächtig tanninreichen, eichenbetonten Weine machen, sondern dunkle, sinnliche, üppige Weine aus perfekt ausgewogenen, perfekt reifen Trauben: Weine, die ihr Terroir reflektieren. Neue Eiche ergibt nach seiner Überzeugung bessere Oxidation, bessere Interaktion zwischen Hefe und Wein und verlangsamt den Alterungsprozess, sie intensiviert die Farbe und fixiert die Aromen. Sicher, aber sie gibt auch Massen von Tannin ab. Tatsächlich bekommen nur die mächtigsten Weine 200 % neue Eiche; Laurent folgt keinem festgelegten Rezept, und sogar seine Kritiker sagen, dass er Eiche sorgfältig und sensibel einsetzt. Repräsentiert Laurent einen fundamentalen Meinungswandel? Hat er, wie Guy Accad mit der Kaltmaischung, eine alte Technik neu entdeckt, die in modifizierter Form zu einem Standardverfahren werden wird? Wir werden es sehen.

Pinot Noir in aller Welt

Pinot Noir ist zwar weltweit verbreitet, aber die Empfindlichkeit der Rebe macht sie an den meisten Plätzen zu einer Minorität. Sogar in Kalifornien, wo sie so intensiv angepflanzt wird, dass diese Anbauregion bald der größte Pinot-Erzeuger der Welt sein wird, wird sie Cabernet Sauvignon wohl nie ausstechen können.

Burgund

Was Pinot Noir angeht, ist die Côte d'Or das Zentrum Burgunds; die umgebenden Bereiche liefern das, was oft als »preiswerter Burgunder« apostrophiert wird, womit im Stillen impliziert wird, dass der weder billig noch – im Vergleich zu anderen Weinen – wirklich seinen Preis wert ist. Solche Tropfen können ganz attraktiv sein, erwarten Sie aber nicht, dass sie schmecken wie die Pinots der Côte d'Or.

Im Auxerrois weiter nördlich ist Pinot leicht und von schönem Duft; in der Côte Chalonnaise im Süden ist er, wenn in Bestform, sehr fruchtig mit guter Struktur, aber nicht sehr komplex. Im Mâconnais ist Gamay die Haupttraube, und die Pinot-Noir-Reben sind oft minderwertige Klone.

In Burgund und besonders an der Côte d'Or gilt die Verehrung der Erzeuger nicht der Sorte, sondern dem Terroir. Die Burgunder achten nicht in erster Linie auf den Sortencharakter ihres Pinot; manche sagen sogar ganz klar, überhaupt keinen Sortencharakter zu wollen. Die Rebe gilt nur als Medium für das Terroir.

Doch wie soll das bewerkstelligt werden? Die wachsende Zahl der Biodynamiker in Burgund ist überzeugt, dass die mehr als großzügige Verwendung von Stickstoff- und Phosphordüngern in den 1970ern und danach die Unterschiede zwischen den Terroirs verwischte – ein bedenklicher Befund, denn es ist das Terroir, auf dem die ganze so penibel ausgetüftelte Karte der Premiers Crus und Grands Crus beruht. Deshalb überrascht es nicht, dass gerade in Burgund biodynamisches Denken so viel Einfluss hat. Unterstützt wird es durch die geringe Größe der meisten burgundischen Güter und den hohen Preis des Weins, denn nur so sind die zusätzlichen Ausgaben und Arbeitskräfte zu amortisieren.

Idealerweise sollte also jede Lage der Côte d'Or ihr eigenes Aromenspektrum aufweisen. Das trifft auch weitgehend zu – in Volnay etwa ist ein Champans dichter und fester strukturiert als ein Santenots –, doch die große Zahl der Eigner eines Weinbergs (der Grand Cru Clos de Vougeot zum Beispiel hat über 50 Eigentümer, die Weine mit dem Namen der Lage machen) bedeutet, dass das Terroir ebenso durch den Eigner interpretiert wird wie durch die Traube. Ein guter Erzeuger wird dem Wein eine weitere Dimension an Komplexität mitgeben, und nicht alle Erzeuger sind gleich gut. Die ungleichmäßige Leistung der Pinot Noir wird gespiegelt und sogar noch verschärft durch die Unterschiedlichkeit der Erzeuger. Es sei jedoch konstatiert, dass die Standards in Weinbau und Weinbereitung in den letzten zehn Jahren beträchtlich angehoben wurden.

Die Côte de Nuits produziert körperreichere, pflaumigere, festere Rotweine als die Côte de Beaune. Gevrey-Chambertin ist muskulös und erinnert an Backpflaumen; Morey-St-Denis mit seiner Hand voll Top-Erzeuger ist schlank, dennoch würzig und vielschichtig; Chambolle-Musigny besitzt einen herrlichen Duft nach Rosen und Veilchen. Im Vosne-Romanée sind Veilchen und Sahne zu entdecken, im Nuits-St-Georges Schwarzkirschen und Schokolade. In der Côte de Beaune haben wir den würzigen, duftenden Aloxe-Corton, den Savigny-lès-Beaune mit Erdbeeraroma, den runden und weichen Beaune. Pommard ist schmalziger, Volnay bukettreich und Chassagne-Montrachet recht voluminös. Zumindest ist dies die Theorie. Doch für jedes Exemplar, das so schmeckt, wie es schmecken soll, finden Sie weit mehr andere, die Sie nur an Ihre malträtierte Brieftasche denken lassen.

Champagne

Diese kalte Gegend erscheint auf den ersten Blick nicht als ideal für die früh austreibende Pinot Noir. Die Traube ist hier schrecklichen Spätfrösten ausgesetzt, so dass die Klonenauswahl hier vor allem auf Frostresistenz ausgerichtet ist. Pinot Noir nimmt 37,5 % der Gesamtrebfläche ein, wobei sie sich auf die Montagne de Reims konzentriert, und zwar auch auf einige Nordhänge. Sie sind nicht steil, aber es ist in diesem marginalen Klima sehr erstaunlich, Grand-Cru-Lagen mit solcher Exposition zu finden. Vielleicht reflektiert die Kreide genug Wärme zum Ausgleich.

Fakt ist aber, dass Pinot Noir in der Champagne nie den Zustand erreicht, den man anderswo unter Reife versteht. Üblicherweise sind die wärmsten, südwesenden Lagen die besten, doch bietet das wellige Hügelland eine Vielzahl unterschiedlicher Kleinklimate. Der Ort Ay zum Beispiel hat, nach Aussage ansässiger Winzer, im Frühjahr nie (oder fast nie) Frost; das Tal ist hier breit genug, sodass die kalte Luft abfließen kann, anders als im benachbarten Épernay, das in einem engen Tal liegt. Zudem verläuft die Marne unmittelbar am Fuß der Hügel; in Éper-

BERNARD DUGAT-PY
Bernard Dugat-Py besitzt ungefähr 0,25 ha des Grand Cru Charmes-Chambertin. Diesen frischen, reintönigen Wein füllt er seit 1989 ab.

DOMAINE ANNE GROS
Die zahlreichen Mitglieder der Familie Gros machen ihre eigenen Weine. Die von Anne sind tieffarben, schön ausgewogen und elegant.

DOMAINE ARMAND ROUSSEAU PÈRE ET FILS
Domaine Armand Rousseau ist einer der großen Namen in Burgund. Ihre Weine sind sehr traditionelle, individuelle Weine mit großem Alterungspotenzial.

Pinot-Noir-Weinberge in der Montagne de Reims oberhalb der Grand-Cru-Gemeinde Verzenay. Pinot Noir kann hier nur deswegen kultiviert werden, weil man für den Champagner aromatische, feine weiße Grundweine benötigt, keine kräftigen Rotweine mit Körper und Tanninen. Kaum reifer, heller Pinot Noir ist da genau richtig.

nay kann es bis 10 Uhr vormittags Nebel haben, während in Ay schon die Sonne scheint.

Es wird von Hand gelesen. Pinot Noir muss schonend und rasch gepresst werden, damit nicht zu viel Farbe in den Most gelangt. Der Stillwein hat meist eine leichte Rosatönung, die sich im fertigen Schaumwein aber kaum mehr bemerkbar macht. Die Farbpartikel verbinden sich mit der toten Hefe in der Flasche und werden mit dieser beim Degorgieren entfernt. Natürlich wird Pinot Noir meist mit weißem Chardonnay verschnitten. Nur wenige Stillweine werden gemacht, in Ay und Bouzy, wo die Trauben am reifsten und dunkelsten werden, aber sie brauchen schon besonders warme Jahre, um ihre Härte abzulegen. Blanc de Noirs – Weißwein aus roten Trauben – ist somit der beste Pinot Noir der Champagne.

Der Sortencharakter ist hier genauso wenig von Interesse wie in Burgund, vielleicht sogar noch weniger, da die Trauben weniger reif werden. Aroma und Charakter des Champagners sind im Wesentlichen Ergebnis der Reifung auf der Hefe. Während sich die Eigenart des Terroirs einer individuellen Lage wohl kaum im Wein wiederfindet, so zeigt sich in ihm doch sehr ausgeprägt das Terroir der Champagne als ganzer.

Übriges Frankreich

Keine andere französische Region erreicht die Aromenfülle des roten Burgunders. Etwas Pinot Noir gibt es an der Loire, besonders in Sancerre und Menetou-Salon, wo in günstigen Jahren (in den 1980er und 1990er Jahren häufig) Weine mit guter Frucht und Struktur entstehen. Roter Sancerre ist aber meist leicht und jung zu trinken; um *vin de garde* zu machen, benötigt Pinot Noir die besten Lagen, die sonst die Sauvignon Blanc innehat.

Der elsässische Pinot Noir ist generell leicht – manchmal kaum mehr als ein dunkler Rosé –, dennoch hat sich die Rebfläche mit ihren meist fruchtbaren Böden in den letzten zehn Jahren fast verdoppelt. Pinot Noir aus Savoyen und dem Bugey ist leicht und aromatisch.

Deutschland

Die besten Spätburgunder bewegen sich auf dem schmalen Grat zwischen dem traditionellen hellen und süßlichen Typ und der Gefahr von zu viel Eiche und Extrakt. Letzteres ist eine natürliche Reaktion auf das Problem, zeitgemäß runde Weine zu machen in einem Land, das in der Produktion solcher Weine keine lange Erfahrung hat und nur wenige Orte aufweist, an denen rote Trauben wirklich reif werden.

Die erfolgreichsten Spätburgunder kommen aus Baden, der Pfalz und dem Rheingau. In Letzterem konkurrieren sie mit dem Riesling um die besten Lagen. Der Rheingauer Erzeuger Robert Weil hat in einer Parzelle, die für Riesling zu heiß ist, Spätburgunder stehen. Viele andere attraktive Weine, vor allem aus Franken, sind Verschnitte von Spätburgunder mit Domina oder Blauem Portugieser. Da kommt nicht mehr viel Spätburgunder durch, aber es sind hübsche, runde Weine mit Aromen von Kirschen und Himbeeren.

Österreich

Blauburgunder und andere rote Sorten werden im warmen Burgenland zunehmend auf Kosten weniger modischer Trauben wie Welschriesling

DOMAINE MICHEL LAFARGE

Der Kauf eines guten Bourgogne Rouge kann so schwierig sein wie der eines Premier oder Grand Cru. Ein elegantes Beispiel aus Volnay.

PRODUCTEURS DE MAILLY

Die Erzeugergenossenschaft von Mailly in der von Pinot Noir dominierten Montagne de Reims produziert zuverlässige, gute körperreiche Champagner.

KARL-HEINZ JOHNER

Johner engagiert sich ebenso intensiv für neue Eiche wie für seine Reben. In seinen Weingärten in Baden macht er Pinots Noirs von internationalem Zuschnitt.

gepflanzt. Rotweine sind häufig Verschnitte aus Zweigelt, Blaufränkisch, St. Laurent und Cabernet Sauvignon. Zu viel Eiche und zu hoher Extrakt kann ein Problem sein, das aber in den Griff zu bekommen ist, da die Winzer lernen, mit Eiche geschickter umzugehen. Das Burgenland verfügt auch über Raritäten wie eine Spätburgunder Trockenbeerenauslese – weiß, üppig und süß –, die hohe Preise erzielt; aber es sind eher ölige, säurearme Sonderlinge als Meisterwerke.

Italien

Pinot Nero ist hier kein Neuling. Sie wurde schon 1825 im Piemont gepflanzt, aber die helle Farbe und die niedrige Säure machte den Wein bei den Konsumenten, die Anfälligkeit für Fäule bei den Winzern nicht attraktiv. Erst in den letzten Jahrzehnten sah man sich nach besseren Klonen und Erziehungssystemen um (im Allgemeinen Guyot). Pinot ist eine Spezialität des Nordens, und viel geht in die Schaumweinproduktion, besonders in der Lombardei. Beim Stillwein scheinen die Westhänge Südtirols am Ostufer der Etsch besonders erfolgreich zu sein, die durch den morgendlichen Schatten und viel Sonne während des Tags begünstigt werden. Eine der Aufgaben war hier, Terrain mit hohen Temperaturunterschieden zwischen Tag und Nacht zu finden. Im Nordwesten sind Verschnitte mit Barbera, wie der Bacialè von Giacomo Bologna, sehr in Mode und oft sehr gut.

Übriges Europa

In der Schweiz ist Pinot Noir mit ca. 4500 ha zweitwichtigste Rebsorte und wird meist für den Dôle, den »Hauptrotwein« des Landes, mit Gamay verschnitten. Sortenweine wie die aus der Bündner Herrschaft, die vom häufigen Föhn profitieren, können überraschend gewichtig und aromatisch sein.

Spanien macht in Somontano ein, zwei respektable Pinots Noirs, in Rioja gibt es Bestrebungen, ihn auf die Liste der erlaubten Sorten setzen zu lassen.

In Osteuropa ist er verbreitet, aber nur wenige Exemplare aus Rumänien, Ungarn, Bulgarien und der Slowakei sind ordentlich. Die meisten sind zu weich und marmeladig oder zu holzbetont oder beides; sie zeigen nur, dass Pinot Noir nicht billig *und* gut sein kann.

USA: Kalifornien

Außerhalb Burgunds findet man die echte Pinot-Noir-Begeisterung in der Neuen Welt, und vor allem in Kalifornien, dessen Weine reichen Körper, Komplexität und jene schwer zu fassende, faszinierende Samtigkeit aufweisen, die von den Eigenschaften des Pinot Noir wohl am schwierigsten zu realisieren ist. Weniger anspruchsvolle Weine sind auf Charme und weiche Frucht aus. Meist ist es zu heiß für Pinot Noir; Carneros, das im Schnitt 3–5 °C kühler ist als der Nordteil des Napa Valley und mit seinem Mangel an fruchtbarem Humus weniger wuchskräftige und ertragreiche Reben hat, scheint die Anforderungen erfüllen zu können. Die Weine aus Carneros verfügen über eine wilde Erdbeerfrucht ohne großes Gewicht am Gaumen; andere Teile des Napa Valley liefern erdigere, lederartige Aromen. Im Sonoma County hat der Russian River das Gewicht, das Carneros fehlt, und dunkle Brombeeraromen. Im Santa Barbara County im Süden haben wir den körperreichen, komplexen Santa Maria mit Schwarzkirschen- und Pflaumenfrucht.

In Santa Barbara ist auch die größte Zunahme der Pinot-Noir-Flächen zu verzeichnen, 57 %

Pinot Noir in Kalifornien

Lane Tanner (im Bild) gehört zu den besten Weinmachern Kaliforniens, wenn es um diese empfindliche Traube geht. Der Erfolg Kaliforniens bei Pinot Noir kam etwas überraschend; es hat Oregon, das lange als die Antwort der USA auf die Côte d'Or gefeiert wurde, mühelos überholt. Ein kühles Klima ist also nicht alles. Einen eigenen Pinot-Stil hat Kalifornien aber noch nicht entwickelt. Ist es also ein »Ich-auch«? Sich die Spitzenweine der Côte d'Or zum Ziel zu nehmen ist nicht falsch. Mit Chardonnay hat Kalifornien es ebenso gemacht, zuletzt hatte man aber mehr als einen erfolgreichen eigenen Typ kreiert. Pinot Noir ist, wie wir wissen, weit weniger leicht formbar als Chardonnay. Anzumerken ist aber, dass die stilistischen Differenzen zwischen den Bereichen und den Erzeugern keinen Deut geringer sind als in Burgund. Großer Pinot Noir ist nirgendwo in einfache Kategorien zu pressen.

CALERA
Anfang der 1970er Jahre pflanzte der Kalifornier Josh Jensen seinen Pinot Noir auf Kalkboden an, als es allgemeine Überzeugung war, dass er dort nie gedeihen würde. Für Jensen war Kalkstein der Schlüssel, und er sollte glänzend bestätigt werden.

in zehn Jahren. In jeder Weinregion ist Pinot Noir auf dem Vormarsch außer im Napa Valley mit ca. 970 ha; der Pinot im Sonoma Valley nahm um 45 % auf 1940 ha zu. Die zerklüftete Sonoma Coast zieht mit tiefer Farbe und kräftiger Frucht Aufmerksamkeit auf sich, allerdings kann man sich dort keine großen Fehler leisten. Bei den großen Firmen, die gleich Hunderte Hektar Pinot Noir auf einmal anpflanzen, ist die Aussicht auf preiswerte Qualität sehr günstig, auf der anderen Seite machen Kult-Kellereien Pinot Noir in noch geringeren Mengen als in Burgund.

Die qualitativen Verbesserungen in Kalifornien beruhen zum Teil auf besseren Klonen. Die bisherigen waren für kühlere, weniger fruchtbare Plätze geschaffen worden und ergaben in der kalifornischen Sonne Weine ohne die Finesse und Samtigkeit der großen Burgunder. Neue Klone, besonders die aus Dijon, sind besser angepasst, allerdings sind Lage, Rebenalter und Erzeuger für das Ergebnis wahrscheinlich bedeutsamer.

Für Schaumweine sind kühle Lagen mit flachen Böden und nicht zu viel Sonne am geeignetsten; Schramsberg baut auf den kalten Wind, der die Temperaturen drosselt. Gute Schaumweine kommen vom Russian River, aus dem Anderson Valley und aus Carneros.

USA: Oregon

Im Bundesstaat Oregon sind Charme und weiche Art die Norm, nur wenige Erzeuger machen ernsthafte, langlebige Weine mit Struktur, und die Qualität ist immer noch ungleichmäßig. Geringe Erträge sind wichtig, und Pinot Noir bekommt die besten, wärmsten Lagen. Am wohlsten fühlt sie sich auf Tonlehm *(jory)* mit gutem Wasserabzug und hoher Ionentauschkapazität, der Weine mit großzügiger Kirschfrucht liefert, auf dem Nekia-Boden, der in Kalifornien *aiken* heißt, und dem Willakenzie-Tonlehm, der be- und entwässert werden muss. Nekia und Willakenzie ergeben Schwarzkirschfrucht und füllige Tannine. Im Hügelland von Oregon sind 1214 ha Nekia und Jory zu finden, im Jahr 1999 waren 1493 ha Pinot Noir gepflanzt.

Kanada

Pinot Noir spielt in Kanada keine große Rolle. Ein neues Jointventure zwischen der kanadischen Firma Vincor und dem burgundischen Handelshaus Boisset mit Pflanzungen auf der Jordan Bench im Niagara Escarpment sieht vielversprechend aus. Wenn 2005 voraussichtlich die ersten Weine auf den Markt kommen, werden wir mehr wissen.

Australien

Australien pflanzte seine ersten Pinot-Noir-Reben in zu heißen Regionen, wo sie verschmorte, marmeladige Weine lieferten. Pinot Noir macht bisher nur 1,5 % der Produktion aus. Das zunehmende Alter der Reben (im Jahr 2000 durchschnittlich noch unter zehn Jahren), bessere Ertragsregulierung und Erziehung sowie – wie Weinmacher Michael Hill Smith es formuliert – »viel teurer Burgunder, den wir spätnachts getrunken haben«, werden sich positiv bemerkbar machen. Das allgemeine Niveau steigt, einige hervorragende Exemplare sind schon zu verzeichnen. Die Bereiche um Melbourne, besonders Yarra, sind führend; in anderen Regionen machen einzelne Erzeuger guten Pinot Noir. Eine größere Menge wird mit Chardonnay für hochwertigen Schaumwein verschnitten, der oft füllliger ist als der Champagner.

Neuseeland

Hier verfügt man über eine Menge kühler Plätze. Martinborough im Süden der Nordinsel hat sich mit seinen eleganten, relativ leichten Weinen von den alten Flussterrassen als neuseeländische Kapitale des Pinot Noir profiliert. Canterbury liefert ebenfalls gute Weine und Marlborough kräftigere Frucht, insbesondere das Wairau Valley, dessen Wasser speichernde Böden langsamer und gleichmäßiger reifen lassen. Die steinigen Böden von Marlborough fördern oft die Reifung zu sehr. Central Otago auf der Südinsel macht einige gute Exemplare, die teils zu den besten Neuseelands gehören. Bis 2001 soll die Fläche auf 1017 ha steigen, von 234 ha zehn Jahre zuvor.

Chile

Obwohl Chile anscheinend für Pinot Noir zu heiß ist und zu exzessiven Erträgen neigt, kann es seine samtige Textur überraschend gut realisieren. Die Aromen sind relativ leicht, aber der reife Charakter hat außerordentlichen Appeal. Klimatisch ist Casablanca, die favorisierte Region für den Pinot Noir, mit dem kalifornischen Santa Barbara vergleichbar. Andere Teile der Küstenkordillere können ebenfalls gut sein. 1998 waren insgesamt 589 ha bepflanzt.

Südafrika

Am Kap ist es für die Pinot Noir heißer als in den meisten konkurrierenden Regionen der Neuen Welt. Sie leidet auch, wie die meisten roten Reben, unter dem Blattrollvirus. Einige Erzeuger, die mit alldem klarkommen, liefern runde, üppige Weine von beträchtlicher burgundischer Eleganz.

DOMAINE DROUHIN
Domaine Drouhin ist der Oregon-Ableger des burgundischen Handelshauses und macht die »burgundischsten« Weine des pazifischen Nordwestens. Der Laurène ist nach der ersten Tochter der Weinmacherin Veronique Drouhin benannt.

GIACONDA
Im äußersten Nordosten von Victoria (Australien) ist diese winzige Kellerei angesiedelt, die Kultstatus genießt. Nur etwa 12 000 Flaschen werden im Jahr produziert.

ATA RANGI
Mit dem Jahrgang 1998 wechselte Ata Rangi zu mehr Tannin und größerem Alterungspotenzial. Das könnte die Richtung sein, in der sich die neuseeländische Region Marlborough entwickeln wird.

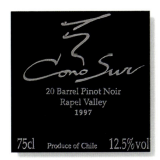

CONO SUR
Das chilenische Gut Cono Sur hat einen burgundischen Weinmacher als Berater engagiert – es ist also ein »burgundischerer« Stil zu erwarten, doch hoffentlich leidet darunter nicht die sinnliche Frucht.

Pinot Noir genießen

Wie gut kann Pinot Noir altern? Dies ist ein Problem für viele Freunde der Traube. In Burgund gibt es Weine, die einige Jahrzehnte reifen können, und solche, die kaum ein Jahr überstehen. Sie kommen zwar meist nicht aus einer Hand, oft genug aber aus derselben Gemeinde.

Beinahe alle Pinots Noirs sind jung sehr schön, manche sind es auch im Alter. Dazwischen liegt eine Zeit der Adoleszenz, in der der Wein verschlossen, ja unbeholfen und eckig sein kann wie pubertierende Jünglinge. Achten Sie darauf, und wenn sie eintritt, verstecken Sie den Wein ein paar Jahre; das ist das einzige Stadium, in dem er keinen Spaß macht. Am besten, Sie genießen junge Frucht und Duft ein paar Monate nach der Abfüllung, oder Sie warten, bis der Wein erwachsen ist und von würziger Fülle.

Weniger große Jahrgänge der Côte d'Or sollten zwischen drei und acht Jahren alt getrunken werden; wenn ein Jahrgang als »früh trinkbar« gekennzeichnet ist, warten Sie nicht länger. Nur große, eichenbetonte Weine können in der Jugend etwas unfreundlich sein, da die Eiche die Frucht verbirgt.

Die meisten Pinots Noirs aus anderen Gebieten sind jung zu trinken, innerhalb von fünf Jahren. Ausnahmen sind die mächtigen Versionen aus Regionen wie Santa Barbara in Kalifornien, für die zehn Jahre kein Problem sein sollten.

Für den Champagner gilt etwas anderes. Ein Blanc de Noirs kann recht kräftig sein, aber seine Alterungsfähigkeit hängt auch vom Anteil Pinot Meunier im Verschnitt ab. Die meisten Produkte aus der Champagne legen Wert auf Gewicht und Körper anstatt auf Langlebigkeit, und sie sind meist jahrgangslos. Sie können sie nach dem Kauf noch bis zu zwölf Monate liegen lassen.

So schmeckt Pinot Noir

Guter Pinot Noir hat immer etwas, was das Wasser im Mund zusammenlaufen lässt, etwas schwer Greifbares, das Sie immer wieder nachschmecken lässt. Beschreibungen wie Erdbeere, Schwarzkirsche, Wild, Leder, Pilze sind nur Näherungen an seinen Geschmack. Pinot ist alles zusammen und nichts davon, er spielt von einem Aroma ins nächste. Adjektive wie »komplex«, »ätherisch« oder »tiefschichtig« sagen noch weniger, doch manchmal hat man einfach nichts Besseres zur Hand.

Einfache Pinots sind am einfachsten zu beschreiben. Preiswerte, fruchtbetonte Weine aus dem Burgund, der Schweiz, Kalifornien und Neuseeland schmecken wirklich nach Erdbeeren. Sie haben generell wenig Säure (mit Ausnahme vielleicht von Nordburgund) und Tannin.

Das hoch angesehene Gut von Robert Chevillon in Nuits-St-Georges glänzt mit fülligen, charaktervollen Weinen von alten Reben. Auf der anderen Seite des Globus, im neuseeländischen Marlborough, sind Neil McCallum und sein Gut Dry River führende Namen. Beide haben dank sorgfältiger Arbeit in Weinberg und Keller mit Pinot Noir großen Erfolg.

Bessere Versionen vereinen Schwarzkirsche mit sinnlichen Aromen, mit einem Hauch Weihrauch und Gewürze. Einfache Weine können dünn oder marmeladig sein.

Reife Weine entwickeln Noten von Leder, Holzrauch, Wild und Unterholz, sogar von verrottenden Blättern. Die Primäraromen sind weniger wichtig, dennoch sollte der Wein fruchtig und leicht süßlich schmecken. Einen reifen Pinot anhand einer bestimmten Frucht zu beschreiben ist in aller Regel nicht möglich; immer wenn Sie glauben, einen präzisen Vergleich gefunden zu haben, entdecken Sie wieder etwas anderes.

Pinot Noir zum Essen

Die große Traube Burgunds ist als guter Begleiter zum Essen auf der ganzen Welt beliebt. Dennoch kann nichts die Verbindung eines großen Weins mit der herrlichen burgundischen Küche übertreffen, deren berühmte Gerichte einem sofort als Partner für Pinot Noir in den Sinn kommen: Coq au vin, Estragonhähnchen, geschmorter Schinken, Jambon persillé, Bœuf bourguignon…die Liste ist wirklich lang.

Die subtilen Aromen des Pinot Noir machen ihn zur natürlichen Wahl für komplexe Fleischgerichte, aber auch für schlichtes Grillfleisch und fast alle Pilzgerichte. Üppige Versionen passen ideal zu gebratenem oder geschmortem Wildgeflügel, die leichteren (beispielsweise von der Loire oder aus Oregon) zu Lachs und Lachsforelle.

PINOT NOIR GENIESSEN

VERBRAUCHERINFORMATIONEN

Synonyme und regionale Bezeichnungen
In Deutschland wird diese Sorte als (Blauer) Spätburgunder bezeichnet, in Österreich als Blauburgunder oder Blauer Spätburgunder, in Frankreich auch als Noirien und Pineau (als Savagnin Noir im Jura), in Italien als Pinot Nero, in Kroatien und Serbien als Burgundac Crni.

Gute Erzeuger
FRANKREICH Burgund (Weingüter) Ambroise, Angerville, Comte Armand, Denis Bachelet, G. Barthod, J.-M. Boillot, Chandon de Briailles, Charlopin, R. Chevillon, Clair, J.-J. Confuron, Pierre Damoy, Dugat-Py, Dujac, Engel, Henri Gouges, Anne Gros, Grivot, Hudelot-Noëllat, Jacqueson, Lafarge, Lafon, Lambrays, H. Lignier, Méo-Camuzet, Montille, Denis Mortet, J.-F. Mugnier, Pavelot, Ponsot, Potel, Rion, Romanée-Conti, E. Rouget, Roumier, Rousseau, Tollot-Beaut, Vogüé; **(Handelshäuser)** Bouchard Père, Champy, Drouhin, Faiveley, Jadot, V. Girardin, Labouré-Roi, D. Laurent, Maison Leroy, Remoissenet, Rodet
DEUTSCHLAND Bercher, Rudolf Fürst, Karl-Heinz Johner, Rebholz
ITALIEN Ca' del Bosco, Hofstätter, Marchesi Pancrazi, Castello della Sala
USA Kalifornien Au Bon Climat, Calera, Chalone, Dehlinger, Etude, Gary Farrell, Fetzer, Hartford Court, Landmark, Littorai, Lane Tanner, J. Rochioli Vineyards, Saintsbury, Sanford, Talley, Williams Selyem; **Oregon** Archery Summit, Cristom, Domaine Drouhin, Domaine Serene, Panther Creek, Ponzi, Rex Hill, Torii Mor, WillaKenzie, Willamette Valley Vineyards, Ken Wright
AUSTRALIEN Ashton Hills, Bannockburn, Bass Phillip, Coldstream Hills, Cullen, Diamond Valley, Freycinet, Giaconda, Lenswood Vineyards, Moorooduc, Paringa Estate, Plantagenet, Yarra Yering
NEUSEELAND Ata Rangi, Dry River, Felton Road, Isabel, Martinborough Vineyard, Neudorf, Palliser, Rippon, Seresin
SÜDAFRIKA Bouchard Finlayson, Hamilton Russell
CHILE Carmen, Cono Sur, Gracia, Valdivieso, Villard Estate

WEINEMPFEHLUNGEN

Zehn rote Spitzenburgunder
Marquis d'Angerville *Volnay Clos des Ducs*
Joseph Drouhin *Beaune Clos des Mouches*
Faiveley *Chambertin Clos-de-Bèze*
Jean Grivot *Vosne-Romanée Les Beaux Monts*
Louis Jadot *Gevrey-Chambertin Clos St-Jacques*
Domaine des Lambrays *Clos des Lambrays*
Maison Leroy *Richebourg*
Méo-Camuzet *Corton*
Domaine de la Romanée-Conti *La Romanée-Conti*
Comte Georges de Vogüé *Le Musigny*

Zehn rote Burgunder
Bouchard Père *Chorey-lès-Beaune*
Ph. Charlopin *Marsannay En Montchevenoy*
Faiveley *Mercurey Domaine de la Croix Jacquelet*
Vincent Girardin *Maranges Clos des Loyères*
Henri et Paul Jacqueson *Rully les Cloux*
Louis Jadot *Côte de Beaune-Villages*
Michel Lafarge *Bourgogne Rouge*
Jean-Marc Pavelot *Savigny-lès-Beaune La Dominode*
Nicolas Potel *Bourgogne Rouge*
Remoissenet Père et Fils *Santenay*

Zehn Spitzen-Pinots-Noirs aus der Neuen Welt
Ata Rangi *Pinot Noir* (Neuseeland)
Au Bon Climat *Sanford & Benedict Vineyard Pinot Noir* (Kalifornien)
Beaux Frères *Pinot Noir* (Oregon)
Calera *Jensen Pinot Noir* (Kalifornien)
Felton Road *Pinot Noir* (Neuseeland)
Giaconda *Pinot Noir* (Australien)
Hamilton Russell *Pinot Noir* (Südafrika)
Lenswood *Pinot Noir* (Australien)
J. Rochioli *West Block Reserve Pinot Noir* (Kalifornien)
WillaKenzie *Pierre Leon Pinot Noir* (Oregon)

Fünf preiswerte Pinots Noirs aus der Neuen Welt
Carmen *Reserve Pinot Noir* (Chile)
Fetzer *Pinot Noir* (Kalifornien)
Martinborough Vineyard *Pinot Noir* (Neuseeland)
Saintsbury *Garnet Pinot Noir* (Kalifornien)
Valdivieso *Reserve Pinot Noir* (Chile)

Fünf Blancs de Noirs (Schaumweine)
Ashton Hills *Salmon Brut Vintage* (Australien)
Edmond Barnaut *Champagne Blanc de Noir Brut* (Frankreich)
Egly-Ouriet *Champagne Blanc de Noirs Brut Vintage* (Frankreich)
Laurent-Perrier *Champagne Rosé* (Frankreich)
Schramsberg *Blanc de Noirs Vintage* (Kalifornien)

Die schwierige Pinot Noir ist für Erzeuger in aller Welt immer noch eine Herausforderung. Viele Weinmacher sehen im Erfolg mit Pinot Noir geradezu den Heiligen Gral.

Reifediagramme
Pinot Noir, der nicht von der Côte d'Or kommt, ist meist wie der aus dem neuseeländischen Martinborough früh zu trinken.

1996 Côte de Nuits Grand Cru (rot)

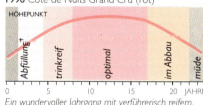

Ein wundervoller Jahrgang mit verführerisch reifem, samtigem Pinot Noir mit guter Säure. Die Weine sollten drei bis fünf Jahre unangetastet bleiben.

1998 Santa Barbara Pinot Noir (Spitzenklasse)

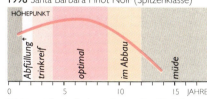

Weine aus Santa Barbara altern unterschiedlich gut. Nur die körperreichsten gewinnen in fünf, sechs Jahren Flaschenreifung, die meisten sind früher zu trinken.

2000 Martinborough Pinot Noir (Spitzenklasse)

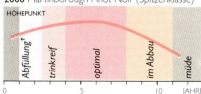

Intensive, sehr harmonische Weine, die bald nach Erscheinen trinkbar sind. Sie sind ausgesprochen »hübsch«, die besten verfügen auch über Stoff und Dichte.

PINOTAGE

Ich kenne keine andere Traubensorte, die so heftige Kontroversen hervorruft wie Pinotage. Sie gehört zum nationalen Erbe Südafrikas, denn sie wurde dort gezüchtet (Professor Perold schuf sie 1925 an der Universität Stellenbosch durch Kreuzung von Pinot Noir und Cinsaut), und doch findet sie ihre schärfsten Kritiker in Südafrika selbst. Man sollte erwarten, dass Europäer über sie die Nase rümpfen, da sie so bestürzend, so revolutionär anders ist als die europäischen Klassiker. Doch warum das halbe südafrikanische Establishment schon beim Gedanken an sie empört ist, bedarf einer Erklärung.

Die etablierte Weinwelt Südafrikas war lange Zeit besessen von dem Anspruch, so europäisch zu sein wie möglich; so sehr, dass man nicht einmal zum Kreis der »Neuen Welt« gezählt werden wollte (»Wir machen Wein seit 1659«). Man wollte daher unbedingt Weine produzieren, die den europäischen Klassikern möglichst genau entsprachen. Und Pinotage ist so glorreich anders, sie ist zu Aromen fähig, die keine traditionelle europäische Sorte erbringt. Zum Glück hat eine neue Welle visionärer Weinmacher am Kap die fantastischen Möglichkeiten erkannt, die der unverwechselbar südafrikanische Charakter der Pinotage eröffnet, und es gibt heute eine ganze Reihe tiefgründiger, mächtiger Rotweine, in Eiche oder Stahl ausgebaut, mit einem überwältigenden Bukett von Maulbeeren, Damaszenerpflaumen und Brombeeren sowie einer Kombination von Karamell und Holzrauch.

Zu Beginn wurde das Lob der Traube laut verkündet, die den Heiligen Gral der burgundischen Aromen von der Pinot Noir mit der Ertragskraft und frühen Reife der Cinsaut vereinen sollte (Letztere wurde am Kap Hermitage genannt, daher der Name Pinotage). Tatsächlich aber verhielt sie sich nicht wie Pinot Noir noch schmeckte sie im Entferntesten ähnlich, auch nicht wie Cinsaut. Erfreuen Sie sich daher an Pinotage als an dem Original, das sie ist, auch wenn es sie noch keine 100 Jahre gibt. Für hohe Qualität sind geringtragende alte Buschreben nötig und sorgfältige Arbeit im Keller, um die möglichen wilden Aromen zu zähmen und die flüchtigen Ester zu vermeiden. Vielleicht kann man mit superreifen Trauben den rustikalen Charakter verringern, auch der Ausbau in Eiche tut der Sorte gut. Neue Klone könnten das Ester-Problem lösen.

Eine Hand voll anderer Länder hat es mit der Sorte probiert, Neuseeland, Simbabwe, die USA und sogar Deutschland. Keines hatte bisher Glück damit, doch da jetzt aus Südafrika neue aufregende Versionen kommen, ist zu erwarten, dass junge Heißsporne in der Neuen Welt es wieder versuchen.

So schmeckt Pinotage

Guter Pinotage schmeckt und riecht wie kein anderer Wein – wundervolle Frucht von Maulbeeren, Brombeeren und Pflaumen, dazu ein Funken Lava und die eigenwillige Kombination von Karamell und Holzrauch (wer einmal Marshmallows am Holzfeuer gebraten hat, weiß, was ich meine). Pinotage hat zwei Probleme. Einmal ist es schwierig, das volle Aroma zu erzielen und gleichzeitig die recht aggressiven Tannine zu bändigen. Zum Zweiten bewegen sich die so individuellen, aufregenden Aromen auf Messers Schneide: Wenn der Wein nicht sehr sorgfältig gemacht wird, kann er nach Lackverdünnung oder Himbeeressig riechen.

Beyers Truter ist der Weinmacher hinter dem Beyerskloof Pinotage. Truter war es, der mit einigen anderen Pinotage-Enthusiasten in der widrigsten Phase von Ende der 1970er bis in die 1980er Jahre den Glauben an die Traube bewahrte. Man schätzt, dass in dieser Zeit 60 bis 70 % der südafrikanischen Pinotage-Reben gerodet wurden, worunter natürlich auch alte Buschreben waren, die den besten Wein liefern. Doch einige haben überlebt, und unbewässerte alte Reben sind es, die diesem Wein Kraft und Tiefe geben.

SPICE ROUTE

Ein dichtes, mächtiges Exemplar aus der Region Swartland nördlich von Kapstadt. Nicht bewässerte alte Buschreben liefern geringe Erträge mit superreifen Trauben.

L'AVENIR

Der Pinotage dieser Farm im Herzen von Stellenboschs Rotweingürtel wurde vielfach ausgezeichnet. Neue virusfreie Reben geben dem Wein gute Struktur und großzügige Frucht.

PINOTAGE

Oben: Pinotage ist eine starktragende Sorte, oft zu stark für Qualität. Viele südafrikanische Winzer müssen noch von ihr überzeugt werden, sie ziehen Cabernet Sauvignon vor. Es gibt nun eine »Pinotage Association«, die sich um die Verbesserung der Qualität bemüht, und neue virusfreie Klone, die viel bessere Aromen liefern.
Links: Pinotage-Lese auf Warwick Estate in der Region Stellenbosch. Die Sorte reift früh, sie schlägt Cabernet Sauvignon um etwa vierzehn Tage.

VERBRAUCHERINFORMATIONEN

Synonyme und regionale Bezeichnungen
Diese Rebe heißt nur Pinotage.

Gute Erzeuger
SÜDAFRIKA Ashanti, Avontuur, Backsberg, Graham Beck, Bellingham, Beyerskloof, Boplaas, Bouwland, Claridge, Clos Malverne, Fairview, Grangehurst, Groot Constantia, Jordan, Kaapzicht, Kanonkop, Laibach, L'Avenir, Longridge, Morgenhof, Neethlingshof, Robertson, Saxenburg, Simonsig, Spice Route, Stellenzicht, Swartland, Uiterwyk, Warwick, Wildekrans

WEINEMPFEHLUNGEN
Fünfzehn körperreiche Pinotage-Weine
Graham Beck *The Old Road Pinotage*
Claridge *Trafalgar Bush Vine Pinotage*
Clos Malverne *Reserve Pinotage*
Kaapzicht *Steytler Pinotage*
Kanonkop Estate *Pinotage*
L'Avenir *Pinotage*
Laibach *Pinotage*
Longridge *Pinotage*
Morgenhof *Pinotage*
Neethlingshof *Lord Neethling Pinotage*
Saxenburg *Pinotage*
Spice Route *Flagship Pinotage*
Stellenzicht *Pinotage*
Uiterwyk Estate *Top of the Hill Pinotage*
Warwick Estate *Old Bush Vine Pinotage*

Zehn leichte Pinotage-Weine
Ashanti Estate *Pinotage*
Avontuur *Pinotage*
Bellingham *Pinotage*
Beyerskloof *Pinotage*
Boplaas *Pinotage*
Fairview *Pinotage*
Groot Constantia *Pinotage*
Robertson Winery *Pinotage*
Simonsig Estate *Pinotage*
Swartland Winery *Pinotage*

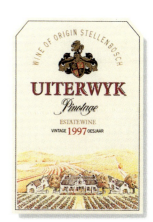

UITERWYK ESTATE
Mit üppiger Textur und schönen, reifen Tanninen lässt der Top of the Hill Pinotage die Erfahrung des Eigners und Weinmachers Daniel de Waal erkennen, die er auf dem Spitzengut Château l'Angélus in St-Émilion erwarb.

PLAVAC MALI

Diese Rebe, die an der dalmatinischen Küste und auf den vorgelagerten Inseln angebaut wird, scheint Verbindungen zu Primitivo/Zinfandel zu haben; die Sorten sind jedoch nicht identisch, wie man einmal glaubte. Die Ähnlichkeiten lassen aber Rückschlüsse auf den Ursprung des Zinfandel zu (siehe S. 286–295). Möglicherweise gibt es auch mehrere Abarten der Plavac Mali.

Die Weine sind robust, von tiefer Farbe und alkoholreich, sie können in der Flasche gut reifen. Sie werden gewöhnlich mit anderen Sorten verschnitten und spielen eine Rolle bei Weinen wie Dingac und Postup. Eine Reihe regionaler Sorten werden »Plavac Soundso« genannt, das serbokroatische *mali* bedeutet »klein«.

PORTUGIESER

Der vollständige Name dieser vor allem in Deutschland und Österreich kultivierten Traube ist Blauer Portugieser (siehe S. 42). Ihre Weine sind im Allgemeinen zu hell, leicht, weich und säurearm, um für die »wahren« Rotweinliebhaber attraktiv zu sein. Die Sorte soll im späten 18. Jahrhundert von einem Freiherrn de Vries von Portugal nach Österreich gebracht worden sein, genauer nach Vöslau und Baden (österreichische Namen sind heute noch Vöslauer und Badener); auf jeden Fall verbreitete sie sich von dort aus weiter. Da die meisten Rotweinsorten Portugals deutlich mehr Charakter aufweisen als die Portugieser, erscheint mir dieser Name eher als ein Affront.

Es gibt auch eine rosafarbene und eine weiße Portugieser, wobei sich hinter Letzterer möglicherweise mehrere Sorten verbergen. Sowohl die rosafarbene wie die weiße Portugieser sind nicht mit der dunklen Portugieser verwandt.

POULSARD

Eine sehr interessante hellrote Traubensorte, die im französischen Jura beheimatet und dort seit dem 14. Jahrhundert bekannt ist. Sie ergibt geschmacksreiche Weine, die wegen ihrer schwachen Farbe meist mit Trousseau und/oder Pinot Noir verschnitten werden. Die im Anbau diffizile Rebe treibt früh aus und ist damit Spätfrösten ausgesetzt, außerdem ist sie anfällig für Echten und Falschen Mehltau sowie Graufäule. Sie liefert auch gute Tafeltrauben, die Empfindlichkeit der Beerenhaut macht allerdings den Transport schwierig.

Es überrascht also nicht, dass sie nur in kleinen Mengen angebaut wird. Verschiedene Unterarten haben weiße, rosafarbene, hellrote und dunkle Beeren. Gute Erzeuger: Jean Bourdy, Jacques Puffeney.

PRESSAC

Die in den Bordelaiser Bereichen rechts der Gironde (St-Émilion, Pomerol, Fronsac) als Pressac bezeichnete Rebsorte ist nichts anderes als Malbec (siehe S. 118/119), die in den anderen Bereichen des Bordelais als Cot bekannt ist. Auch in Bourg, Blaye und Entre-Deux-Mers wird zum Teil dieser Name verwendet.

PRETO MARTINHO

Eine portugiesische Rebe, die in den Regionen Ribatejo und Estremadura zu Hause ist. Sie reift früh und liefert farbkräftige, sehr alkoholreiche Weine. An der Algarve nennt man die Sorte Negra Mole.

PRIETO PICUDO

Eine interessante Traube, zu finden im Bereich León in Spanien. Der tieffarbene Wein mit seiner leichten, moschusartigen, aber etwas verhaltenen Frucht hat eine besondere Affinität zum Eichenfass; in neuer Eiche wird er nicht so tanninmächtig wie Tempranillo. Die Rebe ist nicht für DO-Weine zugelassen, was schade ist; sie könnte aber mehr Zuspruch finden, da die León-Weine mit einem kräftigenden Zusatz durchaus Erfolg haben könnten. Guter Erzeuger: Bodegas de León-Ville.

PRIMITIVO

In jüngster Zeit populär gewordene süditalienische Rebsorte, die mächtige, stämmige, alkoholreiche Weine liefert. Die Genanalyse erwies die Identität mit der kalifornischen Zinfandel; doch wie sie nach Italien kam (sie scheint nicht autochthon zu sein), ist nicht bekannt. Möglicherweise erreichte sie Italien erst, nachdem sie in die USA gekommen war; vielleicht kann die Verwandtschaft mit der kroatischen Plavac Mali Hinweise auf ihren Ursprung geben. Lange Jahre wuchs sie unbeachtet in Apulien, wo sie eine Reihe eigener DOCs hat; der große Teil aber wurde in vielen Verschnittweinen Nord- und Mittelitaliens verwendet, denen sie Farbe und Kraft gab. Die Popularität des Zinfandel hat alles verändert, und heute taucht Primitivo überall auf, sogar in Australien. Siehe Zinfandel, S. 286–295.

PROCANICO

Eine Subvarietät der Trebbiano, die im mittelitalienischen Umbrien angebaut wird und mehr Charakter hat als die meisten Trebbiano-Abarten.

PROSECCO

Der Name einer italienischen Traube und des aus ihr hergestellten Weins. Ihre populärste Verkörperung ist der trockene bis halbtrockene Perl- oder Schaumwein (*frizzante* bzw. *spumante*) mit guter Säure und leichtem sahnigem Touch. Seinen Siegeszug trat er von Venedig aus an, in Harry's Bar (und heute auch anderswo) wird er mit Pfirsichsaft zum Bellini gemixt. Er hat nicht viel Alkohol und Körper und ist von frischer, neutraler Art, mit anderen Worten der ideale Grundwein für die Schaumweinproduktion. Man stößt auch auf stille und süße Versionen.

Prosecco wächst fast ausschließlich im Bereich Valdobbiadene/Conegliano/Montello sowie in den Colli Euganei bei Padua. Die Traube reift spät, was den Grundstein zur Spumante-Tradition legte: Die Gärung stoppte im frühen Winter, und im Frühjahr darauf setzte sie mit dem noch vorhandenen Zucker wieder ein (wenn der Wein bis dahin nicht getrunken war). Heute wird der schäumende Prosecco meist mit der Charmat-Methode hergestellt. Gute Erzeuger: Adami, Bisol, Bortolin, Carpenè Malvolti, Col Vetoruz, Le Colture, Nino Franco, Angelo Ruggeri, L. & C. Ruggeri, Tanoré.

PRUGNOLO GENTILE

Einer der vielen Namen der Sangiovese in der Toskana (siehe S. 208–217) – dieser wird in Montepulciano verwendet.

PX

Die übliche Abkürzung für Pedro Ximénez (siehe S. 167).

RABO DE OVELHA

Eine in Portugal verbreitete weiße Rebsorte, die viel Zucker, aber nie viel Finesse entwickelt. Ihr Name, der »Schafsschwanz« bedeutet, ist von den langen Trauben abgeleitet. Ein anderer Name ist Rabigato, »Katzenschwanz«, was nach »noch länger« klingt; damit könnte aber auch eine andere Sorte gemeint sein, die an manchen Orten Rabo de Ovelha genannt wird. Wie häufig bei portugiesischen Trauben ist es fast unmöglich, Synonyme und Rebsorten einander genau zuzuordnen. In den Bereichen Douro, Ribatejo, Dão, Alentejo und Bairrada gibt es überall Rabo-de-Ovelha-Reben, und alle scheinen unterschiedlich zu sein. Rabo de Ovelha Tinto jedoch ist eine nicht verwandte rote Traube im Bereich Vinho Verde. Wen's interessiert: Portugal hat auch Rabo de Anho (»Lämmerschwanz«), Rabo de Lobo (»Wolfsschwanz«), Rabo de Porco (»Schweineschwanz«) und Rabo de Vaca (»Kuhschwanz«). Gute Erzeuger: Quinta do Avelar, Quinta das Setencostas, Quinta do Carmo, Quinta da Romeira.

Der graue Himmel und die Windschutzzäune erinnern fatal an Ferien an der Nordsee, doch dies sind Ramisco-Rebstöcke, die bei Azenhas do Mar an der portugiesischen Atlantikküste in den Sanddünen wachsen.

RABOSO

Eine sehr tannin- und säurereiche Rotweintraube Nordostitaliens; ihre ernsten Produkte lassen den Charme anderer säurereicher Weine wie Marzemino (siehe S. 122) vermissen. Zur Pasta sind sie jedoch gute, wenn auch raue Begleiter. Sie haben kräftige Farbe, nicht viel Zucker (respektive Alkohol) und eine recht schlanke Frucht.

Zwei Arten werden unterschieden: Raboso Piave, auch Raboso Friulano oder Friulara genannt, sowie Raboso Veronese. Sie scheinen nach dem Fluss Raboso, einem Nebenfluss des Piave, getauft worden zu sein. Ihrer beider Anbaufläche nimmt ab. Raboso ist auch in Argentinien zu finden, wo sie saftig-warmen Rotweinen einen gewissen Kick gibt. Gute Erzeuger: (Italien) Borletti, Cecchetto, Cescon

RAMISCO

Eine Rarität der heutigen Weinwelt: Ramisco wächst im portugiesischen Bereich Colares – westlich von Lissabon – am Atlantik in den Sanddünen, und da die Reblaus den Sand meidet, sind alle Ramisco-Stöcke wurzelecht. Die Beeren haben eine dicke Haut und kolossale Tannine, die lange zum Weichwerden brauchen.

Mit der Zeit entwickeln die Weine schöne Schwarze-Johannisbeer-Aromen, doch hatten die gereiften Exemplare, die ich verkosten konnte, immer noch zu strenge Tannine, um sich an ihnen erfreuen zu können.

Die Anbaufläche in Colares schrumpft, und die Weinmacher der Welt sind auf die Ramisco noch nicht aufmerksam geworden. Gute Erzeuger: Adegas Beira Mar, Tavares & Rodrigues.

REFOSCO

Eine Rebsorte Nordostitaliens, die säurereiche, farbstarke Rotweine liefert; sie verfügen manchmal über harte, unreife Tannine, aber sehr schöne Beerenaromen. Jung (und nicht in Eiche gemacht) sind sie sehr gut zu trinken, altern aber auch in ein paar Jahren zu pflaumiger Tiefe und Noten von dunkler, bitterer Schokolade. Die Sorte ist widerstandsfähig gegen Fäule und reift spät, was ein Grund für die hohe Säure und den grünen Charakter ist. Doch ich mag den Refosco mit all seinen Ecken und Kanten.

Es gibt auch von dieser Sorte mehrere Arten. Galet nennt die Refosco dal Peduncolo Rosso (»die mit dem roten Stiel«), die die beste ist, und Refosco Nostrano (die »unsere«), Weinautor Nicolas Belfrage außerdem Refosco d'Istria und Refosco del Terrano, die mit der slowenischen Teran und der Cagnina der Emilia identisch sein könnte.

Refosco ist auch in Griechenland zu finden, die neueren Anpflanzungen verwenden wahrscheinlich die Peduncolo Rosso. Man ist sich nicht einig, inwieweit diese Sorten miteinander verwandt sind; doch da Sie mit der Lektüre dieses Buchs so weit gediehen sind, überrascht Sie das sicher nicht. Bis die italienischen und besonders die portugiesischen Rebsorten auseinander dividiert sind, werde ich das Zeitliche längst gesegnet haben. Gute Erzeuger: La Castellada, Dorigo, Marco Felluga, Gravner, Jermann, Livon, Ronchi di Cialla, Ronchi di Manzano, Franco Terpin, Villa Russiz, Villanova, Volpe Pasini.

REICHENSTEINER

Eine deutsche Züchtung aus dem Jahr 1939, gekreuzt aus Müller-Thurgau (siehe S. 142) und einer Kreuzung von Madeleine Angevine (siehe S. 117) mit Weißem Calabreser. Reichensteiner ist weitgehend unempfindlich gegenüber Fäule und erbringt viel Zucker, jedoch kaum Aroma, sie übertrifft noch Müller-Thurgau an Neutralität. In Deutschland ist Reichensteiner im Weinbaugebiet Rheinhessen konzentriert, auch in England und Neuseeland existieren einige Stöcke.

RHINE RIESLING

Mit Rhine Riesling oder Rhein Riesling ist der echte Riesling gemeint. Siehe S. 190–201.

RHODITIS

Eine in fast ganz Griechenland verbreitete Traube mit zahlreichen Unterarten; die Beeren sind meist rosa, manchmal auch rot. Die interessanten, vielschichtigen Weine bewahren auch in heißen Gegenden gute Säure und sind jung am besten. Ein großer Teil wird mit Savatiano zu Retsina verarbeitet. (Auch »Roditis« geschrieben.) Gute Erzeuger: Achaia-Clauss, Kourtakis, Strofilia.

RIBOLLA GIALLA

Eine attraktive friaulische Sorte, die nussige Aromen mit guter Säure verbindet, aber etwas Körper und Fülle vermissen lässt. Die Qualität ist allgemein gut. In kleinen Flächen ist sie in Collio und den Colli Orientali sowie jenseits der Grenze in Slowenien (unter dem Namen Rebula) gepflanzt. Als Robola (siehe S. 202) liefert sie in Griechenland frische Weine von mineralisch-zitroniger Art. Gute Erzeuger: (Italien) Primosic, Matijaz Tercic, Le Vigne di Zamò.

RIBOLLA NERA

Ein Synonym für Schiopettino (siehe S. 229).

RIESLING

Wie fühlt sich wohl eine Rebsorte, wenn sie von den Weinexperten hoch gelobt wird, aber bei der großen Mehrheit der Weintrinker in der Welt auf Ablehnung stößt? Fühlt sie sich wie der Streber der Klasse, den die Lehrer wegen all seiner Einsen hätscheln, der aber in der Pause allein irgendwo in der Ecke steht, während seine raubeinigen Kollegen miteinander herumtoben und sich lautstark des Lebens freuen? Es macht es nur noch schlimmer, wenn der Lehrer sagt: Weine nicht, auch deine Zeit wird kommen – denn gerade jetzt will niemand mit dir spielen, wie sehr du dich auch bemühst. Und wer will schon sicher wissen, ob deine Zeit kommt? Gute Zeugnisse und das Lob der Lehrer sind keine Garantie für ein glückliches, erfolgreiches Leben.

So, denke ich, ist es mit dem Riesling. In den deutschsprachigen Ländern wird Riesling als die große Weißweintraube schlechthin verehrt. Auch im übrigen Europa, besonders in Großbritannien, wiederholt eine große Zahl von Weinautoren und -experten unermüdlich ihre Ansicht, dass Riesling die großartigste weiße Traube der Welt sei. Doch die Welt hört die Botschaft nicht. Wofür es eine Reihe guter Gründe gibt.

Am Ufer der Mosel liegt das zauberhafte alte Bernkastel, und gleich dahinter steigen die steilen Terrassen der Riesling-Weinberge an, so wie der geriffelte Stiel eines traditionellen Mosel-Weinglases. Der feine schmiedeeiserne Träger eines Ladenschilds – typisch für die Moselgegend – ist natürlich von den Ranken des Weinstocks inspiriert.

Zunächst dient Riesling häufig denen als Bannerträger, die den Geschmack von neuer Eiche in Wein ablehnen. Nur zu Recht. Die wenigen in Eiche ausgebauten Rieslinge, die mir begegneten, waren sehr eigenartig und als Riesling völlig unkenntlich. Ich gehe absolut damit *d'accord,* dass Riesling mit Eiche ein Verbrechen ist, all die spritzige Säure, die knackig-frische Frucht – das Vergnügen des Rieslings schlechthin – werden zerstört. Bei vielen anderen Sorten ist der Geschmack neuer Eiche jedoch Quelle zusätzlicher Freude; Chardonnay, Sémillon, Chenin Blanc, Viura und viele andere reagieren wunderbar auf den Ausbau in Eiche, und die Welt liebt sie dafür.

Dann ist da noch etwas. Haben Sie das Wort im letzten Absatz registriert? Chardonnay? Für manche ist Chardonnay der Satan persönlich, der rücksichtslose Kolonisator, der Zerstörer der Weinberge der Welt und des guten Geschmacks. Besonders Riesling-Liebhaber mokieren sich über den leichten Erfolg des gefälligen Chardonnay, des Lieblings der Massen, für sie ist Chardonnay ein schmächtiger Backfisch, ein Flittchen ohne Tiefe und Komplexität.

Meine Güte. Die Riesling-Liebhaber sollten aufhören, Chardonnay zu beneiden. Der Großteil der Welt liebt die Traube und wird seine Meinung trotz allen Krittelns und Schmähens nicht ändern. Viel besser wäre es, wenn die Riesling-Fans Chardonnay und Eiche vergessen und zufrieden die unbestrittene Schönheit ihres Lieblings genießen. Riesling ist etwas, was nicht jeder mag, und er nimmt es übel, wenn man ihn gefälliger macht – im Gegensatz zu Chardonnay. In der gegenwärtigen Welt, die nach runden, breiten, superreifen Weinen verrückt ist, sind die mundwässernde Säure, der glitzernd frische Duft und die zitronige Pikanz des Rieslings nur etwas für eine Minderheit – umso besser, denn obwohl die Rebe in der ganzen Welt kultiviert wird, ist sie nur in wenigen Gegenden wirklich beliebt, so dass erstklassige Weine problemlos zu bekommen sind.

Ohne Zweifel ist Riesling eine flexible Traube. Sie ist die einzige, die im kühlen Klima von Mosel und Mittelrhein gedeiht, sie kann aber auch im Clare Valley und in Coonawarra in Australien – Seite an Seite mit Shiraz und Cabernet – und im südafrikanischen Constantia wunderbare Ergebnisse zeitigen. Sie liefert großartige, ernste trockene Weine, köstliche liebliche und aufregende supersüße Tropfen, die den Gaumen mit Aromen überfluten. Solche Erfolge feiert man aber nur an wenigen Plätzen. Große Teile des Rieslings der Welt sind langweilig und ohne Geschmack, da Weinfabriken die Sorte zu einem Lieferanten von gefälligem Massenwein degradieren und ihr nicht die notwendige Aufmerksamkeit und Inspiration zukommen lassen. Ach, armer Liebling der Lehrer, niemand hat gesagt, dass alle dich lieben würden.

Riesling: Von der Traube zum Glas
*Geografie und Geschichte Seite 192; Weinbau und Weinbereitung Seite 194; Riesling in aller Welt Seite 196;
Riesling genießen Seite 200*

Geografie und Geschichte

In den letzten Jahrzehnten des 20. Jahrhunderts war der Riesling auf breiter Front in Ungnade gefallen. Hundert Jahre zuvor hatten die großen deutschen Rieslinge noch höhere Preise erzielt als die besten roten Bordeauxweine; jetzt hielt schon ein deutsches Etikett viele Konsumenten davon ab, die Flasche aus dem Regal zu nehmen. Durch die Massenproduktion immer noch billigerer, dürftigerer Weine hatte Deutschland das Verdikt des Weinsnobs (insbesondere im englischsprachigen Ausland) auf sich gezogen. Der Riesling, Deutschlands edelste Rebsorte, war dabei das unschuldige Opfer, denn die elende Parade von Produkten wie Liebfrauenmilch und Niersteiner Gutes Domtal hatte kaum je eine Riesling-Traube gesehen. In bestimmten Märkten war deutscher Wein als solcher schon out. Der Riesling, und besonders der deutsche, hat jedoch von den Jahren »in der Wüste« profitiert. Deutscher Riesling wurde trockener, und nachdem er eine schmerzhafte Phase der Mager-

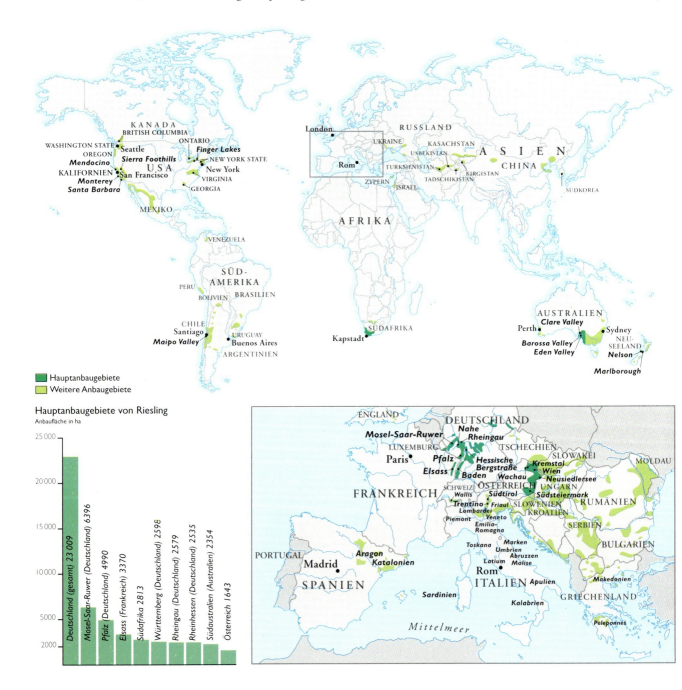

keit und Dünnheit durchgemacht hatte, kam er mit besserer Balance wieder zurück. Dasselbe gilt für Österreich.

In Australien machten die körperreichen Weine der 1950er und 1960er Jahre leichteren, weniger interessanten Platz, als sich die Aufmerksamkeit dem Chardonnay zuwandte. Doch das hat sich geändert; die Weine aus dem Eden Valley und dem Clare Valley gelten neben denen aus Deutschland und dem Elsass als der Maßstab für diese Rebe.

Für das Elsass war der Mangel an Aufmerksamkeit beim Massenkonsumenten – seien es Verehrung oder Abscheu – sowohl vorteilhaft als auch ungünstig. Der Charakter der Weine hat sich hier wenig geändert, was im Fall der engagierten Qualitätserzeuger absolut in Ordnung ist; doch bestimmen Genossenschaften und Handelshäuser die Geschicke im Elsass, und was sie bieten, ist nur zu oft dünn und säuerlich – jedoch keineswegs billig. Sie sollten auf die Konkurrenz achten.

An anderen Orten der Welt hat der Riesling kaum für Aufsehen gesorgt, im großen Ganzen deswegen, weil viele führende Weinländer der Neuen Welt zu warm sind für einen guten Riesling. Australien hat jedoch seinen Weg gefunden, und von Neuseeland, Chile und dem pazifischen Nordwesten kann man Aufregendes erwarten.

Ein wenig Geschichte

Zum ersten Mal schriftlich dokumentiert ist der Riesling im Rheintal, wo er sich möglicherweise im Mittelalter aus einer Wildrebe entwickelte. Dieses Dokument ist eine Rechnung aus dem Jahr 1435, auf der die Traube »riesslingen« genannt wird; als »Rißling« erscheint sie 1546 im *Kreütterbuch* von Hieronymus Bock. Ihre Qualität scheint nie in Frage gestanden zu haben.

Vom 16. Jahrhundert an breitete sich die Rebe an Rhein und Mosel aus, und im 18. Jahrhundert wurde sie – auch dies eine Neuerung – in einer Reihe von Weinbergen als einzige Rebe angepflanzt, beginnend 1720/1721 mit dem Schloss Johannisberg im Rheingau. Erst mit der Säkularisierung Ende des 18. Jahrhunderts, nachdem die Weingüter der Kirche enteignet worden waren, wurde Riesling in großem Maßstab an der Mosel gepflanzt, und erst im späten 19. Jahrhundert war er dort zur Hauptrebsorte geworden.

Im Elsass scheint die Rebe spätestens 1477 heimisch gewesen zu sein, dann da sang Herzog Renatus von Lothringen ihr Loblied. Am Ende des 19. Jahrhunderts, als das Elsass wieder unter deutscher Hoheit stand und zum Massenweinlieferanten degradiert war, gab es dort nur mehr wenig Riesling. Ab 1919, als das Gebiet zu Frankreich kam, nahm die Produktion wieder rasch zu.

Als der Riesling in Österreich Fuß gefasst hatte, war es nur noch ein kleiner Schritt zu den östlichen Teilen des Habsburgerreiches; Böhmen, Mähren, Slowenien und Norditalien übernahmen ihn. Deutsche Auswanderer brachten ihn später in die Neue Welt; 1857 wurde er in Kalifornien, 1871 im Staat Washington und Anfang der 1880er Jahre in Südaustralien angepflanzt.

Herbstliche Rieslingreben in der Lage Goldtröpfchen oberhalb Piesport im Mosel-Tal. Goldtröpfchen ist eine Sonnenfalle: Hier bildet die Mosel eine Schleife und stellt weite, flach abfallende Hänge zur Verfügung, auf denen der Wein reifen kann. Die nach Norden geneigten Rebberge jenseits des Flusses machen jedoch wenig Hoffnung auf gute Reifung und sind daher meist mit Müller-Thurgau bepflanzt.

Wilhelm Haag in der Lage Brauneberger Juffer Sonnenuhr. In einer Reihe von Weinbergen an der Mosel steht eine Sonnenuhr, ein Ersatz für den Schlag der Glocke in Zeiten, als noch nicht jeder eine Uhr besaß.

Josef Leitz bei einer Fassprobe in seinem Weinkeller in Rüdesheim. Große alte Holzfässer wie dieses, die dem Wein kein Eichenaroma mitgeben, werden von vielen deutschen Erzeugern dem Edelstahl vorgezogen.

Weinbau und Weinbereitung

Bei all seiner geografischen Verbreitung ist der Riesling genetisch ziemlich gleichförmig. Er mutiert nicht so leicht wie die Sorten der Pinot-Familie; zwar können sich die deutschen Winzer aus über sechzig verschiedenen Klonen bedienen, die im Handel sind (darunter der verblüffend aromareiche N90, der von einigen Neuerern in der Pfalz und anderswo verwendet wird), doch das Gros der gepflanzten Reben unterscheidet sich kaum voneinander. Die Klonenwahl ist bei Riesling selten ein wichtiger Faktor bei der Bestimmung des Weincharakters. Andererseits kann Riesling eine bemerkenswert große Palette unterschiedlicher Aromen zeigen, von Rauch zu Pfirsich, vom erdigen zum Petrolton, von Schiefer über Gewürze bis zu gedörrten Aprikosen. Er lässt die Bedingungen des Weinbergs so klar erkennen wie sonst kaum eine andere Sorte.

Terroir

Diese Fähigkeit des Rieslings, unter der vermittelnden Hand des Winzers den Weinberg »ins Glas zu bringen«, macht seine endlose Faszination aus. Die Winzer an der Mosel sprechen vom mineralischen Charakter der Weine aus Wehlen, von den Schwarze-Johannisbeer-Noten der Weine vom Piesporter Mergel, von der Stahligkeit des blauen Schiefers in Traben-Trarbach; Weine aus der Traiser Bastei am Fuß des Rotenfels an der Nahe können in guten Jahren das Feuer eines Rieslings zeigen, der auf rotem Schiefer wächst.

Im Elsass – dessen System von Grands Crus nur dann einen Sinn hat, wenn unterschiedliche Terroirs sich im unterschiedlichen Charakter der Weine auswirken – bevorzugt der Riesling im Allgemeinen Böden aus sandigem Ton und Lehm. Er kann sich jedoch allen Bodentypen anpassen, die über einen guten Wasserabzug und eine geschützte, sonnige Lage verfügen. Um die Eigenschaften des Weinbergs zu seinem Vorteil am besten aufzunehmen, benötigt der Riesling zweierlei: eine lange Zeit langsamer Reifung und vor allem auch niedrige Erträge.

Klima

Riesling gilt im Allgemeinen als früh reifende Sorte, nur in Deutschland – wo er von Sorten wie Müller-Thurgau in der Reifungsgeschwindigkeit übertroffen wird – gilt er als spät reifende. In warmen Klimaten reift er zu rasch und zu früh, um von Interesse zu sein; dort erwirbt er keine seiner charakteristischen Eigenschaften und schmeckt flach und langweilig. Das harte Holz der Rebe macht sie sehr widerstandsfähig gegen winterliche Kälte, was ihr im US-Staat New York und in Kanada zugute kommt, ebenso in den kühleren Teilen Deutschlands; sie blüht spät, was sie Spätfrösten gegenüber unempfindlich macht. Die Frosthärte bedeutet auch, dass der Winterschnitt früh beginnen kann.

Im Anbaugebiet Mosel-Saar-Ruwer erreicht der Riesling seine nördliche Grenze in Europa und benötigt, um zu reifen, die sonnigsten und geschütztesten Lagen. Der Neigungswinkel der steilen Weinberge ist entscheidend, um jeden vorhandenen Sonnenstrahl zu nützen. An der Mosel kann die Rebe, am Fuß des Hangs gepflanzt, sehr unter dem Nebel leiden, und an ihrem oberen Rand – 200 m über dem Meer – kann es für sie schon zu kalt sein. In Australien, im Clare und im Eden Valley, trifft der Riesling auf ein im Großen und Ganzen wesentlich wärmeres Klima als an der Mosel (auch Shiraz gedeiht hier gut), jedoch bietet die höchst vielgestaltige Topografie eine große Zahl unterschiedlicher Böden, Höhen und Expositionen. Die Niederschläge sind gering und die Nächte kühl, die Höhen erreichen 400 m über dem Meer.

Ertrag

In Deutschland wird der Riesling als geringtragend betrachtet, einfach schon im Vergleich mit solchen »Goldesel«-Trauben wie Müller-Thurgau, die 300 hl/ha liefern kann; die Höchstgrenze des Ertrags an der Mosel – jenseits der die Qualität schon deutlich absinkt – liegt zwischen 120 und 150 hl/ha. Selbst dies ist nach allgemeinen Maßstäben noch sehr viel, und wenn auch die Erträge an der Mosel höher liegen als etwa im Rheingau, beschränken sich die

Rieslinglese in der Lage Würzgarten bei Ürzig. An der Mosel wird Riesling in einer sehr arbeitsintensiven Weise erzogen; jede Rebe hat ihren 2,5 – 3 m hohen Pfahl. Die Pfähle werden in den Felsen getrieben, damit die Reben im steilen Schiefer Halt haben. Außerdem sind so an einem Stock zwei und mehr Rundbögen unterzubringen.

Spitzenerzeuger meist auf 50 bis 70 hl/ha. In den Analysen zeigen die Weine aus hohen und niedrigen Erträgen geringe Unterschiede, doch im Geschmack ist der Unterschied dramatisch. In anderen Anbaugebieten sind 60 bis 70 hl/ha durchaus üblich, jedoch pressen die Winzer in wärmeren Klimaten nicht jeden Tropfen aus den Trauben, um Rauigkeit zu vermeiden. Wärmeres Klima ergibt dickere Beerenschalen, die dem Most bittere Tannine und Phenole mitgeben können: Der Riesling in Südaustralien hat bis zu siebenmal dickere Schalen als der im Rheingau.

Die kompakten, aus kleinen Beeren bestehenden Trauben machen sie für Durchrieseln und Graufäule anfällig, die beide durch kaltes, nasses Wetter begünstigt werden und ihrerseits die Erträge verringern.

Vinifizierung

Hier geht die Diskussion hauptsächlich um die jeweiligen Vorzüge von Holz und Edelstahl. Edelstahl, sowohl für die Gärung wie für den Ausbau, wird von denen bevorzugt, die jugendliche Frische in ihren Riesling bringen wollen. In Edelstahl bekommt der Riesling eine kristallklare Frucht und eine beinahe aseptische Sauberkeit. Werden große, alte Holzfässer verwendet, erzielt man deutlich andere Aromen. Die leichte Oxidation, die in alten Fässern stattfindet, rundet die Kanten des Weins und gibt ihm Komplexität. Die Wahl ist Geschmackssache, wobei der stahlige Stil meist als der modernere gilt.

Alte oder neue Eiche?

Hier gibt es kaum Differenzen. Nur eine kleine Minderheit von Erzeugern lässt ihren Riesling in neuen Eichenfässern gären und/oder reifen. Die Säure und der blumige Duft des Rieslings vertragen sich nicht mit neuer Eiche, und anstatt an Komplexität zu gewinnen, wird die Schönheit des Rieslings erstickt.

Die einzigen in neuer Eiche gereiften Rieslinge, die als erfolgreich bezeichnet werden können, verfügen über viel Gewicht. Sie kommen etwa aus der Pfalz und aus Baden, wo warmes Klima in höherem Alkohol und Extrakt resultiert und die Weine meist trocken ausgebaut werden. (Die blumigere Art des Rieslings in anderen deutschen Gebieten geht in neuer Eiche verloren.) Theoretisch gehören auch die Elsässer Rieslinge zum gewichtig-trockenen Typ, dennoch wird hier kaum experimentiert. Die elsässischen Erzeuger favorisieren für keinen ihrer Weine neue Eichenfässer. Versuche mit neuer Eiche in anderen Teilen der Welt geben ihnen Recht.

Sortenrein oder Verschnitt?

Verschnittene Rieslinge sind selten, nicht zuletzt aufgrund der deutschen und elsässischen Tradition sortenreiner Weine. Außerdem ist der Riesling eine der wenigen Rebsorten, die »vollständig« sind und keine Verbesserung durch andere Trauben benötigen. Andere Rebsorten dem Riesling zuzusetzen, selbst in geringen Mengen, würde Aroma, Komplexität und Finesse mindern.

Dennoch kann Riesling auch mit bemerkenswert gutem Ergebnis verschnitten werden, besonders mit Pinot Blanc, und Weine mit Feinheit und Gewicht ergeben. Als Verschnittpartner ist er ebenfalls nützlich; durch seine hohe Säure kann früh gelesener Riesling die Balance von Sorten wie Gewürztraminer und Muscat, die aus warmen Gebieten kommen, bedeutend verbessern.

Auch zur Schaumweinherstellung ist Riesling sehr gut geeignet. Wenn er auch gegenüber der Champagner-typischen Cuvée aus Chardonnay und Pinot Noir teilweise ins Hintertreffen geraten ist, kann sorgfältig gemachter Rieslingsekt aus knapp reifen, schneidend sauren Trauben wunderbar köstlich sein.

Eisweinlese auf dem Gut Henry of Pelham in Ontario. Aufgrund der Klimaveränderungen in Kanada innerhalb der letzten zehn Jahre findet sie heute etwa einen Monat später statt.

RIESLING ALS SÜSSWEIN

Riesling ist eine der wenigen Trauben, deren Süßweine ebenso bezaubern wie die trockenen Ausgaben. Der Grund ist auch hier wieder die ausgeprägte Säure, die sogar intensiver Süße das notwendige Gegengewicht gibt; auch Wein mit 50 g/l Restzucker kann leicht, frisch und sogar fein schmecken.

Riesling kann lieblich oder süß gemacht werden, indem man die Gärung stoppt (durch Zugabe von Schwefeldioxid, durch Zentrifugieren oder Kühlen) oder – soweit gesetzlich erlaubt – durch Zugabe von Süßreserve, das heißt unvergorenem Süßmost. Die gewählte Methode wirkt sich auf den Geschmack aus. Der Zucker in einer reifen Weinbeere setzt sich zu etwa gleichen Teilen aus Frucht- und Traubenzucker (Fruktose bzw. Glukose) zusammen. Die Glukose vergärt vor der Fruktose; wenn man nun die Gärung stoppt, bleibt vor allem Fruktose übrig, und die schmeckt fruchtiger und frischer als Glukose. Durch Zugabe von Süßreserve erzielt man nicht diese geschmackliche Wirkung.

Edle süße Rieslinge erhält man mit Hilfe der Edelfäule. Sie entsteht durch den Pilz *Botrytis cinerea*, der die Beeren schrumpfen lässt und ihren Prozentgehalt an Zucker und Säure erhöht. Edelfaule Weine kommen aus Deutschland, Österreich, dem Elsass, Neuseeland und Kalifornien. Für deutsche Winzer stellen sie so etwas wie ein Aushängeschild dar, allerdings kein profitables. Eine Schätzung aus dem Rheingau für die Produktionskosten einer Flasche Trockenbeerenauslese (TBA) nennt 500 Mark, rund 100 Mark mehr als der Verkaufspreis. Eine andere Schätzung sagt, dass ein Pflücker einen Tag benötigt, um die Beeren für eine einzige Flasche Beerenauslese zusammenzubekommen, und ebenso lang für eine halbe Flasche Trockenbeerenauslese.

Ein anderer Typ des süßen Rieslings benötigt ein kaltes Klima. Für den Eiswein werden die Trauben hart gefroren geerntet, und zwar bei höchstens −8 °C. Wird erst im Januar gelesen, so gehört der Wein dennoch zum Jahrgang des Vorjahres. Die Beeren werden sofort behutsam gepresst, sodass das Wasser noch als Eis zurückbleibt und ein intensiv süßer Saft langsam abläuft. Einige Winzer haben gerne einige edelfaule Trauben im Lesegut, andere bevorzugen die klaren Aromen, die von Trauben ohne Botrytis geliefert werden.

Mehr Eiswein als aus jedem anderen Land, auch noch aus Deutschland, kommt aus Kanada; gegen Ende des 20. Jahrhunderts waren es ca. 300 000 Flaschen im Jahr. Auch in Luxemburg, Oregon und Michigan wird etwas Eiswein hergestellt.

Riesling in aller Welt

Die Riesling-Erzeuger auf der ganzen Welt haben zwei Prototypen der Alten Welt, die sie nachahmen (oder gegen die sie vehement ankämpfen). Da gibt es den blumigen deutschen Typ und den gewichtigeren, weinigeren aus dem Elsass. Bisher konnten nur australische Winzer einen eigenen Stil etablieren, der eher dem elsässischen ähnelt. Der deutsche Typ ist sonst in wässrigen Versionen zu finden, die zeigen, wie schwierig die Traube ist.

Deutschland

Deutsche Rieslinge basieren auf einer wie Klavierdraht straff gespannten Säure, und dennoch können sie so fein sein wie ein Schmetterling. Ihre Frucht kann intensiv und dennoch ätherisch sein; der Restzucker, wenn vorhanden, muss gut eingebunden sein und an Honig erinnern, und bei geringem Alkoholgehalt muss genügend Extrakt da sein, damit der Wein seine Balance bekommt.

Dieses Muster gilt jedoch nicht für alle Anbaugebiete in Deutschland. Im Süden – in der Pfalz und im sonnenverwöhnten Baden – sind die Weine gewichtiger, substanzieller und trockener. Aber auch sie sollten die straffe, messerscharfe Ausgewogenheit aufweisen. Je weiter man nach Norden geht, desto leichter werden die Weine. Rieslinge aus dem Rheingau und von der Nahe haben mehr Körper als die von Ahr und Mosel-Saar-Ruwer; innerhalb des letzteren Anbaugebiets sind die Saar- und noch mehr die Ruwer-Weine besonders feingliedrig.

Das Paradox des deutschen Rieslings könnte man mit dem der schwindsüchtigen Opernheroine vergleichen: sie scheint schon im ersten Akt unmittelbar vor dem Ableben zu stehen, hält aber volle fünf Akte durch und absolviert überdies ein halbes Dutzend mörderischer Arien. Die so hinfällig erscheinenden Rieslinge sind durchtrainierte, geschmeidige Athleten und gehören zu den langlebigsten Weinen der Welt.

Ertrag

Um sein Potenzial als der Marathonstar der Weinwelt zu realisieren, benötigt der Riesling viel Extrakt. Im Rheingau werden auf den flachen Parzellen nahe dem Fluss etwa 100 bis 140 hl/ha geerntet und vielleicht 50 bis 65 hl/ha auf den am wenigsten fruchtbaren Steilhängen. Auf gutem Boden lässt sich mit guter Weinbergsarbeit der Ertrag ohne Qualitätseinbußen wahrscheinlich auf 85–90 hl/ha steigern, jedoch nur in idealen Jahren mit genug Sonne und Niederschlag. Im Rheingau gibt es nicht immer ausreichend Sonne. An der Mosel sind die Erträge trotz des außergewöhnlich armen Bodens generell höher; 180 hl/ha sind durchaus normal, und Erträge dieser Größenordnung liefern keinen extraktreichen Riesling. Qualitätsbewusste Erzeuger gestehen ihren Reben nicht so viel zu; die meisten nennen als Durchschnittsertrag 50–70 hl/ha, für sehr alte Reben sogar nur 35 hl/ha. Im Rheingau erntet ein Spitzenerzeuger ca. 45–50 hl/ha. Die Erträge bei den Auslesen (aus Traubenteilen), Beerenauslesen (aus einzelnen Beeren) und Trockenbeerenauslesen (aus einzelnen edelfaulen Beeren) sind naturgemäß noch weit niedriger.

Warum sollen die Erträge an der Mosel – wo die besten Weinberge aus Schiefer bestehen, der an steilen Hängen abzurutschen droht – so viel höher sein? Ein Grund ist, dass der Mosel-Riesling niedrigere Preise erzielt als sein Konkurrent etwa aus der Pfalz, weshalb die Winzer kaum auf Quantität verzichten wollen. Auch erfordert ein Weinberg an der Mosel mehr Aufwand, 1200 Arbeitsstunden pro Jahr und Hektar stehen durchschnittlich 800 in der Pfalz gegenüber. An Saar und Ruwer mit ihrem noch schwierigeren Klima sind die Erträge geringer. Diese Regionen liegen dicht beieinander, doch schon ein halbes Grad Durchschnittstemperatur kann über den Teilverlust einer Ernte durch Frost oder einen akzeptablen Reifegrad entscheiden.

Säure

Säure ist der Schlüssel zum deutschen Riesling und zum Verständnis der Unterschiede zwischen den Anbaugebieten. Franken etwa hat relativ heiße, jedoch kürzere Sommer, sodass seine Weine auf einem viel niedrigeren Säuregehalt ausbalanciert sind als die von der Mosel oder aus dem Rheingau; entsprechend niedriger ist auch ihr Restzuckergehalt.

In der warmen Pfalz haben die Weine um 3 g/l Restzucker (d. h. sehr trocken), und die Säure ist demgemäß niedrig. Ein Wein aus dem Rheingau, der über 10 g/l Restsüße verfügt und genug Säure, die Ausgewogenheit bringt, schmeckt nur eben nicht ganz trocken. Ein solcher Zuckergehalt würde einen Frankenwein definitiv süß machen. Ein Wein von der kalten Saar kann mit seiner höheren Säure 40 g/l Restzucker haben und dennoch so trocken schmecken wie der 10-g/l-Rheingauer.

Darüber hinaus ist auch die Art der Säure wichtig. Apfelsäure und Weinsäure schmecken völlig anders. Apfelsäure schmeckt abschreckend grün

DR. LOOSEN
Der rote Schiefer von Erden liefert langlebige, mineralisch-erdige Weine mit Komplexität und Rasse. Die Erdener Prälat Auslese sollte 12 bis 15 Jahre unangetastet bleiben.

GUNDERLOCH
Der Nackenheimer Rothenberg in Rheinhessen liegt ebenfalls auf rotem Schiefer. Hier gewinnt Gunderloch eine der aufregendsten Trockenbeerenauslesen Deutschlands.

MÜLLER-CATOIR
Dieser pfälzische Erzeuger produziert eine Weinspezialität mit strahlend sauberer Frucht, aber auch wunderbarer, blitzender Säure, die für Langlebigkeit sorgt.

Blick vom Weinberg Clos St-Urbain auf dem Rangen, dem südlichsten Grand Cru des Elsass. Er gehört Zind-Humbrecht und ist für seinen Riesling berühmt, dessen Trauben teils bis in den November am Stock hängen. In Thann, das im Hintergrund zu sehen ist, wird der hl. Urban als Schutzheiliger der Weingärtner verehrt, in seiner Litanei wird um »Verschonung vor Sturm und Frost« gebeten. Die Kapelle stammt von 1934; der ursprüngliche Bau von Ende des 15. Jahrhunderts wurde während der Französischen Revolution zerstört.

wie ein unreifer Apfel, Weinsäure wie Zitrone, intensiver, aber auch runder. Mit der Reife der Traube steigt ihr Zucker- und sinkt ihr Gesamtsäuregehalt. Doch während der Gehalt an Apfelsäure sinkt, nimmt der an Weinsäure zu. Bei 40° Öchsle, dem Punkt, an dem die Beeren weich werden, hat ein Saar-Riesling um die 40 g/l Säure, und zwar nur Apfelsäure. Bei 80° Öchsle, der Kabinett-Stufe an der Saar, bekommen wir 10 g/l Säure, wovon die Hälfte Weinsäure ist. Bei 90° Öchsle, der Saar-Spätlese, erhält man 8 g/l Säure, davon 6 g Weinsäure. Um diese viel weichere Säure zu bekommen, muss man spät ernten; in kühlen Jahren warten die Saar-Winzer bis in den November. Frühere Lese kann einen Wein mit rauerer Säure ergeben.

In den sonnigen, geschützten Lagen an der Mosel reifen die Trauben besser und liefern mehr von der runden Weinsäure, 9 g Säure werden in einem Moselwein ganz anders schmecken als 9 g Säure an der Saar. Der Gehalt an den verschiedenen Säuren kann beim deutschen Riesling für den Lesezeitpunkt ebenso wichtig sein wie der Zuckergehalt.

Klone

Zwar ist die Klonenvariation beim Riesling im Vergleich zu anderen Sorten gering, doch waren die für den Handel bestimmten Klone in den 1960er, 1970er Jahren eher auf hohen Ertrag als auf Qualität gezüchtet. Der Wechsel zu hochwertigen, geringtragenden Klonen begann Anfang der 1990er; im Jahr 2005 oder 2010 wird schätzungsweise ein Drittel der Riesling-Flächen mit besseren Klonen bepflanzt sein.

Das Elsass

Hier ist Riesling auf dem Vormarsch, gegen Ende der 1990er nahm er gut 20 % der Rebfläche ein. Doch die Rebe ist wählerisch: Sie bevorzugt die bergigsten, geschütztesten Lagen. Das mag seltsam erscheinen, liegt das Elsass doch um einiges südlicher als ihr Hauptverbreitungsgebiet in Deutschland. Ein Großteil der elsässischen Rebflächen liegt aber in der Ebene, nicht an den so fotogenen steilen, von hübschen Kirchlein bekrönten Hügeln der Region. In der Ebene sind die Böden schwerer und fruchtbarer; man sollte sie zwar nicht verwerfen – gute Weinbautechniken erzielen ausdrucksvolle Weine –, in weniger kundigen Händen wird der Riesling hier jedoch dünn und anämisch oder aber schwer und flach.

In den besten Hügellagen, insbesondere im Département Haut-Rhin im bergigeren Südelsass, kann der Riesling sich verwirklichen. (Im Elsass gibt es 50 Grand-Cru-Lagen; sie sind ein guter Anhaltspunkt für höchste Qualität, doch nicht alle erstklassigen Lagen sind Grands Crus, und nicht jeder Grand-Cru-Wein verdient den Titel.) Am meisten liebt der Riesling hier sandig-tonigen Lehm, der sich im Frühjahr rasch erwärmt; doch mehr als der Boden ist die Exposition bedeutend. Zu den besten Weinbergen gehören Brand, Clos Ste-Hune, Elsbourg, Hengst, Kaefferkopf, Kastelberg, Kirchberg (Ribeauvillé), Kitterlé, Osterberg, Rangen, Schneckelbourg, Schoenenbourg, Sporen und Zahnacker. Doch ist die elsässische Geologie so verwickelt, dass der Boden oft innerhalb eines Weinbergs wechselt; weshalb einige Spitzenwinzer in den Par-

KOEHLER-RUPRECHT
Von diesem Pfälzer Gut kommen körperreiche, trockene Weine. Diese Auslese verfügt über 12,5 % Alkohol, Struktur und Extrakt machen sie für Fleisch wie für Fisch geeignet.

DOMAINE OSTERTAG
Bei Ostertag im Elsass sind die Erträge niedrig, und so sind die Weine von unglaublicher Üppigkeit und Tiefe. Dieser Riesling vom Muenchberg ist besonders aromatisch.

DOMAINE PAUL BLANCK
Die penible Weinbereitung auf diesem Gut zeigt sich darin, dass eine ganze Reihe von Riesling-Cuvées separat vinifiziert werden – mit erkennbar unterschiedlicher Aromatik.

zellen gewöhnlich separat lesen und die Trauben getrennt vinifizieren. Diese Cuvées können später aufgrund kommerzieller Zwänge verschnitten werden, doch ist bei der Fassprobe zu erkennen, dass der Riesling im Elsass sein Terroir ebenso deutlich widerspiegelt wie in Deutschland, wenn der Ertrag nicht zu hoch ist. Die im Elsass zugelassenen Erntemengen sind mehr als großzügig: 100 hl/ha für die normale AC und 55 hl/ha für den Grand Cru. Bei diesen Erträgen wird der Wein profillos und dünn; ernsthafte Weinbauern beschränken sich auf etwa 50 hl/ha für AC-Weine und weniger für einen Grand Cru.

Warum schmeckt der elsässische Riesling so anders als der deutsche, auch anders als sein pfälzischer Nachbar? Ein Grund ist der Boden: Die vorwiegend kalkig-tonigen Böden des Elsass geben dem Wein mehr Fülle als etwa der Schiefer an der Mittelmosel. Ein anderer ist der höhere Alkoholgehalt: Normalerweise hat hier der Riesling über 12 %, und er wird chaptalisiert (Zuckerzugabe vor der Gärung). Er bleibt oft länger im Fass, was ihn runder macht. Doch vor allem sind sie französische Weine mit dem undefinierbaren, jedoch deutlich wahrnehmbaren französischen Charakter. Sie sind »weiniger« als die deutschen Rieslinge, schlank und ernst in der Jugend, doch rund, honigartig und ölig im reifen Alter. Elsässische Rieslinge sind im Allgemeinen trocken, jedoch verfahren die Winzer in puncto Restzucker völlig willkürlich. Das Etikett lässt nicht erkennen, ob ein Wein völlig trocken oder medium ist. Auch die Vendange Tardive (Spätlese) kann trocken oder lieblich sein; Weine dieser Kategorie verlangen 95° Öchsle (220 g/l Zucker bei der Lese).

Die seltene Sélection de Grains Nobles (Trockenbeerenauslese) ist immer süß, bei der Ernte müssen 110° Öchsle (256 g/l) gemessen werden.

Australien

Riesling befindet sich in Australien gegenwärtig im Aufwind, doch da er nur etwa 3 % der Rebfläche einnimmt, wird sich seine Popularität nicht gerade zu einem Sturm auswachsen. Bis zur Machtübernahme durch den Chardonnay Anfang der 1990er war Riesling die meistgepflanzte weiße Sorte, entsprechend der damaligen Überzeugung vieler Erzeuger, dass man mit einer edlen Rebsorte überall einen großen Wein machen kann. Er wurde in vielen Gegenden angebaut, die für Riesling viel zu heiß sind, und das Ergebnis zerstörte seinen guten Ruf.

Im Clare Valley, einem der Hauptgebiete des Rieslings, soll die Ernte von den 4000 Tonnen Trauben 1999 in fünf Jahren um ein Fünftel erhöht werden, doch in derselben Zeit sollen doppelt so viel Cabernet Sauvignon, Merlot und Shiraz geerntet werden. Die Investoren sind hier, wie überall in Australien, auf den Rotwein fixiert.

Clare ist, oberflächlich gesehen, für Rotwein tatsächlich viel besser geeignet. Sein Klima ist fast mediterran, die Topografie macht es jedoch sehr flexibel. Clare Valley ist keineswegs nur ein Tal, sondern eine Serie schmaler Wasserläufe zwischen Hügeln, die östlich und westlich bis 400 m hoch ansteigen. Das allein sorgt für beträchtliche Temperaturvariation. Darüber hinaus sind die Nächte kühl und die Niederschläge gering; die gut dränierten Böden – Roterde über Kalkstein und Schiefer – ermöglichen sehr unterschiedliche Weintypen. Watervale ist traditionell der für Riesling am besten geeignete Teil von Clare, das stilistisch mit dem Elsass verwandt ist; Polish Hill River liefert jedoch finessereiche Weine von mineralischem Charakter.

Clare Valley gilt zu Recht als das beste Riesling-Gebiet Australiens. Die großen Weine von Leo

Ein neuer Klassiker aus Australien
Riesling-Reben am Polish Hill River im Clare Valley, Südaustralien. Der Riesling vom Polish Hill River verfügt über mineralische Finesse, doch sind auch andere Teile des Clare Valley für große Rieslinge bekannt. Die Topografie des Valley – das aus einer ganzen Reihe von Hügelketten und Tälern besteht – eröffnet dem auf Individualität bedachten Winzer vielfältige Möglichkeiten.

Riesling wurde von schlesischen Siedlern, die sich im Barossa Valley niederließen, nach Südaustralien gebracht. Mit im Gepäck hatten sie auch ihre Wurstsorten und lutheranische Kirchen. In Barossa selbst ist noch etwas Riesling anzutreffen, der Großteil wurde allerdings in die kühleren Hügel des Eden Valley verlagert, das sich östlich anschließt, oder ins Clare Valley. Das Weingut Pike, dessen Reben hier zu sehen sind, ist einer der vielen Erzeuger, die sich mit stahlig-»coolen«, dennoch frisch-fruchtigen und duftenden Rieslingen einen Namen gemacht haben.

MOUNT HORROCKS
Ein weiterer Beweis, dass das Clare Valley großen Riesling liefert. Das Beispiel von Mount Horrocks ist typisch zitronig und entwickelt mit der Reife eine toastige Rundung.

Buring definierten in den 1970er Jahren den Standard, und drei Jahrzehnte später inspirieren sie die Weinmacher immer noch. In der Jugend sind diese Weine schlank und erscheinen als simpel gestrickt; viele sind jung aufgrund ihrer knackigen Frische attraktiv, scheinen aber nicht mehr zu versprechen. Mit der Zeit rundet die Säure jedoch aus, die Aromatik wird tiefer und entwickelt Noten von Toast und Limette, schmelzige Üppigkeit und einen Touch von Kerosin. Bei vollendeter Reife erweisen sie sich als einige der körperreichsten, komplexesten trockenen Weißweine der Welt. Und zwar ohne jeden Hauch neue Eiche.

Die australischen Rieslinge rangieren von leicht und fein bis zu recht mächtig, doch kellertechnisch werden sie alle gleich behandelt: keine Oxidation, temperaturgesteuerte Gärung in Edelstahl, frühe Abfüllung. In die Flasche kommt der unverfälschte Charakter der Traube. Im Eden Valley geraten die Weine ernster als in Clare; die Weinberge wurden von ihrem alten Platz in der Ebene des Barossa Valley hierher verlagert. Auch einiger Schaumwein wird hergestellt.

Österreich

Die besten Lagen für Riesling sind die Granit-, Gneis- oder Glimmerschiefer-Terrassen der Wachau mit kühlem Klima und gutem Wasserabzug. Bewässerung ist hier notwendig und zugelassen. Doch Riesling nimmt nur etwa 10 % aller Rebflächen der Wachau ein, und er erreichte diesen Anteil auch erst nach dem Zweiten Weltkrieg; in Österreich macht er nur 2,6 % der Rebfläche aus. Er verlangt und erhält die besten Rieden, unter anderem Kellerberg in Dürnstein, Steinertal, Kaiserberg, Loibner Schütt und Loibenberg in Loiben, Tausendeimerberg, Singerriedel und Hochrain in Spitz sowie Steinriegl, Achleiten und Klaus in Weißenkirchen. Der Alkoholgehalt liegt meist bei 13 %, und die Weine sind nach fünf Jahren auf dem Höhepunkt; die Österreicher bevorzugen sie jedoch viel jünger.

Charakter und Böden der Wachau setzen sich im Westteil des Kremstals fort. In anderen Teilen Österreichs ist der Riesling meist gut, wenn auch weniger rassig. Aus dem südsteirischen Hügelland kommen Weine mit guter, straffer Säure, und auch Wien trägt einige attraktive Exemplare bei. Österreichischer Riesling ist meist trocken; ein wenig edelfauler süßer Riesling wird am Neusiedler See gemacht, dem bekannten Botrytis-Paradies, doch ist hier weit mehr Welschriesling gepflanzt, der mit dem Riesling nicht verwandt ist und ganz anders schmeckt.

Neuseeland

Eingeführt wurde der Riesling hier Anfang der 1970er Jahre. Das kühle Klima ist ideal für Weine, die leichter und feiner sind als die australischen; der Säurelevel ist gut, dennoch fehlt den Weinen unerklärlicherweise häufig das gewisse Etwas.

Demgegenüber überzeugen die süßen Spätlesen mit Fülle und Rasse – in der Europäischen Union sind sie nicht zugelassen. Marlborough ist sowohl bei trockenen und süßen Weinen führend; Nelson ist auch für Spätlese-Riesling renommiert.

Kanada

Die trockenen Rieslinge werden in Kanada zunehmend besser und gewichtiger, berühmt ist das Land – insbesondere Ontario – jedoch für seine Eisweine. Sie sind breiter als die deutschen Ausgaben, etwas weniger Finesse steht mehr Körper gegenüber.

USA

In Kalifornien wurde Riesling mit Begeisterung gerodet, dennoch existieren Riesling-Flächen noch im ganzen Staat. Hoch gelegene Bereiche wie die Sierra Foothills liefern die elegantesten, rassigsten Weine, auch Monterey, Mendocino und die kühleren Teile von Santa Barbara sind für Riesling geeignet. Die edelfaulen süßen Rieslinge haben hier eine kurze, zaghafte Geschichte, und nur wenige Erzeuger können mit Botrytis erfolgreich umgehen.

Die Bundesstaaten Washington und Oregon sowie der Bereich Finger Lakes im Staat New York liefern mit ihrem kühlen Klima feine Exemplare.

Weitere Länder

Die Rebe ist in vielen Teilen Europas zu finden, doch westlich des Elsass hat nur Spanien da und dort einen Riesling-Weinberg. Luxemburg produziert feine trockene Versionen, Nordostitalien liefert sehr gute Qualität vom leichten, dennoch aromatischen Typ in Südtirol bis zum fülligeren in Friaul. Slowenien und Kroatien und weiter nördlich Tschechien verfügen über nennenswerte Flächen. Auch in der Ukraine, in Russland, Moldau, Turkmenistan, Tadschikistan, Usbekistan, Kasachstan und Kirgisistan ist Riesling anzutreffen.

In Südamerika ist Riesling weit verbreitet, meist ist er an viel zu heißen Orten gepflanzt. In Chile wurde er jedoch weithin gerodet. Südafrika leidet unter demselben Problem, anders als die Wein anbauenden Länder in Südamerika hat es jedoch keine Möglichkeit, südlichere Standorte zu testen.

FRANZ HIRTZBERGER
Franz Hirtzberger ist einer der führenden Köpfe in der österreichischen Wachau, seine Weine verbinden Kraft mit geschliffener Eleganz.

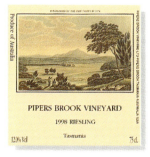

PIPERS BROOK VINEYARD
Die Pipers-Brook-Rieslinge aus dem kühlen Tasmanien zeigen eine floral-zitronige Feinheit, die so ganz anders ist als die fruchtig-stahlige Art der Weine aus dem Clare Valley.

CORBANS
Neuseeländische Weine mit dem Begriff »noble« im Etikett sind immer edelfaul und süß. Einige der besten Rieslinge des Landes verkörpern diesen Typ.

KIONA
Ein kleiner Familienbetrieb im US-Bundesstaat Washington, dessen Weine durch klare Fruchtaromen gekennzeichnet sind. »White Riesling« wird hier oft als Synonym für Riesling gebraucht.

Riesling genießen

Wie lange kann Riesling lagern? Manche, so scheint es, fast endlos. Man kann Weine aus den 1940er, 1950er Jahren verkosten, die immer noch in exzellenter Form sind und – interessanterweise – nicht einmal immer aus den besten Jahrgängen kommen. Die hohen Säurewerte, die mit weniger sonnenreichen Jahren verbunden sind, halten den Riesling bis ins hohe Alter frisch.

Die Lagerung deutschen Rieslings ist direkt von seiner Säure abhängig. Der Säuregehalt vieler Weine, insbesondere aus kühlen Regionen wie der Saar, lassen sie in der Jugend dünn und unzugänglich erscheinen. Wenn Sie einen in diesem Alter probieren, werden Sie wahrscheinlich sagen: Riesling ist wirklich nichts für mich. Man kann gar nicht genug betonen, dass guter Riesling einige Jahre reifen sollte: ein Kabinett vier bis fünf, eine Spätlese fünf bis sieben, eine Auslese sechs bis zehn und eine Trockenbeerenauslese über zehn Jahre. QbA-Weine können ein oder zwei Jahre nach der Lese getrunken werden. Trockene deutsche Rieslinge reifen anders als solche mit Restsüße; sie altern nicht so gut und werden etwas früher trinkreif.

Elsässische Rieslinge brauchen ebenso Zeit: drei bis vier Jahre für AC-Weine, vier bis fünf Jahre für Grands Crus und mindestens fünf (möglichst zehn und mehr) Jahre für Vendange Tardive. Österreichische Rieslinge können jung genossen werden, die Besten aus der Wachau werden über sechs bis acht Jahre hinweg besser, Spitzen-Rieslinge aus Australien (Clare und Eden Valley) sollten über mindestens acht bis zu zwanzig Jahren reifen.

So schmeckt Riesling

Die Adjektive, mit denen die Aromen dieser Weine beschrieben werden können, sind so unterschiedlich wie die Bodentypen, auf denen die Traube gedeiht. Schiefer gibt einen charakteristischen rauchigen Touch; auf anderen Böden kann der Wein mineralisch, stahlig, teerig, erdig, blumig oder nach Gewürzen schmecken. Pfirsich und grüner Apfel sind häufige Vergleiche, auch Quitte und Zitronenschale. Weichere Exemplare können an Aprikosen oder gar an Ananas erinnern. Australischer Riesling zeigt oft Aromen von reifen Limetten und Toast.

Mit dem Alter gewinnt Riesling den typischen Duft nach Petroleum oder Kerosin – das klingt wenig erfreulich, ist jedoch wirklich herrlich. Achten Sie auch auf Anklänge an Honig, Marzipan und Buttermürbteig.

Die Edelfäule, der Pilz *Botrytis cinerea*, gibt dem Riesling ein Aroma gedörrter Aprikosen, Honig, Mandeln oder Rosinen. Ein Eiswein ohne edelfaule Trauben besitzt einen deutlichen »eisigen« Duft wie nach frischem Schnee, andere Nuancen erinnern an Zitrone, Pfirsich, Aprikose, Passionsfrucht, Ananas oder Bratapfel.

Gunter Künstler, der das Familiengut Franz Künstler in Hochheim im Rheingau leitet, beschreibt das Weinmachen als Tanz auf des Messers Schneide. Seine Weine zeigen selbst eine messerscharfe Balance und Feinheit, die von absolut detailgenauer Arbeit zeugt. »Ich kenne alle meine Fässer von innen wie von außen«, sagt er. Jeff Grosset ist im südaustralischen Clare Valley zu Hause. Seine Weine sind ähnlich intensiv, jedoch trockener und verfügen über einen verführerischen Limetten-Toast-Duft, der auch im Alter seine zitronige Frische nicht verliert.

Riesling zum Essen

Gute deutsche Spätlesen verfügen über die Säure, üppigen Sachen wie Gans oder Ente standzuhalten, doch verlangen die zahllosen Kombinationen von Süße/Trockenheit und Körper, Wein und Speisen sorgfältig auszuwählen.

Ein gelagerter Mosel Kabinett oder Spätlese etwa passt hervorragend zu Forelle und Räucherfischpastete. Ein halbtrockener Rheingau ist für Fisch in Sahnesauce gut, während eine traditionelle süße Rheingau Spätlese für die meisten Gerichte zu süß ist. Nur die mächtigsten Auslesen (und darüber hinaus) können zu Desserts gereicht werden, und zwar zu relativ wenig süßen. Eine Mosel Auslese ist für die meisten Desserts zu leicht, man genießt sie am besten für sich.

Elsässische Rieslinge sind weit »essensfreundlicher«, sie begleiten fast alles von Zwiebelkuchen bis zu herzhaften Hühnergerichten. Elsässer und Australier passen auch perfekt zu würzigen chinesischen und thailändischen Gerichten. Trockene Rieslinge mit knackiger apfeliger oder zitroniger Säure sind gut mit Salat zu kombinieren.

VERBRAUCHERINFORMATIONEN

Synonyme und regionale Bezeichnungen
In Italien als Riesling Renano bezeichnet, in der Neuen Welt als Johannisberger Riesling, Rhine Riesling oder White Riesling. Nicht mit Welschriesling (Riesling Italico, Laski Rizling, Olasz Rizling) verwechseln.

Gute Erzeuger
TROCKENE RIESLINGE
DEUTSCHLAND Bassermann-Jordan, Georg Breuer, Bürklin-Wolf, Dönnhoff, Gunderloch, Heyl zu Herrnsheim, Heymann-Löwenstein, Koehler-Ruprecht, Künstler, J. Leitz, Maximin Grünhaus, Müller-Catoir, St. Antony, Horst Sauer, J. L. Wolf
ÖSTERREICH Bründlmayer, Hirtzberger, Jamek, Knoll, Nigl, Nikolaihof, F. X. Pichler, Rudi Pichler, Prager, Freie Weingärtner Wachau
FRANKREICH Elsass Beyer, Blanck, Boxler, Deiss, Dirler, Hugel, Kientzler, Kreydenweiss, Kuentz-Bas, Ostertag, Schoffit, Trimbach, Weinbach, Zind-Humbrecht

SÜSSE RIESLINGE
DEUTSCHLAND Georg Breuer, Bürklin-Wolf, J. J. Christoffel, Diel, Gunderloch, Haag, Heymann-Löwenstein, Jost, Karthäuserhof, Carl Loewen, von Kesselstatt, Künstler, Dr. Loosen, Markus Molitor, Maximin Grünhaus, Müller-Catoir, Egon Müller, J. J. Prüm, Richter, Horst Sauer, Willi Schaefer, Weil
ÖSTERREICH Franz Prager
FRANKREICH Elsass Beyer, Deiss, Hugel, Trimbach, Weinbach, Zind-Humbrecht

NEUE-WELT-RIESLINGE
AUSTRALIEN Tim Adams, Alkoomi, Leo Buring, Delatite, Grosset, Henschke, Howard Park, Leeuwin, Mitchell, Mitchelton, Mount Horrocks, Orlando, Petaluma, Pipers Brook, Plantagenet, Wilson Vineyard, Wolf Blass
NEUSEELAND Cloudy Bay, Corbans, Dry River, Felton Road, Glesen, Millton, Neudorf, Ngatarawa, Villa Maria
SÜDAFRIKA Neethlingshof, Thelema
USA Oregon Argyle; **Washington** Covey Run, Kiona
KANADA Gehringer Brothers, Reif Estate, Thirty Bench

WEINEMPFEHLUNGEN
Zehn trockene europäische Rieslinge
Dönnhoff *Schlossböckelheimer Felsenberg Spätlese Trocken*
Heyl zu Herrnsheim *Niersteiner Pettenthal Erstes Gewächs*
Koehler-Ruprecht *Kallstadter Saumagen Auslese Trocken*
Franz Künstler *Hochheimer Hölle Auslese Trocken*
Bründlmayer *Zöbinger Heiligenstein Alte Reben* (Österreich)
Franz Hirtzberger *Spitzer Hochrain Smaragd* (Österreich)
Emmerich Knoll *Dürnsteiner Kellerberg Smaragd* (Österreich)
Paul Blanck *Furstentum Vieilles Vignes* (Frankr.)
Schoffit *Rangen Clos St-Théobald Alsace* (Frankreich)
Trimbach *Clos Ste-Hune Alsace* (Frankreich)

Zehn klassische europäische Rieslinge mit Restsüße
Georg Breuer *Berg Rottland Auslese Goldkapsel*
J. J. Christoffel *Ürziger Würzgarten Auslese*
Gunderloch *Nackenheimer Rothenberg Auslese Goldkapsel*
Toni Jost *Bacharacher Hahn Auslese*
Karthäuserhof *Eitelbacher Karthäuserhof Auslese Lange Goldkapsel*
Dr. Loosen *Wehlener Sonnenuhr Auslese*
Willi Schaefer *Graacher Dompropst Auslese*
René Muré *Vorbourg Clos St-Landelin Alsace Vendange Tardive* (Frankreich)
Weinbach *Alsace Vendange Tardive* (Frankr.)
Zind-Humbrecht *Clos Windsbuhl Alsace Vendange Tardive* (Frankreich)

Zehn Neue-Welt-Rieslinge (trocken/halbtrocken)
Tim Adams *Clare Valley Riesling* (Australien)
Covey Run *Late-Harvest White Riesling* (Washington)
Dry River *Craighall Riesling* (Neuseeland)
Felton Road *Riesling Dry* (Neuseeland)
Grosset *Polish Hill Riesling* (Australien)
Howard Park *Riesling* (Australien)
Millton *Opou Vineyard Riesling* (Neuseeland)
Mitchelton *Blackwood Park Riesling* (Austr.)
Orlando *Steingarten Riesling* (Australien)
Thelema *Riesling* (Südafrika)

Fünf süße Rieslinge (Dessertweine)
Horst Sauer *Eschendorfer Lump Riesling TBA*
F. Prager *Ried Achleiten Riesling TBA* (Österreich)
Ngatarawa *Alwyn Reserve Noble Harvest Riesling* (Neuseeland)
Neethlingshof *Noble Late Harvest* (Südafrika)
Reif Estate *Riesling Icewine* (Kanada)

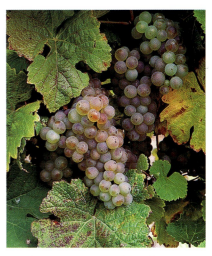

»Beim Riesling gibt es keine ›Weinmacher‹«, sagt Johannes Selbach-Oster von der Mosel. »Beim Chardonnay kann man sich an Rezepte halten. Beim Riesling tun Sie dieses, und der Wein tut jenes.«

Reifediagramme
Riesling ist eine der langlebigsten weißen Rebsorten. Einige Exemplare aus dem Clare und dem Eden Valley in Australien können noch länger halten als hier gezeigt.

1999 Mosel-Saar-Ruwer Riesling Auslese

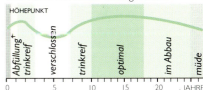

In Deutschland gab es eine Reihe sehr guter Jahrgänge. Riesling-Auslesen machen eine verschlossene Periode durch, bevor sie reif sind.

1998 Alsace Riesling Grand Cru

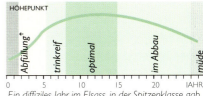

Ein diffiziles Jahr im Elsass, in der Spitzenklasse gab es aber einige ausgezeichnete Rieslinge. Die meisten werden mit 5–15 Jahren optimal sein.

2000 Clare Valley Riesling (Spitzenklasse)

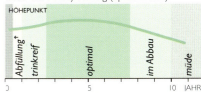

Die meisten Clare-Rieslinge sind mit fünf Jahren auf dem Höhepunkt. Einige wenige sind auch für längere Reifung konzipiert.

RIESLANER

Eine 1921 geschaffene Kreuzung von Silvaner und Riesling, die vor allem in Franken zu finden ist; eine der besseren modernen Züchtungen, die Weine mit netter Johannisbeerfrucht liefert. Doch müssen die Trauben reif sein, was bei der späten Reife ein Problem sein kann. Unreifer Rieslaner ist fürchterlich sauer. Die Anbaufläche ist klein und wird nicht größer.

RIESLING ITALICO

Ein italienisches Synonym für Welschriesling (siehe S. 284), die eine weniger hochwertige Traube als Riesling und nicht mit diesem verwandt ist. Sie ist in Italien sehr viel weiter verbreitet als Riesling (siehe unten Riesling Renano), und zwar vor allem in Friaul und anderen Teilen des Nordostens. Die Weine sind leicht, blumig oder nussig und recht frisch. Natürlich kein Vergleich mit einem Riesling von der Mosel, aber als Alltagswein durchaus

VIGNETO DELLE TERRE ROSSE
Aus der Emilia-Romagna kommt dieser ungewöhnliche Verschnitt aus Riesling und Welschriesling. Er gewinnt durch einige Jahre Lagerung.

attraktiv. Gute Erzeuger: Mazzolino, Pieropan, Vigneto delle Terre Rosse.

RIESLING RENANO

Der italienische Name des echten Rieslings (siehe S. 190–201), eine Übersetzung von »Rheinriesling«. Wie Riesling Italico ist sie vor allem im Nordosten Italiens zu finden, die Weine sind leicht und frisch ohne große Komplexität. Gute Erzeuger: Paolo Caccese, Schiopetto, Le Vigne di San Pietro, Villa Russiz.

RIESLING-SYLVANER

Eine Bezeichnung für Müller-Thurgau (siehe S. 142) aus den Tagen, als man Riesling und Silvaner für die Eltern dieser Sorte hielt (in Wirklichkeit waren es Riesling und Chasselas). Dieser Name wird vor allem in der Schweiz verwendet, eine eigenartige Tatsache, da es doch der aus dem Schweizer Kanton Thurgau stammende Dr. Müller war, der die Rebe in Geisenheim züchtete. Und auch nachdem die wahre Elternschaft bekannt ist, will man sich in der Schweiz immer noch nicht darauf verstehen, sie nach ihrem Schöpfer zu benennen. Sonst wird die Bezeichnung Riesling-Sylvaner noch in Neuseeland verwendet.

RIVANER

Eines der Synonyme für Müller-Thurgau (siehe S. 142), verwendet in Luxemburg, wo die Sorte weit verbreitet ist und angenehme Weine liefern kann.

RIZLING

Ungarische Bezeichnung für Riesling, wobei der echte Riesling Rajnai Rizling und der Welschriesling Olaszrizling heißt. In Slowenien nennt man den Welschriesling Laski Rizling.

RIZLING SILVANI

Synonym für Riesling-Sylvaner und damit Müller-Thurgau (siehe S. 142).

RKATSITELI

Eine solide Allround-Sorte, die in der Russischen Föderation weit verbreitet ist, besonders in Georgien. Sie ist winterhart und liefert viel Säure, eine Eigenschaft, die sie auch vor schlechter Weinbereitung (relativ) gefeit macht. Beide zusammen erklären zum gut Teil, weshalb mit ihr etwa 260 000 ha bepflanzt sind. Diese Ziffer gilt für die Zeit nach Gorbatschows Rodungsprogramm, davor könnte die Rkatsiteli sogar den Weltmeister in der Anbaufläche, die spanische Airén, übertroffen haben.
Die Trauben werden zu allem Möglichen verarbeitet, inklusive Dessertwein und Weinbrand. Westlichen Weinmachern zufolge hat sie das Potenzial zu ordentlicher Qualität, doch mehr als einen angenehmen neutralen Geschmack wird man nicht herausholen können. Die Sorte ist auch in Bulgarien, Rumänien, China (unter dem Namen Baiyu) und sogar im US-Staat New York gepflanzt, ein überraschendes Beispiel für eine westöstliche Entente cordiale. Guter Erzeuger: (Moldau) Vitis Hincesti.

ROBOLA

Die griechische Form der Ribolla Gialla (siehe S. 189). Sie ist schlechthin die Traube Kefallonias, wo ihre wurzelechten Rebstöcke auf Kalkböden stehen und elegante, mineralisch-zitronige Weine mit viel Gewicht liefern. Gute Erzeuger: Calligas, Metaxas.

RODITIS

Andere Schreibweise für die griechische Sorte Rhoditis (siehe S. 189).

ACHAIA-CLAUSS
Die Qualitätsrenaissance in Griechenland hat eine ganze Reihe ungewöhnlicher Rebsorten ans Licht gebracht, wie die Roditis. Dieser Wein kommt von der Peloponnes.

ROLLE

Im französischen Languedoc-Roussillon wird Rolle für viele Verschnitte verwendet, mit Roussanne, Marsanne, Viognier, Grenache Blanc und anderen Sorten des Südens. Sie ergibt charaktervolle, aromatische Weine mit ordentlicher Säure.
In der Appellation Bellet an der Côte d'Azur ist sie die Hauptraube, doch schon im benachbarten Nizza ist der Wein kaum zu finden, geschweige denn anderswo. (Die Suche lohnt sich jedoch.) Man glaubt, dass sie mit der italienischen Vermentino identisch ist. Gute Erzeuger: Bellet, Commanderie de Peyrassol, La Courtade, Crémat, Gavoty.

ROMORANTIN

Eine weiße Sorte, die für den Cour-Cheverny verwendet wird, eine 1993 gegründete AC im Loire-Tal. Weißer Cheverny AC wird aus Chenin Blanc, Chardonnay und Sauvignon Blanc gemacht, der Wein aus der Romorantin, die sonst nirgends zu finden ist, hat somit seine eigene AC.
Die Anbaufläche nimmt ab, da sie keinen eigenständigen Charakter erkennen lässt. Traditionell gemacht, ist der Wein grimmig und fast gänzlich unattraktiv, bei moderner, hygienebewusster Edelstahltechnik erschienen mir die bisherigen Resultate kastriert und absolut zum Vergessen. Und wenn ich die Wahl habe zwischen zum Vergessen langweilig und unvergesslich schrecklich, entscheide ich mich wohl für Letzteres. Gute Erzeuger: Le Chai des Vignerons, Des Huards, Philippe Tessier.

RONDINELLA

Rondinella ist Teil des Valpolicella-Verschnitts, und zwar der am wenigsten prägende. Die

Sorte hat nicht die Eleganz und das Aroma der Corvina, der Haupttraube des Valpolicella, ist aber krankheitsresistent und bringt zuverlässige Erträge, weshalb sie bei den Winzern beliebt ist. Sie entwickelt nicht besonders viel Zucker, lässt sich aber gut trocknen und ist daher für den Recioto nützlich. Gute Erzeuger: Accordini, Allegrini, Bertani, Boscaini, Tommaso Bussola, Masi, Quintarelli, Le Ragose, Speri, Tedeschi, Tommasi.

RORIZ

Roriz und Tinta Roriz sind die Namen, die im portugiesischen Douro-Tal für die Tempranillo (siehe S. 256–265) gebraucht werden, eine der fünf Sorten, die für den Portwein offiziell empfohlen werden.

Die Bezeichnung rührt von der Quinta do Roriz, dem Gut, auf dem sie im Portugal des 18. Jahrhunderts zuerst gepflanzt worden sein soll. Die dickschaligen Beeren liefern tannin- und körperreiche, dichte Weine mit Unmengen von Maulbeerenfrucht, jedoch geringer Komplexität. Im Alentejo, wo sie Aragonez heißt, sind ihre Weine von mittlerem Körper und jung zu trinken. Gute Erzeuger: Quinta do Côtto, Quinta do Crasto, Niepoort, Quinta de la Rosa, Quinta do Vale da Raposa.

ROSENMUSKATELLER

Deutscher Name der Moscato Rosa, die in der Region Südtirol-Trentino angebaut wird. Sie ist in kleinen Mengen gepflanzt und liefert trockene und süße Weine mit herrlichem Rosenduft. Siehe Moscato Rosa, S. 139, und Muscat, S. 144–153.

ROSSESE

Wohl die charaktervollste rote Traube Liguriens. Rossese-Weine sind sowohl jung zu genießen als auch gut zu lagern. Da ligurische Weine außerhalb der Riviera kaum zu bekommen sind, habe ich keine bestimmte Vorstellung davon, wie guter Rossese sein sollte; bisher habe ich eine Reihe guter Tropfen mit schöner dunkler Frucht und Blätter-Kräuter-Aromen kennen gelernt, die alle gut schmecken – aber unterschiedlich.

Die Traube ist sicher gut. In Dolceacqua bei Ventimiglia am westlichen Ende der italienischen Riviera hat sie eine eigene DOC. Guter Erzeuger: Giuncheo.

ROSSOLA

Ein weiterer Versuch, mit italienischen Traubensorten klarzukommen. Die Rossola Nera, die in kleinen Mengen im Valtellina für den Nebbiolo-dominierten Verschnitt erzeugt wird,

Die Hauptstraße in Gumpoldskirchen südlich von Wien. Die Stadt gab der bekannten regionalen Spezialität aus Zierfandler und Rotgipfler den Namen, allerdings verliert der Gumpoldskirchner gegenwärtig an Beliebtheit.

könnte mit der Mourvèdre (siehe S. 140/141) identisch sein, aber die gleichnamige Rebe Korsikas ist wahrscheinlich eine andere Sorte; wenn ja, dann könnte sie eine dunkle Version der Ugni Blanc sein (siehe S. 271). Mit Rossola Bianca wird die Ugni Blanc bezeichnet. In Norditalien gibt es auch eine Rossolo, eine nicht verwandte rote Traube, die mit Schiava verschnitten wird und einen sehr mäßigen Wein liefert. Ganz einfach, nicht?

ROTGIPFLER

Weiße Sorte mit leicht rosa gefärbten Beeren, die fast nur in der Thermenregion südlich von Wien kultiviert wird. Ihre Weine sind füllig, fast stämmig, mit viel Alkohol und mächtigem Gewürzbukett. Sie werden traditionell halbtrocken bis süß gemacht und mit Zierfandler (siehe S. 285) zum Gumpoldskirchner (benannt nach Gumpoldskirchen, dem Weinbauzentrum) verschnitten, heute aber zunehmend auch sortenrein und trocken, teils auch im Barrique ausgebaut. Gute Erzeuger: Karl Alphart, Johann Stadlmann, Harald Zierer.

ROUPEIRO

Portugiesische Rebe, die im Süden, im Alentejo, für leichte, zurückhaltend aromatische Weißweine angebaut wird. Sie sind sehr jung (d. h. innerhalb des ersten Jahres) absolut angenehm zu trinken, zerfallen und oxidieren dann aber rasch. Eine andere Bezeichnung im Alentejo ist Alva; im Douro-Tal, wo sie ebenfalls zu finden ist, heißt sie Códega. Gute Erzeuger: Quinta do Carmo, Esporão.

Wenn Sie wissen wollen, wie Rossese di Dolceacqua schmeckt, fahren Sie am besten an die italienische Riviera und kosten ihn dort, wo er gemacht wird. Die charaktervolle rote Traube ergibt feste, kräuterwürzige Weine.

ROUSSANNE

Seitdem ich mich erinnern kann, war immer zu lesen, dass von den Zwillingen der Nordrhône die Roussanne viel mehr Eleganz und Klasse besitzt als die Marsanne, aber ein unzuverlässiges, empfindliches, schwieriges Biest ist und zugunsten der widerstandsfähigeren Marsanne gerodet wird. Und so flossen die Nachrufe ohne Ende aus jeder Weinfeder: Roussanne ist herrlich, Roussanne ist tot.

Heute erleben wir eine Renaissance der Roussanne, interessanterweise genau zu dem Zeitpunkt, da die Marsanne ebenfalls als recht ordentliche Rebsorte anerkannt wird. Jetzt können wir sortenrein vinifizierte Roussannes verkosten, und es zeigt sich, dass der Wein ein fast kräuteriges, mineralisches Bukett und eine für eine südliche Sorte überraschend elegante Art besitzt. Doch es ist leicht einzusehen, warum Marsanne in Hermitage, Crozes-Hermitage, St-Joseph und St-Péray dominiert und nicht Roussanne: Roussanne trägt unregelmäßig, ist anfällig für Echten Mehltau und Fäule und hasst starken Wind. Sie reift auch spät und oxidiert im Keller rasch.

Nur wenige Erzeuger, insbesondere die Perrins von Château de Beaucastel und Jaboulet, halten unbeirrt an ihr fest, auch wenn neue Klone einige der schlimmsten Probleme verringern, und das ist der Grund, warum die Spitzenweine Hermitage und Crozes-Hermitage von Jaboulet so viel strahlender und aromatischer sind als die der Opposition. Die Anhänger der Traube schätzen die Finesse, die sie einem Verschnitt gibt, und ihre Alterungsfähigkeit. Der Wein ist jung – in den ersten drei, vier Jahren – hervorragend, kann dann aber eine verschlossene Phase durchmachen und ist nach sieben, acht Jahren mit großer Tiefe und Vielschichtigkeit wieder da.

In weißem Châteauneuf-du-Pape ist Marsanne nicht zugelassen; Roussanne verleiht dort dem Mix von Clairette, Bourboulenc und Grenache Blanc Rückgrat, wird aber selten als Sortenwein vinifiziert. Die Traube liebt lange Vegetationszeiten, zu viel Hitze kann den Alkohol auf 14 % und den Wein aus dem Gleichgewicht bringen. Einige Exemplare aus Languedoc-Roussillon und Provence sind außerordentlich gut, insbesondere mit ein klein wenig Eiche. In Savoyen hat Roussanne, dort als Bergeron bezeichnet, bei guter Kellerarbeit eine attraktive eisig-frische, pfeffrig-kräuterige Art.

Die Rhône Rangers in Kalifornien lieben die Sorte natürlich, einige Reben gibt es auch in Ligurien und Toskana sowie in Australien.

So schmeckt Roussanne

Roussanne hat einen intensiven, dennoch schwer fassbaren und faszinierenden Geschmack. Er erinnert an Birnen oder aromatischen Kräutertee, jung ist er blumig und gereift weinig-nussig. Wenn nicht bei voller Reife gelesen wird, hat er viel Säure, kann aber dennoch nicht so gut altern. Ausgereifte Trauben erbringen trotz geringer Säure sehr langlebige Weine. Traditionelle weiße Hermitages konnten manchmal besser altern als die Rotweine.

Der Châteauneuf-du-Pape Blanc Vieilles Vignes von Château de Beaucastel ist, ungewöhnlich für die Appellation, zu 100 % aus Roussanne, normal sind etwa 80 %. Mit ca. 20 hl/ha sind die Erträge sehr niedrig. Die Eichennote ist extrem zurückhaltend, der Wein wird je zur Hälfte in Edelstahl und in ein Jahr alten Barriques ausgebaut. Sein Reifungspotenzial ist phänomenal.

FRÉDÉRIC ALQUIER
Frédéric Alquier ist im hügeligen Languedoc ansässig. Sein Roussanne-Marsanne-Verschnitt besitzt Struktur und Charakter mit blumigen Noten, insbesondere von Geißblatt.

MITCHELTON
Dieser Viognier-Roussanne-Verschnitt wäre im Rhône-Tal ungewöhnlich. Bei Mitchelton im australischen Goulburn Valley steuern die 40 % Roussanne Textur und Rückgrat bei.

ROUSSANNE

Oben: Generell bringt Roussanne an der südlichen Rhône bessere Ergebnisse als an der Nordrhône, wo der Wein etwas dünn geraten kann. Dennoch stieg ihre Beliebtheit in den 1990er Jahren im ganzen Rhône-Tal sprunghaft an.

Links: Randall Grahm vom Gut Bonny Doon, das im Südteil des Bereichs Central Coast angesiedelt ist. Sein berühmter Wein Le Sophiste sollte zu 100% aus Roussanne bestehen. Er hatte allerdings die Stecklinge aus Châteauneuf-du-Pape selbst eingeführt, und es zeigte sich inzwischen, dass sie in Wirklichkeit Viognier sind

VERBRAUCHERINFORMATIONEN

Synonyme und regionale Bezeichnungen

Die in der Provence als Roussanne du Var bekannte Rebe ist mit Roussanne nicht verwandt. Roussanne wird an der Nordrhône manchmal als Roussette bezeichnet. Eine andere Rebe ist die Altesse (alias Roussette) Savoyens.

Gute Erzeuger

FRANKREICH Rhône-Tal Beaucastel, Belle, Chave, Clape, Clos des Papes, Yves Cuilleron, Delas, Florentin, Font de Michelle, La Gardine, Bernard Gripa, Guigal, Jaboulet, La Janasse, Jean Lionnet, Pradelle, Remizières, Marcel Ricaud, Sorrel, Genossenschaft Tain l'Hermitage; **Languedoc** Frédéric Alquier, Cazeneuve, Chênes, Clavel, Estanilles, Lascaux, Mas de Bressades, Mas Bruguière, Nages, Prieuré de St-Jean de Bébian; **Provence** Trévallon; **Savoyen** Raymond Quénard
ITALIEN Bertelli
USA Kalifornien Alban, Bonny Doon, Sobon Estate
AUSTRALIEN Mitchelton

WEINEMPFEHLUNGEN

Zehn Weine aus dem Rhône-Tal

Ch. de Beaucastel *Châteauneuf-du-Pape Blanc, Châteauneuf-du-Pape Blanc Vieilles Vignes*
Domaine Belle *Crozes-Hermitage Blanc*
Chave *Hermitage Blanc*
Clos des Papes *Châteauneuf-du-Pape Blanc*
Yves Cuilleron *St-Joseph Blanc Coteaux St-Pierre*
Font de Michelle *Châteauneuf-du-Pape Blanc Cuvée Etienne Gonnet*
Ch. la Gardine *Châteauneuf-du-Pape Blanc Vieilles Vignes*
Domaine de la Janasse *Châteauneuf-du-Pape Blanc*
Marcel Richaud *Côtes du Rhône Les Garrigues Cairanne*

Zehn Weine aus Languedoc-Roussillon und Provence

Frédéric Alquier *Vin de Pays d'Oc Roussanne/Marsanne*
Ch. de Cazeneuve *Coteaux du Languedoc Pic St-Loup Blanc, Coteaux du Languedoc Pic St-Loup Blanc Grande Cuvée*
Domaine Clavel *Coteaux du Languedoc Blanc*
Ch. de Lascaux *Coteaux du Languedoc Pierres d'Argent*
Mas de Bressades *Vin de Pays du Gard Roussanne/Viognier*
Mas Bruguière *Coteaux du Languedoc Blanc*
Ch. de Nages *Costières de Nîmes Réserve du Château Blanc*
Prieuré de St-Jean de Bébian *Coteaux du Languedoc Blanc*
Domaine de Trévallon *Vin de Pays des Bouches-du-Rhône Blanc*

Fünf weitere Weine auf Roussanne-Basis

Bertelli *St-Marsan Bianco* (Italien)
Alban Vineyards *Edna Valley Roussanne* (Kalifornien)
Bonny Doon *Le Sophiste* (Kalifornien)
Sobon Estate *Amador County Roussanne* (Kalifornien)
Mitchelton *Viognier/Roussanne* (Australien)

Schneebedeckte Weinberge bei Jongieux am ostfranzösischen Savoyen. Die besten Lagen in dieser Gemeinde können die Appellation Roussette de Savoie verwenden.

ROUSSETTE

Eine hochwertige Traube im französischen Savoyen (dort auch Altesse genannt), die der ungarischen Furmint (siehe S. 90) stark ähnelt, aber im Weinberg nicht zu verwechseln ist. Sie wird auch als Altesse bezeichnet. Wie Furmint reift sie spät und zeichnet sich durch hohe Säure sowie ein ungewöhnliches, mineralisch-scharfes Aroma aus, das an Bergkräuter und Zitronenkerne erinnert. Sie bringt geringe Erträge, ist aber fäuleresistent.

Als Roussette de Savoie hat sie in der Region einige ACs (Frangy, Marastel, Monterminod und Monthoux). Wenn der Name der Traube allerdings auf dem Etikett nicht durch eine Appellation ergänzt wird, kann bis zur Hälfte Chardonnay enthalten sein; der Wein ist zwar gut, aber weniger charakteristisch. Regionalen Schaumweinen wird Roussette manchmal beigegeben, um ihr Aroma aufzubessern.

Der als Roussette du Bugey bezeichnete Wein aus den zwischen Savoyen und Lyon verstreuten Weinbergen besteht meist aus Altesse und einem kleinen Teil Chardonnay. Gute Erzeuger: Maison Mollex, Monterminod, Varichon & Clerc.

RUBY CABERNET

Eine Kreuzung von Carignan und Cabernet Sauvignon, gezüchtet 1936 an der University of California in Davis.

Die ursprüngliche Idee war, die Ertragsstärke Ersterer mit der Eleganz und Vielschichtigkeit der Letzteren zu vereinen. Was auch immer die Qualitäten der Sorte sein mögen, Eleganz und Vielschichtigkeit sind nicht darunter. Sie sollte für heiße Anbaugebiete geeignet sein und wurde im kalifornischen Central Valley in großen Mengen gepflanzt, doch erscheinen mir die wenigen in kühleren Ecken erzeugten Weine besser. Meist wandert der Wein in den Verschnitt.

Die Flächen in Kalifornien schrumpfen, darüber hinaus ist die Rebe in Australien, Südamerika und Südafrika zu finden.

Da die Rebsorte mit großen Erträgen dunkle Weine von recht erdiger Art, aber angenehmer dunkler Frucht liefert, gibt man in Australien und Südafrika mit ihr gerne preiswerten Verschnitten mehr Stoff und Fülle. Auch für gespritete Süßweine scheint sie geeignet zu sein. Gute Erzeuger: (Südafrika) Longridge Winery, Van Loveren, Vredendal.

RUCHÉ

Seltene Piemonteser Rebsorte, die interessante blasse, blumig-aromatische Rotweine mit guter Tanninstruktur und manchmal durchdringender Säure ergibt. In Castagnole Monferrato hat sie eine eigene DOC. Der Name wird auch Rouchet geschrieben. Gute Erzeuger: Bava, Biletta.

RULÄNDER

In Deutschland wird die Pinot Gris (siehe S. 172/173) so oder als Grauburgunder bezeichnet (siehe S. 112). Ruländer heißen meist die lieblichen Weine, Grauburgunder die trockenen, aber das ist nicht zwingend. Namensgeber war Johann Seger Ruland (1683–1745), ein Pfälzer Weinhändler, der die Rebe in einem neu gekauften Grundstück entdeckte, vermehrte und teuer verkaufte.

Wie Pinot Blanc ist Ruländer genetisch identisch mit Pinot Noir. In Deutschland ist sie heute vor allem in den warmen südlichen Anbaugebieten zu finden, in Baden (ca. 1500 ha), Pfalz (ca. 450 ha) und Rheinhessen (ca. 350 ha). In Baden macht man überwiegend (trockenen) Grauburgunder. Die Weine sind gewichtig und fett mit erdig-pilzartigem Aroma und etwas weniger Würze als der elsässische Pinot Gris.

In Österreich führt die Sorte ein ähnliches Doppelleben. Im Burgenland macht man üppige, körperreiche Weine, in der Steiermark trockenere und leichtere. In den modebewussten Kellern lässt man teilweise im Barrique gären, mit dem Resultat mächtiger, runder trockener Weine. Gute Erzeuger: (Deutschland) Abril, Dr. Heger, Salwey; (Österreich) Feiler-Artinger, Peter Schandl.

FEILER-ARTINGER
Ruländer alias Pinot Gris ist an dieser im Barrique ausgebauten süßen »Pinot Cuvée« beteiligt, die anderen Sorten sind Weißburgunder alias Pinot Blanc und Neuburger, die nicht zur Pinot-Familie gehört. Nun, jedenfalls ist der Name geschickt gewählt.

SACY

Diese weiße französische Sorte ist noch im Département Yonne im nördlichen Burgund anzutreffen, wo sie nicht für Chablis, sondern den Crémant de Bourgogne, einen nach traditioneller Methode gemachten Schaumwein, sowie den Bourgogne Grande Ordinaire verwendet wird. Ihre Vorzüge sind hohe Erträge und gefällige Säure – nicht sehr groß also.

Dass sie dort überhaupt kultiviert wird, ist ein Erbe des 18. und 19. Jahrhunderts, als die Region vor dem Bau der Eisenbahn ein wichtiger Lieferant für Paris war. Ertragsstarke Sorten wurden von den Winzern hoch geschätzt, und

Chardonnay war auf die Hügel von Chablis beschränkt. Doch schon damals unternahmen die Behörden vieles, um die Sacy loszuwerden, völlig verständlich, da der Wein grauenhaft war und die Region in Verruf brachte. Im 20. Jahrhundert fiel sie dann den Marktkräften zum Opfer – späte Genugtuung für die Bürokraten des 18. Jahrhunderts.

SAGRANTINO

Diese italienische Traube, die um Perugia in Umbrien verbreitet ist, liefert intensive, gerbstoffreiche und höchst fruchtige Weine mit dem typisch italienischen Kirschen-und-Rauch-Charakter, die Rekonvaleszenten zur Kräftigung gegeben wurden. In Montefalco hat sie eine eigene DOCG, und ihre Popularität wächst.

Die seltenen Passito-Weine aus rosinierten Trauben sind noch mächtiger als die normalen Rotweine; zum Teil wird auch mit Sangiovese verschnitten.

Sagrantino hatte man schon als zu tanninlastig abgeschrieben, doch ergeben heute bessere Vinifikationstechniken mehr Rundung, und man schätzt die ausgeprägte Persönlichkeit der Traube. Sie wird bald auch in Australien gepflanzt werden, und zwar wohl in größeren Mengen als in Italien. Gute Erzeuger: Adanti, Antonelli, Arnaldo Caprai, Colpetrone, Rocca di Fabri.

ST-ÉMILION

Ein Synonym für Ugni Blanc (siehe S. 271), gebraucht vor allem im französischen Département Charente, wo aus der Traube Cognac hergestellt wird.

SÄMLING 88

Im Burgenland in Österreich wird die Scheurebe (siehe S. 229) manchmal so genannt, aus der hochwertige Süßweine gemacht werden. Guter Erzeuger: Alois Kracher.

SANGIOVESE

Siehe S. 208–217.

SANGIOVETO

Ein toskanisches Synonym für Sangiovese (siehe S. 208–217).

SANKT LAURENT

Eine früh blühende österreichische Sorte, die nach Ansicht des renommierten Winzers Axel Stiegelmar eine Selbstung von Pinot Noir ist – mit anderen Worten, ihre beiden Eltern waren Pinot Noir, doch das Baby geriet, wie das bei Reben so üblich ist, nicht nach den Eltern. Der

Sagrantino-Rebzeilen bei Montefalco im südlichen Umbrien. Sagrantino ist eine der roten italienischen Rebsorten, die in Australien und anderen Teilen der Neuen Welt auf Interesse stoßen.

Rebenfachmann Galet hingegen ist sicher, dass es sich nicht um Pinot handelt und sie vermutlich im Südelsass entstand.

Jedenfalls ähnelt der Wein mit seiner weichsaftigen Kirschfrucht einem Pinot Noir, vielleicht noch mehr einem guten Gamay. Er ist jung am besten und altert nicht gut – doch was soll's? Er ist jung absolut köstlich. Besonders beliebt ist die Traube in der Thermenregion und in Südburgenland; Sankt Laurent und Blaufränkisch sind die Eltern von Zweigelt. Auch in Deutschland ist sie anzutreffen, und im kalten Tschechien ist sie eine der wenigen roten Sorten, die Erfolg haben können. Gute Erzeuger: Paul Achs, Gernot Heinrich, Juris Stiegelmar, Willi Opitz, Haus Pittnauer, Joseph Umathum.

SANTARÉN

Eine Version des Namens João de Santarém, mit dem die portugiesische Sorte Castelão Francês gemeint ist (siehe S. 58).

SAPERAVI

Diese dunkelhäutige und geringtragende Sorte ist in der ganzen Russischen Föderation zu finden, wo sie aufgrund ihrer Winterhärte geschätzt wird. Ihre Weine besitzen viel Gerbstoff, Farbe und Säure, die einige Zeit in der Flasche brauchen, um etwas genussfreundlicher zu werden.

Die Traube reift spät und braucht etwas Wärme, damit ihre Säure nicht zu unangenehm wird; andernfalls verwendet man sie im Verschnitt. Ich bin überzeugt, dass Saperavi sich als vorzügliche Sorte erweist, sobald man die Weinbereitung verbessert und die Weinberge bereinigt hat, sogar als eine klassische Sorte, die noch auf ihren Moment in der Geschichte wartet. Ich bin schon auf 20- bis 30-jährige Exemplare aus Ländern wie Moldau gestoßen, die die Eleganz und das Parfum eines hochklassigen alten Pauillac hatten. Ein paar französische und australische Weinbergs- und Kellerspezialisten sind in die osteuropäischen Weinbaugebiete aufgebrochen, zusammen mit großzügigen langfristigen Krediten sollten sie die anstehenden Probleme lösen können. Wir müssen nur etwas Geduld haben.

Das Magaratsch-Forschungsinstitut auf der Halbinsel Krim hat Saperavi mit Cabernet Sauvignon gekreuzt, das Ergebnis, die Magaratsch Rubin, scheint Potenzial zu besitzen. Eine weitere Kreuzung ist die mit der portugiesischen Bastardo; Magaratsch Bastardo soll für die Produktion gespriteter Weine verwendet werden. Das mag in der Tat alles sehr spaßig sein, doch ich möchte die Saperavi in ihrem eigenen Recht, in ihrer ganzen Glorie erleben, und zwar in nicht allzu ferner Zukunft. Ich habe Hoffnungen. Guter Erzeuger: (Moldau) Vitis Hincesti.

SANGIOVESE

Ich habe mich etwas spät zu Sangiovese und seinem Zauber bekehrt, doch wie jeder verlorene Sohn Ihnen sagen wird, trifft es Sie um so mächtiger, je später es geschieht. »Verlorener Sohn« beschreibt mein Verhältnis zum Sangiovese aber nicht ganz richtig, denn es impliziert, dass ich zuvor einmal ein Fan war. Das war ich nicht. In der Tat war ich sogar der Anführer eines Anti-Fanclubs, so schlecht waren meine Erfahrungen mit diesem »Stolz der Toskana«. Zu einer Zeit, als Frankreich ohne Mühe in Qualität führend war und die Neue Welt noch in den Windeln steckte, hatte Italien als größter Weinerzeuger die Chance, die Welt mit seinem berühmtesten Produkt, dem Chianti, zu beeindrucken. Doch anstatt die Herausforderung anzunehmen, versagte es mit Pauken und Trompeten.

Der Chianti beruht auf Sangiovese, und einige weitere Sorten sollten ihm etwas komplexeren Charakter geben. In alten Tagen fanden sie ihren Weg in den Gärbottich, zu welchem Effekt, blieb offen. Wie konnte man das auch entscheiden? Der Standard der Weinbereitung war katastrophal. Wie auch immer, Sangiovese war für seine harte, feste Art bekannt, weshalb die Weingesetze erlaubten, weiße Trauben zuzusetzen, um das Gebräu etwas freundlicher zu machen. Ein Schluck pausbäckiger weißer Malvasia war sicher nicht falsch, aber magerer Trebbiano, und bis zu 30 % des Verschnitts? Bitte. Und was war mit den restlichen 70 %? Sie könnten größtenteils aus Sangiovese bestanden haben, auch aus der obskuren lokalen Sorte Canaiolo, ebenso wahrscheinlich aber war es ein großer Mischmasch marmeladiger, alkoholischer namenloser Produkte, herangekarrt aus Apulien oder Sizilien, die – ich nehme mal an – Farbe, Alkohol und Aroma bringen sollten, egal wie rau. Wenn man verwahrloste Weinberge mit einer spätreifenden Sorte wie Sangiovese hat und deren Produkt mit saurem Trebbiano verdünnt, bekommt man einen unangenehmen, harten Rosé; ein Schlag aus dem südlichen Suppenkessel konnte ihn kaum schlechter machen.

Das waren die alten Zeiten. Zeiten, in denen Chianti in bastumflochtenen bauchigen Flaschen verkauft wurde. Man bestellte sie in den Trattorien und sonst nirgends. Meinen ersten Moment der Erleuchtung hatte ich an einem Frühlingstag auf dem Lande südlich von Florenz. Wir hielten in einem Dorf an, um uns mit Wein zu versorgen. »Chianti?« fragte der Mann. Wir nickten. »Ihre Flasche?« Sorry, wir wussten nicht, dass wir eine Flasche mitbringen müssen. »Kein Problem.« Er fand ein einigermaßen sauberes Einlitergefäß, verschwand hinten im Laden und ließ eine hellrote Flüssigkeit in die Flasche laufen. Er verlangte fast nichts dafür, und weg waren wir. Der erste Schluck von diesem herrlichen, süßsäuerlichen, leicht prickelnden Getränk, das nach Kirschen und Preiselbeeren, nach Johannisbeeren und frischem Thymian schmeckte, war eine Offenbarung. Das sollte Sangiovese sein? Wenn er nicht mehr brachte, dann war er zumindest ein wunderbarer Picknickwein.

Sangiovese bedeutet »Jupiters Blut« – eine schöne Vorstellung, dass der römische Gott Italien diese Rebsorte schenkte. Sangiovese ist fast sicher toskanischen Ursprungs und die bedeutendste Traube Mittelitaliens. Florenz ist im Hintergrund zu sehen, während John Keats' Nachtigall von der Provence herübergekommen ist, da diese Traube eher »einen Schnabel voll des warmen Südens« bringt.

Vielleicht war es damals das Beste, was er sein konnte. In den 1980er Jahren jedoch verglichen einige führende Köpfe der Toskana den glänzenden Erfolg von Bordeaux mit dem elenden Zustand ihrer Weine, deren Namen – Chianti, Brunello di Montalcino, Vino Nobile di Montepulciano – so bekannt wie verachtet waren, und setzten einen tief greifenden Wandel in Gang, eine Bewegung, die ebenso von Ehrgeiz wie von Ernsthaftigkeit geprägt war. Bordeaux mit seinem Geglitzer der Grands Crus und Crus Classés und seiner international begehrten Weine war das Ziel, doch als Ausgangsmaterial fungierte die heimische Sangiovese.

Der Erfolg war bemerkenswert. Die Toskana hat, nicht nur in der Spitzenklasse, moderne Weinbereitung eingeführt, hat mächtig in Dinge wie neue Eichenfässer und ertragsreduzierte Weinberge investiert, mit dem Ergebnis einiger der herausforderndsten, alterungswürdigsten Weine Italiens. Kein harmlosgefälliger Stoff, kein weiches Neue-Welt-Ruhekissen, sondern echte Klasse voll florentinischer Arroganz und hochmütigernster Schönheit, die keine Anstalten macht zu verführen, sondern Verstehen einfordert. Vielleicht wird die Toskana mit ihrem Sangiovese – in dem Maß, wie Bordeaux und seine Weine immer uniformer werden – das neue Mekka für die Liebhaber von Rotweinen, die neben dem Vergnügen auch ein wenig Schmerz bereiten.

Sangiovese: Von der Traube zum Glas

Geografie und Geschichte Seite 210; Weinbau und Weinbereitung Seite 212; Sangiovese in aller Welt Seite 214; Sangiovese genießen Seite 216

Geografie und Geschichte

Wird das 21. Jahrhundert ein italienisches Jahrhundert? In puncto Traubensorten ist das möglich. Das 20. Jahrhundert sah die Ausbreitung der großen französischen Sorten rund um den Globus und ihren verblüffenden Erfolg. Aus Cabernet Sauvignon, Pinot Noir, Syrah/Shiraz und Merlot macht man oft atemberaubende Weine. Und die Welt dürstet nach weiteren roten Traubensorten. Von den vielen, die in Frage kommen, ist Sangiovese aus der Toskana wohl die berühmteste; allerdings gehört sie nicht zu denen, die sich leicht verpflanzen lassen. Sie ist sensibel und benötigt viel mehr Aufmerksamkeit bei der Lagen- und Klonenwahl sowie bei der Ertragssteuerung als Cabernet Sauvignon. Andernfalls wird der Wein kaum den großen Toskanern ähneln, ja nicht einmal einem genießbaren Wein.

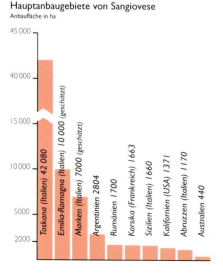

Dennoch könnte die Zukunft großartig werden. In ihrer Heimat wird diese Traube erst seit etwa gut 20 Jahren ernst genommen, und der Fortschritt ist so Aufsehen erregend, dass kein Kritiker ihn prophezeien konnte. Wir stehen am Beginn einer neuen Ära; neue Klone und größere Sorgfalt bei der Kultivierung bilden das Potenzial für neue faszinierende Weine in Kalifornien und Australien.

Sangiovese ist aber keine Traube für jeden Winzer und erst recht nicht für jedes Weinbaugebiet. Sie liebt warmes Klima, und ihre Wuchskraft muss gezähmt werden; wenn sie nicht sachkundig behandelt wird, werden die Weine hart, rau und unattraktiv.

Sangiovese hat von Natur aus viel Säure und Tannin, aber eine etwas instabile Farbe, und außerhalb Italiens hat sie bisher noch keinen großen Wein geliefert. Noch nicht, doch sie hat die Chance, sich international zu beweisen, da unser Zeitalter von allem begeistert ist, was an Ess- und Trinkbarem aus Italien kommt. Und wenn Sangiovese keinen Erfolg haben sollte, wartet eine Reihe anderer Sorten aus Italien, aber auch aus Spanien und Portugal.

Ein wenig Geschichte

Die Sangiovese hat wahrscheinlich in einer wilden *Vitis-silvestris*-Rebe ihren Ursprung, die früh in der Toskana domestiziert wurde; auch die Emilia-Romagna könnte als Ursprungsgebiet in Frage kommen. Da die Qualität der Sangiovese di Romagna meist sehr zu wünschen übrig lässt, bevorzuge ich die toskanische Version der Geschichte.

Sangiovese bedeutet »Jupiters Blut«, und die Rebe ist sicher so wandelbar wie ihr göttlicher Namensgeber. Sie ist genetisch so vielfältig wie Pinot Noir; schon die Standardunterscheidung zwischen der kleinbeerigen Sangiovese Piccolo (Sangioveto) und der großbeerigen Sangiovese Grosso ist kaum tragfähig. Man stellt sich besser ein breites Spektrum von Eigenschaften und Typen ohne scharfe Trennungslinien vor.

Die Sangiovese, die in Montalcino als Brunello angebaut wird, ist kein eigener Klon; tatsächlich konnte man in Montalcino sechs Klone unterscheiden. (Montalcino scheint von der Vorstellung, sein Sangiovese sei einzigartig, abgegangen zu sein, als sich abzeichnete, dass es einen Brunello di Puglia geben könnte.) In anderen Teilen der Toskana hat Sangiovese andere Namen, und ihr Charakter ist schwer zu fassen; weder die Prugnolo Gentile von Montepulciano noch Morellino di Scansano sind uniform. Ebenso in der Emilia-Romagna; toskanische Erzeuger machten für ihre Probleme in den 1980er Jahren die Sangiovese di Romagna verantwortlich, die sie in den 1970ern gepflanzt hatten, aber auch in der Emilia selbst ist die Klonvariation hoch. In der Tat stammen einige der neuen Klone, die im Chianti selektiert und gepflanzt werden, von dort. Wie so oft führen Habgier und der Glaube, dass alles über Nacht passieren muss, zu Fluten von armseligem, unverkäuflichem Wein, und so ist es nun an den guten Erzeugern – die geringtragende Reben aufmerksam kultivieren und die Trauben sachgerecht vinifizieren –, alles wieder ins Lot zu bringen und die Reputation der Sangiovese wieder herzustellen.

Im Chianti-Gebiet wechseln sich Weingärten oft mit Olivenhainen ab. Bei Castelnuovo Berardenga, im Süden der Region, sind die Hügel sanfter als in anderen Teilen der Classico-Zone. Das Klima ist hier auch ein wenig wärmer und ebenso der Charakter des Weins.

Der Önologe Giacomo Tachis ist einer der Vorreiter der toskanischen Weinrevolution: Der Tignanello und andere Supertoskaner sind seine Kreationen.

Sangiovese-Lese auf Castello di Volpaia im Chianti. Eine späte Lese ist besonders in hoch gelegenen, kühlen Lagen wie Volpaia wichtig.

Weinbau und Weinbereitung

In gewisser Hinsicht ist Sangiovese eine dankbare Rebe: Je nachdem, wo und wie sie gezogen wird, ergibt sie leichte, saftige Weine oder große und komplexe. Andererseits ist sie anspruchsvoll und unzuverlässig; sie treibt früh und reift spät, benötigt also eine lange, warme Vegetationsperiode, und in marginalen Klimaten, wo sie die beste Qualität liefert, tut sie dies nur drei-, viermal in zehn Jahren. Für die Italiener ist sie so etwas wie das Äquivalent zur Cabernet Sauvignon, was seine Pointe hat: Die Spitzenweine sind sehr langlebig und lieben den Ausbau in neuer Eiche. Und wie die meisten großen Cabernets noch mit einer anderen Traube verschnitten sind, so gibt es für jeden guten reinsortigen Sangiovese einige großartige Verschnitte.

In Weinberg und Keller zielt man heute auf profilierte Frucht, größere Intensität und mehr Farbe, weichere Tannine und weniger spitze Säure.

Klima

Für diese spät reifende Sorte braucht man viel Wärme, zu viel davon ergibt aber nicht den besten Wein.

In Italien reift sie nördlich der Emilia-Romagna nicht mehr (wegen des Regens, nicht wegen der Temperaturen), und in der Emilia sind früh reifende Klone wichtig, um dem Oktoberregen zu entgehen.

In der Toskana, die bisher die besten Sangiovese-Weine liefert, reift sie im Chianti weniger zuverlässig als in Montalcino mit seinen wärmeren Nächten und den deutlich geringeren Niederschlägen. Im Chianti-Gebiet fordert sie die besten, süd- oder südwestlich geneigten Hänge in Höhen zwischen 150 bis 550 Meter. Die geringe Zahl idealer Lagen bedeutet, dass nur etwa 10 % des Geländes für den Weinbau genutzt wird. Regen im September kann eine Ernte ruinieren, was in einem Jahrzehnt tatsächlich mehrmals geschieht.

In Montalcino reift die Sangiovese sogar an Nordhängen, wo sie leichtere, elegantere Weine liefert als auf den südlich und südwestlich weisenden Lagen.

In der Maremma, einem früher Malaria verseuchten Sumpfgebiet im Süden der Toskana, das zur Zeit des Faschismus aufwändig trockengelegt und nutzbar gemacht wurde, wird Sangiovese in großen Mengen angebaut. Dort geraten die Weine üppig und breit, entsprechend dem heißen Klima und der kurzen Vegetationszeit. Zu viel Alkohol und zu wenig Aroma kann hier zum Problem werden.

Der Versuch, die so unterschiedlichen Klimate der Toskana in Kalifornien oder Australien wiederzufinden, verursacht einiges Kopfzerbrechen. Das Klima der Toskana ist deutlich kontinentaler als das in Australien; am ehesten kommen dem u. a. Langhorne Creek, Strathalbyn und Port Lincoln in Südaustralien sowie Karridale und Margaret River in Westaustralien nahe: diese Bereiche sind so warm wie die Toskana, aber weniger kontinental geprägt. Auch Canberra und Young in Neusüdwales, die Westteile der Great Dividing Range in Victoria sowie Stanthorpe in Queensland können gut geeignet sein.

Kalifornien hat Sangiovese im Sturm genommen, allerdings sehen heute viele Winzer, dass sie an den falschen Orten und in falscher Weise kultiviert wird. Bekommen die Trauben zu viel Sonne ab, wird der Wein nichts.

Piero Antinori, der in den 1970ern das Potenzial der Rebe in der Toskana erst voll zur Geltung brachte und heute Atlas Peak im Napa Valley besitzt, vermutet die Ursache in der größeren Intensität der Sonnenstrahlung in Kalifornien. Bis die richtigen Lagen dort identifiziert sind, werden die Sangiovese-Weine über ein »interessant, aber ausbaufähig« nicht hinauskommen.

Boden

In der Toskana sind die Böden so vielfältig wie die Klimaverhältnisse. Das Herz des Chianti Classico bildet ein bröckeliger Schieferton namens *galestro*, Colli Senesi und Colli Aretini haben Ton; zur Küste hin werden die Böden sandiger und leichter. In Montalcino wechseln sich *galestro* und der Kalkboden *alberese* ab; diese beiden Böden liefern in der Toskana die beste Qualität mit Körper und Aroma.

In der Neuen Welt wird der Boden zu wenig beachtet. Abgesehen vom strapazierten Thema des Terroirs ist Sangiovese eine vitale Sorte, die intensiv bearbeitet werden muss, damit sie ihre Balance findet; der Boden darf somit nicht zu fruchtbar sein. Pflanzt man auf fruchtbarem

Sangiovese-Reben des Guts Montevertine in Radda in Chianti, im Zentrum der Chianti-Classico-Zone. Die Pflanzdichte muss so hoch sein, dass die Wuchskraft der Rebe gezügelt wird, aber auch wieder nicht zu hoch; bei zu vielen Stöcken hängen die Trauben im Schatten und werden nicht ausreichend reif. Der Ertrag pro Stock ist entscheidend für den reifen Charakter des Weins.

Land, ist die Versuchung groß, die Pflanzdichte massiv zu vergrößern (in der Absicht, die Rebe in Schach zu halten), aber so bekommen wir einen Dschungel von Blättern und die Trauben kein Sonnenlicht mehr. Dennoch ist die Fruchtbarkeit des Bodens entscheidend für die Pflanzdichte.

Pflanzdichte und Erziehung

In der Toskana stieg die Pflanzdichte in den letzten Jahren ständig, wobei das Forschungsprojekt »Chianti 2000« 7000 Reben pro Hektar und mehr empfiehlt. Die traditionelle Zahl war 2700 pro Hektar: »Wir richteten uns nach den Traktoren, das Gegenteil von dem, was man in Frankreich tat«, sagt der toskanische Weinmacher Dr. Alberto Antonini. »Mit 5000 pro Hektar verbessert man die Qualität beim selben Hektarertrag. Ich habe mit einer Dichte von 10 000 pro Hektar experimentiert, aber bei über 5000 Reben habe ich keine Verbesserungen mehr feststellen können. Für so große Dichten ist aber wenig fruchtbarer Boden nötig, sonst wird das Laubdach zu dicht, und die Trauben hängen im Schatten. Sangiovese braucht ein lockeres Blätterdach mit gut gefiltertem Licht, gut verteilten Trauben und ausreichend geringem Ertrag pro Stock. Die Pflanzdichte muss sich nach dem Boden, der Wuchskraft und der Niederschlagsmenge richten. Man kann da nicht verallgemeinern.« Allgemein gültig ist nur, dass Sangiovese im Weinberg mehr Aufmerksamkeit erfordert als Cabernet Sauvignon oder Merlot.

Ertrag

Auch hier lassen sich die verschiedenen Länder nicht über einen Kamm scheren, außer dass ausreichend niedrige Erträge eine bessere Qualität ergeben als hohe. Doch was »ausreichend« heißt, variiert mit der Lage, der Fruchtbarkeit des Bodens und dem Klima.

Im Chianti betrachtet man allgemein 1,5 Kilo Trauben pro Stock als Obergrenze für Qualität (das entspricht 10,5 t/ha beziehungsweise etwa 73 hl/ha bei 7000 Reben/ha). Sangiovese gilt in der Toskana als nicht sehr produktiv, da man in letzter Zeit weniger Dünger verwendet, die Erträge reduziert und weniger wuchskräftige Unterlagsreben und Klone pflanzt. In Kalifornien wächst sie wie Unkraut, auch auf armen Böden; in Süditalien und in der Emilia-Romagna ist sie ebenfalls zu vital.

Die Selbstregulation ist sicherlich schlechter als bei Cabernet Sauvignon, und bei höheren Erträgen als 10–12 t/ha leidet aller Voraussicht nach die Qualität. Die Rebe ist jedoch so vielgesichtig und die Umweltbedingungen, unter

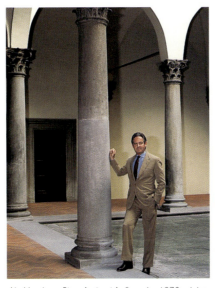

Als Marchese Piero Antinori Anfang der 1970er Jahre den Tignanello aus der Taufe hob, brachte er damit die Toskana auf neue Wege. Er verschnitt Sangiovese mit einem kleinen Anteil Cabernet anstatt der üblichen Chianti-Sorten und baute den Wein in Eichenbarriques aus.

denen sie wächst, sind so unterschiedlich, dass das, was an einem Ort gilt, für einen anderen nicht gelten muss. Argentinien zum Beispiel erzielt bei wesentlich höheren Erträgen als in der Toskana sehr angenehme Weine mit einer leicht bitteren Note.

Vinifizierung

Die moderne Vinifikation in der Toskana zielt bei Sangiovese auf weichere, vor allem aber reifere Tannine. Man erntet heute zehn Tage bis zwei Wochen später als ehedem, was die Reife verbessert; die Verweildauer auf der Maische nach der Gärung, die auf sieben bis zwölf Tage verringert worden war, beträgt heute wieder drei bis vier Wochen. Das lässt die Tannine besser polymerisieren und weicher werden, was auch die (illegale) Zugabe von Eichenchips und das (legale) Abziehen auf neue Eichenbarriques für den malolaktischen Säureabbau bewirken.

Barriques werden nicht generell verwendet, traditionell reift Sangiovese in großen *botti* von 500–600 Litern und mehr Inhalt. Die meisten Winzer kombinieren Fässer, die sich in Größe, Alter und Holzart unterscheiden. Kastanienfässer sind in traditionellen Kellern noch verbreitet, ein neues Kastanienbarrique ist mir aber noch nicht untergekommen. Sangiovese scheint die süßen Vanillenoten von neuer Eiche sehr bereitwillig aufzunehmen, wodurch der Wein mit der Reife eine wunderbare Weichheit bekommt.

Sangiovese im Verschnitt

Sortenreiner Sangiovese kann wunderbar sein, wie der Flaccianello della Pieve von Fontodi bezeugt. Traditionell und auch heute weit überwiegend wird er mit anderen Sorten verschnitten: Canaiolo Nero, Cabernet Sauvignon, Syrah, Merlot, was auch immer. Primitivo, Montepulciano und Nero d'Avola sollen ebenfalls verwendet werden, was nicht legal wäre, denn das sind keine toskanischen Trauben; dafür müsste der Wein aus Süditalien herangekarrt werden. Doch warum überhaupt andere Sorten zusetzen? Schafft es Sangiovese nicht auch allein?

Die Antwort liegt zum Teil im Klima, zum Teil im Charakter der Traube und auch im langen Verfall der italienischen Weinbaukultur, der erst in den letzten drei Jahrzehnten gestoppt und rückgängig gemacht werden konnte.

Im Chianti ist es relativ kühl, und wenn die Trauben gerade schön reif sind, fällt häufig Regen. Unter solchen Bedingungen profitiert Sangiovese von etwas mehr Fleisch und Rundung, die andere Sorten beitragen. Auch die Farbe spielt eine Rolle; Sangiovese besitzt relativ wenig von einer Gruppe färbender Substanzen, der Anthocyanidine, sodass man mit dunkleren Sorten nachhilft. Der Grund, dass Cabernet Sauvignon ins Spiel kam, lag im geringen Ansehen der Sangiovese in den 1970er Jahren zu Hause wie im Ausland. Für Weltklasseweine schien die Toskana anderer Sorten zu bedürfen, und Cabernet Sauvignon besaß den Duft, die Feinheit und den Körper, die dem Sangiovese anscheinend fehlten. In den 1980er Jahren tauchten dann die als Vino da Tavola deklarierten Supertoskaner auf, die Sangiovese in allen möglichen Verhältnissen mit Cabernet Sauvignon mixten. Zur selben Zeit nahmen die Toskaner ihre Weinberge und die Kellertechnik genau unter die Lupe. Was sie dabei über Sangiovese herausfanden, überzeugte sie davon, dass sie eine große Traube mit eigenem Recht ist und nicht von Cabernet dominiert werden muss.

Doch während aus den warmen Teilen der Toskana mehr und mehr reine Sangiovese-Weine kommen werden, bleibt im Chianti aufgrund des Klimas der Verschnitt wichtig. In dieser Hinsicht gleicht es dem Bordelais.

Sangiovese in aller Welt

Wie sollte Sangiovese schmecken, der außerhalb Italiens produziert wird? Wenn die Neue-Welt-Erzeuger die toskanischen Noten von bitteren Kirschen und Tee vermeiden, was setzen sie dann an ihre Stelle, um den Wein von Cabernet Sauvignon und Merlot abzuheben? In den meisten Fällen ist das offen, und so ist der Geschmack von Sangiovese rund um die Welt dem Zufall überlassen; ein Spitzen-Chianti scheint immer noch das Vorbild der Experimente zu sein.

Toskana

In der Toskana haben sich die Weine aus Sangiovese in den letzten drei Jahrzehnten stark verbessert. Bei all der Begeisterung für Cabernet Sauvignon und der Furcht, der italienische Geschmack könnte in einer Flut der Frankophilie untergehen, hat sich Sangiovese zu einem seriösen, eleganteren Wein mit einer unverkennbar italienischen bittersüßen Frucht gemausert. Und er erwies sich in puncto Geschmack als verwirrend vielfältig.

Der traditionelle Typ des Sangiovese betont die Kräuter- und bitteren Kirscharomen, die sich seit je mit dem Chianti und den auf Sangiovese basierenden Rotweinen verbinden; der internationale, moderne Typ hebt Pflaumen- und Maulbeercharakter hervor und verwendet neue Eichenbarriques für zusätzliche Rundheit und Würze.

Auch der Anteil der Sorten an den diversen Weinen variiert: Chianti kann heute zu 100% Sangiovese sein oder mit anderen Trauben verschnitten werden – Cabernet Sauvignon, Merlot, Syrah, Canaiolo Nero oder andere. (Chianti ist in nicht weniger als sieben Subzonen geteilt. Chianti Classico und Chianti Rufina produzieren die besten, körperreichsten Weine; Colli Fiorentini ist leichter und frischer, Colli Senesi eher fest und rustikal; die drei übrigen Subzonen, Colli Aretini, Colline Pisane und Montalbano, haben keinen besonderen, typischen Charakter.) In Carmignano ist der Anteil Cabernet Sauvignon in den DOCG-Bestimmungen festgeschrieben; im Vino Nobile di Montepulciano, der qualitativ noch nicht ganz zu Chianti und Montalcino aufgeschlossen hat, sollen 20% Canaiolo verwendet werden, was manchmal auch geschieht. Nur der Brunello di Montalcino DOCG muss ganz aus Sangiovese gemacht werden.

Für den Konsumenten wird es daher zunehmend schwieriger zu wissen, welchen Charakter er von einem toskanischen Rotwein erwarten kann. Die VdT-Supertoskaner, die in den 1980er Jahren auftauchten, vergrößerten die Unsicherheit nur; jeder hatte sein eigenes Rezept, seinen Fantasienamen und seinen eigenen Charakter, auch wenn sich die Supertoskaner in ihrer grundsätzlichen Machart untereinander ähnelten.

Doch es wäre unvernünftig, über die Vielfalt zu klagen, wenn die Experimentierfreude der Erzeuger einen solchen riesigen qualitativen Fortschritt ermöglicht hat. Das Forschungsprojekt »Chianti 2000«, an dem die Universitäten Pisa und Florenz sowie das Consorzio Chianti Classico beteiligt sind, hat sich als äußerst wertvoll erwiesen; übertroffen wurde es aber noch durch die Arbeit einzelner Weingüter, die selbst ihre Klonenselektion, Pflanzdichte, Erziehungsmethoden, Unterlagsreben und Bodenauswahl verbessert haben.

Die bisherigen Fortschritte sind primär das Ergebnis besseren Weinbaus und besserer Selektion in alten Rebgärten; gute Klone sind erst seit den letzten zehn Jahren zu haben. Dr. Alberto Antonini: »Vor 20 Jahren kannte man das Wort ›Klon‹ in Italien noch gar nicht.« Er ist überzeugt, dass sich Sangiovese in der Toskana noch einmal um weitere 100% verbessern wird.

Übriges Italien

Die Sangiovese-Rebflächen sind in Mittelitalien konzentriert. Vom Piemont südwärts ist diese Sorte in 53 Provinzen empfohlen und in weiteren 13 zugelassen; je weiter man sich aber von Emilia-Romagna und Toskana entfernt, desto geringer ist ihre Rolle.

In Mittelitalien ist Sangiovese das »Arbeitspferd«, das Alltagsweine ebenso liefert wie Weltklasseweine. Sie wird auch zu Rosato, süßem Passito und sogar zu Vin Santo verarbeitet. Zu den besten umbrischen Beispielen zählen Torgiano, bei dem Sangiovese mit Canaiolo verschnitten werden kann, und Montefalco Rosso aus dem Valle Umbra südlich von Assisi, ein Verschnitt mit dem lokalen Sagrantino. In den Marken haben wir den Rosso Piceno, einen Verschnitt mit Montepulciano. In der Romagna tragen alle Sortenweine den Namen Sangiovese di Romagna, der alle Qualitätsstufen umfasst, darunter auch einige smarte Barriqueweine internationalen Zuschnitts. Im Süden wird Sangiovese meist verschnitten.

USA

»Cal-Italian« ist hier das Schlüsselwort. Es wird von einer Gruppe von Erzeugern für Weine ver-

FONTODI

Fontodi macht mustergültigen Chianti Classico, der Flaccianello ist hingegen zu 100% Sangiovese von einer Einzellage mit alten Reben, im Barrique gereift.

FATTORIA PETRIOLO

Torrione ist reiner Sangiovese aus der Chianti-Zone Colli Aretini – ein Beweis dafür, dass hervorragende Lagen nicht auf etablierte DOCG-Bereiche beschränkt sind.

POLIZIANO

Poliziano ist ein führender Name in der wiederbelebten Zone des Vino Nobile. Neben dieser Normalabfüllung gibt es noch einen Lagenwein mit Namen Asinone.

Weingärten von Atlas Peak im Napa County. Als Piero Antinori 1993 alleiniger Besitzer dieses Guts wurde, brachte er Sangiovese-Ableger von seinen toskanischen Rebbergen mit. Den ersten Weinen mangelte die Finesse und Komplexität eines guten toskanischen Sangiovese, obwohl Atlas Peak für Kalifornien relativ kühl ist, mit frischen Nachttemperaturen, wenig Regen und langer Reifungszeit. Die Zukunft ist jedoch vielversprechend.

wendet, die sie aus italienischen Rebsorten machen. Bis dato sind viele gut, aber eher für ihre prätentiösen Preise bekannt als für reellen Gegenwert.

Im Jahr 1998 waren in Kalifornien über 1175 ha mit Sangiovese bestockt, häufig an den falschen Plätzen. Bis in die 1980er Jahre gab es in diesem Staat nur eine kleine Parzelle im Alexander Valley, ein Rest, der aus der Zeit vor der Prohibition übriggeblieben war. Die Ankunft des toskanischen Neuerers Piero Antinori im Napa Valley brachte die Sangiovese auf ihren noch immer steinigen Pfad. Antinori verweist darauf, dass Sangiovese auch in der Toskana keineswegs einfach zu kultivieren ist, und so mancher kalifornische Erzeuger im Napa Valley, in Sonoma, San Luis Obispo und in den Sierra Foothills bestätigt reuevoll, dass sie im Weinberg viel mehr Arbeit macht, als er je erwartet hätte. Von einem echt kalifornischen Typ eines Sangiovese ist man noch weit entfernt. Die meisten Weine verfügen über eine angenehm frische Frucht von Kirschen und Gewürzen, sind aber häufig vierschrötig oder im Gegenteil dünn und mager. Ein Schuss Cabernet oder Merlot im Verschnitt hilft den Aromen auf, zu viele kalifornische Sangioveses werden aber schon in Richtung auf einen zu eichenbetonten Cabernet getrimmt. Im Napa Valley ist es generell heißer als in der Toskana. Der toskanische Weinmacher Dr. Alberto Antonini ist überzeugt, dass die Reifungszeit so lang wie möglich ausgedehnt werden muss, um reife Tannine zu erhalten; Zuckerreife ist kein Problem, viele Weine haben 14,5 % Alkohol gegenüber 12–12,5 % in der Toskana. In seiner Sicht wird der Fortschritt der nächsten zehn Jahre auf der Auswahl der richtigen Lagen und der Verbesserung der Weinbergsarbeit beruhen. Auch der Staat Washington könnte Potenzial zeigen.

Australien
Während Sangiovese in Kalifornien noch keinen rechten Drive hat, ist er in Australien auf dem Vormarsch. Die Erzeuger scheinen dort etwas planvoller zu Werke zu gehen, vor allem durch die bewusstere Lagenwahl. Große Firmen nehmen die Rebsorte genauso ernst wie kleine Güter, und in den nächsten fünf Jahren dürfte eine ganze Reihe interessanter Weine zu erwarten sein.

Mittel- und Südamerika
In Mexiko gibt es etwas Sangiovese, aber bisher noch keine herausragenden Weine. In Chile wird ein wenig Sangiovese gepflanzt, doch dürften die Winzer hier erst am Beginn der Experimentierphase sein; die erste Frage ist hier sicherlich, welche Klone für welche Regionen geeignet sind. Argentinien hingegen verfügt über recht große Rebflächen, da die italienischen Einwanderer ihre heimischen Reben mitbrachten.

Bisher sind noch keine aufregenden, im Barrique ausgebauten Spitzenweine aufgetaucht, größtenteils deswegen, weil die Qualitätsrevolution noch so neu ist, dass internationale Sorten bei geringerem Aufwand und weniger Kopfzerbrechen Besseres leisten. Doch schon sind sehr angenehme, saftige junge Rotweine zu verzeichnen.

BIONDI-SANTI
Biondi-Santi nimmt für sich in Anspruch, Erfinder des Brunello di Montalcino zu sein, galt jedoch nicht immer als bester Erzeuger. Mit neuen Investitionen geht es wieder voran.

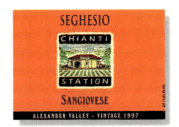

SEGHESIO
Die Familie Seghesio ist nicht neu in Kalifornien, sie treibt hier schon über 100 Jahre Weinbau. Die Reben für diesen Sangiovese wurden 1910 gepflanzt.

PIZZINI
Das King Valley im australischen Victoria ist stark von italienischen Farmern geprägt, die sich hier nach dem Zweiten Weltkrieg niederließen.

Sangiovese genießen

Sangiovese kann über Jahre schön altern, die meisten Weine sind jedoch innerhalb von ein, zwei Jahren nach der Lese zu genießen; lässt man sie liegen, können sie rasch eine an Tomaten erinnernde säuerliche Art entwickeln. Mit so vielen verschiedenen Weintypen und -qualitäten und bei den vielen Innovationen der jüngsten Zeit ist es jedoch sehr schwierig, allgemeine Aussagen über die Alterungsfähigkeit zu machen. In den meisten Regionen lassen sich einige Erzeuger mit dem Sangiovese etwas Besonderes einfallen, was eine Reifung lohnen könnte, doch selbst die können den letztendlichen Erfolg nicht garantieren.

Die langlebigsten Vertreter sind Brunello di Montalcino und die auf Sangiovese basierenden Supertoskaner. (Die mussten anfänglich als hundsgewöhnlicher Vino da Tavola bezeichnet werden, einige sind heute zu DOC- oder zumindest IGT-Würden aufgestiegen. IGT heißt Indicazione Geografica Tipica.) Gute Jahrgänge können locker 20 Jahre reifen, sind aber meistens schon nach fünf Jahren trinkreif.

Vino Nobile di Montepulciano und der leichtere Rosso di Montalcino können ebenfalls nach fünf Jahren entkorkt werden, innerhalb von acht bis zehn Jahren sollten sie konsumiert sein. Für Carmignano gilt das Gleiche.

Chianti ist noch unterschiedlicher. Einfache Weine sollten innerhalb von drei bis vier Jahren getrunken werden; Riserva kann ein bis zwei Jahre länger brauchen. Spitzenweine, doch nur die, können 15 Jahre und länger reifen.

Anderer italienischer Sangiovese sollte jung genossen werden, es sei denn, er ist speziell für eine Lagerung gedacht. Dasselbe gilt für Neue-Welt-Sangioveses: innerhalb von drei, vier Jahren trinken; neue Versionen aus Argentinien sind ein Jahr nach der Lese gut.

So schmeckt Sangiovese

Ein traditioneller toskanischer Sangiovese schmeckt nach bitteren Kirschen und Veilchen mit einer tomatigen Note, einem deutlichen herben Kräuterton und einem Tee ähnlichen Abgang. Er hat viel Säure und Tannine, zugängliche Fruchtaromen sind nicht das vorrangige Merkmal traditioneller toskanischer Rotweine. Das hat sich teilweise, aber keineswegs ganz geändert. Die traditionelle Art ist heute runder und dichter, mit besserer Textur und feineren Tanninen; die Säure ist immer noch da, doch die konzentrierteren Aromen lassen sie nicht mehr so stark hervortreten.

Die internationalsten Versionen haben Vanille- und Gewürznoten von der neuen Eiche, die Frucht geht in Richtung Schwarzkirsche, Pflaume und Maulbeere. Ist Cabernet Sauvignon im Verschnitt, ist er meist unverhältnismäßig dominant mit Schwarze-Johannisbeer- und Pflaumenaromen; mit dem Alter können sie in den Hintergrund treten.

Weniger reifer, dichter Sangiovese kann hart und rustikal werden, solcher aus warmem Klima gerät schwerer, breiter und alkoholischer; er schmeckt dann eher verschmort und sirupig ohne die Feinheit der toskanischen Oberklasse. Die Neue-Welt-Weine reichen von eichenlastigen, pflaumigen Cabernet-Doppelgängern über attraktive Exemplare mit strahlendem Kirscharoma bis zu alkoholischen Bomben mit unreifen Tanninen. Bisher zeigt keiner die Balance und Finesse eines guten Brunello. Nicht zum ersten Mal müssen Nachahmer erleben, dass die Quintessenz Italiens schwer einzufangen ist.

In den 1980er Jahren pflanzte Paolo de Marchi auf seinem Gut Isole e Olena Syrah, um seinen Sangiovese aufzupeppen. Paradoxerweise erkannte er dabei, dass sortenreiner Sangiovese bei sorgfältiger Weinbergsarbeit ebenso gut sein kann. Das Resultat war der Cepparello. Der Chianti Classico Riserva der Fattoria di Felsina ist in gleicher Weise das Ergebnis qualitätsorientierten Denkens. Die Sangiovese- und Canaiolo-Trauben für diesen Verschnitt kommen von einer einzigen Lage, dem Vigneto Rancia.

Sangiovese zum Essen

In der Toskana kann Sangiovese seine Qualitäten, die den Wein zu einem der großen der Welt machen, am besten zum Ausdruck bringen. Und in der Toskana trinkt man zum Essen Wein. Sangiovese-basierte Weine wie Chianti, Rosso di Montalcino oder Montepulciano, Vino Nobile di Montepulciano und Brunello di Montalcino – der größte von allen – verlangen, zum Essen genossen zu werden. Etwa zu *bistecca alla fiorentina*, dem riesigen gegrillten T-Bone-Steak, gebratenem oder geschmortem Fleisch, Wild, Leber, Steinpilzen, herzhaften Pasta-Gerichten und fast allem, was mit Tomatensauce serviert wird (die Säure des Sangiovese macht's möglich), außerdem zu würzigen Käsesorten wie Pecorino.

VERBRAUCHERINFORMATIONEN

Synonyme und regionale Bezeichnungen
Besonders in der Toskana auch als Sangioveto, Brunello, Prugnolo Gentile und Morellino bezeichnet. Korsika nennt die Sorte Nielluccio.

Gute Erzeuger
TOSKANA Brunello di Montalcino Argiano, Banfi, Barbi, Biondi-Santi, Campogiovanni, Caparzo, Casanova di Neri, Ciacci Piccolomini, Col d'Orcia, Donatella Cinelli Colombini, R. Cosimi, Costanti, Fuligni, Gorelli, Lambardi, Lisini, Mastrojanni, CS Montalcino, Pertimali, Pieve Santa Restituta, Poggio Antico, Poggio Salvi, Il Poggione, Siro Pacenti, Soldera (Case Basse), Valdicava, Val di Suga;
Carmignano Ambra, Capezzana, Pierazzuoli;
Chianti Ama, Antinori, Badia a Coltibuono, Basciano, Brolio, Carobbio, Casaloste, Castellare, Cennatoio, Collelungo, Casa Emma, Felsina, Fonterutoli, Fontodi, Frescobaldi, Isole e Olena, La Massa, Monsanto, Monte Bernardi, Ormanni, Paneretta, Poggerino, Poggio al Sole, Poggiopiano, Querciabella, Rampolla, Riecine, Rietine, Rocca di Castagnoli, Rocca di Montegrossi, Ruffino, San Giusto a Rentennano, Selvapiana, Terrabianca, Valtellina, Vecchie Terre di Montefili, Vicchiomaggio, Villa Cafaggio, Volpaia;
Morellino di Scansano Erik Banti, Moris Farms, Le Pupille;
Supertoskaner (Sangiovese-Verschnitte) Altesino, Ama, Antinori, Badia a Coltibuono, Basciano, Biondi-Santi, Capaccia, Castellare, Felsina, Fonterutoli, Fontodi, Frescobaldi-Mondavi, Gagliole, Isole e Olena, Lilliano, Monsanto, Monte Bernardi, Montepelosio, Montevertine, Moris Farms, Paneretta, Petrolo, Poggerino, Poggio Scalette, Poggiopiano, Querceto, Riecine, Rocca della Macíe, Rocca di Montegrossi, Ruffino, San Felice, San Giusto a Rentennano, Michele Satta, Valtellina, Volpaia, Vecchie Terre di Montefili, Villa Cafaggio;
Vino Nobile di Montepulciano Avignonesi, Bindella, Boscarelli, La Braccesca, Le Casalte, Contucci, Dei, Del Cerro, Il Macchione, Poliziano, Valdipiatta;
weiteres Mittelitalien Boccadigabbia, Castelluccio, La Carraia, Lungarotti, Zerbina
USA Kalifornien Altamura, Atlas Peak, Dalla Valle, Ferrari-Carano, Plumpjack, Saddleback, Seghesio, Shafer, Staglin Family, Swanson; **Washington** Leonetti
AUSTRALIEN Coriole, Pizzini

WEINEMPFEHLUNGEN
Zwanzig toskanische Klassiker (Sangiovese u. a. toskanische Sorten)
Biondi-Santi *Sassoalloro*
Castello di Brolio *Chianti Classico*
Castellare *I Sodi di San Niccolò*
Fattoria di Felsina *Fontalloro*
Castello di Fonterutoli *Chianti Classico Riserva*
Fontodi *Flaccianello*
Frescobaldi *Chianti Rufina Montesodi*
Isole e Olena *Cepparello*
Castello di Lilliano *Anagallis*
La Massa *Chianti Classico Giorgio Prima*
Monte Bernardi *Sa'etta*
Montevertine *Le Pergole Torte*
Castello della Paneretta *Quattrocentenario*
Poggio Scalette *Il Carbonaione*
Fattoria Petrolo *Torrione*
Riecine *La Gioia*
Rocca di Montegrossi *Geremia*
San Giusto a Rentennano *Percarlo*
Selvapiana *Chianti Rufina Riserva Vigneto Bucerchiale*
Castello di Volpaia *Coltassala*

Fünf Sangiovese-Cabernet-Verschnitte
Antinori *Tignanello*
Gagliole *Gagliole Rosso*
Moris Farms *Avvoltore*
Querciabella *Camartina*
Ruffino *Cabreo Il Borgo*

Fünf Sangiovese-Merlot-Verschnitte
Castello di Ama *Chianti Classico La Casuccia*
Antinori/Badia a Passignano *Chianti Classico Riserva*
Castello di Fonterutoli *Siepi*
Frescobaldi-Mondavi *Luce*
Poggerino *Primamateria*

Fünf nichttoskanische Weine
Boccadigabbia *Marche Sangiovese Saltapicchio*
Castelluccio *Ronco delle Ginestre*
La Carraia *Umbria Sangiovese*
Lungarotti *Torgiano Rubesco Riserva Vigna Monticchio*
Zerbina *Sangiovese di Romagna Superiore Riserva Pietramora*

Fünf Weine aus der Neuen Welt
Atlas Peak *Reserve Sangiovese* (Kalifornien)
Coriole *McLaren Vale Sangiovese* (Australien)
Dalle Valle *Napa Valley Pietre Rosse* (Kalifornien)
Leonetti *Walla Walla Valley Sangiovese* (Washington)
Shafer *Firebreak* (Kalifornien)

Intensive Forschungen verbessern die Qualität des Sangiovese immer mehr. Wir haben wahrscheinlich noch nicht das Maximum an Leistung erlebt, und wenn dies für die Toskana gilt, dann um vieles mehr für die Neue Welt.

Reifediagramme
Einfache Versionen sollten innerhalb weniger Jahre genossen werden, körper- und tanninreiche brauchen um einiges länger.

1997 Chianti Classico/Rufina (Riserva)

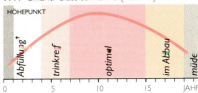

1997 wurde in der Toskana ausgezeichnet reif, der Chianti zeigt opulente, köstliche Fülle bei relativ wenig Säure und Tanninen.

1997 Brunello di Montalcino

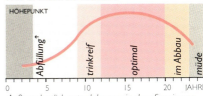

Außerordentlich guter Jahrgang, in dem Sangiovese sehr gut ausreifte. Die Weine verfügen über verführerische Art bei geringer Säure.

1999 Chianti (normale)

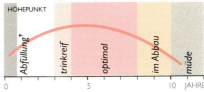

Die Toskana hatte 1999 ein besseres Jahr als die nördlichen Regionen. Einfacher Chianti geriet gut bis sehr gut.

SAUVIGNON BLANC

Sauvignon Blanc ist die praktischste Traube der Welt. Für mich ist sie das. Nicht für jeden, muss ich zugeben. Doch ich liebe sie, und ich brauche sie. Der Grund dafür ist einfach: Der Wein ist aggressiv, rücksichtslos, geradlinig. Sein Geschmack ist so explosiv, dass ich ohne ihn nicht mehr auskomme.

Und doch ist das keine private Passion, die im Verborgenen blühen darf. Ich brauche den Sauvignon, weil ich auf der ganzen Welt Weinverkostungen abhalte, nicht für Kenner, für Weinzähne, sondern für schlichte Leute, die Wein mögen, aber nicht behaupten, sich auszukennen. Und wenn ich sie zu überzeugen versuche, dass sich der Aufwand lohnt, mehr über den Wein zu erfahren, vielleicht auch ein bisschen mehr auszugeben, dann brauche ich Weine, die ihre Persönlichkeit in allen Tonlagen kundtun. Das ist meine einzige Chance, diese Menschen zu gewinnen. Viele von ihnen standen noch nie vor der Aufgabe, den Unterschied zwischen zwei Weinen zu schmecken. Wenn ich sage: Dieser Wein schmeckt nach Nesseln, nach Paprika, nach Stachelbeeren, dann muss er genau das tun. Kein schöngeistiges Gesäusel von Feinheit, Eleganz, Subtilität, das kommt später, das ist was für echte Kenner. Und wenn ich sage: »Üben wir, wie man Wein verkostet« – Sie wissen schon: ihn anschauen, ins Glas schnuppern, hin und her schmecken –, dann brauche ich zuverlässige Weine, die eine ganze Palette von Aromen liefern, die jeder identifizieren kann. Sauvignon Blanc, das ist mein Ding.

Nun, natürlich nicht jeder Sauvignon Blanc. Ich habe all diese Jahre Sauvignon Blanc aus Neuseeland verwendet, und wenn mich die Kenner fragen, warum nicht den klassischen Sauvignon Blanc aus Bordeaux oder dem Loire-Tal, dann sage ich: »Das ist der Klassiker. Sauvignon Blanc von der Südinsel Neuseelands.« Ich weiß, dass der erste vor gerade mal 20 Jahren gemacht wurde, aber davor gab es keinen klassischen Sauvignon

Ein Stück vom Spalier im Küchengarten des Schlosses Villandry illustriert die lange Verbundenheit des Loire-Tals mit Sauvignon Blanc. Die Aromen dieses Weins werden mit vielen Frucht- und Gemüsesorten verglichen, vor allem aber mit der Stachelbeere. Hinter dem Gitter liegen die Weingärten und Berge der Region Marlborough auf der Südinsel Neuseelands, dem neuen klassischen Anbaugebiet für Sauvignon Blanc.

Blanc. Sicher, es gab sehr gute Weine aus Sancerre und Pouilly-Fumé – die französischen Spitzenweine aus dieser Traube –, doch dachten die Winzer nicht an den Geschmack der Traube. Sie waren (und sind es noch) vom Charakter ihres Terroirs besessen, der besonderen Lage und ihrer Bedingungen, nicht eigentlich von der Sorte. Es musste erst die neuseeländische Südinsel kommen, insbesondere Marlborough, um die erstaunlichen Eigenschaften der Traube selbst ins Blickfeld zu rücken. In Marlborough redete man nicht über irgendein Terroir, weil noch niemand vorher Reben gepflanzt hatte. Heute spricht man über dieses und jenes Fleckchen Land, doch damals kümmerte sich niemand darum. Was man aber unmittelbar realisierte, war die brillante, pikante, aggressiv grüne und dennoch exotisch runde Art des Weins, wie sie die Welt noch nicht erlebt hatte. Nie zuvor hatte es einen Wein mit so kristallklaren, reinen Aromen gegeben, und ich verehrte ihn von Anfang an: einmal weil ich so frische Weine liebe, zum andern weil kein anderer ein so wunderbares Lehrmittel abgibt.

Es ist nur gerecht, zu sagen, dass neuseeländischer Sauvignon Blanc die Weinwelt veränderte, so wie es der Chardonnay Australiens und Kaliforniens tat. Lange Zeit standen sich diese beiden auf dem Turnierplatz des Weißweins allein gegenüber, da der scharfe, vegetabil-aggressive Sauvignon Blanc, ohne die besänftigende Hülle eines Ausbaus in Eiche, dort der warme, runde, weiche, würzig-tropische Chardonnay, dessen Attraktivität zum guten Teil auf das Eichenfass zurückging. Heute füllt eine Reihe von Traubensorten den Raum zwischen den beiden, aber in den frühen Jahren der Weinrevolution, als man nach Anhaltspunkten suchte, fanden wir zwei Weißweine von Statur: erotischen, in Eiche gekleideten Chardonnay und Sauvignon, nackt wie ihn die Natur schuf.

Sauvignon Blanc: Von der Traube zum Glas

*Geografie und Geschichte Seite 220; Weinbau und Weinbereitung Seite 222; Sauvignon Blanc in aller Welt Seite 224;
Sauvignon Blanc genießen Seite 226*

Geografie und Geschichte

Ich bin versucht zu behaupten, dass es vor 1973 für Sauvignon Blanc überhaupt keine Geschichte gab. In diesem Jahr wurden in der Region Marlborough auf der Südinsel Neuseelands die ersten Sauvignon-Reben gepflanzt, und innerhalb weniger Jahre lieferten sie einen Wein von so schockierender, kitzelnder, prickelnder Schärfe, dass die Weinwelt nicht mehr dieselbe war. Nun, natürlich war Sauvignon Blanc seit undenklichen Zeiten weit verbreitet, man hatte aber nirgends einen Wein zustande gebracht, der nur halb so aufregend war wie der neuseeländische, und der Name Sauvignon tauchte auf fast keinem Etikett auf – selbst wenn man einen trank, wusste man es nicht.

Die Karte zeigt's: Fast überall wird Sauvignon Blanc kultiviert, im Bordelais, im Loire-Tal, in Norditalien und Ungarn, in

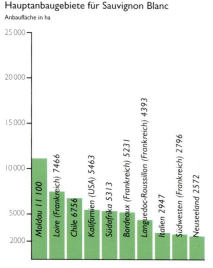

Chile, Südafrika, Australien und natürlich in Neuseeland. Das könnte heißen, dass Sauvignon eine wunderbar anpassungsfähige Sorte ist. Ist sie aber nicht. Sie wurde weithin schlicht deswegen gepflanzt, weil die Winzer in neuen Weinbaugebieten nicht wussten, was sie sonst pflanzen sollten. Bisher hatte man die großen roten Bordeaux-Sorten und die weißen und roten burgundischen Reben verwendet, Pinot Noir und Chardonnay, nun, was gab's noch? Vielleicht konnte man es mit der weißen Bordeaux-Sorte probieren – und so geschah es, egal ob sie geeignet war.

Es funktionierte nicht überall. Sauvignon Blanc scheint im Loire-Tal und im Bordelais zu Hause zu sein, und sie erbringt dort gute Weine, wenn sie gut gepflegt wird. Zwar liebt sie Sonnenschein, doch zerstört zu große Wärme sehr rasch ihr Lebensziel, ihre fantastisch pikante, schneidende Art. Weder Australien noch Kalifornien haben es daher leicht, doch hatten einige Regionen in Südafrika Erfolg, und aus Chile kommen eine Reihe guter Weine, ebenso aus Norditalien und Ungarn. Und dann gibt es die South Island von Neuseeland, mit der wir die Geschichte begonnen haben.

Ein wenig Geschichte

Südwestfrankreich und das Loire-Tal beanspruchen Sauvignon Blanc als ihr Erbe. Wo diese Rebsorte auch immer herkam, spätestens im 18. Jahrhundert und wahrscheinlich im Bordelais kam sie mit Cabernet Franc zusammen, und dieser Verbindung entspross die Cabernet Sauvignon. Wenn dies ihre einzige Leistung gewesen wäre, müsste der Weinliebhaber ihr schon dafür danken.

Ihr gegenwärtiger Boom im Südwesten ist sehr jungen Datums. Bis gegen Ende der 1980er Jahre dümpelte sie hinsichtlich der Anbaufläche hinter Sémillon und Ugni Blanc drein und lieferte meist raue, erdige Weine. Wenn sie tatsächlich aus dem Bordelais gekommen wäre und sich ins Loire-Tal ausgebreitet hätte (das Gegenteil ist wahrscheinlicher), hätten wir den seltenen Fall der glücklichen Geschichte, dass eine Rebe, die zu Hause indifferenten Wein liefert (und »Indifferenz« ist noch genug des Lobs für die meisten Bordelaiser Sauvignons, die einem bis in die 1990er Jahre vorgesetzt wurden), anderswo plötzlich Gutes leistet.

Die Sauvignon-Blanc-Reben, die im 19. Jahrhundert im Bordelais gepflanzt wurden, müssen mit Sauvignon Vert alias Sauvignonasse gemischt gewesen sein, einer ziemlich langweiligen, armen Verwandten. Da Chile seine Sauvignon-Reben vor der Reblauskrise aus Bordeaux bezog, darf man wohl annehmen, dass es den Bordelaiser Mischsatz erbte.

Es gibt auch eine rosa Mutante der Sauvignon Blanc, die Sauvignon Gris; diese Sorte ist in kleinen Mengen in Bordeaux und in Chile zu finden. Sie liefert um 20 % niedrigere Erträge als Sauvignon Blanc, 1 % mehr Alkohol und weniger schneidende, würzigere Aromen. Die Beeren sind dunkler gefärbt als die von Sauvignon Blanc; Sauvignon Gris scheint allerdings nicht mit der Mutante Sauvignon Rosé identisch zu sein, die im Loire-Tal in kleinen Mengen gepflanzt ist.

Weinberge im Hügelland um Bué und Venoize, die zur Appellation Sancerre an der mittleren Loire gehören. Die Appellation umfasst 14 Gemeinden, deren Weine sich im Stil unterscheiden. Tatsächlich sind die oft bemühten Unterschiede zwischen Sancerre und Pouilly-Fumé bei weitem geringer als die innerhalb der Appellation Sancerre mit ihren verschiedenen Bodentypen und den bis 400 Meter hoch liegenden Rebflächen.

Die Kreideböden von Bué liefern einige der angesehensten Sancerres von mineralischem Charakter und wunderbar erfrischender Art.

Lese bei Didier Dagueneau in Les Berthiers, das zur Appellation Pouilly-Fumé gehört. Seine berühmte Cuvée Silex wächst auf feuersteinreichem Boden.

Weinbau und Weinbereitung

Wenn ein Sauvignon Blanc die Geschmacksknospen nicht mit Aromen geradezu überfällt, hat er sein Ziel verfehlt. Sauvignon, der so reif wurde, dass er Säure verloren hat, ist flach, ohne Saft und Kraft. Was unglücklicherweise zur Folge hat – da Sauvignon spät austreibt und früh reift –, dass aus warmen Regionen eine Menge absolut langweiligen Weins kommt. Doch sind es gerade auch warme Bereiche, die mit Engagement allmählich gute Sauvignons machen.

Klima

Für das so schwer zu fassende Gleichgewicht zwischen Zuckerreife, Säure und Aromenfülle ist das richtige Klima entscheidend. Wenn das gewährleistet ist, kann auch der Boden Einfluss auf den Geschmack haben; doch muss jeder, der Sauvignon Blanc pflanzen will, dem Klima erste Priorität einräumen.

Die Rebe treibt spät und reift früh, weshalb sie nicht besonders viel Wärme benötigt. In Frankreich gedeiht sie sowohl im Meeresklima von Bordeaux als auch im kontinentalen Klima von Sancerre im Loire-Tal; auch Neuseeland hat maritimes Klima. Eine langsame Reifung begünstigt die Aromenentwicklung, die ihr Optimum kurz vor der Zuckerreife erreicht. Das ist sehr wichtig: Der Geschmack ist am intensivsten kurz vor der idealen Balance von Zucker und Säure, weshalb der Lesezeitpunkt immer einen Kompromiss darstellt. Ich würde allerdings immer eher frühzeitig lesen. Die Qualitätsverbesserung, die in den letzten zehn Jahren bei Sancerre zu verzeichnen war, beruht zum Gutteil auf der besseren Wahl des Lesezeitpunkts. Theoretisch sollte er immer so spät wie möglich liegen, da dies rundere, ausgewogenere und interessantere Weine liefert. In der Realität ernten die meisten Winzer aber immer früher: Nach ihrer Auskunft habe die globale Erwärmung die Traubenreife nach vorn verlegt. Ich würde allerdings annehmen, dass das Vorbild der pikanten Weine von der neuseeländischen Südinsel ebenso seine Auswirkungen hat.

In Neuseeland mit seinem kühlen, jedoch sonnenreichen Klima und seinen fruchtbaren Böden versucht man mit verschiedenen Laubdach-Bearbeitungssystemen und mit sehr wachstumsfördernden Böden reifere Trauben zu bekommen. Ich glaube, man ist damit deutlich übers Ziel hinausgeschossen. Neuseeländischer Sauvignon verliert zunehmend seine Schärfe, er wird schmalziger und tropischer. Verrückt, denn der Sauvignon aus Neuseeland war mit seiner zitronigen Säure ein Weltstandard geworden. Wozu also sollte man ihn ändern?

Der südafrikanische Sauvignon wird jedes Jahr besser. Aus der glühend heißen australischen Region Riverland kommen nun vollaromatische, dennoch pikante Exemplare. Südfrankreich und Spanien zeigen ebenfalls, was sie können. Entscheidend sind die Festlegung des Lesezeitpunkts nach dem Geschmack der Trauben – volles Aroma mit saurer, grünlicher Kante – anstatt nur nach der vermutlich ausreichenden Zuckerreife sowie eine penibel saubere, gekühlte Vergärung.

Selektion von Sauvignon-Blanc-Trauben auf Domaine de Chevalier im Bereich Pessac-Léognan. Die Forschungen von Prof. Denis Dubourdieu und anderen haben im Bordelais zu reiferem, aromatischerem Sauvignon geführt. Sorgfältige Auslese wie hier ist ein unverzichtbarer Teil der Weinbereitung.

In wärmeren Klimaten wird generell früher gelesen, um die Säure in den Beeren zu bewahren, was aber selten die besten Aromen ergibt. Kalifornien ist ein klassisches Beispiel: Wenige seiner Sauvignons Blancs haben überhaupt Charakter, sodass der Glaube, dass Amerikaner keinen Sauvignon mögen, schon fast zur selbsterfüllenden Prophezeiung wird. In Chile lässt Weinmacher Ignacio Recabarren für seinen besten Sauvignon Blanc zu vier verschiedenen Zeiten lesen: 30 % unreife Trauben mit viel Apfelsäure, 20 % etwas reifer für Aromen roter und grüner Paprikaschoten, 40 % bei perfekter Reife und 10 % überreif. Wo hat er das gelernt? Nun, er sah sich die Südinsel Neuseelands an – glücklicherweise bevor man dort damit begann, das prickelnde Feuer des Sauvignon Blanc zu zähmen.

Boden

Der Frage, welcher Boden für Sauvignon Blanc geeignet ist, schenkt man nur in Frankreich und daneben auch in Neuseeland Beachtung.

In Sancerre und im benachbarten Pouilly im Loire-Tal reicht die Palette von Kreide auf Kimmeridge-Mergeln (was die ausgewogensten Weine mit Fülle und Komplexität liefert) über kompakte Kreide – franz. *caillotte* – am Hangfuß (sie gibt Finesse und reiches Bukett) bis zu Feuerstein, der dem Wein eine typische, mineralisch-rauchige Lebendigkeit verleiht. Warme Terrassen mit Sand- oder Kieselböden am Fluss lassen die Trauben am frühesten reifen und sorgen für würzig-blumige Aromen. Mergel lässt die Weine besser reifen, die langlebigsten kommen aber von Feuerstein.

Im Bordelais sind meist Schwemmböden mit Sauvignon Blanc bepflanzt, die hohe Erträge und weniger schneidend-pikante Weine liefern. In der neuseeländischen Region Marlborough sind die Böden sehr unterschiedlich und nicht gleichermaßen für den Weinbau geeignet. Die besten Böden – wenig fruchtbar und mit gutem Wasserabzug – sind Sand oder Steine über Schiefer. In der Überschwemmungsebene des Wairau Valley, dem Herzland der Sauvignon Blanc, verlaufen Bänder verschiedener Bodentypen von Ost nach West. Wenn Rebflächen in nord-südlicher Richtung bepflanzt sind, heißt das, dass ein und dieselbe Rebzeile wuchskräftige Reben mit viel Laub und kümmernde Reben mit wenig Laub enthält. Interessanterweise kann diese Mixtur von stark und schwach, von Tropik und Zitrus, von reif und unreif wunderbar vielschichtigen, pikanten Stoff ergeben. Die schweren Böden lassen später reifen und liefern krautigere Nuancen; die Steinböden sind wärmer, fördern die Reifung und ergeben rundere, üppigere Art. Alles zusammen resultiert in Fülle mit pikanter Schärfe, genau das, was Neuseeland berühmt gemacht hat.

Sauvignon-Blanc-Reben des zu Montana gehörenden Brancott Estate bei Blenheim in Marlborough. Blenheim hat mehr Sonnenschein als jede andere neuseeländische Stadt, dank der Südlichen Alpen, die für Regenschatten sorgen. Weinbautechnisch gesehen ist es allerdings recht kühl, so dass Sauvignon Blanc nicht zu rasch reift und nicht an Charakter verliert. Da die Rebe recht früh reift, kommt sie auch mit weniger warmen Sommern klar.

Ertrag

Wenn man einen aromatischen, knackig-frischen Sauvignon Blanc für den frühen Genuss haben will, sind die Erträge kein großes Problem. Die maximale Menge in Sancerre ist auf 68 hl/ha festgelegt, inklusive des *plafond limité de classement,* um den die Erzeuger ihren Ertrag in fruchtbaren Jahren erhöhen dürfen; und Sauvignon Blanc toleriert diese Dimensionen recht gut.

Wünscht man seriösere, üppigere und gewichtigere Weine, die einige Jahre reifen können, sind 50 hl/ha genug. Bei 40 hl/ha wird das Produkt sehr ernst mit viel Extrakt und Kraft; aber das ist nicht das, was man sich allgemein unter einem Sancerre vorstellt. So geringe Erträge fahren gute Domänen in den Graves und Pessac-Léognan ein, eine Hand voll – insbesondere Château Pape-Clément – sogar unter 40 hl/ha; üblich sind jedoch 40–55 hl/ha. Da die meisten weißen Spitzenweine des Bordelais im Eichenfass gären, sind niedrige Erträge für tiefgründige, ausgewogene und alterungswürdige Weine nötig.

In der Neuen Welt sind die Erträge wiederum höher: mindestens 6 tons/acre (ca. 105 hl/ha) in den Weinbaugebieten Kaliforniens und 8–12 t/ha (55–85 hl/ha) sogar im relativ wenig ertragreichen Casablanca-Tal in Chile. Im Großen Längstal können die Erträge 15 t/ha (105 hl/ha) übersteigen.

Vinifizierung

Die Gärtemperaturen sind ein bedeutsamer Unterschied in der Sauvignon-Produktion im Loire-Tal und in der Neuen Welt. An der Loire lässt man den künftigen Wein – in Stahl oder Holz – bei 16–18 °C gären, um die Aromen tropischer Früchte zu vermeiden, die man in der Neuen Welt mit niedrigeren Temperaturen erzielen will. Die relativ warme Vergärung ergibt mehr mineralischen Charakter als Fruchtigkeit; die Loire-Winzer wollen, dass ihr Wein das Terroir wiedergibt.

Denis Dubourdieu, Professor für Weinkunde an der Universität Bordeaux und Hoher Priester des Sauvignon – dessen Arbeit den Bordelaiser Sauvignon zu Höhen gebracht hat, die vor 20 Jahren undenkbar schienen –, meint, dass die Temperaturspitzen bei der Fassgärung, die 25 °C erreichen können, dem Wein das üppige sortentypische Aroma geben. Die Fermentation in Stahltanks mit genau gesteuerten Temperaturen liefert Weine mit weniger ausgeprägtem Terroir- und Sortencharakter.

Aber es gibt noch viel mehr Möglichkeiten, im Keller mit Sauvignon herumzubasteln, als das Spielen mit der Gärtemperatur. Die kalifornischen Weinmacher vermeiden inzwischen meist eine Maischestandzeit vor der Gärung, in der Überzeugung, dass die Weine sonst schlecht reifen. Einige Erzeuger an der Loire bevorzugen hingegen einen kurzen Hautkontakt, um explosivere Frucht zu erhalten, jedoch nur für einen Teil des Weins und nur so lange, dass keine harten Aromen extrahiert werden.

Als der Sauvignon Blanc von der neuseeländischen Südinsel mit seinen elektrisierenden Noten von Stachelbeeren, grüner Paprika, Spargel und Passionsfrucht zum ersten Mal unseren ahnungs- und arglosen Gaumen attackierte, rührte seine Intensität von einer unvermeidlichen Maischungszeit her. Wie dies? Nun, auf der Südinsel gab es keine Kellereien, und so reisten die Trauben per Truck und Fähre bis nach Auckland auf der Nordinsel. Das hieß, dass auf dem Höhepunkt der Lese Trauben und Saft bis zu 24 Stunden vereint durch die Gegend schwappten.

Beide Aromen, Stachelbeeren plus Paprika sowie Dosenspargel, beruhen auf Verbindungen namens Methoxypyrazine, die sich bei Cabernet Sauvignon in größerer Konzentration finden, und zwar besonders in Trauben aus kühlem Klima.

Die Reifung auf dem Hefesatz ist sehr wohltätig. Die Hefe schützt vor Oxidation und auch vor zu kräftigem Eichengeschmack, wenn der Wein im Barrique ausgebaut wird. Mit *bâtonnage* kann man sein Gewicht vergrößern; an der Loire praktiziert man sogar manchmal den malolaktischen Säureabbau, ich glaube aber nicht, dass das einen aufregenden Effekt hat. Er passt wohl besser zu den weniger pikanten, im Fass ausgebauten Bordeaux-Weinen.

Neue Eiche findet sogar an der Loire langsam in die Keller, doch bleibt dies atypisch; Noten von neuer Eiche assoziiert man allgemein mit Bordeaux und der Neuen Welt. Der Begriff Fumé Blanc, der nicht gesetzlich anerkannt ist, wird in der Neuen Welt für Sauvignons (und Weine von anderen weißen Trauben!) verwendet, die in neuer Eiche reiften. Ich vermute, dass er nach dem Vorbild »Blanc Fumé« geprägt wurde, wie die Rebe an der Loire auch heißt; der Wein schmeckt allerdings nicht im Mindesten so wie der traditionelle Sauvignon Blanc von der Loire.

Sauvignon Blanc in aller Welt

Am liebsten mag ich meinen Sauvignon Blanc mit der vollen Wucht der Aromen, die die Traube zu bieten hat – rücksichtslos, unverschnitten, entweder oder. Einige Hasenfüße zähmen seine Leidenschaft durch den Verschnitt, wobei meist Sémillon gewählt wird. Im Fall von Pessac-Léognan bevorzuge ich allerdings tatsächlich die Cuvée Sémillon/Sauvignon Blanc.

Frankreich

Die besten Appellationen hier sind Sancerre und Pouilly-Fumé. Entgegen der traditionellen Ansicht, dass Pouilly-Fumé durch eine typische Feuersteinnote charakterisiert ist, sind die Unterschiede zwischen den Appellationen kleiner als die zwischen den Gemeinden und Bodentypen von Sancerre. Das »Fumé« wurde an »Pouilly« angehängt, um den Sauvignon Blanc vom Chasselas zu unterscheiden, der die AC Pouilly-sur-Loire trägt.

Gegenwärtig ist die AC Sancerre fortschrittlicher und qualitätsbewusster als Pouilly-Fumé. Der hergebrachte Typ mit grasiger Stachelbeerenart wird durch rundere, eher an Pfirsich und Melone erinnernde Noten abgelöst. Das ist in Ordnung, solange der grüne Kick nicht verloren geht; die Richtung ist aber riskant, vor allem wenn man mit neuer Eiche flirtet. Sancerre wurde bekannt für seine Aromen grüner Blätter, nicht für Weichheit und Würze.

Weniger anspruchsvolle, dennoch attraktive und eigenständige Weine werden in den benachbarten ACs Quincy, Reuilly und Menetou-Salon gemacht, energisch und frisch, aber ohne die Tiefe eines guten Sancerre oder Pouilly-Fumé.

Denis Dubourdieu von der Universität Bordeaux hatte den größten Einfluss auf die enormen Qualitätsverbesserungen bei Sauvignon Blanc auf allen Preisstufen. Klone, Weinbergsarbeit, Kellertechnik, alles wurde besser, besonders in den letzten zehn Jahren; sogar der einfache Bordeaux Blanc (der zu 100 % Sauvignon beziehungsweise Sémillon oder ein Verschnitt aus beiden sein kann, eventuell mit einem Schuss Muscadelle) ist heute zuverlässig und frisch. Bordeaux ist generell weniger pikant als Sancerre; die trockenen Weine aus den Graves und Pessac-Léognan werden häufig in neuen Eichenfässern vergoren und ausgebaut.

In Sauternes und Barsac sowie in den umgebenden Süßwein-Appellationen Loupiac, Cérons, Cadillac und Ste-Croix-du-Mont schwankt der Anteil von Sauvignon Blanc im Weinberg zwischen 10 und 40 %. Die dünne Beerenhaut macht die Traube für Botrytis sehr empfänglich, und ihre Schärfe bringt Frische in den Verschnitt. (Näheres siehe Sémillon, S. 231 ff.)

Sauvignon wird im ganzen Südwesten in großen Flächen angebaut. Im Languedoc ist sie für Vins de Pays beliebt, die meist einen breiteren, »chilenischen« Stil aufweisen. Warmes Klima und hohe Erträge machen es schwierig, Aroma und Frische des Loire-Tals zu erhalten; ein, zwei Exemplare ragen dennoch heraus.

Übriges Europa

Der bemerkenswerteste spanische Sauvignon kommt aus der DO Rueda in Castilla y León, wo die Sorte Anfang der 1980er Jahre eingeführt wurde. Von runder Art, wird seine Pfirsichfrucht durch eine leicht grüne Frische kontrapunktiert, die von der frühen Ernte (im August!) herrührt. Auch etwas neue Eiche wird verwendet. In der DO La Mancha ist die Sorte ebenfalls zugelassen. Die österreichischen Versionen sind würzig oder nesselartig-grün; die rundesten Weine kommen aus Niederösterreich und dem Burgenland, die aus der Südsteiermark sind eher verschlossen und zurückhaltend.

Man weiß nicht, wann Sauvignon nach Italien kam, wahrscheinlich aber wurde sie – zumindest in der ersten Zeit – zusammen mit Sauvignonasse angepflanzt. Sie ließ sich zunächst im Piemont nieder, wobei jedoch der heute in kleinen Mengen gemachte Wein (der von Gaja ist der beste) von Reben kommt, die erst seit den 1980er Jahren gepflanzt wurden. Sie ist eine Traube des Nordens, ihre schönsten sortentypischen Aromen entwickelt sie in Collio, Friaul und Südtirol. Der Wein wird sortenrein oder im Verschnitt mit allem Möglichen abgefüllt: mit Chardonnay, Müller-Thurgau, Ribolla, Picolit, Vermentino, Inzolia, Tocai, Malvasia Istriana, Pinot Bianco, Erbamatt...

Die Traube hat das Zeug zu guter Qualität in vielen Ländern Mittel- und Osteuropas; sie ist in Rumänien und Moldau verbreitet, Tschechien und Teile des ehemaligen Jugoslawien (besonders Slowenien) liefern vielversprechende Weine.

Neuseeland

Die ersten Sauvignon-Reben wurden in den 1970er Jahren in Marlborough auf der Südinsel gepflanzt, als Montana die Eingebung hatte, einen Versuchsweinberg anzulegen. Bis dahin war Marlborough kaum bekannt und lieferte billige Weine, vor allem Müller-Thurgau, der damals in Neuseeland weit bedeutender war als Cabernet Sauvignon. Seinen ersten Sauvignon machte Montana im Jahr 1980, 2001 sind in

LUCIEN CROCHET
Die Sancerres von Lucien Crochet sind mustergültige Weine mit großer, mineralischer Frucht und reifer Säure. Ein jung zu genießender Wein.

CHÂTEAU COUHINS-LURTON
Dieses Gut macht einen wunderbar körperreichen, intensiven Sauvignon Blanc, der im Barrique reift und – ungewöhnlich – keinen Sémillon enthält.

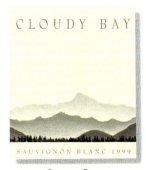

CLOUDY BAY
Der berühmteste Sauvignon Blanc aus Neuseeland. Von seinem ersten Erscheinen 1985 an hatte Cloudy Bay, der in Marlborough gemacht wird, Kultstatus.

Marlborough – der heute führenden Anbauregion für Sauvignon – schon 1923 ha bestockt. (Müller-Thurgau ist demgegenüber landesweit auf weniger als ein Viertel der Fläche von 1991 geschrumpft.) Der für Marlborough mit seinem kühlen, trockenen, sonnigen Klima typische Sauvignon verfügt über eine schockierend klare, reine Frucht, die mit neuen Kellertechniken nur komplexer wurde, aber keineswegs an Charakter verlor. Um ihn zu würzen und zu zügeln, verwendet man heute das Hefesatzaufrühren, malolaktischen Säureabbau, Vergärung in neuer Eiche, Zugabe von ein wenig Semillon und den Erhalt von ein paar Gramm Restzucker als Gegengewicht zur Säure.

Weine aus der Region Hawkes Bay sind weniger ausgeprägt, die aus Nelson etwas weicher; Wairarapa macht unterschiedliche Typen, die teils sogar die Versionen aus Marlborough an Pikanz und Fruchtigkeit übertreffen können.

Südamerika

Wie viel von dem chilenischen Sauvignon Blanc in Wirklichkeit Sauvignonasse ist, ist noch nicht klar. Zwischen den beiden Sorten wird erst seit Anfang der 1990er Jahre unterschieden; erst die ab 1995 angelegten Flächen sind mit echtem Sauvignon bepflanzt, und fast alle heute existierenden Weine sind »Verschnitte«. Deshalb lassen viele Weine Geschmack vermissen und werden rasch müde. Auch reiner Sauvignon aus Chile hat weniger Säure als der neuseeländische und benötigt nicht wie jener etwas Restzucker, um Balance zu erreichen; die Erträge sind sehr hoch. Der chilenische Sauvignon hat ohne Zweifel großes Potenzial und wird sich sicher dramatisch verbessern.

Nicht die größte, doch die führende Region ist Casablanca, wo man um 1990 mit der Pflanzung begann und wo Sauvignon nach Chardonnay die zweitwichtigste Rebe ist. Nur 5 % der chilenischen Sauvignon-Rebstöcke stehen

Ein Ölofen im chilenischen Casablanca-Tal. Solche Öfen sind ein probates Mittel gegen den Nachtfrost, werden aber möglicherweise verboten: Casablanca liegt sehr nahe bei Santiago, das unter mörderischer Luftverschmutzung leidet.

in Casablanca, und fast der ganze Rest welkt in zu heißen Regionen dahin. Casablanca hat mit seinem mediterranen Klima ähnliche tägliche Temperaturunterschiede wie Marlborough, liegt aber näher am Äquator als vergleichbare Regionen wie Carneros, Burgund und Marlborough. Das bedeutet, dass die Herbsttage länger und wärmer sind und später gelesen werden kann. Casablanca ist bislang Chiles kühlstes Anbaugebiet; Sauvignon wird hier fünf bis sechs Wochen später geerntet als im warmen Curicó.

Sauvignon Blanc ist auch in Mexiko, Argentinien, Uruguay und Bolivien anzutreffen; die in Brasilien verwendete und als Sauvignon Blanc bezeichnete Rebe ist Galet zufolge in Wirklichkeit Seyval Blanc.

Australien

Ein australischer Typus scheint sich herauszukristallisieren: runder als der von Neuseeland, mit Aromen von weißen Pfirsichen und Limette anstatt Stachelbeeren und grünen Blättern, nicht mineralisch wie der Loire-Wein, doch mit guter Säure.

Bei zu großer Traubenreife und zu viel Alkohol werden die Weine ölig und schwer, sie können auch zu weich und profillos geraten. Wenn alles stimmt, sind sie äußerst lecker. Die führenden Regionen sind Adelaide Hills, Padthaway und die Southern Vales, vom Margaret River kommen einige exzellente Verschnitte mit Semillon.

USA

Die Situation in Kalifornien ist schwierig aufgrund des geringen Preises, den Sauvignon erzielt (etwa die Hälfte von Chardonnay). Folglich lassen die Erzeuger häufig die Reben produzieren, was sie können, was auf Kosten der Qualität geht. Zwei Haupttypen von Sauvignon sind anzutreffen: Der »neuseeländische« verfügt über strahlende Frucht mit Zitrus- und Maracuja-Tönen; der andere, oft in Eiche ausgebaut, ist runder und eher melonig. Viele Weinmacher fürchten, dass die Verbraucher die sehr selbstbewusste Art der Traube nicht goutieren, und dämpfen sie daher.

Etwas Sauvignon steht auch im Staat Washington, mit abnehmender Tendenz.

Südafrika

Gras, Spargel und Stachelbeeren sind hier die üblichen Aromen, wobei die Weine lebhaft und frisch sind, von weniger tropischer Art wie Australien oder Kalifornien. Stellenbosch hat die meisten Reben, am bemerkenswertesten sind aber die Weine aus Elgin. 1999 nahm Sauvignon 5,1 % der Gesamtrebfläche ein, gegenüber Chardonnay mit 5,7 %.

VIÑA CASABLANCA
Casablanca ist sowohl der Name der Firma als auch der Region, in der sie ansässig ist. Dieser Wein glänzt mit herrlich aggressivem, grasigem Stachelbeercharakter.

LENSWOOD
Tim und Annie Knappstein machen in den kühlen Adelaide Hills Weine von großer Eleganz und Ausgewogenheit, ausgestattet mit begeisternder Komplexität.

STEENBERG
Wein wird im Gut Steenberg seit 1695 gemacht, die Weinberge werden jedoch seit den 1990er Jahren neu angelegt. Heute ist der Sauvignon wunderbar frisch und pikant.

Sauvignon Blanc genießen

Im Allgemeinen ist Sauvignon Blanc kein Wein zum Lagern. Seine Attraktivität liegt in jugendlicher Frische und Lebhaftigkeit. Die meisten Sauvignons Blancs bauen nach einigen Jahren rasch ab und verlieren ihr Aroma.

Weine, die bei Flaschenlagerung besser werden, kommen nicht aus bestimmten Gegenden, sondern von Erzeugern, die sich für diese Art von Weinen entschieden haben. In allererster Linie bedeutet das praktisch die Begrenzung des Ertrags; alterungswürdige Weine entstehen nicht bei denselben großzügigen Erntemengen wie leichte, rasch zu konsumierende.

Der berühmteste neuseeländische Sauvignon Blanc, Cloudy Bay, gewinnt in der Flasche für fünf bis zehn Jahre, je nach Jahrgang. Sancerre und Pouilly-Fumé der Spitzenklasse entwickelt sich acht bis zehn Jahre lang, wobei Honig- und Toastaromen die vegetabile Frucht ersetzen, jedoch immer einen Hauch Mineralität bewahren; weiße Graves und Pessac-Léognans beginnen oft mit nesselartiger Säure, strahlender Nektarinenfrucht und sanftem, cremigem Eichenton und werden im Lauf von 10 bis 15 Jahren zu wunderbar tieffarbenen, nussig-sahnigen Weinen. Domaine de Chevalier, Smith-Haut-Lafitte, Haut-Brion und Laville-Haut-Brion können sogar noch länger reifen und über 20 Jahre in bester Form bleiben.

Süße Weine werden in Sauternes und Barsac als Verschnitte aus Sauvignon und Sémillon gemacht, in Kalifornien und Neuseeland manchmal aus purem Sauvignon. Crus Classés aus Sauternes sind nach etwa zehn Jahren reif, aber auch schon in jüngeren Jahren köstlich; Kalifornier und Neuseeländer reifen unterschiedlich rasch, die meisten gewinnen aber im Verlauf von bis zu fünf Jahren. Spitzen-Australier sind mit zwei, drei Jahren wunderschön und halten etwa zehn Jahre.

So schmeckt Sauvignon Blanc

Wenn ich zu beschreiben versuche, warum ich den Geschmack von Sauvignon Blanc so sehr liebe, muss ich zunächst akzeptieren, dass er einer der Weine ist, die bestimmte Leute einfach nicht mögen. Das ist o.k. Niemand muss ihn trinken. Worum ich aber bitte (wenn nötig mit handgreiflichem Nachdruck), ist, dass sie ihn nicht kastrieren. Ich liebe seinen Geschmack nach Stachelbeeren, nach grünen Paprikaschoten, nach Mineralien, Passionsfrucht und Kiwi mit Funken von zitroniger Säure, mit Noten von Nessel- und Schwarze-Johannisbeer-Blättern. Das ist die Palette von Aromen, die den Sauvignon Blanc für mich so unwiderstehlich erfrischend machen.

Wenn Sie es runder und weicher mögen, dann finden Sie auch Sauvignon mit Aromen von weißen Pfirsichen, Nektarinen und Melonen, die eine eventuell hervorstechende Säure umkleiden; Weine mit einem Hauch von Edelfäule können auch an Aprikosen erinnern. Sancerre und Pouilly-Fumé weisen oft eine mineralische Ader auf, besonders wenn sie auf feuersteinreichem Boden wachsen; allgemein sorgt Ton für Körper, Kreide für Leichtigkeit und Duft.

Mit niedrigen Gärtemperaturen erzielt man ein Aromenspektrum von tropischen Früchten: Ananas, Banane und Guave, riskant, wenn es nicht durch ordentliche Säure ausbalanciert wird. Der Ausbau in frischen Eichenfässern vermittelt einen Vanilleton, biologischer Säureabbau einen buttrigen Charakter. Im Verlauf der Flaschenreifung nimmt Sauvignon Aromen von Honig, Toast und Quitte an, weniger offenherzig fruchtbetont, dafür üppig und vielschichtig. Edelfaule Süßweine bezaubern mit Aromen von Ananas und Marzipan, Orangen und Aprikosen, oft mit einer blitzenden Säure, die die Geschmacksfülle schön kontrapunktiert.

Château Smith-Haut-Lafitte in Pessac-Léognan gibt seinem sehr langlebigen Sauvignon Blanc 5 % Sauvignon Gris bei. Diese Mutation wurde vor etwa 40 Jahren in den Weinbergen entdeckt. Mulderbosch war eines der ersten südafrikanischen Güter, die bewiesen, wie aufregend der Sauvignon am Kap werden kann.

Sauvignon Blanc zum Essen

Diese Rebe ergibt Weine mit genügend Biss und Schärfe, um reichhaltige Fischgerichte zu begleiten, auch für Meeresfrüchte ist er eine erste Wahl. Die charakteristische Säure macht sie auch für Gerichte auf Tomatenbasis vorzüglich geeignet, am allerbesten genießt man aber Sancerre oder Pouilly-Fumé mit dem heimischen Crottin, dem Ziegenkäse des oberen Loire-Tals. Mit ihrem kräftigen, stachelbeerartigen Geschmack sind die Weine auch schöne, erfrischende Aperitifs.

VERBRAUCHERINFORMATIONEN

Synonyme und regionale Bezeichnungen
An der mittleren Loire manchmal als Blanc Fumé bezeichnet. Je nach Farbe heißen ihre Varianten Sauvignon Jaune, Noir, Rosé oder Gris und Violet. Muskat-Silvaner und Muskat-Sylvaner heißt sie in Deutschland und Österreich (Steiermark verwendet oft Sauvignon Blanc); in Kalifornien und Australien werden in Eiche ausgebaute Weine als Fumé Blanc bezeichnet. Die Sorte Sauvignon Vert (Sauvignonasse) ist nicht verwandt.

Gute Erzeuger
FRANKREICH Pouilly-Fumé Henri Bourgeois, Alain Cailbourdin, Jean-Claude Chatelain, Didier Dagueneau, Serge Dagueneau, Ladoucette, Alphonse Mellot, Tracy; **Sancerre** F. & J. Bailly, Bailly-Reverdy, Pierre Boulay, Henri Bourgeois, Cotat, Lucien Crochet, Pierre & Alain Dezat, Gitton, Pascal Jolivet, A. Mellot, Joseph Mellot, Millérioux, Pellé, Vincent Pinard, Bernard Reverdy, Jean-Max Roger, Lucien Thomas, Vacheron, André Vatan; **Bordeaux/Pessac-Léognan** Carbonnieux, Domaine de Chevalier, Couhins-Lurton, Cruzeau, Fieuzal, Haut-Brion, La Garde, La Louvière, Malartic-Lagravière, Pape-Clément, Rochemorin, Smith-Haut-Lafitte
NEUSEELAND Babich, Cairnbrae, Clifford Bay Estate, Cloudy Bay, Corbans (Stoneleigh, Cottage Block), Craggy Range, Kim Crawford, Delegat, Giesen, Goldwater (Dog Point), Grove Mill, Hunter's, Isabel Estate, Jackson Estate, Lawson's Dry Hills, Matua Valley, Montana, Mount Riley, Nautilus, Neudorf, Nobilo, Ponder Estate, Palliser, Saint Clair, Allan Scott, Seifried, Selaks, Seresin, Vavasour, Villa Maria, Wither Hills
ITALIEN Peter Dipoli, Gravner, Haderburg, Inama, Edi Kante, Lageder, KG Nals & Margreid-Entiklar, Tenuta dell'Ornellaia, KG St. Michael Eppan, Stiftskellerei Neustift, KG Terlan, Vie di Romans, Villa Russiz, Baron Widmann
ÖSTERREICH Erich & Walter Polz, Gross, Lackner-Tinnacher, E. & M. Tement
SPANIEN Hermanos Lurton, Marqués de Riscal, Torres
USA Kalifornien Araujo, Babcock, Caymus, Kenwood, Matanzas Creek, Murphy-Goode, Navarro, Quivira, J. Rochioli Vineyards
AUSTRALIEN Alkoomi, Bridgewater Mill, Brookland Valley, Chain of Ponds, Hanging Rock, Karina, Katnook, Lenswood Vineyards, Ravenswood Lane, Shaw & Smith, Geoff Weaver
CHILE Casa Lapostolle, Villard, Viña Casablanca
SÜDAFRIKA Buitenverwachtung, Graham Beck, Kanu, Klein Constantia, Morgenhof, Mulderbosch, Rustenberg, Saxenburg, Springfield, Steenberg, Vergelegen, Waterford

WEINEMPFEHLUNGEN
Zehn klassische Sauvignons von der Loire
Henri Bourgeois *Sancerre Le MD de Bourgeois*
Jean-Claude Chatelain *Pouilly-Fumé Cuvée Prestige*
Francis & Paul Cotat *Sancerre Chavignol La Grande Côte*
Lucien Crochet *Sancerre Cuvée Prestige*
Didier Dagueneau *Pouilly-Fumé Pur Sang*
Gitton Père et Fils *Sancerre La Mijonnette*
Alphonse Mellot *Sancerre Cuvée Edmond*
Henry Pellé *Menetou-Salon Morogues Clos des Blanchais*
Vincent Pinard *Sancerre Florès*
Ch. de Tracy *Pouilly-Fumé*

Fünf klassische trockene weiße Bordeaux-Weine auf Sauvignon-Basis
Domaine de Chevalier *Pessac-Léognan*
Ch. Malartic-Lagravière *Pessac-Léognan*
Ch. Pape-Clément *Pessac-Léognan*
Ch. Margaux *Bordeaux Pavillon*
Ch. Smith-Haut-Lafitte *Pessac-Léognan*

Fünf weitere europäische Sauvignon-Weine
Peter Dipoli *Alto Adige Sauvignon Voglar* (Italien)
Tenuta dell'Ornellaia *Poggio alle Gazze* (Italien)
Vie di Romans *Friuli Isonzo Sauvignon Vieris* (Italien)
Villa Russiz *Collio Sauvignon de la Tour* (Italien)
Marqués de Riscal *Rueda Sauvignon* (Spanien)

Zehn neuseeländische Sauvignon-Weine
Craggy Range *Marlborough Old Renwick*
Grove Mill *Marlborough*
Hunter's *Marlborough*
Isabel Estate *Marlborough*
Lawson's Dry Hills *Marlborough*
Palliser Estate *Martinborough*
Seresin *Marlborough*
Vavasour *Marlborough Single Vineyard*
Villa Maria *Marlborough Clifford Bay Reserve*
Wither Hills *Marlborough*

Das Faszinierende am Sauvignon Blanc ist seine Fülle von Fruchtaromen, die sich gegenseitig zu überbieten scheinen. Am schönsten kommen sie im jungen Wein zur Geltung; mit Gärung im Eichenbarrique und mit Beigabe von Sémillon gewinnt man aber auch körperreiche und alterungsfähige Weine.

Reifediagramme
Sauvignon ist normalerweise für frühen Genuss gemacht. Einige Sancerres und Pouilly-Fumés können viel länger gut reifen.

1999 Sancerre/Pouilly-Fumé

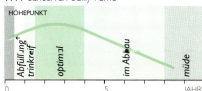

Einige Erzeuger konzipieren ihren Sancerre für längere Flaschenreifung, doch im Allgemeinen ist er ein leichter, frischer Wein für frühen Verbrauch.

1999 Pessac-Léognan Cru Classé

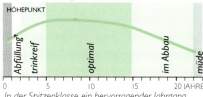

In der Spitzenklasse ein hervorragender Jahrgang. Langsam reifende Weine, wie Domaine de Chevalier, brauchen sieben bis acht Jahre.

2000 Neuseeland Marlborough Sauvignon Blanc

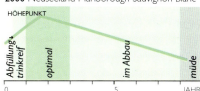

Einige wenige Jahre in der Flasche sind für Spitzenweine meist ausreichend; die Alltagsweine sind am besten im Jahr nach der Ernte.

SAUVIGNONASSE

Erst Anfang der 1990er Jahre wurde in Chile zwischen Sauvignon Blanc – was die Erzeuger ihrer Meinung nach stehen hatten – und Sauvignonasse unterschieden, der tatsächlich überwiegend vorhandenen Sorte. Die zwei sind leicht zu verwechseln. Und da die Stecklinge der »Sauvignon Blanc« im 19. Jahrhundert aus Bordeaux gekommen waren, entsprach der chilenische Mischsatz schlicht dem im Bordelais des 19. Jahrhunderts.

Sauvignonasse wird auch als Sauvignon Vert bezeichnet, ist jedoch – anders als Sauvignon Gris, die ebenfalls in den chilenischen Weinbergen vorhanden ist – keine Mutation der Sauvignon Blanc. Sauvignonasse und Sauvignon Blanc könnten sich als verwandt herausstellen, doch hat Erstere nicht den prägnanten Duft, die Säure und anhaltende Kraft der Letzteren. Junger Wein kann über ein gutes Aroma verfügen, das aber eher an grüne Äpfel erinnert, im Gegensatz zu Schwarze-Johannisbeer-Blättern und Stachelbeeren bei Sauvignon Blanc. Unreif gelesen, hat er wenig Charakter. Bis zu 14,5 % Alkohol sind leicht zu realisieren, doch fällt die Säure rasch ab, und über 13 % Alkohol wird der Wein flach und uninteressant.

Die große Menge Sauvignonasse, die in den chilenischen Rebflächen zusammen mit Sauvignon Blanc gepflanzt war, bevor die Unterscheidung getroffen wurde, bedeutet, dass chilenischer »Sauvignon Blanc« rasch müde wird. Neuanpflanzungen bestehen nur aus Sauvignon Blanc und liefern mehr Charakter; es wird aber einige Jahre dauern, bis die alten Mischflächen ersetzt sind.

Geteilter Meinung ist man, ob Sauvignonasse mit der italienischen Tocai Friulano identisch ist. Auf jeden Fall stellt man im Glas große Ähnlichkeit fest. Wenn sie es ist, darf man sich fragen, ob Chile zu ebenso eindrücklichen Versionen imstande ist wie die guten Erzeuger in Collio und den Colli Orientali del Friuli, wenn sie die Erträge drastisch herabsetzen und die Weinbereitung ernster nehmen. Siehe auch Sauvignon Blanc, S. 218–227.

SAUVIGNON GRIS

Ein anderer Name für Sauvignon Rosé, eine rosahäutige Version der Sauvignon Blanc (siehe S. 218–227). Sie ist weit weniger aromatisch als Letztere, ergibt aber recht interessante, elegante Weine. Zu finden ist sie in Chile und im Bordelais; Château Smith-Haut-Lafitte in Pessac-Léognan zum Beispiel setzt etwa 5 % Sauvignon Gris seinem sonst nur aus Sauvignon Blanc bestehenden Weißwein zu. Gute Erzeuger: (Frankreich) Château Carsin, Courteillac.

Savagnin-Reben auf den Kalkmergel-Böden von Château Chalon im Jura. Der Vin Jaune von hier ist einer der wenigen Weine der Welt, die unter Florhefe reifen. Für mich ist er nicht so gut wie Sherry, aber er hat gewiss seine Momente.

SAUVIGNON VERT

Ein anderer Name für Sauvignonasse (links).

SAVAGNIN

Diese Traube wird als einzige für den eigenartigen Vin Jaune (»Gelber Wein«) verwendet, den unter Florhefe gereiften Wein des französischen Jura. Sie reift spät und wird bei 13–15 % potenziellem Alkohol im November oder erst im Dezember geerntet. Die Hefeschicht, hier *voile* (»Schleier«) genannt, wächst langsamer, bleibt dünner und stirbt früher ab als die des Sherry (siehe Palomino Fino, S. 165). Im Jura wird kein Solera-System verwendet; in Jerez und den anderen Sherry-Orten ist es die kontinuierliche Zufuhr von frischem Wein, die den Flor am Leben hält. Zusätzlich verhindern die niedrigeren Temperaturen im Jura ein kräftiges Wachstum. Der Wein bleibt sechs Jahre und drei Monate im Fass und entwickelt dabei ein pikantes, nussig-oxidiertes Aroma mit hervorstechender Säure. Auf Flaschen gezogen, soll er 50 Jahre und länger halten.

Savagnin wird im ganzen Jura kultiviert; er darf zu jedem Weißwein der Region zugesetzt werden, wird aber meist zu Vin Jaune verarbeitet. In der Schweiz, im Wallis, ist die Traube als Heida oder Païen bekannt. Die Savagnin Rosé ist dieselbe Sorte wie Traminer, und die Musqué-Form der Savagnin ist als Gewürztraminer berühmt (siehe S. 102–111). Savagnin Noir ist keine dunkle Variante der Savagnin, im Jura wird so die Pinot Noir bezeichnet. Gute Erzeuger: Arlay, Jean Bourdy, Hubert Clavelin, Courbet, Durand-Perron, L'Etoile, Henri Maire, Montbourgeau.

SAVAGNIN NOIR

So wird in französischen Jura die Pinot Noir auch bezeichnet (siehe S. 174–185). Nicht verwechseln mit der regionalen Sorte Savagnin (links).

SAVATIANO

Das griechische »Arbeitspferd« unter den Rebsorten, verwendet für billige Markenweine und Retsina. Sie wird meist mit säurereicheren Trauben wie Assyrtiko und Rhoditis verschnitten, um dem Retsina bessere Ausgewogenheit zu geben. Das Pinienharz wird in Stücken dem Most beigegeben und entfernt, wenn der Wein abgezogen wird. In guten Lagen und bei etwas früherer Lese kann Savatiano überraschend gut strukturierte Weine liefern. Gute Erzeuger: Achaia-Clauss, Kourtakis, Semeli, Skouras, Strofilia.

SCHEUREBE

Das Ziel dieser deutschen Kreuzung von 1915 war einmal nicht, eine bessere Version des Rieslings zu erhalten. Nach Ansicht des großen Rebenkundlers Prof. Helmut Becker, bis zu seinem Tod 1989 Leiter der Forschungsanstalt in Geisenheim, wollte Georg Scheu einen besseren Silvaner bekommen, mit mehr Duft, besserer Frostresistenz und geringerer Anfälligkeit für Chlorose, eine Eisenmangelkrankheit, die auf kalkreichen Böden häufig ist. Kalk ist in Rheinhessen und anderen Teilen Deutschlands weit verbreitet. Dazu kreuzte Scheu Silvaner mit Riesling, besser gesagt, er soll es getan haben. Die Genanalyse lässt vermuten, dass die bisher angenommene Elternschaft genauso irrig ist wie im Falle von Müller-Thurgau.

Der Wein der Scheurebe ähnelt mehr dem Riesling als dem Silvaner. Er hat nicht die straffe Eleganz guten Rieslings und ist auch in Bestform runder; auf den höheren Prädikatsstufen aber besitzt er Komplexität und Fülle und ergibt kraftvolle Süßweine mit fantastischen, in Honig gehüllten Aromen von reifen rosa Grapefruits; sie altern wunderbar, wenn auch nicht so lange wie vergleichbare Rieslinge. Die ertragreiche Traube erreicht höhere Zuckerwerte und scheint die aufregendsten Weine in der Pfalz zu liefern. Bei trockenem Ausbau besteht, wenn unreif geerntet wird, das Risiko scharfen, an Katze erinnernden Grapefruitgeschmacks. Auf jeden Fall ist sie die bei weitem erfolgreichste moderne deutsche Züchtung, und die einzige, die von seriösen Winzern geschätzt wird. In Österreich ist die Traube als Sämling 88 bekannt (siehe S. 207) – Sämling Nr. 88 war derjenige, den Georg Scheu 1915 auswählte. Gute Erzeuger: Andreas Laible, Lingenfelder, Müller-Catoir, Hans Wirsching, Wolff-Metternich.

ALOIS KRACHER
Die Scheurebe zeigt auf hohen Prädikatsebenen ihr ganzes Potenzial. In Österreich wird die Sorte oft Sämling 88 genannt, doch Alois Kracher lässt sich von der Bezeichnung nicht beirren.

SCHIAVA

Diese italienische Traube liefert in Südtirol absolut angenehme Alltagsrotweine, scheint aber zu wirklich Aufregendem nicht fähig. Sie trägt reichlich, ihre Weine haben eine leichte Erdbeerfrucht und samtige Textur. Fülle, Tiefe und Komplexität darf man nicht erwarten. Ihre Anbaufläche nimmt ab, da sich die Winzer von gewichtigeren Rotweinen mehr Gewinn versprechen, ist aber immer noch beträchtlich.

Der italienische Name, der »Sklavin« bedeutet, wird allgemein als Hinweis auf die slawische Herkunft interpretiert. Der Weinautor Nicolas Belfrage hingegen verweist auf den deutschen Namen, Vernatsch, der erkennen lässt, dass sie seit langem als heimische Traube Südtirols gilt. In Deutschland selbst nennt man sie Trollinger, was ebenfalls auf eine Verbindung zu Tirol weist. Dokumentiert ist sie in Südtirol schon im 13. Jahrhundert.

Es gibt eine Reihe verschiedener Schiavas in Südtirol: die Schiava Grigia oder Grauvernatsch, die Schiava Gentile oder Kleinvernatsch sowie die Schiava Grossa oder Großvernatsch. Letztere ist die am wenigsten charaktervolle, aber besonders ertragreich und somit unausweichlich die verbreitetste.

Schiava ist die Haupttraube für den St. Magdalener DOC, der durch Lagrein oder Blauburgunder etwas mehr Profil bekommt. Ich muss zugeben, dass ich mich – in den Weinbergen hoch über Bozen sitzend – an so manchem wunderbar sanftem, frischem Picknickwein delektiert habe. Vernatsch ist noch in einigen anderen Weinen des Bereichs drin. Ihr Anbau mag zurückgehen, doch wenn Sie im Sommer in den Südtiroler Bergen weilen, werden Sie sich kaum einen köstlicheren, gefälligeren Rotwein denken können. Gute Erzeuger: Gojer, KG Gries, Lageder, Niedermayr, Hans Rottensteiner, Heinrich Rottensteiner KG St. Michael Eppan, KG St. Magdalena, KG Tramin.

SCHIOPETTINO

Eine nordostitalienische Traube mit mäßig ausgeprägtem Eigencharakter, die gegenwärtig vor dem gänzlichen Verschwinden gerettet wird. Mindestens seit dem 13. Jahrhundert wird sie in Friaul angebaut. Ihre hinsichtlich Körper und Alkohol recht leichten Weine schmecken nach Pfeffer und Himbeeren und sind recht säurebetont. Es gibt auch eine perlende Version, die jung genossen wird. Gute Erzeuger: Dorigo, Moschioni, Petrussa, Ronchi di Cialla, Ronco del Gnemiz, La Viarte.

SCHÖNBURGER

Eine deutsche Kreuzung von 1939, die in England in größeren Mengen gepflanzt ist als in Deutschland, dort vor allem in Rheinhessen und der Pfalz. Sie reift leicht, trägt gut und ist krankheits- sowie kälteresistent. Aus den rosafarbenen Beeren – sie ist das Kind einer Verbindung von Pinot Noir mit einer Kreuzung von Chasselas Rosé und Muscat Hamburg – werden Weißweine mit schwerem, leicht muskatigem Duft gemacht; die leichten englischen Versionen können recht attraktiv sein, die aus wärmeren Gegenden fallen eher unangenehm aus.

SCHWARZRIESLING

So wird in Deutschland die Meunier genannt (siehe S. 123), die fast ausschließlich in Württemberg angebaut wird. Gute Erzeuger: Dautel, Drautz-Able, Fürst zu Hohenlohe-Öhringen, Graf von Neipperg.

SCIACARELLO

Eine anscheinend nur auf Korsika zu findende Traube; ihre Weine, die am besten im Süden der Insel geraten, um Sartène und Ajaccio, sind hell, nicht sehr gerbstoffreich und von einer lebhaften, kräuterig-pfeffrigen Art. Mit der Reife entwickeln sie Noten von Holzrauch und Tabak. Der Name bedeutet »der kleine Knackende«, und – raten Sie mal – die Beeren haben eine dicke Haut und viel Saft. Gute Erzeuger: Albertini Frères, Clos Capitoro, Clos Laudry, Martini, Peraldi, Torraccia.

SCUPPERNONG

Scuppernong, die in den Südweststaaten der USA und Mexiko verbreitet ist, ist eine *Vitis rotundifolia*-Rebe und gehört zur Gattung (bzw. Untergattung) Muscadiniae. Die kleinen Trauben werden aus dickschaligen, zuckerarmen Beeren gebildet, Chaptalisierung ist normal. Aufgrund der kompakten, fruchtfleischreichen Maische ist das Pressen schwierig. Die starken, moschusartigen Weine werden meist süß ausgebaut.

Virginia Dare, ein Wein North Carolinas, der im frühen 20. Jahrhundert sehr populär war, wurde aus Scuppernong gemacht und nach dem ersten Kind benannt, das in einer englischen Kolonie Amerikas geboren wurde.

SEIBEL

Eine Gruppe französischer Hybridreben, die von Albert Seibel (1844–1936) gezüchtet wurden und meist mit einer Ziffer bezeichnet werden. Seibel 4643, auch unter dem ambitiösen Namen Roi des Noirs bekannt, war einst in Westfrankreich weit verbreitet, ihr Wein war dunkel und rustikal. Weitere bekannte Seibels sind 7053 (Chancellor) und 5279 (Aurore).

SÉMILLON

Sémillon ist eine Rebsorte, die es nicht gern leicht hat. Geben Sie ihr einen normalen Weinberg in einem hübsch warmen Klima, in dem sie gut reift – sie vermasselt es. Geben Sie ihr einen zuverlässigen Frühling für die Blüte, einen trockenen, warmen Sommer für die Frucht und einen schönen Herbst für die Ernte – Sémillon bedankt sich dafür mit Unmengen von langweiligem, geschmacksfreiem Saft, der ebenso gut zu Weinbrand zu verarbeiten ist wie zu irgendetwas anderem. Ich scherze nicht. Diverse Länder haben es im Lauf der Jahre mit Sémillon versucht. Südafrika wurde im 19. Jahrhundert von ihr überschwemmt. Chile wurde im 20. Jahrhundert von ihr überrannt. Argentinien und der Rest Südafrikas ließen ihr freien Lauf, und Sémillon lohnte es mit Weinen, die mit »Langeweile« synonym waren und mit Chenin Blanc die zweifelhafte Ehre teilten, Schwefel anzuziehen wie das Aas die Krähen. Zumindest in Blindverkostungen war Sémillon problemlos. Wenn der Schwefel in giftigen Wolken aus dem Glase drang wie aus einem muffigen Geschirrtuch oder einem schmutzigen nassen Hundefell, konnte man die Wahl sofort auf Chenin Blanc und Sémillon eingrenzen, noch bevor ein gewaltiger Nieser das Glas mit dem stinkenden Stoff über die Degustationsnotizen blies. Warum hat sie dann aber als klassische Rebsorte Eingang in dieses Buch gefunden?

Als Erklärung kann ich nur ein paar Launen der Natur anführen, und die berühmteste ist Sauternes am südlichen Rand des Bordelais. Das Bordelais ist renommiert für seine Rotweine, und außer seinem Flehen um einen warmen Sommer sind die letzten Worte eines Winzers, bevor er zu Bett geht: »Lieber Gott, gib uns einen schönen Herbst für die Ernte.« Fäule ist der Fluch des Rotweins, aber der Segen für Sauternes. Natürlich nicht jede Fäule, sondern die edle. Edelfäule – so genannt, weil sie den Zucker in den Beeren konzentriert, ohne den Saft sauer und ungenießbar zu machen – benötigt ganz besondere Umweltbedingungen, und die hat sie in dem winzigen Bereich Sauternes. Der kalte Ciron mündet in die

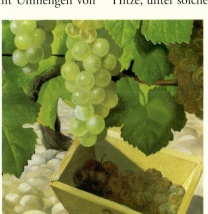

Im goldenen Licht des Herbstes, das an seinen kostbaren goldenen Wein erinnert, liegt das Château d'Yquem, Geburtsstätte des größten der majestätischen süßen Sauternes. Nur edelfaule Trauben werden geerntet, oft Beere für Beere; mindestens viermal gehen die Erntehelfer im Spätherbst durch die Weinberge.

wärmere Garonne, und so gibt es an den Herbstmorgen hier viel Nebel. Wenn der Nebel von dichter Bewölkung begleitet wird, gibt's große Probleme, alle Arten von Fäule drohen, aber keine edle. Doch wenn strahlende Sonne den Nebel vertreibt, wird es im Weinberg sehr warm. Feuchtigkeit plus Hitze, unter solchen Bedingungen tut die Edelfäule ihr Werk, indem sie die Beerenhäute perforiert, den Zucker konzentriert und die Säuren umwandelt.

Wahrscheinlich stammt die Sémillon aus dem Bereich Sauternes, also können wir der Natur danken, dass sie alles so schön gefügt hat und wir einen Weltklassewein haben. Dieselbe Natur war aber an dem anderen Ort, der Sémillon berühmt gemacht hat, keineswegs hilfreich. Kein vernünftiger Mensch würde im australischen Hunter Valley Trauben kultivieren, und so hat die Natur – seitdem die ersten Besessenen hier in den 1830er Jahren ans Werk gingen – alles getan, um ihre Anstrengungen zu vereiteln. Sie spülte den guten Boden in einer endlosen Zahl tropischer Unwetter hinweg. Sie sorgte für subtropische Temperaturen während des Sommers, brackiges Brunnenwasser, das nicht zur Bewässerung taugt, und häufige Trockenperioden im Winter, falls man je daran dachte, ein paar Dämme anzulegen, um Wasser zu sammeln. Und damit die Message auch ankommt, lässt sie Wirbelstürme an der Küste hinuntertoben und das Hunter Valley peitschen, bevor die unglücklichen Trauben reif sind.

Doch sind es genau diese unheilvollen Umstände, die den klassischen Hunter Semillon hervorgebracht haben. In den wenigen Jahren, in denen die Trauben perfekt reif geerntet werden können, wird der Hunter Semillon breit, fett und etwas unelegant – ordentlicher Stoff, der aber rasch verwelkt. Doch in den Jahren, wenn die Natur ihr Schlimmstes tut, wenn der potenzielle Alkohol kaum 9 oder 10 % erreicht und die Trauben hastig von den Reben gerissen werden müssen, um die Ernte zu retten, wird daraus – wenn Sie zehn Jahre warten, bis der Wein gereift ist – einer der großen weißen Klassiker der Welt.

Sémillon: Von der Traube zum Glas

*Geografie und Geschichte Seite 232; Weinbau und Weinbereitung Seite 234; Sémillon in aller Welt Seite 236;
Sémillon genießen Seite 238*

Geografie und Geschichte

Wo ist die Sémillon nur geblieben? Die Karte zeigt nur versprengte Flecken: Südfrankreich hat am meisten, dann gibt es noch etwas in Australien, in Chile und anderen südamerikanischen Ländern sowie in Südafrika.

Doch vor 50 Jahren waren noch drei Viertel der weißen Trauben in Chile Semillon (in der Neuen Welt meist ohne Akzent geschrieben). Sie besetzte Südafrika, wo sie 1822 93 % der Rebfläche einnahm und einfach Wyndruif hieß, »Weintraube«.

In Chile gibt es heute viel weniger, in Südafrika war der Rückgang nicht so groß. In erster Linie musste sie der Chardonnay weichen, während heute weiße Sorten durch rote ersetzt werden. Und Sémillon, die wegen ihrer Krankheitsresistenz und der hohen Ertragskraft überall auf der Welt gepflanzt wurde,

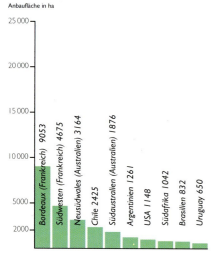

Hauptanbaugebiet für Sémillon
Anbaufläche in ha

- Bordeaux (Frankreich) 9053
- Südwesten (Frankreich) 4675
- Neusüdwales (Australien) 3164
- Chile 2425
- Südaustralien (Australien) 1876
- Argentinien 1261
- USA 1148
- Südafrika 1042
- Brasilien 832
- Uruguay 650

könnte ganz verschwunden sein, wenn es da nicht zwei Dinge gäbe. Zum einen liefert sie in Sauternes am linken Ufer der Garonne, südöstlich von Bordeaux, großartige Süßweine; zum anderen macht man in Pessac-Léognan und Graves, wenig südlich von Bordeaux, sowie im australischen Hunter Valley nördlich von Sydney hervorragenden trockenen Weißwein. Dies genügt als Qualitätsnachweis, sodass Sémillon rund um die Welt wieder gepflanzt wird; man möchte wissen, ob die Leistung der Sémillon in Sauternes und den Graves anderswo zu erreichen ist.

Sémillon wurde früher als Allround-Rebe verwendet, für trockenen und süßen Wein, Sherry, Weinbrand, alles. Doch sie ist keine Allround-Rebe. Bei hohen Erträgen wird der Wein wässrig und dünn, unreife Trauben machen ihn grün und strähnig. Sogar die Süßweine brauchen etwas Sauvignon Blanc, um sie heiterer zu machen. Und dann ergibt sie im neblig-feuchten Sauternes und im subtropischen Hunter Valley – unter Bedingungen, die für den Weinbau kaum geeignet sind – Weltklasseweine. Warum liefert sie dann unter günstigeren Bedingungen so wenig Bemerkenswertes?

Ein wenig Geschichte

Nach Galet (1998) entstand die Sémillon vermutlich in Sauternes und breitete sich von dort über die Gironde aus. In St-Émilion war sie im 18. Jahrhundert zu Hause, und St-Émilion war auch eines der lokalen Synonyme (heute ist es ein anderer Name für Ugni Blanc, die der Sémillon nicht einmal entfernt ähnelt). Bis weit ins 20. Jahrhundert war sie dort und im Médoc, neben Sauvignon Blanc und Muscadelle, zu finden.

Wann wurde zum ersten Mal süßer Sauternes gemacht? Üblicherweise nennt man die Mitte des 19. Jahrhunderts, da frühere Nachrichten bisher fehlen. Anzunehmen, dass früher kein süßer Wein gemacht wurde, wäre gegen die Wahrscheinlichkeit; Tokaj war seit dem späten 17. Jahrhundert für seine edelfaulen Weine berühmt, und die Technik, aus botrytisbefallenen Trauben Süßwein zu machen, war wohlbekannt. *Botrytis cinerea* trat in Sauternes und Barsac damals ebenso auf wie heute. Im 18. Jahrhundert fand hier die Lese nicht vor Mitte November statt; in Cadillac, auf der anderen Seite der Garonne, bestätigt der Abbé Bellet, der alle Jahrgänge von 1717 bis 1736 dokumentierte, dass die Trauben im Oktober von Botrytis befallen und in mehreren Gängen *(tries)* gelesen wurden. Er sagt nicht, dass nur die edelfaulen verwendet wurden; doch wenn die nicht befallenen begehrt gewesen wären und im ersten *tri* gelesen wurden, gäbe es keinen Grund für weitere Gänge. Es liegt auf der Hand, dass man die edelfaulen Trauben herauspicken wollte.

Wenn man Trauben nur nach dem Aussehen beurteilen wollte, wäre kaum zu begreifen, wie jemand auf die Idee kommt, aus diesen schrecklichen matschigen und faulen Trauben Wein zu machen. Doch quetschen Sie den klebrigen Sirup aus den Trauben und lecken Sie sich die Finger: Das fabelhaft üppige Aroma wird Sie sofort überzeugen.

Ein goldener Herbsttag beim Château Suduiraut in Peignac in der Appellation Sauternes. Dies ist das Wetter, das die Entwicklung von Edelfäule fördert: Neblig-feuchte Nächte sind wichtig, doch wenn die Feuchtigkeit auch tagsüber bleibt, gibt es Grau- statt Edelfäule, und es wird nichts mit herrlichem süßem Wein.

In Stein gehauenes Wappen auf Château d'Yquem in Sauternes. Die Familie Yquem besitzt das Gut seit dem Mittelalter.

Edelfaule Sémillon-Trauben, ein klebriges Zeug! Trauben in solchem Zustand sind sehr begehrt, aber schwierig zu pressen und in Gärung zu bringen.

Weinbau und Weinbereitung

Es ist klar, warum Sémillon ehedem eine so beliebte Rebsorte war. Sie wächst einfach überall und liefert hemmungslos gigantische Mengen von Trauben. Die nach was schmecken? Eigentlich nach nichts. Einfach Tanks voller Saft ohne erkennbaren Charakter, jedoch mit genügend Zucker, um ihn zu jedem denkbaren Gebräu zu vergären. Von trocken bis süß, von Sherry bis Weinbrand. Warum dann ein eigenes Kapitel für diese Traube in diesem Buch? Nun, in ein, zwei Ecken der Welt werden aus ihr seit Jahrhunderten trockene und süße Weine von Weltklasse gemacht. Es gibt keinen Grund, warum sie das nicht auch anderswo zustande bringen sollte, denn – wie gesagt – sie liefert riesige Ernten unter fast allen Bedingungen. Vielleicht werden die Erzeuger es einmal mit Sémillon probieren, wenn sie des Chardonnay etwas müde geworden sind.

Klima

Es ist nicht zu leugnen: Wenn man die Rebsorten auf der Basis der täglichen Temperatursummen auf die Lage abstimmen würde, könnte man im Hunter Valley Sémillon nie anpflanzen. Nach dieser Rechnung ist es hier viel zu warm, um trockenen Sémillon zu machen, und auch viel zu feucht, insbesondere wenn die Feuchtigkeit die Form von tropischen Regengüssen zur Erntezeit annimmt. Doch die Sémillon gedeiht hier prächtig, und was noch kurioser ist, es sind die verregneten Jahre, die den besten Hunter Semillon ergeben, Jahre, die nach allgemeinen Maßstäben so schlecht sind, dass der Alkohol kaum 10 % erreicht. Das muss einen Grund haben, und bis zu einem gewissen Punkt hat man Erklärungen; noch aber gehört der Hunter Semillon zu den großen Rätseln der Weinwelt. Dass die Region so guten Sémillon liefert, liegt zum Teil an der Wolkendecke. Die Temperatur kann auf 42 °C ansteigen, doch bleibt das Sonnenlicht gedämpft. Das Hunter Valley hat, gemessen an der täglichen Temperatursumme, relativ wenige Sonnenscheinstunden, was den Zuckerlevel niedrig hält. (Außerdem mildert das bei den dort produzierten Rotweinen die Tannine und ihre Adstringenz.) Hinzu kommt die Feuchtigkeit: Hohe relative Feuchtigkeit am Nachmittag bedeutet höhere Säure in den Trauben, und die säurearme Sémillon kann da alle Hilfe gebrauchen.

Das Klima im Hunter Valley könnte sich von dem im Bordelais kaum mehr unterscheiden, außer der Feuchtigkeit im Herbst, die in Sauternes für das Wachstum der Botrytis unverzichtbar ist. Morgennebel, die an der Mündung des eiskalten Flusses Ciron in die wärmere Garonne entstehen, ziehen das Tal des Ciron hinauf und fördern die Entwicklung des Pilzes auf den reifen Trauben. Der Pilz bewirkt die Konzentration von Zucker, Extrakt und Säure, was wiederum gut ist für die säurearme Traube.
Interessanterweise entsprechen relative Feuchtigkeit und Sonnenscheindauer im Bordelais denen des oberen Hunter Valley, wenn es in Letzterem auch viel wärmer ist. Das untere Hunter Valley hat jedoch weniger Feuchtigkeit und auch weniger Sonnenschein als Bordeaux.

Boden

Die im Hunter Valley für den Weinbau genützten Böden sind leicht und sandig, einfach weil schwere Böden bei den heftigen Regenfällen zum Morast werden. Wirklich Geeignetes gibt es aber eigentlich nicht. Auf einigen Böden können Reben jeder Art wachsen, auf anderen, sehr armen Tonböden wächst gar nichts. Die am besten entwässernden Böden im Hunter sind bröckeliger Lehm und bröckelige rote Duplexböden. Im Upper Hunter sind Schlufflehme über dunklem Tonlehm vorteilhaft; die rotbraunen Duplexböden, die denen im Lower Hunter ähneln, dränieren besser, was aber in dieser heißeren, trockeneren Region, die Bewässerung verlangt, nicht automatisch ein Vorteil ist.

In Sauternes steht sandiger Kies in unterschiedlicher Mächtigkeit auf Kalklehm an. In Barsac ist der Oberboden viel flacher und hat nicht den Kies von Sauternes. Barsac hat gut entwässernden sandigen Kalkboden, und in sehr trockenen Jahren kann Wasserstress zum Problem werden. Demgegenüber kann in Sauternes der Ton-Unterboden, wo der Oberboden sehr dünn ist, schlechten Wasserabzug bieten; Château d'Yquem verlegte im 19. Jahrhundert etliche Kilometer an Dränagerohren, um Abhilfe zu schaffen.

Eigentlich ist Sémillon für Edelfäule weniger

Die Weinlese ist nie eine leichte Arbeit. Doch jede Traube auf Beeren mit dem richtigen Grad von Edelfäule zu prüfen und sie auszulesen – wie hier auf Château d'Yquem in Sauternes –, ist eine Knochenarbeit, mit der nur fachkundige Kräfte betraut werden können.

anfällig als Sauvignon. Da sie früher reift als Sauvignon Blanc, kann sie in Sauternes auf tonhaltigerem Boden stehen; es gibt die Ansicht, dass Ton die Entwicklung von Botrytis fördert. Sauvignon Blanc kann auf Kies gepflanzt werden. In den Graves bekommt Sémillon die wärmeren Böden und besser exponierten Lagen.
Die AC-Bestimmungen verlangen, dass die Reben für Sauternes mindestens acht Jahre alt sind; einige Châteaus behaupten, gute Botrytis sei nicht zu erreichen, bevor sie zehn Jahre alt sind. Die Wurzeltiefe scheint für die Entstehung von Edel- oder Graufäule bedeutsam zu sein; flach wurzelnde Reben tendieren zu Graufäule.

Kultivation und Ertrag

Im Bordelais schneiden die Winzer längere Fruchtruten an, um im Fall von Spätfrösten Ersatzaugen zu haben; dann jedoch werden die Augen am Ende der Rute wuchskräftiger, was auf Kosten der Entwicklung der Triebe näher am Stamm geht. Um dies auszugleichen, wird die Rute oft zum Bogen *(arcure)* gebunden.
Wenn Qualität das Ziel ist, müssen die Erträge niedrig gehalten werden. In Sauternes liegt das obere Limit bei 25 hl/ha, und die meisten führenden Güter ernten viel weniger. Yquem ist berühmt für »ein Glas pro Stock«, was 9 hl/ha entspricht. In Monbazillac wurde die Grenze von zu großzügigen 40 hl/ha auf vernünftigere 27 hl/ha herabgesetzt. In den weniger guten Teilen des Bordelais können die Ernten 80–100 hl/ha erreichen. In Australien erzielt man 8–9 t/ha (etwa 60 hl/ha) und in Neuseeland 10–17 t/ha (für grasigen, dünnen Wein).

Vinifizierung

Die große Frage: in Eiche ausbauen oder nicht? Sémillon hat ohne Zweifel große Affinität zum Eichenholz, besonders zu neuem, und die wachsende Verwendung neuer Eichenfässer in Sauternes seit Mitte der 1980er Jahre hat zum Fortschritt seiner Weine beigetragen. Auch in den Graves wird Sémillon normalerweise in Eiche vergoren und ausgebaut; diese Sémillon-Sauvignon-Blanc-Verschnitte können jung zu eichenbetont sein, reifen aber sehr schön. Neue Eiche wird hier jetzt viel sensibler eingesetzt als noch vor wenigen Jahren, ebenso die Schwefelung: Sémillon oxidiert sehr leicht, und die Edelfäule macht noch mehr Schwefelung erforderlich, um vor Oxidation zu schützen. Der Erzeuger braucht starke Nerven, um sich da zurückzuhalten. Viele Sauternes sind jung merklich schwefelig, aber das gibt sich bei der Reifung.
Der andere Weintyp im Bordelais und im Südwesten sind die in Edelstahl vergorenen Weißweine mit frischer Frucht und jugendlicher Säure. Sie sind nicht für die Alterung gedacht, und ein großer Anteil Sauvignon Blanc ist wichtig, um dem Wein ausreichend Aroma zu

So sehen teilweise von Edelfäule befallene Trauben aus. Zu sehen sind gesunde und eingeschrumpfte Beeren; Erstere bleiben hängen, bis auch sie geschrumpft sind und gelesen werden können.

geben. Junger, nicht in Eiche ausgebauter Sémillon kann zitronig-grünlich schmecken, aber nicht mehr. Wenn ihm nicht mit Sauvignon aufgeholfen wird, braucht er Eichenholz. Manchmal, wie bei den guten Weißweinen der Graves, bekommt er beides.
Der nicht in Eiche gelagerte Semillon ist der klassische Wein des australischen Hunter Valley. Die zunächst neutralen bis definitiv unattraktiv-geschmackfreien Weine reifen in zehn Jahren zu einem honigartigen, runden, toastigen Charakter, der alle Welt vermuten lässt, sie hätten ihre frühen Tage in Eiche verbracht. Das haben sie nicht! Australische Weinfreaks führen Ausländer bei Verkostungen gern aufs Glatteis, die diese schönen Weine zielsicher als reifen französischen Burgunder identifizieren. Im Hunter Valley hat man natürlich auch mit Eiche experimentiert und sie meist verworfen; der Barossa Semillon scheint für Eiche besser geeignet, und die aus dem Clare Valley können so oder so behandelt werden. Für den Konsumenten und vielleicht auch für den Erzeuger hat der Ausbau in Eiche den Vorteil, dass der Wein jung schon gute Aromen hat; die Hunter-Weine ohne Eiche sind so weit von unmittelbar ansprechenden Weinen entfernt, wie es ein Weißwein nur sein kann.

SÉMILLON UND EDELFÄULE

Warum passen Sémillon und *Botrytis cinerea* so gut zusammen? Und was macht die eine Fäule »edel« und die andere nur »grau«, mit entsprechendem Geschmack?
Edelfäule und Graufäule werden vom selben Pilz *Botrytis cinerea* verursacht. Der Pilz kann sich in beide Richtungen entwickeln, je nach Umgebungsbedingungen; und es ist keineswegs unbekannt, beides nebeneinander – sogar an einer Traube – zu haben.
Damit Edelfäule entsteht, ist schwankende Feuchtigkeit nötig: Nebel nachts und morgens, gefolgt von warmen, trockenen Tagen, wie sie im Herbst im Sauternais häufig sind. Unter diesen Bedingungen wird die Traube mit dem Pilz infiziert, aber sein Wachstum wird begrenzt und der Stoffwechsel verändert. Konstant hohe Feuchtigkeit ruft Graufäule hervor, so wie es bei in heftigem Regen aufplatzenden Beeren geschieht; die dicke Schale der Sémillon schützt davor.
Der Geschmack von edelfaulem Sémillon beruht nicht allein auf der Konzentration von Zucker und Säure, wenn auch das Eintrocknen und Schrumpfen der Beeren (das vor weiteren Infektionen schützt, die unangenehme Aromen verursachen könnten) eine wichtige Rolle spielt. Edelfäule baut die Säuren in der Traube um, insbesondere die Weinsäure, die in infizierten Beeren drastisch sinkt. Die Konzentration der verbleibenden Säuren lässt den pH-Wert in den edelfaulen Beeren leicht über den der nicht befallenen Beeren steigen. Auch der Zucker wird verändert, der Gesamtzuckergehalt fällt um 35–45 %; dies wird durch den Wasserverlust überkompensiert, der übrige Zucker ist konzentrierter. Es entsteht Glycerin, das zum öligen Touch des Weins im Mund beiträgt; beides baut die Ester ab, die dem Wein seine fruchtigen Aromen geben, und zerstört die Terpene, die für den Sortencharakter verantwortlich sind. Sémillon hat von Anfang an so wenig Sorten- und Fruchtaromen, dass das kaum etwas ausmacht; an ihrer Stelle gewinnt der Wein eine große Aromenfülle. (Demgegenüber verliert Muscat mehr, als er gewinnt, weshalb süßer Muscat meist durch Aufspriten gewonnen wird.)
Die neuen Aromen des süßen Sémillon kommen von den über 20 Verbindungen, die der Botrytis-Pilz synthetisiert. Eine davon, das Sotolon, gibt (mit anderen zusammen) den edelfaulen Weinen ihren honigartigen Charakter.

Sémillon in aller Welt

Die klassischen Typen des Sémillon – Sauternes, weißer Pessac-Léognan und Graves sowie Hunter Valley – sind sich so wenig ähnlich, dass es verzeihlich ist, wenn die Erzeuger an anderen Orten ihren Stil erst finden müssen. Der größte Feind der Sorte scheint sie selbst zu sein: Ohne starke regulierende Hand liefert sie Unmengen von Wein, der nach nichts schmeckt.

Süßer weißer Bordeaux

Sémillon ist die Hauptrebe in Sauternes, Barsac und Monbazillac sowie in den weniger bedeutenden Süßweinregionen Cadillac, Ste-Croix-du-Mont, Loupiac und Cérons. Sie nimmt dort zwischen 60 und 90 % der Rebflächen ein, wobei der Rest von Sauvignon Blanc (dessen Erträge etwas höher sind, so dass sein Anteil am Wein höher ist als an der Anbaufläche) und wenigen Prozenten Muscadelle gebildet wird. Sauvignon gibt dem Wein Frische, Leichtigkeit und Säure, Muscadelle Aroma.

Alle diese Bereiche folgen den in Sauternes und Barsac verwendeten Verfahren mehr oder weniger genau, und die großen Verbesserungen dort haben sich mit ermutigenden Resultaten verbreitet. Monbazillac zum Beispiel erlaubte maschinelle Lese, in scharfem Widerspruch zum Charakter des Weins, denn Botrytisweine stützen sich auf Selektion und mithin auf Auge und Hand des Pflückers. Seit 1994 sind Erntemaschinen untersagt, und der minimale Gehalt an potenziellem Alkohol im Most wurde von 13 auf 14,5 % angehoben. Tatsächlich sind durch sorgfältige Auslese potenzielle Alkoholgehalte von 18–19 % regelmäßig zu erzielen, in Spitzenjahren noch mehr.

In Sauternes sind die Bestimmungen enger. Der Alkoholgehalt muss im fertigen Wein 13 % betragen, meist liegt er bei 14 %; der Restzucker entspricht normalerweise weiteren 4–7 % potenziellem Alkohol. Château d'Yquem etwa erntet bei 20–22 % potenziellem Alkohol. Um solche Werte zu erreichen, müssen die Erntehelfer bis zu zehnmal durch den Weinberg gehen, drei- bis viermal ist die Regel. Die jährlichen Unterschiede sind beträchtlich; die Edelfäule tritt nicht immer auf, und wenn, dann häufig sehr ungleichmäßig. Jahre wie 1990, in denen sie die Weinberge wie ein Teppich überzieht, sind selten. In Sauternes ist auch die Balance des Mosts ein Problem; die Lesekräfte bekommen ständig aktuelle Instruktionen, ob sie mehr faule oder mehr gesunde Trauben ernten sollen.

Die Chaptalisierung ist erlaubt, doch schwören die erstklassigen Châteaus, sie nur in schlechten Jahren zu verwenden. Auch die Gefrierpressung *(cryoextraction)* ist zugelassen, ein aufwändiges Verfahren, bei dem die gelesenen Trauben 20 Stunden bei ca. –6 °C gefroren werden; beim anschließenden Pressen bleibt das zu Eis gefrorene Wasser zurück, und süßer Saft rinnt aus der Presse. Das ist in einem verregneten Jahr sinnvoll, kann aber sorgfältige Auslese nicht ersetzen.

Unausweichlich gibt es auch Jahre, in denen die Edelfäule ausbleibt. Dann wird der Wein aus überreifen, eingeschrumpften Beeren gekeltert; er ist dann süß und ölig, hat aber nicht den charakteristischen Geschmack eines Sauternes.

Trockener weißer Bordeaux

Die leichten Sandböden von Pessac-Léognan (in der Appellation wird viermal so viel Rotwein wie Weißwein gemacht) werden meist für die weißen Sorten verwendet, von denen mindestens 25 % Sauvignon Blanc im Verschnitt sein muss. Normalerweise ist der Anteil viel höher, sogar 100 %, wobei Sémillon wertvolle Üppigkeit in den Mix bringt und sich mit der Eiche, in der der Wein üblicherweise gärt und reift, schön verbindet. Die Aromen können mit Aprikose, Nektarine und Mango, Nüssen und Buttertoast bemerkenswert exotisch geraten, und die Weine altern gut über viele Jahre.

Die trockenen Weißweine aus dem restlichen Bordelais und dem Südwesten sind selten für lange Reifung gedacht. Der Anteil Sémillon im Blend reicht von alles bis nichts. Die Rebe weicht allmählich nicht etwa der Sauvignon, sondern modischeren roten Sorten.

Australien

»Semillon hat Struktur und Säure wie der Riesling. Er ist in allem wie der Riesling mit Ausnahme des Geschmacks.« Diese Einschätzung von Bruce Tyrrell aus dem Hunter Valley ist absolut unverständlich, vergleicht man einen säurereichen Saar-Riesling mit einem säurearmen Bordeaux-Sémillon. Doch im Hunter Valley entwickelt Semillon viel mehr Säure als im Bordelais. Ausschlaggebender Faktor ist der Reifegrad, bei dem gelesen wird. Für nicht in Eiche ausgebauten Wein, der Säure braucht, um zehn Jahre und länger in der Flasche reifen zu können, wird bei 10–10,5 °Baumé gelesen. Für Semillon, der in Eiche ausgebaut werden soll, ist größere Reife und Substanz nötig, damit das Holz nicht den Wein erschlägt; mithin wird bei 12–12,5 °Baumé geerntet. Wird solch reifer Most nicht in Eiche verarbeitet, ver-

CHÂTEAU D'YQUEM

Das berühmteste Gut in Sauternes gehört jetzt zum multinationalen Konzern LVMH, der Luxuskoffer, Parfüm und Champagner produziert.

CHÂTEAU CLIMENS

Climens macht einen der üppigsten Weine von Barsac. Die Bestimmungen stellen den Erzeugern frei, ihre Weine als Barsac oder Sauternes zu etikettieren.

CHÂTEAU LAVILLE-HAUT-BRION

Dies ist der Weißwein von Château Laville-Haut-Brion. Er öffnet sich nur langsam, gute Jahrgänge entwickeln in 20–30 Jahren Tiefe und Komplexität.

SÉMILLON IN ALLER WELT

Die Kellerei Lindemans Ben Ean im Lower Hunter Valley, einer der großen alten Namen in einer historischen Region. Reben stehen im unteren Hunter Valley seit dem 19. Jahrhundert. Ihre nicht in Eiche ausgebauten Semillons verkörpern einen in der Welt einzigartigen Weintyp, der um viele Jahre älter ist als die modernen australischen Weine. Die Welle modischer Chardonnays hat sie fast hinweggespült – fast, aber glücklicherweise nicht ganz.

liert die Frucht ihre Frische und wird nach fünf, sechs Jahren breit und aufdringlich. Die besten Jahrgänge für »eichenfreien« Hunter Semillon sind oft die verregneten; 1971, sagt Tyrrell, regnete es drei Monate, »und der Wein ist immer noch prächtig«. 10–20% Botrytis geben mehr und komplexere Aromen.

In anderen Teilen Australiens wird Semillon meist in Eiche gemacht, nur der von Hilltops in Neusüdwales scheint sich Hunter anzuschließen. Die warmen, bewässerten Regionen produzieren große Mengen von einfachem, aber angenehmem trockenem Wein, der oft mit Chardonnay verschnitten und mit Eichenspänen (den berüchtigten Chips) »gewürzt« wird. Im Bereich Riverina in Neusüdwales tritt Botrytis natürlich auf, die für einige verblüffend Sauternes-ähnliche Süßweine genützt wird.

USA

Die Anbaufläche in Kalifornien nimmt rapide ab, und das wenige Verbliebene wird meist mit Sauvignon Blanc gemischt. Die Klone und die Erträge mögen verfehlt sein, doch das Hauptproblem ist wahrscheinlich, dass die Rebe nicht sorgfältig genug behandelt wird. Clos du Val macht einen guten Sortenwein, der aber nicht so langlebig ist wie ein Graves oder Hunter. Erfolgreicher ist Semillon in Kalifornien als süße Spätlese. In den 1950er und 1960er Jahren experimentierten Myron und Alice Nightingale damit, geerntete Trauben mit Botrytissporen zu besprühen; Beringer produzierte bis in die 1990er auf diese Weise in kommerziellem Ausmaß. Das Ergebnis waren erstaunlich dichte Weine, denen allerdings Feinheit mangelte. Bei Botrytisinfektion im Weinberg waren die Resultate allgemein besser, einige Napa-Kellereien machen so Exemplare von Weltklasse. Im Staat Washington gab es 1999 243 ha Semillon-Reben, die einen grasigen, Sauvignon-artigen Wein liefern.

Neuseeland

Marlborough, Poverty Bay und Hawkes Bay sind die Semillon-Bereiche in Neuseeland. Im Jahr 2000 waren 237 ha gepflanzt; der hier verbreitete Klon UCD2 hat lockere Trauben wie die Semillon in Kalifornien, anders als die kompakten Trauben im Bordelais. Der Wein wird meist mit Sauvignon Blanc verschnitten und kann dessen Langlebigkeit erhöhen. Auch einige interessante Süßweine werden gemacht.

Übrige Welt

Chile verfügte 1998 über 2453 ha Semillon, was viel erscheint; 1985 waren es jedoch noch 6195 ha. Die Rebfläche nimmt weiter allmählich ab, dennoch macht die große Produktivität die Rebe für Massenweinerzeuger interessant. Wenige Erzeuger wie Morande und Casa Silva räumen ihr große Chancen ein, und einige alte Reben erbringen hier interessante Weine. Südafrika hatte im Jahr 1999 104 ha, deren Ernte meist von Genossenschaften vinifiziert wurde. Auch hier gilt sie bei den Erzeugern, mit wenigen Ausnahmen, als Massenweinrebe.

Etwas Sémillon gibt es auch in Kroatien und anderen Teilen Osteuropas, aber man bringt ihr wenig Aufmerksamkeit entgegen.

CHÂTEAU TIRECUL-LA-GRAVIÈRE
Auch in Monbazillac südlich von Bergerac wird Sémillon von Botrytis befallen, und einige Güter wie dieses machen sehr gute, üppige Weine.

DE BORTOLI
Dieser Wein hat bewiesen, dass auch Australien hervorragenden edelfaulen Semillon produzieren kann. Er ist am ehesten mit bestem Sauternes zu vergleichen.

FAIRVIEW
Dieser mächtige, üppige südafrikanische Semillon kommt aus Paarl. Mit seiner Würze von neuer französischer Eiche profitiert er von ein, zwei Jahren Lagerung.

Sémillon genießen

Weinmacher in aller Welt würden Ihnen sagen, dass Sémillon nicht alterungsfähig ist. In den meisten Ländern ist er ein wenig aromatischer, jung zu trinkender Massenwein.

In Frankreich und Australien weiß man es anders. Sémillons können dort 20 Jahre alt werden, und wenn die Edelfäule ins Spiel kommt, können Weine von Spitzenchâteaus sogar noch nach 100 Jahren genossen werden. Die meisten französischen und australischen Sémillons sind – zum Glück für diejenigen, die weder den Keller noch die nötige Lebenserwartung haben, Weine für ein Jahrhundert zu lagern – von weniger extremer Lebensdauer.

Einfacher Bordeaux Blanc sollte ein, zwei Jahre nach der Ernte getrunken sein; selbst weißer Pessac-Léognan oder Graves von guter Qualität sollte nicht älter als fünf Jahre werden. Cru-Classé-Weine aus einem guten Jahrgang können es auf 10 bis 20 Jahre bringen und sind in jedem Alter erfreulich; die Ausnahme bilden die zauberhaft üppigen, dennoch trockenen Weißweine von Haut-Brion und Laville-Haut-Brion, die selten vor ihrem fünften Geburtstag gut sind und in guten Jahrgängen 20 Jahre und mehr Lagerzeit verlangen.

Oft wird gesagt, dass Sauternes reifen soll. In der Tat wird er in der Flasche besser, er ist aber auch jung wunderbar. Während Cru-Classé-Weine für mindestens zehn Jahre nicht angerührt werden sollten, können einfachere Weine sowie der Monbazillac mit großem Spaß schon früher genossen werden.

Nicht in Eiche ausgebauter Hunter Semillon zeigt hingegen in der Jugend wenig Charakter. Er benötigt mindestens sechs Jahre, Wein aus den regen- und säurereichsten Jahrgängen (mit anderen Worten, den besten) bringt es auf 20 Jahre und mehr. Wein aus dem Upper Hunter entwickelt sich rascher als Wein aus dem Lower Hunter Valley. Sémillon aus Eichenfässern kann drei bis vier Jahre altern, die Pointe der Eiche ist aber, dem Wein Aroma und Rundung zu geben, sodass er früher trinkreif ist.

So schmeckt Sémillon

Schlicht mit »Batteriesäure« bezeichnet der Weinmacher Michael Hill den Geschmack von jungem, nicht in Eiche ausgebautem Hunter Valley Semillon. Dasselbe kann von vielen deutschen Rieslingen gesagt werden, und wie diese entwickelt der Hunter Semillon verblüffende Honig- und Toastaromen. Nach sechs bis zehn Jahren in der Flasche besitzt er keine typischen Fruchtaromen mehr (jung schmeckt er frisch zitronig); mit der Reife geht die Frucht in eine runde, weinige Samtigkeit über.

Australischer Semillon aus dem Eichenfass ist anders. Die reiferen Trauben ergeben recht prägnante Aromen von Reineclauden, Aprikosen und Mangos, unterlegt mit cremiger Vanille aus dem Eichenholz. Er ist runder und fülliger als guter weißer Pessac-Léognan oder Graves, denen ein guter Schuss Sauvignon Blanc Säure und Frische vermittelt; festere, subtilere Art bringt Finesse und Eleganz, die in der Reife zu komplexem, nussigem Charakter übergeht. Bei jungen Graves-Weinen, die nicht von Eiche dominiert werden, gibt Sémillon dem Sauvignon (der aber weniger grasig ist als der neuseeländische) sahnige Weichheit.

Sauternes schmeckt nach Marzipan, Aprikosen, Mangos, Honig, Nüssen, Toast, Ananas, Pfirsich, Orange, Geißblatt, Bienenwachs, Malz und Kokosnuss, alles eingehüllt in öligsamtige Textur – ein faszinierender Genuss. Wenn Ihnen die Beschreibung als zu blumigwortreich erscheint, überprüfen Sie sie anhand einer Flasche reifen Sauternes – wahrscheinlich wird Ihnen meine Liste nicht einmal genügen.

Der Vat 1 Semillon von Tyrrell aus dem Hunter Valley (rechts) ist mächtig und äußerst langlebig. Im Alter gewinnt er eine an Honig und Wachs erinnernde Art, jung ist er bei weitem nicht so interessant. Château Lafaurie-Peyraguey hingegen ist, wie jeder Sauternes, in der Jugend lecker – so sehr, dass man erhebliche Willenskraft aufwenden muss, um ihn wegzuschließen, bis er nach 15 Jahren und mehr seine volle Komplexität erreicht.

Sémillon zum Essen

Trockener Bordeaux Blanc ist ausgezeichnet zu Fisch und Meeresfrüchten. Die runderen, stoffigeren Semillons aus der Neuen Welt passen gleichermaßen zu gewürzreichen Speisen und üppigen Saucen, jedoch eher besser zu Fleisch als zu Fisch. Süßer Sémillon begleitet Puddings und andere Desserts; Sémillon ist auch für viele Käse gut geeignet, und Sauternes mit Roquefort oder anderem Blauschimmelkäse ist eine klassische Kombination.

SÉMILLON GENIESSEN

VERBRAUCHERINFORMATIONEN

Synonyme und regionale Bezeichnungen
Im 19. Jahrhundert in Südafrika als Wyndruif (»Weintraube«) und Groen (»grün«) bezeichnet, im australischen Hunter Valley als Hunter Valley Riesling, in der portugiesischen Region Douro als Boal.

Gute Erzeuger
FRANKREICH Bordeaux/Graves und Pessac-Léognan Ardennes, Brondelle, Chantegrive, Domaine de Chevalier, Clos Floridène, Fieuzal, Domaine la Grave, Haut-Brion, Landiras, Laville-Haut-Brion, Latour-Martillac, Pape-Clément, Rahoul, Respide-Médeville, Roquetaillade-la-Grange, Seuil, Vieux Château Gaubert, Villa Bel Air; **Sauternes/Barsac** Arche, Barréjats, Bastor-Lamontagne, Bel Air, Bonnet, Caillou, Castelneau, Climens, Clos Haut-Peyraguey, Coutet, Doisy-Daëne, Doisy-Dubroca, Doisy-Védrines, Fargues, Filhot, Fontenille, Gilette, Guiraud, Haut-Bergeron, Les Justices, Lafaurie-Peyraguey, Lamothe-Guignard, Liot, Malle, Moulin-de-Launay, Myrat, Nairac, Rabaud-Promis, Raymond-Lafon, Rayne-Vigneau, Rieussec, Romer-du-Hayot, St-Amand, Sigalas-Rabaud, Suau, Suduiraut, La Tour-Blanche, Yquem; **übriges Bordelais** Birot, Carsin, Cayla, Cros, Fayau, Grand Enclos du Château de Cérons, Lagarosse, Loubens, Loupiac-Gaudiet, Les Miaudoux, Noble, du Pavillon, La Rame, Reynon, Ricaud, Sours, Toutigeac, Turcaud; **Bergerac** Le Raz, Tour des Gendres; **Monbazillac** L'Ancienne Cure, Bélingard, Bellevue, La Borderie, Grande Maison, Hébras, Theulet, Tirecul-la-Gravière, Treuil-de-Nailhac
AUSTRALIEN Tim Adams, Allandale, Ashbrook, Bethany, Brokenwood, Leo Buring, Cape Mentelle, Chateau Xanadu, De Bortoli, Huntington Estate, Peter Lehmann, Lindemans, McWilliams, Moss Wood, Nepenthe, Petersons, Reynolds Yarraman, Rothbury Estate, St Hallett, Tyrrell's, Vasse Felix, Yalumba
USA Kalifornien Carmenet, Duckhorn Vineyards, Far Niente, Matanzas Creek, Murrieta's Well, Robert Pepi, Preston, Signorello, Simi, Spottswoode, Swanson; **Washington** Columbia, Hogue Cellars, L'Ecole No 41, Matthew Cellars, Woodward Canyon
NEUSEELAND Pegasus Bay, Selaks, Seleni, Seresin
SÜDAFRIKA Boekenhoutskloof, Fairview, Neethlingshof, Steenberg, Stellenzicht

WEINEMPFEHLUNGEN
Klassische weiße Bordeaux-Süßweine
Siehe »Gute Erzeuger«, Sauternes/Barsac

Zehn weitere Bordeaux-Süßweine
Ch. d'Arche *Sauternes*
Ch. Bastor-Lamontagne *Sauternes*
Ch. Barréjats *Sauternes*
Grand Enclos du Château de Cérons *Cérons*
Ch. Loubens *Ste-Croix-du-Mont*
Ch. Les Miaudoux *Saussignac*
Ch. du Noble *Loupiac*
Ch. La Rame *Ste-Croix-du-Mont Réserve du Château*
Ch. Theulet *Monbazillac Cuvée Prestige*
Ch. Tirecul-la-Gravière *Monbazillac*

Zehn trockene französische Weißweine auf Sémillon-Basis
Ch. Carsin *Bordeaux Blanc Cuvée Prestige*
Ch. de Chantegrive *Graves Cuvée Caroline*
Clos Floridène *Graves*
Domaine la Grave *Graves*
Ch. Haut-Brion *Pessac-Léognan*
Ch. Laville-Haut-Brion *Pessac-Léognan*
Ch. le Raz *Montravel Cuvée Grande Chêne*
Ch. Reynon *Bordeaux Blanc Vieilles Vignes*
Ch. Tour des Gendres *Bergerac Cuvée des Conti*

Zehn trockene Semillons aus der Neuen Welt
Allandale *Hunter Valley* (Australien)
Bethany *Barossa Valley Wood Aged* (Australien)
Boekenhoutskloof *Franschhoek* (Südafrika)
L'Ecole No 41 *Columbia Valley Barrel-Fermented* (Washington)
McWilliams *Hunter Valley Mount Pleasant Elizabeth* (Australien)
Moss Wood *Margaret River* (Australien)
Nepenthe *Adelaide Hills* (Australien)
Seleni Estate *Hawkes Bay* (Neuseeland)
Stellenzicht *Stellenbosch Reserve* (Südafrika)
Tyrrell's *Hunter Valley Vat 1* (Australien)

Fünf süße Semillons aus der Neuen Welt
Tim Adams *Clare Valley Botrytis* (Australien)
Chateau Xanadu *Margaret River Noble Semillon* (Australien)
De Bortoli *Noble One* (Australien)
Swanson *Napa Valley Late Harvest Semillon* (Kalifornien)
Yalumba *Eden Valley Botrytis* (Australien)

Es erscheint paradox, dass die Sémillon dicke Schalen hat und für Botrytis nicht sehr anfällig ist, denn ihr Überleben im Bordelais beruht zum guten Teil auf der Edelfäule.

Reifediagramme
Sauternes und Pessac-Léognan sind jung trinkbar, profitieren aber sehr von Flaschenreifung. Nicht in Eiche ausgebauter Hunter Semillon muss lange reifen.

1997 Sauternes Premier Cru Classé

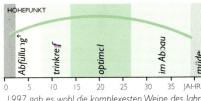

1997 gab es wohl die komplexesten Weine des Jahrgangstrios 1996, 1997 und 1998. Sie sind jung wunderbar und werden sich auch sehr gut entwickeln.

1999 Pessac-Léognan Cru Classé

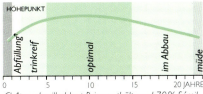

Château Laville-Haut-Brion enthält rund 70 % Sémillon, ungewöhnlich viel für einen weißen Pessac-Léognan, und ist einer der langlebigsten Weißweine.

1998 Hunter Valley Semillon (Premium, ohne Eiche)

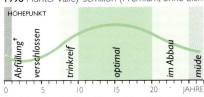

Ein Jahr mit mächtigen, körperreichen Weinen. Die Semillons sollten sich nach ihrer verschlossenen Periode als exzellente Tropfen erweisen.

SERCIAL

Eine der edlen Rebsorten Madeiras, die heute nur in kleinen Mengen vorhanden ist, vor allem um Câmara de Lobos im Süden der Insel und um Porto Moniz. Sie wächst in großen Höhen und wird, als spätreifende Traube, zuletzt gelesen.

Sie besitzt viel Säure und ergibt die trockensten, leichtesten Madeira-Weine. Seit 1993 muss jeder Wein, der als Sercial etikettiert ist, zu mindestens 85 % aus dieser Traube sein. Die Modernisierungsbemühungen des größten Erzeugers der Insel, der Madeira Wine Company, führen dazu, dass sein Sercial allmählich weniger abweisend und dafür fruchtiger wird. Zum Teil wird dies dadurch erreicht, dass der Wein nicht mehr schockartig in der warmen Estufa reift (die nur für die billigen Madeiras verwendet wird), sondern mit der sanften Canteiro-Methode, das heißt in Fässern unter dem Dach der Kellerei. Da die brillante, schockierende Pikanz des Sercial und seine unglaubliche Alterungsfähigkeit zu seiner Größe beitrugen, hoffe ich, dass Modernisierung nicht gleichbedeutend ist mit Kastration. Auf dem portugiesischen Festland wird die Rebsorte unter dem Namen Esgana Cão (»Hundewürger«) angebaut, siehe S. 89. Gute Erzeuger: Barros e Sousa, Blandy, Cossart Gordon, Henriques & Henriques, Leacock.

Die Nordküste Madeiras bei Seixal ist einer der besten Standorte für Sercial. Wie sonst auf Madeira ist sie aber auch hier (dieses Mal gegenüber der Hybridrebe Jacquet) in der Minderheit.

SEYVAL BLANC

Eine französische Hybridrebe, die aus zwei Seibel-Hybriden (siehe S. 229) gekreuzt wurde. Seyval Blanc ist eine so genannte Seyve-Villard-Hybride, eine der etwa 100 Sorten, die von Bertille Seyve und Victor Villard gezüchtet wurden. Da sie keine reine *Vinifera*-Rebe ist, ist sie nach EU-Vorschriften für Qualitätsweine nicht zugelassen. Ironischerweise ist sie in England eine der erfolgreichsten Sorten, deren gut strukturierte Weine zunächst eine an Chablis erinnernde ernste Art aufweisen und zu komplexen, runden, üppigen Aromen reifen.

Im wärmeren Frankreich mag Seyval Blanc grob und langweilig geraten, aber jede Traube hat Momente des Triumphs, und in England kann Seyval Blanc bei geringen Erträgen absolut verblüffend sein. Dass die EU ihre Verwendung abwürgen will, ist einigen nur der Beweis für eine von Frankreich angezettelte Verschwörung gegen Poor Old Blighty.

Sonst ist die Sorte noch in den Oststaaten der USA und Kanada zu finden. Gute Erzeuger: (England) Breaky Bottom, Chapel Down, Valley Vineyards.

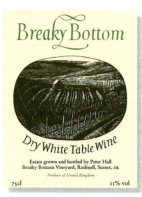

BREAKY BOTTOM
Dieses in Sussex gelegene Gut macht einen mustergültigen trockenen Seyval Blanc, der in drei, vier Jahren Reifung eine burgundische Art entwickelt.

SHIRAZ

Der australische Name für Syrah, aber bei weitem nicht nur das. Für viele Weingenießer ruft schon das Wort eine Fata Morgana üppiger, dunkler, würziger Weine hervor, die die Nase mit Wogen von Duft überschwemmen. Viele von ihnen würden nichts mit Syrah verbinden, australischer Shiraz aber ist ihr Nirwana.

Heute kann man in vielen Teilen der Welt häufig schon am Etikett ablesen, auf welchen Typ Wein ein Weinmacher abzielt: Wenn er seinen Wein Syrah nennt, ist es eine ernstere, weniger überschäumende Version, bei einem Shiraz ist ein sinnlicher, runder Typ zu erwarten. Dementsprechend sind Syrahs und Shirazes in Ländern wie Südafrika, Argentinien, Chile, Kalifornien und Spanien zu finden, aber auch in Frankreich und Australien.

Im Allgemeinen ist der »australische« Shiraz-Typ weniger zugeknöpft als der Rhône-Syrah, er hat eine breitere, süßere Frucht und mehr Schokolade- und Beerenaromen anstatt des rauchig-mineralischen Charakters der Nordrhône. Syrah gilt als der ursprüngliche Name der Rebe, doch ist er das wirklich? Die persische Stadt Shiraz war eine der ersten, für die der Weinbau bezeugt ist. Die Rebsorte soll nach heutiger Meinung aber im Rhône-Tal entstanden sein. Siehe Syrah/Shiraz, S. 244–255.

SILVANER

Siehe S. 242/243.

SOUSÃO

Eine im portugiesischen Douro-Tal kultivierte Rebsorte. Sie gehört nicht zu den fünf Sorten, die von den Portwein-Behörden zur Pflanzung empfohlen werden, spielt aber bei einem der größten Portweine (dem Nacional von der Quinta do Noval) und in vielen anderen eine Rolle.

Sie gilt allgemein als rustikale Sorte, die jugendliche Farbe und einen rosinenartigen Touch in den Verschnitt einbringt, aber nicht besonders gut altert. Sie könnte mit der Vinhão (siehe

S. 273) identisch sein, der Haupttraube für den roten Vinho Verde. In Galicien taucht sie als Sousón auf; in Südafrika gilt sie aufgrund hoher Zuckergehalte und kräftiger Farbe als gute Sorte für gespriteten Süßwein. Gute Erzeuger: (Portugal) Quinta do Noval; (Südafrika) Boplaas, Die Krans, KWV, Overgaauw.

SPANNA

Die Bezeichnung für Nebbiolo (siehe S. 154 bis 163) im Nordpiemont, in der Gegend Vercelli-Novara. In den DOC-Weinen Gattinara, Ghemme und anderen taucht die Sorte unter diesem Namen auf. Sie haben den Ruf, sehr fest und etwas strähnig zu sein, doch verbesserte Vinifikation wird auch bessere Weine mit runderer Frucht und weicheren Tanninen zeitigen.

SPÄTBURGUNDER

Der deutsche Name der Pinot Noir (siehe S. 174–185). Die Art der in Deutschland produzierten Weine hat sich zum Teil fast zur Unkenntlichkeit verändert, von den blassen, süßlich-plumpen Versionen alter Tage zu trockenen, dunklen, manchmal zu eichenbetonten internationalen Typen. Die Besten kommen aus Baden (mit ca. 4450 ha), der Pfalz (ca. 800 ha) und von der Ahr (ca. 300 ha). Gute Erzeuger: Bercher, Rudolf Fürst, Karl-Heinz Johner, Rebholz.

STEEN

Der traditionelle, immer weniger gebrauchte Name der Chenin Blanc (siehe S. 74–83) in Südafrika. Sie nimmt dort etwa ein Viertel der Gesamtrebfläche ein und ist damit die bei weitem wichtigste Sorte, das Arbeitspferd des Landes, das vom trockenen Tischwein über Schaum- und Süßweine bis zum Weinbrand alles liefert. Die Hand voll Erzeuger, die die Qualität und das Image der Traube verbessern wollen, ziehen die Bezeichnung Chenin Blanc vor. Gute Erzeuger: Cederberg, Glen Carlou, Hartenberg, L'Avenir, Stellenzicht, Villiera.

SYLVANER

Silvaner (siehe S. 242/243) wird in allen Ländern außer Deutschland mit y geschrieben. In Österreich heißt sie auch Grüner Sylvaner.

SYRAH

Siehe S. 244/245.

SZÜRKEBARÁT

Szürkebarát, zu Deutsch Grauer Mönch, heißt die Pinot Gris (siehe S. 172/173) in Ungarn. Die besten Weine sind lebhaft mit erdig-würziger Frucht, doch das Niveau in Weinbau und Weinbereitung ist sehr unterschiedlich, und etwas unsaubere Aromen sind leider häufiger anzutreffen als die strahlende, mineralische Art der Spitzenweine.

TĂMÎIOASĂ

Der rumänische Name für Muscat. Tămîioasă Alba und Tămîioasă Românească sind Bezeichnungen für Muscat Blanc à Petits Grains, Tămîioasă Ottonel ist Muskat-Ottonel und Tămîioasă Hamburg oder Neagră ist Muscat Hamburg. Tămîioasă Românească wird in Rumänien ungewöhnlicherweise für edelfaule Weine verwendet, häufig als einzige Sorte, in der Süßweinregion Cotnari ist ein Mix von Tămîioasă Românească mit verschiedenen Sorten wie Grasă, Fetească Albă und Frîncusa Tradition. Edelfaule Versionen von Tămîioasă haben nicht das charakteristische Aroma eines Muscat Blanc à Petits Grains, dafür die typische Botrytisnote von Gewürzen und Marzipan. Die Zeiten sind schlecht für rumänische Weine, aber es gibt da und dort immer noch herrliche Flaschen eines Tămîioasă, jung oder alt, die einen daran glauben lassen, dass Rumänien eines Tages wieder seinem großen Potenzial gerecht wird. Gute Erzeuger: Cotnari, Dealul Mare.

TANNAT

Eine Traube des Baskenlandes in Südwestfrankreich, die dort selten auf den Etiketten auftaucht, sich in Südamerika aber als eine der interessantesten Sorten erweist.

Die hervorstechendste Eigenschaft der französischen Weine ist das hohe Tannin. In Madiran profitiert er vom Verschnitt mit Cabernet Sauvignon, Cabernet Franc und Fer, die ihn zugänglicher machen. Eine Rolle spielt die Sorte auch in den Côtes de St-Mont, in Irouléguy, Tursan and Béarn. Alle diese Rotweine verbessern sich mit modernen Vinifikationstechniken, die eine weiche Frucht betonen und die Tannine abmildern, können aber auch fest bis adstringierend sein, wenn sie nicht sorgfältig gemacht werden. Auf einen Ausbau in Eiche reagieren sie sehr gut. Der Anbau von Tannat in Frankreich nimmt ab.

In Uruguay wird die Qualität jedes Jahr besser, die Weine haben feine, reife Tannine und eine elegante Schwarze-Johannisbeer-Frucht. Sie machen einen sehr viel europäischeren Eindruck als die meisten südamerikanischen Weine, und es ist eine Geschmacksfrage, ob sie sich mehr um die so typisch südamerikanische, saftig-runde Art bemühen oder eifersüchtig auf ihren ernsteren, strengeren europäischen Stil achten sollen.

Die Winzer in Uruguay haben zwischen den Weinen von alten Reben, die von den originalen Ablegern aus Südwestfrankreich abstammen, und denen von neuen, aus Frankreich importierten Klonen Unterschiede im Charakter festgestellt. Die neuen Klone tendieren zu kraftvollen, aber simpel gestrickten Weinen, die mehr Alkohol (13–13,5 % anstatt 12–12,5 %) und weniger Säure haben. Werden Komplexität und Tiefe angestrebt, wären virusfreie Klone von diesen alten Rebstöcken die beste Lösung; allerdings kann auch die »Säuberung« von Viren den Charakter des Weins verändern. Gute Erzeuger: (Frankreich) Aydie, Berthoumieu, Brana, Cayrou, La Chapelle Lenclos, Crampilh, Montus; (Uruguay) Establecimiento Juanico, Castel Pujol, Hector Stagnari.

TARRANGO

Eine australische Kreuzung, 1965 aus Touriga und Sultana gezüchtet, um farbkräftige Weine von guter Säure, aber geringem Tannin zu erhalten – in anderen Worten den Beaujolais-Typ. Bei niedrigen Preisen sind die Weine recht gut. Tarrango braucht ein heißes Klima, um richtig zu reifen, und gedeiht am besten im glühend heißen, bewässerten Riverland. Sie liefert dort einen strahlend frischen, saftigen Beaujolais-Doppelgänger, für solche semiariden Bedingungen ein beträchtlicher Erfolg. Guter Erzeuger: Brown Brothers.

Tannat-Reben in der Region Madiran, wo man ihren Ursprung vermutet. In Frankreich braucht sie andere Sorten als »Weichmacher«, aber in Uruguay scheint sie ihre wahre Heimat gefunden zu haben.

SILVANER

In Blindverkostungen war ich immer auf den Silvaner (oder Sylvaner, wie er in Frankreich und anderen Ländern heißt) gespannt, aus dem einfachen Grund, weil er von sich aus nach nicht viel schmeckt – außer nach säuerlichen grünen Äpfeln, wenn er von einem guten elsässischen Erzeuger kommt – und daher das Terroir deutlich durchkommt. Auf jeden Fall die Lage. Damit meine ich den Boden, die Erde, den Matsch. Und wenn er gereift war, schmeckte er merkwürdig nach Tomaten. Was ich sagen will: Er schmeckte selten wirklich sauber.

Das heißt aber nicht, dass er per se unattraktiv wäre. Im Elsass und in Deutschland macht ihn, umgeben von weder besonders aromatischen noch definitiv süßen Weinen, seine verschlossene, erdige Art interessant. Erdigkeit als hervorstechender Charakterzug ist allerdings nicht das, was Erzeuger in anderen Gegenden anspricht, die auf der Suche nach neuen Sorten sind. Die Rebe war einst in ganz Mitteleuropa verbreitet und ist heute auf dem Rückzug; in der Neuen Welt hat sie praktisch keine Spur hinterlassen, in Kalifornien und Australien sind ein paar Rebzeilen zu finden, die bisher nicht weiter hervorgetreten sind.

Nach Deutschland, genauer nach Franken, kam sie von Osten, vielleicht aus Österreich. Sie ist für 1659 in Castell bezeugt, als nach dem Dreißigjährigen Krieg viele Weinberge neu angelegt wurden. Silvaner ist immer noch die fränkische Hauptspezialität. Der Wein ist trocken (meist unter 4 g Restzucker pro Liter) und erdig, er besitzt gute Säure und eine Leichtigkeit, die manchmal ins Körperlose übergeht; bei niedrigen Erträgen reflektiert er aber das Terroir sehr genau, und er kann einige wenige Jahre reifen. Auch in Rheinhessen, wo die Rebe einige gute Lagen einnimmt, ist der erdige Unterton zu schmecken. Sonst ergibt sie dort trockene Weine (oft mit »RS« für »Rheinhessen Silvaner« etikettiert) von knackiger Apfelfrische und auch wunderbar ölige, langlebige süße Weine – ich habe vor kurzem eine exzellente Oppenheimer Spätlese von 1971 gekostet.

Im Elsass blieb die Rebfläche viele Jahre konstant, die Rolle des Arbeitspferdes für Still- und Schaumweine hat inzwischen aber die Pinot Blanc übernommen. In Mittel- und Osteuropa ist sonst etwas Silvaner zu finden, in Österreich, Ungarn, Tschechien, Slowenien und Russland. Bemerkenswerten Erfolg hat die Rebe aber nur noch in Südtirol, wo sie einige gute, pikante Weine liefert, und in der Schweiz, genauer im Wallis, wo sie unter dem Namen Johannisberg goldene, überraschend tiefe und mineralische Weine ergibt.

So schmeckt Silvaner

Auch die besten Silvaner sind eher von einer bestimmten »Art«, als dass sie echtes Aroma hätten. Die deutschen Weine sind trocken, leicht und etwas erdig, aber nie von prägnantem Geschmack. Im Elsass nimmt er die regionaltypische rauchige Würze an und gerät breiter, aber auch hier ohne identifizierbares Aroma. Der Südtiroler ist eher säurebetont, und in der Schweiz kommen etwas Erde und Weichheit hinzu. Silvaner reift in der Regel nicht, wenn Sie ihn liegen lassen, schmeckt er nach Tomaten.

Das Juliusspital, mitten in Würzburg gelegen, ist eine der alten karitativen kirchlichen Stiftungen in Deutschland. Es besitzt 121 ha Weinberge, dazu Ackerland und Wald. Der Würzburger Stein dürfte die beste Silvanerlage in Franken sein; sein tiefer Kalkboden und die südliche Ausrichtung lassen die Trauben gut ausreifen, was den Weinen eine füllige, an Vanille erinnernde Erdigkeit gibt.

MARTIN SCHAETZEL
Sylvaner gehört nicht zu den edlen Traubensorten, die in elsässischen Grand-Cru-Lagen gepflanzt werden dürfen. Dieser Vieilles Vignes ist aber auch so von überraschender Dichte.

HORST SAUER
Die Lage Lump im fränkischen Escherndorf verfügt über exzellente südöstliche Exposition, und der Silvaner wird hier wunderbar reif. Bei Herrn Sauer bekommt die Rebe die richtige Menge Wärme.

SILVANER

Oben: Deutsche Winzer lieben Silvaner, da sie früh reift und zuverlässig hohe Erträge bringt. In Franken bevorzugt die Rebe warme Lagen mit tiefem, fruchtbarem Boden, der Feuchtigkeit gut speichert. Von zurückhaltendem Charakter, liefert sie Weine aller Süßegrade bis hin zur Trockenbeerenauslese.
Links: Wie so oft in Deutschland liegt der Ort – in diesem Fall Escherndorf in Franken – in der Ebene am Fluss, während die Reben steile Hänge hinaufklettern und auf diese Weise viel Sonne bekommen. Die Mäander des Mains stellen eine ganze Reihe exzellenter Lagen zur Verfügung.

VERBRAUCHERINFORMATIONEN

Synonyme und regionale Bezeichnungen
Der Name wird in Deutschland Silvaner, in allen anderen Ländern Sylvaner geschrieben. Schweizer Synonyme sind Rhin und Johannisberg.

Gute Erzeuger
FRANKREICH Elsass Blanck, Bott-Geyl, Albert Boxler, Dirler, Keintzler, Seppi Landmann, René Muré, Ostertag, Genossenschaft Pfaffenheim, Martin Schaetzel, Bruno Sorg, Weinbach, Zind-Humbrecht
DEUTSCHLAND Rudolf Fürst, Fürstlich Castell'sches Domänenamt, Freiherr Heyl zu Herrnsheim, Staatlicher Hofkeller, Juliusspital, U. Lützkendorf, Horst Sauer, Schmitt's Kinder
ITALIEN Stiftskellerei Neustift, Köfererhof, Peter Pliger/Kuenhof, KG Eisacktal
SCHWEIZ Robert Gilliard, Imesch Vins
AUSTRALIEN Ballandean Estate
SÜDAFRIKA Overgaauw

WEINEMPFEHLUNGEN
Zehn Weine aus Deutschland
Rudolf Fürst *Bürgstadter Centgrafenberg Silvaner Kabinett*
Fürstlich Castell'sches Domänenamt *Casteller Hohnart Silvaner Kabinett trocken*
Freiherr Heyl zu Herrnsheim *Niersteiner Rosenberg Silvaner QbA trocken*
Staatlicher Hofkeller *Würzburger Stein Silvaner Spätlese trocken*
Juliusspital *Iphofer Julius-Echter-Berg Silvaner Spätlese trocken,*
Würzburger Stein Silvaner Spätlese trocken
U. Lützkendorf *Pfortener Köppelberg Silvaner trocken*
Horst Sauer *Escherndorfer Lump Silvaner Auslese,*
Escherndorfer Lump Silvaner Spätlese trocken
Schmitt's Kinder *Randsackerer Sonnenstuhl Silvaner Spätlese trocken*

Zehn Weine aus dem Elsass
Blanck *Alsace Sylvaner Vieilles Vignes*
Dirler *Alsace Sylvaner Vieilles Vignes*
Kientzler *Alsace Sylvaner*
Seppi Landmann *Alsace Sylvaner Vallée Noble*
René Muré *Alsace Sylvaner Clos St-Landelin Cuvée Oscar*
Domaine Ostertag *Alsace Sylvaner Vieilles Vignes*
Pfaffenheim *Alsace Sylvaner Vieilles Vignes*
Martin Schaetzel *Alsace Sylvaner Vieilles Vignes*
Bruno Sorg *Alsace Sylvaner*
Weinbach *Alsace Sylvaner Réserve*

Acht weitere Sylvaner
Robert Gilliard *Johannisberg du Valais Porte de Novembre* **(Schweiz)**
Imesch Vins *Johannisberg du Valais Sylvaner* **(Schweiz)**
Stiftskellerei Neustift *Alto Adige Valle Isarco Sylvaner* **(Italien)**
Köfererhof *Alto Adige Valle Isarco Sylvaner* **(Italien)**
Peter Pliger/Kuenhof *Alto Adige Valle Isarco Sylvaner* **(Italien)**
KG Eisacktal *Alto Adige Valle Isarco Sylvaner Dominus* **(Italien)**
Ballandean Estate *Late Harvest Sylvaner* **(Australien)**
Overgaauw *Stellenbosch Sylvaner* **(Südafrika)**

Syrah/Shiraz

Ich veranstalte jedes Jahr eine ganze Anzahl Weinseminare. Keine Verkostungen für Kenner – viele Teilnehmer waren noch nie auf so einem Seminar, und sehr wenige hatten je eine Unterweisung in der Weinverkostung bekommen, wie ich sie anbiete. Also brauche ich Weine mit jeder Menge Aroma. Zum Beispiel beginne ich mit Sauvignon Blanc aus Neuseeland, weil man schon einen Gaumen aus Leder haben muss, um nicht einige seiner kraftvollen Fruchtaromen identifizieren zu können. Und nach einer Tour d'Horizon durch die ganze Welt des Weiß- und Rotweins brauche ich ein großes Finale, einen mächtigen Kerl mit Charakter und Leidenschaft, der ein Lächeln auf die Lippen zaubert und das Herz Boogie tanzen lässt. Dazu nehme ich immer einen Shiraz, meist australischen Shiraz aus dem Barossa oder dem McLaren Valley. Doch in dem Maß, wie sich der Kult um den Shiraz verbreitet, kann ich auch Exemplare aus Kalifornien, Südafrika, Argentinien, Spanien oder Italien wählen. Oder, natürlich, aus Frankreich, wo man die Traube Syrah nennt (was dem Etikett allerdings kaum je zu entnehmen ist). Doch bleiben wir noch beim australischen Shiraz. Wenn ich die Leute nach ihrem Lieblingswein frage, höre ich »Shiraz«. Wenn ich wissen wollte, welche Traube für sie die größte in der Welt sei, würden sie im Chor rufen: »Shiraz!« Vielleicht ist sie das. Noch vor zehn Jahren hätte man für diese Ansicht wenig Unterstützung gefunden, der Name Syrah war allen unbekannt, die keine Fans von Rhône-Rotwein waren. Die Bezeichnung Shiraz wurde für den runden, weichen, körperreichen, ja überströmenden Rotwein Australiens gewählt, der allgemein als etwas altmodische Alternative galt, wenn man gerade keinen netten Cabernet Sauvignon auftreiben konnte. Ah ja, Cabernet Sauvignon. Diese Sorte erfreute sich über ein Jahrhundert einer Reputation als die größte Rotweintraube der Welt. Und mindestens bis in die 1980er Jahre gab es keine Hinweise auf ernsthafte Konkurrenz. Die roten Bordeaux-Weine galten als Weltspitze. Jeder Erzeuger in der Neuen Welt, der als Teilnehmer im großen Weinspiel ernst genommen werden wollte, bepflanzte die besten Lagen mit Cabernet Sauvignon und betete darum, dass er irgendwas Bordeaux-Ähnliches zustande bringen könnte.

Doch warum probierte man dasselbe nicht mit Syrah? Nun, es gab sehr viel guten Bordeaux-Rotwein, der zudem seit über 800 Jahren nach Nordeuropa und später in die ganze Welt exportiert wurde. Die großen Rotweine der Rhône andererseits waren rar, sie wurden selten erwähnt und selten exportiert, folglich hatte kaum einer der Neue-Welt-Pioniere sie gekostet. Wie sollten sie dann an Syrah denken? Nur Australien, das viele tausend Kilometer entfernt im Südpazifik sein Glück suchte, besaß nennenswerte Flächen mit der Sorte, denn Syrah – oder Shiraz, wie sie dort genannt wurde – gehörte zu den ersten, die im frühen 19. Jahrhundert nach Australien gelangten. Man machte aber meist Portwein aus ihren Trauben, und als die Begeisterung über das Potenzial der Neuen Welt in den 1970er, 1980er Jahren um den Globus brandete, beeilten sich die Australier wie jeder andere, trendigen Cabernet Sauvignon anzupflanzen.

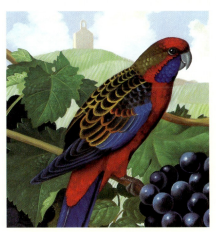

Ob sie an der Nordrhône, ihrer europäischen Heimat, in Syrakus auf Sizilien oder in der persischen Stadt Shiraz entstand, diese Traube umgibt eine geheimnisvolle orientalische Aura. Es ist eine hübsche, wohl aber nicht zutreffende Vorstellung, dass Syrah zur selben Zeit und auf demselben Weg nach Europa kam wie die Damaszenerrose. In der Ferne die Kapelle auf dem Hermitage-Berg hoch über der Rhône, vorne die Veilchen, die den Trauben ihren Duft mitzuteilen scheinen, und der Papagei ist ein Adelaide Rosella – in der Nähe von Adelaide liegt das Barossa Valley, das hervorragenden Shiraz macht.

Zum Glück aber entdeckten europäische und amerikanische Fachleute in den 1990ern die Rhône, und es dauerte nicht lange, bis man sich für diese neuen warmen, würzigen Aromen begeisterte – gerade zu einer Zeit, als Bordeaux mit sinkender Qualität und steigenden Preisen zu kämpfen hatte. Und welche Überraschung: Australien realisierte mit einem Male, was für eine fantastische Traube Shiraz war und dass es mit großen Flächen von ihr gesegnet war. In den 1990er Jahren begann man auch die Weine aus warmen Klimaten mehr zu schätzen als die aus kühlen, und unter den französischen Sorten dieser Kategorie ist Syrah unzweifelhaft der Star. Und wenn es um die Wahl der selbstbewusstesten, von sich am meisten eingenommenen Nation mit warmem Klima geht, gebührt eindeutig Australien die Krone. Wenn die Welt weiterhin auf diesen Weintyp abfährt, würde ich also kaum dagegen argumentieren, dass Shiraz oder Syrah – egal wie Sie's nennen – in nicht allzu ferner Zukunft den Titel der größten Rotweintraube der Welt verdient.

Syrah/Shiraz: Von der Traube zum Glas
*Geografie und Geschichte Seite 246; Weinbau und Weinbereitung Seite 248; Syrah/Shiraz in aller Welt Seite 250;
Syrah/Shiraz genießen Seite 254*

Geografie und Geschichte

Die Karte für die Verbreitung der Syrah (Shiraz in der Neuen Welt) hätte vor 20 Jahren noch ganz anders ausgesehen; man hätte angenommen, dass die Traube im Verschwinden begriffen ist. Auf jeden Fall wären auf der Karte nur zwei einigermaßen bedeutende Bereiche verzeichnet gewesen, Südfrankreich und Australien. In Letzterem nahmen die Shiraz-Rebflächen ab, da man stattdessen die modischen Sorten Cabernet Sauvignon und natürlich Chardonnay pflanzte. Nur in ihrer Heimat, dem Rhône-Tal (insbesondere Hermitage), und im Midi – wo sie lange Zeit als »Verbesserer« eingesetzt wurde, da sie sehr feste Rotweine mit weichen Aromen auspolstert – erholte sie sich von einer langen Periode der Stagnation.

In der ersten Hälfte des 19. Jahrhunderts hätte das Bild wiederum anders ausgesehen. Dann wäre Bordeaux auf der Karte

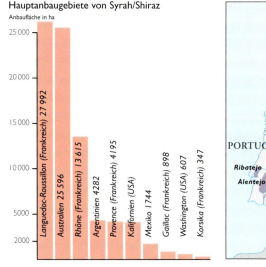

hervorgehoben gewesen. Auf herausragenden Châteaus wie Cos d'Estournel, Lafite und Latour war die Syrah hier in signifikanten, wenn auch nicht sehr großen Mengen gepflanzt. Sonst wurden Syrah-Weine, die an der Rhône hergestellt wurden, dazu verwendet, den Spitzenweinen des Bordelais – vor allem in weniger guten Jahren – mehr Farbe und Struktur zu geben. Diese »verbesserten« Weine wurden sogar als »hermitagé« bezeichnet. Wie der Händler Nathaniel Johnston im frühen 19. Jahrhundert seinem Partner M. Guestier in Bordeaux schrieb: »Der Lafitte von 1795, der mit Hermitage gemacht war, wurde von allen Weinen des Jahrgangs am meisten geschätzt.« Während die Syrah traumhafte Verschnitte und sortenrein vinifiziert einige der schönsten Rotweine mit herrlich exotischen Aromen ergibt, so ist sie im Anbau sehr empfindlich. Jetzt, da sie im Schwange ist, verbreitet sie sich rasch über die Weltkarte, in Spanien und in der Schweiz, in Kalifornien, Chile, Argentinien, Südafrika und Neuseeland ist sie zu finden, sogar in Österreich, Italien und Portugal experimentiert man mit ihr. Ihre Empfindlichkeit bedeutet aber, dass sie kaum je so omnipräsent sein wird wie etwa Cabernet Sauvignon.

Ein wenig Geschichte

Es passt irgendwie, dass eine so großartig aromatische Traube auch mit jeder Menge Legenden verbunden ist. Hat der hl. Patrick sie auf seinem Weg zum Kloster auf der Insel Lérins (bei Cannes) auf den Hermitage-Berg an der Rhône gebracht? Wurde sie von einem zurückgekehrten Kreuzritter namens Gaspard de Sterimberg gepflanzt? Entstand die Syrah in Persien und erhielt sie ihren Namen nach der Stadt Shiraz? Gelangte sie ursprünglich aus Ägypten kommend über das sizilianische Syrakus ins Rhône-Tal, so dass sie ihren Namen unterwegs bekam? Oder ist die Nordrhône ihre wirkliche Heimat?

Schade für die Romantiker (aber was vermag schon die Realität gegen das Sentiment): Wahrscheinlich ist letztere Version die zutreffende. Zur Zeit der Römer wurde an der nördlichen Rhône von dem gallischen Stamm der Allobroger eine als *allobrogica* bezeichnete Rebe kultiviert, die vermutlich aus lokalen wilden Reben domestiziert worden war. Der Wein wurde für seine Qualität und seine eigenartig teerigen Aromen rasch bekannt.

Irgendwann entwickelt sich die Rebe dann zu unserer Sorte Syrah. Die genetischen Untersuchungen an der University of California in Davis machen als Eltern die rote Dureza und die alte savoyische Rebe Mondeuse Blanche wahrscheinlich. Die viel zitierten Ähnlichkeiten zwischen der großbeerigen Grosse Syrah und der Mondeuse Noire konnten gentechnisch aber nicht bestätigt werden. Andererseits zeigt die Syrah der nördlichen Rhône eine große genetische Variabilität, was ein weiteres Indiz für ihre lokale Herkunft ist.

Kein Geheimnis ist die Einführung der Rebe in Australien. Der Schotte James Busby (1801 bis 1871), oft als Begründer des australischen Weinbaus genannt, ließ sich 1824 in Neusüdwales nieder. 1832 sammelte er auf einem viermonatigen Europaaufenthalt über 400 verschiedene Ableger. Die Syrah erwies sich in der trockenen, warmen neuen Heimat als eine der erfolgreichsten Sorten.

Die kleine, dem hl. Christophorus geweihte Kapelle auf dem Hermitage-Berg an der Rhône. Der Berg soll seinen Namen nach Gaspard de Sterimberg erhalten haben, der im 13. Jahrhundert nach seiner Rückkehr vom Kreuzzug als Einsiedler (frz. ermite) hier lebte. Seit dem 16. Jahrhundert wird auch der Wein als Hermitage bezeichnet.

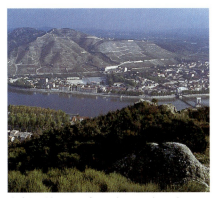

Auf dem Hermitage-Berg – hier von der anderen Seite der Rhône gesehen – stehen mindestens seit römischen Zeiten Reben. An seinem Fuß liegt Tain, das damals Tegna hieß; bei Plinius und Martial ist ein Wein unter diesem Namen erwähnt.

Der als Côte Blonde bezeichnete Teil der Côte-Rôtie. Traditionell werden die Reben hier an Kastanienholzstangen gezogen, die zeltförmig aneinander lehnen, um sie vor dem kalten Mistral zu schützen, der das Rhône-Tal hinunterfegt.

Weinbau und Weinbereitung

Die Weine aus der Syrah verströmen geradezu Sonnenschein und Wärme, insbesondere die wunderbaren Monster aus Südaustralien. Lernt man die Sorte jedoch etwa anhand eines Côte-Rôtie von der Nordrhône kennen, würde seine feine, duftreiche Art eher auf eine Rebe schließen lassen, die in viel kühlerem Klima zu Hause ist. Syrah/Shiraz büßt ihr himmlisch blumiges Bukett ein, wenn das Klima zu heiß ist, und wenn es zu kalt ist – in einem schlechten Jahr an der Rhône –, schmeckt der Wein wenig angenehm nach Wurzelgemüse. Und in der Hitze des australischen Barossa Valley oder des McLaren Vale liegt zwischen reifen und überreifen Trauben oft nur ein einziger Tag. Die Rebe ist wuchskräftig und liefert die besten, faszinierendsten Weine auf armem Boden; auf fruchtbarem Boden muss das Laubdach offen gehalten und gut verteilt werden. Exzellenter Wein ist nur bei niedrigen Erträgen möglich, jedoch sind die leichten Weine aus hohen Erträgen durchaus angenehm. Was den Ausbau in neuer Eiche angeht: Ein Shiraz hat selbst so viel Persönlichkeit, dass er nicht viel Holz braucht.

Klima

Die Syrah ist gegenüber zu viel und zu wenig Wärme gleichermaßen empfindlich. Sie treibt spät und reift früh bis mittelspät, und in warmem Klima wird die Traube sehr schnell überreif. Vor Krankheiten ist sie weitgehend gefeit, Graufäule und Stielfäule können aber zum Problem werden.

Klimatisch reicht das Rhône-Tal gerade so hin. Die Rebe benötigt zwischen Südsüdost und Südwest ausgerichtete Hänge, wo sie vor der Wucht des kalten Mistral geschützt ist, der aus den Alpentälern kommt und mit bis zu 150 km/h Geschwindigkeit das Rhône-Tal hinunterfetzt. Der einzige Nutzen des Windes besteht darin, dass er nach den oft schweren Regenfällen die Trauben abtrocknet.

Am Hermitage-Berg ist das Jahresmittel um einige Grade höher als in der Côte-Rôtie, und Cornas, das in einem nach Süden geöffneten, windgeschützten Amphitheater liegt, kann noch wärmer sein. Die wärmsten, reifungsgünstigsten Ecken haben die Erzeuger der Nordrhône der Syrah reserviert. In Australien ist die Shiraz sehr häufig in weit heißeren Regionen gepflanzt und liefert dementsprechend schwergewichtige Weine, die in den letzten Jahrzehnten an Renommee eingebüßt hatten, heute aber wieder auf Begeisterung stoßen.

Im Barossa Valley, dessen Shiraz für Australien den Maßstab setzt, ist Wassermangel ein Problem. Die besten Weine liefern uralte Reben, die tief genug wurzeln, um das wenige vorhandene Grundwasser zu erreichen. Ein großer Teil der Spitzenweine kommt von nicht bewässerten Flächen; bewässerte Reben bekommen während des Sommers bis zu fünf Liter Wasser am Tag.

Gegen Ende der 1980er Jahre wurden mit viel Energie kühlere Gebiete gesucht, um das Klima der Rhône nachzuahmen. Doch viele der Lagen, deren Weine euphemistisch als »elegant« bezeichnet wurden, waren schlicht zu kalt, die Weine waren dünn und schmeckten nach grüner Paprika. Dennoch geht die Suche nach Lagen weiter, die etwas von der Reife des Barossa und etwas vom eleganten Duft der Côte-Rôtie in den Wein bringen.

Boden

Die vitale Rebe benötigt flache, steinige, gut entwässernde Böden, um intensives Aroma hervorzubringen. Die besten Lagen der Rhône haben Böden aus verwittertem Grundgestein, besonders Granit, die die Hitze speichern. Die Côte Blonde, der eine Teil der Côte-Rôtie, hat Gneis, die Côte Brune – der andere – verfügt über Glimmerschiefer, ein Wärme speicherndes Gestein, das reich ist an Kalium, Magnesium und Eisen; Glimmer verwittert zu Ton. Der Granit der Südhänge der Côte-Rôtie liefert weichere, aromatischere Weine, der Schiefer der Nordhänge mehr Tanninstruktur. Teile von Hermitage, Crozes-Hermitage und St-Joseph werden von terrassenförmigen Flussablagerungen gebildet, im Westen weist der Hermitage-Berg ebenfalls Granitboden auf.

In der Neuen Welt wurden die Anbauflächen in der Vergangenheit nach dem Klima, nicht nach dem Boden ausgesucht, und es sind viele Bo-

Pause bei der Ernte in der Côte-Rôtie. An diesen steilen Hängen wird von Hand gelesen; ein großer Teil der Côte-Rôtie ist terrassiert, weshalb keine Maschinen eingesetzt werden können. Fungizide werden häufig mit dem Hubschrauber gespritzt, was viele Arbeitsstunden spart.

dentypen mit Shiraz bepflanzt. Allein für das McLaren Vale in Australien sind hauptsächlich aufzuzählen: dünner Schieferboden auf Kalkstein fast ohne Grundwasser im Norden; tiefe Sandböden im Südosten; Ton auf Kalkstein, Sand auf Mergelkalk und grauer Lehm auf Ton im Westen und Südwesten; grauer Ton oder Roterde auf Kalkstein in Willunga Flats nahe dem Meer; und schwerer roter Lehm und Schiefer am Fuß der Southern Mount Lofty Ranges. Diese fünf Hauptbodentypen liefern, in derselben Reihenfolge, Weine folgenden Charakters: konzentriert, würzig und mächtig; fleischigweich; pfeffrig-würzig mit dunklen Pflaumenaromen; feste Tanninstruktur; dünn, aus meist viel zu hohen Erträgen.

Kultivation

Wenn ich an die Rhône denke, habe ich sofort die gedrungenen Buschreben (Gobelet, mit einem Pfahl) vor mir wie in Hermitage und die zum Schutz vor dem Wind im Guyot-System (mit vier Pfählen) erzogenen Reben der Côte-Rôtie. Doch schon innerhalb des Rhône-Tals existieren verschiedene Erziehungsformen, wobei auf flacherem Gelände Drahtrahmen zunehmen, um eine teilweise maschinelle Bearbeitung zu ermöglichen. Die Rebe hat wenig Standkraft, und wo sie kräftig wächst, müssen die Triebe sorgfältig angeheftet werden, um ein lockeres Laubdach zu erreichen. Sonst variieren die Methoden vom Busch (wie bei den ältesten Reben des Barossa-Tals) bis zu neuen Formen der Laubdachgestaltung wie Lyra und Smart-Dyson. Letztere wird zum Beispiel von Marqués de Griñon in der spanischen DO Toledo für seinen samtigen Syrah favorisiert. Sie soll etwa 40 % mehr Lauboberfläche ermöglichen.

Ertrag

Wie üblich gehen Konzentration und Begeisterung Hand in Hand. Der übliche Maximalertrag an der nördlichen Rhône sind 40 hl/ha, und während die Durchschnittswerte da und dort gestiegen sind wie besonders in Cornas, liefern die steilen Hanglagen meist weniger. Die Rhône-Erzeuger sind überzeugt, dass über 45 hl/ha die Qualität leidet; der Weinbauexperte Richard Smart glaubt jedoch, dass der Ertrag ohne Qualitätsverlust auf 150 hl/ha gesteigert werden kann, vorausgesetzt dass Wuchskraft, Laubdach und Traubenproduktion im Gleichgewicht gehalten werden. (Ich möchte erst das Ergebnis kosten, bevor ich mich entscheide.) Erreicht werden soll dies durch die Kombination von richtigem Schnitt und Wasserstress. Der Barossa-Erzeuger Charles Melton hingegen setzt das Limit bei 5 t/ha an (ca. 35 hl/ha).

Glykosyl-Glukosen

Das sind Vorläuferverbindungen für Aromastoffe, die in den Trauben zu finden sind. Neue australische Forschungen lassen vermuten, dass sie nur bei der Syrah vorkommen. Ihre Messung könnte ein gutes Instrument zur Qualitätsvoraussage werden.

Vinifizierung

Eine Traube, die so reich an färbenden Anthocyanen ist wie die Syrah, kann Gärtemperaturen von 30–35 °C vertragen und wenige Tage auf der Maische mazerieren oder bis zu drei Wochen, wenn maximale Extraktion gewünscht ist. Traditionell blieben an der Rhône alle Stiele in der Maische, was gnadenlos tanninreiche Weine ergab; heute ist teilweises oder gänzliches Entrappen weitgehend üblich, wobei einige Erzeuger strikt gegen das Verbleiben der Stiele in der Maische sind. Alles, was sie von der Traube wollen, sei in den Beerenhäuten drin; belasse man die Rappen, bekomme man nichts als raue Gerbstoffe. Ich neige zu derselben Auffassung.

In den 1970er Jahren waren an der nördlichen Rhône offene Gärbottiche aus Holz üblich; noch sind einige zu finden, sonst verwendet man geschlossene Fässer und Edelstahltanks. In Australien sind einige Erzeuger zu flachen, offenen Gärbehältern zurückgekehrt, und zwar mit exzellentem Ergebnis.

Die späte Lese reifer Trauben macht sie für längere Mazeration geeignet (außerdem sind die eventuell verbleibenden Stiele weniger grün und gerbstoffreich) und auch für den Ausbau im kleinen Eichenfass, der immer mehr Anhänger findet. In der Côte-Rôtie sind neue Barriques am häufigsten zu sehen, weniger in Hermitage. Cornas hat sich unter dem Einfluss des Önologen Jean-Luc Colombo in den letzten Jahren mit neuer Eiche angefreundet, doch ich bin nicht davon überzeugt, dass Nordrhône-Weine von viel Eiche profitieren. Verwendet wird hier französische Eiche, die subtiler aromatisiert als amerikanische; australischer Shiraz wird oft noch während der Gärung auf neue Barriques aus amerikanischer Eiche abgezogen. Die Vollendung der Gärung im neuen Fass bindet die Eichenaromen besser ein und stabilisiert die Farbe. Neue Eiche muss jedoch sorgfältig behandelt werden, sonst kann sie die strahlenden Aromen der Syrah dämpfen. Grange, der Archetyp des australischen Shiraz, hat genug Stoff, um Unmengen amerikanischer Eiche standzuhalten, was nicht alle seine Konkurrenten von sich behaupten können.

SYRAH IM VERSCHNITT

Wir haben uns an die sortenreinen Weine von der Rhône, aus Südfrankreich, Kalifornien und Australien (dort Shiraz genannt) gewöhnt, sodass wir die hervorragende Eignung der Traube für den Verschnitt leicht vergessen. Dies war lange Zeit ihre Rolle in Südfrankreich, wo sie als *cépage améliorateur* (»verbessernde Traubensorte«) den Weinen der Appellationen Provence und Languedoc-Roussillon zugesetzt wurde, lange bevor Weinmacher australischer Prägung sortenreine Vins de Pays machten. An der südlichen Rhône wird sie mit Sorten wie Grenache und Mourvèdre verschnitten. Sogar an der nördlichen Rhône wurde sie meist verschnitten, und was noch bemerkenswerter ist, mit weißen Trauben. Bis zu 20 % Viognier sind in der Côte-Rôtie erlaubt, doch da die ganze Appellation nur zu 5 oder 6 % aus Viognier besteht, ist die Ziffer meist geringer, oft null. In Hermitage wird mit Marsanne und Roussanne gemixt, insgesamt bis zu 15 %, doch ein Verschnitt wird generell seltener. Der Grund dafür war, dass weiße Sorten die Tannine der Syrah weicher machten, was heute von reiferen Trauben und besseren Gär- und Maischungsmethoden übernommen wird. Auch neues Eichenholz kann paradoxerweise die Tannine durch Polymerisation weicher machen, auch wenn man glaubt, es solle zusätzliches Tannin einbringen.

Die so genannten »Rhône Ranger« Kaliforniens – Erzeuger, die alles lieben, was nach Rhône aussieht – machen eindrucksvolle Verschnitte von Syrah mit Grenache und Mourvèdre. Besonders im Napa Valley kann es so heiß sein, dass sortenreiner Syrah nicht angezeigt ist.

Bis in die späten 1990er Jahre bestand der typische australische rote Verschnitt aus Shiraz und Cabernet Sauvignon. An seiner Stelle ist heute Cabernet plus Merlot populär, und Shiraz wird hektisch zum sortenreinen Ausbau angepflanzt. Aber auch der Verschnitt mit Viognier, die zusätzliches Aroma und Körper einbringt, ist hier nicht unbekannt. In der Toskana entstehen schöne Weine mit Sangiovese und auf Sizilien mit Nero d'Avola; in Spanien ist die Mischung mit Garnacha, Cabernet Sauvignon, Cariñena und Tempranillo oder mit allen zusammen beliebt.

Syrah/Shiraz in aller Welt

Manchmal kann man das Credo eines Weinmachers an dem Namen der Traube erkennen, den er wählt. Im Rhône-Tal ist immer von »Syrah« die Rede und damit der Prototyp eines mineralisch-rauchigen, nach Kräutern schmeckenden Weins gemeint. Im Languedoc wechselt man zu »Shiraz« und gibt damit dem australischen Typ mit einer süßeren, schokoladigen Frucht den Vorzug. In Australien ist es immer Shiraz, in anderen Ländern – Spanien, Südafrika, Argentinien, USA – trifft man auf beide Namen, je nach dem Vorbild, dem der Weinmacher nachstrebt: französischer Ermitage oder australischer Grange.

Frankreich: das Rhône-Tal

Bis in die 1970er Jahre mussten die Syrah-Flächen an der Nordrhône ums Überleben kämpfen. Die Terrassen an den Granithängen über dem Fluss waren nach der Reblauskatastrophe neu bepflanzt worden, und was man hier produzierte, wurde für einen Hungerlohn verkauft. Der meiste Wein wurde nicht auf dem Gut abgefüllt, sondern im *pichet* (Krug) in den Bars ausgeschenkt oder von den *négociants* (Handelshäusern) aufgekauft. Tatsächlich ist es Letzteren zu verdanken, dass viele Weinberge überleben konnten. Was sich veränderte, war nicht die Rebe oder der Wein, sondern der Markt. In und außerhalb Frankreichs nahm man diese Weine anders wahr, und seitdem hat man im Keller große Fortschritte gemacht und die Rebflächen, nicht immer zum Vorteil des Weins, vergrößert. Das Terroir ist hier für die Syrah fast genauso wichtig wie für die Pinot Noir in Burgund. Die steilen Hänge (bis 55° in der Côte-Rôtie) ermöglichen beste Sonnenexposition, was für die Reben in einem marginalen Klima unverzichtbar ist. Anders als beim Pinot Noir in Burgund sind die besten Syrahs der Nordrhône fast immer eine Cuvée von verschiedenen Terroirs.

An der Nordrhône tendiert Syrah bei geringem Reifeniveau (10–11 % potenzieller Alkohol) zu grüner Paprika, bei 12,5–13,5 % jedoch zu fruchtig-duftender Art. Ein Côte-Rôtie kann gegenüber einem Hermitage leichtere Farbe und mehr Aroma haben, mit blumigen und toastigen Noten im Bukett. Hermitage ist fest, mineralisch und tanninbetont, Cornas ist der dunkelste und robusteste, hat aber nicht die Faszination des Hermitage. Crozes-Hermitage und St-Joseph sind leichtere Versionen, mit mehr Paprika, manchmal mit Kaffee im Aroma, die immer besser werden. Die Gründe, warum Syrahs, die so nahe beieinander entstehen, so unterschiedlich geraten, liegen in Topografie, Temperatur und Boden. Die Furcht erregenden Abhänge des Hermitage-Bergs können einfach nicht denselben Charakter ergeben wie die flacheren Weinberge von Crozes-Hermitage.

Nehmen wir die beiden Hauptappellationen der Nordrhône als Beispiel. Die Côte-Rôtie teilt sich in Côte Blonde und Côte Brune (wobei diese beiden Namen auch bestimmte Einzellagen – *lieux dits* – bezeichnen). Der Nordteil, die Côte Brune, verfügt über ton- und eisenreichen Boden und liefert dichte, langlebige Weine; die Viognier, die aromatische weiße Sorte, mit der Syrah hier verschnitten werden darf, gedeiht aber besser auf den kalkhaltigeren Böden der Côte Blonde. Da sie früher reif ist als Syrah, aber zur selben Zeit geerntet werden muss (die Trauben werden zusammen vergoren), wird sie meist überreif gelesen, und ihr Anteil am Verschnitt (wenn verwendet) ist geringer, als die 5 % Anteil an der Rebfläche erwarten ließen.

Weitere wichtige *lieux-dits* der Côte-Rôtie: La Mouline ergibt üppige, ausgewogene Weine, die etwas früher ermüden als ihre Kollegen; La Landonne liefert feste Weine, die etwas länger brauchen, um sich zu öffnen, und lange liegen können; sowie La Turque mit dichten, konzentrierten, dennoch eleganten Weinen. Dies sind grobe Näherungen, denn der Haupterzeuger ist Guigal, und seine Weine sind zum einen sehr eichenbetont und zum anderen teuer. Vergleichsmöglichkeiten sind daher selten gegeben.

Am Hermitage-Berg sind zu differenzieren: Die granitreiche Lage Les Bessards liefert dunkle, starke, konzentrierte Weine, die vielen Cuvées das Rückgrat geben; der Lößboden von L'Hermite ergibt relativ weiche, geschmeidige Weine; Les Beaumes lässt mit Kalkstein und eisenhaltigem Ton bukettreiche, komplexe Weine mit relativ wenig Tannin entstehen; die Kreide von Le Méal liefert weiche Weine; auch der braune Kalkstein von Les Greffieux ergibt weiche Syrahs, die aber besser mit den weißen Sorten Marsanne und Roussanne verschnitten werden.

Kehren wir für einen Moment zur Rebe zurück. Da gibt es den viel zitierten Unterschied zwischen der kleinbeerigen, besseren Petite Syrah und der großbeerigen Grosse Syrah, die manchmal als mit der savoyischen Mondeuse identisch angesehen wird. Zwar liefern kleinbeerige Reben mehr Phenole, doch ist die Klonvariation an der Nordrhône groß, und die beiden Typen sind keine separaten Subvarietäten, sondern haben sich durch Selektion entwickelt.

An der südlichen Rhône hat die Syrah kein Monopol in den Rotweinlagen. Die Nordrhône

GUIGAL
Die Trauben für den La Turque – der 5 % Viognier enthält – kommen von der gleichnamigen, 1 ha großen Lage der Côte Brune an der Grenze zur Côte Blonde.

CHAPOUTIER
Der Ermitage Le Pavillon von Chapoutier ist ein Verschnitt von Syrah, Marsanne und Roussanne. Die 60 bis 70 Jahre alten Reben stehen für Konzentration und reiches Bukett.

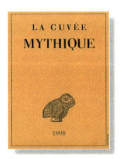

LES VIGNERONS DU VAL D'ORBIEU
Syrah ist nur ein Teil der Cuvée Mythique aus dem Languedoc-Roussillon, enthalten sind außerdem Mourvèdre, Carignan und Grenache.

gehört zum als Septentrionale (Norden) bezeichneten Landesteil, die Südrhône zur Méridionale. Das Klima im Norden ist kontinental mit kalten Wintern und warmen Sommern; im Süden ist es insgesamt wärmer und trockener. Oft zu heiß für Syrah, die rasch überreif wird, weshalb ihr gute Erzeuger die kühleren, nach Norden weisenden Hänge zuteilen. Die Grenache wird als Erste aus den guten Lagen im Süden gedrängt, doch gibt es einige hoch gelegene Flecken (bis 550 Meter ü. d. M.), in denen zwei Wochen später als üblich gelesen wird; mal sehen, ob die neue Syrah-Begeisterung zu neuen Anpflanzungen führt.

Frankreich: der Süden

Sowohl in der Provence als auch im Midi nimmt die Bedeutung der Syrah zu. In einigen Appellationen ist sie vorgeschrieben, in anderen zugelassen. Neben der Mourvèdre ist sie eine der wichtigsten *cépages améliorateurs*. Für sortenreinen Syrah muss man auf Vin de Pays zurückgreifen, insbesondere Vin de Pays d'Oc, der zu Shiraz umgetauft sein kann – je nach Glaubensrichtung des Weinmachers.

Australien

Wenn die australischen Siedler, die Shiraz in ihrer neuen, unbekannten Heimat pflanzten, ein Klima gesucht hätten, das dem von Hermitage gleichkommt, hätten sie vom Barossa und vom Hunter Valley die Finger gelassen. Doch natürlich haben sie nichts von der Art gesucht. Was sie brauchten, war eine Rebe, die in heißem Klima reich trägt, und die Shiraz erfüllte ihre Träume. Sie wurde zuerst in den 1830ern im Hunter und in den 1840ern im Barossa gepflanzt und war von den 1860er Jahren bis in die 1980er – als die Cabernet-Sauvignon-Welle schwappte – das »Arbeitspferd« des Landes. Sie war für alles gut, für leichte, weiche, marmeladige Aromen und für mächtige, fleischige Rotweine, für Schaumwein (ein Erzeuger entfärbte sogar den Wein mit Aktivkohle) und für aufgespriteten Süßwein. Man nahm sie nicht ernst, die Sorte der Zukunft war Cabernet Sauvignon. Im Jahr 1986 gab ein staatliches Rodungsprogramm den Winzern die Gelegenheit, auf die sie gewartet hatten; sie konnten ihre Shiraz-Reben loswerden und dafür noch abkassieren. Wer an ihnen festhielt, musste die Trauben zum Teil für die Herstellung von Rosinenmuffins verkaufen.

Aber auch einige große Firmen hielten an ihr fest. Penfolds, Lindemans, Wynns, Tyrrell's und andere wichtige Namen kultivierten weiterhin Shiraz und verschnitten häufig mit modischem Cabernet. Was geschehen wäre, wenn der Nachschub an virusfreien Cabernet-Reben die Nachfrage befriedigt hätte, ist eine andere Frage; wir sollten einfach dankbar dafür sein, dass die Australier gerade noch rechtzeitig schätzen lernten, was bei ihnen hinterm Haus wuchs.

Aber auch als das Rodungsprogramm sein Zerstörungswerk getan hatte, blieben im Barossa und im Hunter Valley immer noch viel mehr alte, wurzelechte Shiraz-Weinstöcke – oft schon in der Mitte des 19. Jahrhunderts gepflanzt – stehen als an der Rhône. Diese Stöcke gingen auf Ableger von der Rhône zurück und stellen somit ein lebendiges Museum für das Frankreich vor der Reblaus dar.

Die Shiraz-Reben in Henschkes Weinberg Hill of Grace sind über 100 Jahre alt. Damit sind sie älter als fast alle Syrah-Stöcke der Nordrhône … Die Henschkes bezeichnen sie als »Großväter«, und die Reben des Barossa-Tals, die für sie die Ableger lieferten, kamen selbst im 19. Jahrhundert – bevor die Reblaus die französischen Weinberge befiel – nach Australien. Der Hill of Grace Shiraz ist heute einer der teuersten Weine Australiens.

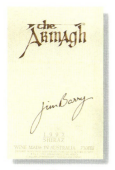

JIM BARRY

The Armagh von Jim Barry ist so mächtig, wie ein australischer Shiraz nur werden kann – und das ist wirklich mächtig. Amerikanische Eiche ist ein Teil der Rezeptur.

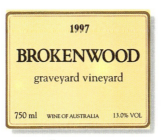

BROKENWOOD

Die Lage Graveyard im Lower Hunter Valley ist in den Plänen von 1882 noch tatsächlich als Friedhof eingezeichnet. Sie liefert aufregend intensiven, gut strukturierten Shiraz.

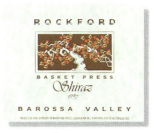

ROCKFORD

Rocky O'Callaghan erwarb seine antike Korbpresse, als andere australische Kellereien derlei altes Gerümpel hinauswarfen. Damit macht er einen wunderbar köstlichen Shiraz.

Das Wissen, wie man mit Shiraz umgeht, beruhte auf französischen Erfahrungen aus etwa derselben Zeit und war über Generationen weitergegeben worden, selbst in den Jahren, da man fast nur billigen aufgespriteten Wein machte. Als Shiraz wieder allgemein geschätzt wurde, war dieses Wissen noch vorhanden, wenn die Erzeuger auch seinen Ursprung vergessen hatten. Der im Barossa ansässige Robert O'Callaghan erinnert sich daran, wie verblüfft er war, als er Rhône-Produzenten wie Chapoutier und Jaboulet traf und feststellte, dass sie dieselben Dinge wussten wie er.

Shiraz ist gegenwärtig Australiens bedeutendster Rotwein, und nach einigen fehlgeleiteten Vorstößen in zu kühle Gegenden scheint sich sein Typ etabliert zu haben. Barossa-Weine erinnern an dunkle Schokolade, die aus dem McLaren Vale an Milchschokolade; das Eden Valley besitzt eine kräftiger fokussierte dunkle Frucht. Great Western und Ararat zeigen einen Hauch Rhône-Würze. Geelong und Sunbury sind in der Reifung problematisch, was elegante, verhaltene Weine ergibt, während Hunter extraktreiche, an Leder gemahnende Weine liefert. (Der berühmt-berüchtigte Gout nach »verschwitztem Sattel« wurde allerdings als Weinfehler erkannt.) Die Weine sind sauberer geworden, dennoch ist da und dort noch das Leder des alten Rüpels zu erkennen.

Die Mode hat der Vielfalt des australischen Shiraz aber keinen Abbruch getan. Es werden immer noch »Portweine« von hoher Qualität gemacht, und die Schaumweine haben im Ausland eine kleine, aber begeisterte Fangemeinde gefunden. Es gibt davon zwei Arten: Die aus jungen Grundweinen sind einfach und schmecken nach süßen Brombeeren, die aus gereiften Grundweinen sind bemerkenswert, wie ein seriöser Shiraz, aber mit Bläschen. Sündhaft! Shiraz könnte auch als Traube für füllige weiße Schaumweine eine Zukunft haben, die ganz anders schmecken als die Champagner.

Die Anbaufläche der Shiraz wächst rasant. Allein im Clare Valley soll sie, neben Cabernet und Merlot, bis 2005 auf das Doppelte wachsen. Der in Australien verwendete Typ ist die kleinbeerige Petite Syrah. Die Klonvariation im Barossa sowie in allen Rebbergen, die mit Massenselektionen von alten Reben bestockt sind, entspricht der der Rhône. Die handelsüblichen Klone sind jedoch recht uniform und begeistern weniger.

USA: Kalifornien

Die ersten Syrah-Reben wurden hier in den 1970er Jahren gepflanzt, doch erst ein loser Zusammenschluss von Weinmachern, die als Rhône Ranger bekannt wurden, zeigte, dass der Wein eine Alternative zum allgegenwärtigen Cabernet ist: tieffarben, aber weniger tanninreich, von schönem Aroma und gut zum Essen passend.

Jetzt haben sie die Mode auf ihrer Seite, und Shiraz wird in Kalifornien wie verrückt gepflanzt. Von 1997 bis 1999 hat sich die Anbaufläche, die auf den ganzen Staat verteilt ist, auf 2235 ha verdoppelt. Bei einem so jungen Weintyp – und so jungen Reben – ist es zu früh zu sagen, welche Bereiche am vielversprechendsten sind. Bergregionen wie Mount Veeder, die intensive, dunkle Cabernets liefern, besitzen sicher großes Potenzial, ebenso Santa Barbara und Paso Robles. Sogar das kühlere Carneros ist interessant. Der australische Weingigant South-

Die Geschichte des Grange

Im Jahre 1948 war es, da Max Schubert (im Bild) sich in die großen Rotweine des Bordelais verliebte. Er kehrte mit dem Vorsatz nach Australien zurück, sie in der Penfolds Winery – wo er als Weinmacher fungierte – wiedererstehen zu lassen. Doch es gab kaum Cabernet in Australien, weshalb der Grange aus Shiraz gemacht wird. Schubert nannte seinen Wein als Hommage an den berühmten Rhône-Rotwein »Grange Hermitage«, doch musste er das »Hermitage« auf Verlangen der EU streichen. Der erste handelsfähige Jahrgang war 1952, und 1957 sollte Schubert die Produktion dieses Weins einstellen: Niemand kaufte ihn. Gehorchte er? Nein. Und um 1960 schmeckten diese frühen Jahrgänge so superb, dass Penfolds seine Direktive zurückzog.

PENFOLDS
Grange (damals Grange Hermitage genannt) fand in Australien erst 1962 allgemeinen Beifall, nachdem man ihn ein Jahrzehnt lang verachtet hatte. Heute müssen Sie für eine einzige Flasche mehr bezahlen, als in der Frühzeit des Weines eine ganze Tonne Trauben kostete.

corp hat 303 ha in der Central Coast gekauft und großenteils mit Syrah bepflanzt. Und auch die Franzosen sind da: Die Perrins von Château de Beaucastel in Châteauneuf-du-Pape haben sich mit dem US-Importeur Robert Haas zusammengetan, um auf 48 ha westlich von Paso Robles Syrah zu produzieren.

Wie in Australien sucht man nach dem geeigneten Klima und dem besten Typus. Die wärmsten Teile des Napa Valley können zu heiß sein, Syrah wird dann am besten im Châteauneuf-du-Pape-Stil mit Mourvèdre und Grenache gemixt. Hier und auch anderswo zeigt sich Syrah als vorzüglicher Verschnittpartner. Sortenweine verkünden ihre Observanz auf dem Etikett, wobei die mit dem französischen Namen der Traube generell würziger und gehaltvoller sind als die fruchtbetonten Kollegen mit dem Neue-Welt-Namen. Diese »Shirazes«, in Kalifornien eine noch neue Erscheinung, kommen meist aus Kellereien unter australischem oder neuseeländischem Einfluss.

Die kalifornische Syrah – die meist größere Beeren hat als in Australien, entweder aufgrund anderer Klone oder aufgrund des Klimas – darf jedoch nicht mit der Petite Sirah verwechselt werden. Was in Kalifornien als Petite Sirah bezeichnet wird, ist im Allgemeinen Durif; gemäß Dr. Carole Meredith von der Universität Davis ist Petite Sirah/Durif ein Sämling von Syrah. »Bekannt war, dass Durif von der Peloursin abgeleitet war, aber nicht auf welche Weise. Die DNA-Analyse hat uns gezeigt, dass die Durif aus der Kreuzung von Peloursin (Mutter) und Syrah (Vater) entstand. Wir vermuten, dass die Kreuzung nicht geplant war, andernfalls hätte Dr. Durif sicher die Syrah als Pollengeber genannt. Wahrscheinlich fand die Bestäubung zufällig in seinem Versuchsfeld statt.«

USA: Washington

Im Bundesstaat Washington wird so viel Syrah gepflanzt, dass sie bis 2005 mit Merlot gleichziehen wird. Die ersten Reben wurden von David Lake von der Columbia Winery 1985 ausgebracht, der Boom begann nach Mitte der 1990er Jahre. Die wärmsten, am frühesten reifenden Weinberge liefern Aromen von Brombeeren, Schwarzen Johannisbeeren und Pflaumen, kühlere Flächen im Yakima Valley eher von Maulbeeren und Schwarzkirschen. Die McCrea Cellars gehören zu denen, die ein wenig Viognier in ihre beste Cuvée mischen.

Südamerika

Am meisten hat Argentinien mit 2500 ha hauptsächlich in Mendoza. Syrah ist bei den Erzeugern für riesige Erträge (12–14 t/ha, um die 100 hl/ha) beliebt, was bisher herausragende Ergebnisse verhindert. Selbst auf diesem Level ist die Qualität respektabel, wenn die Laubdachbearbeitung gut ist; doch muss der Ertrag mindestens auf die Hälfte reduziert werden, will man herausfinden, wie gut argentinischer Syrah wirklich sein kann. Die bevorzugten Klimate ähneln dem der Südrhône, weniger dem heißen Australien; an wärmeren Orten verliert der Wein Säure und Profil.

In Chile mit seinen kleinen, aber rasch anwachsenden Flächen zeigt die Traube beträchtliches Potenzial. Sie kann sehr vital sein und wird daher auf sehr steinigem Gelände angesiedelt, das die Wuchskraft ein wenig im Zaum hält. Jung ist der Wein leicht und blumig, er braucht wohl einige Jahre, um prägnantere Aromen zu entwickeln. Aber das könnte auch ein Stadium in dem Lernprozess sein, wie man mit der Traube hier umzugehen hat, und weniger ein Charakteristikum des Landes.

Weitere Länder

Im österreichischen Burgenland wird Syrah, auf Kosten geringerer weißer Sorten wie Welschriesling, in kleinen Mengen angepflanzt. Im schweizerischen Wallis ist sie seit den 1920er Jahren heimisch und liefert guten, farbstarken Wein, wenn die Erträge unter 40 hl/ha gehalten werden und der Wein bei der Gärung guten Kontakt mit dem Trester hat (etwa durch Unterstoßen des Tresterhuts). Syrah treibt im Frühjahr als Erste aus und reift als eine der Letzten; man tut einiges, um die für das Wallis geeignetsten Klone zu selektieren. Bisher hat Schweizer Syrah keine große Struktur, doch er ist jung recht attraktiv, und er schmeckt wirklich wie Syrah.

In Italien ist Syrah in kleinen Mengen überall anzutreffen; sie ergibt gute Verschnitte mit einheimischen Sorten wie Sangiovese und Nero d'Avola und ebenso gute Sortenweine. Im spanischen Rioja will man sie auf die Liste der zugelassenen Sorten setzen, auch in Portugal und Griechenland sollte sie interessante Möglichkeiten haben. Im Libanon ist sie im Verschnitt von Château Musar enthalten; weniger bedeutsam ist sie in Marokko und Tunesien.

In Neuseeland benötigt Shiraz die wärmsten Lagen und hat sich bei einer Hand voll Erzeuger als erfolgreich erwiesen. In Südafrika wird die Sorte zunehmend angepflanzt, unterstützt durch die Verfügbarkeit besserer Klone. Im Jahr 1999 waren 40 % der neuen Flächen Shiraz und Cabernet Sauvignon. Im Moment stehen Paarl und Stellenbosch sowie Malmesbury bei aufgespriteten Wein im Brennpunkt. Man zielt mehr auf Fruchtigkeit im australischen Stil ab als auf Rhône-Komplexität.

QUPÉ

Der kalifornische Erzeuger Qupé bevorzugt französische Eiche, wobei nicht zu viel davon neu ist. Resultat ist ein schöner, würziger Wein mit tiefer, fester Frucht.

EDMUNDS ST JOHN

Ein weiterer Rhône-Fan in Kalifornien. Der auf dem Etikett verwendete Name, Syrah anstatt Shiraz, verweist auf die Frankophilie des Erzeugers.

McCREA CELLARS

Doug McCrea ist von den Rhône-Sorten begeistert. Sein Syrah ist einer der besten von Washington, und er hat auch einige Grenache- und Viognier-Reben gepflanzt.

VIÑA TARAPACÁ

Syrah ist seit je eine großartige Verschnitttraube und war auch im Bordelais des 19. Jahrhunderts geschätzt. Dieser chilenische Blend aus Cabernet Sauvignon, Merlot und Syrah könnte einem solchen Klassiker nahe kommen.

ISOLE E OLENA

Paolo de Marchi pflanzte Syrah an, um seinen Sangiovese aufzupeppen. Heute liefern die Reben einen fantastischen, unverkennbar toskanischen Syrah.

Syrah/Shiraz genießen

Bis in die 1960er Jahre wurde in Cornas selten auf dem Gut abgefüllt; bei Hermitage und Côte-Rôtie geschah dies früher, doch noch in den 1970ern war es üblich, den Wein erst nach einer Bestellung auf Flaschen zu ziehen und nicht dann, wenn seine Entwicklung im Fass abgeschlossen war. Je nachdem, ob ein Wein früh oder spät abgefüllt wurde, konnte er von völlig anderem Charakter sein. Zum Glück ist solche Nonchalance Vergangenheit.

Der Hermitage ist der Rhône-Wein, der am langsamsten reift und am besten altert. Gute Jahrgänge brauchen zehn Jahre und mehr, um sich zu öffnen, doch er kann am Gaumen noch immer fest und tanninlastig wirken, wenn das Bukett seinen pflaumig-würzigen Charakter entwickelt hat. Geringere Jahrgänge können in fünf bis sechs Jahren trinkbar sein. Spitzenweine der Côte-Rôtie benötigen fast ebenso lang; bestem Cornas sollte man ein Jahrzehnt geben. Unter dem Einfluss des Önologen Jean-Luc Colombo wurde der Cornas um vieles sanfter, doch beachten Sie, dass er zwischen zwei und acht Jahren eine verschlossene Phase durchmacht. Crozes-Hermitage und St-Joseph sind oft schon nach drei Jahren köstlich, können aber gut länger reifen.

Weine von der Südrhône sind rascher zu genießen als von der Nordrhône. Auch der beste Châteauneuf-du-Pape ist mit acht Jahren trinkbar, die meisten brauchen fünf Jahre.

Australische Weine sollen normalerweise innerhalb fünf Jahren getrunken werden. Exemplare von alten Reben, insbesondere der Grange, benötigen bis zu zehn Jahre; sie halten sich leicht 20 Jahre und Letzterer noch viel länger.

So schmeckt Syrah/Shiraz

Junger Syrah duftet oft, überraschend für einen Rotwein, sehr exotisch nach Blumen wie Nelken und Veilchen. Denken Sie Holzrauch hinzu, vielleicht mit einem Zweig Rosmarin im Feuer, sowie Himbeeren, Brombeeren und Schwarze Johannisbeeren. Ein Côte-Rôtie ist rauchiger und bukettreicher als ein Hermitage, der wiederum mit mehr Schwarzer Johannisbeere aufwartet. Hermitage hat eine unglaublich großzügige und üppige Mitte (öffnen Sie eine Flasche zu früh, werden Sie sie allerdings suchen) und bewahrt seine überströmende Art länger als jeder vergleichbare französische Rotwein. Mit der Reife gewinnt er Noten von Wild und Leder und einen schokoladigen Charakter, dazu einen Hauch Veilchen und Tabak.

Die Australier verfügen über samtigere, schokoladige Aromen mit Schwarzer Johannisbeere und Schwarzkirsche. Shiraz aus dem Hunter Valley ist ledrig, erdig und sehr körperreich, die Barossa-Versionen verzaubern mit Schwarzkirsche und Gewürzen. Weine aus Clare haben eine klare Frucht und feine Struktur, Coonawarra ist strahlend und pfeffrig. Der Victoria-Typus mit dünner, an Paprika erinnernder Art wird allmählich von fleischigeren, körperreichen Weinen abgelöst. Im Alter bekommt aller Aussie-Shiraz einen massiven, dunklen Geschmack nach Lakritz, Backpflaumen und schwarzer Schokolade.

Das süße Vanillearoma vieler australischer Weine rührt von der amerikanischen Eiche, in der sie ausgebaut werden. Das wird heute sensibler gehandhabt als früher, und die frühere Abfüllung bedeutet mehr Frucht und weniger ledrigen Charakter.

Syrah links, Shiraz rechts. Der Domaine de Thalabert ist der beste Crozes-Hermitage von Jaboulet, der um die zehn Jahre braucht, um seine Brillanz zu zeigen. Der Barossa-Winzer Peter Lehmann erwarb die Lage Stonewell im Jahr 1994, nachdem er deren Trauben einige Zeit für seine Stonewell-Linie gekauft hatte. Der Wein reift zu 100 % in neuer amerikanischer Eiche, was seine Frucht aufs Äußerste beansprucht. Jetzt, da Lehmann auch die Qualität des Weinbaus bestimmt, ist das Resultat spektakulär.

Syrah/Shiraz zum Essen

Ob aus Frankreich (von der Nordrhône), Australien, Kalifornien oder Südafrika: Dieser Wein ruft nach kräftigen Aromen. Syrah von der Nordrhône passt gut zu Wild und Rindfleisch; dasselbe gilt für körperreichen australischen Shiraz mit Leder- oder Rauchnoten. Australische und südafrikanische Versionen nehmen perfekt den rauchigen Geschmack von gegrilltem Fleisch auf.

Leichtere Weine mit Beerenaromen schmecken gut zu Truthahn, Perlhuhn, geschmortem Lamm und sogar Huhn, vorausgesetzt es ist kräftig gewürzt. Auch Leber ist ein guter Partner. Leichter Shiraz kann die subtilen Gewürze indischer Gerichte gut ergänzen, zu chinesischer oder thailändischer Küche ist er aber weniger zu empfehlen. Würzige Hartkäse passen ebenfalls gut.

SYRAH/SHIRAZ GENIESSEN

VERBRAUCHERINFORMATIONEN

Synonyme und regionale Bezeichnungen

In Frankreich heißt die Traube Syrah, in Australien Shiraz. Die Erzeuger in anderen Ländern verwenden den einen oder den anderen Namen, je nach dem Stil ihres Weins. An der nördlichen Rhône auch Petite Syrah genannt. Nicht mit der Petite Sirah verwechseln, die hauptsächlich in Kalifornien sowie in Mittel- und Südamerika angebaut wird.

Gute Erzeuger

FRANKREICH Rhône-Tal Allemand, Balthazar, Gilles Barge, P. Barge, Belle, Bonserine, Burgaud, Chapoutier, Jean-Louis Chave, Auguste Clape, Clusel-Roch, Colombo, Colombier, Courbis, Coursodon, Yves Cuilleron, Delas Frères, Durand, B. Faurie, Pierre Gaillard, J.-M. Gerin, A. Graillot, J.-L. Grippat, Guigal, Jaboulet, Jamet, Jasmin, Monteillet, E. Pochon, Remizières, René Rostaing, WG St-Désirat, M. Sorrel, Tardieu-Laurent, Verset, François Villard; **Languedoc-Roussillon** L'Aiguelière, Estanilles, Gauby, L'Hortus, Mas Blanc, Peyre Rose, Les Vignerons du Val d'Orbieu
ITALIEN Bertelli, D'Alessandro, Fontodi, Isole e Olena, Le Macchiole, Villa Pillo
SPANIEN Marqués de Griñon
AUSTRALIEN Tim Adams, Banrock Station, Jim Barry, Basedow, Best's, Bowen, Brokenwood, Grant Burge, Chapel Hill, Charles Cimicky, Clarendon Hills, Coriole, Craiglee, Dalwhinnie, D'Arenberg, Fox Creek, Hardys, Haselgrove, Henschke, Jasper Hill, Leasingham, Leconfield, Peter Lehmann, Lindemans, McWilliams, Charles Melton, Mitchelton, Mount Horrocks, Mount Langi Ghiran, Penfolds, Plantagenet, Redbank, Rockford, Rosemount, Rothbury, St Hallett, Seppelt, Seville Estate, Taltarni, Taylors, Tyrrell's, Vasse Felix, Wendouree, Wirra Wirra, Wynns, Yarra Yering, Zema
USA Kalifornien Alban, Araujo, Dehlinger, Edmunds St John, Jade Mountain, Ojai, Joseph Phelps, Qupé, Swanson, Sean Thackrey, Truchard, Zaca Mesa; **Washington** McCrea Cellars
NEUSEELAND Stonecroft, Te Mata
SÜDAFRIKA Boekenhoutskloof, Fairview, Graham Beck, Saxenburg, Spice Route, Stellenzicht
ARGENTINIEN Luigi Bosca/Leoncio Arizu, Finca El Retiro
CHILE Carmen, Errázuriz, Montes Alpha, Viña Tarapacá

WEINEMPFEHLUNGEN

Zehn klassische Syrahs von der Nordrhône

Chapoutier *Ermitage Le Pavillon*
Jean-Louis Chave *Hermitage*
Auguste Clape *Cornas*
Clusel-Roch *Côte-Rôtie Les Grandes Places*
Delas Frères *Hermitage Les Bessards*
Pierre Gaillard *St-Joseph Clos de Cuminaille*
Alain Graillot *Crozes-Hermitage La Guiraude*
Guigal *Château d'Ampuis Côte-Rôtie La Turque*
Jaboulet *Hermitage La Chapelle*
René Rostaing *Côte-Rôtie Côte Blonde*

Zehn klassische Shiraz/Syrahs aus aller Welt

Tim Adams *Aberfeldy Shiraz* (Australien)
Brokenwood *Graveyard Vineyard Shiraz* (Austr.)
Hardys *Eileen Hardy Shiraz* (Australien)
Henschke *Hill of Grace Shiraz* (Australien)
Mount Langhi Ghiran *Shiraz* (Australien)
Penfolds *Grange* (Australien)
Qupé *Bien Nacido Reserve Syrah* (Kalifornien)
Stellenzicht *Syrah* (Südafrika)
Stonecroft *Syrah* (Neuseeland)
Sean Thackrey *Orion Old Vines Rossi Vineyard* (Kalifornien)

Fünf preiswerte Syrahs von der Nordrhône

Domaine du Colombier *Crozes-Hermitage Cuvée Gaby*
Yves Cuilleron *St-Joseph*
E. Pochon *Crozes-Hermitage*
Domaine des Remizières *Crozes-Hermitage*
WG St-Désirat *St-Joseph*

Zehn weitere preiswerte Shiraz/Syrahs

Basedow *Shiraz* (Australien)
Best's *Great Western Shiraz Bin ›O‹* (Austr.)
Errázuriz *Reserve Syrah* (Chile)
Ch. des Estanilles *Faugères Cuvée Syrah* (Frankreich)
Fairview *Shiraz* (Südafrika)
Finca El Retiro *Syrah* (Argentinien)
Leasingham *Shiraz Bin 61* (Australien)
Peter Lehmann *Shiraz* (Australien)
Lindemans *Padthaway Shiraz* (Australien)
Domaine Peyre Rose *Coteaux du Languedoc Syrah Léone* (Frankreich)

Fünf Shiraz-Schaumweine

Banrock Station *Sparkling Shiraz* (Australien)
Fox Creek *Vixen Sparkling Shiraz* (Australien)
Charles Melton *Sparkling Shiraz* (Australien)
Rockford *Black Shiraz* (Australien)
Seppelt *Show Sparkling Shiraz Vintage* (Austr.)

Shiraz wurde neu geboren: Erst konnten die australischen Winzer sie nicht schnell genug loswerden, im nächsten Moment rief alles nach Shiraz von alten Reben. Oder zumindest nach Shiraz. Doch zwischen Shiraz von alten Reben und solchem von jungen, ertragsstarken Stöcken liegt eine Welt.

Reifediagramme

Die Sorte ist für die meisten Regionen außer der Rhône und Australien so neu, dass nationale Typen kaum festzumachen sind.

1999 Hermitage (rot)

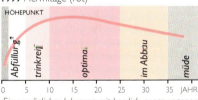

Ein vorzüglicher Jahrgang mit herrlich ausgewogenen Weinen, die genügend Frucht haben, um jung zu gefallen, aber auch sehr schön reifen werden.

1998 Barossa Valley Old Vine Shiraz

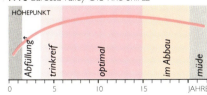

Es gab sehr unterschiedliche Weine. Die dichtesten sind früh genießbar, werden aber auch mehrere Jahrzehnte gut reifen.

1999 Kalifornischer Syrah

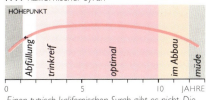

Einen typisch kalifornischen Syrah gibt es nicht. Die Mehrzahl der Weine sollte innerhalb drei, vier Jahren getrunken sein.

Tempranillo

Dieses Buch ist mit faszinierenden Fakten und Zahlen voll gepackt – ich hoffe, Sie können mir da zustimmen. Nichts aber wird so beeindrucken wie die Prognose, dass die Tempranillo-Ernte in Australien von 1999 bis 2004 um 1500 % ansteigen wird. Ich spreche nicht von gigantischen Mengen – nur etwa 450 Tonnen im Jahr 2004 –, dennoch ist das eine signifikante Entwicklung. Es gibt keinen Zweifel, dass die Aussies in diesem Jahr bemerkenswert gute Weine aus Tempranillo machen werden.

Ich freue mich, dass die Kerle in Down Under diese Traube ernst nehmen, denn sie scheint alles zu haben, was der Neue-Welt-Rotwein braucht: gute Farbe, relativ wenig Säure, niedriges Tannin (bei ausgereiften Trauben, was in der Neuen Welt meist kein Problem ist), eine strahlende, sehr präsente Frucht sowie gute Affinität zum Eichenbarrique und dem weich-würzigen Charakter, den es vermittelt. Das klingt, als sei Tempranillo wie geschaffen für die Weinneulinge in Kalifornien, Chile, Südafrika, Australien, vielleicht auch in Argentinien und Neuseeland, auf jeden Fall aber für den ganzen Mittelmeerraum. Und doch scheint sie nur in Argentinien, wo sie schon lange ansässig ist, und Australien auf Interesse zu stoßen, wo man eine gute Nase für gute Trauben und für den nächsten Coup hat. Ich bin sicher, dass sich die Dinge ändern werden, aber warum hat Tempranillo so lange gebraucht, sich auf die Socken zu machen? Hauptsächlich wohl deswegen, weil niemand wusste, dass es sie gibt. Oder zumindest weil niemand wusste, dass das, was man da trank, Tempranillo war, obwohl sie die Haupttraube der beiden berühmtesten spanischen Rotweine, Rioja und Ribera del Duero ist und im populärsten portugiesischen Wein, dem Port, eine große Rolle spielt. Ah, da liegt wohl der Hase im Pfeffer. In Rioja hieß die Traube in der Tat Tempranillo, doch Rioja erlangte außerhalb Spaniens erst relativ spät größeres Ansehen. Zudem waren die Kalifornier und Australier und Südafrikaner und der Rest der Welt, als sie nach Sorten suchten, die sie in der fernen Heimat pflanzen könnten, von den französischen Klassikern besessen und warfen nie einen Blick über die Pyrenäen. Und wenn sie sich Ribera del Duero angesehen hätten (und das hätten sie tun können, denn der Vega Sicilia war Spaniens teuerster und berühmtester Rotwein), hätten sie erfahren, dass dort die Haupttraube Tinto Fino ist. Ah ja. Und was war mit dem Portwein jenseits der Grenze? Ach, Sie meinen Tinta Roriz. Oder Aragonez. Nicht Tempranillo? Hm. Zurück nach Spanien: Ich hatte gehört, dass sie die Hauptsorte für die besten spanischen Rotweine sein soll. Doch in Toro ist die beste Traube die Tinto de Toro. Valdepeñas und La Mancha sind stolz auf ihre Cencibel. Penedès schwört auf Ull de llebre – und so ging es weiter, Provinz für Provinz. Überall exzellente rote Trauben mit vielen verschiedenen Namen. Aber immer, in Wirklichkeit, Tempranillo. Ich kenne sonst keine andere Rebsorte, die die Qualitätsweine eines Landes so vollständig dominiert wie die Tempranillo in Spanien und sich gleichzeitig hinter so vielen Aliassen verbirgt, wobei Portugal noch seine draufpackt.

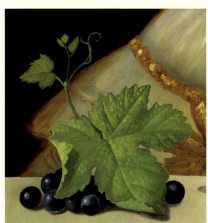

Geschichte und Grandezza der Tempranillo werden hier mit Anleihen bei zwei spanischen Künstlern des 17. Jahrhunderts repräsentiert. Die Porträts der königlichen Familie von Diego Velázquez – etwa der Infantin Maria Teresa, die hier zu sehen ist – waren hoch geschätzt. Juan Sánchez Cotán war für seine detaillierten, realistischen Stillleben bekannt.

Da es die Weinmacher der Neuen Welt waren, die die Rebsorten auf ihren Etiketten herausstellten und auf diese Weise berühmt machten, brauchte man diese Trendsetter, wenn man seine Sorte durchsetzen wollte. Die Tempranillo stand am falschen Ort; wenige Weinmacher der Neuen Welt besuchten Spanien und Portugal, bis einige vom Önologen-Jetset auftauchten – nicht um die Iberische Halbinsel nach Traubensorten zu filzen, sondern um den Strom hoffnungslos altmodischer Weine einzudämmen, die immer weniger Käufer fanden. Und Tempranillo stand nie auf dem Etikett. Spanien und Portugal folgten dem Vorbild der französischen Appellationen, die Weine nach der Region, nicht nach den Sorten zu benennen. Jedenfalls war die Weinbereitung auf der Iberischen Halbinsel so schrecklich altmodisch, wer hätte da Zeit und Geld investiert, um zu prüfen, ob die Trauben was taugen. Es ist schon komisch. Die Traditionalisten klagen über die gekauften Revolverhelden aus der Südhemisphäre, die in den versifften Gütern der Halbinsel auftauchten und deren Weine umkrempelten, ja einige der aufregendsten Weine Europas schufen. Und allmählich dämmerte denen, dass die lokale Sorte, der sie auf die Beine geholfen hatten, nichts anderes war als Tempranillo.

Tempranillo: Von der Traube zum Glas

Geografie und Geschichte Seite 258; Weinbau und Weinbereitung Seite 260; Tempranillo in aller Welt Seite 262; Tempranillo genießen Seite 264

Geografie und Geschichte

Plötzlich sprechen (fast) alle über Tempranillo. Wenn Sie nicht dazugehören, möchte ich es Ihnen erklären. Tempranillo ist die große spanische Traube, auf die sich Rioja und Ribera del Duero stützen. Sie ist auch im übrigen Spanien verbreitet, unter einer Reihe verschiedener Namen wie Cencibel oder Tinta del Toro, und man kann zu Recht behaupten, dass sie den fundamentalen Charakter des spanischen Rotweins – von den kühlen, hoch gelegenen Weinbergen im Nordosten bis zu den glühend heißen Ebenen südlich von Madrid – zum Ausdruck bringt. Somit haben wir alle schon einmal Tempranillo getrunken, auch wenn auf dem Etikett davon nichts stand. Der Qualitätssprung in den letzten Jahren führte dazu, dass Weinmacher aus aller Welt auf der Suche nach Alternativen zu Cabernet und Merlot nun die spanischen Rebsorten unter die Lupe nehmen.

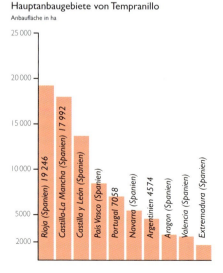

Hauptanbaugebiete von Tempranillo (Anbaufläche in ha):
- Rioja (Spanien) 19 246
- Castilla-La Mancha (Spanien) 17 992
- Castilla y León (Spanien)
- País Vasco (Spanien)
- Portugal 7058
- Navarra (Spanien)
- Argentinien 4574
- Aragon (Spanien)
- Valencia (Spanien)
- Extremadura (Spanien)

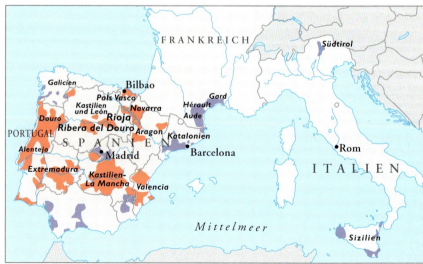

Südfrankreich experimentiert schon eine Zeit lang mit Tempranillo, Portugal hat eine ganze Menge davon (als Tinta Roriz), und in Argentinien hat sie Fuß gefasst. International bekannt wird die Sorte jedoch durch das neue große Interesse werden, das sie in Australien und Kalifornien findet.

Was macht sie attraktiv? Die Welt ist verrückt nach Rotwein, aber er soll zuverlässig sein und einen eigenen Charakter haben. Sie wünscht großzügige Textur und ansprechende Frucht, wenig Tannin und nicht zu viel Säure. Und sie wünscht sich eine Art Markenzeichen, das für einen Wein steht, der eindeutig nach einer bestimmten Traubensorte schmeckt, egal wo er herkommt. Tempranillo ist zu alldem fähig. Er hat das richtige überströmende Aroma, und was an Duft fehlt, können andere Sorten beisteuern. Er verbindet sich traumhaft mit neuem Eichenholz. Er hat wenig Säure, aber auch das kann durch den Verschnitt korrigiert werden. Die Rebe wächst überall, wo es warm ist, und liefert Weine aller Art von jungem Stoff bis zu in Eiche gealterten Tropfen. Und stets ist es erkennbar Tempranillo. Er bringt das Terroir nicht in der Weise zum Ausdruck wie Pinot Noir und hat nicht dessen komplexe Art, aber er ist äußerst verführerisch.

Ein wenig Geschichte

Wahrscheinlich entstand die Tempranillo in Spanien, und zwar in Rioja. Eine Legende sagt jedoch, dass Mönche sie auf dem Wege nach Santiago de Compostela aus dem Burgund mitbrachten; sie hätten den Klöstern ihres Ordens Reiser geschenkt. Gereifte Weine aus Pinot Noir und Tempranillo schmecken tatsächlich ähnlich, und man hat vermutet, dass sie einen gemeinsamen Vorfahren haben könnten. In Toro sagt man, dass sie nach dem Abzug der Mauren gepflanzt wurde.

Von Spanien verbreitete sie sich nach Portugal, Argentinien und Mexiko. Im Douro-Tal scheint sie im 18. Jahrhundert angekommen zu sein, als der Schotte Robert Archibald sie auf seinem Gut Quinta de Roriz anpflanzte. Archibald soll auch die Tinta Francisca ins Douro-Tal gebracht haben.

Im südlichen Portugal ist der spanische Ursprung in ihrem lokalen Namen Aragonez zu erkennen. Im Bereich der Halbinsel von Setúbal ist sie auch als Tinto de Santiago bekannt, was ebenfalls auf die spanische Herkunft verweist.

Einige Synonyme in Spanien: Ull de llebre (katalanisch; span. Ojo de liebre, »Hasenauge«) in Penedès; Tinto Fino in Ribera del Duero; Cencibel in Valdepeñas; Tinto Madrid, Tinto de la Rioja, Tinta del País und Tinta de Toro in anderen Landesteilen. Überall gilt die lokale Tempranillo als eigener Klon, der dem Wein seine einzigartige Prägung gibt; in Wahrheit sind die genetischen Unterschiede zwischen Tinto Fino, Cencibel und dem Rest kleiner als die zwischen den Tempranillo-Subvarietäten aller Regionen. Eine solche ist zum Beispiel Tempranillo Peludo (»haarige Tempranillo«), die eine kräftig behaarte Blattunterseite besitzt.

Der international gebräuchliche Name Tempranillo ist vom spanischen Wort *temprano* abgeleitet, das »früh« bedeutet und auf die frühe Reifung verweist. Die Rebe treibt spät und benötigt nur eine kurze Vegetationsperiode. Mit anderen Worten: Sie ist der Liebling des Winzers.

Das Haus der Familie Rodriguez auf ihrem schönen Gut Remelluri in den Bergen von Labastida, die zum Bereich Rioja Alavesa gehören. Lange war der Remelluri, eine Gutsabfüllung, eine Ausnahme in Rioja, wo man traditionell Trauben aus verschiedenen Gegenden kaufte. Heute legt man zunehmend Wert auf das Terroir.

Tempranillo-Rebe in Rioja in traditioneller Buschform, die hier als »en vaso« bezeichnet wird. Viele Erzeuger, die den Verlockungen der maschinellen Bearbeitung erliegen, gehen zu Drahtrahmenerziehung über.

Isaac Muga von den Bodegas Muga prüft den Wein beim Abziehen auf neue Fässer. Das überaus traditionell arbeitende Gut verschmäht Edelstahl: alle Weine gären und reifen in Eichenholz.

Weinbau und Weinbereitung

Den größten Einfluss auf den Geschmack des Tempranillo haben wohl Klima und Vinifizierung. Tatsächlich verband man bis vor kurzem meist das weiche Vanille-Aroma von amerikanischer Eiche mit dem Wein; das einzige überregional bekannte Produkt auf Tempranillo-Basis war bis in die 1990er Jahre der Rioja, dessen Beliebtheit insbesondere auf der glücklichen Verbindung der Himbeeraromen der Sorte und den Vanillenoten vom Eichenholz beruhte.

Wein von Einzellagen hat in Spanien keine lange Tradition, und man schenkte der Bedeutung des Terroirs für den individuellen Charakter eines Weins bis in jüngste Zeit keine Beachtung.

Tempranillos waren und sind meist Cuvées von verschiedenen Böden und Klimaten; das Streben nach mehr Individualität wird das Wissen davon erweitern, wie sich die Rebe in verschiedenen Terroirs verhält. Sehr wahrscheinlich wird die Spitzenregion Ribera del Duero Vorreiter sein, aber auch Einzellagen-Riojas machen schon von sich reden. Im Moment prägen vor allem Unterschiede in den Gär- und Ausbaumethoden den Charakter eines Weins.

Klima

Um Säure und Eleganz in einen Tempranillo zu bringen, benötigt man kühles Klima. Doch um viel Zucker und dicke Beerenschalen zu bekommen, die Farbe liefern, braucht man Wärme. In Spanien sind diese widersprüchlichen Anforderungen am besten im kontinentalen Klima des hoch gelegenen Ribera del Duero vereint. In Höhen bis zu 850 Meter ü. d. M. steigt das Quecksilber im Sommer tagsüber auf gute 40 °C, was Zucker und Farbe gibt, und fällt nachts auf 20 °C, was die Säure erhält. Die Sommer sind hier kurz und die Winter lang und hart; man registriert hier nur knapp über 100 frostfreie Tage im Jahr.

Auch das nahe Toro hat eine kurze, heiße Reifungsperiode; mit 230 Tagen ist sie aber bedeutend länger als die 171 bis 198 Tage in Ribera del Duero. Die Reben stehen hier in 600–750 Metern Höhe, Rioja Alta liegt mit 500–600 Metern deutlich niedriger. Rioja hat generell weniger kontinentales Klima; die Erzeuger verweisen auf die mäßigenden Westwinde vom Atlantik, während die Sierra de Cantabria vor kalten Nordwinden schützt. Das Ergebnis in Rioja sind geringerer Alkohol – meist 12 bis 12,5 %, gegenüber 13,5 % in Toro – und weniger ausgeprägte Struktur und Frucht als in Toro und Ribera del Duero.

Im portugiesischen Teil des Duero/Douro-Tals sind Reben in praktisch allen Höhen gepflanzt, wobei die ganz oben zwei bis drei Wochen später reifen als die ganz unten und Weine mit kräftigerer Säure ergeben; doch auch spät reifende Lagen liefern meist Trauben mit viel Duft und Frucht.

Boden

In Rioja ist der Boden relativ gleichförmig; im Norden basiert er überwiegend auf Ton, in Rioja Alta und Rioja Alavesa sind Gebiete mit kreide- oder eisenhaltigem Unterboden eingesprengt. Die besten Weine kommen, wie so oft, von kreidehaltigem Ton: Kreide liefert Säure und Eleganz, Ton gibt Körper. Eisenhaltiger Ton ist zudem reich an Spurenelementen, die für Komplexität sorgen.

In Toro hat man meist Schwemmland, in der Unterzone Morales etwas Kalkstein; ein gewisser Anteil Ton, der das Wasser speichert, lässt die Reben den heißen Sommer besser überstehen.

Sowohl in Ribera del Duero wie im Douro-Tal weiter westlich durchschneidet der Fluss Schichten aus Schiefergestein. An seinem spanischen Ende gibt es viel Kreide; Kalk und Kreide – die auch hier Säure liefern – machen ein Drittel der Böden im Westteil von Ribera del Duero aus und über die Hälfte im Ostteil. Der Aragonez aus dem Alentejo in Südostportugal hat nicht die Säure eines Tinta Roriz von Douro, kann aber ein köstliches, saftiges Maul voll sein.

Kultivation

Die traditionelle spanische Erziehungsmethode für Tempranillo ist dieselbe wie für viele andere Sorten: *en vaso* oder Gobelet. Am Stamm lässt

Peter Sisseck mit 60 Jahre alten Tinto-Fino-Reben auf dem Dominio de Pingus in La Horra (Ribera del Duero). »Ich hielt Tempranillo für eine zweitrangige Sorte«, sagt er, »bis ich entdeckte, dass man sie nach burgundischer Art behandeln muss anstatt nach Bordelaiser Art.«

man drei bis vier Arme mit insgesamt etwa 20 Augen. Bei diesem System ist maschinelle Bearbeitung nicht möglich, weshalb Drahtrahmenerziehung, meist mit zwei Kordons, zunimmt; sie scheint auch der Wuchskraft der Traube und ihrem aufrechten Wuchs angemessen zu sein. Die Pflanzdichte ist traditionell 2500–3000 Stöcke/ha, für maschinelle Ernte liegt sie bei etwa 2200 Stöcke/ha. Im Douro-Tal ist Erziehung am Draht die Norm.

Tempranillo ist eine reichtragende Sorte, für Qualität manchmal zu reich; wie Pinot Noir gilt sie als sehr ertragsabhängig. Im Alentejo sind 1,5–2 kg pro Stock die Obergrenze; beim Doppelten ist der Wein schon wässrig. Im Douro-Tal sind 7 t/ha (knapp 50 hl/ha) schon viel, während in Argentinien 12 t/ha noch als recht niedrig gelten. Dort liefern intensiv bewässerte Rebflächen 30 t/ha (gut 200 hl/ha) eines dünnen Stoffs, der als einfacher Alltagswein billig verkauft wird. Dafür hat er aber noch ausreichend Geschmack.

In Rioja sind 45 hl/ha die gesetzlich festgelegte Grenze (in Ribera del Duero sind es 49 hl/ha). Während viele Weinberge weniger erbringen, liefert ein Großteil der Region mehr, insbesondere die neueren Flächen auf den Talböden. Wässrige Weine aufgrund zu hoher Erträge sind in den letzten Jahren in Rioja ein Problem; die Erziehung an Drähten vergrößert den Ertrag, zudem wurde gegen Ende der 1990er Jahre Bewässerung eingeführt.

Vinifizierung

Ribera del Duero geht in Spanien mit seinen dunklen, gehaltvollen Weinen voran, wie sie die Mode fordert. Rioja folgt mit längeren Maischestandzeiten, kürzerer Reifung im Eichenfass und mehr französischer Eiche anstatt der amerikanischen, die bisher üblich war. Einige neue, sehr teure Riojas sind nicht als solche erkennbar, nimmt man den traditionellen Typ als Maßstab. Doch beruht dieser Typ auf langer Reifung in Eiche, nicht auf dem jeweiligen Terroir oder bestimmten Fruchtaromen. Heute geht das Geschmacksprofil von Tempranillo zu Pflaumen und Schwarzkirschen, weg von Himbeeren, Kaffee und Gewürzen.

Die Weinmacher beginnen erst zu realisieren, was ein Tempranillo sein kann, und bisher scheint er in der füllig-weichen Art des Merlot am besten zu geraten. Damit könnte er in Kalifornien und Australien eine große Zukunft haben.

Die Mazerationsdauer variiert sehr stark, wobei zu viel Extraktion ölig-ranzige Noten gibt, da die Kerne nicht so hart sind wie bei Cabernet Sauvignon und sanft behandelt werden müssen.

Fertigstellung von Fässern in der Küferei von Vega Sicilia in Ribera del Duero. Nach einer Zeit der Reifung in solchen kleinen Fässern wird der Wein bei Vega Sicilia in größeren Fässern weiter ausgebaut.

Für modernere Weine lässt man den biologischen Säureabbau im Barrique ablaufen, um Farbe und Säure zu fixieren. Der entscheidende Unterschied zwischen altmodischem und modernem Rioja liegt jedoch in der Reifung im Holzfass.

Tempranillo ist gegen Oxidation recht widerstandsfähig, sodass er sehr viel länger in Holz altern kann als andere Sorten, sogar wenn die Erträge hoch sind und Farbe sowie Struktur eher leicht. Solche Weine sind zwar technisch in Ordnung, aber nicht die gewohnten kräftigen Kerle, weil die Eiche die milde Frucht bei weitem überspielt. Rioja wird häufig noch in dieser Art gemacht, besonders als Riserva. Die modernen Weine werden aber auf möglichst viel Frucht getrimmt und früh abgefüllt, um die Frische zu erhalten.

In vielen Bereichen ist auch die Kohlensäuremaischung populär, für einen Teil oder für alle Weine eines Verschnitts, um sofort trinkfertige Weine zu machen; der Viño Joven (»junger Wein«) aus Tempranillo ist sehr erfolgreich: tief, weich und vor Frucht berstend.

Tempranillo wird zum großen Teil verschnitten. Meist braucht er nur ein wenig Würze von anderen Sorten – Garnacha, Mazuelo, Graciano, Cabernet Sauvignon, Merlot, Syrah, was auch immer –, doch dies kann schon den großen Unterschied ausmachen. Zwar leistet Tempranillo der Oxidation erfolgreich Widerstand, doch profitieren sortenreine Weine von langer Lagerung nur wenig. Ein Schuss von einer anderen Sorte kann der zündende Funke für eine interessante Reifung sein.

TEMPRANILLO UND EICHE

Die Eichenaromen, die seit langer Zeit mit dem Rioja (und damit Tempranillo) verbunden werden, stammen traditionell von den 225 Liter fassenden *barricas bordelesas* aus amerikanischer Eiche. Eingeführt wurden sie von französischen Händlern, die während der Reblauskrise in den 1860er, 1870er Jahren nach neuen Weinquellen suchten (die Reblaus fiel in Rioja erst im Jahr 1901 ein).

Tempranillo und amerikanische Eiche gehen glänzend zusammen; die runden Eichenaromen passen genau zur überschwänglichen Frucht der Traube. Doch es ist nicht generell neue Eiche, die man im Rioja schmeckt; er bekommt seinen Charakter durch lange Lagerung in alten Fässern. Seine Reife erhält der Wein durch den Kontakt mit der Luft, und er benötigt keine weitere Flaschenreifung; aber er hält sich in der Flasche noch viele Jahre.

Dies sind die Regeln: Crianza und Reserva müssen mindestens ein Jahr in Eiche verbringen, ein Gran Reserva mindestens zwei Jahre. Joven-Weine reifen nicht im Fass. Es ist auch festgelegt, wie lange mindestens der Wein vor dem Verkauf im Tank oder in der Flasche liegen muss. Traditioneller Rioja altert viel länger in alten Eichenfässern als vorgeschrieben. Nicht überraschend gibt es in Rioja riesige Mengen von Fässern: Über 600 000 hat man zuletzt gezählt.

Der Trend geht in Spanien jedoch zu kürzerem Ausbau im Eichenfass und zu mehr neuer Eiche, und zwar zu französischer. Ribera del Duero ging mit Weinen von jugendlicherer Art und mehr Aromen von neuer Eiche voran, und viele Bodegas in Rioja beeilen sich, mit ähnlichen Produkten auf den Markt zu kommen.

Doch außer diesem Trend – der nicht nur in den klassischen Regionen zu registrieren ist, sondern in allen Teilen Spaniens, wo Tempranillo angebaut wird – gibt es einen gleich starken anderen zu nicht in Eiche gereiftem, saftig-fruchtigem Wein. In Anbetracht der großen Mengen Tempranillo, die in Spanien erzeugt werden, ist dies eine gute Sache. Weine, die lange Jahre in alten Fässern reifen, sind nicht mehr die Regel; sie werden tatsächlich rasch zu einem Nischenprodukt und könnten sogar vom Aussterben bedroht sein.

Tempranillo in aller Welt

Ist Tempranillo eine große Rebsorte? Das Urteil ist noch nicht gesprochen. So wie die italienische Nebbiolo bisher nur im Piemont herausragend ist, hat nur Spanien Tempranillo von Weltklasse hervorgebracht. Doch die portugiesischen New-Wave-Weinmacher haben schon einige sehr hübsche Exemplare in petto, und da die Rebe sehr tolerant ist, erwarte ich, dass sie in der Neuen Welt sehr rasch Anhänger findet.

Rioja

Rioja boomt. Die Preise steigen (auch wenn die Trauben des Jahrgangs 2000 billiger wurden), und der spanische Markt hat einen anscheinend unstillbaren Bedarf an Superpremiumweinen – Weine, die hohen Ansprüchen genügen und zu absoluten Fantasiepreisen verkauft werden. Sogar die Erzeuger geben zu, dass derlei Preise in keinem Verhältnis zu den Kosten stehen. Kein Wunder, dass man nach jedem Fleckchen von halbwegs geeignetem, noch nicht mit Reben bestandenem Land giert. Die Lizenz zum Rebenanbau ist nicht leicht zu bekommen, besonders für Bodegas (Kellereien) – die Behörden begünstigen die Weinbauern –, trotzdem steigen schon auch die Preise für potenzielles Rebland. Ein Goldrausch? Sicher. Alle paar Jahre gerät irgendeine Weinbauregion ins Blickfeld und öffnet ihre Tore für Horden von Möchtegern-Eignern und -Erzeugern, die mit dicken Geldbündeln wedeln. Rioja kocht seit etlichen Jahren in einer überheizten Atmosphäre von Investition und Ausbeutung, und ich hoffe sehr, dass die Behörden die Pflanzlizenzen nicht nach dem Gießkannenprinzip vergeben. Rundheraus gesagt, fast alle Spitzenlagen waren schon vor 20 Jahren produktiv, und die vielen übertreuerten, charakterlosen Riojas auf dem Markt kommen von jüngst in Kultur genommenem minderwertigem Land. Dem könnte man entgegenhalten, dass die Weinbauern – werden keine Anbaurechte mehr vergeben – einfach mehr aus ihren Reben holen, um den Bedarf zu befriedigen.

Deprimierend, aber wahr. Tatsächlich ist auch der Ertrag in die Höhe geschossen: 1970 waren in Rioja 40 000 ha bestockt, im Jahr 2000 waren es 55 000 ha – doch der Ausstoß hat sich verdoppelt.

In Rioja Alavesa, der Teil von Rioja, der zum Baskenland gehört und einer anderen Regionalregierung untersteht, werden die Weinbauern ermutigt, als Bodegas selbst Wein zu machen. Auf lange Sicht wird das die Vielfalt vergrößern; bislang war das Bild enttäuschend gleichförmig mit Bodegas, die ihren Hausstil produzieren und im Allgemeinen Weine aus allen Teilen der Region mixen. Außer bei wirklich seriösen Kellereien bewegt sich der Wein auf einem sehr kleinen gemeinsamen Nenner. Auch Lagenweine und Spezialcuvées werden zunehmend populär, doch scheint Tempranillo das Terroir nicht so prägnant wiederzugeben wie andere Sorten; ein Lagenwein ist daher nicht notwendig interessanter als ein sorgfältig gemachter Verschnitt.

Es bestehen jedoch Unterschiede zwischen den drei Teilen von Rioja. Rioja Alavesa liefert die feinsten, bukettreichsten Weine, die aus Rioja Alta – wo über die Hälfte der Tempranillo-Reben der Region stehen – sind fester, dunkler und körperreicher. Etwa gut die Hälfte der Weinberge in Rioja sind mit Tempranillo bepflanzt; im heißen Unterbereich Rioja Baja im Osten übernimmt Garnacha die Hauptrolle, und die Weine sind meist recht dick und verschmort.

Ribera del Duero

Diese Region, in der Tempranillo 85 % der Rebfläche ausmacht, verdankt ihr Renommee in erster Linie Vega Sicilia, das schon vor über 100 Jahren Wein von Weltklasse herstellte. In jüngerer Zeit haben sich eine Reihe von Bodegas neu angesiedelt; ab Mitte der 1990er Jahre bis 2000 stieg ihre Zahl von knapp 60 auf mehr als das Doppelte. Die Anbaufläche ist nicht im selben Maße gestiegen, und die Traubenpreise schossen in die Höhe.

Viele Weine werden als Joven voller Brombeer- und Maulbeeraroma verkauft. Crianzas und Reservas haben ein Jahr in Eiche gelagert, Gran Reservas zwei Jahre. Reservas und Gran Reservas müssen vor dem Verkauf noch einige Zeit in Tank oder Flasche reifen. Mindestens 75 % des Weins muss Tinto Fino (wie Tempranillo hier heißt) sein, der Rest kann aus Cabernet Sauvignon, Garnacha, Malbec, Merlot oder Albillo bestehen. Die komplexesten Weine sind generell die Verschnitte.

Übriges Spanien

Nur in wenigen Gegenden Spaniens trifft man nicht auf Tempranillo. Tatsächlich pflanzen die spanischen Weinbauern mehr Tempranillo als Cabernet Sauvignon, Merlot und Syrah zusammen. In Navarra geraten die Weine samtig und sinnlich; in La Mancha wird alles Mögliche gemacht, von leichten, hellen, frischen Verschnitten mit weißen Trauben bis hin zu überraschend intensiven, saftigen Exemplaren. In

ARTADI

Ein neuer Weg in Rioja: Spezialcuvées wie der Grandes Añadas von Artadi, der nur in den besten Jahren in winzigen Mengen gemacht wird.

MARQUÉS DE MURRIETA

Sogar im ultratraditionellen Gut Murrieta, das sein Label Castillo Ygay nur für den Gran Reserva verwendet, wird die Kellertechnik modernisiert.

BODEGAS VEGA SICILIA

Unico ist der Spitzenwein von Vega Sicilia. Etwa 65–80 % des Verschnitts sind Tempranillo, daneben sind auch Cabernet Sauvignon und ein Hauch Merlot und Malbec vertreten.

TEMPRANILLO IN ALLER WELT

Weinberge der Quinta do Côtto im portugiesischen Douro-Tal. Dieses Gut ist typisch für Douro: Man hat Tinta Roriz (Tempranillo) gepflanzt, aber nicht überwiegend. Im Douro-Tal sind Verschnitte aus einer mehreren Sorten üblich. Dennoch ist Roriz heute die zweithäufigste Rebsorte, und sie nimmt weiter zu.

Katalonien ist Tempranillo von den Aromen roter Früchte geprägt, in Somontano ist er ein wenig grünlich, in Toro dunkel, fest, säurearm und alkoholisch, in Costers del Segre würzig und ausgewogen.

Portugal

Im Douro-Tal ist die Tinta Roriz – wie Tempranillo dort heißt – eine der fünf für den Port empfohlenen Sorten. Sie gedeiht in allen Teilen der Region, bevorzugt aber mineralreiche Böden. Der Wein kann fast adstringierend tanninreich sein, doch suchen fortschrittliche Winzer nach Wegen, ihn zu zähmen und die Brombeer-Maulbeer-Frucht und den überraschend blumigen Duft hervorzuheben. Er hat weniger Farbe als andere Portwein-Sorten, bewahrt sie aber dank seiner Resistenz vor Oxidation. Seine helle Farbe macht ihn für Tawny sehr gut geeignet.

Weiter südlich, im Alentejo, gerät der Aragonez (so die lokale Bezeichnung), in traditioneller Manier gemacht, tannin- und säureärmer als am Douro. Das drängte ihn in der Vergangenheit in eine Hilfsfunktion, da er rasch Farbe und Frische verlor. Moderne Weinmacher versuchen genau daraus Kapital zu schlagen, und wir haben nun wunderbare, saftig-pflaumig-würzige Rotweine vor uns, zum Genuss bereit, sobald sie in der Flasche sind. Können sie reifen? Keine Ahnung, das muss sich zeigen. In Dão versucht die Kellerei Sogrape ihre Traubenlieferanten zu überreden, auf Aragonez umzupfropfen, um bukettreichere, fruchtigere Weine zu bekommen. Die Aragonez-Flächen in Portugal verdreifachten sich zwischen 1997 und 1999.

Australien

Große und kleine Firmen sind gleichermaßen an Tempranillo interessiert; 1999 wurde 29 Tonnen Trauben verarbeitet – nicht viel, aber bis 2004 soll diese Zahl auf etwa 440 Tonnen steigen, die größte Zunahme einer Sorte in Australien. Wird der Wein taugen? Ich würde darauf wetten.

Südamerika

In Argentinien ist die Tempranilla, wie sie hier auch genannt wird, eine Allround-Rebe, und bis vor kurzem dachte niemand daran, aus ihr Qualitätswein zu machen. Aber das beruht darauf, dass sie auf riesige Erträge getrimmt wird. Kellereien wie Finca El Retiro konnten bei niedrigen Erträgen aber schon einige sehr ernst zu nehmende Weine vorweisen, und es werden mehr werden.

Übrige Welt

Im Süden Frankreichs, besonders im Département Aude, gedeiht Tempranillo seit über 20 Jahren. In Frankreich und Italien war sie 1999/2000 die meistgepflanzte Rebe. Sie ist vermutlich mit der Sorte Valdepeñas in Kalifornien identisch, die nicht geschätzt wird und allmählich verschwindet. Aber bisher hat sie auch niemand gefordert. Junge Newcomer werden sie in den nächsten Jahren sicher ernster nehmen, da sie in Weichheit und Textur dem Merlot ähnliche Weine ergeben kann. Der in aller Welt tätige Önologe Richard Smart glaubt an eine Zukunft der Tempranillo in Oregon, und ich habe schon recht ordentliche Beispiele aus Mexiko angetroffen.

BODEGAS ALEJANDRO FERNANDEZ
Pesquera, zu 100% Tempranillo, ist einer der in Spanien gefeiertsten Weine. Gran Reservas werden nur in den besten Jahren gemacht.

JOÃO PORTUGAL RAMOS
100% Tempranillo unter dem portugiesischen Namen Aragonez. João Portugal Ramos ist einer der führenden Önologen Portugals.

ANUBIS
Ein neues Gemeinschaftsprodukt der führenden argentinischen Weinmacherin Susanna Balbo und des reisenden Önologen Alberto Antonini. Der erste Jahrgang war 1999.

Tempranillo genießen

Purer Tempranillo kann jung absolut begeistern – knackig frisch, saftig, voll Kräuterduft, unwiderstehlich. Sein Ruf, basierend auf Rioja und Ribera del Duero, ist jedoch der eines Weins, der altern kann. Reiner Tempranillo entwickelt sich selten, er ruft nach einem Kick durch etwas anderes, Graciano, Mazuelo, Cabernet Sauvignon, und meist bekommt er ihn auch.

Zwar machte sich Rioja als erste Region einen Namen, doch ist heute Ribera del Duero der aufregendste Repräsentant der Traube, und es ist interessant, dass der Boden (viel Kalkstein) und das Klima (große Temperaturunterschiede zwischen Tag und Nacht) Säure wie auch Duft und Fruchtigkeit mitgeben. Die besten Gran Reservas können bis 30 Jahre alt werden, und auch weniger große Weine altern gut über zehn Jahre. Joven oder Crianza sind jedoch, wie überall in Spanien, nicht für eine Reifung gedacht; Joven sollte in einem, Crianza in wenigen Jahren getrunken sein. Gute Weine aus Rioja sind nur etwas weniger lagerfähig. Doch folgt traditioneller Rioja, der etliche Jahre in alten Eichenfässern zubrachte, einem anderen Schema als moderner, der früher abgefüllt wird. Ersterer reift in den ersten Jahren in der Flasche ziemlich rasch und bleibt dann einige Jahrzehnte auf der Höhe, bis er allmählich ermüdet. Eine Art Mumifizierung? In dieser Zeit wird der Wein kaum besser, aber er hält sich.

Sortenweine und Verschnitte aus anderen Regionen Spaniens reifen je nach Körper, Qualität des Jahrgangs und Art des Verschnitts; fünf bis zehn Jahre sind im Allgemeinen die Obergrenze. Wie sieht es mit Portugal aus? Moderner Roriz vom Douro und Aragonez aus dem Alentejo sind jung zu trinken, Portweine – für deren Verschnitt Tempranillo/Roriz wichtig ist – werden hingegen uralt (Näheres siehe Touriga Nacional, S. 268/269).

So schmeckt Tempranillo

Stellen Sie sich eine Kreuzung von Cabernet Sauvignon und Pinot Noir vor, dann haben Sie den Geschmack von Tempranillo. Zumindest in etwa. Er hat die tiefe Farbe und das üppige Aroma des einen und die Erdbeerfrucht des anderen, jedoch nicht deren Komplexität. Doch ist nicht Vielschichtigkeit seine Sache, er gefällt mit großzügiger Textur und überströmender, geschmeidiger Frucht: Brombeeren und schwarze Kirschen, Maulbeeren und Himbeeren. Ribera del Duero und Toro haben dazu in der Jugend aufregende Butter- und Schwarze-Johannisbeer-Noten, die mit der Reife zu Tabak, Backpflaumen und Kakao übergehen; für frühen Genuss gedachter Tempranillo erinnert mehr an Erdbeer- oder Zwetschgenmarmelade. Überreifer Tempranillo ist feigenartig süß, bei langer Fassreifung würzig-erdbeerig mit einem Hauch Kaffeebohne und Dörrfrüchte.

Die Säure kann von hoch bis niedrig variieren, die Tannine sind meist rund und reif. Toro und Ribera del Duero können manchmal etwas fest sein, wie auch der Roriz vom Douro. In schlechteren Jahren können beim Ribera Säure und Eichenaroma die Frucht verdrängen. Gerbstoffe und Säure sind jedoch wichtig, wenn der Wein älter werden soll als ein Jahr.

Der Marqués de Griñon, alias Carlos Falcó, studierte Weinbau an der University of California in Davis und legte das Familiengut bei Madrid an, überzeugt, mit Tempranillo und den roten Bordeaux-Sorten auf zuvor ungenutztem Land Erfolg zu haben. Später siedelte er nach Rioja um. Dominio de Pingus aus Ribera del Duero ist ein weiterer Newcomer: Der Däne Peter Sisseck verwendet Trauben von zwei alten Tempranillo-Weingärten, entrappt von Hand, führt malolaktischen Säureabbau im Barrique durch und lässt 20 Monate in neuer französischer Eiche reifen. All das, womit man Spitzenweine internationalen Zuschnitts macht. Der Preis ist exorbitant.

Tempranillo zum Essen

Die beste Rebsorte Spaniens liefert aromatische Weine, die jung attraktiv sind und zu (meist eichenbetonter) Üppigkeit reifen. Die nordspanische Küche ist gut für einen Navarra und Rioja geeignet, aber auch zur intensiveren Art eines Ribera del Duero. Tempranillo passt gut zu Wild, zu Luftgetrocknetem oder Geräuchertem wie Schinken und Wurst (etwa scharfe *chorizo*), zu Schmorgerichten und gegrilltem Fleisch, insbesondere Lamm. Er kann indische Gerichte begleiten und ergänzt Weichkäse wie reifen Brie.

TEMPRANILLO GENIESSEN

VERBRAUCHERINFORMATIONEN

Synonyme und regionale Bezeichnungen

Die Tempranillo hat in Spanien viele Namen: In Ribera del Duero heißt sie Tinto Fino, in der Region La Mancha, besonders in Valdepeñas, Cencibel. Außerdem gibt es Tinto del País, Tinto de Toro, Tinto de Madrid und (in Penedès) Ull de Llebre (katalanisch) bzw. Ojo de Liebre (spanisch); in Portugal nennt man sie (Tinta) Roriz oder (Tinta) Aragonez/Aragonês. In Argentinien hört man auch Tempranilla.

Gute Erzeuger
SPANIEN Castilla-La Mancha Dehesa del Carrizal, Uribes Madero, Manuel Manzaneque, Marqués de Griñón; **Rioja** Allende, Artadi, Bretón, Campillo, Campo Viejo, Contino, CVNE, Faustino Martínez, Viña Ijalba, López de Heredia, Marqués de Cáceres, Marqués de Griñón, Marqués de Murrieta, Marqués de Riscal, Marqués de Vargas, Martínez Bujanda, Montecillo, Muga, Palacio, Remelluri, Fernando Remírez de Ganuza, La Rioja Alta, Bodegas Riojanas, Roda, Señorío de San Vicente, Sierra Cantabria; **Ribera del Duero** Abadía Retuerta, Alión, Ismael Arroyo, Arzuaga, Balbás, Hijos de Antonio Barceló, Condado de Haza, Del Campo, Alejandro Fernández, Fuentespina, Hermanos Cuadrado Garcia, Grandes Bodegas, Hacienda Monasterio, Matarromera, Bodegas Mauro, Emilio Moro, Pago de Carraovejas, Pedrosa, Dominio de Pingus, Protos, Teófilo Reyes, Rodero, Hermanos Sastre, Valduero, Valtravieso, Vega Sicilia, Viñedos y Bodegas, Winner Wines; **Navarra** Chivite, Guelbenzu, Ochoa, Orvalaiz; **übriges Spanien** Albet i Noya, Pirineos, Romero Almonazar, San Isidro, Schenk, Viñas del Vero
PORTUGAL Quinta dos Carvalhais, Cortes de Cima, Esporão, João Portugal Ramos, Quinta do Vale da Raposa, Quinta dos Roques, Quinta de la Rosa
ARGENTINIEN Anubis, Finca El Retiro, Salentein

WEINEMPFEHLUNGEN

Zehn Klassiker aus Ribera del Duero (und Vergleichbares)
Abadía Retuerta *El Campanario*
Bodegas Alión
Ismael Arroyo *Val Sotillo Gran Reserva*
Condado de Haza *Alenza*
Alejandro Fernández *Pesquera Janus*
Bodegas Mauro *Vendimia Seleccionada*
Pedrosa *Gran Reserva*
Dominio de Pingus *Pingus*
Teófilo Reyes *Crianza*
Vega Sicilia *Unico*

Zehn Klassiker aus Rioja
Finca Allende *Rioja Aurus*
Artadi *Rioja Reserva Pagos Viejos*
Bodegas Bretón *Rioja Alba de Bretón*
Viña Ijalba *Rioja Reserva Especial*
Marqués de Griñón *Rioja Coleccion Personal*
Marqués de Murrieta *Rioja Reserva Dalmau*
Muga *Rioja Reserva Especial Torre Muga*
Remelluri *Rioja Gran Reserva*
Bodegas Roda *Rioja Reserva Roda II*
Señorío de San Vicente *Rioja Tempranillo*

Fünf preiswerte Weine aus Ribera del Duero und Rioja
Abadía Retuerta *Primicia*
Fuentespina *Ribera del Duero Crianza*
Matarromera *Ribera del Duero Crianza*
Palacio *Cosme Palacio y Hermanos Rioja*
Martínez Bujanda *Conde de Valdemar Rioja Reserva*

Zehn weitere spanische Tempranillo-Weine
Albet i Noya *Penedès Tempranillo Collecció*
Chivite *Navarra Gran Feudo Viñas Viejas Reserva*
Guelbenzu *Navarra Tinto*
Ochoa *Navarra Tempranillo Crianza*
Orvalaiz *Navarra Crianza*
Pirineos *Señorío de Lazán Reserva*
Romero Almonazar *Ribera del Guadiana Crianza*
San Isidro *Castillo de Maluenda Calatayud*
Schenk *Las Lomas Utiel-Requena Reserva Especial*
Viñas del Vero *Somontano Tempranillo*

Zehn nichtspanische Tempranillo-Weine
Anubis *Tempranillo* (Argentinien)
Quinta dos Carvalhais *Dão Tinta Roriz* (Portugal)
Cortes de Cima *Alentejo Aragonez* (Portugal)
Esporão *Alentejo Aragonês* (Portugal)
Finca El Retiro *Tempranillo* (Argentinien)
João Portugal Ramos *Alentejo Aragonês* (Portugal)
Quinta do Vale da Raposa *Douro Tinta Roriz* (Portugal)
Quinta dos Roques *Dão Tinta Roriz* (Portugal)
Quinta de la Rosa *Tinta Roriz* (Portugal)
Salentein *Tempranillo* (Argentinien)

In den nächsten Jahren können wir Unmengen von Tempranillo aus allen Ecken der Welt erwarten. Australische Erzeuger pflanzen wie im Fieber, und Südamerika könnte Großartiges liefern.

Reifediagramme

Die Attraktivität der meisten Tempranillos liegt in ihrer Zugänglichkeit. Nur einige Spitzenweine aus Ribera del Duero verlangen längere Reifung.

1998 Ribera del Duero Crianza

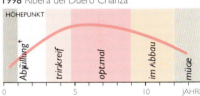

Gute Erzeuger von Ribera del Duero konnten nach einem schwierigen Jahr noch eine sehr gute Ernte einbringen und dichte, harmonische Weine machen.

1998 Rioja Reserva

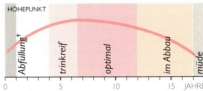

Trotz Regens zur Lesezeit ein mittlerer bis guter Jahrgang in Rioja. Die Qualität ist ungleichmäßig, gute Weine verfügen über große Tiefe und viel Tannin.

1999 Toro

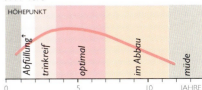

Ein Toro gewinnt selten bei der Flaschenreifung, am besten trinkt man ihn innerhalb vier, fünf Jahren. Es wird gegenwärtig viel investiert, weshalb die Qualität in den nächsten Jahren steigen sollte.

TEROLDEGO

Teroldego Rotaliano, wie diese rote Traube des Trentino mit vollem Namen heißt, ist gegenwärtig noch wenig bekannt, hat aber eine treue Fangemeinde und könnte in Teilen der Neuen Welt – zum Beispiel in Neuseeland – große Chancen haben. Der kalifornische Winzer Jim Clendenen von Au Bon Climat ist der Ansicht, dass man in Kalifornien besser Teroldego und Barbera anstatt Merlot gepflanzt hätte – und dass man die Syrah an den Hängen von Crozes-Hermitage an der Nordrhône durch Teroldego ersetzen sollte.

Nicht alle würden so weit gehen – insbesondere die mit einer Schwäche für Syrah –, doch ist Teroldego zweifellos eine äußerst interessante Traube. Im Trentino, ihrer ausschließlichen Heimat, ergibt sie bei häufig zu hohen Erträgen absolut angenehme Weine mit einer rauen Note von Blättern und Erde, die jung am besten sind. Hält man die Erträge niedrig und lässt man die Tannine reif werden und ergänzt man das mit einer Zeit der Reifung im Eichenbarrique, gewinnt der Wein beträchtlich an Tiefe und Vielschichtigkeit. So gemacht, hat der Wein die ganze, typisch italienische bittere Kirschfrucht plus Noten von Rauch, Pflaumen und Maulbeeren; die Säure ist gut balanciert (aber hoch, wir sind in Italien), und die Tannine geben ein schönes festes Rückgrat. Die einzige DOC heißt ebenso wie die Traube Teroldego Rotaliano. Gute Erzeuger: Barone de Cles, Marco Donati, Dorigati, Endrizzi, Foradori, Conti Martini, Cantina Rofaliana, G. Sebastiani, A. & R. Zeni.

TERRRANTEZ

Eine fast ausgestorbene Madeira-Sorte von guter Qualität, die sehr geringe Erträge bringt. Alte Exemplare zeigen große Komplexität und Länge. Die Terrantez des portugiesischen Festlands ist nach Meinung des Rebenkundlers Truel eine andere Sorte. Gute Erzeuger: (Madeira) Barbeito, Barros e Sousa, Blandy.

TERRET

Man ist versucht, die Terret – besser die Terrets, da es verschieden gefärbte Versionen gibt – als Rest der alten Weinwelt zu betrachten. Terret Gris und Terret Blanc, die beide weiße Weine ergeben, waren die Stütze der Vermouthindustrie in Südfrankreich, und da die Produktion von Vermouth ständig sinkt, wird auch diese Rebe immer weniger angebaut, die bis zu 150 hl/ha eines frischen, leichten, aber sonst kaum bemerkenswerten Weins liefert.

Terret Noir hat etwas mehr Charakter, aber wenig Körper und Farbe und ist ebenfalls am Verschwinden. Sie ist als Verschnittpartner in Châteauneuf-du-Pape, den Corbières, im Minervois und anderen Regionen des Südens zugelassen; sie trägt viel Duft bei und verbindet sich gut mit stämmigeren Weinen wie Mourvèdre und Grenache. Das allein reicht jedoch nicht aus, um sie für moderne Weinberge attraktiv zu machen. Diese Sorte ist so mutationsfreudig, dass man an ein und demselben Stock rote und weiße Beeren findet. Guter Erzeuger: Mas Jullien.

TINTA AMARELA

Eine portugiesische Sorte, die am Douro für Portwein und weiter südlich – besonders in den Bereichen Dão und Alentejo – für Tischweine verwendet wird. Am Douro ist sie heute weniger beliebt, da sie fäuleempfindlich ist; sie muss auch zum genau richtigen Moment gelesen werden, das Zeitfenster zwischen Unreife und Überreife ist sehr klein.

Als Pluspunkte sind der bezaubernde teeähnliche Duft, die gute Farbe und die guten Erträge zu erwähnen. In den südlichen Teilen Portugals liefert die Sorte intensive, tiefgründige Rotweine von guter Qualität. Ein weiterer Name ist Trincadeira Preta. Gute Erzeuger: Quinta das Maias, Valle Pradinhos.

TINTA ARAGONEZ

Wie Aragonez ein portugiesisches Synonym für Tempranillo (siehe S. 256–265), das im Alentejo verwendet wird. Die Sorte liefert dort attraktive Brombeeraromen, ihre Ertragskraft muss jedoch kräftig gezügelt werden. Gute Erzeuger: Quinta do Carmo, Cortesão de Cima, Esporão, José Maria da Fonseca, J. P. Ramos, Genossenschaft Reguengos de Monsaraz.

TINTA BARROCA

Eine für den Portwein-Verschnitt vorteilhafte Rebe, die im Douro-Tal favorisiert wird, da sie auch an Nordhängen und in hohen Lagen kräftige, farbstarke Weine liefert. Tatsächlich bevorzugt sie Nordhänge, da ihre dünnschaligen Beeren keine starke Sonneneinstrahlung mögen. In heißen Lagen bekommt sie allerdings die Tannine, die ihr häufig fehlen; eine weichliche, ja flaue Textur trotz ordentlicher Fülle ist ihr Hauptnachteil. Die Weine altern nicht sehr gut, und inzwischen tauchen auch sortenreine Abfüllungen auf. In Südafrika ist die Traube für gespritete Süßweine hoch geschätzt, dennoch wenig gepflanzt; auch stämmige, erdige Sortenweine werden dort gekeltert. Gute Erzeuger: (Portugal) Quinta da Estação, Ferreira, Ramos Pinto.

TINTA CAIADA

Dies ist wahrscheinlich keine andere Bezeichnung für die portugiesische Sorte Bastardo (siehe S. 42), wie manchmal angenommen, sondern eine Traube der Region Alentejo, die dort bei fortschrittlichen Erzeugern Interesse findet.

TINTA FRANCISCA

Eine Portwein-Rebe, die nicht zu den fünf empfohlenen Sorten gehört. Sie liefert viel Zucker, aber wenig Körper und Aroma.

TINTA MIÚDA

Eine portugiesische Traube, die vor allem in den Bereichen Estremadura und Ribatejo verbreitet ist. Bei geringen Erträgen sind die Weine kräftig und körperreich mit blumigem Aroma. Sie gilt als identisch mit der Rioja-Sorte Graciano (siehe S. 112) und der Morrastel des Languedoc (siehe S. 139). Gute Erzeuger: Genossenschaft Arruda, Casa Santos Lima.

TINTA NEGRA MOLE

Eine sehr ertragreiche Rebe, die auf Madeira angebaut wird und dort die vier edlen Sorten Sercial, Verdelho, Bual und Malvasia fast völlig verdrängt hatte. Die Anstrengungen, diesen zu einer Renaissance zu verhelfen, dauern an, und sie nehmen wieder etwa 13 % der Rebfläche ein. Da Hybriden in etwa 20 % der Weinberge stehen, bleiben für Tinta Negra Mole 67 %. Sie ist die Basis fast aller Madeiras. Erst 1993 wurde gesetzlich festgelegt, dass jede Flasche, die mit dem Namen einer der vier edlen Sorten etikettiert ist, mindestens 85 % von dieser enthalten muss; wenn keine Sorte genannt wird, ist der Wein aus Tinta Negra Mole gemacht.

Wein aus einer der vier edlen Sorten ist dem aus Tinta Negra Mole überlegen, doch wenn Letztere auf einen Ertrag von 4 t/ha beschränkt würde, wie es für die anderen üblich ist, und nicht 10 t/ha (und manchmal sehr viel mehr) gelesen würden, wäre auch ihr Produkt sehr viel besser. Man erntet früh, bei etwa 9,5–10 % potenziellem Alkohol, da die Weinbautechniken auf Madeira Fäule begünstigen. Tinta Negra Mole ist recht krankheitsresistent, und das war auch der Grund, warum sie nach dem Reblausbefall in so großen Mengen gepflanzt wurde. Die Madeira-Produzenten arbeiten daran, das Gesetz ändern zu lassen, so dass sie den Namen der Tinta Negra Mole auf das Etikett setzen dürfen. Bei Tischweinen ist dies erlaubt, aber nicht empfohlen.

Der Ursprung der Rebsorte ist unklar. Manche halten sie für eine Kreuzung von Pinot Noir und Grenache, doch ihre Präsenz auf Madeira datiert schon auf Anfang des 19. Jahrhunderts zurück. Die Negra Mole des portugiesischen Festlands ist eine andere Sorte (siehe S. 143).

Gute Erzeuger: Barbeito, Blandy, Henriques & Henriques.

TINTA RORIZ

Ein nordportugiesisches Synonym für Tempranillo (siehe S. 256–265); gebräuchlicher ist die einfache Bezeichnung Roriz.

TINTO CÃO

Eine hochwertige, geringtragende Portwein-Rebe, die im Douro-Tal angebaut wird. Der Name bedeutet »Roter Hund«, ganz nach der portugiesischen Gepflogenheit, Rebsorten möglichst nach Tieren oder ihren Teilen zu benennen. Wie die Tinto Cão einem Hund ähneln soll, egal welcher Farbe, ist ein Geheimnis.
Sie soll im 17. Jahrhundert in Portugal aufgetaucht sein und entstand wahrscheinlich im Douro-Tal. Ihr Wein ist nicht besonders farbstark und oxidiert leicht, besitzt aber gutes Aroma – würzig, wenn er aus warmen Lagen kommt, und blumig in kühleren Orten, für die sie besonders geeignet ist. In der Jugend erscheint er den anderen vier empfohlenen Portwein-Sorten unterlegen, nach fünf Jahren entwickelt er aber besondere Finesse. In Kalifornien und Australien stößt die Sorte seit einiger Zeit auf Interesse. Gute Erzeuger: (Portugal) Quinta do Vale da Raposa; (USA) St Amant, Quady.

TINTO DEL PAÍS

Eines der spanischen Synonyme für Tempranillo (siehe S. 256–265).

TINTO FINO

So nennt man die Tempranillo (siehe S. 256 bis 265) in der spanischen Region Ribera del Duero. Manchmal reklamiert man sie als einen besonderen Klon der Tempranillo, aber sie ist nur ein Beispiel dafür, dass eine Rebe in einem bestimmten Klima bei bestimmten Böden ausgewogenere, besser strukturierte Weine liefert als anderswo.
Die Reben stehen in Höhen von etwa 750 m ü. d. M., womit Ribera del Duero die höchstgelegene Weinregion Spaniens ist; die Sommer sind heiß, die Winter kalt und Frühling sowie Herbst kurz. Die Nächte sind kühl, in August und September liegen die Nachttemperaturen bis zu 20 °C unter den Tagestemperaturen. Dies ergibt intensiv aromatische Weine mit guter Säure und mächtiger Schwarze-Johannisbeer-Frucht.
Die Vegetationsperiode zwischen dem letzten Frühjahrsfrost und dem ersten Herbstfrost ist kurz, so dass es sehr wichtig ist, keine Reifungszeit durch Wassermangel zu verlieren. In den 2 bis 3 Wochen sommerlicher Dürre, wenn die Reben den Stoffwechsel einstellen und die Reifung unterbrechen, kann präzise Bewässerung der entscheidende Schlüssel zu Qualität sein. Gute Erzeuger: Arroyo, Alejandro Fernández, Mauro, Viña Pedrosa, Peñalba López, Teófilo Reyes, Valduero, Vega Sicilia.

TOCAI FRIULANO

Sehr wahrscheinlich ist die Tocai Friulano identisch mit der Sauvignonasse, die durch verquere Umstände in Chile verbreitet ist (siehe S. 228). Im Nachhinein ist schwer verständlich, wie die Chilenen den feinen, blumig-apfeligen Geschmack des Sauvignonasse mit dem scharfen Stachelbeer- oder Weiße-Pfirsich-Aroma des Sauvignon Blanc verwechseln konnten, doch die Reben sehen tatsächlich ähnlich aus.
In Italiens Friaul ergibt sie Weine von hoher, feiner Qualität mit guter Struktur, Balance und einiger Tiefe. Sie kann allerdings auch große Mengen unbedeutender Alltagsweine liefern, wie es auch in Chile der Fall ist. Auf jeden Fall aber sind sie jung zu trinken. Sie ist die weiße Hauptraube für die DOC-Bereiche Collio, Colli Orientali del Friuli, Friuli Grave und Friuli Isonzo und macht dort etwa ein Fünftel der Gesamtrebfläche aus. Sie ist wahrscheinlich dieselbe Rebe wie die Tocai Italico des Veneto (allerdings – gemäß Nicolas Belfrage – wohl nicht identisch mit der Tocai Italico im DOC-Bereich Breganze). Mit Tokay d'Alsace hat sie hingegen gar nichts zu tun, das ist ein (heute nicht mehr verwendeter) Name für Pinot Gris. In Argentinien gibt es etwas Tocai Friulano oder zumindest eine Traube dieses Namens. Gute Erzeuger: (Italien) Rocca Bernarda, Borgo Conventi, Borgo San Daniele, Borgo del Tiglio, Drius, Livio Felluga, Marco Felluga, Edi Keber, Miani, Pecorari, Princic, Paolo Rodaro, Ronchi di Manzano, Russiz Superiore, Russolo, Schiopetto, La Viarte, Vie de Romans, Villa Russiz, Volpe Pasini, Le Vigne di Zamò.

TOKAY

Ein australischer Name für Muscadelle (siehe S. 142), die in Rutherglen und Glenrowan in Nordost-Victoria zu klassischen Süßweinen (Liqueur Tokay) verarbeitet wird.

TOKAY D'ALSACE

Pinot Gris wurde lange Zeit im Elsass so bezeichnet, doch haben die Brüsseler Bürokraten dekretiert, dass der Name aufzugeben sei, um jede Verwechselung – wie unwahrscheinlich auch immer – mit dem ungarischen Tokajer zu vermeiden. Tokay-Pinot Gris war eine Zeit lang ein Übergangsbegriff, heute sprechen fast alle elsässischen Etiketten von Pinot Gris (siehe S. 172/173).

TORBATO

Eine charaktervolle italienische, genauer sardische Traube. Sie ging dem Untergang entgegen, bis die große Firma Sella & Mosca sie im späten 20. Jahrhundert errettete. Sie ergibt gut strukturierte Weine mit ordentlichem Körper und buttrig-weicher Textur. Guter Erzeuger: Sella & Mosca.

TORRONTÉS

Hinter der weißen Spezialität Argentiniens verbergen sich mehrere Sorten, die nicht alle das volle Muscat-Aroma besitzen, wofür sie angebaut werden. Torrontés kann an Gewürztraminer erinnern, aber auch an den Gout von Luftverbesserern. Der Wein ist blumig, schmeichlerisch und manchmal etwas würzig; bei sinnvollen Erträgen und sorgfältiger Vinifikation kann er recht ungestüm und sehr erfrischend sein. Ein Torrontés, der länger als ein paar Jahre gut reifte, ist mir noch nicht begegnet.
Die meistverbreitete und aromatischste Torrontés Argentiniens ist die Torrontés Riojano, die nach der argentinischen Provinz La Rioja benannt ist, nicht nach der gleichnamigen spanischen Region. Die weniger aromatische und am wenigsten häufige Torrontés Sanjuanino hat ihren Namen von der Provinz San Juan. Am wenigsten Geschmack bringt die Torrontés Mendocino oder Mendozino, die im Süden in Rio Negro, am Nordrand Patagoniens, zu finden ist. Auch in Chile ist Torrontés gepflanzt, meist Torrontés Riojano, aus der Pisco gebrannt wird.
Auch Spanien hat eine als Torrontés bezeichnete Rebsorte, die logischerweise zumindest mit einer der argentinischen Reben identisch sein sollte. Eine Verwandtschaft konnte bisher aber noch nicht zweifelsfrei nachgewiesen werden. Die spanische Torrontés ist in Ribeiro, um Madrid, in Montilla-Moriles und auf den Kanaren zu finden. Gute Erzeuger: (Argentinien) Etchart, Navarro Correas, Norton; (Spanien) Bodega Alanis, Viña Meín, Genossenschaft Ribeiro, Emilio Roja, Vilerma.

TOURIGA

Eine Abkürzung für Touriga Nacional (siehe S. 268/269), die in Australien viel verwendet wird, allerdings anscheinend auch für einige andere Sorten, die fleischige Rotweine liefern. Die kalifornische Touriga ist wahrscheinlich Touriga Francesa (siehe S. 270). Gute Erzeuger: (Australien) Brown Brothers, St Hallett.

Touriga Nacional

Die portugiesische Weinrevolution ist noch so jung und der Fortschritt in der Weinwirtschaft so dramatisch, dass man noch kaum sagen kann, welche der vielen wunderbaren Rebsorten die beste des Landes ist. Vielleicht ist es die Touriga Nacional. Ich habe keinen Zweifel, dass diese Rebe aufregende Aromen liefern kann – dunkle Frucht von Damaszenerpflaumen, Duft nach Veilchen und neuem Leder –, doch hat sie auch recht zupackende Tannine, sodass sie am besten wohl mit anderen Sorten verschnitten wird; und zum Glück hat Portugal eine Hand voll Passendes: Touriga Francesa, Tinta Roriz (die spanische Tempranillo), Tinta Cão, Periquita und viele andere. Darin ist Touriga Nacional wie Cabernet Sauvignon – eine Sorte von beeindruckendem Profil, doch auch aggressiven Seiten, die man am besten durch andere Trauben dämpft.

Vor allem aber ist Touriga Nacional die Starrebe für die großen Portweine aus dem Douro-Tal, auch wenn in den 1980er Jahren einige Häuser, darunter Ferreira, verkündeten, sie würden Touriga Nacional aufgrund ihrer geringen Erträge nicht mehr neu anpflanzen. Der Ertrag, weniger als die Hälfte anderer Spitzensorten, rührt von den winzigen Beeren her, was natürlich auch die Quelle der mächtigen Aromen und Tannine ist.

Die Forschung hat bei der Suche nach weniger aggressiven Klonen einigen Erfolg, allerdings existiert die Touriga Nacional in Hunderten von Varianten, die von dichten, dunklen Tropfen bis zu großen Mengen von hellem, fast geschmacksfreiem Saft alles liefern. Es wird Jahre dauern, die Spreu vom Weizen zu trennen, und in dieser Zeit kann sich die Sorte nicht so ausbreiten, wie sie es wert wäre.

In Dão nahm sie bis zur Reblauskrise 90 % der Rebfläche ein, und wie so oft bevorzugte man für die Neupflanzung ertragreichere Sorten. Erst jetzt ist sie dort wieder auf dem Vormarsch, im Verschnitt sind mindestens 20 % vorgeschrieben. Auch in Bairrada, Estremadura, Beiras und im Alentejo nimmt sie zu, wobei die Meinungen auseinander gehen, ob der heiße Süden Portugals gut für sie ist.

In der Neuen Welt hat nur Australien mit seiner großen »Portwein«-Tradition bisher Interesse an der Touriga Nacional gezeigt, doch ist es schwierig, die Klone zu isolieren, die hohen Ertrag mit Qualität verbinden. Auf jeden Fall sollten warme Länder wie Chile, Argentinien, Kalifornien und Südafrika an diese Sorte denken, wenn sie ihre Palette an Rotweinen erweitern wollen.

So schmeckt Touriga Nacional
Junger Touriga Nacional verfügt über tiefe, intensive Aromen, die an jungen Cabernet Sauvignon erinnern – bis hin zur Mixtur aus dunkel-süßer Frucht, grünlich wirkender Frische und einem Hauch Veilchen. Als reifer Portwein entwickelt er einen wunderbar runden, mächtigen Maulbeer-Brombeer-Charakter, ohne seine pfeffrige Pikanz und sein blumiges Bukett zu verlieren. Als sortenreiner Tafelwein braucht er einige Jahre, um seine Tannine auszurunden, aber auch die Frucht wird mit dem Alter weicher und fülliger.

Die Quinta do Crasto erstand in den 1980er Jahren wieder als Weingut, als der gegenwärtige Besitzer aus Brasilien zurückkehrte, wohin er 1975 nach der portugiesischen Revolution übersiedelt war. Heute macht die Quinta do Crasto aus denselben Trauben Port- und Tischwein. Wie die meisten Portweinerzeuger hat sie alte Weinberge mit Mischsatz und neue Flächen mit nur einer Sorte. Das Gut ist hervorragend gelegen, auf einem Berg, der über das Douro-Tal blickt, und wie so oft in Europa waren die Römer auch schon da: Der Name geht auf das lateinische Wort »castrum« für »Befestigung« zurück.

Taylor's
Die Quinta de Vargellas sorgt für den Vintage Port von Taylor und produziert auch einen Single-Quinta-Portwein. Außer Touriga Nacional sind Touriga Francesa, Tinta Barroca, Tinta Roriz und Tinta Cão im Verschnitt, der sich durch seine blumige Note auszeichnet.

Quinta do Vale de Raposa
Die Touriga Nacional kann sehr gute sortenreine Weine liefern (wie diesen). In Portugal debattiert man darüber, ob ein Verschnitt besser ist oder ein Sortenwein.

TOURIGA NACIONAL

Oben: Der Ursprung der Touriga Nacional ist unbekannt, doch von der Klonvariation in Dão und Douro her zu urteilen ist sie dort schon lange zu Hause.
Links: In Dão gibt es ein Dorf namens Tourigo und in der Nähe ein weiteres mit dem Namen Mortágua, der ein weiteres Synonym für Touriga Nacional ist.

VERBRAUCHERINFORMATIONEN

Synonyme und regionale Bezeichnungen
In Portugal manchmal als Mortágua bezeichnet, in Australien als Touriga. Die Touriga in Kalifornien ist wahrscheinlich Touriga Francesa, nicht Touriga Nacional.

Gute Erzeuger
PORTUGAL Dão Boas Quintas, Quinta dos Carvalhais, Quinta da Pellada, Quinta dos Roques; **Douro** Aliança, Calem, Quinta do Cachão, Churchill, Cockburn, Quinta do Côtto, Quinta do Crasto, Croft, Ferreirinha, Fonseca, Quinta da Gaivosa, Graham, Niepoort, Quinta do Noval, Ramos Pinto, Sandeman, Sogrape, Taylor, Quinta do Vale de Raposa, Warre; **weiteres Portugal** Quinta da Cortezia, Esporão, Quinta de Pancas, Caves Primavera, Casa Santos Lima

WEINEMPFEHLUNGEN
Zehn hochklassige Portweine
Churchill *Vintage Port*
Cockburn *Vintage Port*
Croft *Quinta da Roêda Vintage Port*
Fonseca *Guimaraens Vintage Port*
Graham *Malvedos Vintage Port*
Niepoort *Vintage Port*
Quinta do Noval *Vintage Port*
Sandeman *Vau Vintage Port*
Taylor's *Quinta de Vargellas Vintage Port*
Warre *Traditional Late-Bottled Vintage Port*

Zehn Douro-Rotweine, ganz oder überwiegend aus Touriga Nacional
Aliança *Foral Grande Escolha*
Calem *Lagarde Sá Touriga Nacional*
Quinta do Côtto *Grande Escolha*
Quinta do Crasto *Touriga Nacional*
Ferreirinha *Quinta da Leda Touriga Nacional*
Quinta da Gaivosa
Quinta do Noval *Corucho*
Ramos Pinto *Duas Quintas Reserva*
Sogrape *Reserva*
Quinta do Vale da Raposa *Touriga Nacional*

Acht weitere portugiesische Rotweine
Boas Quintas *Dão Touriga Nacional*
Quinta dos Carvalhais *Dão Touriga Nacional*
Quinta da Cortezia *Estremadura Touriga Nacional*
Esporão *Alentejo Touriga Nacional*
Quinta da Pellada *Dão Touriga Nacional*
Caves Primavera *Beiras Touriga Nacional*
Quinta dos Roques *Dão Touriga Nacional*
Casa Santos Lima *Estremadura Touriga Nacional*

QUINTA DOS ROQUES
Sortenreiner Touriga Nacional ist in Dão immer noch relativ selten. Dieses Exemplar von der Quinta dos Roques, rauchig und sehr aromatisch, kann drei bis fünf Jahre reifen.

QUINTA DA CORTEZIA
Ein geschmeidiger Wein mit mittlerem Körper von der Quinta da Cortezia in der Estremadura. Die Vinifikation liegt in den Händen der ultramodernen Caves Aliança.

TOURIGA FRANCESA

Eine der fünf offiziell für den Portwein empfohlenen Traubensorten, die Wein mit robustem Aroma, guter Farbe und festen Tanninen liefert, jedoch nicht die Qualität wie Touriga Nacional (siehe S. 268/269), Tinta Barroca oder Tinta Roriz. Ihr großes Plus ist das mächtige Aroma von Maulbeeren und Rosen, das etwas Exotik zum Blend beisteuert. Sie ist ertragreich und benötigt heiße Lagen, um gut zu reifen. Auch im Bereich Trás-os-Montes nördlich des Douro-Tals zu finden.

TRAJADURA

Die Trajadura, eine der in Nordportugal für Vinho Verde angebaute Sorte, ist weniger aromatisch als Loureiro oder Alvarinho und wird meist mit einer der beiden, vorzugsweise Ersterer, verschnitten; ihr Beitrag ist eine pfeffrig-zitronige Frucht. Sie reift früh und muss vor Erreichen der vollen Reife gelesen werden, damit sie ihre Säure behält. In Spanien wird sie Treixadura genannt (siehe rechts). Gute Erzeuger: Quinta da Aveleda, Quinta da Franqueira, Casa de Sezim.

TRAMINER

Dieser Name sollte wirklich nur für die weniger aromatische Variante des Gewürztraminers (siehe S. 102–111) verwendet werden, in der Praxis gehen diese Bezeichnungen durcheinander. Die Sorte ist in ganz Mittel- und Osteuropa zu finden, in Österreich, Deutschland, Italien, Rumänien, und Kanada. In Australien läuft die Gewürztraminer unter diesem Namen. Gute Erzeuger: (Deutschland) Andreas Laible, U. Lützkendorf, Fritz Salomon, Wolff-Metternich, Klaus Zimmerling.

TREBBIANO

Um die Trebbiano kommt man in Italien kaum herum, es gibt fast keine Region, in der man nicht auf sie stößt. Sie ist für etwa 80 DOC-Weine zugelassen und liefert wahrscheinlich etwa ein Drittel des italienischen DOC-Weißweins. Eine völlige Einförmigkeit wird dadurch verhindert, dass sich hinter dem Namen eine Reihe Sorten verbergen, dennoch ist Langeweile das große Kennzeichen von Trebbiano. Alle Trebbianos sind durch hohe Säure und neutralen Geschmack charakterisiert. Die besseren Sorten fügen dem noch eine leicht krautige Art und sogar weiche Tiefe hinzu, da und dort findet man recht angenehme Weine.

Die beste Subvarietät ist Trebbiano di Soave, bekannt auch als Trebbiano di Lugana und Trebbiano Veronese. Sie ist in der kleinsten Menge vertreten und bildet den Minderheitsanteil am Soave-Verschnitt. Sogar dort ist Trebbiano Toscano in puncto Fläche und Erntemenge überlegen. Trebbiano di Soave/di Lugana ist aber die alleinige Traube für den Lugana, der am Südende des Gardasees produziert wird und deutlich mehr Gewicht und Charakter hat als die meisten Soaves. Diese Sorte könnte eine Version der Verdicchio sein, was ihre interessantere Art erklären würde. Die umbrische Procanico ist eine weitere Trebbiano-Unterart mit Profil.

Von allen Trebbianos ist die Trebbiano Toscano die meistgepflanzte und die am wenigsten aromatische. Flächenmäßig folgen ihr Trebbiano Romagnolo, Trebbiano d'Abruzzo (der DOC-Wein Trebbiano d'Abruzzo wird allerdings aus Bombino Bianco gemacht; andererseits existieren für diese auch die Synonyme Trebbiano Campolese und Trebbiano d'Abruzzo, die Galet für eigenständige Sorten hält) und Trebbiano Giallo. In der Emilia-Romagna gibt es auch eine Trebbiano della Fiamma mit leicht rosafarbenen Beeren.

Der berühmteste Missbrauch der Trebbiano in den letzten Jahrzehnten war der als Verschnittpartner im (roten!) Chianti, ein Beispiel für eine Gesetzgebung, die zugunsten der Winzer, die eine minderwertige Sorte im Weinberg haben und sie nicht herausreißen wollen, auf Qualität verzichtet. (Allerdings könnte die Beifügung weißer Trauben zu Sangiovese im Gärbottich den Effekt gehabt haben, die flüchtige Färbung der Sangiovese zu fixieren; siehe S. 31 zur Co-Pigmentierung.) Die Verwendung von Trebbiano war zwingend vorgeschrieben, dennoch verzichteten im Lauf der Zeit immer mehr Erzeuger darauf. Nach viel Hickhack und hartnäckigem Kampf erreichten fortschrittliche Winzer, dass Trebbiano im Chianti nicht mehr vorgeschrieben ist. Der jetzt nicht mehr benötigte Trebbiano ging dann in modische, überteuerte Produkte wie den Galestro, aber da die Trebbiano-Fläche in der Toskana generell schrumpft, verliert auch der Galestro an Bedeutung.

Trebbiano ist identisch mit der Ugni Blanc in Frankreich und unter dem einen oder anderen Namen in Bulgarien, Griechenland, Russland, Portugal (als Thalia), Mexiko (für Weinbrand), Brasilien, Argentinien, Uruguay, Südafrika, Kalifornien und Australien vertreten. Gute Erzeuger: Antinori, Barberani, Ca' dei Frati, Falesco, Valentini, Zenato.

TREIXADURA

Die portugiesische Trajadura (links) nimmt jenseits der Grenze in Spanien diesen Namen an. In Galicien spielt sie mit ihrer leicht zitronigen Frucht so ziemlich dieselbe Rolle wie in Vinho Verde. In Ribeiro ist sie die Hauptrebe und wird mit Torrontés und Lado verschnitten, in Rías Baixas sind Albariño und Loureira ihre Partner. Gute Erzeuger: Gargalo, Viña Meín, Vitivinícola do Ribeiro, Emilio Rojo, Vilerma.

TRESALLIER

Die traditionelle Traube für den weißen St-Pourçain, einen kaum bekannten VDQS Zentralfrankreichs. Heute ist nur mehr die Hälfte des Blends Tresallier, der Rest besteht aus Chardonnay und/oder Sauvignon Blanc. Die Sorte gilt als Variante der Sacy (siehe S. 206) und ergibt leichte, säurebetonte Weine. Die Sacy ist am Verschwinden, und die Tresallier wird bald folgen. Guter Erzeuger: Genossenschaft St-Pourçain.

TRINCADEIRA PRETA

Diese portugiesische Traube hat viele Namen: Rabo de Ovelha Tinto, Tinta Amarela, Espadeiro, Crato Preto, Mortágua, Murteira. Und eine große Zahl anderer portugiesischer Sorten teilt diese Synonyme, nur die Tinta Amarela ist wirklich nur Trincadeira Preta. Die Sorte ist im ganzen Land verbreitet, besonders aber im Alentejo; ihre farbkräftigen Weine haben feste Tannine, eine gute, an Schwarze-Johannisbeer-Gelee erinnernde Frucht und in der Jugend eine gewisse Krautigkeit. Die ertragreiche Rebe reift früh und ist fäuleempfindlich. Gute Erzeuger: Fundação Eugenio de Almeida, Cortes de Cima, Esporão, J. P. Ramos, Tapada do Chaves.

TROLLINGER

Diese schwäbische Spezialität – sie wird in Deutschland fast ausschließlich in Württemberg angebaut – ist identisch mit der italienischen Schiava (siehe S. 229), zu Deutsch Vernatsch (siehe S. 273). Der Name lässt einen Ursprung in Tirol vermuten. Die württember-

CA' DEI FRATI

Ein sehr guter Lugana – so gut, wie ein Lugana nur werden kann, mit Komplexität und Tiefe. Er kann einige Jahre reifen, was für die meisten Trebbianos unmöglich ist.

gischen Erzeuger bevorzugen die ertragreichere und fast unausweichlich auch qualitativ unterlegene Variante Großvernatsch (Schiava Grossa), um den lokalen Durst nach dem hellroten, eigentümlich süßlich-säuerlichen, aber wenig aromatischen Wein zu befriedigen, der so ganz anders ist als der leichte, trockene, fruchtige Bruder aus Südtirol. Der vollständige Name ist Blauer Trollinger; als Black Hamburg dient die Sorte auch als Tafeltraube. Gute Erzeuger: Aldinger, Drautz-Able, Haidle, Haus Württemberg.

TROUSSEAU

Eine selten gewordene Traube im ostfranzösischen Jura, die dort nur auf den wärmsten Kiesböden reift. Sie liefert stämmige, dunkle Weine (1,3-mal so dunkel wie Cinsaut), trägt aber unzuverlässig und wird in vielen Weinbergen durch Pinot Noir ersetzt. Man verschneidet häufig mit Poulsard, die Finesse beisteuert. Einige Experten halten sie für identisch mit der portugiesischen Bastardo, der australischen Cabernet Gros und der Malvoisie Noire des französischen Départements Lot. Eine hellere Mutation, die Trousseau Gris, könnte mit der seltenen kalifornischen Sorte Gray Riesling identisch sein. Gute Erzeuger: Jacques Forêt, Henri Maire, Rolet Père et Fils, Tissot.

UGNI BLANC

Diese neutrale, säurebetonte Traube ist dieselbe wie die italienische Trebbiano (linke Seite). Sie kam wahrscheinlich als eine Art trojanisches Pferd des Vatikans Anfang des 14. Jahrhunderts nach Frankreich, als sich die Päpste in Avignon niederließen. Sie ist in der Provence und im Midi noch zu finden, ihre Hochburg sind aber die Regionen Cognac und Armagnac im Südwesten. Hier, an ihrer Anbaugrenze, haben ihre Weine viel weniger Alkohol (9 % und weniger) als im Midi, wo sie leicht 11, 12 % erreicht; dafür ist ihre Säure gewaltig, was für Weinbrand gut ist, aber hohes Können erfordert, will man attraktiven Tischwein machen. Wenn man auch selten einen guten Charente-Wein bekommt, so ist der Vin de Pays des Côtes de Gascogne aus dem Armagnac doch ein großer Erfolg, besonders wenn etwas Colombard zugemischt wird. Die Erträge sind überall hoch, bis 150 hl/ha. Ugni Blanc wird in vielen Verschnitten des Midi verwendet, üblicherweise in geringen (und abnehmenden) Anteilen.

Weitere französische Synonyme sind Clairette Ronde in der Provence, Rossola auf Korsika und St-Émilion in den Charentes. Für weitere Anbaugebiete siehe Trebbiano (linke Seite). Gute Erzeuger: Meste-Duran, Producteurs Plaimont, Le Puts, Tariquet.

Verdejo-Ernte in Rueda. Verdejo ist eine der besten spanischen weißen Sorten, und die Zugabe von langweiligem Viura tut dem Wein selten gut. Guter Rueda enthält daher nur oder fast nur Verdejo.

ULL DE LLEBRE

So heißt die Tempranillo in Katalonien in Nordostspanien. Siehe S. 256–265.

UVA DI TROIA

Diese Sorte wird in der italienischen Region Apulien angebaut, benannt ist sie nach dem Ort Troia bei Lucera. Sie erbringt komplexe, alterungsfähige Weine, die in mehreren DOC-Verschnitten verwendet werden, denen sie Farbe und Alkohol gibt. Sie hat das Zeug zu guter Qualität, ihre Beliebtheit bei den Winzern wird allerdings durch die geringe Ertragskraft gemindert. Gute Erzeuger: Rivera, Santa Lucia, Torrevento.

UVA RARA

Die Bonarda, die unter diesem Namen in der piemontesischen Region um Novara und Vercelli angebaut wird, heißt in der Lombardei und in der Emilia-Romagna Uva Rara (wenn sich dahinter nicht eine andere Sorte verbirgt). Jedenfalls wird sie im Piemont mit Nebbiolo (alias Spanna) verschnitten, um deren schreckliche Tannine zu zähmen. Gute Erzeuger: Antichi Vigneti di Cantalupo, Antoniolo, Nervi, Travaglini.

VALDIGUIÉ

Valdiguié war einst das Arbeitspferd des französischen Südwestens und lieferte riesige Mengen ärmlichen Weins, heute ist sie in Resten noch im Languedoc und in der Provence zu finden. 1980 identifizierte der französische Rebenfachmann Galet die in Kalifornien als Napa Gamay verbreitete Traube als schlichte Valdiguié. Von Kalifornien war sie unter dem Namen Napa Gamay damals schon nach Australien, Brasilien und Uruguay verkauft worden. Die kalifornische Kellerei Beringer macht einen sortenreinen Valdiguié, der zeigt, dass das ganze Arsenal der Neue-Welt-Methoden zwar jede Menge saftiger Frucht erzeugt, der Traube aber auch keinen Charakter entlocken kann. Gute Erzeuger: (USA) Hop Kiln, J. Lohr.

VELTLINER

Kurzbezeichnung für eine Reihe von Rebsorten, vor allem für Grünen Veltliner (siehe S. 114) sowie Roten, Braunen und Frühroten Veltliner. Ob der Name mit dem Veltlin (Valtellina), dem oberen Adda-Tal, in Verbindung steht, ist nicht geklärt.

VERDEJO

Eine spanische Qualitätstraube, auf deren nach Reineclauden und Birnen duftenden Wein sich Rueda stützt, die beste weiße DO Spaniens. Der Verschnitt muss mindestens 50 % Verdejo enthalten, die andere einheimische Traube im Blend ist die recht eindimensionale Viura (siehe S. 284). Sauvignon Blanc, in den 1980er Jahren eingeführt, kann ebenfalls verwendet werden. Die Sorte scheint aus Rueda zu stammen und war dort bis zur Reblauskrise weit verbreitet, später verlegten sich die Winzer auf die ertragreichere Viura.

Marqués de Riscal und Marqués de Griñon waren die Güter, die die Verdejo in den 1980er Jahren der Vergessenheit entrissen. Die frühen Exemplare waren sauber, aber zu neutral, ohne Zweifel in einer Überreaktion auf die Neigung der Traube zu Oxidation. Ein Verdejo hat die Struktur und die Balance, um gut zu altern, nach einigen Jahren in der Flasche entwickelt er eine nussig-cremige Art, viel Glyzerin gibt ihm die Rundung. Eine Kaltmaischung vor der Gärung und einige Zeit im Barrique, sowohl zur Gärung als auch zum Ausbau, verhelfen zu größerer Komplexität, mit der Eiche kann man es allerdings auch übertreiben. Weiterhin ist die Rebe in den DOs Toro und Cigales zu finden. Gute Erzeuger: Alvarez y Díez, Belondrade y Lurton, Angel Lorenzo Cachazo, Marqués de Riscal, Vega de la Reina, Angel Rodríguez Vidal, Castilla la Vieja.

VERDELHO

Eine oder mehrere Traubensorte(n) Portugals. Auf Madeira sowohl eine Traube als auch deren Wein, seit 1993 muss jeder Madeira, der sich als Verdelho ausgibt, zu mindestens 85% aus ihr gemacht sein. Der Verdelho-Madeira steht als Typ zwischen Sercial und Bual, weniger trocken als Ersterer (allerdings sind heute die Sercials nicht mehr so trocken) und nicht so üppig wie Letzterer. Trotz hoher, schneidender Säure hat er jung und unreif schon mehr Frucht, ist er »vollständiger« als die anderen edlen Madeira-Trauben.

Man macht auch Tischwein aus ihr, manchmal mit etwas Arnsburger, um die Säure abzumildern. Diese Tischweine zeigen bisher noch keine große Qualität, zum Teil vielleicht deswegen, weil die Winzer schwierig dazu zu bewegen sind, mit der Lese bis zur vollen Reife ihrer Trauben zu warten.

Im Douro-Tal, wo die Sorte als Gouveio bezeichnet wird, wird sie mit ihrem hohen Zuckergehalt für weißen Port verwendet. Die Godello (alias Verdello, siehe S. 112), die jenseits der Grenze in Galicien zu finden ist, scheint dieselbe Rebe zu sein.

Auch in Australien erweist sich die Verdelho als sehr erfolgreich; sie ist in relativ geringen Mengen gepflanzt, bringt aber hohe Qualität mit intensiven Aromen von Zitronenlikör und Geißblatt. Der Swan District in Westaustralien, Cowra in Neusüdwales und Langhorne Creek in Südaustralien haben alle einige Verdelho-Rebflächen. Gute Erzeuger: (Portugal) Barros e Sousa, Blandy, Cossart Gordon, Henriques & Henriques, Leacock; (Australien) Bleasdale, Chapel Hill, Fox Creek, Moondah Brook, Rothbury.

VERDICCHIO

Die beste, charaktervollste weiße Traube der italienischen Region Marken. Die verringerten Erträge zahlten sich in jüngster Zeit durch bessere Balance und Struktur aus. Ihre Weine sind nicht sehr aromareich, schmecken aber fein nach Nüssen und Zitrone. Eine typische Sorte Mittelitaliens, die eher durch Subtilität als durch überströmendes Wesen einnimmt. Und hervorragend zum Essen passt.

Es gibt zwei DOCs, die viel größere Castelli dei Jesi, und Matelica, die Hügellagen besitzt und auf geringere Erträge achtet, mithin den substanzielleren Wein liefert. Auch Spumante wird erzeugt. Gute Erzeuger: Belisario, Bisci, Brunori, Bucci, Golonnara, Coroncino, Fazi Battaglia, Garofoli, Mecella, La Monacesca, Santa Barbara, Sartarelli, Tavignano, Umani Ronchi, Vallerrosa-Bonci, Fratelli Zaccagnini.

VERDUZZO

Diese Traube des italienischen Nordostens, hauptsächlich im Veneto und in Friaul angebaut, ergibt angenehm frische Weine ebenso wie interessante Süßweine. Es hängt viel davon ab, ob die Verduzzo Trevigiano oder die anscheinend nicht verwandte Verduzzo Friulano verwendet wird. Letztere ist besser und länger präsent, mindestens seit Anfang des 19. Jahrhunderts. Erstere scheint zu Beginn des 20. Jahrhunderts aufgetaucht zu sein und hat mit ihren großen, zuverlässigen Erträgen im Weinberg natürlich die Führung übernommen.

Die DOC-Bereiche, in denen sie die größte Rolle spielt, sind im Veneto Lison Pramaggiore und Piave, in Friaul Aquileia, Grave, Colli Orientali, Isonzo und Latisana. Am besten ist Colli Orientali; Berghänge sind für die Sorte besser geeignet als die Ebenen, außerdem wird dort überwiegend Verduzzo Giallo kultiviert, eine hochwertigere Subvarietät der Verduzzo Friulano. Eine weniger interessante Subvarietät, die Verduzzo Verde, wird in den Ebenen verwendet.

Verduzzo Giallo ergibt auch gute, recht üppige, jedoch nicht sehr vielschichtige Süßweine. Noch besser sind die von der Verduzzo Rascie, einer weiteren Subvarietät mit lockeren Trauben. Solche Details können wichtig sein: Lockere Trauben faulen nicht so leicht, wenn sie noch bis weit in den Herbst am Stock hängen. Süßer Verduzzo ist meistens eine Spätlese,

Verdicchio-Rebzeilen in der italienischen Region Marken. Früher schmeckte der Wein oft nach Klebstoff, heute ist er viel frischer und attraktiver, aber immer von zurückhaltendem Aroma.

manchmal auch ein Passito von teilrosinierten Trauben, teils im Barrique ausgebaut. Als bester süßer Verduzzo gilt der Ramandolo DOC. Gute Erzeuger: Dario Coos, Giovanni Dri, Dorigo, Filiputti, Lis Neris-Pecorari, Livon, Paolo Rodaro, Ronco del Gnemiz, Ronchi di Manzano, Torre Rosazza.

VERMENTINO

Eine vielgestaltige Rebe, die in ganz Italien von Ligurien bis Sardinien verbreitet ist. Sie könnte als Subvarietät von Malvasia im Mittelalter aus Spanien importiert worden sein und hat im Lauf der Jahrhunderte freudig mutiert, so dass heute um die 40 Versionen in Italien zu finden sind. Die besten Weine kommen aus der Toskana und von Sardinien, wo sie eine sonst unbekannte Gewichtigkeit entwickeln. Sie zeigen das typisch italienische Aromenprofil von Nüssen, Zitronen und grünen Blättern, kombiniert mit rassiger Säure und fester Struktur. Eine Lagerung ist nicht angezeigt, auch jung besitzen sie beträchtlichen Charakter.

Die Sorte ist auch im Languedoc bekannt. Viele Experten halten sie mit der provenzalischen Rolle für identisch (siehe S. 202), und sie ist auch auf Korsika, manchmal unter dem Namen Malvoisie de Corse, gut vertreten. Sie könnte in der Neuen Welt gute Chancen haben, wenn die Erzeuger nicht so auf Rotwein fixiert wären. Gute Erzeuger: (Italien) Argiolas, Capichera, Giovanni Cherchi, Genossenschaft Gallura, Le Macchiole, Cantina Sociale di Santadi, Sella & Mosca.

VERNACCIA

Vernaccia-Weine sind in ganz Italien zu finden, aber es ist müßig, ihre Identität feststellen zu wollen. Eine ganze Anzahl von weißen und auch einige rote Trauben bedienen sich dieses Namens. Die rassige Vernaccia zum Beispiel, die in San Gimignano für den bekannten DOC-Wein kultiviert wird, ist vermutlich nicht mit der sardinischen Vernaccia verwandt, die den sherryähnlichen Vernaccia di Oristano ergibt, und der Name, ins Deutsche »übertragen«, wird zu Vernatsch (siehe rechts) und gehört zu einer roten Südtiroler Traube.

Der Grund für dieses häufige Auftreten des Namens ist, dass er auf das lateinische Wort *vernaculus* zurückgeht, was nichts anderes heißt als »heimisch«. Es gibt also keinen Grund, dass eine im Norden »heimische« Vernaccia einer aus dem Süden ähneln sollte. In den Marken gibt es sogar einen roten Schaumwein namens Vernaccia di Serrapetrona.

Der bekannteste Vernaccia-Wein ist der aus San Gimignano, nicht zuletzt deswegen, weil er aus

TERUZZI & PUTHOD
Dieser elegante, im Barrique ausgebaute Vernaccia di San Gimignano verrät einen subtilen Einsatz von Eiche. Sein Name verweist auf den Tuffsteinboden (italienisch »tufa«), auf dem er wächst.

einer von Touristen überlaufenen Stadt stammt. Er ist meist gut und zeigt frische Säure sowie runde Zitrus- und Blätteraromen. In der Toskana ist er einer der besseren Weißweine, doch vor dem Hintergrund des vorherrschenden Trebbiano heißt das noch nicht viel. Der Vernaccia di San Gimignano ist nie mehr als ein guter Alltagswein, aber nach einem harten Tag des Sightseeings oft sehr angenehm und willkommen. Gute Erzeuger: Vincenzo Cesani, Attilio Contini, La Castra, Melini, Montenidoli, Giovanni Panizzi, Paradiso, Pietrafitta, Guicciardini Strozzi, Teruzzi & Puthod, Vagnoni.

VERNATSCH

Was über diese Südtiroler Rebsorte zu sagen ist, finden Sie unter ihrem italienischen Namen »Schiava« (S. 229) vermerkt, ihre württembergische Präsenz im Trollinger wird unter diesem Namen beschrieben (S. 270). Die Bedeutung des Namens ist links unter dem sprachlich verwandten italienischen Sortennamen »Vernaccia« erläutert.

VESPAIOLO

Trocken ausgebaut, ergibt Vespaiolo angenehme, recht charaktervolle leichte Weißweine mit alarmierend hoher Säure und keinem bestimmten Aroma. Machen Sie ihn aber süß, aus Passito- oder edelfaulen Trauben, bekommen Sie einen der besten Süßweine Italiens. Tatsächlich soll der Name von den Wespen (ital. *vespe*) herrühren, die sich begeistert über die Trauben hermachen, wenn sie am Stock immer süßer werden.

Heimisch ist diese Traube im Veneto in der DOC Breganze. Die Passito-Weine, für die Vespaiolo mit Garganega und Tocai gemixt wird, werden als Torcolato bezeichnet. Man lässt die Trauben bis Januar trocknen, einige Weine reifen im Barrique. Die immer noch vorhandene Säure gibt das Gegengewicht zur intensiven Süße, die Aromen erinnern an Rosinen und Aprikosen, Geißblatt und Gewürze. Alternative Namen der Traubensorte sind Vespaiola, Vesparolo und Bresparolo. Guter Erzeuger: Maculan.

VESPOLINA

Dieser Name könnte, wie Vespaiolo, von dem italienischen Wort für Wespe abgeleitet sein, doch niemand erwähnt eine solche Abstammung, was Fragen nach der Authentizität solcher Geschichten aufwirft.

Die Vespolina ist eine rote Traube, die im Piemont und der Lombardei angebaut wird und für Weine wie Gattinara und Ghemme mit Nebbiolo, manchmal auch mit Bonarda verschnitten wird. In der Lombardei wird sie Ughetta genannt. Guter Erzeuger: Antichi Vigneti di Cantalupo.

VIDAL

Eine französische Hybride, die im US-Staat New York und in Kanada angebaut wird, wo sie kalten Wintern standhalten muss. Bedeutend ist sie vor allem als eine der Trauben für den kanadischen Eiswein; Eisweine von Vidal haben nicht die Eleganz und Langlebigkeit von Rieslingen, verfügen aber über guten Körper, Intensität und einen gewissen handfesten Appeal. Gute Erzeuger: (Kanada) Inniskillin, Marynissen, Vineland Estate.

VINHÃO

Mit gut 80 % der Anbaufläche roter Sorten die Haupttraube für den roten Vinho Verde. Sie erlebt gegenwärtig eine Renaissance, da im Zuge der weltweiten Rotweinmode auch die Nachfrage nach rotem Vinho Verde steigt. Allerdings schlägt diese Bewegung im Bereich Vinho Verde nicht so stark zu Buch wie die Weißweinmode vor 15 bis 20 Jahren.

Das ist allerdings verständlich – roter Vinho Verde ist ein schockierender, mörderisch saurer, brutaler Wein, das genaue Gegenteil des gegenwärtig so beliebten weich-rund-gefälligen Neue-Welt-Weins.

Weiße und rote Trauben sind im Vinho Verdo zu etwa gleichen Teilen gepflanzt, vielleicht etwas mehr weiße. Die Vinhão gilt als identisch mit der Sousão des Douro-Tals. Gute Erzeuger: Domingos Alves de Sousa, Sogrape.

VIOGNIER

Wir sollten der Viognier sehr dankbar sein, dass sie gerade zur rechten Zeit auftauchte. Viognier sollte aber auch uns danken, dass wir zur rechten Zeit kamen. Wir Weintrinker brauchten unbedingt einen neuen Geschmack, der sich vom eichenbetonten Chardonnay und vom schneidigen, grünen Sauvignon Blanc abhob. Viognier war in Gefahr, gänzlich zu verschwinden – bis auf die paar Stöcke in Condrieu an der nördlichen Rhône.

Zum Glück für die Viognier wurden die Heerscharen von Weinliebhabern allmählich des weichen, sahnig-eichigen Chardonnay müde. Sie suchten eine neue Erfahrung in puncto Weißwein, die vom Chardonnay wegführte, aber viele mochten sich auch nicht mit der blitzenden Säure eines Sauvignon oder Riesling anfreunden. Gewicht und weicher Körper eines in Eiche ausgebauten Chardonnay ohne die Eiche. Das war nicht einfach. Andere Sorten, die Körper bringen könnten, sind zu sehr auf Eiche angewiesen; Chenin Blanc und Sémillon etwa, sonst eher flache Weine, brauchen das Barrique, um runde, toastige Weichheit zu bekommen. Anderseits sind aromatische Sorten wie Gewürztraminer und Muscat zu mächtig und zu fruchtig; sie gelten als süß, auch wenn sie dies genau genommen nicht sind. Gab es da keinen Mittelweg? Es gab einen. Doch er kam von einer Traube, die notorisch schwierig zu kultivieren ist und nicht zuverlässig trägt: Viognier. Sonst aber: Wow! Wer einen seriösen, schwindeln machenden Wein mit einer weichen, dichten Textur wie Aprikosensaft haben wollte, einen Duft so bezaubernd und optimistisch wie Weißdorn, eine würzig-säuerliche, üppig cremige Art – wie ein Schlag Crème fraîche, den eine freundliche Bauersfrau schöpft – mit anderen Worten einen Wein, der Sex und Sinnlichkeit verströmt: Condrieu, aus der Viognier gemacht, war es.

Aber Condrieu ist winzig. Der Ruhm des Weins verbreitete sich, und die Preise stiegen ins Astronomische, während sich die neuen Enthusiasten um die wenigen Flaschen prügelten.

Wenn man einen Wein als hübsch bezeichnen kann, ohne ihn zu beleidigen, dann ist Viognier hübsch. Er schmeckt köstlich nach den Aprikosen, die ebenfalls am Rhône-Ufer bei Condrieu gedeihen. Einer Theorie zufolge kam die Sorte zur Zeit der Römer per Schiff zusammen mit der Syrah und fasste in Condrieu Fuß. Sie bildete hier eine winzige Insel eines ganz eigenen Geschmacks, bis sie sich in jüngster Zeit schlagartig in der Welt verbreitete. Château-Grillet, ein kleines, berühmtes Gut in Condrieu, ist im Hintergrund zu sehen.

Die neue Sexgöttin war – wie jede – sehr geizig mit ihrer Gunst und ließ jeden ordentlich bluten, der ihren paillettenbesetzten Saum berühren oder den Kuss ihrer knallroten Lippen spüren wollte. Viognier drohte, ein Sexsymbol zu werden, das viele begehrten, sich aber nur wenige leisten konnten.

Nun, haben Sie nie von Doppelgänger(inne)n gehört, die Sie stutzen lassen: Habe ich gesehen, was ich gesehen habe? Klar doch. Setzte Ihr Herz einen Moment aus? Auch das. Und was hat es Sie gekostet? Einen Brillantring, ein großes Menü im Tantris? Nein! Vielleicht eine Brillenreparatur, wenn Sie gegen den Laternenpfahl gelaufen sind. Vielleicht eine neue Runde, wenn Sie mit einer großen Bewegung Ihres Arms dem Ober das Tablett leer gefegt haben. Und erinnern Sie sich noch an den Moment, da Sie dachten, es *ist* das, was Sie dachten, das es ist? (Oder sie oder er.) Natürlich können Sie das.

Nachdem also die kleine Zahl gut betuchter Weinfanatiker den großzügigen Charme des Viognier entdeckt hatte, wurde auch das Geschäft mit den Condrieu-Doppelgängern geboren. Es begann vermutlich in Kalifornien, wo es ein paar Weinhändler gab, denen der Cabernet-Chardonnay-Highway zu langweilig war. Jeder Rotweinmacher, der auf Pinot Noir und Syrah scharf ist, bekommt auch bei der Aussicht auf Viognier wahrscheinlich große Augen und weiche Knie. Tatsächlich haben alle Länder der neuen Welle eine Hand voll engagierter Weinmacher, die begeistert Condrieu-Nachahmungen machen, die uns Fans alle täuschen können, bis wir so nahe dran sind, dass wir das falsche Parfüm riechen können: Australien, Südafrika, Argentinien, Italien und Spanien, sogar Griechenland. Doch das Land, das die Welt mit Nachahmungen überschwemmt hat – einige sehr gut, einige nur die Kopie einer Fanpostkarte, aber fast alle erschwinglich –, ist Frankreich selbst. Nun, wo findet man die meisten Möchtegern-Filmstars? Klar, in Hollywood und Los Angeles.

Viognier: Von der Traube zum Glas

*Geografie und Geschichte Seite 276; Weinbau und Weinbereitung Seite 278; Viognier in aller Welt Seite 280;
Viognier genießen Seite 282*

Geografie und Geschichte

Wir können von Glück reden, dass es überhaupt noch Viognier gibt. Und doch ist sie heute, zu Beginn des 21. Jahrhunderts, eine der modischsten Sorten der Welt. Noch vor zehn Jahren hatten selbst Eingeweihte kaum von der Traube gehört, geschweige denn ihren Wein getrunken. Im Jahr 1965 war Condrieu – eine winzige Rhône-Appellation, die die Viognier fast im Alleingang am Leben hielt – auf ganze 8 ha erbärmlicher, erschöpfter Reben zusammengeschmolzen. Ein Jahrgang erbrachte gerade mal 1900 Liter Wein. 1900 Liter Viognier, um die Welt damit zufrieden zu stellen, aber der Welt war es auch egal. Doch einige waren aufmerksam geworden. Etwa Josh Jensen vom Gut Calera in Kalifornien, der Viognier für eine großartige Traube hielt und einige Reben auf seiner Berglage anpflanzte. Und Georges Dubœuf, der König des

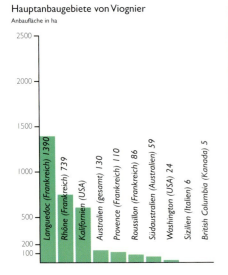

Hauptanbaugebiete von Viognier
Anbaufläche in ha

Beaujolais, der sich unbedingt aus der Zwangsjacke des Beaujolais Nouveau befreien wollte und ein großes Areal in der französischen Ardèche bepflanzte. Mitte der 1990er Jahre wurde Viognier mit großer Begeisterung in allen Ländern der Neuen Welt angesiedelt, und im Süden Frankreichs tauchten überall relativ preiswerte Vins de Pays auf. Und nur eine Generation zuvor hatte man auf der ganzen Welt nur 1900 Liter produziert.

Es sah nicht immer so schlecht aus, 1928 gab es in Condrieu noch 146 ha. Die Hänge dort sind aber unglaublich steil und schwer zu bearbeiten, sodass nur die starrköpfigsten Winzer ihre Terrassen nicht aufgaben und leichtere, besser bezahlte Jobs in Lyon und Vienne annahmen. Nach der Trendwende 1965 ging es zäh aufwärts, 1990 waren 40 ha erreicht, 1995 etwa 80 ha und gegenwärtig sind es bereits über 100 ha. Die Zahlen gelten für Reben, die für AC-Wein alt genug sind – also über drei Jahre; jüngere werden nicht berücksichtigt. Das EU-Verbot neuer Anpflanzungen beschränkt die Appellation gegenwärtig auf 250 ha, sodass weniger als die Hälfte der zulässigen Fläche zur Zeit bepflanzt ist.

Ein wenig Geschichte

Der Ursprung der Viognier liegt im Dunkeln. Die Legenden, nach denen die Syrah im Gepäck der römischen Legionäre die Rhône hinaufgelangte, wollen auch Viognier-Reben denselben Weg nehmen lassen. Dalmatien wird meist als Herkunftsland der Sorte genannt, und es soll der Kaiser Probus gewesen sein, die sie im Jahre 281 n. Chr. an die Rhône brachte. Eine Galeere mit Fracht für das Beaujolais soll von Banditen – nach den Lederflecken auf ihren Hosen französisch *culs de piaux* genannt – auf der Rhône aufgebracht und geplündert worden sein, praktischerweise bei Condrieu. Nett erdacht, man fragt sich nur, wie sich die Viognier auf den Granithügeln des Beaujolais gemacht hätte.

Zutreffend ist, dass die nahe Stadt Vienne ein bedeutendes römisches Zentrum war. Sie soll ihren Namen von *via gehennae* haben, dem »Weg zur Hölle«; *gehenna* hieß auch der größte öffentliche Müllplatz in Jerusalem. Jeder, der zur Ferienzeit auf der A7 südlich von Vienne im Stau steckt, mag darin ein wenig Trost finden.

Wo die Viognier nun auch herkam, jedenfalls ist sie seit vielen hundert Jahren an der Rhône zu Hause. In jüngeren Zeiten tauchte eine Mutation auf (vgl. Norman Remington, *Rhône Renaissance,* 1995), die ziemlich anders aussieht und schmeckt und überwiegend im Südteil der Côtes du Rhône zu finden ist. Sie könnte illegal in andere Länder gebracht worden sein, um die strengen Quarantäne-Vorschriften zu umgehen; dies könnte die Erklärung dafür sein, dass – trotz der herkulischen Anstrengungen sehr seriöser Erzeuger – in der Neuen Welt ein erschreckend großer Teil der Weine den geheimnisvollen Zauber des echten Viognier vermissen lässt.

Die besten Lagen von Condrieu sind die terrassierten Hänge, die bis zu 70 % steil zur Rhône abfallen. (In Hermitage, Côte-Rôtie und Cornas, weiteren Nordrhône-Bereichen, gibt es sogar noch steilere Hänge.) Hier die Lage La Maladière südwestlich des Orts Condrieu.

Traditionell werden die Viognier-Reben in Nordrhône-Art an Pfählen erzogen, hier am steilen Hang von Château Grillet, das eine eigene Appellation bildet.

Georges Vernay in seiner Lage Coteau de Vernon. Der Wein der 40 Jahre alten Reben geht in Vernays Spitzencuvée, die bis zu 18 Monaten im Barrique reift.

Weinbau und Weinbereitung

Wenn Sie als Weinbauer ein einigermaßen angenehmes Leben führen wollen, wäre Viognier für Sie die ungeeignetste Rebsorte. Ihr Ertrag ist niedrig und unzuverlässig, und um die verführerischen, exotischen Aromen von Aprikosen, kandierten Zitrusschalen, Gewürzen und Blüten zu bekommen, die ihre besten Produkte charakterisieren, muss exakt zum richtigen Zeitpunkt gelesen werden. Bei zu früher Ernte hat man genug Zucker, aber nicht genug Aroma, bei zu später verlieren sich die ganze Schönheit und der Duft in schwerer, öliger Mittelmäßigkeit. Die Säure ist generell sehr niedrig, aber früh zu lesen, um die Säure zu erhalten, funktioniert auch nicht. Die Viognier entwickelt Duft und Üppigkeit sehr spät. Bis ganz kurz vor der richtigen Reife erhält man flachen, sauren Wein, der nicht einmal als Viognier zu erkennen ist. Zwar kann sich ein wenig Eiche gut auswirken, doch zu viele Erzeuger erschlagen den Wein mit neuer Eiche – schade um sein wunderbares, überströmendes Bukett.

Klima

Die Renaissance der Viognier und ihre weltweite Verbreitung sind so neue Phänomene, dass man alle Anpflanzungen als experimentell ansehen könnte. Die Erfahrung hat jedoch gezeigt, dass Viognier sehr reif werden muss, damit sich die Aroma-Vorläuferstoffe entwickeln können, und das tun sie spät, nach der Zuckerreife. Man braucht schon 13 % Alkohol für die richtige Balance zwischen Körper und Aroma, und Viognier ist im Allgemeinen die in der Region zuletzt geerntete Traube. Deshalb braucht sie Wärme, nicht verwunderlich, wenn man den Sommer an der nördlichen Rhône kennt.

Die Weinberge von Condrieu sind nach Süden oder Südosten geneigt, sodass sie morgens und mittags viel Sonne haben, vor der Hitze der Nachmittagssonne aber etwas geschützt sind. In den steilen Terrassen wird es im Winter so kalt, wie es im Sommer heiß wird; der Einfluss des mediterranen Klimas reicht nicht weit über Valence hinaus. Hinzu kommt der kalte Mistral, der mit bis zu 150 Kilometern pro Stunde das Rhône-Tal hinunterfegt, wenn über Nordfrankreich Hochdruck und über dem westlichen Mittelmeer Tiefdruck herrscht.

In den diversen Ecken der Welt trifft Viognier auf eine ganze Reihe unterschiedlicher Klimate von kühl bis warm. Ihr Wein entwickelt meist – vorausgesetzt, im Weinberg wird sorgfältig gearbeitet – einen gewissen Sortencharakter, erreicht aber nur selten die Finesse eines guten Condrieu. Vielleicht spielt der Boden eine Rolle, vielleicht die noch geringe Erfahrung.

Boden

Die Terrassen von Condrieu sind aus Wärme speicherndem Granit herausgeschnitten und haben einen sandigen Oberboden, der *arzelle* genannt wird. Erosion ist ein großes Problem, trotz der Stützmauern, und da der *arzelle* großen Einfluss auf den Duft des Weins hat, muss der Weinbauer ihn wieder den Berg hinauftragen, wenn ihn der Regen hinunterspült.

Im Süden, in Languedoc, Roussillon und Ardèche, wachsen die Rebflächen rasch an. Viognier steht dort auf sehr unterschiedlichen Böden, ebenso in der Neuen Welt. Bisher erscheint klar, dass schwere Böden einen Verlust an Frische und Pikantheit verursachen. Im australischen Eden Valley, wo Yalumba seinen besten Viognier macht, liegt im Allgemeinen grauer Lehm über Ton, der fest gefügt ist und jede Menge Wasser bereitstellt. Der Boden ist ganz anders als der in Condrieu, liefert jedoch bukettreiche, sinnliche Weine.

Kultivation

Die exotischen Düfte eines Viognier können sehr flüchtig sein, weshalb es nicht verwundert, dass sie sich bei hohen Erträgen ganz verabschieden. Maximal darf in Condrieu 35 hl/ha geerntet werden, und es gibt auch keinen *plafond limite de classement,* den legalen Überschuss, mit dem man anderswo in guten Jahren den Maximalertrag um bis zu 10% überschreiten darf. In den 1980er Jahren wurde der Maximalertrag in Condrieu von 30 auf 37 hl/ha heraufgesetzt, als man die Bestimmungen der Appellation der plötzlichen Beliebtheit der Sorte anpasste, was aber schon 1991 vom örtlichen Syndicat zurückgenommen wurde. Hin und wieder wird darüber gestritten, ob man in Jahren mit entsprechender Qualität das Maximum auf 40 hl/ha heraufsetzen sollte, wenn das Vorjahr eine Verringerung in ähnlicher Größe notwendig machte. Doch die meisten, die dafür

Auf seinem Gut Mas de Daumas Gassac mixt Aimé Guibert Viognier mit Chardonnay, Petit Manseng, Muscat, Marsanne und Roussanne. Wenige Erzeuger haben den Mut, so viele hocharomatische Sorten miteinander zu verschneiden, es könnte ein schauderhaftes Chaos dabei herauskommen. Guibert hat damit brillanten Erfolg.

sind, gehören zu den Neulingen, die ihre Viognier-Reben auf dem windgezausten Plateau oberhalb von Condrieu gepflanzt haben, wo die Trauben nicht richtig reif werden, egal wie hoch der Ertrag ist. Da diese fruchtbaren Obstgärten für Viognier nicht geeignet sind, hoffe ich, dass die regelmäßigen Vorstöße im Interesse dieser Erzeuger ebenso regelmäßig abgeschmettert werden – doch wann haben Qualitätsüberlegungen bei Lokalpolitikern schon eine Rolle gespielt?

Gegenwärtig liegt der Ertrag meist unter 30 hl/ha, und es gibt keinen Zweifel, dass der Wein über 35–40 hl/ha seine großartige, verschwenderische Erotik einbüßen würde, die die Condrieu-Fans so befeuert. Das australische Gut Yalumba sagt, dass die Erträge je nach Region, geplantem Weintyp und dem realisierbaren Preis variieren. Für seinen Virgilius erntet Yalumba unter 5 t/ha (ca. 35 hl/ha), für den Eden Valley Viognier unter 8 t/ha, für den Oxford Landing 10–12 t/ha. Bemerkenswerterweise ist der Oxford Landing in der Regel sehr köstlich. In Kalifornien werden für die besseren Weine 3–5 tons/acre geerntet (etwa 50–90 hl/ha).

Ebenso variieren die Erziehungssysteme. Manche bevorzugen eine Laubdachaufteilung wie den Geneva Double Curtain; in Condrieu ist eine einzige Fruchtrute üblich, und dieses System hat sich weltweit verbreitet. Auch bei Viognier fruchten die Basalaugen nahe dem Stamm schwach, weshalb man genügend Augen anschneiden muss. Schwacher Fruchtansatz kann zu einem endemischen Problem werden, auch wenn die Blüte gut verläuft. Viognier setzt auch sehr unregelmäßig Frucht an, sodass an einer Traube große und sehr kleine Beeren ausgebildet werden.

Ein weiterer Grund für Kopfschmerzen ist die Blattrollkrankheit. Die ersten Viognier-Reben, die nach Australien kamen, wurden von Alan Antcliff von CSIRO aus dem Katalog des INRA (Institut National de Recherche Agronomique) ausgewählt und kamen aus Montpellier; sie sollten frei vom Blattrollvirus sein; später stellte sich jedoch heraus, dass dieser Klon (Montpellier 1968, auch als 642 bezeichnet) das Blattrollvirus Typ eins hatte, und es ist viel Arbeit nötig, um ihn zu säubern. CSIRO hat einen blattrollvirusfreien Klon entwickelt (HT Koolong), der in Australien in etwa einem Jahr auf den Markt kommt. Auch Yalumba arbeitet an eigenen virusfreien Klonen; sein Ziel ist, einen australischen genetischen Pool zu entwickeln und die Massenselektion anderswo im Auge zu behalten.

Das Alter der Reben ist für die Weinqualität

Die Terrassen von Château-Grillet an der Rhône bilden ein großes Amphitheater. Reife ist in einem solchen Treibhaus normalerweise kein Problem, doch entscheidend für Viognier ist der richtige Lesezeitpunkt, um einerseits die ganze üppige Aprikosenfruchtigkeit zu bekommen, andererseits aber den umwerfend verführerischen Duft nicht zu verlieren.

ausschlaggebend. Sie sollten mindestens 15 Jahre alt sein, besser 20. Da die Welle des neuen Interesses vor noch nicht 20 Jahren durch die Weinberge schwappte und die meisten Reben keine zehn Jahre alt sind, dürfte sich die Qualität der Viogniers in der ganzen Welt noch deutlich verbessern. Im Moment sind nur an der Rhône sehr – 70 Jahre und mehr – alte Reben anzutreffen.

Vinifizierung

Viognier wird in erster Linie im Weinberg gemacht; die Weinbereitung ist im Allgemeinen simpel. In warmen Klimaten wird oft früh am Morgen gelesen, da kalte Trauben einen klareren Saft liefern; man lässt ihn oft 24 Stunden stehen, damit er sich klären kann. Hin und wieder versucht man es mit einigen Stunden Mazeration, viele Winzer fürchten jedoch, zu viel von dem öligen Phenolcharakter zu erhalten. Viognier hat weiche Beerenschalen, und Phenole sind rasch extrahiert.

Wenn man den malolaktischen Säureabbau zulässt, dann um dem Wein mehr Körper zu geben, weniger um die Säure zu verringern. Die niedrige Säure der Sorte hält viele vom Säureabbau ab. In der Neuen Welt wird sogar Säurezugabe in Betracht gezogen. Der Wein bleibt bis zur Abfüllung – die im Frühling oder Sommer nach der Lese stattfindet – auf der Hefe, wobei das Aufrühren *(bâtonnage)* weithin üblich ist.

SÜSSER VIOGNIER, AUSBAU IN EICHE

Süßer Condrieu ist ein traditioneller Wein, den nur wenige Winzer noch in geringen Mengen herstellen. Die Trauben sind meist überreif oder teilrosiniert *(passerillé)*, nicht edelfaul, doch auch edelfaule Viogniers sind nicht unbekannt, weder in Condrieu noch in anderen Ländern.

Die Gärung kann durch die Zugabe von Schwefel gestoppt werden, oder der Wein gärt, bis er von selbst aufhört. Kühlung und Sterilfiltration können notwendig werden, um den Wein zu stabilisieren. Letztere Methode soll besser sein, da sie mehr Aromen liefert, die sich erst gegen Ende der Gärung bilden.

Die führende Condrieu-Spätlese ist die Récolte Tardive von Yves Cuilleron. (Er darf sie nicht Vendange Tardive nennen, um Verwechslungen, vor allem mit dem Elsass, zu vermeiden.) Er liest Ende Oktober oder Anfang November, allerdings nicht nach der traditionellen Methode *à l'assiette:* Eine Platte wurde unter die Traube gehalten und diese geschüttelt, so dass die überreifen Beeren herunterfielen. Die Erntemengen, so darf man annehmen, waren winzig, doch ich kann mir vorstellen, dass ein pfiffiger Erzeuger diese Assiette-Methode verwendet, das auf dem Etikett vermerkt und die Hand voll Flaschen für ein Vermögen verkauft. Ich hoffe nur, dass nicht ich sie damit erst auf die Idee bringe.

Häufiger als Süßwein ist in Eiche ausgebauter Viognier. Ein wenig Eichenholz, sogar neues, kann zusätzliche Komplexität und Struktur geben, andererseits ist der Duft durch zu viel Vanille schnell ruiniert. Die Gärung kann in Stahl- oder Betontanks oder in Holzfässern stattfinden, wobei – wie bei anderen Sorten – die Eichenaromen besser integriert werden, wenn der Wein schon im Fass gärt, anstatt erst nach der Gärung auf Fässer gezogen zu werden.

Wenige Winzer verwenden noch mehr als 10–30 % neue Eiche, der Rest sind Fässer verschiedenen Alters. Alte Fässer sind wünschenswert, da sie gut oxidieren lassen und die Frucht zum Ausdruck bringen, ohne vordergründige Eichennoten mitzugeben. Extreme Zurückhaltung ist hier ebenso geboten wie in allen Aspekten der Vinifikation von Viognier.

Viognier in aller Welt

Ah, dieser wunderbare Duft nach Maiglöckchen und sonnengereiften Aprikosen und Pfirsichen, dieser samtige Schmelz dicker Sahne – das sind die Sensationen, die die Erzeuger von Viognier rund um die Welt inspirieren. Doch wenige erreichen solche Höhen, nicht nur irgendwo auf dem Globus, sondern sogar auch in Condrieu.

Frankreich

Die Appellation Condrieu umfasst sieben Gemeinden entlang eines 22 km langen Abschnitts der Rhône: die drei, die 1940 bei der Einrichtung der Appellation schon dabei waren, Condrieu, St-Michel-sur-Rhône, Chavanay, sowie Verin, St-Pierre-de-Bœuf, Malleval und Limony. Der Boden ist relativ einheitlich; die tonhaltigeren Böden betonen Aroma, der tiefe, sandige *arzelle* Kraft und Langlebigkeit. Das Land außerhalb der AC-Grenzen, über 300 m hoch, auf dem Ton-Plateau oder in der Talebene gelegen, wird mit recht gutem Ergebnis für Vins de Pays genützt.
Château-Grillet ist eine eigene, sehr kleine Appellation, die mit 3,08 ha aber nicht einmal die kleinste in Frankreich ist (dieser Titel geht an La Romanée im Burgund). Der Granitboden weist einen großen Anteil von Glimmerverwitterung auf, die Weine verfügen über mehr Säure und reifen langsamer als Condrieu.
Die Weinberge sind seit 1840 in der Hand nur eines Besitzers und wurden seit 1965 von 1,75 ha auf ihre heutige Größe erweitert; die meisten Reben sind etwa 80 Jahre alt. Qualitativ bleibt der Château-Grillet gegenwärtig hinter den besten Condrieus zurück. Negativ vermerkt wird der angeblich dünne Charakter des Weins (wobei die Erträge nur wenig höher sind als in Condrieu); relativ frühe Lese, Nichtverwendung neuer Eiche und späte Abfüllung ergäben zu wenig Konzentration. Der Punkt ist nicht, dass der Wein schlecht wäre, aber er ist schwach im Vergleich zu dem, was in Condrieu möglich ist. Letztes Jahr jedoch hatte ich eine Flasche vor mir, die sehr viel mehr Eleganz und Duft auf-

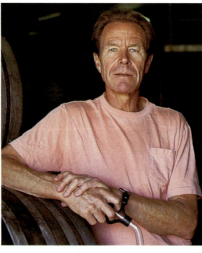

Josh Jensen von der Calera Wine Company im kalifornischen San Benito scheint für schwierige Rebsorten ein Händchen zu haben. Nicht nur, dass sein Pinot Noir einer der besten im Westen der USA ist, sein unglaublich üppiger, kraftvoller, honigsüßer Viognier ist bisher eindeutig Kaliforniens großartigster.

wies als jede zuvor. Doch bei dem Preis des Château-Grillet habe ich nur alle Jubeljahre Gelegenheit, einen zu testen.
In der Côte-Rôtie erlauben die AC-Bestimmungen eine Beimischung von 20 % Viognier zu roten Sorten. Dieser Usus mag sich entwickelt haben, um den Syrah weicher und buketreicher zu machen, oder es sind schlicht praktische Umstände gewesen. Jedenfalls setzen nur wenige Erzeuger Viognier zu, und auch dann kaum mehr als 5 %. Viognier-Trauben müssen mitvergoren werden, man kann nicht später Wein zumixen. Das ist ein Problem, denn Viognier ist früher reif als Syrah und überreif, wenn Syrah so weit ist. Was im Weinberg noch 5 % sein können, ist möglicherweise schon viel weniger, wenn der Wein gemacht wird. Dennoch wird mehr bewirkt als nur eine Anhebung von Aroma und Finesse. Der Punkt, Viognier zur Gärung zuzugeben, liegt in der so genannten Co-Pigmentierung: Die verschiedenen Phenole, die aus den weißen Trauben stammen, stabilisieren die Pigmente aus den roten Trauben. Viognier ist in der Côte-Rôtie überwiegend auf dem Kalkstein der Côte Blonde zu finden, der für sie besser geeignet ist als der Ton der Côte Brune.
An der südlichen Rhône wird Viognier oft für den Verschnitt mit Marsanne, Roussanne, Bourboulenc, Clairette und anderen Sorten angebaut. Sie ist nicht so hitzeresistent wie Chardonnay, weshalb sie sich im Midi – wo sie häufig zu sortenreinem Vin de Pays verarbeitet wird – in den höheren Lagen des Languedoc wohler fühlt als im Roussillon, dessen Durchschnittstemperaturen drei, vier Grad höher sind. Auch in Provence und Ardèche sind große Rebflächen zu finden.

Australien

Zu kommerziellen Zwecken pflanzte Yalumba Viognier im Jahre 1979 an, und im folgenden Jahr hatte man genug Stecklinge, um 1,2 ha in der Lage Vaughan in Angaston anzulegen. Dieser Weinberg ist jetzt 8 ha groß, und seine ältesten Viognier-Reben sind auch die ältesten in Australien. Im ganzen Kontinent hat man heute ca.

YVES CUILLERON
Cuilleron ist der aufsteigende Stern der Appellation Condrieu und diese Spätlese ein überaus konzentrierter, öliger Wein.

E. GUIGAL
Guigal vergärt seinen Condrieu zu einem Drittel in neuen Eichenfässern, um dem Viognier die nötige Struktur zu geben.

CHÂTEAU PECH-CÉLEYRAN
Sein Renommee hat sich Pech-Céleyran mit seinen aufregenden Languedoc-Rotweinen erworben, produziert aber auch einen gehaltvollen, intensiven Viognier.

Die Lage Heggies des südaustralischen Weinguts Yalumba. Hier bekommt Viognier oft einen Hauch Botrytis mit, was vielschichtigere Aromen ergibt. Yalumba versucht, mit subtilen Mitteln im Weinberg ebenso viel Geschmack mit weniger Zucker zu erreichen, um den Alkoholgehalt zu senken. Ich bin nicht überzeugt, dass dies Erfolg hat; Viognier ist eine üppige, wollüstige Kreatur.

50 ha: in Murray Valley, McLaren Vale, Geelong, Central Victoria, Mornington Peninsula, Barossa, Eden Valley und Adelaide Hills. In den nächsten paar Jahren wird sich die Fläche sicher verdoppeln.

Die Qualität ist äußerst unterschiedlich. Die besten Weine sind grandios, die schlechtesten lahm und ohne Aroma. Louisa Rose, Chef-Weinmacherin von Yalumba: »Das Frustrierendste an Viognier in der Reifezeit ist, darauf zu warten, wann sie endlich ein wenig Aroma entwickelt. Die Beeren haben schon viel Zucker, doch das ist kein Zeichen dafür, dass die Aromen reif wären. Sie warten und warten – und dann auf einmal ändert sich alles, Moschus- und Aprikosenduft explodieren geradezu.« Die Reife der Fruchtaromen bestimmt den Lesezeitpunkt; der Alkohol pegelt sich dann auf 13–14 % ein, er kann aber auch noch höher werden, was den Duft besser bewahrt.

Kalifornien

Kalifornien hat sich in Viognier verliebt. Man war auf der Suche nach einem Weißwein als Alternative zu Chardonnay, den man zum Kult stilisieren und teuer verkaufen konnte. Viognier passte da hervorragend. Zum ersten Mal Anfang der 1980er Jahre angepflanzt, sind zur Zeit 445 ha mit Viognier-Reben zu finden, überwiegend in Mendocino und im Napa Valley, und es werden ständig mehr. Das Pflanzgut kommt aus Frankreich, und zwar über eine in New York ansässige Rebschule.

In puncto Kultivierung und Vinifizierung ist man hier mit denselben Problemen konfrontiert wie überall: Ertrag, Reife, Maischung, Ausbau in Eiche. Wenn die Rebfläche so rasch ausgeweitet wird, ist es unvermeidlich, dass viele Lagen sich als ungeeignet erweisen; die besten Produkte Kaliforniens sind jedoch hervorragend. Viognier wird die Chardonnay in Kalifornien aber nicht vom ersten Platz vertreiben; sie ist wesentlich schwieriger und anspruchsvoller im Anbau, und sie macht im Keller viel mehr Probleme. Nur sehr engagierte Weingüter werden sich an der langwierigen Renaissance beteiligen und Terrassen in felsige Berghänge schlagen.

Viognier kann zwar nie ein billiger Wein sein, aber die hohen Preise, die man in Kalifornien verlangt, lassen sich nicht immer mit der Qualität vereinbaren. Und selbst bei bester Behandlung ist Viognier keine vielseitige Rebe. Auch ganz eingefleischte Rhône Rangers beginnen sich zu fragen, ob Marsanne und Roussanne nicht vielleicht eine bessere Zukunft hätten.
Weitere US-Staaten mit Viognier-Weinbergen sind Colorado und Virginia.

Übrige Welt

In Mittelitalien hat man mit Viognier beträchtlichen Erfolg, auch aus dem Piemont kommen einige gute Exemplare. Im spanischen Rioja wird mit ihr experimentiert, und in Griechenland macht man Weine, die zwar wenig duften, im Mund aber sehr füllig und sinnlich wirken. In der Neuen Welt sind Viognier-Reben außerdem in Brasilien, Argentinien, Uruguay, Chile, Südafrika und Neuseeland zu finden. Jeder will dabei sein. Aber wie in Condrieu wird nicht jeder wissen, wie es geht.

ALBAN VINEYARDS
John Alban ist ein fanatischer Anhänger von Rhône-Rebsorten; dieser mit Pfirsich und Birne voll gepackte Wein wurde zum ersten Mal 1991 gelesen.

KUNDE
Ein weiches, eichenbetontes Beispiel, das wie die meisten Viogniers jung zu genießen ist. Kunde ist ein rasch expandierendes Unternehmen im Sonoma County.

GIACOMO ASCHERI
Dieser piemontesische Erzeuger ist ein Barolo-Spezialist, hat aber in seinen Weinbergen in Roero auch Viognier gepflanzt, um seine Chancen auszuloten.

Viognier genießen

Keine Regel ohne Ausnahme, so sagt man. Ohne Ausnahme gilt aber für Viognier, dass er mit den Jahren nicht besser wird. Der Gag dieses Weins ist sein schwindeln machender, betörender Duft, der am erotischsten, verführerischsten wirkt, wenn er ein Jahr alt ist oder noch nicht einmal das. Wenn Sie sich einmal den Zugang zu einem Keller in Condrieu erschmeicheln können, müssen Sie sich ein Glas direkt vom Fass einschenken lassen: Viognier ist nie besser als so. Nun, er *kann* alt werden; ich habe zehn Jahre alte Exemplare gekostet – tiefgründig, geheimnis- und gehaltvoll und sehr ansprechend, aber ohne den strahlenden Appeal des jungen Modells. Mit vier, fünf Jahren ist ein guter Viognier in der Mitte zwischen genusssüchtiger Jugend und köstlich-hinfälligem Alter. Diese Fixierung auf Jugend macht Viognier zur Anomalie; hohe Preise sind meist an großes Alter gebunden, doch Condrieu ist der teuerste früh zu trinkende Wein der Welt. Er verändert sich in der Flasche sehr rasch nach bisher noch unbekannten Regeln. Und jede Flasche kann sich von der anderen dramatisch unterscheiden.

Die Weine, die reifen können, stammen vorzugsweise aus Australien und Kalifornien, nicht aus Condrieu. Doch seien Sie vorsichtig, seien Sie sich des Risikos bewusst: Wollen Sie das Vergnügen an den überströmenden, koketten Aromen der Jugend versäumen in der vagen Hoffnung auf einen majestätischen Alten, der an Bienenwachs erinnert?

So schmeckt Viognier

Denken Sie an jede duftende Blume und Frucht, die Sie sich vorstellen können, und stecken Sie sie in ein Glas. Viognier kann an Geißblatt erinnern, an Jasmin oder Primeln, Aprikosen und Pfirsiche, an Sukkade, Moschus und Gewürze. Doch das ist noch nicht genug: All diese Aromen können entweder übermächtig und fast abstoßend schwer werden, ohne Finesse und Subtilität, oder eine bemerkenswert samtige Textur bekommen, die an dicke Sahne erinnert.

Die Säure ist meist gering, und wer früh liest, um Säure zu bekommen, verliert an Duft. Der Wein ist immer gewichtig mit mindestens 13 % Alkohol, manchmal 15 %. Dann riskiert man aber, dass das Aroma ölig, phenolisch und schwerfällig wird.

Einfachere Versionen – die aber auch nicht billig sind, da die enorme Nachfrage derlei verhindert – weisen ein absolut attraktives, jedoch kaum begeisterndes, vielschichtiges Bukett von Aprikosen auf. In solchen Fällen fragt man sich, wozu die Aufregung gut sein soll. Zugegeben, ein billiger Chardonnay-Vin-de-Pays wird einem Corton-Charlemagne kaum ähnlich, warum sollte dann ein »billiger« Viognier einem Condrieu ähnlich? Wenigstens einigen Weinen ist ein ordentlicher Sortencharakter zu bescheinigen, zu einem Bruchteil des Preises. Viognier ist eine sehr schwierig zu kultivierende und zu vinifizierende Rebe, die dieselbe Balance braucht wie Chardonnay, aber nicht deren gewinnende Natur besitzt; vergleichbar feine Aromen zu erzielen ist sehr aufwändig. Ein guter Viognier setzt perfekt reife Trauben voraus, auch dies ein Grund, weshalb nur ein kleiner Teil der Weine in aller Welt das Potenzial realisiert. Was Viognier noch braucht, ist Zeit und Erfahrung.

Der Les Chaillets Vieilles Vignes von Yves Cuilleron ist einer der vielschichtigsten, gehaltvollsten Weine der Appellation Condrieu an der nördlichen Rhône. Er verbindet unwiderstehlichen Duft mit Charakter und Finesse, und gute Jahrgänge kann man sogar fünf oder sechs Jahre reifen lassen. Der kalifornische Mount Harlan Viognier von Calera erreicht solche Höhen zwar (noch) nicht, verfügt aber über unglaublich üppigen Aprikosen-und-Sahne-Charakter und honigartigen Duft.

Viognier zum Essen

Frischer, junger Viognier ist am besten als Aperitif zu genießen. Seine feinen Aromen haben Affinität zu kräftigen Kräutern und Gewürzen wie Rosmarin und Safran, und er ist ein guter Begleiter für mild gewürzte indische Gerichte wie Chicken Korma. Überhaupt passt er zu jedem Hühnergericht mit sahniger Sauce und zu Meeresfrüchten wie Garnelen, Hummer und Jakobsmuscheln. Das Aprikosenaroma, das auch weniger teurer Viognier aufweist, macht ihn zudem für süß-säuerliche Gerichte mit Aprikosen – Huhn, Lamm, Schwein – geeignet.

VIOGNIER GENIESSEN

VERBRAUCHERINFORMATIONEN

Synonyme und regionale Bezeichnungen
Hier muss man sich mit nichts belasten.

Gute Erzeuger
FRANKREICH Rhône-Tal Gilles Barge, P. & C. Bonnefond, Burgaud, Chapoutier, Château-Grillet, Louis Chèze, Yves Cuilleron, Delas Frères, Pierre Dumazet, Christian Facchin, Philippe Faury, Gilles Flacher, Font de Michelle, Pierre Gaillard, Jean-Michel Gerin, Les Goubert, Guigal, Jaboulet, Jamet, Jasmin, Monteillet, Robert Niero, Niero-Pinchon, Alain Paret, André Perret, Christophe Pichon, Philippe Pichon, René Rostaing, Ste-Anne, Vallout, Georges Vernay, Vidal-Fleury, Gérard Villano, François Villard;
Languedoc L'Arjolle, Ch. Cazal-Viel, Clovallon, Fortant de France, Mas de Daumas Gassac, Pech-Céleyran, Skalli/Fortant de France;
Provence Ch. Routas
ITALIEN Piemont Giacomo Ascheri; **Toskana** D'Alessandro/Manzano
USA Kalifornien Alban Vineyards, Araujo, Arrowood, Calera, Caymus, Cayuse, Jade Mountain, Kunde, La Jota, McDowell Valley, Qupé, Zaca Mesa;
Washington McCrea Cellars;
Virginia Horton
AUSTRALIEN Clonakilla, Haselgrove, Heggies, Yalumba
SÜDAFRIKA Fairview

WEINEMPFEHLUNGEN
Fünfzehn Klassiker von der Rhône
Guigal *Château d'Ampuis Condrieu La Doriane*
Gilles Barge *Condrieu*
Château-Grillet
Louis Chèze *Condrieu Coteau de Brèze*
Cuilleron *Condrieu Les Chaillets Vieilles Vignes*
Delas Frères *Condrieu Clos Bondes*
Pierre Dumazet *Condrieu*
Pierre Gaillard *Condrieu*
Jean-Michel Gerin *Condrieu Coteau de la Loye*
Guigal *Condrieu*
Domaine du Monteillet *Condrieu*
André Perret *Condrieu Coteau de Chéry*
René Rostaing *Condrieu La Bonette*
Vernay *Condrieu Coteau de Vernon*
François Villard *Condrieu Les Terrasses du Palat*

Zehn weitere französische Weißweine auf Viognier-Basis
Domaine de l'Arjolle *Vin de Pays des Côtes de Thongue Equinoxe*
Ch. Cazal-Viel *Vin de Pays d'Oc Viognier*
Domaine de Clovallon *Vin de Pays d'Oc Viognier*
Font de Michelle *Côtes du Rhône Cépage Viognier*
Scalli/Fortant de France Collection *Vin de Pays Viognier*
Domaine Les Goubert *Côtes du Rhône Viognier*
Ch. Pech-Céleyran *Vin de Pays d'Oc Viognier*
Ch. Routas *Coteaux Varois Cuvée Coquelicot*
Domaine Ste-Anne *Côtes du Rhône Viognier*
Georges Vernay *Vin de Pays des Collines Rhodaniennes Viognier*

Zehn Viognier-Weine aus der Neuen Welt
Alban Vineyards *Edna Valley Viognier* (Kalifornien)
Arrowood Vineyards *Russian River Valley Viognier* (Kalifornien)
Calera *Mt Harlan Viognier* (Kalifornien)
Fairview *Paarl Viognier* (Südafrika)
Haselgrove *McLaren Vale ›H‹ Viognier* (Australien)
Horton Vineyards *Viognier* (Virginia)
Jade Mountain *Mount Veeder Viognier* (Kalifornien)
Kunde Estate *Russian River Valley Viognier* (Kalifornien)
McCrea Cellars *Columbia Valley Viognier* (Washington)
Yalumba *The Virgilius* (Australien)

Liebhaber von Condrieu sollten nicht verzweifeln; es gibt noch 145 ha in der Appellation, die mit Viognier bepflanzt werden könnten. Für ausdrucksvolle Aromen sind aber immer perfekt reife Trauben nötig.

Reifediagramme
Einige wenige Viogniers können zehn Jahre und länger in der Flasche reifen. Die große Mehrheit sollte aber innerhalb weniger Jahre genossen werden.

1999 Condrieu

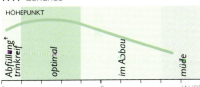

Condrieu ist einer der wenigen teuren Weißweine, die keine Flaschenreifung brauchen. Kenner sagen, er sei direkt vom Fass am besten.

2000 Languedoc Vin de Pays

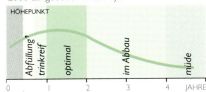

Viognier aus dem Languedoc-Roussillon sollte innerhalb weniger Jahre getrunken werden. Er wird durch Lagerung nicht besser.

1999 Kalifornien (Spitzenklasse)

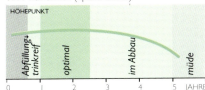

Kalifornischer Viognier bildet keine Ausnahme von der Regel »Jung trinken«. Lässt man ihn zu lange liegen, verliert er sein Aroma.

VIOSINHO

Diese weiße Traube wächst in den nordportugiesischen Regionen Douro und Trás-os-Montes – und, wie es heute so geht, überall, wo ein tatendurstiger portugiesischer Erzeuger etwas ausprobieren möchte. Einem Verschnitt gibt sie Struktur und Geschmack, und das sind wertvolle Eigenschaften in Portugal, das einen ganzen Sack charaktervoller roter Sorten besitzt, mit guten weißen Trauben aber nicht so gut versorgt ist. Gute Erzeuger: Domingo Alves de Sousa, Sogrape.

VITAL

So nennt man in der portugiesischen Region Estremadura eine weiße Sorte, die mit der Malvasia Fina des Douro-Tals identisch sein könnte (siehe S. 120/121), auch wenn die Blätter sich unterscheiden. Zur Neutralität neigend, können die Weine bei guter Vinifikation und mit einem Touch Eiche interessant mineralisch ausfallen.
Im Douro-Tal wird Malvasia Fina in größen Höhen kultiviert, um die Säure zu erhalten. Gute Erzeuger: Quinta da Boavista, Quinta dos Platanos.

VIURA

Unter diesem Namen ist die Macabeo (siehe S. 117) im nordspanischen Weinbaugebiet Rioja bekannt, wohin sie wahrscheinlich zu Beginn des 20. Jahrhunderts gelangte. Sie ist eine Sorte, die hartnäckig allen Anstrengungen Widerstand leistet, aus ihr Weltklasseweine zu machen.

Sie spielte in der Vergangenheit eine Rolle als Weichmacher im roten Rioja (viele Regionen hatten eine solche Strategie, wenn Tannine und Säure zu hoch waren, um Spaß zu machen). Heute sind die Rotweine aufgrund höherer Erträge weicher geworden, allerdings auch weniger charaktervoll; überdies erzielt man mit besseren Techniken in Weinberg und Keller weichere Resultate. Das macht eine der neutralen Weißweintrauben der Welt arbeitslos – sie hat damit dasselbe Schicksal wie die Trebbiano in Chianti (siehe S. 270).

Weißer Rioja auf Viura-Basis ist selten aufregend, aber es gibt Ausnahmen; die besten Vertreter bekommen ihren Charakter nicht von Viura, sondern von Malvasia.

Die Sorte hatte ihre große Zeit im Weißweinboom der 1980er Jahre, als die Bodegas auf junge, aggressive, nach Grapefruit duftende Weine setzten. Die Neutralität der Viura sorgt dafür, dass weißer Rioja oft nach nicht viel mehr als Eiche und simpler Frucht schmeckt. Die Rebsorte reagiert gut auf Gärung im Bar-

Ernte von Xarel-lo-Trauben in Katalonien. Der Wein, ob Tisch- oder Schaumwein, wird neutral und sauber sein – nicht gerade aufregend, aber auch nicht abschreckend.

rique und Ausbau auf der Hefe, und bei früher Lese behält sie ihre frische Säure. Das allerdings bedeutet wiederum Verlust an Aroma. Treffen Sie Ihre Wahl.

Heutzutage ruft alles nach Rotwein, und das Letzte, was die Mode will, sind leichte, mit weißen Trauben verdünnte Weine, weshalb in Rioja die Viura allmählich durch Tempranillo ersetzt wird.

Gegenwärtig sind in Rioja mit etwa 7500 ha gut 15 % der spanischen Viura-Rebfläche versammelt, in Navarra ist sie mit 8 % der Gesamtrebfläche die wichtigste weiße Traube. In beiden Regionen nehmen weiße Sorten zugunsten roter ab, insbesondere Tempranillo.

Gute Erzeuger: Artadi, Bodegas Bretón, Martínez Bujanda, CVNE, Enomar, López de Heredia, Marqués de Cáceres, Marqués de Murrieta, Montecillo, La Rioja Alta.

WEISSBURGUNDER

Weißburgunder und Weißer Burgunder sind die deutschen und österreichischen Synonyme für Pinot Blanc (siehe S. 170/171). Gute Erzeuger: (Deutschland) Bercher, Bergdolt, Schlossgut Diel, Fürst, Dr. Heger, Karl-Heinz Johner, Franz Keller, U. Lützkendorf, Müller-Catoir, Rebholz; (Österreich) Feiler-Artinger, Walter Glatzer, Hiedler, Lackner-Tinnacher, Hans Pittnauer, Fritz Salomon.

WEISSER RIESLING

Alles, was auf der Welt als Weißer Riesling oder White Riesling bezeichnet wird, ist der echte Riesling (siehe S. 190–201).

WELSCHRIESLING

Diese Traube dürfte den zweiten Teil ihres Namens nicht führen, denn sie ist mit Riesling (soweit bekannt) nicht verwandt. Das »Welsch« aber zeigt an, wie der Name entstanden sein könnte. »Welsch« bedeutet in der deutschen Sprache so viel wie »fremd«, und da die Sorte unter dieser Bezeichnung in Österreich in großen Mengen angebaut wird, darf man vermuten, dass sie nicht dort entstand.

VELICH
Roland und Heinz Velich machen am Neusiedler See auch süßen Welschriesling, doch dies ist der trockene – elegant und gut strukturiert.

Andererseits könnte der Namen auch von der Walachei in Rumänien herrühren; slawisch heißt die Walachei Vlaska, und in Slowenien und der Wojwodina ist die Rebe als Laski Rizling bekannt. Weitere Versionen sind Olaszrizling in Ungarn und Rizling Vlassky in Tschechien und Slowakei. Die Italiener nennen sie Riesling Italico (und den echten Riesling Riesling Renano). In Deutschland wird Welschriesling nicht angebaut.

In Nordeuropa war Welschriesling lange Zeit für seine extrem schlechte Qualität berüchtigt, was auf den großen Mengen beruhte, die Jugoslawien bis zum Ende des Kommunismus (und zum Zerbrechen des Landes) dorthin exportierte. Die niedrige Qualität des Getränks, das mehr an Spülwasser erinnerte als an Wein, war Resultat schlechter Weinbereitung und Lagerung sowie des Ziels, bestimmte Preislimits nicht zu überschreiten. Dieselbe staatliche Kellerei konnte aber auch absolut vertrauenswürdige Weine machen.

Guter Welschriesling, wie er in Österreich und Slowenien produziert wird, ist gewichtig und nussig, schön rund und relativ säurearm. Im Burgenland gewinnt man exzellente edelfaule Süßweine. Die Rotweinmode bedeutet aber, dass auch hier Welschriesling zugunsten von Merlot, Pinot Noir und österreichischen Sorten wie Blaufränkisch gerodet wird. Die norditalienischen Versionen sind hingegen frischer und leichter.

Die Rebe trägt reichlich, und um die nötige Konzentration zu erreichen, muss der Ertrag begrenzt werden. Sie könnte durchaus ihren Ruf als gute, wenn auch nicht erstklassige Traube wiedergewinnen. Gegenwärtig hängt ihr aber noch der schlimme Ruf nach, wesentlich daran beteiligt gewesen zu sein, dass der absolut unschuldige echte Riesling in der Weinwelt seine Popularität und sein Renommee verlor. Gute Erzeuger: (Österreich) Feiler-Artinger, Alois Kracher, Velich.

WHITE RIESLING

Ein weiterer Name für den echten Riesling (siehe S. 190–201).

WILDBACHER

Auch Blauer Wildbacher genannt wird diese österreichische Rebsorte, die fast nur in der Weststeiermark angebaut und dort zu der rosafarbenen Spezialität Schilcher verarbeitet wird. Der Schilcher ist erschreckend sauer, aufgrund seiner fruchtig-frischen Art dennoch bei den Einheimischen wie bei den Touristen sehr beliebt. Mit seinen Rote-Johannisbeer-Aromen ist er jung zu genießen. Auch einige richtige Rotweine werden aus der Traube gemacht. Der wasserklare Tresterbrand aus Schilcher ist umwerfend gut.

XAREL-LO

Eine ertragreiche spanische Traube, die vor allem in Katalonien für den Cava-Verschnitt verwendet wird. Parellada (siehe S. 166) und Macaebo (siehe S. 117) sind die traditionellen Verschnittpartner, während die Zugabe von etwas Chardonnay für das Aroma und die Qualität des Cava Wunder tut. Xarel-lo oxidiert leicht und gab dem Cava bis in jüngere Zeit seinen typischen erdigen Geschmack. Dieses Problem scheint nun weitgehend gelöst zu sein, Cava schmeckt heute viel sauberer, wenn auch neutraler – in den meisten Fällen nicht das Schlechteste.

In Alella nordöstlich von Barcelona liefert die Xarel-lo (unter dem Namen Pansa Blanca) ausgeprägtere Weine mit attraktiven Limettenaromen. Gute Erzeuger: Albet i Noya, Castellblanch, Codorníu, Freixenet, Augustí Torelló.

XYNISTERI

Eine auf Zypern angebaute weiße Sorte. Nach den Weinen der Insel zu urteilen, scheint ihre Qualität nicht viel zu versprechen, dennoch entwickeln gute Weinmacher Interesse daran, was Zypern zu bieten hat. Die Xynisteri ist sicher zu absolut angenehmen Tischweinen imstande, und sie ist die beste Traube (jedenfalls besser und feiner als die schwarze Mavro) für den Commandaria, den süßen, oft gespriteten Dessertwein aus rosinierten Trauben, der Zyperns Anspruch auf einen Platz in der Weinwelt begründet. Guter Erzeuger: KEO.

XYNOMAVRO

Die Traube hält, was der Name verspricht: »sauer und schwarz«. All das Tannin und die Säure bedeuten, dass der Wein gut altert, zwischen fünf und zwölf Jahre sollte er liegen und reifen. Die Sorte bildet das Rückgrat der körperreichen, füllig-würzigen Rotweine aus den bekannten Bereichen Naoussa und Goumenissa in Makedonien und ist auch im weiteren Nordgriechenland verbreitet. Sie reift spät und wird für die Schaumweinproduktion in größeren Höhen gepflanzt. Gute Erzeuger: Boutari, Tsantalis.

ZIBIBBO

Der sizilianische Name für die Muscat of Alexandria (siehe S. 144–153). Kein Zufall ist die Ähnlichkeit des Namens mit dem alten deutschen Wort für Rosinen, »Zibeben«. Gute Erzeuger: Colosi, D'Ancona, De Bartoli, Donnafugata, Pellegrino, Salvatore Murana.

ZIERFANDLER

Eine in der Thermenregion südlich von Wien beheimatete Traube, der traditionelle Verschnittpartner für den bekannten Gumpoldskirchner (siehe Rotgipfler, S. 203), manchmal auch sortenrein abgefüllt. Sie ergibt große, würzige, langlebige Weine mit Substanz, besonders wenn sie nicht ganz trocken ausgebaut werden; bei trockenen Weinen kann der hohe Alkoholgehalt manchmal des Guten zu viel sein. Die Süßweine sind exzellent. Gute Erzeuger: Karl Alphart, Gottfried Schellmann, Johann Stadlmann, Richard Thiel.

ZINFANDEL

Siehe S. 286–295.

ZWEIGELT

Die meistgepflanzte rote Traube Österreichs. Die Zweigelt ist ertragreich und leicht zu kultivieren; sie treibt spät aus und reift früh, entgeht somit dem schlechten Wetter zu Beginn und Ende der Vegetationsperiode und wird – wohl aufgrund ihrer hohen Erträge – als Quelle einfacher Alltagsweine betrachtet. Sie kann aber auch dichte, stoffige Weine mit feiner Kirschfrucht und angenehm pfeffrigem Kick liefern, die bei genügend Extrakt sehr gut im Barrique reifen. Gute Exemplare sind auch einige Jahre vorteilhaft in der Flasche zu lagern. Der Großteil ist jedoch weich und marmeladig, wenn auch keineswegs harmlos und unschuldig.

Die Rebe, die auch Blauer Zweigelt, Zweigeltrebe und Rotburger heißt, wurde 1922 von Dr. Fritz Zweigelt im österreichischen Klosterneuburg aus Sankt Laurent (S. 207) und Blaufränkisch gekreuzt und ist auch für kühleres Klima geeignet, etwa für Teile Deutschlands. Gute Erzeuger: (Österreich) Feiler-Artinger, Gernot Heinrich, Hans Pittnauer; (Deutschland) Jürgen Ellwanger.

Gernot Heinrich
Gernot Heinrich ist einer der wagemutigsten Erzeuger im österreichischen Weinanbaugebiet Neusiedler See. Sein Zweigelt ist ein einfacher leichter Alltagswein, perfekt für einen Sommerabend.

ZINFANDEL

So forsch wie das kalifornische Weinmarketing auftritt, könnte man fast auf die Idee kommen, dass Cabernet Sauvignon eine kalifornische Rebe sei, ebenso Merlot und Chardonnay. Aber das sind sie nicht. Das sind französische Klassiker, die die Kalifornier mit dem Eifer einer Erweckungssekte adoptiert haben und deren Ursprünge in Bordeaux und Burgund sie gerne vergessen machen würden.

Doch die Kalifornier haben eine Traube, die sie fast als ihr Eigen reklamieren könnten. Tatsächlich tun das viele auch. Das ist die Zinfandel. So kalifornisch wie das große »Hollywood«-Schriftzeichen und die Golden Gate Bridge. Doch nun erzählen uns einige Technofreaks, dass Zin nicht Zinfandel ist. Zin sei Primitivo aus Süditalien, und wie wenn das nicht schrecklich genug wäre, sagen andere, dass Zin vielleicht die Plavač Mali von der dalmatinischen Küste sei.

Ich hingegen meine: Zinfandel war nichts, bevor die Kalifornier sie in die Finger bekamen. Sie mag mit der Primitivo identisch sein, aber haben Sie jemals irgendwas davon gelesen, wie großartig diese Sorte vom Absatz des italienischen Stiefels sei? Wie viele Silben wurden in der Weinliteratur der Welt über die Meriten der kroatischen Plavač Mali verloren?

Auf den nächsten Seiten werde ich Ihnen erzählen, was die Wissenschaftler alles herausgefunden haben, und viele Liebhaber von Zin, dem kalifornischen Original, werden es nicht mögen. So möchte ich, bevor Sie weiterlesen, angesichts des Berges von gegenteiligen Indizien die kalifornische Fahne noch einmal heftig schwenken und rufen: »Noch einmal zum Strand, liebe Freunde«, mit dem Wein unterm Arm, der wie kein anderer den Goldenen Westen verkörpert, ob rot, rosa oder weiß, ob trocken oder süß: kalifornischer Zin.

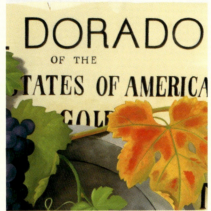

Die Zinfandel, die mit der italienischen Sorte Primitivo identisch ist, ist wohl mit den italienischen Einwanderern an die Ostküste der USA gelangt. Von dort machte sie im Goldrausch den weiten Weg nach Kalifornien mit, worauf das Plakat – das die Goldfelder anpreist, das neue Dorado –, die Waschpfanne und das Goldnugget verweisen. Die Popularität der Traube erwies sich als ein dauerhafteres nationales Besitztum als die Goldadern.

Oh ja, Zinfandel ist wohl wirklich die italienische Primitivo, die vermutlich selbst über die Adria von Kroatien herüberkam. Doch jeder Wein braucht seinen Propheten und seine genialen Erzeuger, die zeigen, was in ihm steckt. Kalifornien hatte zwei. Der eine war Bob Trinchero vom Gut Sutter Home. Wenn Sie nicht in den USA leben, werden Sie von der »White-Zinfandel«-Welle nichts mitbekommen haben; in den 1980er und frühen 1990er Jahren war der hellrosafarbene, liebliche Zechwein der beliebteste Weintyp in Amerika. Bob Trinchero hat ihn erfunden, und er sagt, er habe damit den Zinfandel vor dem Untergang bewahrt, als Kalifornien nach Cabernet Sauvignon und Chardonnay verrückt war und mit hirnlosem Eifer alle alten Rebstöcke herausriss, darunter viele Zinfandels. Vielleicht tat er es wirklich. Nun: Auf dein Wohl, Bob.

Doch der wahre Prophet, der bärtige, bebrillte Genius des Zinfandel, ist Paul Draper von Ridge Vineyards, das hoch oben in den erdbebengeschüttelten Hügeln über San Jose liegt. Bei einigen Rebsorten kann man auf zwei, drei Menschen deuten und sagen: Die hier haben die Traube gerettet, sie haben uns gezeigt, wie großartig ihr Wein sein kann. Beim Zinfandel ist der eine, der den Wein zu einer Kunstform entwickelt hat – ein mächtiger, betörender Wirbel üppiger Aromen, eine umwerfend intensive, weiche Frucht, die nie in banal marmeladigen Charakter abkippt –, der gebildete, liebenswerte Paul Draper. Für mich ist er der König des Zin. Und ich vernehme aus aller Welt lebhafte Zustimmung, von Cape Mentelle in Westaustralien, vom Fairview Estate in Südafrika, aus Mexiko und Chile, aus dem italienischen Apulien und sogar, in letzter Zeit, von der kroatischen Küste selbst.

Zinfandel: Von der Traube zum Glas

Geografie und Geschichte Seite 288; Weinbau und Weinbereitung Seite 290; Zinfandel in aller Welt Seite 292; Zinfandel genießen Seite 294

Geografie und Geschichte

Hört man kalifornischen Zinfandel-Erzeugern zu, könnte man meinen, dass diese Rebsorte nur in Kalifornien wächst, überhaupt nur in Kalifornien wachsen konnte und kann, und dass jeder, der hier gegenzuhalten versucht, riskiert, durch die Mangel respektive die Traubenmühle gedreht zu werden. Nun, meine kalifornischen Freunde, es verhält sich anders. Beginnen wir mit den USA: Hier wird in 14 Staaten »Zin« angebaut, und der Wein ist oft sehr gut. Und das ist noch nicht alles. Die Rebe ist nicht kalifornisch, sie ist nicht einmal amerikanisch. Sie ist Italienerin und heißt zu Hause Primitivo. Ich kann den Schmerz nachfühlen, denn die Überzeugung, dass Zinfandel Kaliforniens heimische Traubensorte sei, ist tief verwurzelt. Doch Kalifornien hatte nie irgendwelche *Vitis-vinifera*-Reben; sie musste irgendwo anders herkommen, und es war tatsäch-

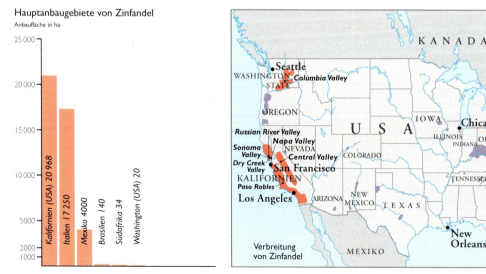

lich die kalifornische Weinuniversität in Davis, die sie als die süditalienische Sorte Primitivo identifizierte.

Zinfandel wurde zu Zeiten des kalifornischen Goldrauschs in Mengen angebaut und versorgte die Neunundvierziger mit billigem Fusel, und während der Prohibition stürzten sich die Selbstversorger mit Begeisterung auf sie. Kaliforniens erster Weinboom in den 1880er Jahren basierte auf Zinfandel. Damals war der Wein rot. Ein Jahrhundert später gab es wieder einen Weinboom auf den breiten Schultern des Zin, doch diesmal war er rosa. Zinfandel kann rosa sein oder tiefschwarz, süß oder trocken; es gibt sogar eine richtige weiße Mutante. Mit seiner natürlichen Vielgestaltigkeit ist er der Inbegriff des amerikanischen Traums, er erfindet sich immer neu, um sich dem Zeitgeist anzupassen. Wenn Amerikaner über Zinfandel reden, sprechen sie anscheinend über sich selbst. Und vielleicht sprechen sie mehr über sich, als sie wissen. Das moderne Amerika gründet auf den vielen Einwanderern, die sich den besonderen Bedingungen auf dem Kontinent geschmeidig anpassten. Zinfandel, der italienische Einwanderer, hat das mustergültig vorgeführt.

Ein wenig Geschichte

Dank des genetischen Fingerabdrucks, den die University of California in Davis (UCD) nahm, wissen wir heute sicher, dass Zinfandel und die italienische Primitivo identisch sind. Doch ist das nur ein Teil der Lösung der Frage, woher Zinfandel kam.

In den USA wird Zinfandel zum ersten Mal in den 1820er Jahren erwähnt, als George Gibbs, ein Rebschulinhaber aus Long Island, Reiser aus der Kaiserlichen Botanischen Sammlung in Wien mitbrachte. 1832 wurden »Zinfendal«-Reben von einer Bostoner Rebschule verkauft, und in den folgenden Jahren wurde sie als Tafeltraube in den Nordoststaaten angebaut. Von dort soll sie irgendwann in den 1840ern von einem anderen Rebenproduzenten, Frederick Mâcondray, nach Kalifornien gebracht worden sein.

Der Name geht möglicherweise auf eine Verwechslung mit der österreichischen Sorte Zierfandler zurück: Nach Wien kam die Zinfandel vermutlich in erster Linie aus Kroatien. Eine Zeit lang galt Zinfandel als identisch mit der kroatischen Plavač Mali, bis die Forschungen der UCD 1998 ihre Verwandtschaft ergaben, nicht jedoch die Identität.

Man hat vermutet, dass die Zinfandel mit den Emigranten, die wieder in die Heimat zurückkehrten (ca. 20 % der italienischen Auswanderer taten dies), nach Italien kam. Wenn das so wäre, wäre es völlig in Ordnung, wenn italienische Primitivos sich als Zinfandel etikettieren. Doch kann man wirklich glauben, dass Rückkehrer Reben gerade nach Italien bringen würden? Egal, für Apulien ist dokumentiert, dass Primitivo im 18. Jahrhundert aus Dalmatien dorthin kam.

Zinfandel kam demnach aus dem Mezzogiorno nach Kalifornien, doch sie ist immer noch auf Achse. Mittel- und Südamerika sind mit ihr erfolgreich, Australien und Südafrika machen ebenfalls einige exzellente Weine. Sogar auf dem Heiligen Berg Hermitage stehen ein paar Zinfandel-Reben – allerdings nur zum Vergnügen.

Frühnebel in der Lage Lytton Springs an der Ostseite des Dry Creek Valley im kalifornischen Sonoma. Zinfandel kam in den 1870ern mit italienischen Einwanderern in das Tal. Dass hier der Zinfandel so großartig gerät, geht zum Teil auf den alten Kiesboden zurück, der als Dry Creek Conglomerate bezeichnet wird.

Über 100 Jahre alte Reben in Lytton Springs im Dry Creek Valley. Über die Hälfte der kalifornischen Zinfandel-Fläche soll über 50 Jahre alt sein.

Benny Dusi von der Dusi Ranch in Paso Robles (San Luis Obispo County) vermutet, dass seine Zinfandel-Buschreben 1923 gepflanzt wurden.

Weinbau und Weinbereitung

Die Leute mögen Zinfandel einfach. Die Verehrer von Pinot Noir winden sich vor Kummer über die vielen Probleme, die ihnen ihr Liebling bereitet; die Zin-Fans sind da viel gelassener. Auch Zinfandel hat viele Mängel, aber diese Burschen scheinen sich über sie zu freuen.

Die Zinfandel trägt auf armem Boden unter trockenen Bedingungen sehr bereitwillig, doch sie reift so ungleichmäßig, dass man häufig grüne, reife und eingetrocknete Beeren an derselben Traube findet. Bei jeder anderen Sorte wäre das der Horror, aufgrund der unausgeglichenen Aromen; die Zin-Fans nehmen das hin wie die Ungezogenheit eines verwöhnten Kinds. Grün, reif und rosiniert? Das klingt doch recht ausgewogen. Und der Wein ist es oft. Wenn er auch selten die Höhen eines Shiraz oder Cabernet Sauvignon erreicht, so machen gute Erzeuger doch wunderbaren, leckeren, herzerwärmenden Stoff.

Klima

Zinfandel liebt Wärme, aber auch eine lange Vegetationsperiode. Um die Aromen der Traube ganz einzufangen, braucht man 14 % Alkohol. Paul Draper von Ridge Vineyards meint: »Sie brauchen zu 101 % reife Trauben, um den echten Geschmack hinzukriegen. Während ein überreifer Cabernet nichts wird, gibt es keinen überreifen Zinfandel.«

Bis ins Letzte ausgereizte Reife kann 17 % Alkohol erbringen, und solche Monster sind nicht das, was man sich meist unter einem attraktiven, harmonischen Wein vorstellt (Draper bleibt mit seinen Weinen drunter). Diese Bomben hatten in den 1970ern ihre große Zeit, doch es gibt sie noch, und einige davon sind wunderbar.

Die Rebe gedeiht am besten in mediterranem Klima mit viel Sonne; doch wird es zu heiß, wird der Wein marmeladig und verschmort. Im Dry Creek Valley, der bedeutendsten Zinfandel-Region Kaliforniens, verzeichnet man heiße Tage (35–38 °C) und kühle Nächte (7–10 °C), was gute Reifung ermöglicht und gleichzeitig die Säure erhält. In Lodi, wo große Flächen den süßlichen »Blush« liefern, einen hellen Zin-Rosé, ist es ebenfalls sehr heiß, doch ohne die ausgleichende nächtliche Kühle.

In Süditalien, dessen Primitivo dem Zinfandel noch unterlegen ist, erreicht der Wein oft 16 % Alkohol. Einige qualitätsorientierte Erzeuger versuchen, die Reifung der Traube hinauszuzögern – einer Traube, die seit je dafür berühmt ist, vor jeder anderen europäischen Sorte reif zu werden.

Die Art des Weins hängt in großem Maß vom Lesezeitpunkt ab. Frühe Lese ergibt Aromen, die in Richtung Preiselbeeren/Himbeeren gehen, spätere Lese ergibt hingegen Schwarzkirschen, Brombeeren und Pflaumen bis hin zu Backpflaumen, Datteln und Rosinen. Bis zu 23 Brix (dem in den USA üblichen Maß für vergärbaren Zucker in der Beere; 1 Brix entspricht etwa 18 g Zucker/Liter) dominieren Erdbeeraromen, bei 23–24 Brix kommen Kirschen ins Spiel und bei 25 Brix Brombeeren. Rosinierte Trauben

Paul Draper, der »König des Zin«, kam 1969 als Weinmacher zu Ridge Vineyards. Die Zinfandels von Ridge, für die Trauben aus verschiedenen Quellen verarbeitet werden, sind berühmt für Intensität, Konzentration und Langlebigkeit.

haben sogar um die 27 Brix; die meisten Erzeuger lassen bis zu 10 % rosinierte Trauben im Fass zu. Blush-Zin wird meist mit 20 Brix gelesen; Sortencharakter ist nicht sein erstes Ziel, doch verfügt ein guter Zinfandel-Rosé (so genannter White Zinfandel) über ein typisches Apfel-und-Tabak-Aroma mit Noten von Rosinen.

Boden

Die italienischen Siedler, die Zinfandel im 19. Jahrhundert anpflanzten, wählten dafür Hänge, Flussterrassen und Böden, die für andere Feldfrüchte zu arm waren. Das entsprach der heimatlichen Praxis und erwies sich als hervorragende Wahl. Unfruchtbarer, gut dränierter, aber mineralienreicher Boden liefert gute Ergebnisse, gute Weine kommen aber auch aus den Talebenen. Wie für Kalifornien üblich ist die Lage den klimatischen Verhältnissen untergeordnet. Auch das heute so renommierte Dry Creek Valley war zunächst für Massenweine gedacht. Dass es hervorragende Qualität produziert, war ein glücklicher Zufall, so wie er manche europäische Weinregion begründete.

Kultivation

Ein Großteil der kalifornischen Zinfandel-Reben ist 50 Jahre alt oder älter, einer der Gründe, weshalb die Sorte in den USA zu den nationalen Heiligtümern zählt. Solche Reben sind in Buschform geschnitten (Kopferziehung), so wie es in Süditalien üblich war; Buschreben sind aber nicht von Natur aus geringtragend: 3–5 tons/acre (ca. 7,5–12,5 t/ha) ist etwa die Grenze für Spitzenqualität; 15 t/ha sind noch in Ordnung, doch sind auch bis zu 20 t/ha möglich (und dies bei einer Pflanzdichte von nur 1265 Reben/ha), wenn nicht sorgfältig geschnitten wird. (Die ältesten Reben schaffen nicht mehr als 5 t/ha.) Der Traubenbehang muss ausgedünnt werden, und deutlich zurückgebliebene Trauben, zu denen die Sorte neigt, müssen entfernt werden.

Die meisten neuen Anpflanzungen – inklusive der virusfreien Klone der University of California in Davis der 1970er Jahre – verwenden Drahtrahmen und werden maschinell bearbeitet. Am anderen Ende der Skala stehen die Erzeuger, die einheitliche Reife durch Lese von Hand in mehreren Gängen anstreben.

Die UCD ist bemüht, die Unterschiedlichkeit der Zinfandel in Kalifornien zu wahren. In ihrem »Heritage Vineyard« in Oakville (Napa Valley) hat sie Massenselektionen aus Weinbergen versammelt, die vor 1930 in den Countys Sonoma, Mendocino, Napa, Contra Costa, Sierra Foothills, San Luis Obispo, San Joaquin, Lake, Amador, El Dorado, Calaveras, Alameda, Santa Cruz, San Bernardino und Riverside angelegt wurden: 90 Selektionen aus 60 Weinbergen, alle auf die Unterlagsrebe Rupestris St-George gepfropft, in Kopferziehung mit Zapfenschnitt, in 2,7 x 2,4 Metern Abstand ge-

Herbstliche Weingärten von Chateau Potelle an den Hängen der Mont Veeder AVA im kalifornischen Napa Valley. Viel von dem Zinfandel, der in den 1990er Jahren gepflanzt wurde, wird wie hier an Drähten gezogen. Man ist sich uneinig, ob Hügellagen wie diese oder Rebflächen in den Talebenen die langlebigsten Weine liefern. Die Rotweine vom Mount Veeder, egal von welcher Rebsorte, gehören jedenfalls zu den gehaltvollsten und alterungsfähigsten in Kalifornien.

pflanzt. Untersucht werden Variablen wie Traubengewicht, Beerengröße und Kompaktheit der Trauben, um zu bestimmen, welche genetisch bedingt sind und welche von den Umgebungsbedingungen abhängen. Einige dieser Reben könnten in Zukunft geklont werden und den Erzeugern zur Verfügung stehen; auf jeden Fall stellt eine solche Sammlung eine wertvolle Ressource für die Forschung dar.

Vinifizierung

Zinfandel kann im Keller auf fast jede erdenkliche Weise verarbeitet werden. Zunächst einmal kann man ihn zu Weißwein machen: den Saft rasch abpressen, kühl und sauber gären lassen, ein gutes Quäntchen Zucker drinlassen, und siehe da, wir haben White Zin oder zutreffender Blush Zin, denn der Wein wird einen Anflug von schüchternem Rosa zeigen.

Wenn man rot vinifiziert, ergibt die Ganztraubenbengärung fruchtbetonte Erdbeeraromen; lange Maischung auf den Häuten liefert Farbe und Tannine, was den Wein für einen Ausbau in Eiche geeignet macht. Traditionell wurden alte Eichenbarriques oder auch große Fässer aus Redwood (Mammutbaum) verwendet, um den Wein weicher zu machen. Bei richtiger Handhabung ergibt das mächtigen Stoff. Heute erscheint das Risiko von Oxidation und Infektionen als nicht mehr akzeptabel, weshalb kleine, meist neue Barriques eingesetzt werden. Ich bin, was Eiche angeht, immer zurückhaltend, doch die runden Vanille- und Gewürznoten von amerikanischer Eiche verbinden sich sehr schön mit den tiefen Dattel- und Rosinenaromen des Zin. Auch französische Eiche wird da und dort verwendet, doch kann ich bei einer so zur Übertreibung neigenden Sorte den Sinn nicht sehen. Ein guter Weinmacher kann aber mit ordentlich gefertigten Fässern einen Wein machen, dem man die Eiche in keiner Weise anmerkt.

Spätlesen aus vollständig rosinierten Trauben können trocken vergoren werden, was Furcht erregende 17% Alkohol und mehr ergeben kann; Paul Draper macht auf Ridge Vineyards aus edelfaulen Trauben einen süßen Zinfandel Essence. Bemerkenswerterweise bewahrt er seine dunkle Farbe; die meisten edelfaulen Rotweine weisen ein unbestimmtes Rosa auf, da *Botrytis cinerea* unter anderem die Pigmente zerstört.

ZINFANDEL IM VERSCHNITT

Wenn man in der Geschichte weit genug zurückgeht, kam die Zinfandel von Weinbergen, in denen die Reben neben anderen Sorten wie Petite Sirah, Carignan, Grenache, Mourvèdre, Mission und sogar Muscat standen: ein wildes Durcheinander von südlichen Trauben, das den exotischen Aromen des Zinfandel noch einige weitere Dimensionen gab. Carignan steuerte zu einem solchen Verschnitt Herbheit bei, Petite Sirah Farbe und Tannin, Zinfandel die Üppigkeit. So etwas nennt man einen Mischsatz, in diesem Fall *mista nera* (dunkle Mischung); solche Bestände sind heute selten geworden, sie sollen in einigen der ältesten Weinberge Kaliforniens überleben.

Wenn eine bestimmte Rebsorte mit Zinfandel verschnitten wird, ist es meist Petite Sirah. Paul Draper von Ridge Vineyards ist von dieser Mischung besonders angetan, er setzt allen seinen Zins 10–15% Petite Sirah zu. J. Lohr verbessert das Aroma seines White Zinfandel mit ein wenig Riesling. Da Riesling in Kalifornien so verachtet wird, ist es schön, wenn er zu solchen Ehren gelangt.

Zinfandel in aller Welt

Wir leben in einer Zeit, da mächtige, superreife, saftige Rotweine von der Weinwelt mit begeistertem Beifall aufgenommen werden. Nun, Zin, auf geht's! Genau das ist der Zinfandel, und das erklärt die eilige Anpflanzung in aller Welt und auch das Ansehen und den Enthusiasmus, auf den der Primitivo in seiner Heimat Süditalien heute stößt.

USA

Zinfandel ist über ganz Kalifornien verbreitet, von den Sierra Foothills bis zu den Küstenbergen von Paso Robles. Die Rebflächen wachsen weiterhin: von 10 513 ha im Jahr 1986 auf 20 968 ha 1999. Sie ist die meistverbreitete rote Traube Kaliforniens, noch vor Cabernet Sauvignon. Die Zinfandel Advocates and Producers (ZAP), eine Gruppe, die 1992 von 22 Kellereien zur Promotion der Sorte und ihrer Weine gegründet wurde, hat heute 229 Mitglieder. Und dass ihre Identität mit Primitivo nachgewiesen wurde, hat das Bureau of Alcohol, Tobacco and Firearms (BATF) nicht von seiner Auffassung abgebracht, dass es Zinfandel nur in den USA gibt und dass Primitivo dort nicht unter dem Namen Zinfandel verkauft werden darf.

Vor allen anderen Regionen ist das Dry Creek Valley im Sonoma County mit der Traube assoziiert. Hier ist es warm, doch nicht zu sehr; kühler als im Alexander Valley, wo die Rebe ebenso gedeiht, wärmer als im Russian River Valley, wo es besondere Qualität nur in sehr warmen Jahren gibt. Zin aus dem Dry Creek Valley schmeckt typisch nach Brombeeren und Pfeffer, hat strahlende Aromen und gute Säure. Auch ein Russian River verfügt über Säure (zu viel in schlechten Jahren, wenn die Trauben nicht ganz ausreifen) bei relativ geringen Tanninen, was dem Charakter von Sonoma entspricht. Santa Cruz zeigt Komplexität und Tiefe – doch ist das der lokale Typus oder das Können von Paul Draper von Ridge Vineyards?

Seine Verfechter sagen, dass Zinfandel die Lage stärker widerspiegelt als zum Beispiel Cabernet, aber er lässt ebenso den Erzeuger erkennen, und die Vielfalt der Typen macht es sehr schwierig, einer Region einen bestimmten Charakter zuzuordnen, selbst wenn innerhalb der Regionen einheitliche Bedingungen anzutreffen wären. Einzellagenweine, die oft in winzigen Mengen gemacht werden, erfreuen sich großer Beliebtheit.

Zinfandels aus Paso Robles haben eine runde, weiche Art ohne die Säure von Sonoma; in Napa, wo die Sorte weithin der Cabernet Sauvignon gewichen ist, geraten die Weine pflaumig und dicht. Contra Costa ist staubig-erdig, und Lodi liefert gefällige, fleischige Weine und große Mengen von Blush.

Die Aromatik von Zinfandel ist bei alten Reben deutlich anders, und da Kalifornien reich ist an Reben, die mindestens 50 Jahre alt sind, hat die Bezeichnung »old vines« im Gegensatz zu vielen anderen Ländern noch ihre Bedeutung weitgehend behalten. »Old Vine Zinfandels« sind kompakter und von einer elektrisierenden, geheimnisvollen Intensität. Das beruht teils auf den geringeren Erträgen, teils auf den ärmeren Böden und den Hanglagen, die die Reifung verzögern und den Aromen mehr Zeit zur Entwicklung lassen.

Blush oder White Zinfandel war der große kommerzielle Erfolg der 1980er Jahre, aber schon im 19. Jahrhundert wurde schmackhafter Rosé aus der Traube gemacht. Bob Trinchero von Sutter Home spricht man das Verdienst zu, den ersten modernen Blush gemacht zu haben: In einem Jahr geriet der Wein sehr hell, und so nahm er die Beerenhäute aus dem einen Fass und setzte sie einem anderen zu. Er erhielt damit einen Wein von ordentlicher Farbe und einen hellrosafarbenen Wein. Noch gegen Ende der 1990er Jahre verkaufte sich dieser auch im Geschmack blässliche, leicht süße Wein besser als roter Zinfandel. Oft ist zu hören, dass es dieser Blush war, der die Existenz der Traube in Kalifornien sicherte; die Absatzzahlen waren bis dahin gefallen, und man begann schon zu roden. Doch die Reben, die Blush liefern, sind nicht dieselben, die roten Qualitätswein produzieren. Blush ist fast ausschließlich ein Massenprodukt von ertragreichen, an Draht erzogenen und maschinell abgeernteten Reben. Bei alten Buschreben ist maschinelle Lese nicht möglich. Auf jeden Fall aber belebte der Blush das Interesse an der Sorte, zumindest ebnete er den Weg zum gegenwärtigen Kultstatus des Zinfandels.

Außer in Kalifornien wird Zinfandel in Arizona, Colorado, Illinois, Indiana, Iowa, Massachusetts, Nevada, New Mexico, North Carolina, Ohio, Oregon, Tennessee und Texas angebaut. Die Weine haben selten die Wucht eines Kaliforniers, aber gerade eben konnte ich ein Exemplar aus New Mexico kosten, der unverwechselbar Zinfandel war und doch auf köstliche Art anders.

Italien

Primitivo war eine in Süditalien weit verbreitete, dennoch völlig obskure Sorte, bis man in den

A. RAFANELLI

Die typische Brombeerfrucht des Dry Creek Valley ist in diesem ungefilterten Wein zu finden. In den unbewässerten Weinbergen stehen geringtragende alte Reben.

DE LOACH

Die Linie OFS umfasst die besten Weine dieser im Russian River Valley beheimateten Kellerei. Zinfandel von ausgewählten, 70 bis 100 Jahre alten Reben ist der Star.

MARTINELLI

Die Familie Martinelli produziert im Russian River Valley seit über 100 Jahren Trauben, und vor einem Jahrzehnt eröffnete man die eigene Kellerei.

ZINFANDEL IN ALLER WELT

Rebflächen in der DOC Primitivo di Manduria in Apulien. Primitivo ist heute als das Original der kalifornischen Zinfandel anerkannt; bevor sie in den 1990er Jahren in Mode kam, wurde sie im Wesentlichen für Verschnittweine verwendet. Bisher sind die amerikanischen Versionen noch besser, doch das kann sich ändern.

1970ern der Ähnlichkeit mit Zinfandel gewahr wurde. Ich meine damit nicht, dass Primitivo nicht populär war. Sie war sogar enorm populär, auch im Norden bei den Erzeugern in Piemont und Toskana. Auweia! Ich stell mich in die Ecke und schäme mich, dass ich so was überhaupt denken kann. Doch als sehr früh reifende Sorte mit jeder Menge Aroma und Alkohol konnte man den Wein im Süden vergären und fertig machen, noch bevor man im Norden mit der Lese begann. Und in schlechten Jahren wird ein guter Schluck Primitivo so manchem dünn und wässrig geratenen Rotwein aufgeholfen haben. Also: Primitivo war beliebt. Verständlicherweise blieb sie aber auch unbekannt. Man hängt den Namen der Rebsorte nicht an die große Glocke, die man ein paar hundert Kilometer entfernt in ganz andere Produkte mischt. Sobald man aber die Ähnlichkeit zwischen Zinfandel und Primitivo wahrgenommen hatte, war es mit dem Inkognito zu Ende. Die University of California in Davis wies die Identität der beiden 1994 nach, und heute wächst nicht nur die Zahl der sortenrein abgefüllten Weine (der Großteil geht immer noch zum Verschnitt in den Norden), einige werden sogar als Zinfandel etikettiert – nicht jedoch für den Export in die USA.

Sortenreine DOC-Weine sind der Primitivo di Manduria und der Primitivo di Gioia aus Apulien. Die meisten Produkte sind etwas rustikal und massiv. Die DOC Manduria ist auch für süße und aufgespritete Versionen zugelassen; selbst die nicht aufgebesserten Weine erreichen oft einen Alkoholgehalt von 16 %. Junge, ehrgeizige Erzeuger beschäftigen sich aber intensiv mit der Nachahmung des kalifornischen Typs, mit Weinen, die 14 % Alkohol haben und in (oft amerikanischer) Eiche ausgebaut werden.

Übrige Welt
Südafrika beginnt die Möglichkeiten des Zinfandels zu erkunden; noch machen die Pflanzungen weniger als 1 % der Gesamtrebfläche aus. Im Allgemeinen müssen die Winzer ihn mit Cinsaut oder Carignan verschneiden, um den Alkoholgehalt unter 16 % zu bekommen. Ein außerordentlich muskulöser Bursche.

Auch in Chile sind die Mengen noch klein, aber im Wachsen begriffen, und der Wein ist absolut verheißungsvoll. Der Erzeuger Cono Sur behauptet, dass chilenischer Zin heller sei als der kalifornische – und präsentiert eine nachtschwarze Version. Mexiko hat ebenfalls Zinfandel, und sicher wird es auch Argentinien mit ihm versuchen.

Die bisher erfolgreichsten australischen Zinfandel-Rebberge liegen in der Region Margaret River in Westaustralien. Geschmack und Bukett geraten fantastisch, auch wenn der Alkoholgehalt unbeirrt meist 16 % erreicht. Adelaide Hills und Yarra Valley reüssieren weniger, für mich nicht verwunderlich, denn beide Regionen sind relativ kühl. Ja, auch in Neuseeland gibt es ein wenig Zinfandel; in einem besonders heißen Jahr wie 1998 kann der Wein interessant werden. Dennoch sind die Neuseeländer vom Jahrgang 1998 so begeistert, dass ein paar Kerle nicht der Versuchung widerstanden, einige südliche Rebsorten anzupflanzen. Wenn – falls – es wieder einmal ein heißes Jahr gibt, kann ich berichten, ob sie damit gut fahren.

AMADOR FOOTHILL WINERY
Ein glänzender, fruchtiger Wein, der auf Zugänglichkeit zielt. Eingefleischte Zinfandel-Fans wünschen sich etwas Kräftigeres, trotzdem ist er mit Aromen voll gepackt.

PERVINI
Ein Beispiel für die süditalienischen Primitivo-Weine der neuen Generation, die vom kalifornischen Zinfandel inspiriert sind.

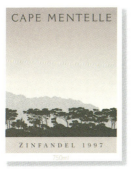

CAPE MENTELLE
David Hohnen erhielt seine Ausbildung in Kalifornien. Kein Wunder, dass er, nach Australien zurückgekehrt, Zin machen wollte. Dieser hier ist würzig und mächtig.

Zinfandel genießen

Ich hatte nicht viel Erfolg, wenn ich Zinfandel einige Jahre reifen ließ. Das hat eine Menge mit seinem Charakter zu tun. Junger Zin aus sehr reifen Trauben lässt bereits ahnen, wie er als gereifter Wein schmecken wird: Aromen vom Backpflaumen, Datteln und Rosinen rangeln sich mit dem Pfeffer und den Brombeeren des Jugendalters, und nach einem oder zwei Jahren haben sie die Oberhand gewonnen, während Pfeffer und Beerenfrische verschwunden sind.

Warum also liegen lassen? In der Tat. Viele Zins sind zu baldigstem Verbrauch gemacht, die Traube ist dafür ideal geeignet. Insbesondere junge Weine aus Massenweinbergen heißer Regionen wie dem kalifornischen Central Valley sind mit ihren niedrigen Tanninen und der weichen Erdbeer-Brombeer-Art perfekt für den unkomplizierten Genuss. Und selbst Weine von alten Reben in Spitzenbereichen wie Dry Creek sind mit ihrer gerbstoffarmen, muskulösen Frucht jung wunderbar zu trinken, und selten ist ein echter Wandel in den Aromen zu vermerken, meist nur ein allmähliches Schwinden von Süße und Frucht, bis sie fast teerig werden. Wenn Sie das mögen, gut; viele *Zinophiles* (wie sich die amerikanischen Fans selbst nennen) tun das. Für andere liegt der Gag des Zinfandels in seiner jungen, würzigen, zugänglichen Art, seinen exotischen Aromen und seiner Üppigkeit, und wenn die weg sind, hat er das Beste verloren. Wenige Zinfandels haben viel Tannin- und Säurestruktur, und nichts davon lässt sich durch Flaschenreifung herbeizaubern.

Paul Draper von Ridge Vineyards meint, dass Zinfandel eine verschlossene Phase durchmacht, nachdem er, nach acht bis zehn Jahren, seine primären Aromen verloren hat, und nach 12 bis 15 Jahren wieder interessant wird.

So schmeckt Zinfandel

Die echten Zinophiles kennen das Zinfandel Aroma Wheel von der ZAP, wer nicht, kann es sich von der Website *www.zinfandel.org* herunterladen. Und man kann dort sogar seine eigenen, neuen Erkenntnisse in puncto Aroma mitteilen (»submit a smell«). Dieses Aromarad enthält so ziemlich alle Aromen, zu denen Zin fähig ist, eingeschlossen Fehler wie TCA (Korkgeruch durch Trichloranisol) und Böckser (Geruch nach Mist): Gewürznoten wie schwarzer Pfeffer, Nelken, Zimt und Oregano; Blumenduft wie Veilchen und Rosen; Fruchtaromen von Preisel-, Erd- und Himbeeren (bei leichteren Weinen) über Schwarze Johannisbeeren, Schwarzkirschen, Pflaumen bis hin zu Backpflaumen und Rosinen (bei reifen Weinen). Weine von unreifen Trauben erinnern an grüne Bohnen, Artischocken, grüne Paprika, Minze und Eukalyptus.

Paul Draper, der Mann hinter Ridge Vineyards, macht die komplexesten, langlebigsten Zins in Kalifornien. Sie sind äußerst konzentriert, aber viel mehr als nur mächtige Bomben; sie gehören zu den größten Rotweinen der Welt. Der Jahrgang 1974 war, als ich ihn im Jahr 2000 verkostete, immer noch frisch und üppig – und sensationell gut. Der Zinfandel von Callaghan Vineyards im südlichen Arizona ist ebenfalls für Überraschungen gut. In dieser äußerst heißen Region zeigt Callaghan, dass mit hoch gelegenen Rebflächen, großen Unterschieden zwischen Tag- und Nachttemperaturen und geringen Erträgen robuste und kraftvolle, dennoch ausgewogene Weine möglich sind.

Zinfandel kann nach Nüssen, Schokolade, nach Zeder oder grüner Eiche schmecken (Letzteres wohl ein Fehler in der Weinbereitung). Ein biologischer Säureabbau kann sahnige Textur vermitteln, Eiche Noten von Toast, Gewürzen und Vanille.

Das wäre es denn. Zinfandel ist eine wandlungsfähige Traube, die fast jedes denkbare Aroma hervorbringen kann. Oh, das nun doch nicht. Zinfandel-Freaks bekommen leicht etwas Missionarisches, wenn man sie lässt. Tatsächlich ist eine solche überwältigende Geschmacksfülle nur in Weinen zu finden, die erstklassige Weinmacher wie Paul Draper von Ridge von alten, geringtragenden Reben gewinnt. Sonst verfügt ein junger Zinfandel über Aromen von Brombeeren, Himbeeren und Pfeffer, wobei dicht unter der Oberfläche Datteln, Rosinen, Backpflaumen und Kräuter zu schmecken sind. Und das ist ja auch schon eine ganze Menge.

Zinfandel zum Essen

Die kalifornischste aller Traubensorten liefert eine verblüffende Bandbreite unterschiedlicher Weine, von leicht süßen Rosés bis zu üppigen Rotweinen mit eleganter Frucht. Und auch die guten roten Zinfandels variieren beträchtlich. Mit zurückhaltenden Eichennoten sind sie gut mit gegrilltem Fleisch, Wild und gebratenem Huhn. Massive Weine nach alter Art passen wunderbar zur gewürzreichen San Francisco Cuisine. Der blasse Blush Zinfandel ist ein guter Begleiter von Gerichten mit Tomaten wie Pizza und Pasta.

ZINFANDEL GENIESSEN

VERBRAUCHERINFORMATIONEN

Synonyme und regionale Bezeichnungen
Es steht nun fest, dass Zinfandel und Primitivo dieselbe Rebsorte sind.

Gute Erzeuger
USA Kalifornien Alderbrook, Amador Foothill Winery, Beringer, Robert Biale, Blockheadia Ringnosii, Boeger, Burgess Cellars, Cakebread Cellars, Chateau Potelle, Cline Cellars, David Coffaro, De Loach, Deux Amis, Dickerson Vineyard, Dry Creek, Eberle, Edmunds St John, Elyse, Edmeades (Kendall-Jackson), Gary Farrell, Fetzer, Frog's Leap, Gallo Sonoma, Green and Red Vineyard, Hartford Court, Hidden Cellars, Hop Kiln, Kendall-Jackson, Kenwood, Kunde, Limerick Lane, Martinelli, Louis M. Martini, Nalle, Newlan, Niebaum-Coppola, Norman Vineyards, Peachy Canyon, Pedroncelli, Preston, Quivira, Rabbit Ridge, A. Rafanelli, Ravenswood, Renwood, Ridge, Rosenblum, Saddleback Cellars, St Francis, Sausal, Scherrer, Seghesio, Steele, Storybook Mountain, Sutter Home, Joseph Swan, The Terraces, Topolos, Trentadue, Turley Cellars, Villa Mt Eden, Wellington, Williams Selyem; **Washington** Sineann; **Arizona** Callaghan Vineyards
ITALIEN A. Mano, Leone De Castris, Felline, Masseria Pepe, Pervini, Pichierri/Vinicola Savese, CS Sava, Sinfarosa, Torrevento
AUSTRALIEN Cape Mentelle, Kangarilla Road, Lenswood, Nepenthe
SÜDAFRIKA Blaauwklippen, Fairview, Hartenberg
CHILE MontGras

WEINEMPFEHLUNGEN
Fünfzehn kalifornische Zinfandels der Spitzenklasse
De Loach OFS. *Russian River Valley Zinfandel*
Gary Farrell *Russian River Valley Zinfandel*
Hartford Court *Russian River Valley Fanucchi Wood Vineyard Zinfandel*
Kunde *Sonoma Valley Century Vines Zinfandel*
Martinelli *Russian River Valley Jackass Vineyard Zinfandel*
Niebaum-Coppola *Napa Valley Edizione Pennino*
Peachy Canyon *Paso Robles Dusi Ranch Zinfandel*
A. Rafanelli *Dry Creek Valley Unfiltered Zinfandel*
Ravenswood *Sonoma Valley Monte Rosso Vineyard Zinfandel*
Renwood *Shenandoah Valley Grandpère Vineyard Zinfandel*
Ridge *Lytton Springs Dry Creek Valley Zinfandel*
Rosenblum *Napa Valley George Hendry Vineyard Zinfandel*
Saddleback Cellars *Napa Valley Old Vines Zinfandel*
Scherrer *Alexander Valley Old & Mature Vines Zinfandel*
Turley Cellars *Napa Valley Moore Vineyard Zinfandel*

Zehn preiswerte kalifornische Zinfandels
Amador Foothill Winery *Shenandoah Valley Ferrero Vineyard Zinfandel*
Boeger *El Dorado Zinfandel*
Dry Creek Vineyards *Zinfandel*
Fetzer *Mendocino County Barrel Select Zinfandel*
Gallo Sonoma *Frei Ranch Vineyard Zinfandel*
Kendall-Jackson *Grande Reserve Zinfandel*
Ravenswood *North Coast Vintners Blend Zinfandel*
Sausal *Alexander Valley Zinfandel*
Sutter Home *Reserve Zinfandel*
Villa Mt Eden *Cellar Select Zinfandel*

Zehn Primitivo-Weine aus Süditalien
Leone De Castris *Primitivo di Manduria Santera*
Felline *Primitivo di Manduria*
A. Mano *Primitivo di Puglia*
Masseria Pepe *Primitivo di Manduria Dunico*
Pervini *Primitivo di Manduria Archidamo, Primitivo del Tarantino I Monili*
Pichierri/Vinicola Savese *Primitivo di Manduria Mamma Teresa*
CS Sava *Primitivo di Manduria Terra di Miele*
Sinfarosa *Primitivo di Manduria Zinfandel*
Torrevento *Primitivo del Tarantino I Pastini*

Fünf weitere Zinfandels
Cape Mentelle *Margaret River Zinfandel* (Australien)
Nepenthe *Zinfandel* (Australien)
Sineann *Columbia Valley Old Vine Zinfandel* (Washington)
Hartenberg *Stellenbosch Zinfandel* (Südafrika)
MontGras *Single Vineyard Zinfandel* (Chile)

Wirklich reife Zinfandel-Trauben sehen so aus: Sie sind nicht nur schwarz, sie beginnen schon zu schrumpfen. Erzeuger anderer Sorten hätten schon längst die Panik bekommen! Diese Trauben hängen an sehr alten Reben des Guts Summit Lake Vineyard in der zum Napa Valley gehörenden Howell Mountain AVA.

Reifediagramme
Ob Zinfandel in der Flasche wirklich besser wird oder nur anders, ist eine Geschmacksfrage.

1998 Kalifornischer Zinfandel (alte Reben)

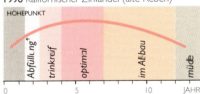

Ein besserer Jahrgang als 1997 mit wuchtigen, säurearmen Weinen, die bereits köstlich sind; sie werden kaum besser werden, jedoch lange halten.

1999 Kalifornischer Zinfandel (rot, fruchtig)

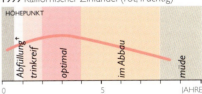

Einfacher Zinfandel ist jung am besten, solange er alle seine delikaten Brombeeraromen hat. Flaschenreifung tut diesem Weintyp keinen Gefallen.

1999 Primitivo di Manduria

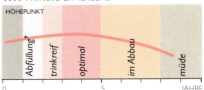

Dieser süditalienische DOC-Wein von mittlerem Körper zeichnet sich durch runde, würzig-dunkle Frucht und südliche Wärme und Weichheit aus.

Bedeutende Rebsorten im Bild

In ihren Bildern kombiniert Lizzie Riches eine genaue Darstellung der jeweiligen Rebsorte mit Anspielungen auf die Legenden oder die Geschichte, die mit ihr und ihren berühmten Weinen verbunden sind. Dabei geht sie mit der Realität frei um: Die Stachelbeeren in der Darstellung des Sauvignon Blanc reifen nicht zusammen mit der Traube, auch liegen die Berge Marlboroughs auf der Südinsel Neuseelands nicht hinter dem Schloss Villandry im Loire-Tal. Oft liegen die wirklichen Ursprünge einer Sorte im Dunkel, doch die überlieferten Mythen sind bildkräftiger als die nackten Fakten. Im Folgenden werden die Symbole, mit denen die 17 bedeutendsten Rebsorten der Welt optisch charakterisiert werden, kurz erläutert.

LIZZIE RICHES
Lizzie Riches, die in Norwich lebt, bildete sich im Wesentlichen selbst aus, da in den 1960er Jahren die gegenständliche Kunst in den Akademien nicht en vogue war. Sie war immer von Detailreichtum, exotischen Themen und geheimnisvollen Bezügen fasziniert. Ihr künstlerischer Geschmack ist vielfältig, besonders angetan haben es ihr aber die glänzenden Oberflächen bei Veronese, und sie wünscht sich, eine Feder so gut malen zu können wie Bogdani. Sie hatte Ausstellungen in London, Paris, Chicago, den Niederlanden und in Deutschland, sie ist in Sammlungen auf der ganzen Welt vertreten.

CABERNET SAUVIGNON (SEITE 46)
Der aristokratische Glanz des Cabernet Sauvignon, seine königliche Stellung wird hier durch die strahlende Sonne repräsentiert, das Emblem des französischen Königs Ludwigs XIV, der als *Le Roi Soleil,* der »Sonnenkönig«, berühmt ist. Sein grandioses Schloss in Versailles war über und über mit den Zeichen seiner Glorie dekoriert.

CHARDONNAY (SEITE 62)
Das Aromenspektrum des Chardonnay scheint größer zu sein als das jeder anderen Traube, auch hat er eine wunderbare Affinität zum neuen Eichenfass. In Eichenholz geschnitzt sind hier viele Dinge zu sehen, die zum Vergleich herangezogen werden, außer vielen Früchten etwa auch Gewürznelken, Haselnüsse, frische Brioches und Sahne.

CHENIN BLANC (SEITE 74)
Über dem Wasser schwebend überspannt das Schloss Chenonceaux den Cher in der Touraine, der zur Loire strömt. Hier im Herzen des Loire-Tals wurde Chenin Blanc im 15. Jahrhundert zuerst kultiviert. In Anjou und Touraine sind immer noch die besten Weine aus dieser Traube zu finden, ob trocken oder süß, ob Tisch- oder Schaumwein.

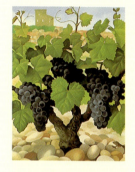

GARNACHA/GRENACHE (SEITE 92)
Hoch am Horizont erhebt sich die Ruine des Schlosses, das sich die in Avignon ansässigen Päpste als Sommerresidenz erbauten. Dies war ihr *château neuf,* und die Weinberge, die sich hier ausbreiten, sind die von Châteauneuf-du-Pape. Knorrige alte Grenache-Reben wachsen auf mit großen weißen Kieseln – *galets* – bedecktem Boden; bis tief in die Nacht geben sie die gespeicherte Sonnenwärme ab. Auch Eidechsen schätzen die Kieselsteine als Lebensraum.

GEWÜRZTRAMINER (SEITE 102)
Das im gotischen Stil gehaltene, aus Holz geschnitzte Gewürzkabinett, der Storch und die süße Brezel stehen für das Elsass, wo der Gewürztraminer seinen größten Ruhm erlangt. Riechapfel, Nelken, Muskatnuss und Mörser beziehen sich auf die »Gewürze«, die in seinem Namen verewigt sind. Und das Namensband »Termeno« verweist auf seine Herkunft aus dem südtirolischen Tramin.

MERLOT (SEITE 126)
Der Name dieser Rebsorte soll von *merle* abgeleitet sein, dem französischen Wort für die Amsel, die ihre süßen, früh reifenden Früchte liebt. In der ganzen Welt in großen Mengen gepflanzt, hat Merlot besonders im Napa Valley großen Erfolg. Dort wächst auch der wilde Kalifornische Mohn, der so dottergelb ist wie der Schnabel des Vogels.

MUSCAT (SEITE 144)
In der Ferne, umgeben von weindunklem Meer, liegt die Insel Samos, die Heimat der Muscat-Traube. Hat Dionysos, der griechische Gott des Weins, ihren Wein getrunken? Die alten Griechen liebten Wein und alles, was dazugehört. Hier sehen wir einen großen Mischkrug, einen kleinen Weinkrug und eine *kylix,* eine schöne doppelhenklige Trinkschale. Irgendein übler Banause hat sich sogar auf ihrem Rand verewigt.

BEDEUTENDE REBSORTEN IM BILD 297

NEBBIOLO (SEITE 154)
Staubige, dunkelrote Trauben und leuchtend gefärbte Blätter vor einem Hintergrund aus Nebel und Schnee: Das ist Alba im Piemont, berühmt für roten Wein und weiße Trüffeln, im Herbst. Vor den schneebedeckten Alpen tauchen die mittelalterlichen Türme aus dem Nebel auf, italienisch *nebbia,* der dieser Rebsorte den Namen gab. Im Spätherbst gehen die Trüffelsucher mit ihren Hunden in Eichenwäldern, die sich an die Weinberge anschließen, auf die Jagd nach der begehrten Köstlichkeit.

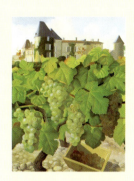

SÉMILLON (SEITE 230)
Im goldenen Licht des Herbstes, das an seinen kostbaren goldenen Wein erinnert, liegt das Château d'Yquem, Geburtsstätte des größten der majestätischen süßen Sauternes. Nur edelfaule Trauben werden geerntet, oft Beere für Beere; mindestens viermal gehen die Erntehelfer im Spätherbst durch die Weinberge.

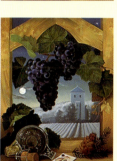

PINOT NOIR (SEITE 174)
Das Bogenfenster, ähnlich denen im Hospice de Beaune in Burgund, der Heimat des Pinot Noir, gibt den Blick auf das Schloss in Gevrey-Chambertin frei, einem der berühmtesten Weinorte der Côte de Nuits. Der Mondschein zollt deren Namen Tribut, und auf dem Fensterbrett sind Dinge versammelt, die mit Pinot Noir zu tun haben: ein traditioneller silberner *taste-vin* aus dem Burgund, ein Champagnerkorken, ein Zapfen der Oregonkiefer und ein Pikbube, der für die kapriziöse Art der Sorte in Weinberg und Keller steht.

SYRAH/SHIRAZ (SEITE 244)
Ob sie an der Nordrhône, in Syrakus auf Sizilien oder in der persischen Stadt Shiraz entstand, diese Traube umgibt eine geheimnisvolle orientalische Aura. Es ist eine hübsche Vorstellung, dass Syrah auf demselben Weg nach Europa kam wie die Damaszenerrose. In der Ferne die Kapelle auf dem Hermitage-Berg hoch über der Rhône, vorne die Veilchen, die den Trauben ihren Duft mitzuteilen scheinen, und der Papagei ist ein Adelaide Rosella – in der Nähe von Adelaide liegt das Barossa Valley, das hervorragenden Shiraz macht.

RIESLING (SEITE 190)
Am Ufer der Mosel liegt das zauberhafte alte Bernkastel, und gleich dahinter steigen die steilen Terrassen der Riesling-Weinberge an, so wie der geriffelte Stiel eines traditionellen Mosel-Weinglases. Der feine schmiedeeiserne Träger eines Ladenschilds – typisch für die Moselgegend – ist natürlich von den Ranken des Weinstocks inspiriert.

TEMPRANILLO (SEITE 256)
Geschichte und Grandezza der Tempranillo werden hier mit Anleihen bei zwei spanischen Künstlern des 17. Jahrhunderts repräsentiert. Die Porträts der königlichen Familie von Diego Velázquez – unter anderem der Infantin Maria Teresa, die hier zu sehen ist – waren zu seiner Zeit hoch geschätzt. Juan Sánchez Cotán war für seine detaillierten, realistischen Stillleben bekannt.

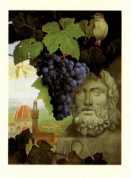

SANGIOVESE (SEITE 208)
Sangiovese bedeutet wörtlich »Jupiters Blut« – eine schöne Vorstellung, dass dieser römische Gott aufhörte, sterbliche Damen zu verführen und Blitze zu schleudern, um Italien diese Rebsorte zu schenken. Sangiovese ist fast sicher toskanischen Ursprungs und immer noch die bedeutendste Traube Mittelitaliens. Florenz, das Herz der Toskana, ist im Hintergrund zu sehen, während John Keats' Nachtigall von der Provence herübergekommen ist, da diese Traube eher »einen Becher voll des warmen Südens« bringt.

VIOGNIER (SEITE 274)
Wenn man einen Wein als hübsch bezeichnen kann, ohne ihn zu beleidigen, dann ist Viognier hübsch. Er schmeckt köstlich nach den Aprikosen, die ebenfalls am Rhône-Ufer bei Condrieu gedeihen. Einer Theorie zufolge kam die Sorte zur Zeit der Römer per Schiff zusammen mit der Syrah und fasste in Condrieu Fuß. Sie bildete hier eine winzige Insel eines ganz eigenen Geschmacks, bis sie sich in jüngster Zeit schlagartig in der Welt verbreitete. Château-Grillet, ein kleines, berühmtes Gut in Condrieu, ist im Hintergrund zu sehen.

SAUVIGNON BLANC (SEITE 218)
Ein Stück vom Spalier im Küchengarten des Schlosses Villandry illustriert die lange Verbundenheit des Loire-Tals mit Sauvignon Blanc. Die Aromen dieses Weins werden mit vielen Frucht- und Gemüsesorten verglichen, vor allem aber mit der Stachelbeere. Hinter dem Gitter steigen die Weingärten und Berge der Region Marlborough auf der Südinsel Neuseelands an, dem neuen klassischen Anbaugebiet für Sauvignon Blanc.

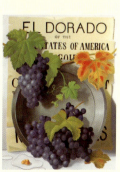

ZINFANDEL (SEITE 286)
Die Zinfandel, die mit der italienischen Sorte Primitivo identisch ist, ist wohl mit den italienischen Einwanderern an die Ostküste der USA gelangt. Von dort machte sie im Goldrausch den weiten Weg nach Kalifornien mit, worauf das Plakat – das die Goldfelder anpreist, das neue Dorado –, die Waschpfanne und das Goldnugget verweisen. Die Popularität der Traube erwies sich als ein dauerhafteres nationales Besitztum als die Goldadern.

Welcher Wein, welche Rebsorten

Viele europäische Weine sind nach ihrer Herkunft benannt, nicht nach den verwendeten Traubensorten. In der folgenden Liste werden für die wichtigsten Weine die zugelassenen Sorten genannt (mit lokalen Bezeichnungen in Klammern), die Sie dann im alphabetisch geordneten Hauptteil dieses Buchs (S. 32–295) finden können. Nach ihrer/ihren Hauptrebsorte/-n benannte Weine sind nicht verzeichnet.

Symbole
- ♠ Rotwein
- ♡ Weißwein
- ♢ Rosé
- ♣ Schaumwein weiß
- ♤ Schaumwein rosé
- ♥ Schaumwein rot

FRANKREICH

Ajaccio ♠♡ Sciacarello, Barbarossa, Nielluccio, Vermentino Blanc, Carignan, Cinsaut, Grenache Noir; ♡ Ugni Blanc, Vermentino Blanc
Aloxe Corton ♠ Pinot Noir, Pinot Beurot, Pinot Liébault, Pinot Blanc, Pinot Gris, Chardonnay; ♡ Chardonnay
Alsace ♡ Gewürztraminer, Muscat, Pinot Blanc, Pinot Gris, Riesling, Sylvaner, Chasselas/Gutedel; ♠ Pinot Noir; **Alsace Grand Cru** ♡ Gewürztraminer, Muscat, Pinot Gris oder Riesling
Anjou, Anjou Gamay, Anjou Pétillant ♠ Cabernet Franc, Cabernet Sauvignon, Pineau d'Aunis; ♢ Cabernet Franc, Cabernet Sauvignon, Pineau d'Aunis, Gamay, Cot, Groslot; ♡ Chenin Blanc (Pineau de la Loire), Chardonnay, Sauvignon Blanc; **Anjou Coteaux de la Loire** ♡ Chenin Blanc (Pineau de la Loire); **Anjou Mousseux** ♣ Chenin Blanc (Pineau de la Loire), Cabernet Sauvignon, Cabernet Franc, Cot, Gamay, Groslot, Pineau d'Aunis; **Anjou Mousseux** ♤ Cabernet Sauvignon, Cabernet Franc, Cot, Gamay, Groslot, Pineau d'Aunis; **Anjou-Villages** ♠ Cabernet Franc, Cabernet Sauvignon
Arbois ♠ Poulsard Noir (Ploussard), Trousseau, Pinot Noir (Gros Noirien, Pinot Gris); ♡ Savagnin Blanc (Naturé), Chardonnay (Melon d'Arbois, Gamay Blanc), Pinot Blanc; **Arbois Vin de Paille** ♡ Poulsard Noir (Ploussard), Trousseau, Chardonnay (Melon d'Arbois, Gamay Blanc), Savagnin Blanc (Naturé); **Auxcy Duresse** ♠ Pinot Noir, Pinot Beurot, Pinot Liébault, Pinot Blanc, Pinot Cris, Chardonnay; ♡ Chardonnay, Pinot Blanc
Bandol ♠ Mourvèdre, Grenache Noir, Cinsaut, Syrah, Carignan, Tibouren, Calitor (Pécoui Touar); ♢ Mourvèdre, Grenache Noir, Cinsaut, Syrah, Carignan, Tibouren, Calitor (Pécoui Touar), Bourboulenc, Clairette, Ugni Blanc, Sauvignon Blanc; ♡ Bourboulenc, Clairette, Ugni Blanc, Sauvignon Blanc
Banyuls, Banyuls Grand Cru VDN ♠ Grenache Noir, Grenache Gris, Grenache Blanc, Maccabéo, Tourbat (Malvoisie du Roussillon), Muscat Blanc à Petits Grains, Muscat of Alexandria (Muscat Romain), Carignan Noir, Cinsaut, Syrah
Barsac ♡ Sémillon, Sauvignon Blanc und Muscadelle
Les Baux-de-Provence ♠ Grenache Noir, Syrah, Mourvèdre, Cinsaut, Counoise, Carignan, Cabernet Sauvignon; ♢ Grenache Noir, Syrah, Cinsaut, Mourvèdre, Counoise, Carignan, Cabernet Sauvignon
Béarn ♠♢ Tannat, Cabernet Franc (Bouchy), Cabernet Sauvignon, Fer (Pinenc), Manseng Noir, Courbu Noir; ♡ Petit Manseng, Gros Manseng, Courbu, Lauzet, Camaralet, Raffiat, Sauvignon Blanc
Beaujolais, Beaujolais Supérieur, Beaujolais-Villages ♠♢ Gamay, Pinot Noir, Pinot Gris, Chardonnay, Aligoté, Melon de Bourgogne; ♡ Chardonnay, Aligoté
Beaune ♠ Pinot Noir, Pinot Beurot, Pinot Liébault, Pinot Blanc, Pinot Gris, Chardonnay; ♡ Chardonnay, Pinot Blanc
Bellet ♠ Braquet, Folle Noir (Fuella), Cinsaut, Grenache Noir, Rolle, Roussanne, Spagnol (Mayorquin), Clairette, Bourboulenc, Chardonnay, Pignerol, Muscat Blanc à Petits Grains; ♢ Braquet, Folle Noir (Fuella), Cinsaut, Grenache, Roussanne, Rolle, Spagnol (Mayorquin), Clairette, Bourboulenc, Pignerol; ♡ Rolle, Roussanne, Spagnol (Mayorquin), Clairette, Bourboulenc, Chardonnay, Pignerol, Muscat Blanc à Petits Grains
Bergerac, Bergerac sec ♡ Sémillon, Sauvignon Blanc, Muscadelle, Ondenc, Chenin Blanc, Ugni Blanc; **Bergerac, Côtes de Bergerac** ♠♢ Cabernet Sauvignon, Cabernet Franc, Merlot, Malbec (Cot), Fer Servadou, Mérille (Périgord)
Blagny ♠ Pinot Noir, Pinot Liébault, Chardonnay, Pinot Blanc, Pinot Gris; ♡ Chardonnay, Pinot Blanc
Blanquette de Limoux Mousseux ♣ Mauzac, Chardonnay, Chenin Blanc; **Blanquette Méthode Ancestrale Mousseux** ♣ Mauzac
Blaye ♠ Cabernet Sauvignon, Cabernet Franc, Merlot, Malbec, Prelongeau (Bouchalès), Cahors, Béguignol, Petit Verdot; ♡ Ugni Blanc, Colombard, Sémillon, Sauvignon Blanc, Muscadelle, Chenin (Pineau de la Loire)
Bonnes-Mares ♠ Pinot Noir, Pinot Liébault, Pinot Blanc, Pinot Gris, Chardonnay
Bonnezeaux ♡ Chenin Blanc (Pineau de la Loire)
Bordeaux, Bordeaux Clairet, Bordeaux Rosé, Bordeaux Supérieur ♠♢ Cabernet Sauvignon, Cabernet Franc, Merlot, Carmenère, Malbec, Petit Verdot; **Bordeaux, Bordeaux Blanc Sec** ♡ Sémillon, Sauvignon Blanc, Muscadelle, Merlot Blanc, Colombard, Mauzac, Ondenc, Ugni Blanc; **Bordeaux-Côtes de Francs** ♠ Cabernet Franc (Bouchet), Cabernet Sauvignon, Merlot, Malbec (Pressac); ♡ Sauvignon Blanc, Sémillon, Muscadelle; **Bordeaux Haut-Benauge** ♡ Sémillon, Sauvignon Blanc, Muscadelle; **Bordeaux Mousseux** ♣ Sémillon, Sauvignon Blanc, Muscadelle, Cabernet Sauvignon, Cabernet Franc, Carmenère, Merlot, Malbec, Petit Verdot, Ugni Blanc, Merlot Blanc, Colombard, Mauzac, Ondenc; ♥ Cabernet Sauvignon, Cabernet Franc, Carmenère, Merlot, Malbec, Petit Verdot
Bourg, Côtes de Bourg, Bourgeais ♠ Cabernet Sauvignon, Cabernet Franc, Merlot, Malbec; ♡ Sauvignon Blanc, Sémillon, Muscadelle, Merlot Blanc, Colombard
Bourgogne, Bourgogne-Hautes Côtes de Beaune, Bourgogne-Hautes Côtes de Nuits, Bourgogne-Côte Chalonnaise ♠ Pinot Noir, Pinot Beurot, Pinot Liébault, Pinot Blanc, Pinot Gris, Chardonnay, in Yonne außerdem César und Tressot, in Beaujolais außerdem Gamay; ♡ Chardonnay (Beaunois, Aubaine), Pinot Blanc; **Bourgogne Aligoté** ♡ Aligoté; **Bourgogne Passetoutgrains** ♠♢ Gamay Noir à Jus Blanc, Pinot Noir
Bourgueil ♠♢ Cabernet Franc (Breton), Cabernet Sauvignon
Bouzeron ♡ Aligoté
Brouilly ♠ Gamay, Chardonnay, Aligoté, Melon de Bourgogne
Buzet ♠♢ Merlot, Cabernet Sauvignon, Cabernet Franc, Malbec (Cot); ♡ Sémillon, Sauvignon Blanc, Muscadelle
Cabardès ♠♢ Grenache Noir, Syrah, Cabernet Sauvignon, Merlot, Cabernet Franc, Malbec (Cot), Fer
Cabernet d'Anjou, Cabernet de Saumur ♢ Cabernet Sauvignon, Cabernet Franc
Cadillac ♡ Sémillon, Sauvignon Blanc, Muscadelle
Cahors ♠ Malbec (Cot, Auxerrois), Merlot, Tannat, Jurançon Noir
Canon, Canon-Fronsac ♠ Merlot, Cabernet Franc (Bouchet), Cabernet Sauvignon, Malbec (Pressac)
Cassis ♠♢ Grenache Noir, Carignan, Mourvèdre, Cinsaut, Barbaroux, Terret; ♡ Clairette, Marsanne, Doucillon, Pascal Blanc, Sauvignon Blanc, Terret, Ugni Blanc
Cérons ♡ Sémillon, Sauvignon Blanc, Muscadelle
Chablis, Chablis Premier Cru, Chablis Grand Cru, Petit Chablis ♡ Chardonnay (Beaunois)
Chambertin, Chambertin Clos-de-Bèze, Chapelle-Chambertin, Charmes-Chambertin, Griotte-Chambertin, Latricières-Chambertin, Mazis-Chambertin, Mazoyères-Chambertin, Ruchottes-Chambertin ♠ Pinot Noir, Pinot Liébault, Pinot Blanc, Pinot Gris, Chardonnay
Chambolle-Musigny ♠ Pinot Noir, Pinot Liébault, Pinot Blanc, Pinot Gris, Chardonnay
Champagne ♣♤ Pinot Noir, Pinot Meunier, Chardonnay
Charlemagne ♡ Chardonnay, Aligoté
Chassagne-Montrachet ♠ Pinot Noir, Pinot Liébault, Pinot Blanc, Pinot Gris, Chardonnay; ♡ Chardonnay, Pinot Blanc
Château-Chalon ♡ Savagnin Blanc
Château-Grillet ♡ Viognier
Châteaumeillant ♠ Gamay, Pinot Gris, Pinot Noir
Châteauneuf-du-Pape ♠♡ Grenache, Syrah, Mourvèdre, Picpoul, Terret Noir, Counoise, Muscardin, Vaccarèse, Picardan, Cinsaut, Clairette, Roussanne, Bourboulenc
Châtillon-en-Diois ♠♢ Gamay, Syrah, Pinot Noir; ♡ Aligoté, Chardonnay
Chénas ♠ Gamay, Chardonnay, Aligoté, Melon de Bourgogne

Cheverny ❦ Gamay, Pinot Noir, Cabernet Franc, Cot; ❦ Gamay, Pinot Noir, Cabernet Franc, Cabernet Sauvignon, Cot, Pineau d'Aunis; ♀ Sauvignon Blanc, Chardonnay, Arbois (Menu Pineau), Chenin Blanc
Chinon ❦❦ Cabernet Franc (Breton), Cabernet Sauvignon; ♀ Chenin Blanc (Pineau de la Loire)
Chiroubles ❦ Gamay, Chardonnay, Aligoté, Melon de Bourgogne
Chorey-lès-Beaune ❦ Pinot Noir, Pinot Liébault, Chardonnay, Pinot Blanc, Pinot Gris; ♀ Chardonnay, Pinot Blanc
Clairette de Die ♀ Muscat Blanc à Petits Grains, Clairette Blanche
Clos des Lambrays ❦ Pinot Noir, Pinot Liébault, Pinot Blanc, Pinot Gris, Chardonnay
Clos de la Roche ❦ Pinot Noir, Pinot Liébault, Pinot Blanc, Pinot Gris, Chardonnay
Clos St-Denis ❦ Pinot Noir, Pinot Liébault, Pinot Blanc, Pinot Gris, Chardonnay
Clos de Tart ❦ Pinot Noir, Pinot Liébault, Pinot Blanc, Pinot Gris, Chardonnay
Clos de Vougeot ❦ Pinot Noir, Pinot Liébault, Pinot Blanc, Pinot Gris, Chardonnay
Collioure ❦ Grenache Noir, Mourvèdre, Syrah, Carignan, Cinsaut; ❦ Grenache Noir, Mourvèdre, Carignan, Cinsaut, Syrah, Grenache Gris
Condrieu ♀ Viognier
Corbières ❦❦ Carignan, Grenache Noir, Lladoner Pelut, Mourvèdre, Pinot Noir, Terret Noir, Syrah, Cinsaut, Maccabeu, Bourboulenc, Grenache Gris; ♀ Bourboulenc (Malvoisie), Clairette Blanche, Grenache Blanc, Maccabeu, Muscat Blanc à Petits Grains, Piquepoul Blanc, Terret Blanc, Marsanne, Roussanne, Vermentino Blanc
Cornas ❦ Syrah
Corton ❦ Pinot Noir, Pinot Beurot, Pinot Liébault, Pinot Blanc, Pinot Gris, Chardonnay; ♀ Chardonnay
Corton-Charlemagne ♀ Chardonnay
Costières de Nîmes ❦❦ Carignan, Grenache Noir, Mourvèdre, Syrah, Cinsaut, außerdem für jede der folgenden weißen Sorten; ♀ Clairette Blanche, Grenache Blanc, Bourboulenc Blanc, Ugni Blanc, Roussanne, Rolle, Maccabéo, Marsanne
Côte de Beaune, Côte de Beaune-Villages ❦ Pinot Noir, Pinot Liébault, Chardonnay, Pinot Blanc, Pinot Gris; ♀ Chardonnay, Pinot Blanc
Côte de Brouilly ❦ Gamay, Pinot Noir, Chardonnay, Aligoté, Melon de Bourgogne, Pinot Gris
Côte de Nuits-Villages ❦ Pinot Noir, Pinot Liébault, Chardonnay, Pinot Blanc, Pinot Gris; ♀ Chardonnay, Pinot Blanc
Côte Roannaise ❦❦ Gamay Noir à Jus Blanc
Côte-Rôtie ❦ Syrah, Viognier
Coteaux d'Aix-en-Provence ❦❦ Cabernet Sauvignon, Carignan, Cinsaut, Counoise, Grenache Noir, Mourvèdre, Syrah, außerdem jede der folgenden weißen Sorten; ♀ Bourboulenc, Clairette, Grenache Blanc, Sauvignon Blanc, Sémillon, Ugni Blanc, Vermentino Blanc
Coteaux de l'Aubance ♀ Chenin Blanc (Pineau de la Loire)
Coteaux Champenois ❦❦♀ Pinot Noir, Pinot Meunier, Chardonnay
Coteaux de Die ♀ Clairette Blanche

Coteaux du Giennois ❦❦ Gamay, Pinot Noir; ♀ Sauvignon Blanc
Coteaux du Languedoc ❦ Carignan, Cinsaut, Mourvèdre, Syrah, Grenache Noir, Lladoner Pelut, Counoise Noir (Aubun), Grenache Rosé, Terret Noir, Piquepoul; ❦ Carignan, Cinsaut, Mourvèdre, Syrah, Grenache Noir, Lladoner Pelut, Counoise Noir (Aubun), Grenache Rosé, Terret Noir, Piquepoul; ♀ Grenache Blanc, Clairette Blanche, Bourboulenc, Piquepoul, Marsanne, Roussanne, Rolle, Maccabéo, Terret Blanc, Carignan Blanc, Ugni Blanc
Coteaux du Layon ♀ Chenin Blanc (Pineau de la Loire)
Coteaux du Loir ♀ Chenin Blanc (Pineau de la Loire); ❦ Pineau d'Aunis, Cabernet Franc, Cabernet Sauvignon, Gamay, Cot; ❦ Pineau d'Aunis, Cabernet Franc, Cabernet Sauvignon, Gamay, Cot, Groslot
Coteaux du Lyonnais ❦❦ Gamay Noir à Jus Blanc; ♀ Chardonnay, Aligoté
Coteaux de Pierrevert ❦ Grenache Noir, Syrah, Carignan, Cinsaut, Mourvèdre; ❦ Grenache Noir, Syrah, Carignan, Cinsaut; ♀ Grenache Blanc, Vermentino, Ugni Blanc, Clairette, Roussanne, Marsanne, Picquepoul
Coteaux de Saumur ♀ Chenin Blanc (Pineau de la Loire)
Coteaux du Tricastin ❦❦ Grenache Noir, Cinsaut, Mourvèdre, Syrah, Picpoul Noir, Carignan, außerdem jede der folgenden weißen Sorten; ♀ Grenache Blanc, Clairette Blanche, Picpoul Blanc, Bourboulenc, Ugni Blanc, Marsanne, Roussanne, Viognier
Coteaux Varois ❦ Grenache Noir, Syrah, Mourvèdre, Carignan, Cinsaut, Cabernet Sauvignon; ❦ Grenache Noir, Cinsaut, Syrah, Mourvèdre, Carignan, Tibouren; ♀ Clairette, Grenache Blanc, Rolle, Sémillon, Ugni Blanc
Coteaux du Vendômois ♀ Chenin Blanc, Chardonnay; ❦ Pineau d'Aunis, Gamay, Pinot Noir, Cabernet Franc, Cabernet Sauvignon; ❦ Pineau d'Aunis, Gamay
Côtes d'Auvergne ❦ Gamay, Pinot Noir; ♀ Chardonnay
Côtes de Blaye ❦ Merlot, Cabernet Franc (Bouchet), Cabernet Sauvignon, Malbec (Pressac); ♀ Colombard, Sémillon, Sauvignon Blanc, Muscadelle, Merlot Blanc, Folle Blanche, Chenin (Pineau de la Loire)
Côtes de Bordeaux-St-Macaire ♀ Sémillon, Sauvignon Blanc, Muscadelle
Côtes de Bourg, Bourg, Bourgeais ❦ Cabernet Franc (Bouchet), Cabernet Sauvignon, Merlot, Malbec (Pressac); ♀ Sauvignon Blanc, Sémillon, Muscadelle, Merlot Blanc, Colombard
Côtes de Castillon ❦ Cabernet Franc (Bouchet), Cabernet Sauvignon, Merlot, Malbec (Pressac)
Côtes de Duras ♀ Sauvignon Blanc, Sémillon, Muscadelle, Mauzac, Chenin Blanc (Rouchelein, Pineau de la Loire), Ondenc, Ugni Blanc; ❦❦ Cabernet Sauvignon, Cabernet Franc, Merlot, Malbec (Cot)
Côtes du Forez ❦ Gamay
Côtes du Frontonnais ❦❦ Négrette, Malbec (Cot), Mérille, Fer, Syrah, Cabernet Franc, Cabernet Sauvignon, Gamay, Cinsaut, Mauzac

Côtes de Gien, Coteaux du Giennois ❦ Gamay, Pinot Noir; ♀ Chardonnay
Côtes du Jura ❦ Poulsard Noir (Ploussard), Trousseau, Pinot Noir (Gros Noirien, Pinot Gris); ♀ Savagnin Blanc (Naturé), Chardonnay (Melon d'Arbois, Gamay Blanc); **Mousseux** ♀ Poulsard Noir (Ploussard), Trousseau, Chardonnay (Melon d'Arbois, Gamay Blanc), Savagnin Blanc (Naturé)
Côtes du Jura Vin Jaune ♀ Savagnin Blanc
Côtes du Lubéron ❦ Grenache Noir, Syrah, Mourvèdre, Carignan, Cinsaut, Counoise Noir, Picpoul Noir, Gamay, Pinot Noir; ♀ Grenache Blanc, Clairette Blanche, Bourboulenc, Ugni Blanc, Vermentino (Rolle), Roussanne, Marsanne
Côtes du Marmandais ❦❦ Cabernet Franc, Cabernet Sauvignon, Merlot, Abouriou, Merlot (Cot), Fer, Gamay, Syrah; ♀ Sauvignon Blanc, Muscadelle, Ugni Blanc, Sémillon
Côtes de Montravel ♀ Sémillon, Sauvignon Blanc, Muscadelle
Côtes de Nuits-Villages ❦ Pinot Noir, Pinot Beurot, Pinot Liébault; ♀ Chardonnay, Pinot Blanc, Pinot Gris, Chardonnay
Côtes de Provence ❦❦ Cinsaut, Grenache Noir, Mourvèdre, Syrah, Tibouren, Barbaroux, Cabernet Sauvignon, Calitor (Pécoui Touar), Carignan, außerdem jede der folgenden weißen Sorten; ♀ Clairette, Sémillon, Ugni Blanc, Vermentino Blanc (Rolle)
Côtes du Rhône ❦❦ Grenache Noir, Syrah, Mourvèdre, Terret Noir, Carignan, Cinsaut, Counoise, Muscardin, Camarèse, Vaccarèse, Picpoul Noir, Terret Noir, Grenache Gris, Clairette Rosé außerdem jede der folgenden weißen Sorten; ♀ Grenache Blanc, Clairette Blanche, Marsanne, Roussanne, Bourboulenc, Viognier, Ugni Blanc, Picpoul Blanc
Côtes du Rhône-Villages ❦ Grenache Noir, Syrah, Mourvèdre, Cinsaut, außerdem jede der roten Sorten für Côtes du Rhône; ❦ Grenache Noir, Camarèse, Cinsaut, Carignan; ♀ Clairette, Roussanne, Bourboulenc, Grenache Blanc, außerdem jede der weißen Sorten für Côtes du Rhône
Côtes du Roussillon ❦❦ Carignan, Cinsaut, Grenache Noir, Lladoner Pelut Noir, Syrah, Mourvèdre, Maccabeu Blanc; ♀ Grenache Blanc, Maccabeu Blanc, Tourbat Blanc (Malvoisie du Roussillon), Marsanne, Roussanne, Vermentino
Côtes du Roussillon-Villages ❦ Carignan, Cinsaut, Grenache Noir, Lladoner Pelut Noir, Syrah, Mourvèdre, Maccabéo
Côtes de Toul ❦ Pinot Meunier, Pinot Noir; ❦ Gamay, Pinot Meunier, Pinot Noir, Aligoté, Aubin, Auxerrois; ♀ Aligoté, Aubin, Auxerrois
Côtes du Ventoux ❦❦ Grenache Noir, Syrah, Cinsaut, Mourvèdre, Carignan, Picpoul Noir, Counoise, Clairette, Bourboulenc, Grenache Blanc, Roussanne; ♀ Clairette, Bourboulenc, Grenache Blanc, Roussanne
Côtes du Vivarais ❦ Grenache Noir, Syrah, Cinsaut, Carignan; ❦ Grenache Noir, Cinsaut, Syrah; ♀ Clairette Blanche, Grenache Blanc, Marsanne
Cour-Cheverny ♀ Romorantin Blanc
Crémant d'Alsace ♀ Pinot Blanc, Pinot Noir, Pinot Gris, Riesling, Muscat, Sylvaner, Chasselas; ❦ Pinot Noir

Crémant de Bordeaux ♀ Sémillon, Sauvignon Blanc, Muscadelle, Cabernet Sauvignon, Cabernet Franc, Merlot, Carmenère, Malbec, Petit Verdot, Colombard, Ugni Blanc; ♂ Cabernet Sauvignon, Cabernet Franc, Merlot, Carmenère, Malbec, Petit Verdot

Crémant de Bourgogne ♀ ♂ Pinot Noir, Pinot Gris, Pinot Blanc, Chardonnay, Gamay Noir à Jus Blanc, Aligoté, Melon, Sacy

Crémant de Die ♀ Clairette Blanche

Crémant du Jura ♀ ♂ Poulsard (Ploussard), Pinot Noir (Gros Noirien), Pinot Gris, Trousseau, Savagnin (Naturé), Chardonnay (Melon d'Arbois, Gamay Blanc)

Crémant de Limoux ♀ Mauzac, Chardonnay, Chenin Blanc

Crémant de Loire ♀ ♂ Chenin Blanc, Cabernet Franc, Cabernet Sauvignon, Pineau d'Aunis, Pinot Noir, Chardonnay, Menu Pineau, Grolleau Noir, Grolleau Gris

Crépy ♀ Chasselas Rouge, Chasselas Vert

Crozes-Hermitage ♂ Syrah, Marsanne, Roussanne; ♀ Marsanne, Roussanne

Echézeaux ♂ Pinot Noir, Pinot Beurot, Pinot Liébault, Pinot Blanc, Pinot Gris, Chardonnay

Entre-Deux-Mers, Entre-Deux-Mers Haut-Benauge ♀ Sémillon, Sauvignon Blanc, Muscadelle, Merlot Blanc, Colombard, Mauzac, Ugni Blanc

L'Étoile, L'Étoile Mousseux ♀ Chardonnay, Poulsard, Savagnin;

L'Étoile Vin Jaune ♀ Savagnin

Faugères ♂ ♀ Carignan, Cinsaut, Grenache Noir, Mourvèdre, Syrah, Lladoner Pelut Noir

Fitou ♂ Carignan, Grenache Noir, Lladoner Pelut Noir, Mourvèdre, Syrah, Cinsaut, Maccabéo Blanc, Terret Noir

Fixin ♂ Pinot Noir, Pinot Beurot, Pinot Liébault, Pinot Blanc, Pinot Gris, Chardonnay; ♀ Chardonnay, Pinot Blanc

Fleurie ♂ Gamay, Chardonnay, Aligoté, Melon de Bourgogne

Fronsac ♂ Merlot, Cabernet Franc (Bouchet), Cabernet Sauvignon, Malbec (Pressac)

Gaillac ♂ ♀ Duras, Fer Servadou, Gamay, Syrah, Cabernet Sauvignon, Cabernet Franc, Merlot;

Gaillac, Gaillac Premières Côtes ♀ Len de l'El, Mauzac, Mauzac Rosé, Muscadelle, Ondenc, Sauvignon Blanc, Sémillon

Gevrey-Chambertin ♂ Pinot Noir, Pinot Beurot, Pinot Liébault, Pinot Blanc, Pinot Gris, Chardonnay

Gigondas ♂ Grenache Noir, Syrah, Mourvèdre, außerdem jede der Sorten für Côtes du Rhône außer Carignan; ♀ Grenache Noir, außerdem jede der Sorten für Côtes du Rhône außer Carignan

Givry ♂ Pinot Noir, Pinot Beurot, Pinot Liébault, Chardonnay; ♀ Chardonnay, Pinot Blanc

Grand Roussillon VDN ♂ Muscat Blanc à Petits Grains, Muscat of Alexandria (Muscat Romain), Grenache Noir, Grenache Gris, Grenache Blanc, Maccabeo, Tourbat (Malvoisie du Roussillon), Carignan Noir, Cinsaut, Syrah, Listan

La Grande Rue ♂ Pinot Noir, Pinot Blanc, Pinot Gris, Chardonnay

Grands Echézeaux ♂ Pinot Noir, Pinot Beurot, Pinot Liébault, Pinot Blanc, Pinot Gris, Chardonnay

Graves ♂ Cabernet Sauvignon, Cabernet Franc, Malbec, Petit Verdot; **Graves, Graves Supérieures** ♀ Sauvignon Blanc, Sémillon, Muscadelle

Graves de Vayres ♂ Cabernet Sauvignon, Cabernet Franc, Carmenère, Merlot, Malbec, Petit Verdot; ♀ Sémillon, Sauvignon Blanc, Muscadelle, Merlot Blanc

Haut-Médoc ♂ Cabernet Sauvignon, Cabernet Franc, Merlot, Carmenère, Malbec, Petit Verdot

Haut-Montravel ♀ Sémillon, Sauvignon Blanc, Muscadelle

Hermitage ♂ Syrah, Marsanne, Roussanne; ♀ Marsanne, Roussanne

Irancy ♂ Pinot Noir, César

Irouléguy ♂ ♀ Cabernet Sauvignon, Cabernet Franc, Tannat; ♀ Courbu, Manseng

Jasnières ♀ Chenin Blanc (Pineau de la Loire)

Juliénas ♂ Gamay, Chardonnay, Aligoté, Melon de Bourgogne

Jurançon, Jurançon Sec ♀ Petit Manseng, Gros Manseng, Courbu, Camaralet, Lauzet

Ladoix ♂ Pinot Noir, Pinot Liébault, Chardonnay, Pinot Blanc, Pinot Gris; ♀ Chardonnay, Pinot Blanc

Lalande-de-Pomerol ♂ Merlot, Cabernet Franc (Bouchet), Cabernet Sauvignon, Malbec (Pressac)

Limoux ♀ Mauzac, Chardonnay, Chenin Blanc

Lirac ♂ ♀ Grenache Noir, Syrah, Mourvèdre, Syrah, Cinsaut, Carignan, außerdem für ♂ jede der folgenden weißen Sorten; ♀ Clairette Blanche, Grenache Blanc, Bourboulenc, Ugni Blanc, Picpoul, Marsanne, Roussanne, Viognier

Listrac-Médoc ♂ Cabernet Sauvignon, Cabernet Franc, Merlot, Carmenère, Malbec, Petit Verdot

Loupiac ♀ Sémillon, Sauvignon Blanc, Muscadelle

Lussac-St-Émilion ♂ Cabernet Franc (Bouchet), Cabernet Sauvignon, Merlot, Malbec (Pressac)

Mâcon, Mâcon Supérieur, Mâcon-Villages, Mâcon mit einem Gemeindenamen, z.B. Mâcon-Lugny ♀ Chardonnay, Pinot Blanc;

Mâcon, Mâcon Supérieur, Mâcon mit einem Gemeindenamen, z.B. Mâcon-Lugny ♂ ♀ Gamay Noir à Jus Blanc, Pinot Noir, Pinot Gris, Chardonnay, Gamay Blanc (Melon)

Madiran ♂ Tannat, Cabernet Sauvignon, Cabernet Franc (Bouchy), Fer (Pinenc)

Maranges ♂ Pinot Noir, Pinot Gris (Beurot), Pinot Liébault, Chardonnay, Pinot Blanc; ♀ Chardonnay

Marcillac ♂ ♀ Fer Servadou, Cabernet Sauvignon, Cabernet Franc, Merlot

Margaux ♂ Cabernet Sauvignon, Cabernet Franc, Merlot, Carmenère, Malbec, Petit Verdot

Marsannay, Marsannay Rosé ♂ Pinot Noir, Pinot Gris (Beurot), Chardonnay, Pinot Blanc; ♀ Chardonnay, Pinot Blanc

Maury VDN ♂ Grenache Noir, Grenache Gris, Grenache Blanc, Maccabeo, Tourbat (Malvoisie du Roussillon), Carignan Noir, Syrah; ♀ Grenache Blanc, Grenache Gris, Maccabéo, Tourbat, Muscat of Alexandria, Muscat Blanc à Petits Grains

Médoc ♂ Cabernet Sauvignon, Cabernet Franc, Merlot, Carmenère, Malbec

Menetou-Salon ♀ Sauvignon Blanc; ♂ ♀ Pinot Noir

Mercurey ♂ Pinot Noir, Pinot Beurot, Pinot Liébault, Chardonnay; ♀ Chardonnay

Meursault ♂ Pinot Noir, Pinot Liébault, Chardonnay, Pinot Blanc, Pinot Gris; ♀ Chardonnay, Pinot Blanc

Minervois ♂ ♀ Grenache Noir, Syrah, Mourvèdre, Lladoner Pelut Noir, Carignan, Cinsaut, Picpoul Noir, Terret Noir, Aspiran Noir, außerdem für ♂ jede der folgenden weißen Sorten; ♀ Grenache Blanc, Bourboulenc (Malvoisie), Maccabeu Blanc, Marsanne, Roussanne, Vermentino (Rolle), Picpoul Blanc, Clairette Blanche, Terret Blanc, Muscat Blanc à Petits Grains

Monbazillac ♀ Sémillon, Sauvignon Blanc, Muscadelle

Montagne-St-Émilion ♂ Cabernet Franc (Bouchet), Cabernet Sauvignon, Merlot, Malbec (Pressac)

Montagny ♀ Chardonnay (Beaunois, Aubaine)

Monthélie ♂ Pinot Noir, Pinot Liébault, Chardonnay, Pinot Blanc, Pinot Gris; ♀ Chardonnay, Pinot Blanc

Montlouis ♀ Chenin Blanc (Pineau de la Loire)

Montrachet, Bâtard-Montrachet, Bienvenues-Bâtard-Montrachet, Chevalier-Montrachet, Criots-Bâtard-Montrachet ♀ Chardonnay (Beaunois, Aubaine)

Montravel ♀ Sémillon, Sauvignon Blanc, Muscadelle, Ondenc, Chenin Blanc, Ugni Blanc

Morey St-Denis ♂ Pinot Noir, Pinot Beurot, Pinot Liébault, Pinot Blanc, Pinot Gris, Chardonnay; ♀ Chardonnay

Morgon ♂ Gamay, Chardonnay, Aligoté, Melon de Bourgogne

Moulin-à-Vent ♂ Gamay, Chardonnay, Aligoté, Melon de Bourgogne

Moulis, Moulis-en-Médoc ♂ Cabernet Sauvignon, Cabernet Franc, Merlot, Carmenère, Malbec

Muscadet, Muscadet-Côtes de Grandlieu, Muscadet-Coteaux de la Loire, Muscadet de Sèvre et Maine ♀ Melon de Bourgogne

Muscat du Cap Corse ♀ Muscat Blanc à Petits Grains

Musigny ♂ Pinot Noir, Pinot Beurot, Pinot Liébault, Pinot Blanc, Pinot Gris, Chardonnay; ♀ Chardonnay

Nuits-St-Georges ♂ Pinot Noir, Pinot Beurot, Pinot Liébault, Pinot Blanc, Pinot Gris, Chardonnay; ♀ Chardonnay, Pinot Blanc

Pacherenc du Vic-Bilh ♀ Gros Manseng, Arrufiac, Courbu, Petit Manseng, Sauvignon Blanc, Sémillon

Palette ♂ ♀ Mourvèdre, Grenache, Cinsaut (Plant d'Arles), Manosquin (Téoulier), Durif, Muscat Noir, Carignan, Syrah, Castets, Brun-Fourcat, Terret Gris, Petit-Brun, Tibourenc, Cabernet Sauvignon; ♀ Clairette à Gros Grains, Clairette à Petits Grains, Clairette de Trans, Picardan, Clairette Rosé, Ugni Blanc, Ugni Rosé, Grenache Blanc, Muscat, Pascal, Terret-Bourret, Piquepoul, Aragnan, Colombard, Tokay

Patrimonio ♂ ♀ Niellucio, Grenache Noir, Sciacarello, Vermentino Blanc; ♀ Vermentino Blanc, Ugni Blanc

Pauillac ♂ Cabernet Sauvignon, Cabernet Franc, Merlot, Carmenère, Malbec

WELCHER WEIN, WELCHE REBSORTEN

Pécharment 🍷 Cabernet Sauvignon, Cabernet Franc, Merlot, Malbec (Cot)
Pernand-Vergelesses 🍷 Pinot Noir, Pinot Liébault, Chardonnay, Pinot Blanc, Pinot Gris; 🍷 Chardonnay, Pinot Blanc
Pessac-Léognan 🍷 Cabernet Sauvignon, Cabernet Franc, Merlot, Malbec (Cot), Petit Verdot, Carmenère; 🍷 Sauvignon Blanc, Sémillon, Muscadelle
Petit Chablis 🍷 Chardonnay (Beaunois)
Pomerol 🍷 Merlot, Cabernet Franc (Bouchet), Cabernet Sauvignon, Malbec (Pressac)
Pommard 🍷 Pinot Noir, Pinot Beurot, Pinot Liébault, Pinot Blanc, Pinot Gris, Chardonnay
Pouilly-Fuissé, Pouilly-Vinzelles, Pouilly-Loché 🍷 Chardonnay (Beaunois)
Pouilly-Fumé, Blanc Fumé de Pouilly 🍷 Sauvignon Blanc (Blanc Fumé)
Pouilly-sur-Loire 🍷 Chasselas, Sauvignon Blanc (Blanc Fumé)
Premières Côtes de Blaye 🍷 Cabernet Sauvignon, Cabernet Franc, Merlot, Malbec (Cot); 🍷 Sémillon, Sauvignon Blanc, Muscadelle, Merlot Blanc, Colombard, Ugni Blanc
Premières Côtes de Bordeaux 🍷 Cabernet Sauvignon, Cabernet Franc, Carmenère, Merlot, Malbec (Cot), Petit Verdot; 🍷 Sauvignon Blanc, Sémillon, Muscadelle
Puisseguin-St-Émilion 🍷 Cabernet Franc (Bouchet), Cabernet Sauvignon, Merlot, Malbec (Pressac)
Puligny-Montrachet 🍷 Pinot Noir, Pinot Liébault, Chardonnay, Pinot Blanc, Pinot Gris; 🍷 Chardonnay, Pinot Blanc
Quarts de Chaume 🍷 Chenin Blanc (Pineau de la Loire)
Quincy 🍷 Sauvignon Blanc
Rasteau VDN 🍷 Grenache Noir, Grenache Gris, Grenache Blanc
Régnié 🍷 Gamay Noir à Jus Blanc
Reuilly 🍷 Sauvignon Blanc; 🍷 Pinot Noir, Pinot Gris
Richebourg 🍷 Pinot Noir, Pinot Beurot, Pinot Liébault, Pinot Blanc, Pinot Gris, Chardonnay
Rivesaltes VDN 🍷 Grenache Noir, Grenache Gris, Grenache Blanc, Maccabeo, Tourbat (Malvoisie du Roussillon), Carignan, Cinsaut, Syrah, Listan; 🍷 Muscat Blanc à Petits Grains, Muscat of Alexandria (Muscat Romain), Grenache Gris, Grenache Blanc, Maccabeo, Tourbat (Malvoisie du Roussillon)
La Romanée, Romanée-Conti, Romanée-St-Vivant 🍷 Pinot Noir, Pinot Beurot, Pinot Liébault, Pinot Blanc, Pinot Gris, Chardonnay
Rosé d'Anjou 🍷 Cabernet Franc, Cabernet Sauvignon, Pineau d'Aunis, Gamay, Cot, Groslot
Rosé de Loire 🍷 Cabernet Franc, Cabernet Sauvignon, Pineau d'Aunis, Pinot Noir, Gamay, Grollau
Rosé des Riceys 🍷 Pinot Noir
Rosette 🍷 Sémillon, Sauvignon Blanc, Muscadelle
Roussette de Savoie 🍷 Altesse
Rully 🍷 Pinot Noir, Pinot Beurot, Pinot Liébault, Chardonnay; 🍷 Chardonnay
St-Amour 🍷 Gamay, Chardonnay, Aligoté, Melon de Bourgogne

St-Aubin 🍷 Pinot Noir, Pinot Liébault, Chardonnay, Pinot Blanc, Pinot Gris; 🍷 Chardonnay, Pinot Blanc
St-Chinian 🍷 Carignan, Cinsaut, Grenache, Lladoner Pelut Noir, Mourvèdre, Syrah
St-Émilion, St-Émilion Grand Cru 🍷 Merlot, Cabernet Franc (Bouchet), Cabernet Sauvignon, Carmenère, Malbec (Pressac, Cot)
St-Estèphe 🍷 Cabernet Sauvignon, Cabernet Franc, Merlot, Carmenère, Malbec
St-Georges-St-Émilion 🍷 Cabernet Franc (Bouchet), Cabernet Sauvignon, Merlot, Malbec (Pressac)
St-Joseph 🍷 Syrah, Marsanne, Roussanne; 🍷 Marsanne, Roussanne
St-Julien 🍷 Cabernet Sauvignon, Cabernet Franc, Merlot, Carmenère, Malbec
St-Nicolas-de-Bourgueil 🍷 Cabernet Franc (Breton), Cabernet Sauvignon
St-Péray 🍷 Roussanne (Roussette), Marsanne
St-Pourçain 🍷 Gamay, Pinot Noir, Gamay Teinturiers; 🍷 Tressallier, St-Pierre-Doré, Aligoté, Chardonnay, Sauvignon Blanc
St-Romain 🍷 Pinot Noir, Pinot Liébault, Chardonnay, Pinot Blanc, Pinot Gris; 🍷 Chardonnay, Pinot Blanc
St-Véran 🍷 Chardonnay
Ste-Croix-du-Mont 🍷 Sémillon, Sauvignon Blanc, Muscadelle
Ste-Foy-Bordeaux 🍷 Cabernet Sauvignon, Cabernet Franc, Merlot, Malbec, Petit Verdot; 🍷 Sémillon, Sauvignon Blanc, Muscadelle, Merlot Blanc, Colombard, Mauzac, Ugni Blanc
Sancerre 🍷 Sauvignon Blanc; 🍷 Pinot Noir
Santenay 🍷 Pinot Noir, Pinot Liébault, Chardonnay, Pinot Blanc, Pinot Gris; 🍷 Chardonnay, Pinot Blanc
Saumur Blanc 🍷 Chenin Blanc, Chardonnay, Sauvignon Blanc; **Saumur-Champigny** 🍷 Cabernet Franc, Cabernet Sauvignon, Pineau d'Aunis
Saumur Mousseux 🍷 Chenin Blanc, Chardonnay, Sauvignon Blanc, Cabernet Franc, Cabernet Sauvignon, Cot, Gamay, Grolleau, Pineau d'Aunis, Pinot Noir; **Saumur Mousseux** 🍷 Cabernet Franc, Cabernet Sauvignon, Cot, Gamay, Grolleau, Pineau d'Aunis, Pinot Noir; **Saumur Rouge** 🍷 Cabernet Franc, Cabernet Sauvignon, Pineau d'Aunis
Saussignac 🍷 Sémillon, Sauvignon Blanc, Muscadelle, Chenin Blanc
Sauternes 🍷 Sémillon, Sauvignon Blanc, Muscadelle
Savennières 🍷 Chenin Blanc (Pineau de la Loire)
Savigny-lès-Beaune 🍷 Pinot Noir, Pinot Liébault, Chardonnay, Pinot Blanc, Pinot Gris; 🍷 Chardonnay, Pinot Blanc
Seyssel 🍷 Roussette; **Seyssel Mousseux** 🍷 Molette, Bon Blanc (Chasselas), Roussette
La Tâche 🍷 Pinot Noir, Pinot Beurot, Pinot Liébault, Pinot Blanc, Pinot Gris, Chardonnay
Tavel 🍷 Grenache Noir, Cinsaut, Clairette Blanche, Clairette Rosé, Picpoul, Calitor, Bourboulenc, Mourvèdre, Syrah, Carignan
Touraine, Touraine Azay-le-Rideau, Touraine-Amboise, Touraine-Mesland, Touraine Pétillant 🍷 Chenin Blanc (Pineau de la Loire), Arbois (Menu Pineau), Sauvignon Blanc, Chardonnay;

🍷 Cabernet Franc (Breton), Cabernet Sauvignon, Cot, Pinot Noir, Pinot Meunier, Pinot Gris, Gamay, Pineau d'Aunis; 🍷 Cabernet Franc (Breton), Cabernet Sauvignon, Cot, Pinot Noir, Pinot Meunier, Pinot Gris, Gamay, Pineau d'Aunis, Grolleau; **Touraine Mousseux** 🍷 Chenin Blanc (Pineau de la Loire), Arbois (Menu Pineau), Chardonnay, Cabernet Franc (Breton), Cabernet Sauvignon, Pinot Noir, Pinot Gris, Pinot Meunier, Pineau d'Aunis, Cot, Grolleau; 🍷 Cabernet Franc (Breton), Cot, Noble, Gamay, Grolleau; 🍷 Cabernet Franc (Breton)
Vacqueyras 🍷 Grenache Noir, Syrah, Mourvèdre, außerdem jede der Sorten für Côtes du Rhône außer Carignan; 🍷 Grenache Noir, Mourvèdre, Cinsaut, außerdem jede Sorte für Côtes du Rhône außer Carignan; 🍷 Grenache Blanc, Clairette Blanche, Bourboulenc, Marsanne, Roussanne, Viognier
Vin de Corse 🍷 Nielluccio, Sciacarello, Grenache Noir, Cinsaut, Mourvèdre, Barbarossa, Syrah, Carignan, Vermentino (Malvoisie de Corse); 🍷 Vermentino (Malvoisie de Corse), Ugni Blanc (Rossola)
Vin de Savoie 🍷 Gamay, Mondeuse, Pinot Noir, Persan, Cabernet Sauvignon, Cabernet Franc, Étraire de la Dui, Servanin, Joubertin; 🍷 Aligoté, Altesse, Jacquère, Chardonnay, Veltliner Rouge, Mondeuse Blanche, Gringet, Roussette d'Ayze, Chasselas, Marsanne, Verdesse; **Vin de Savoie Mousseux, Pétillant** 🍷 die genannten weißen Sorten, außerdem Gamay, Pinot Noir, Mondeuse, Molette
Viré-Clessé 🍷 Chardonnay
Volnay, Volnay-Santenots 🍷 Pinot Noir, Pinot Beurot, Pinot Liébault, Pinot Blanc, Pinot Gris, Chardonnay
Vosne-Romanée 🍷 Pinot Noir, Pinot Beurot, Pinot Liébault, Pinot Blanc, Pinot Gris, Chardonnay
Vougeot 🍷 Pinot Noir, Pinot Beurot, Pinot Liébault, Pinot Blanc, Pinot Gris, Chardonnay; 🍷 Chardonnay, Pinot Blanc
Vouvray 🍷 Gros Pinot (Pineau de la Loire, Chenin Blanc), Petit Pinot (Menu Pinot)

GRIECHENLAND

Amindeo 🍷 Xynomavro
Anchialos 🍷 Rhoditis, Savatiano
Archanes 🍷 Kotsifali, Mandelaria
Côtes de Meliton 🍷 Limnio, Cabernet Sauvignon, Cabernet Franc; 🍷 Athiri, Rhoditis, Assyrtiko
Dafnes 🍷 Liatiko
Goumenissa 🍷 Xynomavro, Negoska
Limnos 🍷 Muscat of Alexandria
Mantinia 🍷 Moschophilero, Asproudos
Mavrodaphne of Cephalonia 🍷 Mavrodaphne
Mavrodaphne of Patras 🍷 Mavrodaphne
Messenikola 🍷 Messenikola, Carignan, Syrah
Muscat of Cephalonia 🍷 Muscat Blanc à Petits Grains
Muscat of Limnos 🍷 Muscat of Alexandria
Muscat of Patros 🍷 Muscat Blanc à Petits Grains
Muscat of Rhodes 🍷 Muscat Blanc à Petits Grains, Muscat Trani
Muscat of Rio of Patras 🍷 Muscat Blanc à Petits Grains

Naoussa ♦ Xynomavro
Nemea ♦ Agiorgitiko
Paros ♦ Monemvassia Malvaria, Mandelaria
Patras ♀ Rhoditis
Peza ♦ Kotsifali, Mandelaria; ♀ Vilana
Rapsani ♦ Xynomavro, Krassato, Stavroto
Rhodos ♦ Mandelaria; ♀ Athiri
Samos ♀ Muscat Blanc à Petits Grains
Santorini ♀ Assyrtiko, Aidini
Sitia ♦ Liatiko
Zitsa ♀ Dembina

ITALIEN

Aglianico del Vulture ♦ Aglianico
Albana di Romagna ♀ Albana
Alcamo ♀ Catarratto, Ansonica, Inzolia, Grillo, Grecanino, Chardonnay, Müller-Thurgau, Sauvignon Blanc; ♦ Nerello Mascalese, Calabrese, Nero d'Avola, Sangiovese, Frappato, Perricone, Cabernet Sauvignon, Merlot, Syrah; ♦ Calabrese, Nero d'Avola, Frappato, Sangiovese, Perricone, Cabernet Sauvignon, Merlot, Syrah
Aleatico di Puglia ♦ Aleatico, Negroamaro, Malvasia Nera, Primitivo
Asti ♀ Moscato Bianco
Barbaresco ♦ Nebbiolo
Barbera d'Alba ♦ Barbera; **Barbera d'Asti**, **Barbera del Monferrato** ♦ Barbera, Freisa, Grignolino, Dolcetto
Bardolino ♦ Corvina, Rondinella, Molinara, Negrara, Rossignola, Barbera, Sangiovese, Garganega
Barolo ♦ Nebbiolo
Bianco di Custoza ♀ Trebbiano Toscano, Garganega, Tocai Friulano, Cortese, Malvasia, Riesling Italico, Pinot Bianco, Chardonnay
Bolgheri ♀ Trebbiano Toscano, Vermentino, Sauvignon Blanc; ♦ Cabernet Sauvignon, Merlot, Sangiovese; ♦ Cabernet Sauvignon, Merlot, Sangiovese; **Bolgheri Sassicaia** ♦ Cabernet Sauvignon, Cabernet Franc
Breganze ♀ Tocai Friulano, Pinot Bianco, Pinot Grigio, Riesling Italico, Sauvignon Blanc, Vespaiolo; ♦ Merlot, Groppello Gentile, Cabernet Franc, Cabernet Sauvignon, Pinot Nero, Freisa
Brunello di Montalcino ♦ Sangiovese
Cannonau di Sardegna ♦ Garnacha Tinta (Cannonau)
Carema ♦ Nebbiolo
Carmignano, Barco Reale di Carmignano ♦ Sangiovese, Canaiolo Nero, Cabernet Franc, Cabernet Sauvignon, Trebbiano Toscano, Canaiolo Bianco, Malvasia del Chianti
Castel del Monte ♀ Pampanuto, Chardonnay, Bombino Bianco; ♦ Uva di Troia, Aglianico, Montepulciano; ♦ Bombino Nero, Aglianico, Uva di Troia
Chianti, Chianti Classico ♦ Sangiovese, Canaiolo Nero, Trebbiano Toscano, Malvasia del Chianti, Cabernet Sauvignon, Merlot
Cirò ♦♀ Gaglioppo, Trebbiano Toscano, Greco Bianco; ♀ Greco Bianco, Trebbiano Toscano
Colli Berici ♀ Pinot Bianco, Pinot Grigio, Chardonnay, Sauvignon Blanc
Colli Bolognesi ♀ Albana, Trebbiano Romagnolo
Colli Euganei ♀ Garganega, Prosecco Serpina, Tocai, Friulano, Sauvignon Blanc, Pinella, Pinot Bianco, Riesling Italico, Chardonnay; ♦ Merlot, Cabernet Franc, Cabernet Sauvignon, Barbera, Raboso Veronese
Colli Piacentini Gutturnio ♦ Barbera, Croatina (Bonarda)
Est! Est!! Est!!! di Montefiascone ♀ Trebbiano Toscano (Procanico), Malvasia, Rossetto (Trebbiano Giallo)
Etschtaler/Valdadige ♀ Pinot Bianco. Pinot Grigio, Riesling Italico, Müller-Thurgau, Chardonnay, Bianchetta Trevigiana, Trebbiano Toscano, Nosiola, Vernaccia, Garganega; ♦♀ Schiava, Lambrusco, Merlot, Pinot Nero, Lagrein, Teroldego, Negrara
Falerno del Massico ♀ Falanghina; ♦ Aglianico, Piedirosso, Primitivo, Barbera
Fiano di Avellino ♀ Fiano, Greco, Coda di Volpe Bianca, Trebbiano Toscano
Franciacorta ♀ ♀ Pinot Bianco, Chardonnay, Pinot Nero
Frascati ♀ Malvasia Bianca di Candia, Trebbiano Toscano, Greco, Malvasia di Lazio
Garda ♀ Riesling Italico, Riesling Renano; ♀ Groppello, Sangiovese, Marzemino, Barbera
Gattinara ♦ Nebbiolo (Spanna), Vespolina, Bonarda di Novarese (Uva Rara)
Gavi, Cortese di Gavi ♀ Cortese
Ghemme ♦ Nebbiolo (Spanna), Vespolina, Bonarda
Greco di Tufo ♀ Greco, Coda di Volpe Bianca
Kaltern/Kalterer See ♦ Schiava, Pinot Nero, Lagrein
Lambrusco Grasparossa di Castelvetro ♦ ♦ Lambrusco Grasparossa, Fortana (Uva d'Oro), Malbo Gentile; **Lambrusco Mantovano** ♦ ♦ Lambrusco Viadanese, Lambrusco Maestri, Lambrusco Marani, Lambrusco Salamino, Lambrusco di Sorbara, Lambrusco Grasparossa, Ancellotta, Fortana (Uva d'Oro); **Lambrusco Salamino di Santa Croce** ♦ ♦ Lambrusco Salamino, Ancellotta, Fortana (Uva d'Oro); **Lambrusco di Sorbara** ♦ ♦ Lambrusco di Sorbara, Lambrusco Salamino
Locorontondo ♀ Verdeca, Bianco d'Alessano, Fiano, Bombino, Malvasia Toscano
Lugana ♀ Trebbiano di Soave (Trebbiano di Lugana)
Malvasia delle Lipari ♀ Malvasia di Lipari, Corinto Nero
Marino ♀ Malvasia, Trebbiano
Marsala ♀ Grillo, Catarratto, Pignatello, Calabrese, Nerello Mascalese, Inzolia, Nero d'Avola, Damaschino
Monferrato Ciaret ♦ Barbera, Bonarda Piemontese, Cabernet Franc, Cabernet Sauvignon, Dolcetto, Freisa, Grignolino, Pinot Nero, Nebbiolo
Montecarlo ♀ Trebbiano, Sémillon, Pinot Grigio, Pinot Bianco, Vermentino, Sauvignon Blanc, Roussanne; ♦ Sangiovese, Canaiolo Nero, Ciliegiolo, Colorino, Malvasia Nera, Syrah, Cabernet Franc, Cabernet Sauvignon, Merlot
Montefalco ♦ Sangiovese, Sagrantino; ♀ Grechetto, Trebbiano Toscano
Montepulciano d'Abruzzo ♦ Montepulciano
Montescudaio ♀ Trebbiano Toscano, Malvasia del Chianti, Vermentino; ♦ Sangiovese, Trebbiano Toscano, Malvasia del Chianti
Morellino di Scansano ♦ Sangiovese, Canaiolo, Malvasia Nera
Moscato d'Asti ♀ Moscato Bianco
Moscato di Pantelleria ♀ Muscat of Alexandria (Zibibbo)
Nebbiola d'Alba ♦ Nebbiolo
Oltrepò Pavese ♦ ♀ Barbera, Croatina, Uva Rara, Ughetta (Vespolina), Pinot Nero
Orvieto ♀ Trebbiano Toscano (Procanico), Verdello, Grechetto, Canaiolo Bianco (Drupeggio), Malvasia Toscana
Piemonte ♀ Chardonnay, Pinot Bianco, Pinot Grigio, Pinot Nero; ♦ Chardonnay, Pinot Bianco, Pinot Grigio, Pinot Nero
Pomino ♦ Sangiovese, Canaiolo, Cabernet Sauvignon, Cabernet Franc, Merlot; ♀ Pinot Bianco, Chardonnay, Trebbiano Toscano
Primitivo di Manduria ♦ Primitivo
Prosecco di Conegliano/Prosecco di Valdobbiadene ♀ Prosecco, Verdiso, Pinot Bianco, Pinot Grigio, Chardonnay
Riviera del Garda ♦ ♀ Gropello, Sangiovese, Barbera, Berzamino, Marzemino (Berzemino)
Riviera del Garda Bresciano ♦ ♀ Gropello, Sangiovese, Marzemino (Berzemino), Barbera; ♀ Riesling Italico, Riesling Renano
Riviera Ligure di Ponente ♦ ♀ Rossese; ♀ Pigato, Vermentino
Roero ♦ Nebbiolo, Arneis; ♀ Arneis
Rossese di Dolceacqua ♦ Rossese
Rosso Conero ♦ Montepulciano, Sangiovese
Rosso di Montalcino ♦ Sangiovese
Rosso di Montepulciano ♦ Sangiovese (Prugnolo Gentile), Canaiolo Nero
Rosso Piceno ♦ Montepulciano, Sangiovese
Salice Salentino ♦ ♀ Negroamaro, Malvasia Nera; ♀ Chardonnay
San Gimignano ♦ Sangiovese u.a.; ♀ Sangiovese, Canaiolo Nero, Trebbiano Toscano, Malvasia del Chianti, Vernaccia di San Gimignano
Sangiovese di Romagna ♦ Sangiovese
Soave ♀ ♀ Garganega, Pinot Bianco, Chardonnay, Trebbiano di Soave
Südtirol/Alto Adige ♀ ♀ Chardonnay, Pinot Bianco, Pinot Grigio, Müller-Thurgau, Sauvignon Blanc, Riesling, Silvaner, Gewürztraminer; ♀ Pinot Bianco, Pinot Nero, Chardonnay; ♀ Pinot Bianco, Pinot Nero, Chardonnay
Taurasi ♦ Aglianico
Teroldego Rotaliano ♦ Teroldego
Terre di Franciacorta ♀ Chardonnay, Pinot Bianco, Pinot Nero; ♦ Cabernet Sauvignon, Cabernet Franc, Barbera, Nebbiolo, Merlot
Torcolato ♀ Vespaiolo
Torgiano ♀ Trebbiano Toscano, Grechetto; ♦ Sangiovese, Canaiolo, Trebbiano Toscano; ♦ Sangiovese, Canaiolo, Trebbiano Toscano; ♀ Chardonnay, Pinot Nero; ♀ Chardonnay, Pinot Nero; **Torgiano Rosso Riserva** ♦ Sangiovese, Canaiolo, Trebbiano Toscano, Ciliegiolo, Montepulciano
Trebbiano d'Abruzzo ♀ Trebbiano d'Abruzzo (Bombino Bianco), Trebbiano Toscano
Trebbiano di Romagna ♀ Trebbiano Romagnolo
Trentino ♀ Chardonnay, Pinot Bianco, Sauvignon Blanc, Müller-Thurgau, Incrocio Manzoni;

WELCHER WEIN, WELCHE REBSORTEN

🍷 Cabernet Franc, Cabernet Sauvignon, Merlot; 🍷 Enantio, Schiava, Teroldego, Lagrein
Trento 🥂 🍷 Chardonnay, Pinot Bianco, Pinot Nero, Pinot Meunier
Val di Cornia 🥂 Trebbiano Toscano, Vermentino; 🍷 Sangiovese, Cabernet Sauvignon, Merlot
Valle d'Aosta Chambave 🍷 Petit Rouge, Dolcetto, Gamay, Pinot Nero; **Valle d'Aosta Donnas** 🍷 Nebbiolo
Valpolicella, Amarone della Valpolicella, Recioto della Valpolicella 🍷 Corvina Veronese, Corvinone, Rondinella, Molinara, Croatina, Dindarella, Oseletta, Rossignola, Negrara Trentina, Terodola, Cabernet Sauvignon, Cabernet Franc, Merlot
Valtellina 🍷 Nebbiolo (Chiavennasca), Pinot Nero, Merlot, Rossola, Pignola Valtellinese
Vino Nobile di Montepulciano 🍷 Sangiovese (Prugnolo Gentile), Canaiolo Nero
Vin Santo Occhio di Pernice 🥂 Sangiovese

ÖSTERREICH
Gumpoldskirchner 🥂 Rotgipfler, Zierfandler
Steiermark Schilcher 🍷 Blauer Wildbacher

PORTUGAL
Alenquer 🍷 Camarate, Trincadeira Preta, Periquita, Preto Martinho, Tinta Miúda; 🥂 Vital, Jampal, Arinto, Fernão Pires
Bairrada 🍷 Baga, Camarate, Castelão Nacional, Bastardo, Jaén, Alfrocheiro Preto, Touriga Nacional, Trincadeira Preta, Rufete; 🥂 Arinto, Bical, Cercial Branco, Rabo de Ovelha, Fernão Pires
Borba 🍷 Trincadeira, Aragonez, Periquita, Alfrocheiro Preto, Alicante Bouschet, Grand Noir, Moreto; 🥂 Siria, Arinto, Rabo de Ovelha, Trincadeira das Pratas, Alicante Branco, Antão Vaz, Perrum
Bucelas 🥂 Arinto, Esgana Cão, Rabo de Ovelha
Colares 🍷 Ramisco; 🥂 Malvasia
Dão 🍷 Alfrocheiro Preto, Bastardo, Jaén, Tinta Amarela, Tinta Roriz, Touriga Nacional, Cabernet Sauvignon; 🥂 Encruzado, Assario Branco, Borrado das Moscas, Cerceal, Verdelho, Arinto, Rabo de Ovelha, Tamarez, Malvasia Fina, Terrantez, Uva Cão
Douro 🍷 Touriga Nacional, Touriga Francesa, Tinta Roriz, Tinta Barroca, Tinto Cão, Tinta Amarela, Mourisco Tinto, Bastardo, Periquita, Rufete, Tinta da Barca, Tinta Francisca; 🥂 Couveio, Viosinho, Rabigato, Malvasia Fina, Donzelinho, Esgaña Cão, Folgazão
Madeira 🍷 Tinta Negra Mole, Bastardo, Malvasia Roxa, Verdelho Tinto; 🥂 Sercial, Verdelho, Boal, Malvasia, Terrantez
Port 🍷 Touriga Francesa, Touriga Nacional, Bastardo, Mourisco, Tinto Cão, Tinta Roriz, Tinta Amarela, Tinta Barroca, Cornifesto, Donzelinho, Malvasia, Periquita, Rufete, Tinta de Barca; 🥂 Gouveio Verdelho, Malvasia Fina, Rabigato Rabo di Ovelha, Viosinho, Donzelinho, Códega, Arinto, Boal, Cerceal, Esgaña Cão, Folgasão, Moscatel de Bago Miúdo, Samarrinho, Vital
Reguengos 🍷 Trincadeira Preta, Periquita, Moreto, Aragonez, Alfrocheiro Preto, Alicante Bouschet, Grand Noir; 🥂 Rabo de Ovelha, Siria, Antão Vaz, Arinto, Perrum, Diagalves, Fernão Pires, Manteudo, Trincadeira das Pratas

Setúbal 🥂 Moscatel de Setúbal (Muscat of Alexandria); 🍷 Moscatel Roxo
Vinho Verde 🍷 Vinhão Sousão, Espadeiro, Padeiro Basto, Rabo de Ovelha, Borraçal, Brancelho, Pedral; 🥂 Loureiro, Trajadura, Padernã, Azal, Batoca, Alvarinho

RUMÄNIEN
Cotnari 🥂 Grasa, Tamîioasa, Francusa, Fetească Alba

SCHWEIZ
Dôle 🍷 Pinot Noir, Gamay
Fendant 🥂 Chasselas
Johannisberg 🥂 Sylvaner
Œil-de-Perdrix 🥂 Pinot Noir
Salvagnin 🍷 Pinot Noir, Gamay
Ticino 🍷🥂 Merlot

SPANIEN
Alella 🍷🥂 Garnacha Tinta, Tempranillo (Ull de Llebre), Merlot, Cabernet Sauvignon, Pansa Rosada, Garnacha Peluda, Garnacha Negra, Pinot Noir; Xarel-lo (Pansá Blanca), Garnacha Blanca, Chardonnay, Maccabeo, Parellada, Picapoll, Chenin Blanc, Sauvignon Blanc
Bierzo 🍷 Mencia, Garnacha Tintorera; 🥂 Palomino, Doña Blanca, Malvasía, Godello
Calatayud 🍷🥂 Garnacha Tinta, Cariñena (Mazuelo), Tempranillo, Monastrell, Cabernet Sauvignon, Merlot, Syrah; 🥂 Macabeo (Viura), Garnacha Blanca, Malvasía, Muscat of Alexandria (Moscatel Blanco)
Campo de Borja 🍷🥂 Garnacha Tinta, Macabeo, Tempranillo, Cariñena (Mazuelo), Cabernet Sauvignon; 🥂 Macabeo, Muscat of Alexandria (Moscatel Romano)
Cariñena 🍷 Garnacha Tinta, Cariñena (Mazuela), Tempranillo, Cabernet Sauvignon, Monastrell, Merlot, Moristel (Juan Ibáñez); 🥂 Macabeo (Viura), Garnacha Blanca, Muscat of Alexandria (Moscatel Romano), Parellada
Cava 🥂 Macabeo (Viura), Parellada, Xarel-lo, Chardonnay, Trepat, Pinot Noir, Monastrell, Subirat Parent (Malvasía Riojana), Garnacha Tinta; 🥂 Parellada, Macabeo, Xarel-lo, Garnacha Tinta, Monastrell, Pinot Noir
Conca de Barberá 🥂 Macabeo, Parellada, Chardonnay, Viognier; 🍷🥂 Trepat, Tempranillo (Ull de Llebre), Cabernet Sauvignon, Merlot
Costers del Segre 🥂 Macabeo, Parellada, Chardonnay, Xarel-lo; 🍷 Cabernet Sauvignon, Ull de Llebre (Tempranillo), Pinot Noir, Trepat, Monastrell, Merlot, Cariñena, Garnacha Tinta
Jerez y Manzanilla 🥂 Palomino Fino, Pedro Ximénez, Muscat of Alexandria (Moscatel Romano)
Málaga 🥂 Pedro Ximénez, Airén, Muscat of Alexandria (Moscatel Romano), Doradilla
La Mancha 🍷🥂 Tempranillo (Cencibel), Garnacha Tinta, Cabernet Sauvignon, Moravia, Merlot; 🥂 Airén, Macabeo, Chardonnay, Pardillo
Montilla-Moriles 🥂 Pedro Ximénez, Airén (Lairén), Moscatel Romano, Torrontés
Navarra 🍷🥂 Garnacha Tinta, Tempranillo, Cabernet Sauvignon, Merlot, Mazuelo; 🥂 Macabeo (Viura), Chardonnay, Muscat Blanc à Petits Grains (Moscatel de Frontignan, Moscatel de Grano Menudo), Graciano, Malvasía
Penedès 🍷🥂 Tempranillo (Ull de Llebre), Cabernet Sauvignon, Merlot, Cariñena, Pinot Noir, Garnacha Tinta, Monastrell; 🥂 Xarel-lo, Macabeo, Parellada, Chardonnay, Muscat of Alexandria (Moscatel Romano), Subirat Parent (Malvasía Riojana), Sauvignon Blanc, Riesling
Priorat 🍷🥂 Cariñena, Garnacha Tinta, Garnacha Peluda, Cabernet Sauvignon, Syrah, Merlot; 🥂 Garnacha Blanca, Macabeo, Pedro Ximénez, Muscat of Alexandria (Moscatel Romano)
Rías Baixas 🥂 Albariño, Loureiro (Marqués), Treixadura, Brancellao, Caíño Branco, Godello, Picapoll, Torrontés; 🍷 Caíño Tinto, Espadeiro, Mencia, Pedral, Rabo Cordeiro, Retinto
Ribeiro 🥂 Albariño, Albillo, Caíño Blanco, Godello, Jerez (Palomino), Lado, Loureiro (Loureira), Macabeo, Torrontés, Treixadura; 🍷 Garnacha Tintorera (Alicante), Caíño, Ferrón, Mencía, Sousón, Tempranillo, Brancellao
Ribera del Duero 🍷🥂 Tempranillo (Tinto Fino, Tinta del País), Garnacha Tinta, Cabernet Sauvignon, Merlot, Malbec, Albillo
Rioja 🍷🥂 Tempranillo, Garnacha Tinta (Garnacho), Cariñena (Mazuelo), Graciano, Cabernet Sauvignon, Merlot; 🥂 Macabeo (Viura), Malvasía Riojana, Graciano, Garnacha Blanca, Chardonnay
Rueda 🥂 Verdejo, Macabeo (Viura), Palomino Fino, Sauvignon Blanc
Somontano 🍷🥂 Tempranillo, Cabernet Sauvignon, Moristel, Merlot, Pinot Noir, Garnacha Tinta, Parraleta; 🥂 Macabeo, Chardonnay, Alcañón, Gewürztraminer
Tarragona 🍷🥂 Cabernet Sauvignon, Garnacha Tinta, Cariñena (Mazuela), Merlot, Tempranillo (Ull de Llebre); 🥂 Chardonnay, Esquitxagos, Garnacha Blanca, Macabeo, Malvasía, Muscat of Alexandria (Moscatel Romano), Parellada, Sumoll, Xarel-lo
Toro 🍷 Tempranillo (Tinto de Toro), Garnacha Tinta; 🥂 Malvasía, Verdejo Blanco
Valdeorras 🍷 Garnacha Tintorera (Alicante), Gran Negro, Mencía, Merenzao (Bastardo); 🥂 Godello, Doña Blanca, Palomino (Jerez)
Valdepeñas 🍷🥂 Tempranillo (Cencibel), Garnacha Tinta, Cabernet Sauvignon; 🥂 Airén, Macabeo

UNGARN
Erlauer Stierblut, Egri Bikaver 🍷 Kékfrankos, Merlot, Kadarka
Tokaji Aszú 🥂 Furmint, Hárslevelü, Muscat Lunel

ZYPERN
Commandaria 🍷 Mavro, Xynisteri

GLOSSAR

Begriffe in KAPITÄLCHEN verweisen auf weitere Einträge.

Abzug Auch Abstich: das Umfüllen von Wein aus einem Fass in ein anderes, wobei der HEFESATZ oder sonstiger Trub zurückbleibt. Das Abziehen belüftet auch den Wein, was die Reifung beschleunigt und die Tannine weicher macht.

Alkoholgehalt Der Anteil des Alkohols im Wein wird in Europa in Volumenprozent angegeben (Vol.-%), in anderen Ländern teils auch in Grad (°), wobei die Werte identisch sind.

Alkoholische Gärung Der biochemische Vorgang, bei dem Hefepilze den in den Weinbeeren enthaltenen Zucker in Alkohol und Kohlendioxid umwandeln. Er kommt zum Erliegen, wenn der Zucker aufgebraucht ist oder der Alkoholgehalt etwa 15 % erreicht.

Alte Reben Wein von »alten« Reben ist konzentrierter und dichter als der von jungen, genießt daher besondere Wertschätzung. Was als »alt« gilt, ist aber sehr unterschiedlich, es kann 25 oder auch 100 Jahre meinen.

American Viticultural Area (AVA) Das US-amerikanische Appellationssystem, das in den 1980er Jahren eingeführt wurde. Der AVA-Status erfordert, dass 85 % der für einen Wein verwendeten Trauben aus dem deklarierten Anbaugebiet kommen. Ein Qualitätsstandard ist damit nicht verbunden.

Ampelografie Die Wissenschaft von der Rebe.

Apfelsäure Eine der beiden wichtigsten Säuren im Wein (siehe auch WEINSÄURE). Der Gehalt an der scharf schmeckenden Apfelsäure ist in kühlen Klimaten höher. Siehe auch MALOLAKTISCHER SÄUREABBAU.

Appellation d'Origine Contrôlée (AC, AOC) Das französische System der »kontrollierten Ursprungsbezeichnung«, das außer den Anbaugebieten die verwendbaren Traubensorten und wichtige Details der Produktionsmethoden und des Produkts festlegt.

Aroma Im engeren Sinn die mit der Nase wahrnehmbaren Eigenschaften des Weins. Da auch der GESCHMACK eines Weins im Mund zum größten Teil Sinneseindrücke der Nase sind, sind Aroma und Geschmack teilweise identische Begiffe.

Assemblage Französischer Begriff für VERSCHNITT.

Aufspriten Einem Wein während oder nach der Gärung Weingeist zusetzen. Wird während der Gärung gespritet, wird diese gestoppt, und der Wein wird süß. Immer aber ist er alkoholreich.

Ausbau Alle kellertechnischen Maßnahmen, um aus einem jungen Wein das gewünschte Endprodukt zu machen, v. a. KLÄRUNG, REIFUNG, VERSCHNITT.

Auslese Deutsche und österreichische Qualitätsstufe (QmP, Prädikatswein) für Wein aus selektierten, manchmal auch edelfaulen (von BOTRYTIS befallenen) Trauben. Auslesen sind meist mehr oder weniger süß, trocken ausgebaute Exemplare sind besonders füllig und mächtig.

Bâtonnage Französischer Begriff für das Aufrühren des HEFESATZES im Fass mit einem Stab (frz. *bâton*). Das Verfahren stammt aus Burgund und wird von Erzeugern in aller Welt übernommen.

Baumé Eine vor allem in Frankreich und Australien verwendete Einheit für das Mostgewicht, die den Zuckergehalt des Traubensafts über seine Dichte bestimmt. Das Mostgewicht in Baumé ist identisch mit dem potenziellen Alkoholgehalt. Siehe Tabelle S. 307.

Beerenauslese Deutsche und österreichische Qualitätsstufe (QmP, Prädikatswein) für süße bis sehr süße Weine aus einzelnen selektierten Weinbeeren, die meist von BOTRYTIS befallen sind. Beerenauslesen von neu gezüchteten Rebsorten sind meist langweilig, solche aus Riesling, aber auch aus Scheurebe und einige Silvaner sind umwerfend gut.

Bereich Die 13 Anbaugebiete Deutschlands sind in Bereiche unterteilt (z. B. Anbaugebiet Pfalz, Bereich Südliche Weinstraße).

Bin Number Das englische Wort *bin* bedeutet ursprünglich »Kasten, Behälter«, dann auch »Kellerplatz«. In Australien Bezeichnung für einen besonderen Wein innerhalb eines Sortiments oder Markenname.

Biodynamischer Weinbau Anbauverfahren, die auf die Anthroposophie Rudolf Steiners zurückgehen und die Verwendung von handelsüblichen chemischen Mitteln ausschließen. U. a. werden die Reben mit Infusionen von mineralischen, pflanzlichen und tierischen Stoffen behandelt, und zwar in homöopathischen Dosen und unter Beachtung von Mondphasen und Planetenkonstellationen.

Blanc de Blancs Französisch für »Weißwein aus weißen Trauben«. Der eigenartige Begriff kommt aus Gegenden, in denen sonst rote Trauben zu weißem Wein verarbeitet werden *(blanc de noirs)*, etwa in der Champagne.

Bodega Spanischer Begriff für eine Kellerei oder ein Weinhandelshaus.

Bordeauxbrühe Das älteste Spritzmittel, bestehend aus Kupfersulfat, Kalk und Wasser, das v. a. gegen Falschen Mehltau eingesetzt wird. Eines der wenigen chemischen Mittel, die auch im organischen Weinbau zugelassen sind.

Botrytis Botrytis cinerea ist ein Pilz, der die gefürchtete Graufäule verursacht, unter bestimmten Umständen (siehe S. 27) jedoch auch die Edelfäule, auf deren Wirken einige der herrlichsten Süßweine der Welt beruhen.

Brix Eine in den USA und Neuseeland verwendete Maßeinheit für das Mostgewicht (siehe Tabelle S. 307).

Brut Französischer Begriff (gesprochen »brütt«) für »völlig trocken«, der am häufigsten auf Champagner-Etiketten auftaucht. »Extra dry« ist weniger trocken als »Brut«.

Cal-Ital Eine Gruppe kalifornischer Winzer, die Weine aus italienischen Rebsorten propagieren.

Cava Der spanische Schaumwein, wie der Champagner nach der traditionellen Methode hergestellt (siehe MÉTHODE CHAMPENOISE).

Cépage Französisch für »Rebsorte«. Der Begriff wird auf französischen Etiketten durch (einen) Sortennamen ergänzt und verweist auf die verwendete(n) Sorte(n). Eine *cépage améliorateur* ist an der Südrhône und im Midi eine der guten lokalen Sorten (z. B. Syrah, Grenache, Mourvèdre).

Chai Französischer Begriff für ein oberirdisches Fasslager.

Chaptalisierung Der Zusatz von Zucker vor oder während der Gärung, um den Alkoholgehalt des Weins zu erhöhen. In kühlen Gegenden, in denen Mangel an Sonnenschein in zu wenig Zucker resultiert, notwendiges und verbreitetes Verfahren.

Charmat-Methode Auch als *cuve close* bezeichnetes Verfahren zur Massenproduktion von Schaumwein. Die zweite Gärung, die für die Gasblasen sorgt, findet im geschlossenen Tank statt.

Château Französischer Begriff, insbesondere im Bordelais verwendete Bezeichnung für ein Weingut. Nur ein kleiner Teil der Châteaus sind auch »Schlösser«.

Claret Englische Bezeichnung für Rotwein, insbesondere Bordeaux.

Classico Italienische Bezeichnung für den »klassischen« oder Kernbereich einer Anbauzone, die den besten Wein liefert (meistens jedenfalls).

Climat Französischer Begriff für eine meist sehr kleine Lage oder Parzelle.

Clos Französischer Begriff für einen – meist durch eine Mauer eingeschlossenen – Weinberg. In Burgund häufig.

Consorzio Eine Vereinigung (Konsortium) italienischer Erzeuger. Hinter jeder DOC steht ein *consorzio*, das die Regeln der Weinproduktion festlegt und überwacht. Die französische Entsprechung ist das *Comité Interprofessionel,* die spanische das *Consejo Regulador.*

Cosecha Spanisch für »Jahrgang«.

Côtes/Coteaux Französisch für »Berghänge«. Hanglagen liefern häufig bessere Weine als ebene Flächen.

Crémant Nach traditioneller Methode (MÉTHODE CHAMPENOISE) hergestellter französischer Schaumwein, der nicht aus der Champagne kommt (z. B. Crémant de Bourgogne).

Crianza Spanischer Begriff sowohl für den Ausbau eines Weins wie für die »jüngste« Kategorie gereifter Weine (mindestens zwei Jahre, davon mindestens sechs Monate in Eichenfässern).

Cru Französisch für »Gewächs«, meist für eine bestimmte Lage und ihren Wein verwendet.

Cru Bourgeois Im Bordelais die Qualitätsstufe unterhalb des Cru Classé.

Cru Classé Wörtlich »klassifiziertes Gewächs«, bezeichnet ein Weingut, das in ein offizielles Qualitätsstufensystem aufgenommen ist (verwendet im Bordelais).

Cultivar Botanischer Begriff für alle kultivierten Pflanzen, in Südafrika bedeutet er »Rebsorte«.

Cuvée Ein Begriff mit verschiedenen Bedeutungen, allgemein ein VERSCHNITT entweder verschiedener Rebsorten oder den besten Fässer eines Weins.

Demi-sec Wörtlich »halbtrocken«, bezeichnet jedoch halbsüße Weine.

Denominação de Origem Controlada (DOC) Die höchste portugiesische Qualitätskategorie, für die Gebietsgrenzen, verwendbare Rebsorten und in Weinberg und Keller verwendete Methoden festgelegt sind.

Denominación de Origen (DO) Die wichtigste spanische Qualitätskategorie, für die Gebietsgrenzen, verwendbare Rebsorten und in Weinberg und Keller verwendete Methoden festgelegt sind. Als höchste Stufe wurde die *Denominación de Origen Calificada (DOC)* eingeführt, der bisher nur Rioja angehört.

Denominazione di Origine Controllata (DOC) Italienische Qualitätskategorie, in der Gebietsgrenzen, Rebsorten und Weintypen festgelegt sind. Als höchste Qualitätsklasse wurde die *Denominazione di Origine Controllata e Garantita (DOCG)* mit

höheren Anforderungen eingeführt (u. a. Verkostung durch ein Gutachtergremium).
DNA-Analyse Die Bestimmung des Erbguts (DNA, von *deoxyribonucleic acid*) ist wichtig zur Identifikation von Rebsorten. Cabernet Sauvignon etwa wurde als Kreuzung von Cabernet Franc und Sauvignon Blanc identifiziert.
Domaine Weingut, vor allem in Burgund.
Edelfäule Siehe BOTRYTIS.
Eiche Das für Fässer meistverwendete Holz. Bei der GÄRUNG und/oder dem AUSBAU im Eichenfass gelangen Aromastoffe und Tannine in den Wein. Je jünger das Fass, desto größer seine Wirkung; französische Eiche bringt feinere Aromen als amerikanische.
Einzellage Die kleinste Einheit in der Hierarchie der Anbaugebiete, auch nur als »Lage« bezeichnet. In Deutschland wird vor dem Lagennamen die Gemeinde genannt, z. B. Wehlener Sonnenuhr.
Eiswein Rare Weinspezialität, die insbesondere in Deutschland, Österreich und Kanada *(icewine)* hergestellt wird. Im Winter werden gefrorene Trauben geerntet und gefroren gepresst, wobei der konzentrierte, sehr süße Most abfließt und das Wasser als Eis zurückbleibt.
Élevage Französischer Begriff für alle Kellerarbeiten von der GÄRUNG bis zur Abfüllung.
Embotellado de/en Origen Spanisch für GUTSABFÜLLUNG.
Engarrafado na Origem Portugiesisch für GUTSABFÜLLUNG.
Ertrag Die Menge von Trauben oder Wein, die pro Flächeneinheit erzielt wird. Er wird in Europa meist in Hektoliter pro Hektar (hl/ha) angegeben, in der Neuen Welt in tons/acre oder Tonnen/Hektar (siehe Tabelle S. 307). Diese Größe wird aber erst dann aussagekräftig, wenn die PFLANZDICHTE berücksichtigt wird. Ein Ertrag von 50 hl/ha wird bei 2000 Rebstöcken/ha einen ganz anderen Wein ergeben als bei 10 000/ha. Hohe Erträge sind im Allgemeinen gleichbedeutend mit niedriger Qualität, denn je mehr Trauben am Stock hängen, desto schwieriger wird es für ihn, sie zur vollen Reife zu bringen. Die Verringerung des Ertrags über einen bestimmten Punkt verbessert die Qualität allerdings nicht mehr. Moderne Weinbaumethoden wie die Zucht virusfreier KLONE tendieren dazu, den Ertrag zu erhöhen, und moderne Verfahren der LAUBDACHGESTALTUNG können mehr Trauben zur Reife bringen. Das Ziel der Weinbergsarbeit ist die ideale Menge von Trauben mit der richtigen Reife. Dies unterscheidet sich deutlich von der traditionellen Ansicht, dass kleine Erträge immer besser sind als große.
Espumoso Spanisch für »Schaumwein«.
Estate-bottled Englisch für GUTSABFÜLLUNG.
Fass Das aus Holz – meist Eichenholz – gezimmerte, größere oder kleinere Behältnis zum Vergären und Lagern von Wein.
Fassausbau Nach der GÄRUNG kann der Wein in Holzfässern (üblicherweise aus EICHE) reifen. Wenn neue Fässer verwendet werden, erhält er bestimmte zusätzliche Aromen. Die geringe Sauerstoffzufuhr durch die feinen Poren des Holzes ist für die REIFUNG sehr bedeutsam.
Fassgärung Die GÄRUNG kann in neutralen Materialien wie Edelstahl oder Kunststoff stattfinden, aber auch in großen oder kleinen Holzfässern. Werden neue Fässer verwendet, werden die Holzaromen besser in den Geschmack des Weins eingebunden als bei bloßem FASSAUSBAU. Das für den Ausbau und für die Gärung meistverwendete Fass ist das Barrique aus dem Bordelais mit 225 Litern Inhalt.
Filtration Entfernen von HEFE, Trubstoffen und sonstigen Verunreinigungen vor der Abfüllung mit Hilfe von Filtern.
Flor Eine Hefeschicht, die im Fass auf der Oberfläche bestimmter Weine wächst, insbesondere Sherry. Sie verhindert eine OXIDATION des Weins und gibt ihm einen einzigartigen Geschmack.
Frizzante Italienisch für »Perlwein«.
Fuchsig Bezeichnung für den charakteristischen, intensiven und gewöhnungsbedürftigen Geruch, den die Weine vieler amerikanischer und Hybridreben verströmen.
Garrafeira Portugiesischer Qualitätswein, der mindestens einen halben Prozentpunkt mehr Alkohol hat als minimal vorgeschrieben und mindestens drei (Rotwein) bzw. ein Jahr (Weißwein) gereift hat.
Gärung Siehe ALKOHOLISCHE GÄRUNG.
Geographical Indication (GI) Australische Ursprungsbezeichnung.
Geschmack Im engeren Sinn die mit der Zunge wahrnehmbaren Eigenschaften des Weins, i. A. jedoch die Sinneseindrücke, die vom Wein im Mund ausgehen (also auch AROMA).
Gran Reserva Erstklassiger spanischer Wein aus einem besonders guten Jahrgang. Rotweine müssen mindestens fünf Jahre in Fass und Flasche reifen, Weißweine vier Jahre.
Grand Cru »Großes Gewächs«, die Spitzenkategorie der Klassifikation in Burgund, St-Émilion, Elsass und Champagne. Die Grands Crus von St-Émilion sind wiederum in zwei Gruppen geteilt.
Grand Vin Wörtlich »großer Wein«, der Haupt- oder Erstwein eines Guts im Bordelais; meist trägt er den Namen des Châteaus.
Gutsabfüllung Wein aus Trauben, die von den gutseigenen Weinbergen stammen. In Frankreich als *mis en bouteille au domaine/château* vermerkt.
Hefe Einzellige Mikroorganismen (Pilze), die den Zucker im Traubensaft zu Alkohol und Kohlendioxid aufspalten. Man kann die in Weinberg und Keller wild lebenden Hefen wirken lassen oder kultivierte Hefe (Reinzuchthefe) verwenden; Letzteres ist in der Neuen Welt der Normalfall.
Hefesatz Das Sediment aus abgestorbenen Hefezellen in einem Fass. Manche Weine, v. a. von wenig aromatischen Trauben, lässt man eine Zeit auf der Hefe liegen (französisch *sur lie*). Der bekannteste ist der Muscadet de Sèvre et Maine. Siehe auch BÂTONNAGE.
Hybridrebe Eine aus einer europäischen *Vitis-vinifera*-Rebe und einer amerikanischen Rebspezies gekreuzte Traubensorte.
Indicação de Proveniência Regulamentada (IPR) Portugiesische Qualitätsstufe unter der DOC.
Indicazione Geografica Tipica (IGT) Italienische Qualitätsstufe zwischen VINO DA TAVOLA und DOC, in etwa dem französischen VIN DE PAYS entsprechend.
Institut National des Appellations d'Origine des Vins et des Eaux-de-Vie (INAO) Die französische Organisation, die das System der APPELLATION D'ORIGINE CONTRÔLÉE verwaltet.
Jahrgang Die Traubenernte und der Wein eines bestimmten Jahres. Je kühler ein Anbaugebiet, desto abhängiger ist die Qualität der Ernte und des Weins vom Wetterverlauf des Jahres.
Kabinett Die unterste Stufe der deutschen Qualitätskategorie QUALITÄTSWEIN MIT PRÄDIKAT. Die Weine stammen von reifen Trauben und dürfen nicht mit Zucker angereichert werden, weshalb sie teils weniger Alkohol haben und filigraner wirken als einfacher Qualitätswein ohne Prädikat. In Österreich ist Kabinett eine höhere Stufe des Qualitätsweins.
Kaltgärung Langsame Vergärung in gekühlten Tanks, um frische Weine zu erhalten. In warmen Klimaten sehr wichtig.
Klärung Verschiedene Verfahren in der Weinbereitung (wie FILTRATION, SCHÖNUNG), die feste Partikel aus dem Most oder Wein entfernen.
Kleinklima Auch Mikroklima: die klimatischen Verhältnisse unmittelbar am Rebstock. Der Begriff wird manchmal fälschlich für das MESOKLIMA verwendet.
Klon Über Reiser vermehrte Reben sind Klone einer Ursprungspflanze. Heute wird der Begriff in einem engeren Sinn für in Labors produzierte, auf bestimmte Eigenschaften (wie hohe bzw. geringe Wuchskraft oder Krankheitsresistenz) selektierte virusfreie Stecklinge verwendet.
KMW Abkürzung für Klosterneuburger Mostwaage, eine österreichische Maßeinheit für den Zuckergehalt des Mostes. Wie in Deutschland sind den Qualitätsstufen bestimmte Mindestgrade KMW zugeordnet. Siehe Tabelle S. 307.
Kohlensäuremaischung Die traditionelle Weinbereitungsmethode des Beaujolais, die heute in warmen Regionen in aller Welt übernommen wird. Ganze Trauben werden in geschlossenen Tanks in einer Kohlendioxidatmosphäre vergoren, was frische, fruchtige Weine zum raschen Genuss ergibt.
Korkenfehler Ein Weinfehler, der auf einen infizierten Korken zurückgeht. Der typische modrige Geruch rührt von der chemischen Verbindung Trichlorsanisol her, die unter der Einwirkung von Bakterien bei der Korkenproduktion entstehen kann.
Kreuzung Eine aus zwei *Vitis-vinifera*-Reben gezüchtete Rebsorte.
Kryoextraktion Das Einfrieren von Trauben, um konzentrierten Saft abpressen zu können. Das die Bereitung von EISWEIN nachahmende Verfahren wurde in den 1980er Jahren in Sauternes eingeführt, um schwächere Jahrgänge korrigieren zu können.
Laubdachgestaltung Nach modernen Erkenntnissen sind Größe und Gestalt des Blätterdachs eines Rebstocks, relativ zur PFLANZDICHTE und anderen Faktoren, für die optimale Reifung der Trauben entscheidend. Mit den Mitteln des REBSCHNITTS und der REBENERZIEHUNG werden Sonneneinstrahlung, Beschattung der Trauben und das Verhältnis von Frucht zur Blattfläche genau geregelt.
Lieu-dit Burgundische Bezeichnung für eine EINZELLAGE.
Liquoroso Italienischer Likörwein, mit oder ohne AUFSPRITEN hergestellt.
Maderisierung Eine Form der OXIDATION von Weinen, verursacht durch Erwärmung, meist über längere Zeit. Die Bezeichnung ist vom Madeira abgeleitet, der seine Art durch gezielte Erwärmung erhält. Unbeabsichtigte Maderisierung, etwa bei einem weißen Tischwein, ist ein Fehler.
Maische Die Mischung aus Traubensaft, Fruchtfleisch, Beerenhäuten und Kernen, die entsteht, wenn Trauben gemahlen werden. Wenn die Trauben vor dem Mahlen nicht abgebeert werden, sind auch die Stiele (Kämme) enthalten.
Maischung Zunächst das Mahlen der Weinbeeren, dann aber auch so viel wie Mazeration, der Kontakt der festen Bestandteile der Traube mit dem Most bzw.

Wein vor, während und/oder nach der Gärung. Ein wichtiges Verfahren, um Farbe, Geschmacks- und Gerbstoffe in den Wein zu bringen.

Makroklima Das Klima in einer Region. Siehe auch Mesoklima, Kleinklima.

Malolaktischer Säureabbau Die Aufspaltung der scharfen, nach grünen Äpfeln schmeckenden Apfelsäure in die weichere Milchsäure und Kohlendioxid, die durch Bakterien verursacht wird. Sie kann nach der Alkoholischen Gärung ablaufen und wird auch als biologischer Säureabbau und (fälschlich) als Zweitgärung bezeichnet. Bei Rotwein erwünscht, da sie ihn weicher und runder macht, bei Weißwein meist unterdrückt, damit er – insbesondere in warmen Ländern – seinen frischen Geschmack erhält.

Meritage Kalifornischer Begriff für rote und weiße Weine aus Bordelaiser Rebsorten.

Mesoklima Das Klima in einer kleinen geografischen Einheit, z. B. in einem Weinberg oder an einem Berghang. Siehe auch Makroklima, Kleinklima.

Méthode champenoise Die »traditionelle« Methode der Schaumweinbereitung, bei der der Wein in der Flasche, in der er auch verkauft wird, eine zweite Gärung durchmacht.

Most Der Saft der Trauben vor (Süßmost) und während der Gärung.

Mostgewicht Angabe des Zuckergehalts von Traubensaft anhand seiner spezifischen Dichte. Für das Mostgewicht gibt es verschiedene Maßeinheiten: Öchsle, KMW, Baumé, Brix. Siehe Tabelle S. 307.

Mousseux Französisch für »Schaumwein«.

Musqué Französischer Begriff für »Muscat-artig« und für »nach Moschus duftend«. Manche Rebsorten, etwa Chardonnay, haben Musqué-Varianten mit besonders ausgeprägtem Aroma.

Négociant Französisch für »Weinhändler«, ein Handelshaus, das Wein von Erzeugern einkauft, ausbaut und gegebenenfalls verschneidet, abfüllt und unter eigenem Namen verkauft.

Nouveau, novello Französisch bzw. italienisch für »neuer Wein«, der etwa im November auf den Markt kommt und sofort zu trinken ist.

Öchsle Deutsche Maßeinheit für das Mostgewicht (Oe°). Für jede deutsche Qualitätskategorie sind (nach Anbaugebieten unterschiedliche) Mindest-Öchslegrade vorgeschrieben. Siehe Tabelle S. 307.

Önologe Wörtlich »Weinkundler«, »Weinwissenschaftler«; i. A. als Synonym für Weinmacher gebraucht.

Organisch Organischer Weinbau ist nicht strikt definiert; er zielt auf möglichst »natürliche« Mittel und Verfahren in Weinberg und Keller, insbesondere werden chemische Dünger und Pestizide gemieden.

Oxidation Zu großer bzw. intensiver Kontakt des Weins mit dem Luftsauerstoff, bewirkt einen Verlust an Aroma und Frische.

Passito Italienisch für (teilweise) rosinierte, d. h. getrocknete Weinbeeren und für den starken, meist süßen Wein, der daraus gemacht wird.

Pétillant Französisch für »Perlwein«.

Pflanzdichte Die Anzahl der Rebstöcke pro Flächeneinheit. Die Pflanzdichte ist ein wichtiges Instrument der Weinbergsarbeit. Siehe auch Ertrag.

Pfropfen Ertragsreben (der Art *Vitis vinifera*) werden auf Unterlagsreben (amerikanischer Arten) gepfropft, die gegen die Reblaus resistent sind.

Phenole Auch Polyphenole, chemische Verbindungen, die v. a. in den Beerenhäuten, Kernen und Stielen enthalten sind, in geringerem Maß in Saft und Fruchtfleisch. Dazu gehören die färbenden Anthocyane, Geschmacksstoffe und Tannine.

Phylloxera Siehe Reblaus.

Plafond Limité de Classement (PLC) Ein Kontingent an Trauben, das in Frankreich in guten Jahren zusätzlich zu der in der jeweiligen Appellation d'Origine contrôlée festgelegten Höchstmenge geerntet werden darf.

Prädikat Siehe Qualitätswein mit Prädikat. In Österreich sind die Prädikatsweine in fast der gleichen Weise benannt.

Premier Cru »Erstes Gewächs«, in Bordeaux die Spitzenkategorie, in Burgund die zweite Kategorie nach dem Grand Cru. In der Champagne Bezeichnung für Lagen unter den Grand-Cru-Lagen.

Prohibition Der 18. Zusatz zur US-amerikanischen Verfassung von 1920 verbot Herstellung, Verkauf und Transport alkoholischer Getränke. Das ruinierte viele Weingüter, einige überlebten mit der Produktion von Traubensaft, Messwein und medizinischem Wein. Anstatt den Alkoholmissbrauch zu verhindern, führte das Gesetz dazu, dass sich die Mafia erst richtig etablieren konnte. 1933 wurde das Gesetz aufgehoben.

Qualitätswein bestimmter Anbaugebiete (QbA) Deutsche Qualitätskategorie zwischen Tafelwein und Qualitätswein mit Prädikat, entsprechend der französischen AOC und der italienischen DOC. Die Weine stammen aus einem der 13 Anbaugebiete wie Mosel-Saar-Ruwer, Franken oder Württemberg. Für Alkoholgehalt, Etikettierung usw. bestehen genaue Vorschriften. Die Qualität ist meist einfach, beim Kauf sollte man auf einen guten Erzeuger achten.

Qualitätswein mit Prädikat (QmP) Deutsche Qualitätskategorie mit sechs Prädikaten, nach Reife der Trauben aufsteigend Kabinett, Spätlese, Auslese, Beerenauslese, Trockenbeerenauslese und Eiswein. Kabinett und Spätlese werden trocken oder lieblich ausgebaut, trockene Weine werden ausdrücklich als solche bezeichnet. Österreich hat ein ähnliches System, wobei Kabinett eine Kategorie des Qualitätsweins ist. Besondere österreichische Prädikate sind Ausbruch (zwischen Beeren- und Trockenbeerenauslese) sowie Strohwein.

Quinta Portugiesisches Weingut.

Rancio Spanischer Begriff für den Charakter eines vorsätzlich oxidierten Weins (etwa ein Vin Doux Naturel), der zur Reifung in Fässern, Steingutgefäßen oder Glasballons der Sonnenhitze ausgesetzt wurde.

Rebenerziehung Die Formung eines Rebstocks durch den Rebschnitt zu einer dauerhaften Gestalt, etwa als frei stehender Busch oder in verschiedenen Formen eines Spaliers.

Reblaus Die Reblaus *(Phylloxera vastatrix)* ist ein Insekt, das sich in einem Teil seines Lebenszyklus an den Wurzeln der Rebe ernährt und den Stock zum Absterben bringt. Sie zerstörte im Lauf des späten 19. Jahrhunderts die europäischen Weinberge und griff im 20. Jahrhundert fast weltweit um sich. Deshalb werden europäische *Vitis-vinifera*-Reben auf amerikanische Wurzelunterlagen gepfropft (siehe Pfropfen). Chile und Teile von Australien blieben verschont, weshalb dort wurzelechte Reben verwendet werden, die doppelt so lange leben (wenn man sie lässt).

Rebschnitt Die Entfernung überflüssiger alter Triebe vom Rebstock, die v. a. im Winter vorgenommen wird. Die Verfahren des Rebschnitts sind vielfältig und exakt durchdacht (siehe auch Laubdachgestaltung, Rebenerziehung).

Récoltant Französisch für »Weinbauer« oder »Winzer«, der eigenen Wein macht oder die Trauben an einen Négociant verkauft.

Reifung Reifung, auch Alterung genannt, ist für viele gute Weine unabdingbar und auch bei einigen einfacheren Weinen vorteilhaft. Gemeint ist damit die Zeit, die der fertig vergorene, junge Wein im großen Bottich oder im kleinen Fass bzw. in der Flasche verbringt. Reifung macht einen Wein rund und weich, bei zu langer Lagerung kann er aber auch Geschmack und Appeal einbüßen.

Reserva In Spanien Begriff für einen Wein höherer Qualität, der in Fass und Flasche mindestens drei Jahre (Rotwein) bzw. zwei Jahre (Weißwein) reifte; in Portugal Bezeichnung für Wein, der einen halben Prozentpunkt mehr Alkohol hat als minimal vorgeschrieben.

Réserve In der Neuen Welt gern verwendeter, gesetzlich nicht definierter Begriff für einen irgendwie »besonderen« Wein. Ähnlich verwendete Bezeichnungen sind *Private Reserve* und *Special Selection*.

Rhône Ranger In den 1980er Jahren entstandener Begriff für kalifornische Erzeuger, die von traditionellen Rhône-Rebsorten begeistert sind, insbesondere Syrah und Viognier.

Ripasso Ein besonders gehaltvoller Valpolicella, der auf dem Trester von Amarone eine zweite Gärung durchgemacht hat.

Riserva Italienischer Wein, der eine in den DOC(G)-Bestimmungen festgelegte Zeit länger reifte als der *normale*.

Rosado, rosato Spanisch/portugiesisch und italienisch für Rosé.

Säure Von Natur aus in Weinbeeren enthalten. Säure gibt rotem Wein einen appetitanregenden »Biss«, weißem Wein eine erfrischend pikante Art. Zu viel Säure macht einen Wein scharf, zu wenig macht ihn flach. Siehe auch Apfelsäure, Weinsäure.

Schönung Die Klärung von Weinen mit Hilfe von Koagulantien, adsorbierend oder ausfällend wirksamen Stoffen, z. B. Hühnereiweiß oder Bentonit. Verunreinigungen setzen sich auf diese Weise ab und werden mit dem Schönungsmittel vollständig entfernt.

Schwefel Im Weinkeller als Desinfektionsmittel beim Einbrand von Fässern verwendet, in Form von Schwefeldioxid als Antioxidans für Traubensaft und Wein bzw. zum Abtöten von Hefen (Stoppen oder Verzögern der Gärung).

Sec Französisch für »trocken«. Beim Champagner bedeutet es jedoch »halbtrocken«.

Sekt Deutsches Synonym für »Schaumwein«.

Solera Ein Verschnittsystem, das hauptsächlich für Sherry verwendet wird. Wenn gereifter Wein abgefüllt wird, wird dem Fass nur ein Viertel des Inhalts entnommen und durch einen jüngeren Wein ersetzt. Dieser kommt wiederum aus einem Fass, das ebenso wieder mit noch jüngerem Wein aufgefüllt wird usw.

Sortenwein Ein ganz oder fast ganz aus nur einer Rebsorte gekelterter Wein. Die erlaubte Menge anderer Sorten ist in den einzelnen Ländern unterschiedlich geregelt.

Spätlese Wein aus Trauben, die nach der allgemeinen Lese geerntet wurden und besonders viel Zucker und Geschmacksstoffe enthalten. Auf Französisch *vendange tardive*, auf Englisch *late harvest*. In Deutschland und Österreich eine Kategorie der Qualitätsweine mit Prädikat bzw. der Prädikatsweine.

Spumante Italienisch für »Schaumwein«.

Strohwein Wein aus Trauben, die auf Stroh trocknen, bevor der Saft ausgepresst wird. Entsprechend

konzentriert und süß ist das Produkt. Französischer *Vin de paille* wird im Jura gemacht, vergleichbare Weine gibt es etwa in Österreich und Italien (siehe Passito).
Supérieur In Frankreich Bezeichnung für Wein, der mehr Alkohol hat und nach etwas engeren Bestimmungen produziert ist als einfacher AOC-Wein.
Superiore In Italien Bezeichnung für Wein, der mehr Alkohol hat und länger lagerte als minimal vorgeschrieben.
Supertoskaner Besonders hochwertige und teure Weine aus der Toskana, die aus Rebsorten und mit Verfahren gemacht sind, die früher nach den DOC-Bestimmungen nicht zugelassen waren, und daher zunächst als Vino da Tavola verkauft wurden; in der Folge wurden die DOC-Bestimmungen z. T. erweitert.
Sur lie Französisch für »auf der Hefe«. Siehe Hefesatz.
Tafelwein Die einfachste deutsche Qualitätsstufe, allgemein auch andere Bezeichnung für Tischwein.
Tannin Tannine sind Gerbstoffe, bittere, astringierende Stoffe, die aus den Beerenhäuten, Kernen und Stielen in den Wein gelangen, außerdem auch aus jungen Holzfässern. Sie sind wichtig für die Lagerfähigkeit von Weinen und werden im Lauf der Jahre weicher.
Teinturier Französischer Begriff für Färbertrauben, d. h. rote Traubensorten mit rotem Saft (normalerweise ist der Saft roter Trauben weiß). Teinturier-Sorten sind meist von geringer Qualität.
Temperatursummen Ein in Kalifornien entwickeltes System zur Klassifizierung von Anbaugebieten nach der durchschnittlich während des Jahres zur Verfügung stehenden Wärme.
Terroir Französischer Begriff für die Gesamtheit der Umweltbedingungen eines Weinstocks, wie Boden, Exposition und Klima, die einen Weinberg einzigartig machen. Er ist die Grundlage des AOC-Systems.
Trester Die Bestandteile der Maische ohne den Traubensaft.
Trockenbeerenauslese Deutsche und österreichische Qualitätsstufe (QmP, Prädikatswein) für sehr süße Weine aus einzeln geernteten, eingeschrumpften oder von Botrytis befallenen Beeren.
Umkehrosmose Verfahren zur Mostkonzentration, bei dem dem Most mit Hilfe einer halbdurchlässigen Membran Wasser entzogen wird. Weitere Methoden sind Vakuumverdampfung und Kryoextraktion.
Umpumpen Französisch *remuage*: Bei der Gärung bildet der Trester im Gärbottich einen »Hut«, über den der gärende Most regelmäßig gepumpt wird, damit Farbe und Gerbstoffe extrahiert werden.
University of California in Davis (UCD) Die führende US-amerikanische Forschungs- und Ausbildungsstätte für Weinbau.
Unterlagsrebe Auch Wurzelunterlage: Rebstock, meist einer reblausresistenten amerikanischen Spezies, auf den die Ertragsrebe gepfropft wird. Siehe Pfropfen.
Vendange tardive Siehe Spätlese.
Verschnitt Die Kunst, Weine aus verschiedenen Rebsorten unterschiedlichen Ursprungs und unterschiedlichen Typs zu einem harmonischen Wein zu mixen.
Vieilles vignes Siehe Alte Reben.
Vin de garage Französisch für einen Wein, der in so geringen Mengen produziert wird, dass eine Garage dafür genügt; besonders aus St-Émilion bekannt. Er wird meist aus Trauben ganz besonderer, kleiner Parzellen gemacht und ist extrem konzentriert und aromatisch, entsprechend begehrt und teuer.

Vin de paille Französisch für Strohwein.
Vin de Pays Französisch für »Landwein«, die unterste Qualitätskategorie. Allerdings firmieren auch einige hochklassige Weine als VdP, da sie nicht den AOC-Bestimmungen entsprechen.
Vin Délimité de Qualité Supérieure (VDQS) Zweithöchste Qualitätsstufe in Frankreich, unterhalb der AOC.
Vin Doux Naturel (VDN) Französisch für »Wein mit natürlicher Süße«, Begriff für aufgespriteten Süßwein, v.a. aus dem Languedoc-Roussillon.
Vin Santo Traditionsreicher, in unterschiedlichem Maß süßer Weißwein aus der Toskana und anderen Teilen Italiens.
Viña Spanisch für »Weinberg«.
Vinifikation Alle Maßnahmen und Verfahren, um aus Trauben Wein zu machen.
Vino da Tavola (VdT) Italienisch für »Tafelwein«, die unterste Qualitätskategorie. Einige erstklassige italienische Weine, die in der Vergangenheit als VdT firmierten, weil sie den DOC-Bestimmungen nicht entsprachen, sind inzwischen zu IGT- oder DOC-Weinen avanciert (siehe Supertoskaner).
Vino tipico Neue italienische Qualitätskategorie für Vino da Tavola mit gewissen regionaltypischen Eigenschaften.
Vitis vinifera Die in Europa und Zentralasien heimische Rebenart (Spezies), die fast alle Weine der Welt liefert. In Amerika ist die Spezies *Vitis labrusca* heimisch, die noch im Osten der USA für Traubensaft und -marmelade verwendet wird, aber auch – wofür sie weniger geeignet ist (siehe Fuchsig) – für einige Weine.
Weinbau Die Arbeiten rund um den Rebstock.
Weinmacher Das modische und nicht sehr schöne Wort entstand nach dem englischen *winemaker*, das v. a. Kellereifachleute bezeichnet (traditionell »Winzer«), die freiberuflich für Weingüter arbeiten. In den späten 1980er Jahren tauchten *flying winemakers* auf, die meist aus Australien stammten oder in Australien ausgebildet waren, in aller Welt auf und brachten mit neuen Methoden frischen Wind in altehrwürdige, unter ihrem Wert arbeitende Weinbaugebiete.
Weinsäure Eine der beiden wichtigsten Säuren, die in der Weinbeere vorhanden sind (siehe auch Apfelsäure). In warmen Gebieten die vorherrschende Säure. Niedrige Säure kann durch Zugabe von Weinsäure während der Gärung korrigiert werden.
Wine of Origin (WO) Das südafrikanische System der kontrollierten Herkunftsbezeichnung. Ausgewiesen werden der Herkunftsbereich, die Traubensorte(n) und der Jahrgang.
Wuchskraft Die Geschwindigkeit, mit der eine Rebe wächst, und die Menge an Trieben und Blättern, die sie entwickelt. Starkwüchsige Rebsorten tendieren auch zu großen Erträgen. Auch der Boden hat starken Einfluss auf die Wuchskraft der Rebstöcke.
Zucker Von Natur aus in der Weinbeere vorhanden, wird in der Alkoholischen Gärung in Alkohol und Kohlendioxid aufgespalten.
Zweitwein Eine Cuvée aus Trauben, die für den Erstwein eines Erzeugers nicht verwendet wurden. Die Trauben stammen häufig von jungen Reben oder weniger guten Teilen des Weinbergs, die Weine sind meist leichter und früher reif als die Erstweine.

Maßeinheiten

Fläche
1 Hektar (ha) = $10\,000\,m^2$ = 2471 acres

Erträge
In Europa wird der Ertrag in Hektoliter Traubensaft pro Hektar gemessen. Die anderen Maßeinheiten, tons/acre oder Tonnen/Hektar (in der Neuen Welt verwendet), fußen auf der Traubenmenge pro Flächeneinheit und lassen sich daher nicht direkt in hl/ha umrechnen. Das Verhältnis Traubenmenge/Saft hängt davon ab, wie stark die Trauben vor oder nach der Gärung gepresst werden. Ein ungefährer Anhaltspunkt sind 0,7 l Saft pro Kilogramm Trauben.

1 ton/acre = 2,513 t/ha = (ungefähr) 17,6 hl/ha
1 t/ha = 0,398 tons/acre = (ungefähr) 7 hl/ha

MOSTGEWICHT

In dieser Tabelle werden die in verschiedenen Teilen der Welt verwendeten Maßeinheiten in Beziehung gesetzt (nicht exakt möglich).

Öchsle (°)	KMW (°)	Baumé (°)	Brix (°)	Potenzieller Alkohol %
74	14,8	10	18	10
78	15,6	10,55	19	10,55
83	16,6	11	19,8	11
88	17,6	11,55	10,8	11,55
92	18,4	12	21,7	12
96	19,2	12,55	22,6	12,55
100	20	13	23,4	13
107	21,4	13,55	24,4	13,55
108	21,6	14	25,2	14
112	22,4	14,55	26,2	14,55
117	23,4	15	27,1	15

REBSORTENREGISTER

Hervorgehobene Seitenzahlen verweisen auf einen Eintrag unter dem genannten Rebsortennamen

A
Abouriou **34**
Acolon 88
Agiorgitiko (Mavro Nemeas) **34**
Aglianico 19, **34**, 53
Aidani **34**, 38
Aidani Mavro 34
Airén (Lairén) **34**
Albana (Greco, Greco di Ancona) **34**f., 68
Albana Gentile di Bertinoro 34
Albariño (Albarin Blanco, Alvarinho, Cainho Branco) **36**f., 112, 117, 123, 167, 270
Albarola **35**
Albillo **35**, 262
Aleatico **35**, 147, 150
Alfrocheiro Preto (Pé de Rato) **35**, 115
Alicante Bouschet (s. auch Garnacha Tintorera) **35**, 38, 134, 139
Aligoté **35**, 112, 177
Altesse s. Roussette
Alva s. Roupeiro
Alvarinho s. Albariño
Amigne **35**
Ancellotta **35**, 116
Ansonica s. Inzolia
Antão Vaz **35**
Anzonica s. Inzolia
Aragón/Aragonés s. Garnacha Tinta
Aragonez s. Tempranillo
Aramon 35, **38**, 84
Arbois **38**
Arinto (Pedernã; s. auch Assario Branco) **38**, 89
Arinto Cachuda 38
Arinto do Dão 38
Arinto Galego 38
Arinto Miudo 38
Arneis **38**, 159, 169
Arnsburger **38**, 272
Arrufiac **38**
Assario Branco (Arinto, Malvazia Fina; s. auch Boal Cachudo) **38**
Assyrtiko **38**, 228
Athiri **38**
Aubun **38**, 85
Aubun Vert 112
Aurore 229
Auxerrois (s. auch Malbec) **38**, 65, 112, 170, 177
Avesso **38**f.
Azal Branco **39**
Azal Tinto **39**

B
Bacchus **39**
Bachet Noir 112
Baco **39**
Badener s. Blauer Portugieser
Baga (Bago de Louro, Poerininha, Tinta Bairrada, Tinta de Baga, Tinta Fina) **39**
Baiyu s. Rkatsiteli
Barbarossa (Barberoux) **39**
Barbera **40**f., 52, 122, 160
Barbera d'Asti 41
Barbera Dolce 41
Barbera Fina 41
Barbera Forte 41
Barbera Grossa 41
Barbera Riccia 41
Barbera Vera 41
Barberoux s. Barbarossa
Baroque (Barroque) **42**
Bartolomeu s. Castelão Francès
Bastardo (María Ardona, Merenzao; s. auch Trousseau) **42**, 207
Bastardo Espanhol s. Castelão Francès
Beaunoir 112
Beli Pinot s. Pinot Blanc
Bergeron s. Roussanne
Bical (s. auch Borrado das Moscas) **42**
Bidure s. Cabernet Sauvignon
Black Muscat (s. auch Muscat of Hamburg) **42**
Blanc de Morgex **42**
Blanc Fumé (s. auch Sauvignon Blanc) **42**
Blauburger **42**
Blauburgunder (s. auch Pinot Noir) **42**
Blauer Portugieser (Badener, Vöslauer; s. auch Kékoporto, Portugieser) **42**, 181
Blauer Spätburgunder s. Pinot Noir
Blauer Trollinger s. Trollinger
Blauer Wildbacher s. Wildbacher
Blauer Zweigelt s. Zweigelt
Blaufränkisch (Franconia, Frankovka; s. auch Kékfrankos, Lemberger) **42**, 91, 182, 207, 284f.
Blue Oporto 165
Boal (s. auch Sémillon) **42**
Boal Bagudo 42
Boal Bonifacio 42
Boal Branco 42
Boal Cachudo (s. auch Assario Branco) 42
Boal Carrasquenho 42
Boal de Alicante 42
Boal Espinho 42
Bobal **43**
Bogazkere **43**
Bombino Bianco (Pagadebit, Straccia Cambiale, Trebbiano d'Abruzzo) **43**, 270
Bonarda (s. auch Croatina, Uva Rara) **43**, 59, 159, 273
Bonarda di Cavaglia 43
Bonarda di Gattinara 43
Bonarda Grossa 43
Bonarda Novarese 43
Bonarda Piccola 43
Bonarda Piemontese 43
Bonarda Pignola 43
Bordo s. Cabernet Franc
Borrado das Moscas (s. auch Bical) **43**
Bouchet s. Cabernet Franc
Bourboulenc (s. auch Clairette) **43**, 122, 204, 280
Bouvier **43**, 165
Brachetto **43**
Braquet **43**
Brauner Veltliner 114, 271
Brown Muscat **43**, 149, 151, 153
Brunello s. Sangiovese
Bual **43**, 117
Buketttraube **58**
Burgundac Crni s. Pinot Noir

C
Cabernet Dorio 88
Cabernet Dorsa 88
Cabernet Franc (Bordo, Bouchet, Cabernet Frank) **44**f., 49, 52, 54, 114, 131f., 160, 169, 221
Cabernet Sauvignon (Bidure, Petite Vidure) 9, 15, 17, 21, 30, **46–57**, 84, 88, 98, 130, 132, 134, 182, 198, 206f., 213f., 221, 249
Cagnina s. Refosco del Terrano
Cainho Branco s. Albariño
Calabrese 90
Calabrese Nero s. Nero d'Avola
Caladoc **58**
Camarate (s. auch Fernão Pires) **58**
Canaiolo **58**
Canaiolo Bianco (Drupeggio) 58
Canaiolo Nero 213f.
Cannonau (s. auch Garnacha Tinta) 53, **58**, 97, 99
Cape Riesling s. Crouchen
Carignan (Carignano, Cariñena; s. auch Mazuelo) 19, 52f., **58**, 97, 132, 164, 206, 291
Carmenère (Grande Vidure) 11, 51, **60**f., 129, 131, 134f.
Cassady 164
Castelão Francès (Bartolomeu, Bastardo Espanhol, Mortágua de Vide Branca, Tinta Merousa, Trincadeira; s. auch João de Santarém, Periquita) **58**
Castelão Nacional (Castelão Portugues) 58
Catarratto **58**, 69, 114
Catawba (Francher Kello White, Mammoth Catawba) **58**
Cencibel s. Tempranillo
Cerceal s. Sercial
Cesanese **59**
César **59**
Chambourcin **59**
Chancellor 229
Charbonneau 59
Charbono (s. auch Dolcetto) **43**, 59
Chardonnay (s. auch Morillon, Pinot Chardonnay) 9, 14–16, 19, 27, 30, 54, **62–73**, 107, 112, 114, 138, 166, 169, 177, 181, 195, 198, 203, 206
Chardonnay Musqué 67
Chardonnay Rosé 67
Chasan **59**
Chasselas (Fendant, Moster, Perlan, Wälscher; s. auch Gutedel) **59**, 147, 202
Chasselas de Courtillier 142
Chasselas de Genève 167
Chenin Blanc (Pineau, Pineau de la Loire, Pinot Blanco; s. auch Steen) 9, 26f., **74–84**, 203
Chiavennasca s. Nebbiolo
Cienna **84**
Cinsaut **84**, 95, 97, 164

Clairette (s. auch Bourboulenc, Ugni Blanc) **84**, 122, 204, 280
Clairette Gris 84
Clairette Ronde 84
Clare Riesling s. Crouchen
Clevner s. Klevner
Códega s. Roupeiro
Colombard **84**
Complexa **84**f.
Concord **85**, 164
Cortese 68, **85**
Corvina **85**, 203
Corvinone **85**
Cot s. Malbec
Counoise **85**
Courbu s. Petit Courbu
Courbu Noir 167
Crato Preto s. Trincadeira Preta
Criolla Chica s. Mission
Criolla Grande **85**, 138
Croatina (s. auch Bonarda) **85**, 159
Crouchen (Cape Riesling, Clare Riesling, Paarl Riesling, South African Riesling) **85**
Cygne Blanc **85**

D
Delaware **85**
Dimiat **85**, 138
Dolcetto (Douce Noir, Ormeasco; s. auch Charbono) 19, 43, **86**f.
Domina 181
Doña Blanca (Doña Branca) **88**, 112
Dornfelder 88
Douce Noire s. Dolcetto
Drumin s. Gewürztraminer
Drupeggio s. Canaiolo Bianco
Duras 88
Dureza 138, 247
Durif **88**, 168, 253
Dusty Miller s. Meunier
Dutchess 88

E
Early Calabrese 189
Ehrenfelser **88**
Elbling 88
Encruzado 88f.
Erbaluce 68, **89**
Ermitage s. Marsanne
Esgana Cão (s. auch Sercial) 38, **89**
Espadeiro (s. auch Trincadeira Preta) **89**
Esparte s. Mourvèdre

F
Faber (Faberrebe) **89**
Falanghina **89**
Farineux s. Meunier
Favorita 68, **89**
Fendant s. Chasselas
Fer (Fer Servadou) **89**
Fernão Pires (s. auch Camarate, Maria Gomes) **89**
Fetească **89**
Fetească Alba (s. auch Leányka) **89**, 241
Fetească Neagra 89
Fetească Regală (Királileányka) **89**
Fiano **89**

Folle Blanche (Gros Plant, Piquepoul) 39, 42, **89**f., 114
Folle Noire (Jurançon; s. auch Négrette) 90
Franc Noir de la Haute-Saône 112
Francher Kello White s. Catawba
Franconia s. Blaufränkisch
Frankovka s. Blaufränkisch
Fransdruif s. Palomino Fino
Frappato Nero **90**
Freisa **90**
Freisa di Chieri 90
Freisa Grossa 90
Freisa Piccola 90
French Colombard 84
Frîncusa 241
Frontignac (s. auch Muscat) 151, 153
Frühroter Veltliner 114, 271
Furmint (Mosler, Zapfner) **90**, 112, 165, 206

G
Gaglioppo 53, **91**
Gamay (Gamay Beaujolais) **91**
Gamay Blanc Gloriod 112
Gamay de Bouze 91
Gamay de Castille 91
Gamay de Chaudenay 91
Gamay Fréaux 91
Gamay Mourot 91
Gamay Noir 112, 177
Gamza s. Kadarka
Garganega **91**, 273
Garnacha Blanca (s. auch Grenache Blanc) **91**, 95, 117
Garnacha Peluda s. Lladoner Pelut
Garnacha Tinta (Aragón, Aragonés, Garnacho Tinto, Garnatxa, Granaccia, Granacha, Grenache Noir, Tinto Aragonés; s. auch Cannonau) 9, **92–101**, 123, 249, 262
Garnacha Tintorera (Garnacho Tinto; s. Alicante Bouschet) **91**, 95
Garnatxa s. Garnacha Tinta
Gelber Muskateller **91**, 143, 150
Gewürztraminer (Drumin, Heida, Heiden, Liwora, Mala Dinka, Païen, Pinat Cervena, Princ, Rotclevner, Roter Traminer, Rusa, Termeno Aromatico, Traminac, Tramini; s. auch Klevner, Traminer) 9, 15, **102–111**, 195, 228
Godello (Verdelho; s. auch Verdelho) **112**, 123
Golden Chasselas s. Palomino Fino
Goldmuskateller (s. auch Moscato Giallo) **112**, 150, 153
Gouais Blanc 65, 84, **112**, 177
Gouveio (s. auch Verdelho) **112**
Graciano (Morrastel; s. auch Tinta Miúda) 98, **112**
Granaccia s. Garnacha Tinta
Granacha s. Garnacha Tinta
Grande Vidure s. Carmenère
Grasa 89, 90, **112**, 241
Grasevina s. Welschriesling
Grauburgunder (s. auch Pinot Gris, Ruländer) **112**

REBSORTENREGISTER 309

Grauvernatsch s. Schiava Grigia
Gray Riesling 271
Grecanico Dorato 69, 91, **112**
Grechetto **112**
Greco s. Albana
Greco di Ancona s. Albana
Greco Bianco **112**
Greco Nero **113**
Greco di Tufo 34, **112**
Grenache Blanc (s. *auch* Garnacha Blanca) 97, **113**, 202, 204
Grenache Gris 95, 97
Grenache Noir s. Garnacha Tinta
Grenache Poilu/Velu s. Lladoner Pelut
Grenache Rose 95
Grignolino **113**
Grillo **113**
Grolleau (Groslot) **113**
Grolleau Gris **113**
Groppello **122**
Gros Manseng 38, **113**, 167
Gros Pinot Blanc 170
Gros Plant s. Folle Blanche
Gros Syrah 138, 250
Gros Verdot 168
Groslot s. Grolleau
Grosse Roussette s. Marsanne
Großvernatsch s. Schiava Grossa
Grüner Sylvaner s. Silvaner
Grüner Veltliner (s. *auch* Veltliner) **114**
Gutedel (s. *auch* Chasselas) **114**

H

Hanepoot (s. *auch* Muscat) 151, 153
Harriague **114**
Hárslevelű **114**
Heida s. Gewürztraminer, Savagnin
Heiden s. Gewürztraminer
Helfensteiner 88
Heroldrebe 88
Hondarribi Beltza **114**
Hondarribi Zuri **114**
Humagne Blanche **114**
Humagne Rouge **114**
Hunter Valley Riesling s. Sémillon
Huxelrebe **114**

I/J

Incrocio Manzoni 69
Inzolia (Ansonica, Anzonica) **115**
Irsay Oliver (Irsai Olivér) **115**
Iszáki Kadarka **115**
Jacquère **115**
Jaén (s. *auch* Mencía) **115**
Jaén Blanco 38
João de Santarém (Santarén; s. *auch* Castelão Francês) **115**
Johannisberg (s. Silvaner) **115**, 242
Johannisberg Riesling s. Riesling
Jurançon s. Folle Noire

K

Kadarka (Gamza) **115**
Kékfrankos (s. *auch* Blaufränkisch) **115**
Kéknyelű **115**
Kékoporto (Oporto; s. *auch* Blauer Portugieser, Portugieser) **115**
Kerner **115**
Királyleányka s. Fetească Regală
Kleinvernatsch s. Schiava Gentile

Klevener de Heilgenstein s. Savagnin Rosé
Klevner (Clevner; s. *auch* Gewürztraminer, Pinot Blanc, Pinot Noir) **115**
Knipperlé **112**
Kotsifali **115**

L

Lado 270
Lagrein **115**
Lairén s. Airén
Lambrusco **116**
Lambrusco Grasparossa **116**
Lambrusco Salomino **116**
Lambrusco Sorbara **116**
Laski Rizling (s. *auch* Welschriesling) **116**
Leányka (s. *auch* Fetească Alba) **116**
Lemberger (s. *auch* Blaufränkisch) 88, **116**
Len de l'El **116**, 122
Lexia 147, 151
Limberger s. Blaufränkisch, Lemberger
Limnio **116**
Listán (s. *auch* Palomino Fino) **117**
Listán Negro **117**
Liwora s. Gewürztraminer
Lladoner Pelut (Garnacha Peluda, Grenache Poilu/Velu) **117**
Loureiro **117**, 123, 270

M

Macabeo (Maccabéo, Maccabeu; s. *auch* Viura) **117**, 122, 166, 285
Madeleine Angevine **117**, 189
Magaratsch Bastardo 207
Magaratsch Ruby 207
Mala Dinka s. Gewürztraminer
Malagousia (Malagouzia) 38, **117**
Malbec (Cot, Malbeck; s. *auch* Auxerrois, Pressac) 51, 54f., 89, **118**f., 262
Malmsey **117**
Malvasia 112, 117, **120**f.
Malvasia di Bosa 120
Malvasia di Cagliari 120
Malvasia di Candia 120
Malvasia Fina 120, 284
Malvasia di Grottaferrata 120
Malvasia Istriana 120
Malvasia di Lazio 120
Malvasia delle Lipari 120
Malvasia Nera 120, **122**, 164
Malvasia di Planargia 120
Malvasia Puntinata 120
Malvasia Rei 120, 166
Malvasia Rosada **117**
Malvasia de S. Jorge 117
Malvasia di Toscana 120
Malvazia Fina s. Assario Branco
Malvoisie (s. *auch* Pinot Gris) 121, **122**
Malvoisie de Corse s. Vermentino
Mammolo **122**
Mammoth Catawba s. Catawba
Mandelari 122
Manzoni s. Incrocio Manzoni
Maréchal Foch **122**
Margarita **122**
María Ardona s. Bastardo
Maria Gomes (s. *auch* Fernão Pires) **122**

Marsanne (Ermitage, Grosse Roussette) **124**f., 202, 204, 249f., 280f.
Marzemino **122**, 189
Mataro (s. *auch* Mourvèdre) **122**
Mauzac 84, **122**f.
Mauzac Noir 123
Mavro **123**, 285
Mavro Nemeas s. Agiorgitiko
Mavrodaphne **123**
Mavrud **123**
Mazuela (Mazuelo; s. *auch* Carignan) 98, **123**
Médoc Noir s. Merlot
Melnik **123**
Melon de Bourgogne (s. *auch* Muscadet) 112, **123**, 177
Mencía (s. *auch* Jaén) **123**
Mendoza 107
Merenzao s. Bastardo
Merlot (Médoc Noir, Merlau, Merlot Noir) 9, 15, 17, 52–54, 60, 98, 122, **126–137**, 159f., 198, 213f., 249, 262, 284
Merlot Blanc 137
Merlot Noir s. Merlot
Meunier (Dusty Miller, Farineux, Noirin Enfariné, Müllertraube, Pinot Meunier; s. *auch* Müllerrebe, Schwarzriesling) **138**
Misket **138**
Mission (Criolla Chica; s. *auch* País) **138**, 139, 291
Molette **138**
Molinara **138**
Monastrell (s. *auch* Mourvèdre) **138**
Mondeuse Blanche 138, 247, 250
Mondeuse Noire **138**f., 247
Monica **139**
Montepulciano **139**, 213f.
Morastell s. Mourvèdre
Morellino (s. *auch* Sangiovese) **139**
Morillon (s. *auch* Chardonnay) **139**
Morio-Muskat **139**
Moristel **139**
Morrastel s. Graciano, Mourvèdre
Mortágua s. Touriga Nacional, Trincadeira Preta
Mortágua de Vide Branca s. Castelão Francês
Moscatel **139**, 153
Moscatel de Alejandria 150, 153
Moscatel de España 153
Moscatel de Frontignan 153
Moscatel Gordo Blanco 153
Moscatel de Grano Menudo 150, 153
Moscatel de Málaga 150, 153
Moscatel de Setúbal 150, 153
Moscato 153
Moscato d'Alexandria **139**, 153
Moscato d'Asti 153
Moscato Bianco **139**, 153
Moscato Canelli 153
Moscato Giallo (s. *auch* Goldmuskateller) **139**
Moscato Rosa (s. *auch* Rosenmuskateller) **139**
Moschofilero **139**
Mosler s. Furmint
Moster s. Chasselas
Mourisco **139**
Mourvèdre (Esparte, Morastell, Morrastel, s. *auch* Mataro,

Monastrell) 15, 95, 97, 99, **140**f., 203, 251, 291
Müllerrebe (s. Meunier) 142
Müller-Thurgau (s. *auch* Riesling-Sylvaner, Rivaner) 11, 23, 81, 89, **142**, 165, 189, 194, 225
Müllertraube s. Meunier
Murteira s. Trincadeira Preta
Muscadel 151, 153
Muscadelle (s. *auch* Tokay) **142**f., 151, 233, 236
Muscadet (s. *auch* Melon de Bourgogne) **143**
Muscardin **143**
Muscat (s. *auch* Tamîioasa) 9, 15, 143, **144–153**, 195, 291
Muscat of Alexandria **143**, 144–153
Muscat d'Alsace 153
Muscat Blanc à Petits Grains **143**, 144–153
Muscat Canelli **143**, 151, 153
Muscat de Colmar 147, 150
Muscat Dr Hogg 151
Muscat de Frontignan **143**, 153
Muscat Gordo Blanco **143**, 151, 153
Muscat of Hamburg (s. *auch* Black Muscat) **143**, 149, 151
Muscat Lunel 150, 153
Muscat Ottonel s. Muskat-Ottonel
Muscat de Rivesaltes 149
Muscat Romain 153
Muscat de Saumur 147
Muskadel **143**, 153
Muskat-Ottonel **153**
Muskat-Silvaner/Sylvaner (s. *auch* Sauvignon Blanc) **143**
Muskatály **143**, 153
Muskateller **143**, 147, 153

N

Napa Gamay (s. *auch* Valdiguié) 91
Nebbiolo (Chiavennasca, Picotener; s. *auch* Spanna) 9, 38, 52, 69, 85, 89, **154–163**, 271, 273
Negoska **164**
Negra Corriente 138
Negra Mole (Negramoll; s. *auch* Preto Martinho) **164**
Negra Peruana s. País
Negramoll s. Negra Mole
Negroamaro 122, **164**
Négrette (Pinot St George; s. *auch* Folle Noire) **164**
Negroamaro 122, **164**
Negru de Dragasani **164**
Nerello 90, 164
Nerello Cappuccio **164**
Nerello Mascalese **164**
Nero d'Avola (Calabrese Nero) 53, **164**, 213, 249, 253
Neuburger **164**
Niagara **164**
Nielluccio (s. *auch* Sangiovese) **164**
Nocera 90
Noirien s. Pinot Noir
Noirin Enfariné s. Meunier
Nosiola **164**
Nuragus 69, **164**

O

Œillade 84
Ojo de Liebre s. Tempranillo
Olaszrizling s. Welschriesling
Ondenc 165

Oporto s. Kékoporto, Portugieser
Optima 165
Orange Muscat 151, **165**
Oremus 165
Ormeasco s. Dolcetto
Ortega 165
Ortrugo 165

P

Paarl Riesling s. Crouchen
Paderña 117
Pagadebit s. Bombino Bianco
Païen s. Gewürztraminer
País (Negra Peruana; s. *auch* Mission) 139, **165**
Palomino Basto 165
Palomino Fino (Fransdruif, Golden Chasselas; s. *auch* Listán) 38, 59, 112, **165**f.
Palomino de Jerez 165
Pansa Blanca (s. *auch* Xarel-lo) 166
Pardillo 166
Parellada 117, **166**, 285
Pé de Rato s. Alfrocheiro Preto
Pederñā s. Arinto
Pedro Giménez 166
Pedro Ximénez (PX) **167**
Pelourin 88, 168, 253
Periquita (s. *auch* Castelão Francês) **167**, 268
Perlan s. Chasselas
Perricone **167**
Perrum 167
Petit Bouschet 35
Petit Courbu (Courbu) 38, **167**
Petit Manseng 38, **167**
Petit Rouge **167**
Petit Verdot 51, 54, **167**f.
Petite Arvine **168**
Petite Sirah 88, **168**, 253, 291
Petite Syrah (s. *auch* Syrah) **168**, 250, 253
Petite Vidure s. Cabernet Sauvignon
Peurion 112
Picolit **168**f.
Picotener s. Nebbiolo
Picpoul (Piquepoul) **169**
Piedirosso **169**
Pigato **169**
Pignola 159, 169
Pignolo **169**
Pinat Cervena s. Gewürztraminer
Pineau s. Chenin Blanc, Pinot Noir
Pineau d'Aunis **169**
Pineau de la Loire s. Chenin Blanc
Pinot Beurot (s. *auch* Pinot Gris) **169**
Pinot Bianco (s. *auch* Pinot Blanc) **169**
Pinot Blanc (Beli Pinot; s. *auch* Klevner, Pinot Bianco, Weißburgunder) 9, 65, 68, 89, 123, 164, **170**f., 177, 195
Pinot Blanco s. Chenin Blanc
Pinot Chardonnay (s. Chardonnay) 11
Pinot Droit 179
Pinot Fin 179
Pinot Grigio (s. Pinot Gris) 169
Pinot Gris (Tokay Pinot Gris; s. *auch* Grauburgunder, Malvoisie, Pinot Beurot, Pinot Grigio, Rulander, Szürkebarát,

Tokay d'Alsace) 10, 122, 147, 172f., 177
Pinot Meunier s. Meunier
Pinot Nero (s. auch Pinot Noir) 159, **169**
Pinot Noir (Blauer Spätburgunder, Burgundac Crni, Noirien, Pineau, Savagnin Noir; s. auch Blauburgunder, Klevner, Pinot Nero, Spätburgunder) 9f., 12, 14f., 18f., 21, 65, 88, 112, 138, **174–185**, 188, 195, 207, 284
Pinot St George s. Négrette
Pinot Tordu 179
Pinotage 11, 84, **186f.**
Piquepoul s. Folle Blanche, Picpoul
Plavac Mali **188**, 289
Poerininha s. Baga
Portugieser (Oporto, Portugais Bleu, Portugaljka, Portugizac Crni; s. auch Blauer Portugieser, Kékoporto) 42, **188**
Posip 90
Poulsard **188**
Pressac (s. auch Malbec) **188**
Preto Martinho (s. auch Negra Mole) **188**
Prieto Picudo **188**
Primitivo (s. auch Zinfandel) **188**, 213
Princ s. Gewürztraminer
Procanico 69, **188**, 270
Prosecco **188**
Prugnolo Gentile (s. auch Sangiovese) 159, **188**
PX s. Pedro Ximénez

R

Rabigato s. Rabo de Ovelha
Rabo de Anho 188
Rabo de Lobo 188
Rabo de Ovelha (Rabigato) **188**
Rabo de Ovelha Tinto (s. auch Trincadeira Preta) 188
Rabo de Porco 188
Rabo de Vaca 188
Raboso **189**
Raboso Piave (Raboso Friulara) 189
Raboso Veronese 189
Ramisco **189**
Rebula s. Ribolla Gialla, Robola
Refosco 138, **189**
Refosco d'Istria 189
Refosco Nostrano 189
Refosco del Peduncolo Rosso 189
Refosco del Terrano (Cagnina, Teran) 189
Reichensteiner **189**
Rhein Riesling s. Riesling
Rhine Riesling s. Riesling
Rhoditis (s. auch Roditis) **189**, 202
Ribolla 68
Ribolla Gialla (Rebula; s. auch Robola) **189**
Ribolla Nera s. Schioppettino
Rieslaner **202**
Riesling (Rhein Riesling, Rhine Riesling, Weißer Riesling, White Riesling; s. auch Johannisberg Riesling, Riesling Renano) 9, 11, 15f., 19, 23, 85, 88, 106, 114f., 138, 142, **190–201**, 229, 291
Riesling Italico (s. auch Welschriesling) **202**

Riesling Renano (s. auch Riesling) 202
Riesling-Sylvaner (Rizling Zilvani; s. auch Müller-Thurgau) 202
Rivaner (s. auch Müller-Thurgau) 202
Rizling **202**
Rizling Vlassky s. Welschriesling
Rizling Zilvani s. Riesling-Sylvaner
Rkatsiteli (Baiyu) **202**
Robola (Rebula; s. auch Ribolla Gialla) 202
Roditis (s. auch Rhoditis) **202**, 228
Roi des Noirs 229
Rolle **202**, 273
Romorantin **202**
Rondinella **202**f.
Roriz (s. auch Tempranillo) **203**, 268
Rosenmuskateller (s. auch Moscato Rosa) 149f., 153, **203**
Rossese **203**
Rossola Bianca s. Ugni Blanc
Rossola Nera 159, **203**
Rossolo 203
Rotclevner s. Gewürztraminer
Roter Gutedel 114
Roter Muskateller 143
Roter Traminer s. Gewürztraminer
Roter Veltliner 114, 271
Rotgipfler **203**, 285
Roublot 112
Rouchet s. Ruché
Roupeiro (Alva, Códega) 203
Roussanne (Bergeron, Roussette) 124, 202, **204f.**, 249f., 280f.
Roussane du Var 205
Roussette (Altesse; s. auch Roussanne) 206
Ruby Cabernet **206**
Ruché (Rouchet) **206**
Ruländer (s. auch Graubugunder, Pinot Gris) 206
Rusa s. Gewürztraminer

S

Sacy 112, **206f.**, 270
Sagrantino **207**, 214
St-Émilion (s. Ugni Blanc) **207**
Sämling (s. auch Scheurebe) **207**
Samtrot 138
Sangiovese (Brunello, Sangioveto; s. auch Morellino, Nielluccio, Prugnolo Gentile) 9, 51, 53, 58, 133, **208–217**, 249, 253
Sangioveto s. Sangiovese
Sankt Laurent 182, **207**, 285
Santarén s. João de Santarém
Saperavi 164, **207**
Sauvignonasse (Sauvignon Vert) 11, 134, 221, 224f., 227, **228**, 267
Sauvignon Blanc (s. auch Blanc Fumé, Muskat-Silvaner/Sylvaner) 9, 16, 24, 42, 49, 54, 106, 114, 166, 203, **218–227**, 228, 233, 235f., 271
Sauvignon Gris 221, **228**
Sauvignon Rosé 221, **228**
Sauvignon Vert s. Sauvignonasse
Savagnin (Heida, Païen) **228**
Savagnin Noir s. Pinot Noir
Savagnin Rosé (Klevener de Heilgenstein, Traminer) 105, 115
Savatiano 38, 189, 202, **228**
Scheurebe (s. auch Sämling) 11, **228f.**

Schiava (s. auch Trollinger, Vernatsch) 229
Schiava Gentile (Kleinvernatsch) 229
Schiava Grigia (Grauvernatsch) 229
Schiava Grossa (Großvernatsch) 229, 270
Schioppettino (Ribolla Nera) 229
Schönburger **229**
Schwarzriesling (s. auch Meunier) 229
Sciacarello 164, **229**
Scuppernong **229**
Seibel **229**, 240
Sémillon (Boal, Hunter Valley Riesling, Wyndruif) 9, 224, **230–239**, 240
Sercial (Cerceal; s. auch Esgana Cão) 117, **240**
Seyval Blanc 9, 225, **240**
Shiraz (s. auch Syrah) 19, 31, 54f., 97, 99, 198, **240**
Siegerrebe 165
Silvaner (Grüner Sylvaner, Johannisberg, Sylvaner) 87f., 139, 142, 164, 229, **242f.**
Sipon 90
Sousão **240f.**, 273
South African Riesling s. Crouchen
Spagna 139
Spanna (s. auch Nebbiolo) **241**
Spätburgunder (s. auch Pinot Noir) **241**
Steen (s. auch Chenin Blanc) **241**
Straccia Cambiale s. Bombino Bianco
Sultana **241**
Sumoll 84
Sylvaner s. Johannisberg, Silvaner
Syrah (s. auch Petite Syrah, Shiraz) 9, 15, 19, 31, 51, 88, 95, 98, 138, 168, 213f., **244–255**, 280
Szürkebarát (s. auch Pinot Gris) **241**

T

Tamîioasa (s. auch Muscat) **241**
Tamîioasa Românesca 112
Tannat **241**
Tarrango **241**
Teinteurier du Cher 35, 169
Tempranillo (Aragonez, Cencibel, Ojo de Liebre, Tempranilla, Tinta Roriz, Tinto de Madrid, Tinto del País, Tinto de la Rioja, Tinto de Santiago, Tinto de Toro, Ull de Llebre; s. auch Roriz, Tinta Aragonez, Tinto Fino) 9, 95, 97f., 249, **256–265**, 284
Tempranillo Peludo 259
Teran s. Refosco del Terrano
Termeno Aromatico s. Gewürztraminer
Teroldego 53, **266**
Terrantez (Truel) **266**
Terret **266**
Thalia s. Trebbiano, Ugni Blanc
Tinta Amarela (s. auch Trincadeira Preta) 89, **266**
Tinta Aragonez (s. auch Tempranillo) **266**
Tinta Bairrada s. Baga
Tinta Barroca **266**, 267
Tinta Caiada **266**
Tinta de Baga s. Baga

Tinta Fina s. Baga
Tinta Francisca 259, **266**
Tinta Merousa s. Castelão Francês
Tinta Miúda (s. auch Graciano) **266**
Tinta Negra Mole 84, 117, 164, **266**
Tinta Roriz s. Roriz, Tempranillo
Tintilla 117
Tinto Aragonés s. Garnacha Tinta
Tinto Cão **267**, 268
Tinto Fino (s. auch Tempranillo) **267**
Tinto de Madrid s. Tempranillo
Tinto del País s. Tempranillo
Tinto de la Rioja s. Tempranillo
Tinto de Santiago s. Tempranillo
Tinto de Toro s. Tempranillo
Tocai 273
Tocai Friulano 228, **267**
Tocai Italico 267
Tokay (s. auch Muscadelle) **267**
Tokay d'Alsace (s. Pinot Gris) **267**
Tokay Pinot Gris s. Pinot Gris
Torbato 122, **267**
Torrontés **267**, 270
Torrontés Mendocino 267
Torrontés Riojano 267
Torrontés Sanjuanino 267
Touriga (s. auch Touriga Nacional) 241, **267**
Touriga Francesa 268, **270**
Touriga Nacional (Mórtagua; s. auch Touriga) 15, 39, 115, **268f.**
Trajadura (s. auch Treixadura) 117, **270**
Traminac s. Gewürztraminer
Traminer (s. auch Gewürztraminer, Savagnin Rosé) **270**
Tramini s. Gewürztraminer
Trebbiano (Thalia; s. auch Ugni Blanc) 68, 112, 114, 188, **270**
Trebbiano d'Abruzzo s. Bombino Bianco
Trebbiano Campolese 270
Trebbiano della Fiamma 270
Trebbiano Gallio 270
Trebbiano di Lugana 270
Trebbiano Romagnolo 270
Trebbiano di Soave 270
Trebbiano Toscano 270
Trebbiano Veronese 270
Treixadura (s. auch Trajadura) 112, 117, 123, **270**
Tresallier **270**
Trincadeira Preta (Crato Preto, Mórtagua, Murteira; s. auch Espadeiro, Rabo de Ovelha Tinto, Tinta Amarela) **270**
Trollinger (Blauer Trollinger; s. auch Schiava, Vernatsch) 115f., **270f.**
Trousseau (s. auch Bastardo) 188, **271**
Trousseau Gris 271
Truel s. Terrantez

U

Ughetta s. Vespolina
Ugni Blanc (Rossola Bianca, St-Émilion, Thalia; s. auch Clairette, Trebbiano) 39, 84, 203, 233, **271**
Ull de Llebre s. Tempranillo

Uva Rara (s. auch Bonarda) 271
Uva di Troia 271

V

Valdepeñas 263
Valdiguié (s. auch Napa Gamay) **271**
Valenciana 112
Valpolicella 53
Veltlin Zelene 114
Veltliner (s. auch Grüner Veltliner) **271**
Veltlinkske Zelené 114
Verdeca 69
Verdejo **271f.**
Verdelho (s. auch Godello, Gouveio) 77, 117, **272**
Verdello s. Godello
Verdicchio **272**
Verduzzo **272**
Verduzzo Friulano 272
Vermentino (Malvoisie de Corse) 68, 122, 169, 203, **273**
Vernaccia **273**
Vernatsch (s. auch Schiava, Trollinger) **273**
Vespaiolo (Vespaiola, Vesparolo) **273**
Vespolina (Ughetta) 159, **273**
Vidal **273**
Vinhão 240, **273**
Viognier 9, 31, 69, 124, 202, 249, **274–283**
Viosinho **284**
Vital 120, **284**
Viura (s. auch Macabeo) 271, **284**
Vöslauer s. Blauer Portugieser

W

Wälscher s. Chasselas
Weißburgunder (Weißer Burgunder; s. auch Pinot Blanc) 89, 139, **284**
Weißer Gutedel s. Chasselas
Weißer Riesling s. Riesling
Welschriesling (Grasevina, Rizling Vlassky; s. auch Laski Rizling, Olaszrizling, Riesling Italico) 43, 253, **284**
White Riesling s. Riesling
Wildbacher (Blauer Wildbacher) **285**
Wyndruif s. Sémillon

X

Xarel-lo (s. auch Pansa Blanca) 117, 166, **285**
Xynisteri **285**
Xynomavro 164, **285**

Z

Zapfner s. Furmint
Zeta 165
Zibibbo 150, 153, **285**
Zierfandler 203, 289, **285**
Zinfandel (s. auch Primitivo) 9, 19f., 134, 188, **286–295**
Zöldveltelini 114
Zweigelt (Blauer Zweigelt, Zweigeltrebe) 182, 207, **285**

ALLGEMEINES REGISTER

Seitenzahlen in *Kursive* beziehen sich auf Bildunterschriften.

A

A Mano 295
Abadía Retuerta 265
Abbazia di Novacella s. Klosterkellerei Neustift
Abbazia Santa Anastasia 164
Abbona, Marziano & Enrico 87
Abrigada, Quinta da 35, 58
Accordini 85, 203
Accornero, Giulio & Figli 41, 113
Achaia-Clauss 123, 202, *202*, 228
Achard-Vincent 84, 153
Achiary, D. 101
Achs, Paul 207
Adam, J.-B. 111, 153, 171, 173
Adami 188
Adams, Tim 99, 101, 201, 239, 255
Adanti 207
Adelkam Rapitalà 58
Adelmann, Graf 88, 116
Adelsheim 173
Adler Fels 111
Agapito Rico 138, 141
Agramont 117
Agricola, La 43, 119
Agro de Bazán *36*, 37
Aguilas, Pierre 83
Ägypten 8
Aigle, Dom. de l' 83, 123
Aiguelière, L' 255
Aires Hautes, Dom. des 119
Akos Kamocsay 115, 285
Alamos Ridge 119
Alanis, Bodega 267
Alario, Claudio 87, 163
Alary, D. & D. 101
Alban Vineyards 101, 205, 255, *281*, 283
Albertini Frères 229
Albet i Noya 265, 285
Albrecht, Lucien 111, 153, 173
Alcântara Agricola 38
Aldea de Abaixo 37
Alderbrook 295
Alderiz, Quinta de 37
Alella, Marqués de 166
Além, Quinta de 37
Alessandria, Gianfranco 41, 163
Alfonso, Bodegas 141
Alión, Bodegas 265
Alkoomi 201, 227
All Saints 43, 125, 143, 153
Allandale 239
Allegrini 85, 203
Allemand 255
Allende, Finca 265
Alliet, Philippe 45
Allimant-Laugner 111
Almeida, Fundação Eugenio de 270
Almonazar, Romero 265
Almondo, Giovanni 38
Alpha Domus 57
Alphart, Karl 203, 285
Alquier, Frédéric 125, *204*, 205
Alquier, Jean-Michel 141
Alta Vista 119
Altamura 217
Altare, Elio *40*, 41, 87, *160*, 163
Alte Reben 19
Altesino 139, 217

Altos de Medrano 119
Altos de Temporada 119
Alvarez y Díez 272
Alvear 167
Amador Foothill Winery *293*, 295
Amarine, Ch. de l' 84
Ambra 217
Ambroise, Maison Bertrand 185
Amerikanische Rebsorten 8f., 18
Amerine, Maynard 15
Amézola de la Mora 123
Amity Vineyards 111, 171, 178
Amouriers, Dom. des 101
Ancienne Cure, Dom. de l' 239
Anderson, S. 138
Anfossi 169
Angélus, Ch. de l' 19, *136*, 137
Angerville, Marquis d' 185
Angludet, Ch. d' 57
Annereaux, Ch. 137
Anselmi 91
Antichi Vigneti di Cantalupo 163, 271
Antinori, Marchesi 52, 57, 73, 122, 212, *213*, 215, 217, 270
Antonelli 112, 207
Antoniolo 89, 271
Antonopoulos 34
Anubis 43, 119, *263*, 265
Apaltagua 61
Appellation Contrôlée 14
Araldica Vini Piemontesi 38, 41
Araujo 57, 168, 227, 255, 283
Arche, Ch. d' 239
Archery Summit 171, 173, 185
Archanes (Genossenschaft) 115, 122
Ardennes, Ch. d' 239
Aréna, Antoine Dom. 153, 164
Argentinien *16*, *24*, *26*, 40, 41, 43, 53, 55, 89, 118, 119, 131, 135, 138, 161, 166, 168, 189, 215, 225, 240, 253, 261, 263, 265, 267, 271, 281
 – Mendoza 85, 118, *119*, 253
 – Tupungato 71
Argiano 217
Argiolas 58, 101, 139, 164, 273
Argüeso 166
Arizu, Leoncio 255
Arjolle, Dom. de l' 283
Arlay, Ch. d' 228
Arlot, Dom. de l' 169, 173
Armand, Comte 185
Arrowood Vineyards 73, 137, 283
Arroyo, Ismael 265, 267
Arruda (Genossenschaft) 266
Artadi 112, *262*, 265, 284
Arzuaga 265
Ascheri, Giacomo 87, 90, *281*, 283
Ashanti Estate 187
Ashbrook 239
Ashton Hills 185
Ata Rangi *183*, 185
Atlas Peak 212, *215*, 217
Attems, Conti 169
Au Bon Climat 73, *161*, 171, 185
Aubineau, Jean 84
Aubuisières, Dom. des 83
Aucœur, Dom. 91

Aufspriten 97 *siehe auch* Süßwein
Aujoux, Jean-Marc 91
Ausbau von Wein 30f.
 – siehe auch Weinbereitung
Ausone, Ch. 45, 137
Australien *19*, *23*, *26*, 41, 45, 57, 59, 73, 88, 101, 106, 109, 111, 119, 125, 131, 137, 141, 153, 173, 185, 201, 205, 215, 217, 227, 239, 243, 255, 263, 270, 271, 283, 295
 – Adelaide Hills 70, 225, 281, 293
 – Barossa Valley *19*, 54, 99, 235, 248, 249, 251, 281
 – Clare Valley *19*, 54, 194, 198, 235, 252
 – Coonawarra 50, *51*, 54, 84
 – Cowra 272
 – Eden Valley 70, 194, 199, 278, 279, 281
 – Geelong 70, 281
 – Glenrowan 43, 148, 151, 267
 – Hunter Valley 66, 70, 84, 234, 235, 236f., 251
 – King Valley 160
 – Langhorne Creek 272
 – Macedon Ranges 70
 – Margaret River 51, 54, 70, 81, 161, 225, 293
 – McLaren Vale 99, 249, 281
 – Mornington Peninsula 161, 281
 – Murray Valley 280
 – Padthaway 70, 225
 – Riverina 97
 – Riverland 70, 164, 241
 – Rutherglen 43, 112, 148, *149*, 149, 151, 267
 – Southern Mount Lofty Ranges 249
 – Southern Vales 225
 – Swan Valley 81, 85, 272
 – Tasmanien 66, 70, 109
 – Willunga Flats 249
 – Yarra Valley 54, 70, 135, 183, 293
Avelar, Quinta do 38, 188
Aveleda, Quinta da 37, 117, 270
Avignonesi 35, 112, 137, 217
Avio (Genossenschaft) 173
Avontuur 187
Aydie, Ch. d' 114, 241
Ayuso 34
Azelia 41, 163
Azidifikation *siehe* Säuerung

B

Babcock 227
Babich 227
Bachelet, Denis 185
Backsberg 187
Baden, Markgraf von 39, 142
Badia a Coltibuono 217
Badoux, Henri 59
Bágeiras, Quinta das 39
Baguinha, Quinta da 37
Baileys 143, 153
Bailly, F. & J. 227
Bailly-Reverdy 227
Balatonboglar Winery 115
Balbás 265
Balbi, Bodegas 119
Balcona, Bodega 141

Ballandean Estate 243
Balthazar 255
Banfi Strevi 43
 – Castello Banfi *siehe dort*
Bannockburn 185
Banrock Station 255
Banti, Erik 139, 217
Barbadillo 166
Bàrbara Fores 91
Barbaresco, Produttori del 163
Barbatella, La 41
Barbeito 121, 266
Barberani-Vallesanta 112
Barbero, Pietro 41
Barbier, René 97
Barbieri, Casimiro 116
Barcelό, Antonio, Hijos de 265
Barge, Gilles 255, 283
Barge, P. 255
Barkham Manor 39
Barmès-Buecher 111, 173
Barnaut, Edmond 185
Barone de Cles 115, 266
Barraud, Dom. Daniel 73
Barréjats, Ch. 239
Barriques 30
Barros e Sousa 42, 117, 121, 240, 266, 272
Barry, Jim 119, *251*, 255
Barthod, Ghislaine 185
Basciano 217
Basedow 255
Bass Phillip 185
Bassermann-Jordan, Dr. von 201
Bastide Blanche, Dom. de la 141
Bastor-Lamontagne, Ch. 239
Battistotti 122
Baudoin, Patrick *80*, 83
Baudry, Bernard 45
Baumann, Dom. des 78, 83
Baume, Dom. de la *132*, 137
Bava 41, 206
Bayerische Landesanstalt für Weinbau Veitshöchheim 11
Beaucastel, Ch. de 85, 113, 125, 141, *204*, 205, 253
Beauregard, Ch. 45
Beaurenard, Dom. de 101
Beau-Séjour Becot, Ch. 137
Beaux Frères 185
Bechtold 111
Beck (Österreich) 164
Beck, Graham (Südafrika) 84, 187, 227, 255
Becker 153
Bedell Cellars *135*, 137
Behangausdünnung 24f.
Beira Mar, Adegas 189
Belair, Ch. 45
Belingard, Dom. du 239
Belisario 272
Belle, Dom. 205, 125, 255
Bellei, Francesco 116
Bellerive 83
Bellet, Ch. de *203*
Bellevue, Ch. 239
Bellevue-la-Forêt, Ch. 164, *164*
Bellingham 45, 187
Belondrade y Lurton 272
Benanti 164
Benmarl 240
Benziger 168
Bera, Fratelli 153

Berberana 123
Bercher 112, 153, 171, 173, 185, 241, 284
Bergdolt *170*, 171, 284
Berger, Frères 83
Bergerie, Dom. de la 83
Beringer 57, 73, *135*, 137, 295
Bernarda, Rocco 267
Bernardins, Dom. des 153
Bernhard-Reibel 111
Berrod, Dom. 91
Bertacco, Antonio 59
Bertani 85, 203
Bertelli 41, 125, 205, 255
Berthoumieu, Dom. 241
Bertolotto 43
Best's 255
Bethany 239
Bethel Heights 185
Beurdin, Henri 173
Bewässerung 25f.
Beyer, Léon 111, 173, 201
Beyerskloof *186*, 187
Biale, Robert 295
Bianchi, Maria Donata 169
Biletta 206
Billecart-Salmon *68*, 138
Bindella 217
Biodynamischer Weinbau 22
Biondi-Santi *215*, 217
Birot, Ch. 239
Bisci 272
Bisol e Figli, Desiderio 188
Bisquertt 61, 137
Blaauwklippen 295
Blanck, Dom. Paul 111, 171, 173, *197*, 201, 243
Blandy 42, 117, 121, 240, 266, 272
Blankenhorn 114
Blard et Fils 115
Bleasdale 272
Blin et Fils, R. 138
Blockheadia Ringnosii 295
Blue Mountain 171, 173
Blumeri, Poderi dei 173
Bõas Quintas 269
Boavista, Quinta do 38, 89
Boccadigabbia 139, 217
Bocopa (Genossenschaft) 141, 153
Bodagfährtle 17
Bodegas Riojanas 265
Böden 14, 16f.
 – siehe auch Weinbau, biodynamischer; organischer; sortenspezifischer
Bodenbegrünung 20f.
Bodenchemie 17
Boeger 295
Boekenhoutskloof 57, 239, 255
Boesch 111
Boglietti, Enzo 41, 87, 163
Boillot, Jean-Marc 73, 185
Bolivien 225
Bolognani, Nilo 142
Bon Pasteur, Ch. le 137
Bongiovanni 41, 87
Boniface, Pierre 115
Bonneau du Martray 73
Bonneau, Henri 101
Bonnefond, P. & C. 283
Bonnet, Ch. 239
Bonnevaux, Dom. de 45

Bonny Doon 41, 101, 121, 141, 153, 205, *205*
Bonserine, Dom. de 255
Bonvin, Charles 168
Boplaas 187, 241, 269
Borderie, Ch. la 239
Borges, H. M. 121
Borgo Conventi 267
Borgo San Daniele 267
Borgo del Tiglio 121, 267
Borletti 189
Borrajo, Dominguez 37
Borruel 139
Borsao, Bodegas 101
Bortolin 188
Bosca, Luigi 119, 255
Boscaini 85, 203
Boscarelli 122, 217
Boschis, Francesco 87
Bosquet des Papes, Dom. 101
Botromagno 112
Botrytis cinerea 27, *27*, 195, 235
– siehe auch Edelfäule, Süßwein
Bott-Geyl 111, 153, 171, 173, 243
Bouchaine 111
Bouchard Finlayson 185
Bouchard Père 185
Boulay, Pierre 227
Bourdy, Jean 188, 228
Bourgeois, Henri 227
Bourillon-Dorléans 83
Boussière, Dom. la 101
Boutari 34, 164, 188
Bouvet-Ladubay 45, 113
Bouwland 187
Bouzereau, Michel 73
Bovard, Louis 59
Bowen 255
Boxler, Albert 111, 153, 171, 173, 201, 243
Boyar, Dom. 115, 123, 138
Braccesca, La 217
Braida 40f., 43, 113, 153
Brana, Etienne 114, 241
Brancott Estate *223*
Brasilien 85, 168, 225, 270, 271, 281
Breaky Bottom *240*
Brédif, Marc 83
Brema 87
Bretón, Bodegas 265, 284
Breuer, Georg 201
Breuil, Ch. du 83
Bricco Maiolica 87, *162*, 163
Bridgeview 111
Bridgewater Mill 227
Broglia, Gian Piero 85
Brokenwood 239, *251*, 255
Brondelle, Ch. 239
Brookfields 137
Brookland Valley 137, 227
Brotons, Bodegas 141
Brovia 38, 41, 87, 163
Brown Brothers 41, 153, 241, 267
Bru-Baché, Dom. 167
Brulesécaille, Ch. 137
Bruna 169
Bründlmayer, Willi *114*, 201
Brunelli 85
Brunori 272
Brusset, Dom. 101
Bryant, Familie 57
Buçaco Palace Hotel 39
Bucci 217
Buitenverwachting 227
Bulgarien 35, 53, 69, 85, 91, 123, 133, 138, 151, 182, 202, 270f.

Buonamico, Fattoria del 171
Burgaud, Dom. Bernard 255, 283
Burgess Cellars 295
Buring, Leo 201, 239
Bürklin-Wolf 153, 201
Burn, Ernest 111, 153, 173
Burrowing Owl *172*, 173
Bussola, Tommaso 85, 203
BVC 123, 138

C

Ca' del Bosco 45, 57, *69*, 73, 169, 185
Ca' dei Frati 270
Ca' Ronesca 121, 169
Ca' Rugate 91
Ca' Viola 87
Caccese, Paolo 121, 202
Cachão, Quinta do 269
Cachazo, Angel Lorenzo 272
Cadalora, La 122
Cady, Dom. Philippe 83
Cafaro 137
Caggiano, Antonio 34
Cailbourdin, Alain 227
Cailleau, Pascal 83
Caillou, Ch. 239
Cailloux, Les 101
Cain Cellars 168
CAIR 122
Cairnbrae 227
Cakebread Cellars 295
Calatrasi 58, 164
Calcinaire, Le 273
Calem 269
Calera 73, 182, 185, 276, *280*, *281*, *282*, 283
Caliterra 61, 137
Callaghan Vineyards 115, *294*, 295
Calligas 202
Calò, Giuseppe 164
Calò, Michele 164
Cambas 139
Campbells 43, 88, 143, *152*, 153
Campillo 112, 265
Campo Viejo 265
Campogiovanni 217
Can Ràfols dels Caus 137
Canale, Humberto 119
Candido, Francesco 35, *35*, 122, 164
Canet-Valette 141
Canon, Ch. 45
Canon-de-Brem, Ch. 137
Canon-la-Gaffelière, Ch. 7, 45, 51, 131, 137
Cantina del Pino 90
Cantina Rotaliana 266
Capaccia 217
Caparra & Siciliana 91
Caparzo 217
Cape Mentelle 57, 239, *293*, 295
Capezzana 121, 217
Capichera 273
Caprai, Arnaldo 112, 207
Carballo 121
Caraguilhes, Ch. de 43, 84, 113
Carema, Cantina dei Produttori 163
Carillon et Fils, Dom. Louis 73
Carletti 139
Carmen 57, 61, 137, 168, 185, 255
Carmenet 239
Carmo, Quinta do 35, 89, 189, 203, 266
Carobbio 217

Carpenè 188
Carr Taylor 114, 189, 229
Carraia, La 217
Carras, Dom. 38, 117
Carretta 38
Carsin, Ch. 137, 228, 239
Carvalhais, Quinta dos 265, 269
Carvalhinho, Quinta do 39
Casa Blanca 101
Casa Emma 217
Casa Lapostolle 61, 73, *136*, 137, 227
Casa de Saima 39
Casa de Santar 38
Casa Santos Lima 269
Casa Silva 60, 61, 137
Casal Branco, Quinta do 58, 89
Casali 116
Casaloste 217
Casalte, Le 217
Casanova di Neri 217
Casarta Monfort 142
Cascabel 141
Casenove, Dom. la 117
Caso di Valle 39
Casòn Hirschprunn 125
Cassan, Dom. de 101
Castaño 138, 141
Castel de Paolis 121, 153
Castel Pujol 241
Castelgiocondo 137
Castellada, La 189
Castellare 217
Castellblanch 117, 166, 285
Castellina, La 183
Castello di Ama *133*, 137, 217
Castello Banfi 57, 73, 85, 217
Castello di Brolio 217
Castello di Lilliano 217
Castello di Neive 38, 163
Castello della Paneretta 217
Castello dei Rampolla 57, 168, 217
Castello di Tassarola 85
Castello di Volpaia 122, *211*, 217
Castelluccio 217
Castilla la Vieja 272
Castilla, Camilo 153
Castlèt, Cascina 41
Catena 57, 73, *118*, 119
Cattin, Théo 153
Caudrina 90, 153
Cauhapé, Dom. 114, 167
Causses-Marines, Dom. de 116, 165
Cava 117, 166, 285
Cavas de Weinert 119
Cavas Hill 117
Cavatappi 163
Cave du Vin Blanc de Morgex et de la Salle 42
Caves Aliança 35, 39, 42, 122, 269
Caves do Casalinho 39
Caves Imesch (Imesch Vins) 35, 59, 91, 115, 125, 168, 243
Caves Messias 39, 122
Caves Orsat 91
Caves Primavera 39, 269
Caves São João 39, 42
Cavicchioli 116
Cavit 122
Cayla 239
Caymus 57, 227, 283
Cayron, Dom. de 101
Cayrou, Ch. du 119, 241
Cayuse 283
Cazal-Viel, Ch. 283

Cazeneuve, Ch. de 205
Cazes, Dom. 101, 137, 153
Cecchetto 189
Cecchi 139
Cedar Creek 171
Cederberg 241
Cèdre, Ch. du *118*, 119
Celler de Capçanes 91, 101
Celler Mas Gil 125
Celli 35
Cellier Le Brun 71
Cellier des Samsons 91
Cellier des Templiers 99, 101
Cennatoio 217
Ceretto 38, 163
Cérons, Grand Enclos du Ch. de 239
Cesani, Vincenzo 273
Cesare, Pio 163
Cesari, Umberto 35
Cescon, Ivan 189
Cesconi 111, 173
Cetto, L. A. 163, 168
Chai des Vignerons, Le 203
Chain of Ponds 227
Chalone 69, 73, 83, 171, 185
Chambers 143, 153
Champalou, Didier 83
Champy, Maison 185
Chandon, Domaine 73
Chandon de Briailles, Dom. 185
Chantegrive, Ch. de 239
Chapel Down 39, 88, 142, 189, 240, 272
Chapel Hill 255
Chapelle Lenclos, Dom. la 241
Chapoutier 101, *125*, 250, 252, 255, 283
Chappellet 83
Chaptalisierung 14, 29
Charbonnière, Dom. de la 101
Charlopin, Philippe 185
Charmes, Ch. de 45
Charvet, Fernand 91
Chasse-Spleen, Ch. 57
Château-Grillet *275*, 277, 279f., 283
Chateau Musar 53, *84*, 253
Chateau Potelle *291*
Chateau Reynella 28
Chateau St Jean 115, 137
Chateau Ste Michelle 73, 137
Chateau Tahbilk *124*, 125
Chateau Xanadu 239
Chatelain, Jean-Claude 227
Chatsfield 45
Chave, Jean-Louis 125, 205, 255
Chehalem 173
Chênes, Dom. des 101, 205
Cherchi, Giovanni 273
Chéreau-Carré, Dom. 123, 143
Cheval-Blanc, Ch. *44*, 45
Chevalier, Dom. de *30*, 57, *222*, 226f., 239
Chevillon, Robert, Dom. *184*, 185
Chèze, Louis 283
Chidaine, Yves 83
Chile 11, 19, 23, 35, 45, 53, 60f., 73, 106, 111, 113, 119, 134, 137, 161, 165f., 179, 183, 185, 215, 222, 227, 228, 237, 253, 255, 267, 281, 293, 295
– Aconcagua-Tal 55, 135
– Bío-Bío 138
– Casablanca-Tal 71, 223, *225*, 225, 227

– Colchagua-Tal 55, *61*, 135
– Großes Längstal 16
– Maipo-Tal 50, 55, 71, 135
– Maule 55, 138
China 202
Chinook 45
Chionetti, Quinto *86*, 87
Chivite, Julian *98*, 265
Choblet , Luc 123, 143
Christoffel, J. J. 201
Churchill 112, 269
Ciacci Piccolomini 217
Cigliuti, Fratelli 41, 87, 163
Cimicky, Charles 101, 137, 255
Cinelli Colombini, Donatella 217
Clair, Bruno 169, 185
Clairette de Die (Genossenschaft) 153
Clape, Auguste 205, 255
Clarendon Hills *100*, 101, 137, 255
Claridge 187
Clavel, Dom. 113, 205
Clavelin, Hubert 228
Clendenen, Jim 161
Clerico, Domenico 41, 87, 163
Clifford Bay Estate 227
Climens, Ch. *236*, 239
Cline Cellars 58, 141
Clonakilla 45, 283
Clos, Les (Chablis) 65
Clos & Terrasses 97
Clos Baudoin 83
Clos du Bois 137
Clos du Caillou 101
Clos Capitoro 229
Clos Carreyrès 119
Clos des Cazaux, Dom. le 101
Clos Centeilles 58, 84
Clos de Coulaine 83
Clos la Coutale 119
Clos l'Église 45
Clos Erasmus 101
Clos Floridène 239
Clos Fourtet 137
Clos de Gamot 119
Clos Haut-Peyraguey, Ch. 239
Clos des Jacobins 45
Clos du Joncuas 101
Clos Lapeyre 114
Clos Laudry 229
Clos Malverne 187
Clos des Marronniers 45
Clos de Maurières 83
Clos Mogador 95, *97*, 101
Clos du Mont Olivet 101
Clos Naudin, Dom. du *80*, 83
Clos Nicrosi 153
Clos de l'Oratoire *129*
Clos des Papes 101, 205
Clos des Paulilles 101
Clos Rességuier 119
Clos Rougeard 45, *81*, 83
Clos St-Urbain *197*
Clos Ste-Magdeleine 125
Clos Thou 167
Clos Triguedina 119
Clos Uroulat 114, 167
Clos du Val 237
Clos de Vougeot 180
Closel, Dom. du 78f., *80*, 83
Cloudy Bay 18, 73, 201, *224*, 226f.
Clovallon, Dom. de 283
Clusel-Roch, Dom. 255
Coche-Dury, Dom. J.-F. 35, 66, 73, 169
Cockburn 269
Codorníu 117, 166, 285

ALLGEMEINES REGISTER

Coffaro, David 295
Coffele 91
Cognard, Max 45
Cogno, Elvio 41, 163
Col d'Orcia 57, 139, 153, 217
Col Vetoruz 188
Colacicchi, Cantina 59
Coldstream Hills 134, 185
Colin, Marc 73
Colla, Podere 90
Collards 83
Collelungo 217
Colli di Lapio 89
Collina, La 87
Colline, Ch. de la 137
Colombier, Dom. du 255
Colombière, Ch. la 164
Colombo, Jean-Luc 101, 255
Colonnara 272
Colosi 115, *120*, 121, 285
Colpetrone 207
Colterenzio siehe Schreckbichl
Colture, Le 188
Columbia Crest 137
Columbia Winery 137, 239, 253
Commanderie de Peyrassol 203
Compostela, Casa de 37
Concha y Toro 50, 61, 111
Concilio Vini 122, 164
Condado de Haza 265
Conestoga 58
Confuron, Jean-Jacques 185
Cono Sur 137, *183*, 185, 293
Conseillante, Ch. la 45, 137
Constanti 217
Conterno, Aldo 41, 43, 87, 90, *157*, 163
Conterno, Giacomo 41, 87, 90, *160*, 163
Conterno, Paolo 163
Conterno-Fantino 41, 87, 163
Conti, Leone 35
Conti Martini 153, 266
Contini, Annalysa Rossi 87
Contini, Attilio 273
Contino 112, 265
Contratto, Giuseppe 41, 153
Contucci 122, 217
Coos, Dario 169, 272
Co-Pigmentierung 31
Coppo, Luigi 41, 90
Corbans 111, 137, *199*, 201, 227
Corbin-Michotte, Ch. 45
Corino 41, 87
Coriole 101, 217, 255
Cormons (Genossenschaft) 121
Cornacchia 139
Coroncino 272
Correggia, Matteo 38, 41, 43, *161*, 163
Cortes de Cima 265, 266, 270
Cortezia, Quinta da 269, *269*
COS 164
Cos d'Estournel, Ch. 26, 57
Cosecheros Alaveses 117
Cosentino 137
Cosimi, R. 217
Cossart Gordon 42, 117, 121, 240, 272
Costers del Siurana 91, 97, 101
Cotat, Francis & Paul 227
Cotnari 89, 112, 241
Côtto, Quinta do 203, *263*, 269
Coudraye, Dom. de la 45
Couhins-Lurton, Ch. *224*, 227
Coulée-de-Serrant, Ch. de la 77, 78
Coulée-de-Serrant, Clos de la 83
Couly-Dutheil 45

Courbet 228
Courbis, Dom. 255
Couroulu, Dom. de 101
Coursodon, Pierre 125, 255
Courtade, Dom. de la 141, 203
Courteillac, Dom. de 228
Couselo, Quinta de 37
Coutet, Ch. 239
Covela, Quinta de 39
Covey Run 116, 201
Craggy Range 227
Craiglee 255
Crampilh, Dom. du 241
Cranswick Estate 125
Crasto, Quinta do 203, *268*, 269
Crawford, Kim 73, 137, 227
Crémat, Ch. de 203
Crêtes, Les 167
Cristom 185
Crittenden, Garry 41
Crochet, Lucien *224*, 227
Croft 269
Cros, Ch. du 239
Cros, Dom. du 89
Cros de la Mûre 101
Crotta di Vegneron, La 153
Crown Estates 90
Cruzeau, Ch. de 227
Cuadrado Garcia, Hermanos 265
Cuilleron, Yves 125, 205, 255, 279, *280, 282*, 283
Cullen 57, 73, 185
Curicó (Genossenschaft) 61
Curin, Stanko 116
CVNE 112, 123, 265, 284

D

Dagueneau, Dom. Didier *221*, 227
Dagueneau et Fils, Dom. Serge 59, 227
Daheuiller 45
D'Alessandro 73, 255, *283*
D'Alfonso del Sordo, Giovanni 43
Dal Forno 85
Dalla Valle 57, 217
Dalwhinnie 255
Damoy, Pierre 185
D'Ancona 285
D'Angelo 34
D'Antiche Terre 34
D'Arenberg 101, 141, 255
Darting, Kurt 114
Dassault 45
Dautel 229
Dauvissat, René et Vincent *68*, 73
De Bartoli, Marco 113, 115, *151*, 153, 285
De Bortoli *237*, 239
De Castris, Leone 295
De Loach 292, 295
De Martino 61
De Tarczal 122
Dealul Mare Winery 241
Dehesa de los Canónigos 35
Dehesa del Carrizal 265
Dehlinger 185, 255
Dei 122, 217
Deiss, Marcel, Dom. *108*, 111, 153, 171, 173, 201
Del Campo 265
Del Cerro 217
Del Golfo, Roda 122
Del Tufo, Antonio 87
Delas Frères 101, 125, 205, 255, 283

Delatite 111, 201
Delegat 227
Delesvaux, Philippe 83
Deletang, Dom. 83
Deletto 38
Delgado Zuleta 166
Delheim 111, 153
Denbies 88, 165, 189, 229
Deutschland 73, 111, 142, 153, 173, 185, 196f., 201, 243
– Ahr 188, 196
– Baden 106, 109, 114, 138, 170–172, 181, 196, 206, 241
– Franken 39, 138, 181, 202, 242, *243*
– Mosel-Saar-Ruwer 16, *17*, 19, 39, 88, 178, *193*, 194, *194*, 196
– Nahe 194, 196
– Pfalz 88, 106, 109, 114f., 138f., 172, 178, 181, 188, 196, 206, 229, 241
– Rheingau 181, 196
– Rheinhessen 39, 88f., 114f., 139, 165, 189, 206, 229, 242
– Württemberg 88, 115, 116, 138, 229, 270
Deutz 73
Deux Amis 295
Devalle 87
Dezat, Pierre & Alain 227
DFJ Vinhos 37, 39
Di Majo Norante 34, 89
Diamond Creek 57
Diamond Valley 185
Dickerson Vineyard 295
Die (Genossenschaft) 84
Die Krans 241
Diel, Schloßgut 112, 171, 201, 284
Díez Mérito 166
Dipoli, Peter 227
Dirler, Jean-Pierre 111, *150*, 153, 201, 243
Disznókö 90, 114, 165
DNA-Analyse 10f.
Doisy-Daëne, Ch. 239
Doisy-Dubroca, Ch. 239
Doisy-Védrines, Ch. 239
Dolianova (Genossenschaft) 139, 164
Domaine Paul Bruno 26, *134*
Domaine Serene 185
Domecq 166f.
Domingos Alves e Sousa 273, 284
Dominus 57
Donati, Marco 266
Donnafugata 164, 285
Dönnhoff 201
Donoso, Casa 61
Dopff & Irion 111, 171, 173
Dopff au Moulin 111
Dörflinger 114
Dorigati 266
Dorigo, Girolamo 169, 189, 229, 272
Dournie, Ch. Etienne 58
Draper, Paul 287, 290, *290*, 291f.
Drautz-Able 88, 112, 116, 142, 229
Dri, Giovanni 272
Drius 169, 267
Droin, Dom. Jean-Paul 73
Drouhin, Domaine *183*, 185
Drouhin, Joseph 73, 185
Druet, Pierre-Jacques 45
Druis, Sergio & Mauro 121
Dry Creek Vineyards 83, 295

Dry River 107, 111, *172*, 173, *184*, 185, 201
Dubœuf 91, 276, 277
Dubois, Les Frères 59
Dubourdieu, Denis 223
Duca di Salaparuta 115, 164
Duckhorn Vineyards 137, 239
Ducru-Beaucaillou, Ch. 57
Dugat-Py, Bernard *180*, 185
Dujac, Dom. 19, *177*, 185
Dumazet, Pierre 283
Dunn 57
Durand, Joël & Noël 255
Durand-Perron, Dom. 228
Durban, Dom. de *150*, 153
Dusi Ranch *289*
Duxoup 59, 87

E

Eberle 295
Écard, Maurice 171
Ecu, Dom. de l' 123, 143
Eddi, Luisa 121
Edelfäule 27, 195, *231*, 235, 273
– siehe auch Botrytis cinerea, Süßwein
Edmeades 295
Edmunds St John 141, *253*, 255, 295
Edwards, Luis Felipe 61
Egli, Augusto 43
Église-Clinet, Ch. l' 137
Egly-Ouriet 185
Eguisheim (Genossenschaft) 111
Eiche, Ausbau in 30f.
– Cabernet Sauvignon 51
– Chardonnay 63, 67
– Riesling 195
– Sémillon 235
– Viognier 279
– siehe auch Fass
Eichenchips 31
Einaudi, Luigi 41, 87, 163
Eisacktaler (Kellereigenossenschaft) 243
Eiswein 26, 195
– siehe auch Icewine
Eizaguirre 111
Ellwanger, Jürgen 115
Elyse 295
Enate 73, 111
Endrizzi 266
Engel, Dom. René 185
England 39, 88, 117, 142, 165, 189, 229, 240
Enologica Valtellinese 163
Enomar 284
Entrefaux 125
Eola Hills 111
Épiré, Ch. d' 79, 83
Ermita, Clos l' 95, 97
Ernte siehe Lese
Errázuriz 57, 73, 137, 255
Erste & Neue Kellereigenossenschaft 111
Erträge 19, 22f.
– Erträge bestimmter Rebsorten siehe Weinbau, sortenspezifischer
Esclans, Ch. d' 141
Esk Valley 45, 57, 83, 119, *135*, 137
Espiers, Dom. des 101
Esporão 38, 57, 203, 265, 266, 269, 270
Estabelecimiento Juanico 241
Estação, Quinta da 266
Estanilles, Ch. des 125, 205, 255

Esteves Ferreira, António 37, 266
Etchart 119, 267
Étoile, L' (Genossenschaft, Roussillon) 101
Étoile, Ch. de l' (Jura) 228
Etude 185
Eugénie, Ch. 119
Euvitis (Untergattung) 8f.
Evangile, Ch. l' 45, 137
Evans & Tate 73
Evesham Wood 173
Eyrie 173

F

Fabas Augustin, Ch. 125
Fabre Montmayou *118*, 119
Facchin, Christian 283
Fairview 141, 187, *237*, 239, 255, 283, 295
Faiveley 185
Falesco 112, 137, 270
Far Niente 239
Fargues, Ch. de 239
Farina, Stefano 163
Farrell, Gary 185, 295
Fass, -bau 30f., *31*
Faure 84
Faurie, Bernard 255
Faury, Philippe 283
Fay 163
Fayau, Ch. 239
Feiler-Artinger 42, 164, 171, 173, 206, 284, 285
Feipu dei Massaretti, Cascina 169
Felgueiras (Genossenschaft) 37
Felline *293*
Felluga, Livio 137, 169, 173, 267
Felluga, Marco 45, 169, 171, 189, 267
Felsina, Fattoria di *216*, 217
Felton Road 185, 201
Ferme Blanche, Dom. de la
Fernández, Alejandro, Bodegas *263*, 265, 267
Ferran, Ch. 164
Ferrando, Luigi 89, 163
Ferrari-Carano 73, 137, 217
Ferraris, Roberto 41
Ferreira 266, 269
Ferret, Dom. J.-A. 73
Ferrière, Ch. 57
Ferrucci, Stefano 35
Fesles, Ch. de 79, 83
Fessy, Henry 91
Fessy, Sylvain 91
Fetzer 185, 295
Feudi di San Gregorio 34, 89, 112, 169
Fieuzal, Ch. de 227, 239
Fife 59
Figeac, Ch. 45
Filhot, Ch. 239
Filipetti 272
Fillaitreau, Dom. 45
Fitz-Ritter 111
Flacher, Gilles 283
Flagstone 83
Flein (Winzergenossenschaft) 115
Fleur-Pétrus, Ch. la 137
Florentin 125, 205
Florio 113, 115
Fogarty, Thomas 111
Fonda, Cascina 153
Fonseca, José Maria da 35, 36, 37f., 58, 89, *151*, 153, 167, 266, 269
Font Cause, Dom. 79

Font de Michelle, Dom. 101, 113, 205, 283
Fontainerie, Dom. de la 83
Fontana, Graziano 142
Fontanabianco 163
Fontanafredda 87
Fontenil, Ch. 137
Fonterutoli, Castello di 217
Fontodi 214, 217, 255
Font-Sane 101
Foppiano 168
Foradori 266
Foreau, Philippe 79
Forêt, Jacques 271
Forges, Dom. des 83
Foris 111, 137
Forman 137
Formentini, Conti 169
Forte Rigoni 121
Forteto della Luja 153
Fortia 101
Fourmone, Dom. de la 101
Fox Creek 255, 272
Foz de Arouce, Quinta de 39
Fracce, La 43
Franco Españolas 117
Franco, Nino 188
Frankland Estate 45
Frankreich 59, 270
 – Bordeaux 17, 17, 23, 31, 44f., 50–52, 57, 84, 118, 130f., 133, 137, 142, 167, 188, 222f., 227f., 234–236, 239
 – Burgund 16, 23, 35, 59, 66–68, 73, 91, 123, 169, 172f., 178–180, 185, 206
 – Champagne 17, 66–68, 138, 180f., 181
 – Elsass 23, 68, 105–108, 111, 115, 148, 150, 153, 169–173, 181, 194, 197f., 201, 242f., 267
 – Jura 68, 188, 228, 270
 – Korsika 35, 39, 84, 164, 229
 – Languedoc-Roussillon (Midi) 57f., 67, 84f., 98f., 117, 125, 131, 141, 169, 202, 205, 251, 271
 – Loire-Tal 27, 35, 42, 44f., 59, 68, 75, 77–80, 83, 90f., 113, 132, 143, 169, 173, 181, 203, 221, 222, 224, 227
 – Provence 85, 125, 132, 141, 205, 251, 271, 283
 – Rhône-Tal 35, 43, 58, 85, 96, 98f., 101, 124f., 141, 143, 150, 153, 168, 204f., 247, 248, 248, 249, 251f., 255, 277, 278, 279, 280, 283
 – Savoyen 68, 86, 115, 124, 132, 138, 181, 204–206, 206
 – Südwesten 35, 38, 42, 88f., 113, 116, 122, 132, 164f.,167, 241, 271
Franqueira, Quinta da 37, 117, 270
Französische Hybridreben 9
Frégate, Dom. de 141
Freie Weingärtner Wachau 201
Freixenet 117, 166, 285
Frescobaldi 217
Frescobaldi-Mondavi 217
Fresne, Ch. du 83
Freycinet 185
Frick (USA) 168
Frick, Pierre (Elsass) 111
Frog's Leap 295
Fruchtrutenschnitt 24f.
Frühwirth 139

Fuchsgeschmack 9
Fuentes 101
Fuentespina 265
Fuissé, Ch. 73, 91
Fuligni 217
Fürst, Rudolf 171, 185, 241, 243, 284
Fürstlich Castell'sches Domänenamt 243

G

Gaffelière, Ch. la 45
Gaffory 164
Gagliardo, Gianni 89
Gagliole 217
Gagnard, Jean-Noël 68, 73
Gagnard-Delagrange 73
Gaillard, Pierre 124, 125, 255, 283
Gainey 115
Gaivosa, Quinta da 269
Gaja, Angelo 41, 57, 73, 158, 163, 224
Galardi 34, 169
Galegas, Adegas 37
Gallo, Silvano 169
Gallo Sonoma 295
Gallotin, Le 141
Gallura (Genossenschaft) 273
Gancia 153
Gandía 43, 139
Ganztraubengärung 29f.
Garde, Ch. la 227
Gardine, Ch. de la 101, 113, 205
Garetto 41
Gargalo 270
Garofoli 139, 272
Gärung, -temperaturen 28f.
Garvey 166, 167
Gasparini 45
Gastaldi 87
Gatti, Piero 43
Gauby 255
Gaudou, de 119
Gaudrelle, Ch. 83
Gaujal, de 169
Gaussen, Jean-Pierre 141
Gautoul, Ch. 119
Gavoty, Dom. 141, 203
Gazin, Ch. 137
Gehringer Brothers 201, 229
Geil 114, 115
Geilweilerhof, Institut für Rebenzüchtung 11
Genetik 10
Genmanipulation 11
Genson 169
Gentile, Dom. 153
Geografie, Einflüsse auf die Reben 12f.
Geografische Breite, Bedeutung für den Wein 12f.
Geologie siehe Böden, Weinberge
Gérin, Jean-Michel 255, 283
Germanier, Bon Père 35
Germano, Ettore 87, 163
Geschichte der Reben 8f.
 – Cabernet Sauvignon 49
 – Chardonnay 65
 – Chenin Blanc 77
 – Garnacha Tinta/Grenache Noir 95
 – Gewürztraminer 105
 – Merlot 129
 – Muscat 147
 – Nebbiolo 157
 – Pinot Noir 177

 – Riesling 193
 – Sangiovese 211
 – Sauvignon Blanc 221
 – Sémillon 233
 – Syrah/Shiraz 247
 – Tempranillo 259
 – Viognier 277
 – Zinfandel 289
Gesellmann, Albert 42
Gespritete Weine 97
Ghisolfi, Attilio 163
Giacondo 57, 73, 183, 185
Giacosa, Bruno 38, 87, 160, 163
Gibbston Valley 173
Giesen 142, 201, 227
Giesta, Quinto do 42
Gigou, Joël 83
Gilette, Ch. 30, 239
Gillardi 87
Gilliard, Robert 59, 125, 243
Gineste, Dom. de 123
Girardin, Vincent 73, 185
Girlan (Kellereigenossenschaft) 111
Gitton Père et Fils 227
Giuncheo 203
Giustiniana, La 85
Glatzer, Walter 171, 284
Glen Carlou 73, 241
Glenora 71
Godeval 112
Godineau, Père et Fils 83
Gojer, Franz 229
Goldwater Estate 55, 57, 137, 227
Gonçalves, Faria 39
Gonnet, Charles 115
Gonzalez-Byass 166, 167
Gorelli 217
Goubert, Dom. les 101, 283
Gouges, Henri 185
Gour de Chaule, Dom. du 101
Grace, Familie 57
Graham 269
Graillot, Alain 255
Gramenon, Dom. 101
Grand-Mayne, Ch. 137
Grand Moulas, Ch. du 101
Grand-Puy-Lacoste, Ch. 57
Grand Tinel, Dom. du 101
Grande-Maison, Dom. 239
Grandes Bodegas 265
Grandes Vignes 83
Grange des Pères, Dom. de la 141
Grangehurst 187
Granja Fillaboa 37
Grant Burge 255
Grasso, Elio 41, 87, 163
Grasso, Silvio 163
Gratien, Alfred 138
Gratien & Meyer 83
Grave, Dom. la 239
Gravner 189, 227
Gray Monk 106, 111
Graziano, Vittorio 116
Green and Red Vineyard 295
Green Point 73
Gresy, Marchesi di 41, 87, 163
Griechenland 40, 53, 69, 112, 117, 123, 139, 151, 153, 164, 189, 253, 270, 281
 – Kefallonia 202
 – Kreta 115, 122
 – Limnos 117
 – Makedonien 285
 – Peloponnes 34
 – Samos 145, 151, 151
 – Santorin 34, 38

Gries (Kellereigenossenschaft) 115, 229
Grifo, El 121
Gripa, Bernard 125, 205
Grippat, Jean-Louis 125, 255
Grivot, Jean 185
Groot Constantia 187
Gros, Anne, Dom. 180, 185
Gross, Alois & Ulrike 143, 153, 173, 227
Grosset 45, 70, 73, 200, 201
Grotte del Sole, Cantine 169
Grove Mill 227
Gruaud-Larose, Ch. 57
Grünlese siehe Behangausdünnung
Guardia, La 87
Guelbenzu 265
Guerrieri-Rizzardi 91
Guffens-Heynen 73
Guicciardini Strozzi 273
Guigal, E. 101, 125, 205, 250, 255, 280, 283
Guindon, Jacques 122
Guinot, Maison 123
Guiraud, Ch. 239
Gunderloch 196, 201
Gurgue, Ch. la 57
Gutiérrez de la Vega 153

H

Haag, Weingut Fritz 201
Haag, Wilhelm 193
Haas, Franz 65, 111, 153
Hacienda Monasterio 265
Haderburg 169, 227
Haider 164
Haidle, Karl 115
Hainle 270
Hamilton 101
Hamilton Russell 66, 73, 178, 185
Hanging Rock 227
Hanglagen 16
Hardys 101, 255
Hargrave 45, 137
Harlan 57
Harrison 137
Hartenberg 241, 295
Hartford Court 185, 295
Haselgrove 255, 283
Hauner, Carlo 121
Haut-Bailly, Ch. 57
Haut-Bergeron, Ch. 239
Haut-Brion, Ch. 57, 226f., 238f.
Haute Perche, Dom. de 83
Haute-Serre, Ch. de 119
Hautes Vignes, Dom. des 169
Havens 45, 137
Hébras 239
Hefe 11, 28, 67
 – Florhefe (Sherry) 166
 – voile (Vin Jaune) 228
Heger, Dr. 112, 171, 173, 284
Heidsieck, Charles 138
Heinrich, Gernot 42, 207, 284, 285
Henriques & Henriques 42, 117, 120, 121, 240, 272
Henry Estate 111
Henry of Pelham 195
Henschke 111, 119, 201, 251, 255
Hermitage, Dom. de l' 141
Hertz, Albert 111
Heterozygotie 10
Hewitson 141
Heyl zu Herrnsheim, Freiherr 201, 243
Heymann-Löwenstein 201

Hidalgo 166
Hidden Cellars 295
Hiedler 171, 284
Hirtzberger, Franz 114, 199, 201
Hofstätter 111, 169, 185
Hogue Cellars 83, 116, 239
Höhenlage 16
Hohenlohe-Öhringen, Fürst zu 116, 142, 229
Hoodsport 116
Hop Kiln 271, 295
Horta de Nazaré 115
Horton Vineyards 125, 141, 283
Hortus, Dom. de l' 141, 255
Howard Park 57, 73, 201
Huards, Dom. des 203
Hudelot-Noëllat, Dom. 185
Huet 82, 83
Huet, Gaston 79
Hugel et Fils 111, 171, 173, 201
Humbrecht, Olivier 107, 173
Hunawihr (Genossenschaft) 111
Hungarovin 115f.
Hunter's 73, 111, 227
Huntingdon Estate 239
Hureau, Ch. du 45, 83
Husch 83
Hybridreben 8f., 240

I

Icardi 153
Icewine 195, 199, 273
 – siehe auch Eiswein
Identifikation von Rebsorten 11
Ifs, Les 119
Ijalba, Viña 112, 265
Illuminati 139
Imesch, Caves (Imesch Vins) 35, 59, 91, 115, 125, 168, 243
Inama 91, 227
Indien 63
Inniskillin Okanagan 171, 273
Insulares Tenerife 117
Integrierter Weinbau 21
Irvine, James 137
Isabel Estate 185, 227
Isera (Genossenschaft) 122
Isleta, La 117
Isole e Olena 73, 121, 216, 217, 253, 255
Israel 35, 40, 53, 69, 81, 205
Italien 57, 73, 125, 138, 153, 168, 171, 173, 185, 227, 243, 253, 255, 266, 281, 290, 295
 – Abruzzen 43, 91
 – Aosta-Tal 42, 158, 167
 – Apulien 35, 122, 122, 150, 164, 271, 293
 – Basilikata 34, 34, 122, 150
 – Emilia-Romagna 34, 39, 43, 116, 120f., 165, 189, 212, 214, 270, 271
 – Friaul-Julisch-Venetien 44f., 90, 121, 133, 137, 169, 189, 199, 202, 224, 229, 267, 272
 – Kalabrien 91, 113, 122
 – Kampanien 34, 89, 169
 – Latium 35, 43, 58, 120f., 137
 – Ligurien 35, 39, 86, 169, 203, 203
 – Lombardei 43, 68, 122, 163, 169, 182, 203, 271, 273
 – Marken 43, 58, 91, 139, 214, 272, 272
 – Piemont 19, 38, 40f., 43, 52, 85–87, 89f., 113, 122, 148, 150, 158, 160, 163, 182, 206, 224, 241, 271, 273, 281, 283

– Sardinien 58, 99, 101, 122, 139, 150, 164, 267, 273
– Sizilien 58, 90f., 112–114, 121, 150, 164, 167
– Südtirol-Trentino 106, 109, 111, 115, 122, 133, 142, 150, 164, *168*, 169f., 182, 199, 203, 224, 229, 242, 273
– Toskana 24, 35, 43, 52, 58, 68, 120–122, 133, 137, 139, 188, 207, 212–214, 217, 273, 283; Elba 35
– Umbrien 58, 91, 112, 133, 139, 188, 207, *207*, 214
– Veneto 91, 122, 130, 133, 137, 169, 188, 267, 272, 273
Ivaldi, Domenico 43, 153
Ivaldi, Giovanni 43

J
J P Vinhos 58, 153, 167
Jaboulet, Paul Aîné 101, 125, 153, 204f., 252, *254*, 255, 283
Jackson Estate 227
Jacqueson, Henri et Paul 185
Jade Mountain 101, 137, *140*, 141, 255, 283
Jadot, Louis 73, 171, 185
Jamek, Josef 114, 201
Jamet, Jean-Paul & Jean-Luc (Rhône) 255, 283
Jamet, Pierre et Fils (Loire) 45, 255, 283
Janasse, Dom. de la 101, 205
Japan 85, 281
Jasmin, Dom. Robert & Patrick 255, 283
Jasper Hill 255
Jau, Ch. de 101, 125, 153
Jayer-Gilles, Robert 35
Jekel 168
Jensen, Josh *280*, 281
Jermann 169, 171, 189
Jesús Nazareno (Genossenschaft) 112, 123
Jobard, Dom. François 73
Joguet, Charles *44*, 45
Johner, Karl-Heinz 73, 142, 171, 173, *181*, 185, 241, 284
Jolivet, Pascal 83, 227
Jolys, Ch. 167
Jordan 57, 187
Josmeyer 111, 171, 173
Jost, Toni 201
Jugoslawien, ehemaliges 35, 53, 116, 133, 224
– *siehe auch* Kroatien, Slowenien, Wojwodina
Juliusspital 39, 142, 242, 243
Jung 153
Juris (Stiegelmar) 207
Justices, Ch. les 239
Justin 45
Justino Henriques, Vinhos 121
Juvé y Camps 166

K
Kaapzicht 187
Kalifornien 15f., *18*, 19, *20*, 23, 25, 35, 41, 57, 59, 73, 83, 86–88, 101, 111, 121, 137f., 141, 143, 153, 163, 165, 169, 171, 173, 178, 185, 205, 217, 222f., 225, 227, 239, 255, 263, 270f., 279, 281, 283, 295
– Bay Area 58, 290, 291f.
– Central Valley 69, 81, 84, 96, 99, 130, 151, 161

– Mendocino County 54, 109, 133, 168, 199
– Monterey County 54, 69, 109, 134, 199
– Napa Valley 54, 69, 91, 131, 133, 182, 212, 214f., 237, 290
– San Luis Obispo County 54, 252, 253, 292
– Santa Cruz 54
– Santa Maria Valley 161, 182
– Sierra Foothills 199
– Sonoma Valley 50, 54, 69, 109, 133f., 168, 182, 290, 292
Kaltern (Kellereigenossenschaft) 111, 142
Kaltmaischung 29
Kanada 39, 45, 85, 111, 122, 171, 173, 183, 195, 229, 270, 273
– British Columbia 70, *106*, 170, 173
– Ontario 70, 199
– Pelee Island 45
– Quebec 70
Kangarillo Road 295
Kanonkop Estate 57, 187
Kanu 83, 227
Karina 227
Karthäuserhof 201
Kasachstan 35, 151, 199
Katnook Estate 137, 227
Keber, Edi 267
Kefallonia 202
Keller, Franz 171, 201
Kellerarbeiten, -technik 28–31
– *siehe auch* Weinbereitung
Kendall-Jackson 295
Kenwood 227, 295
KEO 285
Kesselstatt, Reichsgraf von 201
Kientzler 59, 111, 153, 173, 201, 243
King Estate *172*, 173
Kiona 83, 153, *199*, 201
Kirgisien 117, 199
Kistler 72, 73
Klein Constantia 153, 227
Klima 12–16
– *siehe auch* Weinbau, sortenspezifischer
Klone 10f., 19f.
– Chardonnay 67
– Garnacha Tinta/Grenache Noir 97
– Gewürztraminer 107
– Merlot 139
– Pinot Noir 179
– Riesling 197
– Viognier 279
Klonenselektion 10f., 19f.
Klosterkellerei Muri Gries 115
Klosterkellerei Neustift 111, 227, 243
Knappstein 111
Knoll, Emmerich 114, 201
Koehler-Ruprecht 114, *197*, 201
Koehly 173
Köfererhof 243
Kohlensäuremaischung 29f.
Kollwentz 42
Konzelmann 111
Kopfziehung 24f.
Kordonerziehung 24f.
Kourtakis 202, 228
Koutsoujanopoulos 34, 38
Kracher, Alois 43, 153, 207, *229*, 284
Krankheiten 10, 20f.
Kreuzung 8–11

Kreydenweiss, Marc 111, 115, 171, 173, 201
Kroatien 90, 112, 188, 199, 237
Krug 138
Kuentz-Bas 111, 153, 171, 173, 201
Kulturreben 8
Kumeu River 73, 119, 173
Kunde Estate 281, 283, 295
Künstler, Franz *200*, 201
Kurtatsch (Kellereigenossenschaft) 142, 229
KWV 241

L
L'Avenir *186*, 187, 241
L'Ecole No 41 137, 239
La Jota *44*, 45, 57, 168, 283
La Lastra 273
La Rosa *134*, 137
Labarthe, Dom. de 116, 123
Labastide-de-Lévis (Genossenschaft) 116
Labégorce-Zédé, Ch. 57
Labouré-Roi 185
Lackner-Tinnacher 143, 153, 171, 227, 284
Ladoucette, Dom. de 227
Laetitia 171
Lafarge, Dom. Michel *181*, 185
Lafaurie-Peyraguey, Ch. *238*, 239
Laffourcade, Vignobles 83
Lafite-Rothschild, Ch. *49*, 57, *129*
Lafleur, Ch. 45, 137
Lafon, Dom. des Comtes 22, 67, *72*, 73, *178*, 185
Lafon-Roc-Épine, Dom. 101
Lafon-Rochet, Ch. 57
Lagar de Fornelos *37*, 37
Lagarosse 239
Lageder, Alois 57, 73, 153, 173, 227, 229
Lagoalva de Cima, Quinta de 115
Lagrange, Ch. 57
Lagrezette, Ch. 119
Lagune, Ch. la 57
Laibach 187
Laible, Andreas *108*, 111, 115, 229, 270
Lamartine, Ch. 119
Lambardi 217
Lamberhurst Vineyards 142
Lambrays, Dom. des 185
Lamothe-Guignard, Ch. 239
Lamy-Pillot, Dom. René 73
Lan, Bodegas 37
Landiras, Ch. de 239
Landmann, Seppi 111, 243
Landmark 73, 185
Lane Tanner *182*, 185
Langlois-Château 45, 83
Laporte, Dom. 153
Larmande, Ch. 45
Laroche, Dom. *73*
Lascaux, Ch. de 125, 205
Lastours, Ch. de 43
Latour, Ch. 57
Latour-à-Pomerol, Ch. 137
Latour-Martillac, Ch. 239
Laubdachgestaltung 22, 24f.
Laurel Glen Winery 50, 57
Laurent, Dominique 185
Laurent-Perrier 138, 185
Laville-Haut-Brion, Ch. 226, *236*, 238f.
Lawson's Dry Hills 111, 227
Lázaro, Gerardo Méndez 37
Lazy Creek 111

Leacock 42, 117, 121, 240, 272
Leasingham 57, 119, 255
Lebreton, Jean-Yves 45, 83
Lebreton, V. & V. 83
Leccia 153, 164
Leconfield 255
Leeuwin Estate *70*, 73, 201
Leflaive, Dom. 65, 73
Lehmann, Peter 239, *254*, 255
Leitz, J. *193*, 201
Lenswood Vineyards 73, 185, *225*, 227, 295
Leone de Castris 122, 164
Leonetti 57, 137, 217
León-Ville, Bodegas de 188
Léoville-Barton, Ch. *49*, 57
Léoville-Las-Cases, Ch. *52*, 57
Léoville-Poyferré, Ch. 57
Lequin, Louis 171
Leroy, Dom. 73, *178*
Leroy, Maison 185
Lese 66, 79
– Lesegänge (tries) 79
– maschinelle 27, *27*
– von Hand 26f.
– tries 79
Letrari 122
Lewis 137
Liards, Dom. des 83
Libanon 53, 84, 253
Librandi 91
Lignier, Hubert 185
Limbardié, Dom. de 137
Limerick Lane 295
Lindemans 57, *237*, 239, 251, 255
Lingenfelder 88, 229
Lionnet, Jean 125, 205
Liot, Ch. 239
Lisini 217
Littorai 185
Livon 189, 273
Loewen, Carl 201
Logis de la Bouchardière, Le 45
Lohr, J. 271
Loimer, Fred 114
Longridge Winery 84, 187, 206
Loosen, Dr. 142, *196*, 201
López de Heredia 265, 284
López, Hermanos 139
Lorenzon/I Feudi di Romans 121
Loubens, Ch. 239
Loupiac-Gaudiet, Ch. 239
Louvière, Ch. la 227
Luneau, Pierre 123, 143
Lungarotti 217
Lupi 87
Luretta 121
Lurton, Hermanos 227
Lusco do Miño 37
Lusenti, Gaetano 121, 165
Lustau 153, 166, 167
Lützkendorf, U. 111, 171, 243, 270, 284
Luxemburg 88, 142, *195*, *199*, 202
Lynch-Bages, Ch. 57
Lytton Springs Vineyard *289*, 294

M
Macchiole, Le 137, 255, 273
Macchione, Il 217
Maculan 57, 137, 273
Madeira *siehe* Portugal
Madeira Wine Company 121
Mader, Jean-Luc 111
Madero, Uribes 265
Maffini, Luigi 169

Magdelaine, Ch. 137
Magord, Dom. de 84
Maias, Quinta das 43, 115, 266
Maire, Henri 228, 271
Maischegärung 29f.
Maischung 29f.
Malabaila 38
Malarctic-Lagravière, Ch. 227
Malle, Ch. de 239
Malolaktischer Säureabbau 30
Malvirà 38
Malvolti 188
Mann, Albert 111, 153, 173
Männle, Heinrich 111
Mantovana, Mariana 35
Manzaneque, Manuel 73, 265
Manzano, Fattoria di 73, 283
Marcarini *86*, 87
Marcassin 73
Marcoux, Dom. de 101
Marenco, Giuseppe 43, 87
Margaride, Dom. Luis de, Heredos de 115
Margaux, Ch. 26, *49*, *56*, 57, 227
Markezinis 34, 38
Marokko 253
Marqués de Cáceres 265, 284
Marqués de Griñon 57, 168, 248, 255, *264*, 265
Marqués de Monistrol 117, 166
Marqués de Murrieta *262*, 265, 284
Marqués de Riscal 123, 227, 265, 272
Marqués de Vargas 265
Marqués de Vizhoja 37
Marribrook 125
Marronniers, Dom. des 111
Martinborough Vineyard *17*, 185
Martinelli 292, 295
Martinetti, Franco M. 41, 85
Martinez (Portugal) 112
Martínez Bujanda 101, 123, 265, 284
Martínez, Faustino (Spanien) 265
Martini, Dom. 229
Martini, Louis M. 295
Marynissen 273
Mas Amiel 101
Mas Blanc, Dom. du 85, 101, 141, 255
Mas Bruguière 205
Mas de Bressades 205
Mas de Daumas Gassac 38, 57, 84, *278*, 283
Mas Jullien 84, 266
Mas Martinet *97*, *98*, 101
Mas Redorne 141
Mascarello, Bartolo 87, 163
Mascarello, Giuseppe 41, 87, 90, 163
Maschinelle Ernte 27
Masciarelli 139
Masi 85, 91, 203
Masía Barril 91, 117
Massa, La 217
Masseria, Pepe 295
Mastroberardino 34, 89, 112, 169
Mastrojanni 217
Masut de Rive 171
Matanzas Creek Winery 73, *133*, 137, 227, 239
Matarromera 265
Matrot 73
Matthew Cellars 239
Matua Valley 57, 73, 227
Maucaillou, Ch. 57
Mauritiania 58

Mauro, Bodegas 265, *267*
Maximin Grünhaus 201
Maxwell 137
Mayr, Josephus 116, 229
Mayr, Thomas 229
Mazerierung 29f.
Mazzei 139
Mazzolino 43, 202
McCrea Cellars 101, *253*, 255, 283
McDowell Valley 283
McWilliams 43, 153, 239, 255
Mecella, Enzo 272
Medalla 119
Meerlust 57, 73
Megyer, Ch. 90, 114
Meín, Viña 267, 270
Meinert 137
Melgaço, Muros de 37
Melgaço, Quinta do 37
Melgares, Julia Roch 141
Melini 273
Mellot, Alphonse 227
Mellot, Joseph 227
Melton, Charles 96, *99*, 101, 141, 248, 255
Mendoza, Abel 121
Mendoza, Enrique 153
Méo-Camuzet, Dom. 185
Merlin 73
Meroi, Davino 169
Merryvale 73
Meste-Duran 84, 271
Métaireau, Louis 123, 143
Mexiko 55, 81, 161, 163, 168, 215, 225, 229, 263, 270f., 293
Meyer, Ernest & Fils 173
Meyer, François 111
Meyer-Fonné, Dom. 111, 171, 173
Mezzacorona 266
Miaudoux, Ch. les 239
Michael, Peter 57, 73
Michel, Dom. Louis 73
Miliarakis Bros. 115
Milliérioux, Dom. Paul 227
Millton Vineyard *81*, 83, 201
Mission Hill *109*, 111, 171
Mission-Haut-Brion, Ch. la 57
Mitchell 201
Mitchelton 101, 125, 201, 204, *205*, 255
Mittnacht-Klack, Dom. 111, 173
Moccagatta 87, 163
Moldau 53, 59, 108, 133, 151, 199, 202, 207, 224
Molino, Mauro 41
Molitor, Markus 201
Mollex, Maison 206
Monacesca, La 272
Monbrison, Ch. 57
Moncão (Genossenschaft) 37
Monclús 139
Mondavi, Robert 29, 42, *56*, 121
Mondavi/Chadwick 57, *61*
Monde, Le 173
Monfalletto-Cordero di Montezemolo 41, 163
Mongetto, Il 41
Monin, Philippe 115
Monje 117
Monsanto 217
Mont d'Or 115, 168
Mont Tauch (Genossenschaft) 58
Montalcino (Genossenschaft) 217
Montana 73, *223*, 225, 227
Montaribaldi 38
Montbourgeau, Dom. de 228

Monte Bernardi 217
Monte, Quinta do 37
Montecillo 265, 284
Monteillat, Dom. du 255, 283
Montelassi 139
Montenidioli 273
Montepelosio 217
Monterminod 206
Montes 55, 57, 73, 119, 255
Montesissa 41
Montesole 34
Montevertine *212*, 217
Montevetrano 34, 57
Montgilet, Dom. de 83
Montille 185
Montmirail, Ch. de 101
Montpertuis 101
Montrachet, Le 65
Mont-Redon, Ch. 101, 113
Montrose (Australien) 41
Montrose, Ch. (Bordeaux) 57
Montus, Ch. 241
Moondah Brook 272
Moorilla Estate 111
Moorooduc 185
Morandé 119
Mordorée, Dom. de la 101
Morey, Bernard 73
Morgadio 37
Morgante 164
Morgenhof 73, 137, 187, 227
Moris Farms 139, 217
Moro, Emilio 265
Moroder 139
Morris Wines 43, 88, *143*, *151*, 153
Mortet, Denis 35, 185
Morton Estate 137
Moschioni, Davide 169, 229
Moser, Lenz 43, 114
Moss Wood 57, 239
Mostkonzentration 29
Mouchão, Herdade de 35
Moueix, Christian *130*, 131
Moulin des Costes 141
Moulin de la Gardette 101
Moulin-de-Launay 239
Moulin Touchais 82
Mount Hope 58
Mount Horrocks *198*, 201, 255
Mount Langi Ghiran 173, 255
Mount Mary 57
Mount Riley 227
Moure, Adegas 37, 123
Mouton-Rothschild, Ch. *56*, 57
Moyer, Dominique 83
Muga, Bodegas 123, *259*, 265
Mugnier, Jacques-Frédéric 185
Mulderbosch 73, 83, *226*, 227
Muller, de 91
Müller, Egon 201
Müller-Catoir 112, 153, 173, *196*, 201, 229, 284
Murana, Salvatore 153, 285
Muré, René 111, *152*, 153, 171, 173, 201, 243
Muri Gries, Klosterkellerei 115
Murphy-Goode 45
Murrieta's Well 239
Murta, Quinta da 38
Muscadiniae 8f.
Mutation 10f.
Myrat, Ch. de 239

N
Nada, Fiorenzo 41, 87, 163
Nages, Ch. de 205
Nairac, Ch. 239

Nalle 295
Nalles-Magré, Niclara 227
Nalys, Dom. de 101
Nautilus 227
Navarro 111, 227
Naylor Wine Cellars 58
Nederburg *81*, 83, 171
Neethlingshof 111, 187, 201, 239
Negri Nino *161*, 163
Negro, Angelo 38
Neipperg, Graf von 229
Neipperg, Stephan von 51, 131
Nematoden 10f., 18f.
Nepenthe 73, 239, 295
Nerleux, Dom. de 45
Nerthe, Ch. la 101, 113
Nervi 271
Neudorf 73, 185, 201, 227
Neumeister 139
Neuseeland 23, 45, 57, 73, 81, 83, 106f., 109, 111, 119, 130f., 137, 142, 151, 171, 173, 179, 185, 201, 227, 237, 239, 253, 255, 266, 281, 293
  – Auckland 55, 71, 135
  – Canterbury 71, 183
  – Hawkes Bay 55, 71, 135, 224, 237
  – Marlborough 16f., 20, 23, 135, 183, 199, 219, 222f., *223*, 224, 237
  – Nelson 71, 199, 224
  – Otago *13*, 183
  – Wellington 71, 183, 224, 295
Newlan 295
Newton 57, 69, 137, 168
Ngatarawa 201
Nicodemi 139
Niebaum-Coppola 295
Niedermayr 116, 229
Niederschläge 26
Niedrist, Ignaz 169, 171
Niellon, Dom. Michel 73
Niepoort 112, 203, 269
Niero, Robert 283
Niero-Pinchon 283
Nieto Senetiner 41, 119
Nigl, Martin 114, 201
Nikolaihof 114, 201
Nitra Winery 115
Nittnaus 42
Nobilo 142, 227
Noble, Ch. du 239
Noblesse, Ch. de la 141
Norman Vineyards 295
Norton 41, 119, 267
Noval, Quinta do 19, 241, 269, *269*
Nuy 153
Nyetimber 73

O
Oberto, Andrea 41, 163
Ochoa 139, 153, 265
Odderno 87
Odoardi 34, 91, 113
Ogereau, Dom. Vincent 45, 83
Ojai 255
Old vines siehe Alte Reben
Oliveira, Manuel Rodrigues de 37
Oliver, Miguel 153
Opitz, Willi 42, 114, 153, 207
Oratoire St-Martin, Dom. de l' 101, 125, 141
Oremus *90*, 114
Organischer Weinbau 21f.
Orlando 201

Ormanni 217
Ormarins, L' 173
Ornellaia, Tenuta dell' 57, *133*, 137, 227
Orsolani 89
Orvalaiz 265
Osborne 166
Österreich 42, 53, 69, 73, 108, 111, 131, 139, 143, 153, 164, 171, 173, 188, 201, 206, 224, 227, 229, 271, 284
  – Burgenland 42, 43, 90, 133, 150, 161, 170, 182, 207, 253
  – Kamptal 114
  – Neusiedler See 43, 115, 150, 199
  – Thermenregion 203, 207, 285
  – Wachau 25, 114, 150, 199
  – Wien 199
Ostertag, Dom. 111, 153, 171, 173, *197*, 201, 243
Outeiro de Baixo, Quinta do 39
Overgaauw 241, 243
Oxidation 27

P
Pacenti, Siro 217
Pago de Carraovejas 265
Pahlmeyer 73, 137
Paitin 163
Pajzos, Ch. 90, 114
Pakistan 8
Palacio 265
Palacios, Alvaro *97*, 101
Palari 164
Palazzone 112
Palleroudias, Les 101
Pallières, Dom. les 101
Palliser Estate 185, 227
Palme, Ch. la 164
Palmer (New York State) 137
Palmer, Ch. (Bordeaux) 57, *132*
Palmera, La 117
Paloma 137
Pancas, Quinta da 269
Pancrazi, Marchesi 185
Panizzi, Giovanni 273
Panther Creek 185
Pantón, Priorato de 123
Papagni 35, 39, 43
Pape-Clément, Ch. 223, 227, 239
Papin, Claude 83
Paradiso, Fattoria (Emilia-Romagna) 35, 39, 43
Paradiso, Fattoria (Toskana) 273
Parducci 59
Paret, Alain 283
Paringer Estate 185
Parodi 169
Paros (Genossenschaft) 122
Parusso, Armando 41, 87, 163
Parxet 166
Pask, C. J. 137
Pasolini, Mario 122
Passavant, Ch. de 83
Paterna, Doña 37
Paternoster 34, 89
Pato, Luis 38, 39, 42, 122
Paumanok 45
Pavelot, Jean-Marc 185
Pavie-Macquin, Ch. 137
Pavillon, Ch. du 239
Pavy, Gaston 83
Pazo de Barrantes 37
Pazo de Señorans *36*, 37
Pazo de Villarei 37
Peachy Canyon 295
Pecchenino 87

Pech-Céleyran, Ch. *280*, 283
Pech-Redon, Ch. 43, 58, 84
Peco de Teixeró 39
Pecorari, Pierpaolo 267
Pecota, Robert 153
Pedralvites, Quinta de 122
Pedroncelli 295
Pedrosa, Viña 265, 267
Pegasus Bay 239
Pégau, Dom. du 98, 101
Pegos Claros 58, 167
Pelissero 41, 87, 163
Pellada, Quinta da 269
Pellé, Henry 227
Pellegrino 113, 115, 285
Pelletier, Dom. 91
Peñaflor 119
Peñalba López 267
Penfolds 57, *70*, 73, 101, 141, 251f., 252, 255
Pepi, Robert 239
Pepper Tree 137
Peraldi, Dom. Comte 229
Père Caboche 101
Pereira, Manoel Salvador 37
Pereira d'Oliveira 121
Pérez Barquero 167
Pernice 165
Perret (Savoyen) 115
Perret, André (Rhône) 125, 283
Perrin, Roger 101
Perrone 153
Pertimali 217
Pervini 164, *293*, 295
Pesos, Quinta dos 38
Petaluma 55, 57, 73, 137, 201
Petersons 239
Petit Metris, Dom. du 83
Petit Val, Dom. du 83
Petits Quarts, Dom. des 83
Petrolo, Fattoria 137, *214*, 217
Pétrus, Ch. *130*, 131, *132*, 137
Petrussa 29
Peyrade, Ch. de la 153
Peyre-Rose, Dom. 255
Peyrie, Dom. du 119
Peza (Genossenschaft) 115
Pfaffenheim (Genossenschaft) 59, 111, 153, 173, 243
Pfaffenweiler (Genossenschaft) 114
Pflanzdichte 23f.
Phelps, Joseph 57, 255
Phenole 29
Photosynthese 12, 15f.
  – *siehe auch* Geografische Breite, Laubdachgestaltung, Reife, Sonneneinstrahlung, Wassermangel
Phylloxera vastatrix *siehe* Reblaus
Pibarnon, Ch. de 125, 141
Pibran, Ch. 57
Pichierri 295
Pichler, Franz Xaver 114, 153, 201
Pichler, Rudi 201
Pichon, Christophe 283
Pichon, Philippe 283
Pichon-Longueville, Ch. 57
Pichon-Longueville-Comtesse de Lalande, Ch. 57
Pierazzuoli 217
Pieropan 91, 202
Pierre-Bise, Ch. 45, 83, 113
Pierro 73
Pietrafitta 273
Pieve Santa Restituta 121, 217
Pike's Polish Hill River 141, *198*
Pin, Ch. le 137

ALLGEMEINES REGISTER

Pinard, Vincent 227
Pine Ridge 83
Pineraie, Ch. 119
Pinet (Genossenschaft) 169
Pingus, Dom. de 260, 264, 265
Pinon, François 83
Pipers Brook 111, 199, 201
Pira, Enrico 163
Pira, Luigi 163
Pirineos 117, 139, 265
Pithon, Jo 83
Pittnauer, Hans 171, 207, 284, 285
Pivetta 153
Pizzini 215, 217
Plafond limité de classement 23
Plageoles, Robert 123, 165
Plaisance, Ch. de 83
Planeta 73, 112, 137, 164
Plantagenet 73, 185, 201, 255
Pliger, Peter 243
Plumpjack 217
Pochon, E. 255
Podere dell'Olivos, Il 40, 41, 161, 163
Poggerino 217
Poggio Antico 217
Poggio Salvi 217
Poggio Scalette 217
Poggio al Sole 217
Poggione, Il 139, 217
Poggiopiano 217
Pojer & Sandri 45, 111, 142, 164
Poliziano 57, 122, 214, 217
Polz, Erich & Walter 139, 143, 227
Ponder Estate 227
Ponsot, Ch. 35, 185
Ponte de Lima (Genossenschaft) 37
Ponzi 173, 185
Portugal 57, 69, 88, 122, 150, 153, 164, 253, 265, 270f.
– Alentejo 35, 38, 58, 167, 203, 260f., 263, 266, 268, 270
– Bairrada 35, 38f., 39, 42f., 58f., 89, 268
– Beiras 120, 268
– Colares 189
– Dão 35, 38f., 42f., 58f., 88, 115, 263, 266, 268f.
– Douro-Tal 16, 19, 58, 120, 139, 167, 203, 240, 260f., 263, 266–269, 272, 284
– Estremadura 35, 58, 112, 120, 188, 266, 268, 284
– Madeira 38, 42, 58, 84, 89, 117, 120f., 240, 240, 266, 272
– Ribatejo 38, 39, 58f., 112, 188, 266
– Setúbal, Halbinsel von 35, 58
– Vinho Verde 36–39, 89, 117, 273
Potel, Nicolas 185
Potensac, Ch. 57
Poujeaux, Ch. 57
Poveda, Salvador 138, 141
Pra, Graziano & Sergio 91
Prade, Ch. la 137
Pradeaux, Ch. de 141
Pradelle, Dom. 125, 205
Prager, Franz 201
Pravis 142, 164
Preston 239, 295
Pride Mountain 45
Prieuré de St-Jean de Bébian 205
Prima & Nuova 111

Primitivo Quilés 138, 141
Primo-Palatum 119
Primosic 169, 189
Princic, Alessandro 121, 171, 267
Principiano, Ferdinando 41, 87, 163
Producteurs de Mailly 181
Producteurs Plaimont 84, 89, 271
Produttori del Barbaresco 163
Protos 265
Providence 45
Prüm, J. J. 201
Prunotto 38, 41, 87, 163
Puffeney, Jacques 188
Pugliese, Aldo 43
Puiatti 169, 171
Pupille, Le 35, 57, 121, 139, 217
Puts, Le 271

Q

Quady 42, 165, 267
Quail's Gate 122, 165
Quarantäne 20
Quénard, Raymond 205
Querceto 217
Querciabella 57, 171, 217
Quintarelli 45, 85, 138, 203
Quintessa 32f.
Quivira 227, 293, 295
Qupé 141, 253, 255, 283

R

Rabasse-Charavin, Dom. 101
Rabaud-Promis, Ch. 239
Rabbit Ridge 295
Rabiéga 58
Raccaro, Dario 121
Radford Dale 137
Rafanelli, A. 292, 295
Raffault, Olga 45
Ragose, Le 85, 203
Rahoul, Ch. 239
Raimat 111, 166
Rainoldi 163
Rame, Ch. la 239
Ramò, Lorenzo 87
Ramonet, Dom. 73
Ramos Pinto 266, 269
Ramos, João 35, 263, 265f., 270
Ramoser, Georg 229
Rapitalà 58
Rasmussen, Kent 87
Raspail-Ay, Dom. 101
Ratti, Renato 87, 159, 163
Ratto, Giuseppe 87
Rauzan-Ségla, Ch. 52, 57
Raveneau, Dom. François 73
Ravenswood 295
Ravenswood Lane 227
Rayas, Ch. 96, 100, 101, 113
Ray-Jane, Dom. 141
Raymond-Lafon, Ch. 239
Rayne-Vigneau, Ch. 239
Raz, Ch. le 239
Reben
– Alte 19, 23
– Erträge 19, 22f.
– Genetik 10
– Geografische Einflüsse 12f.
– Hybriden 8f., 240
– Krankheiten 10, 20
– Laubdachgestaltung 22, 24f.
– Pflanzreben siehe Stecklinge
– Photosynthese 12, 15f.
– Rebenerziehung 24f.
– Reblausresistenz 18
– Rebschnitt 24

– Schädlinge 18, 20f.
– Sortenunterschiede 10; siehe auch Identifikation von Rebsorten
– Stecklinge 10f., 11, 18, 18
– Taxonomie 9
– Unterlagsreben 8, 18f.
– Wachstumsbedingungen 14–17
– Wilde 8
– Wuchskraft 17, 23ff.
  – siehe auch Weinbau
Rebenerziehung 24f., 24f.
Rebholz 73, 153, 185, 241, 284
Reblaus (Phylloxera vastatrix) 8, 11, 18f.
Rebschnitt 24, 24f.
Rectorie, Dom. de la 101
Redbank 255
Redortier, Ch. 101
Reguengos de Monsaraz (Genossenschaft) 266
Reif Estate 201
Reife der Trauben 15f.
– physiologische 15
Reifediagramme
– Cabernet Sauvignon 57
– Chardonnay 73
– Chenin Blanc 83
– Garnacha Tinta/Grenache Noir 101
– Gewürztraminer 111
– Merlot 137
– Muscat 153
– Nebbiolo 163
– Pinot Noir 185
– Riesling 201
– Sangiovese 217
– Sauvignon Blanc 227
– Sémillon 239
– Syrah/Shiraz 255
– Tempranillo 265
– Viognier 283
– Zinfandel 295
Reinhartshausen, Schloß 171
Réméjeanne, Dom. de la 101
Remelluri 259, 265
Remirez de Ganuza, Fernando 265
Remizières, Dom. des 125, 205, 255
Remoissenet Père et Fils 185
Renou, Joseph 83
Renou, René 83
Renwood 41, 163, 295
Respide-Médeville, Ch. 239
Restzucker 28
Retiro, Finca El 119, 255, 265
Reverdy, Bernard 227
Revington 111
Rex Hill 173, 185
Reyes, Teófilo 265, 267
Reynolds Yarraman 239
Reynon, Ch. 239
Ricaud, Ch. de 239
Richaud, Marcel 101, 141, 125, 205
Richou, Dom. 45, 83, 113
Richter 201
Ridge Vineyards 57f.,122, 137, 141, 168, 290, 291f., 294, 295
Riecine 217
Rieflé, Dom. Joseph 111
Riegelnegg, Otto 143
Rietine 217
Rieussec, Ch. 239
Rigalets, Ch. les 119
Rigodeira, Quinta da 39
Rijckaert 73
Rillo, Orazio 34

Rinaldi, Giuseppe 90
Rinaldini, Moro Rinaldo 116
Rioja Alta, La 112, 123, 265, 284
Rion, Daniel 35, 171, 185
Ripaille 59
Rippon Vineyard 111, 185
Rivera 77
Rivetti, Giuseppe siehe Spinetta, La
Rivière Haute, Ch. de la 43
Robaliño 37
Robert-Denogent, Dom. 73
Robertson Winery 84, 187
Robles, Los 61
Roc, Ch. le 164
Roc de Cambes, Ch. 137
Rocailles 139
Rectorie, Ch. 101
Rocca, Albino 41, 87, 163
Rocca, Bernarda 169
Rocca, Bruno 41, 87, 163
Rocca di Castagnoli 217
Rocca di Fabri 207
Rocca della Macìe 217
Rocca di Montegrossi 121, 217
Rocche Costamagna 163
Rocche dei Manzoni 41, 163
Rochais, Guy 83
Roche-aux-Moines, Ch. de la 77, 82, 83
Roche Redonne, Dom. de 141
Rochelles, Dom. des 45, 83
Rochemorin, Ch. de 239
Roches Neuves, Dom. des 45
Rochioli, J. 185, 227
Rockford 101, 251, 255
Rockland 168
Roda, Bodegas 265
Rodaro, Paolo 169, 267, 273
Rodero, Bodegas 265
Rodet, Maison Antonin 185
Rodriguez y Berger 34
Roederer Estate 69, 73, 138
Roger, Jean-May 227
Roja, Emilio 267, 270
Rolet Père et Fils 271
Rolland, Michel 131, 131
Rolly Gassmann 111, 153, 171, 173
Romana, Carlo 87
Romanée-Conti, Dom. de la 20, 177, 179, 185
Romanin, Ch. 85
Romassan, Ch. 141
Romeira, Quinta da 38, 189
Romer du Hayot, Ch. 239
Rominger, Eric 111
Ronchi di Cialla 169, 189, 229
Ronchi di Manzano 169, 189, 267, 272
Ronco del Gelso 45, 173
Ronco del Gnemiz 169, 229, 272
Ronco dei Roseti 45
Roques, Quinta dos 35, 43, 88, 115, 265, 268, 269
Roquetaillade-la-Grange, de 239
Roquette, Dom. la 101
Rosa, Quinta de la 203, 265
Rosemount 73, 99, 101, 141, 255
Rosenblum 295
Rostaing, René 255, 283
Rothbury Estate 239, 255, 272
Rotllan Torra 101
Rottensteiner, Hans 116
Rottensteiner, Heinrich 229
Rouget, Dom. Emmanuel 185
Roulerie, Ch. de la 83
Roulot 73
Roumier, Georges, Dom. 177, 185

Rouquette-sur-Mer, Ch. la 43
Roura 166
Rousseau, Armand Père et Fils, Dom. 180, 185
Routas, Ch. 283
Rouvière, Ch. de la 141
Royal Tokaji Wine Co 90, 114
Ruck, Johann 114
Ruffino 73, 217
Ruggeri, Angelo 188
Ruggeri, L. & C. 188
Rumänien 35, 40, 53, 59, 89, 90, 108, 112, 115, 133, 151, 164, 182, 188, 202, 224, 271, 284
Rural, La 119
Russiz Superiore 45, 137, 169, 173, 267
Russland 35, 108, 151, 199, 202, 242, 270
Russolo 267
Rustenberg 73, 227
Rutherford & Miles 121

S

Sabathi, Erwin 139
Sablonettes, Dom. des 83
Sabon, Roger 101
Saddleback Cellars 171, 217, 295
Saes, Quinta de 43, 89
Saget, Guy 59
St-Amand, Ch. 239
St Amant 267
St Clair 227
St-Cosme, Ch. 101
St-Désirat (Genossenschaft) 255
St Francis 35, 137, 295
St-Gayon, Dom. 101
St George's 189
St Hallett 239, 255, 267
St Helena 171, 173
St-Jean-de-Minervois (Genossenschaft) 153
St-Pourçain (Genossenschaft) 270
Ste-Anne, Ch. (Provence) 141
Ste-Anne, Dom. (Rhône)101, 141, 283
Saintsbury 73, 185
Sala, Castello della 73, 112, 185
Saladino Saladini Pilastri 139
Salegg, Schloß 153
Salentein 119, 265
Salette, Le 85
Salettes, Ch. 141
Salnesur, Bodegas 37
Salomon, Fritz 111, 171, 270, 284
Salwey 112, 173, 206
Sämling 10
Samos (Genossenschaft) 153
San Felice 217
San Fereolo 87
San Francesco 91
San Giusto a Rentennano 121, 217
San Isidro 265
San Leonardo 45, 57
San Pedro 137
San Romano 87
San Vicente, Señorío de 265
Sandeman 269
Sandrone, Luciano 41, 87, 163
Sanford 185
St. Antony, Weingut 201
St. Magdalener (Kellereigenossenschaft) 229, 273

St. Michael Appian
  (Kellereigenossenschaft) 111,
  171, 227, 229
Sansonnière, Dom. de la 45, 83
Sant'Agata, Cantine 113
Santa Barbara 272
Santa Duc, Dom. 101
Santa Lucia 271
Santa María dos Remedios
  (Genossenschaft) 112
Santa Rita 45, 57, 61, 137
Santadi (Genossenschaft) 58,
  139, 164, 273
Santiago Ruiz 37
Saracco 153
Sarda-Malet, Dom. 101, 153
Sartarelli 272
Sasbach (Genossenschaft) 171
Sassicaia 57
Sasso 34
Sastre, Hermanos 265
Satta, Michele 217
Sattlerhof 143
Sauer, Horst 201, *242*, *243*
Säuerung 29
Säuren 16
Sausal 295
Sauveroy, Dom. du 83
Sauzet, Dom. Etienne 73
Sava (Genossenschaft) 295
Savarines, Dom. des 119
Saxenburg 57, 137, 187, 227, 255
Scala Dei 91, 101
Scarpa 41, 43, 90
Scarsi, Cascina 87
Scavino, Paolo 41, 87, 163
Schädlinge 20f.
Schaefer, Willi 201
Schaetzel, Martin 111, 153, 171,
  173, *242*, *243*
Schales 114
Schandl, Peter 173, 206
Schellino 87
Schellmann, Gottfried 285
Schenk 265
Scherer, André 111, 171
Scherrer 295
Schiopetto 45, 120, 121, 169,
  171, 173, 202, *267*
Schleret, Charles 111, 153
Schloß Reinhartshausen 171
Schlumberger, Dom. 111, 171,
  173
Schmitt's Kinder 243
Schneider 114
Schoffit, Dom. 59, 111, 153, 171,
  173, 201
Schramsberg 138, 185
Schreckbichl
  (Kellereigenossenschaft) 73,
  111, 115, 153, 169, 171
Schubert, Max 252
Schueller, Gérard 111
Schwefelung 28
Schweiz 69, 130, 137, 182, 202,
  243
  – Bündner Herrschaft 182
  – Genf 167
  – Tessin/Ticino 133
  – Waadtland/Vaud 59, *59*
  – Wallis/Valais 35, 114f., *124*,
    125, *168*, 228, *242*, 253
Scolca, La 85
Scott, Allan 227
Screaming Eagle *54*, 57
Scrimaglio, Franco & Mario 41
Sebaste, Mauro 163
Sebastiani, Giuseppe 266
Seghesio 41, *215*, 217, 295

Segonzac, Ch. 137
Seifried *109*, 111, 227
Selaks 227, 239
Selektion von Reben 10f.
Selektion von Trauben *29*
Seleni Estate 239
Sella & Mosca 99, 101, 267, 273
Selvapiana 121, 217
Semeli Winery 228
Señorio 112
Señorio del Condestable 138
Seppelt 43, 101, 111, 138, 141,
  153, 255
Seresin 71, 73, 173, 185, 227, 239
Sertoli Salis, Conte 163
Setencostas, Quinta das 89, 189
Seuil, Ch. du 239
Seville Estate 255
Sezim, Casa de 37, 270
Shafer *55*, 57, 137, 217
Shaw & Smith 73, 227
Sierra Cantabria 265
Sigalas-Rabaud, Ch. 239
Signorelli 239
Sileni 73, 137
Silver Oak 57
Simbabwe 186
Simi 239
Simoncelli, Armando 122
Simone, Ch. 141
Simonsig Estate 111, 187
Sine Qua Non 101, 141
Sineann 295
Sinfarosa 295
Sipp, Jean 111
Sipp, Louis 111
Skalli/Fortant de France 137, 283
Skillogilee 111
Skouras Winery 34, 228
Slovenjvino 116
Slowakei 108, 114, 182, 284
Slowenien 40, 43, 69, 90, 108,
  133, 151, 189, 199, 224, 242,
  284
Smart, Richard 263
Smith-Haut-Lafitte, Ch. *226*, 227
Sobon Estate 138, 205
Sociando-Mallet, Ch. 57
Sogrape 35, 37, 39, 42, 58, 89,
  112, 115, 117, 263, 269, 273,
  284
Sokol Blosser 173
Solar das Bouças 117
Soldera 217
Sonneneinstrahlung, -scheindauer
  12–16
  – *siehe auch* Hanglagen,
    Laubdachgestaltung,
    Photosynthese
Sorg, Bruno 111, 153, 173, 243
Sorrel, Marc 125, 205, 255
Sortenreiner Wein, Sortenwein
  31, 51
  – *siehe auch* Verschnitt
Sottimano 163
Souch, Dom. de 114, 167
Soucherie, Ch. 83
Soulez, Pierre 83
Soulez, Yves 83
Soumade, Dom. la 101
Sours, Ch. de 239
Soutard, Ch. 45
Spadafora 58, 164
Spagnoli, Enrico 142
Spaliersysteme 24f.
Spanien 53, 57, 73, 91, 111, 117,
  125, 137f., 141, 150, 153, 165,
  182, 199, 227, 249, 255, 260
  – Andalusien 167, 267

  – Baskenland 114
  – Extremadura 167
  – Galicien 36, 37, 88, 241, 267,
    270
  – Kanarische Inseln 117, 164,
    267
  – Kastilien-León 188, 224, 260,
    261, 262, 265, 267, 271, *271*
  – Kastilien-La Mancha 34, 262,
    265
  – Katalonien 23, 98, 101, 166,
    284, 285
  – Madrid 35, 267
  – Navarra 69, 98, 120f., *263*,
    265, 284
  – Rioja 69, 98, 112, 120, 123,
    253, 261f., 281, 284
  – Valencia 42, 167
Sparr, Pierre 111
Speri 85, 203
Spice Route 83, *135*, 137, 186,
  187, 255
Spielmann, J.-M. 111
Spinetta, La 41, 87, *150*, 153, 163
Spottswoode 57, 239
Springfield 73, 227
Staatlicher Hofkeller Würzburg
  243
Stadlmann, Johann 203, 285
Stag's Leap Wine Cellars 8, 24,
  53, 57, 168
Staglin, Familie 217
Stagnari, Hector 241
Stags' Leap Winery 168
Stanton & Killeen 153
Staple St James 114
Statti, Cantine 91
Stecklinge 10f., *11*, *18*
Steele 73, 111, 295
Steenberg 225, 227, 239
Stellenzicht 187, 239, 241, 255
Sterling Vineyards 121
Stonechurch Vineyards 39
Stonecroft *110*, 111, 255
Stoney Ridge (Kanada) 122
Stonyridge (Neuseeland) 57
Stoppa, La 41, 121
Story 138
Storybook Mountain 295
Strofilia 202, 228
Struzziero, Giovanni 34, 89, 112,
  169
Suau, Ch. 239
Suavia 91
Südafrika 43, 45, 57, 73, 78–80,
  83f., 99, 109, 111, 114, 137,
  141, 153, 171, 173, 183,
  185–187, 201, 206, 227, 237,
  239, 241, 243, 255, 266,
  269–271, 281, 283, 293, 295
  – Constantia 55
  – Malmesbury 253
  – Olifants River 151
  – Paarl 85, 135, 253
  – Robertson 71
  – Stellenbosch 55, 71, 85, 135,
    225, 253
  – Walker Bay 66
  – Worcester 71, 151
Suduiraut, Ch. *233*, 239
Suffrène, Dom. de la 141
Sumac Ridge 111, *170*, 171
Süßwein
  – aus edelfaulen Trauben 195,
    235, 273
  – Riesling 195
  – Viognier 279
  – *siehe auch* Aufspriten
Sutter Home 292, 295

Swan, Joseph 295
Swanson 137, 217, 239, 255
Swartland Wine Cellar 84, 187

T
T' Gallant 173
Tachis, Giacomo *211*
Tadschikistan 151, 199
Taille aux Loups, Dom. de la 83
Tain l'Hermitage
  (Genossenschaft) 125, 205
Talbott, Robert 73
Talley 185
Taltarni 119, 138, 255
Taluau, Joël 45
Tamariz, Quinto do 117
Tamás, Iván 270
Tamellini 91
Tannin 15f., 29, 31
Tanoré 188
Tapada, La 112, *112*
Tapada do Chaves 270
Tardieu-Laurent, Dom. 101, 255
Targe, Ch. de 45, *45*
Tariquet, Ch. du 84, 271
Tasca d'Almerita, Conte/
  Regaleali 57, 73, 115, 164
Tatachilla 101, 137
Taurino, Cosimo 122, 164
Tavares & Rodrigues 189
Tavignano 272
Taxonomie der Reben 9
Taylor (Portugal) *268*, 269
Taylors (Australien) 57, 255
Te Mata *55*, 57, 73, 255
Tedeschi 85, 91, 203
Tement, E. & M. 139, 153, 227
Tempé, Marc 111
Temperatursummen 15
Tempier, Dom. *140*, 141
Tenaglia, La 41
Tercic Matjaz 189
Terlan (Kellereigenossenschaft)
  171, 227
Terpin, Franco 189
Terrablanca 217
Terraces, The 295
Terranoble *60*, 61
Terras Gauda 37
Terrazas de los Andes 119
Terrazze, La 139
Terre Dora di Paolo 34, 89
Terre Rosse 169
Terre da Vino 41, 87
Terrebrune, Dom. de (Loire) 83
Terrebrune, Dom. de (Provence)
  141
Terriccio 57
Terroir 14 *siehe auch* Böden
Tertre-Daugay, Ch. 45
Tertre-Rôteboeuf, Ch. le 137
Teruzzi e Puthod 273, *273*
Tessier, Philippe 202
Teyssier, Ch. 45
Thackrey, Sean 141, 168, 255
Thelema 57, 73, 137, 201
Theulet, Ch. 239
Thévenet, Jean 73
Thiel, Richard 285
Thirty Bench 45, 201
Thivin, Ch. 91
Thomas, Lucien 227
Thomas, Paul 83
Thorin 91
Three Choirs 39, 114, 117
Throwley 165
Thurnhof 112, 116
Tiefenbrunner 112, 116, 142,
  153, 169

Tigné, Ch. de 45
Tijou, Pierre-Yves 83
Tinhorn Creek 138
Tirecul-la-Gravière, Ch. *237*, 239
Tissot, Dom. André & Mireille
  271
Togni, Philip 42, 153
Tollot-Beaut, Dom. 185
Tommasi 85
Topolos 35, 295
Torbreck 141
Torelló, Augustí 285
Torii Mor 185
Torino, Michel *16*, 57, 119, 267
Toro Albalá 167
Torraccia, Dom. de 229
Torre Rosazza 273
Torres 57, 73, 111, 137, *140*, 141,
  227
Torrevento 271, 295
Tosa, La 41, 121
Touche Noire 83
Tour de Bon, Dom. de la 141
Tour-Blanche, Ch. la 239
Tour-Figeac, Ch. la 45
Tour Vieille, Dom. la 101
Tourade, Dom. de la 101
Tours, Ch. des 101
Tours des Gendres, Ch. 239
Tours des Verdots, Les 137
Toutigeac, de 239
Tracy, Ch. de 227
Tramin (Kellereigenossenschaft)
  111, 229
Trapadis, Dom. du 101
Trapiche 119
Travaglini, Giancarlo 271
Tre Monti 35
Trentadue 295
Treuil-de-Nailhac, Ch. 239
Trévallon, Dom. de *124*, 125, 205
Trexenta 164
Tri
Triacca 163
Triebaumer, Ernst 42
Trignon, Ch. du 101
Trimbach, F. E. 111, 153, 173,
  201
Trinchero 41
Trollat, Raymond 125
Troplong-Mondot, Ch. 137
Trotanoy, Ch. 137
Trotteville, Ch. 45
Truchard 137, 255
Tsantalis 285
Tschechien 42, 114, 199, 207,
  224, 242, 284
Tua Rita 57, 137
Tualatin 142
Tucquan 58
Tunesien 151, 253
Turcaud 239
Turckheim (Genossenschaft) 111,
  171, 173
Türkei 43
Turkmenistan 151, 199, 202
Turley Cellars 168, 295
Txomin Etxaniz 114
Tyee 111, 171
Tyrrell, Bruce 236
Tyrrell's *70*, 73, *238*, 239, 251,
  255

U
Uccellina 35
Uiterwyck Estate *187*
Ukraine 59, 108, 151, 199
Ulrich, Jan 115
Umani Ronchi 139, 272

Umathum, Joseph 207
Ungarn 42, 53, 59, 69, 108, 115, 116, 133, 143, 182, 188, 241, 242, 284
– Tokaj 16, 90, 114, 165
Unger, Dr. 114
University of California Davis 15, 289f., 293
Unterlagsreben 8, 18f.
Uria, Giovanni 87
Uruguay 55, 114, 225, 241, 270, 271, 281
USA 39, 229
– Arizona 54, 292, 295
– Colorado 292
– Illinois 292
– Indiana 292
– Iowa 292
– Kalifornien siehe dort
– Massachusetts 292
– Michigan 195
– Nevada 292
– New Mexico 292
– New York State 14, 45, 58, 70, 85, 88, 122, 137, 164, 199, 273
– North Carolina 292
– Ohio 292
– Oregon 54, 70, 81, 109, 111, 134, 142, 171, 173, 179, 183, 185, 195, 199, 201, 292
– Pennsylvania 88
– Tennessee 292
– Texas 54, 292
– Virginia 39, 125, 141, 283
– Washington State 42, 45, 50, 54, 57, 70, 73, 81, 83, 101, 109, 116, 130, 134, 137, 142, 153, 163, 199, 201, 217, 225, 237, 239, 253, 255, 283, 295
Usbekistan 35, 151, 199
Usseglio, Pierre 101

V

Vacheron, Dom. 227
Vadiaperti 89
Vagnoni 273
Vajra, G. D. 41, *86*, 87, 163
Val Brun 45
Val di Suga 217
Valandraud, Ch. 131f.
Valdamor 37
Valdespino 166f.
Valdicava 217
Valdipiatta 217
Valdivieso 16, 45, 57, 119, *134*, 137, 185
Valdoeiro, Quinta do 38
Valduero 265, 267
Valdumia 37
Vale da Raposa, Quinta do 203, 265, 267, *268*, 269
Valentini 270
Valette 73
Vallarom 122, 171
Valle Pradinhos 266
Vallerosa-Bonci 272
Valley Vineyards 88, 117, 142, 165, 189, 229, 240
Vallis Agri 122
Vallon (Genossenschaft) 89
Vallone 164
Vallouit, Ets. L. de 283
Valtellina 217
Valtravieso 265
Van Loveren 173, 206
Vannières, Ch. 141
Varaldo, Rino 90
Varichon & Clerc 138, 206

Varière, Ch. la 83
Varietäten 8–11
Vasse, Felix 73, 239, 255
Vatan, André 227
Vavasour 73, 227
Vecchia Cantina, La 169
Vecchie Terre di Montefili 217
Veenwouden 137
Vega de la Reina 272
Vega Sicilia *261*, *262*, 265, 267
Veglio, Mauro 41, 163
Veitshöchheim, Bayerische Landesanstalt für Weinbau 11
Velich, R. u. H. 73, 284, 285
Veramonte 61
Vercesi del Castellazzo 43
Vergelegen 73, 137, 227
Verget, Maison 73
Veritas 101, 141
Vermehrung, vegetative 10
Vernay, Georges 277, 283
Versa, La 169
Verschnitt 31
– siehe auch Sortenwein
Verset, Dom. Noël 255
Viader 45
Vial-Magnères 101
Viansa 163, 270
Viarengo e Figli, G. L. 41
Viarte, La 229, 267
Viberti, Eraldo 87
Viberti, Giovanni 163
Vicchiomaggio 217
Vidal, Angel Rodríguez 272
Vidal-Fleury, J. 153, 283
Vie de Romans 73, 169, 173, 227, 267
Vieilles vignes siehe Alte Reben
Vietti 38, *38*, 41, 87, 163
Vieux-Château-Certan 45, 137
Vieux Château Gaubert 239
Vieux Donjon, Le 101
Vieux Télégraphe, Dom. du 101
Vigna Rionda 87, 163
Vignalta 153, 171
Vigne di San Petro, Le 202
Vigne di Zamò, Le 169, 189, 267
Vignerons Catalans 84, 117, 122
Vignerons de Maury, Les 101
Vignerons du Val d'Orbieu, Les 84, 117, *250*, 255
Vigneto delle Terre Rosse 121, 202, *202*
Vilariño-Cambados, Bodegas de 37
Vilerma 267, 270
Villa Bel Air 239
Villa Cafaggio 217
Villa Maria 57, 73, 137, 201, 227
Villa Matilde 34, 89, 169
Villa Mt Eden 295
Villa Pillo 255
Villa Russiz 173, 189, 202, 227, 267
Villa Sparina 85, 87
Villaine, A. & P. de 35
Villano, Gérard 283
Villanova 121, 189
Villard, François 125, 255, 283
Villard Estate 185, 227
Villeneuve, Ch. de (Loire) 45
Villeneuve, Dom. de (Rhône) 101
Villiera 227, 241
Viña Almaviva *50*, 57, 61
Viña Casablanca 57, *71*, 73, *109*, 111, 119, 137, *225*, 227

Viña Gracia 61, 137, 185
Viña Tarapacá 57, *253*, 255
Viñas del Vero 111, 137, 265
Vinchio e Vaglio Serra, Cantina di 41, 113
Vincor 183
Viñedos y Bodegas 265
Vineland Estate 273
Vinícola de Castilla 34
Vire dos Remedios 123
Virgen de l'Orea 114
Viruskrankheiten 10f., 19–21
Vitaceae (Familie) 8f.
Viticoltori Alto Adige 115, 116
Viticoltori dell'Acquese 41, 43, 87
Vitis (Gattung) 8f.
Vitis amurensis 9, 11
Vitis berlandieri 8f.
Vitis Hincesti 202, 207
Vitis labrusca 8f.
Vitis labruscana 58
Vitis riparia 8f., 11, 18
Vitis rupestris 8f.
Vitivinícola del Ribeiro 267, 270
Viu Manent 137
Voerzio, Gianni 38, 41, 87, 90, 163
Voerzio, Roberto 41, 87, *157*, 163
Vogüé, Comte Georges de 185
Volpe Pasini 189, 267
Voulte-Gasparets, Ch. la 58
Voyat 153
Vredendal 206

W

Wachstumsbedingungen 14–17
Wagner 240
Walch, Elena 111, 173
Warmmaischung 29
Warre 269
Warwick Estate 45, *187*
Wasserabzug 17
Wassermangel 16
– siehe auch Bewässerung
Wasserspeichervermögen 17
Waterford 227
Weaver, Geoff 201, 227
Wehrheim, Dr. 171
Weil, Robert 201
Weinbach, Dom. *108*, 111, 153, 171, *172*, 173, 201, 243
Weinbau
– Anbaugebiete der Welt 13
– Behangausdünnung (Grünernte) 24f.
– Bewässerung 25f.
– Biodynamischer 22
– Genmanipulation 11
– Hybridisierung 8f., 240
– Integrierter 21
– Klone 10f., 19
– Kreuzung 8f.
– Lese 26f., 79
– Massenselektion 10
– Organischer 21f.
– Pflanzdichte 23
– Rebenerziehung 24f., *24f.*
– Rebschnitt 24, *24f.*
– Sortenspezifischer: Cabernet Sauvignon 50f., Chardonnay 66f., Chenin Blanc 78f., Garnacha Tinta/Grenache Noir 96f., Gewürztraminer 106f., Merlot 130f., Muscat 148f., Nebbiolo 158f., Pinot Noir 178f., Riesling 194f.,

Sangiovese 212f., Sauvignon Blanc 222f., Sémillon 234f., Syrah/Shiraz 248f., Tempranillo 260f., Viognier 278f., Zinfandel 290f.
– Unterlagsreben 8, 18f.
Weinbeeren
– Bestandteile 30
– Edelfäule 7, 27, *27*, 195, *231*, 235, 273
– Reife 15f.
– siehe auch Reben
Weinbereitung
– Ausbau im Eichenfass 30f., 51, 67, 195, 235, 279
– Chaptalisation 14, 29
– Co-Pigmentierung 31
– Gärung, -temperaturen 28f.
– Hefe 28, 67, 166, 228
– Kohlensäuremaischung 29f.
– Maischegärung 29f.
– Malolaktischer Säureabbau 30
– Mostkonzentration 29
– Säuerung 29
– Sortenspezifische: Cabernet Sauvignon 51, Chardonnay 67, Chenin Blanc 79, Garnacha Tinta/Grenache Noir 97, Gewürztraminer 107, Merlot 131, Muscat 148f., Nebbiolo 159, Pinot Noir 179, Riesling 195, Sangiovese 213, Sauvignon Blanc 223, Sémillon 235, Syrah/Shiraz 249, Tempranillo 261, Viognier 279, Zinfandel 291
Weinberg
– Arbeiten im Jahreslauf 21
– Böden 14, 16f.
– Bodenchemie 17
– Erträge 22f.
– Geografische Einflüsse 12f.
– Hanglagen 16
– Höhenlage 16
– Klima 12–16
– Niederschläge 26
– Terroir 14, 22
– Vegetationszyklus der Reben 21
– siehe auch Reben, Weinbau
Weinert 57, 119
Wendouree 119, 141, 153, 255
Wenzel 90
Widmann, Baron 227
Wieninger, Fritz 42
Wilde Reben 8
Wildekrans 187
Wilkinson, Audrey 111
Will Andrew 57, *133*, 137, 153
WillaKenzie Estate 171, *171*, 173, 185
Willamette Valley Vineyards 185
Williams Selyem 185, 295
Wilson Vineyard 201
Winiarski, Warren 8, *53*
Winkler, Julius 15
Winner Wines 265
Wirra Wirra 255
Wirsching, Hans 229
Wither Hills 227
Wojwodina 42, 115, 284
Wolf, J. L. 201
Wolf Blass 201
Wolff-Metternich 111, 229, 270
Wollersheim 122
Woodward Canyon 239
Wootton, 229

Wright, Ken 185
Wuchskraft 17
Wurzelunterlagen siehe Unterlagsreben
Wurzelverhalten 17, 26
Wynns 57, 251, 255

Y

Yalumba 31, 84, 101, 141, 239, 278, 280, *281*, 283
Yarra Yering 57, 137, 185, 255
Youngs 41
Yquem, Ch. d' *231*, *233f.*, *236*, 239

Z

Zaca Mesa 141, 255, 283
Zaccagnini, Fratelli 272
Zapfenschnitt 24f.
Zema 255
Zemmer, Peter 116
Zenato 85
Zeni, A. & R. 142, 266
Zerbina 35, 217
Zierer, Harald 203
Zimmerling, Klaus 39, 111, 173, 270
Zind-Humbrecht 106f., *110*, 111, 153, 171, 173, *197*, 201, 243
Zucker, -gehalt 15f.
Zuckerung siehe Chaptalisierung
Zündel, Christian 137
Zypern 123, 151, 285

AUSGEWÄHLTE LITERATUR

Ambrosi, H., u.a., *Farbatlas Rebsorten. 300 Sorten und ihre Weine*. Stuttgart ²1998
Anderson, Burton, *Italiens Weine 2000/2001. Über 2000 Weine und Produzenten*. Bern 2000
Bassermann-Jordan, Friedrich von, *Geschichte des Weinbaus*. 2 Bde., Neustadt a.d.W. ³1997 (Nachdruck der 2., wesentl. erw. Aufl. Frankfurt a.M. 1923)
Bergner K.-G., E. Lemperle, *Weinkompendium. Botanik, Sorten, Anbau, Bereitung*. Stuttgart 2001
Cass, Bruce (Hrsg.), *The Oxford Companion to the Wines of North America* (Oxford University Press, 2000)
Clarke, Oz, *Clarke's Kleiner Weinführer* (erscheint jährlich). München
Clarke, Oz, *Clarke's Großer Weinführer*. München ²2001
Clarke, Oz, *Clarke's Großes Lexikon der Weine*. München 2000
Clarke, Oz, *Clarke's Kleine Weinschule*. München ²2001
Clarke, Oz, *Clarke's Großer Weinatlas*. München ²2001
Clarke, Oz, Steven Spurrier, *Clarke's edelste Weine der Welt*. München 1999
Dähnhard, Wolfgang, *Atlas der österreichischen Weine*. Bern 1999
Dippel, H., *Das Weinlexikon*. (Fortführung des Weinlexikons von F. Schoonmaker, Frankfurt a.M. 1984.) Frankfurt a.M. 1997
Duijker, Hubrecht, *Atlas der spanischen Weine*. Bern 1996
Duijker, Hubrecht, Michael Broadbent, *Weinatlas Bordeaux*. Bern 1997
Galet, Pierre, *Dictionnaire encyclopédique des cépages* (Hachette, Paris 2000)
Heine, Norbert, *Deutscher Weinführer*. Stuttgart 1999
Hoffmann, Kurt M., *Weinkunde in Stichworten*. (Hirts Stichwortbücher.) Zug ³1987
Jakob, Ludwig, *Kellerwirtschaft*. Mainz ⁷1999
Johnson, Hugh, Hubrecht Duijker, *Atlas der französischen Weine*. Bern 1998
Johnson, Hugh, Stuart Pigott, *Atlas der deutschen Weine*. Bern 1995
Johnson, Hugh, *Hugh Johnsons Weingeschichte. Von Dionysos bis Rothschild*. Bern 1990
MacDonogh, Giles, *Austria: New Wines from the Old World*. Wien 1997
Müller, Edgar, *Weinbau-Taschenbuch*. Mainz 2000
Peynaud Émile, *Die Hohe Schule für Weinkenner*. Cham 1995
Radford, John, *Weinlandschaft Spanien*. Bern 1999
Robinson, Jancis (Hrsg.), *Das Oxford Weinlexikon*. 2 Bde., Bern 1995
Robinson, Jancis, *Jancis Robinsons Weinkurs*. Bern 1996
Robinson, Jancis, *Rebsorten und ihre Weine*. Bern ²1998
Schumann, Fritz, *Weinbaulexikon*. Neustadt a.d.W. 1998
Thompson, Bob, *Atlas der kalifornischen Weine. Mit Oregon und Washington*. Bern 1994
Vogt, Ernst, Günter Schruft, *Weinbau*. Stuttgart 2000
Walg, Oswald, *Taschenbuch der Weinbautechnik*. Mainz 2000

DANKSAGUNG Autoren und Verlag möchten den vielen Menschen und Institutionen in aller Welt danken, die mit ihrer überaus wertvollen Unterstützung zum Entstehen dieses Buchs beigetragen haben, insbesondere:
ARGENTINIEN Argentine Trade Department, Wine Department; Susanna Balbo, Vintage S.A.; Pedro Marchevsky, Nicolas Catena
AUSTRALIEN Australian Wine Bureau; Cape Mentelle; Louise Helmsley-Smith, D'Arenberg; Robert O'Callaghan, Rockford Wines; Louisa Rose, Yalumba; Adam Wynn, Mountadam
CHILE Wines of Chile
DEUTSCHLAND Dr. Bernhard Abend; Weingut Dr. von Bassermann-Jordan; Jochen Becker-Köhn, Weingut Robert Weil; Weingut Josef Biffar; Ferdinand Erbgraf zu Castell, Fürstlich Castell'sches Domänenamt; Weingut Geltz-Zilliken; Horst Kolesch, Juliusspital; Franz Künstler; Ernst Loosen, Weingut Dr. Loosen; Bernd Philippi, Koehler-Ruprecht; Annegret Reh-Gartner, Weingut Reichsgraf von Kesselstatt; Weingut Reichsrat von Buhl; Stefan Ress, Weingut Balthasar Ress; Dr. Joachim Schmid, Forschungsanstalt für Weinbau Geisenheim; Johannes Selbach, Weingut Selbach-Oster; Dr. Heinrich Wirsching, Weingut Hans Wirsching
FRANKREICH Bordeaux Wine Information Service; Bureau Interprofessionnel des Vins de Bourgogne; Conseil Interprofessionnel des Vins d'Alsace; Comité Interprofessionnel du Vin de Champagne, Sinead Goss; Comité Interprofessionnel des Vins du Jura; Comité Interprofessionnel des Vins Doux Naturels et Appellations Contrôlées; Comité Intersyndical des Vins de Corse; Conseil Interprofessionnel du Vin de Bordeaux; Conseil Interprofessionnel des Vins du Roussillon et Appellation d'Origine Contrôlée; Olivier Humbrecht MW; Interprofession des Vins du Val de Loire; Inter Rhône; Maison de la Vigne et du Vin Gaillac; ONIVINS; Christian Seely, AXA Millésimes; Syndicat des Côtes de Provence; Syndicat Regional des Vins de Savoie; Union Interprofessionnelle des Vins de Beaujolais
GRIECHENLAND Boutari
GROSSBRITANNIEN Bordeaux Wine Information Service, Ben Campbell-Johnson, J. E. Fells; Tony Potter, Denbies Wine Estate; English Wine Producers; German Wine Information Service; David Gleave MW; Bill Gunn MW; Margaret Harvey MW; Italian Trade Centre, Wine Department; Geoffrey Kelly; Antony Lacey, Mistral Wines; Paul Lapsley, Southcorp; Della Madison, Madeira Wine Company; Angela Muir MW; Joanna Simon MW; Westbury Communications; Wines of Chile; Wines from Spain
ISRAEL Golan Heights Winery Ltd
ITALIEN Dr. Alberto Antonini; Agenzia Regionale Servizi e Sviluppo Agricola in Abruzzo; Mario Consorte, Sella & Mosca; Consorzio di Tutela Vini DOC Valtellina; Enoteca Italiana, Siena; Enoteca Regionale Emilia-Romagna; Dr. Giancarlo Montaldo; Regione Autonoma Valle d'Aosta; Regione Campania; Regione Marche; Regione Sicilia (Istituto Regionale della Vite e del Vino); Regione Toscana; Trentino Vini
KANADA British Columbia Wine Institute; Vintners Quality Alliance, Ontario; Wines of Canada
LIBANON Chateau Musar
MEXIKO Mexican Association of Grape Growers
MOLDAU Premium Brand Corporation
NEUSEELAND Cloudy Bay; Alan Limmer, Stonecroft; Philip Manson, Winegrowers of New Zealand; Dr. Neil McCallum, Dry River; The Wine Institute of New Zealand
ÖSTERREICH Österreichische Weinmarketingservicegesellschaft
PORTUGAL Jacques A. Faro da Silva, Madeira Wine Company; Francisco Manuel Machado Albuquerque, Madeira Wine Company; Instituto do Comércio Externo de Portugal; Vasco Magalhaes, Sogrape
SCHWEIZ Yvon Roduit, Caves Imesch
SIMBABWE Cairns Wineries
SLOWAKEI Ministerium für Landwirtschaft
SLOWENIEN Ministerium für Landwirtschaft, Forsten und Ernährung
SPANIEN Ministerium für Landwirtschaft, Fischfang und Ernährung; Carlos Read, Moreno Wines; Rioja Wine Group; Bodegas Riojanas
SÜDAFRIKA Gyles Webb, Thelema; Wines of South Africa
TSCHECHIEN Ceskomoravská Vinohradnická a Vinarská Unie
UNGARN Dominique Arangoits, Disznókö; The Hungarian Food & Wine Bureau; Royal Tokaji Wine Company; Tokaj Trading House
USA Dr. Carole Meredith, University of California Davis; New York Wine & Grape Federation; Oregon Wine Advisory Board; Lynn Penner-Ash, Rex Hill; Michael Silacci, Warren und Julia Winiarski, Stag's Leap Wine Cellars; Wine Institute of California; Zinfandel Advocates & Producers
ZYPERN Ministerium für Handel, Industrie und Tourismus

BILDQUELLEN
Aufnahmen von Weinflaschen: Steve Marwood. Foto S. 8, »Weinbauern und Seilmacher bei der Arbeit«, Kopie eines Wandgemäldes im Grab von Chaemwese, Theben, um 1450 v.Chr., von Nina Garis Davies (1881–1965), British Museum, London/Bridgeman Art Library. Alle weiteren Fotos Cephas Picture Library, aufgenommen von Mick Rock mit Ausnahme von: Jerry Alexander 25, Kevin Argue 195, Nigel Blythe 193 unten links und rechts, Fernando Briones 37 links, Herve Champollia 151, David Copeman 121 links, 240, Andy Christodolo 16, 21 Mitte, 24, 26 unten, 50, 51, 59, 61 links, 99, 119 links, 131, 141 links, 148, 158, 198, 206, 225, 278, 281, Juan Espi 81, Bruce Fleming 18 rechts, 53, Chinch Gryniewicz 117, Kevin Judd 1, 10 rechts, 13, 17 oben, 20 oben, 21 links, 31 rechts, 55, 70, 106, 119 rechts, 135, 171 rechts, 187 rechts, 201, 205 rechts, 239, 283, Herbert Lehmann 61 rechts, 90, Diana Mewes 4, 259 unten links, 277 unten links, Steven Morris 134, R. u. K. Muschenetz 11, 243 links, Alain Proust 187 links, Ted Stefanski 20 unten, 21 unten rechts, 54, 215, 291, Stephen Wolfenden 31 links.